THE LOST CARTULARY OF BOLTON PRIORY

An edition of
the Coucher Book and Charters

Hon. General Editor
C.C. WEBB

RECORD SERIES COMMITTEE
Mr G.C.F. Forster (*Chairman*)
Dr R.M. Butler
Dr W.R. Childs
Professor M.C. Cross
Professor D. Crouch
Professor R.B. Dobson
Dr R.A. Hall
Ms J. Heron
Professor E. Royle
Dr J. Taylor
Ms S. Thomas

THE YORKSHIRE
ARCHAEOLOGICAL SOCIETY
FOUNDED 1863   INCORPORATED 1893

RECORD SERIES
VOLUME CLX
FOR THE YEAR 2008

THE LOST CARTULARY OF BOLTON PRIORY

An edition of
the Coucher Book and Charters

EDITED BY
KATRINA J. LEGG

YORKSHIRE ARCHAEOLOGICAL SOCIETY

THE BOYDELL PRESS

2009

© Yorkshire Archaeological Society 2009
Editorial Matter © Katrina J. Legg 2009

All Rights Reserved. Except as permitted under current legislation
no part of this work may be photocopied, stored in a retrieval system,
published, performed in public, adapted, broadcast,
transmitted, recorded or reproduced in any form or by any means,
without the prior permission of the copyright owner

First published 2009

A publication of the Yorkshire Archaeological Society
in association with The Boydell Press
an imprint of Boydell & Brewer Ltd
PO Box 9, Woodbridge, Suffolk IP12 3DF, UK
and of Boydell & Brewer Inc.
668 Mt Hope Avenue, Rochester, NY 14620, USA
website: www.boydellandbrewer.com

ISBN 978 1 903564 16 5

A CIP catalogue record for this book is available
from the British Library

This publication is printed on acid-free paper

Printed in Great Britain by
CPI Antony Rowe, Chippenham and Eastbourne

Contents

Preface and Acknowledgements	vii
References and Abbreviations	viii
Manuscript sources	viii
Published books and articles with abbreviations	viii
Unpublished theses	xi
Other abbreviations	xi
INTRODUCTION	
The Order of St Augustine and religious life at Bolton Priory	xiii
The foundation of Bolton Priory and its connection to Huntingdon Priory	xvi
The lost cartulary	xvii
The Coucher Book	xxi
Original charters	xxvii
Editorial Method	xxxiii
THE COUCHER BOOK OF BOLTON PRIORY	1
Appendices	
I Documents from Dodsworth MS 144, thought to have formed part of the cartulary of Bolton Priory	245
II Original charters for which no reference to their inclusion in the cartulary of Bolton Priory can be found	258
III Transcripts of charters of the patrons of Bolton Priory for which the originals are no longer extant	292
Index of Persons and Places	295
Index of Subjects	329

Tables

Yorkshire houses of Augustinian canons	xiv
Arrangement of the lost cartulary	xx
List of manuscript sigla used in the edition	xxxiii

Preface and Acknowledgements

Back in 1998, as a White Rose Student under the supervision of Professor David Smith and Professor Ian Kershaw, I began transcribing the Coucher Book of Bolton Priory, Yorkshire. Held at Chatsworth House, Derbyshire, the Coucher Book contains a wealth of information about the patrons and benefactors of Bolton Priory, as well as providing details about the scale and development of the temporal and spiritual estates of the house from its foundation to the early fourteenth century. It appears to be a copy of substantial parts of an original cartulary of Bolton Priory that is now lost. This lost cartulary is also indicated by the transcripts made by Roger Dodsworth of a cartulary that he inspected in 1638 and 1643, which was 'in chartulario prioratus de Bolton in Craven'. The Dodsworth transcripts are held in the Bodleian Library, Oxford. They are not as full a record as the Coucher Book, but both sources have their own omissions and additions so that they complement each other to provide a fuller picture of the property of the priory. Other documents further enhance that picture.

My original project to transcribe the Coucher Book developed into what is now presented as an edition that reconstructs the lost cartulary of Bolton Priory. The Coucher Book provides the main framework which is enriched by information from the Dodsworth transcripts and other documents. An introduction gives a brief overview of the history of Bolton Priory set in the context of the national and regional picture of the Augustinian Order. This is followed by details of the documents presented in this edition, and thoughts about the lost original cartulary.

After much delay, the product of my doctoral research has been brought to completion and it is hoped that it will complement other volumes published by the Yorkshire Archaeological Society, and others about Bolton Priory.

The encouragement, patience and help of many people has been essential in the development of this work from the original doctoral thesis and I would like to take this opportunity to thank them.

Firstly I wish to register my thanks to the Duke of Devonshire for permission to consult the Coucher Book of Bolton Priory, and for his consent to publication of the edition. I would also like to thank the staff at Chatsworth for their assistance during my research.

Many thanks are extended to the staff of other archives and libraries whose collections were consulted, including those of the Bodleian Library and the Yorkshire Archaeological Society. My warmest thanks to the staff of the Borthwick Institute for Archives for their continual support during my research and subsequent work.

To Professor David Smith, formerly of the University of York, and Professor Ian Kershaw, formerly of the University of Sheffield, the supervisors of my doctoral thesis, I owe a great debt of gratitude for their encouragement, constructive comments and continuous support. Also my thanks go to Dr Philippa Hoskin for her advice and generosity with her time and knowledge. Thanks are also due to Christopher Webb, Honorary General Editor of the Yorkshire Archaeological Society Record Series, for his unceasing encouragement, help and patience in seeing this volume through to publication.

Katrina J. Legg

References and Abbreviations

Manuscript Sources

Chatsworth House:
  [L1–L3 and B1–B5 are references created by G.R. Potter. Those prefixed by
    K are references given by the author.]
  L1: PP2, 6
  L2: P10, 12, 17, 25, 30, 58; 10P; PB30
  L3: P96(b), 97, 98, 98(b), 117(b); P?25
  B1: PB1–3, 5–14, 20–22
  B2: PB30765/1–14, PB2865/16–23, PB4865/24–29, 31–32
  B3: PB22965/19–21, PB24965/27, PB31865/35–36, 38, 40–41,
    PB11065/52–54, PB151065/80–81, 85, PB191065/86, 90–91
  B4: PB51065/66, 71(a)
  B5: PB22965/12, PB27965/14, PB22965/17, PB161165/100, PB141265/4,
    PB23166/1, PB(f2)57
  K1–23
  Hardwick Charters, nos. 461, 464, 470 (alias B5, PB21265/111)
  Two charters regarding the advowson of Keighley church [previously at
    Bolton Abbey Estate Office]
  Bolton Priory Coucher Book
  Clifford MSS (no ref.)

Kendal, Cumbria Record Office:
  Hothfield MSS: WD/Hoth. Acc. 988/10, 10, 11

Leeds, Yorkshire Archaeological Society:
  DD 12/1/29, DD 203/38, DD 203/44, DD 203/46
  MD 303, MD 335/65/1–4, MD 335/75 Ribblesdale C.1.A, C.2.A, C.9.A–C, E

London, British Library:
  Add. Ch. 16706, 20562
  Harl. Ch. 112 E 52, 58 I 44
  MS Cotton Nero D iii (St Leonard's, York)
  Add. MS 37770

Oxford, Bodleian Library:
  Dodsworth MSS, 8, 9, 10, 76, 83, 144, 148
  MS Ch. Yorks A1, nos. 41, 106a
  Christ Church Charters, M 111–126
  MS Top. Yorks. e.7, 8 (John Burton); MS Top. Yorks. b.14 (James Torre)

Preston, Lancashire Record Office:
  Dawson-Greene of Whittington collection: DDGR Est. 1

Published Books and Articles with Abbreviated References

Other, less frequently cited, references are given in full at first mention.

Aug. Chapt.   H.E. Salter, ed., *Chapters of the Augustinian Canons*, Canterbury &
            York Society, xxix (London, 1922; reprinted London, 1969)

Augustinian Settlement	D.M. Robinson, *The Geography of Augustinian Settlement in Medieval England and Wales*, BAR, British Series, 80, 2 vols. (Oxford, 1980)
Austin Canons	J.C. Dickinson, *The Origins of the Austin Canons and their Introduction into England* (London, 1950)
Bolton-in-Wharfedale	A.H. Thompson, *History and Architectural Description of the Priory of St. Mary, Bolton-in-Wharfedale*, Thoresby Society, xxx (Leeds, 1928)
Bolton Priory	I. Kershaw, *Bolton Priory: The Economy of a Northern Monastery 1286–1325* (Oxford, 1973)
Bolton Priory Rentals	I. Kershaw, ed., *Bolton Priory Rentals and Ministers' Accounts 1473–1539*, YAS, RS, 132 (1970)
C.Ch.R.	*Calendar of Charter Rolls Preserved in the Public Record Office, 1226–1516*, 6 vols. (London, 1903–1927)
CCR	*Calendar of Close Rolls Preserved in the Public Record Office, 1227–1509*, 62 vols. (London, 1902–1963)
Complete Peerage	G.E. Cokayne, *Complete Peerage of England, Scotland, Ireland, Great Britain, and the United Kingdom, extant, extinct, or dormant*, revised edn by V. Gibbs, H.A. Doubleday, D. Warrand, Lord Howard de Walden and G.H. White (London, 1910–1998)
Compotus	I. Kershaw and D.M. Smith, eds., *The Bolton Priory Compotus, 1286–1325, together with a Priory Account Roll for 1377–78*, YAS, RS, 154 (2000)
CPR	*Calendar of Patent Rolls Preserved in the Public Record Office, 1216–1509*, 56 vols. (London, 1891–1916)
Craven	Whitaker, T.D., *The History and Antiquities of the Deanery of Craven*, 1st edn (London, 1805); 2nd edn (London, 1812); 3rd edn, ed. A.W. Morant (Leeds, 1878)
Deanery of Doncaster	J. Hunter, *South Yorkshire: The History and Topography of the Deanery of Doncaster in the Diocese and County of York*, 2 vols. (1828–1831)
Early Yorkshire Families	C.T. Clay and D.E. Greenway, eds., *Early Yorkshire Families*, YAS, RS, 135 (1973)
EEA	*English Episcopal Acta*, British Academy series, 1980 to current, esp. *V: York 1070–1154*, ed. J.E. Burton (British Academy, 1988)
EPNS	English Place-Name Society, 5: *The Place-Names of the North Riding of Yorkshire*; 14: *The Place-Names of the East Riding of Yorkshire and York*; 30–38: *The Place-Names of the West Riding of Yorkshire*, ed. A.H. Smith (Cambridge, 1928–1963)
EYC	*Early Yorkshire Charters*, i–iii, ed. W. Farrer (1914–1916); iv–xii and index to i–iii, ed. C.T. Clay (YAS, RS, 1935–1965)
Fasti Ecclesiae Anglicanae	J. Le Neve, *Fasti Ecclesiae Anglicanae 1066–1300*, ed. D.E. Greenway, 7 vols. (London, 1968–2001, in progress)
Fasti Parochiales	A.H. Thompson, C.T. Clay, N.A.H. Lawrance and N.K.M. Gurney, eds., YAS, RS, 85, 107, 129, 133, 143 (1933–1985)
Fountains Chartulary	W.T. Lancaster, *Abstracts of the Charters and Other Documents Contained in the Chartulary of the Cistercian Abbey of Fountains*, 2 vols. (Leeds, 1915)
HBC	E.B. Fryde, D.E. Greenway, S. Porter and I. Roy eds., *Handbook of British Chronology*, Royal Historical Society, Guides and Handbooks, 2, 3rd edn (London, 1986)
Heads of Houses: i	D. Knowles, C.N.L. Brooke, and V.C.M. London, eds., *The Heads of Religious Houses: England and Wales, i, 940–1216* (Cambridge, 2001)

Heads of Houses: ii	D.M. Smith and V.C.M. London, eds., *Heads of Religious Houses: England and Wales, ii, 1216–1377* (Cambridge, 2001)
L&P	*Letters and Papers, Foreign and Domestic, of the reign of Henry VIII*, 37 vols. in 22 (London, 1864–1932)
Lord Lieutenants	W.M. Ormrod, *et al*., eds., *The Lord Lieutenants and High Sheriffs of Yorkshire, 1066–2000* (Barnsley, 2000)
Lords of Holderness	B. English, *The Lords of Holderness 1086–1260: A Study in Feudal Society* (Oxford, 1979)
Medieval Religious Houses	D. Knowles and R.N. Hadcock, *Medieval Religious Houses: England and Wales*, 2nd edn (London, 1971)
Mon. Angl.	W. Dugdale, *Monasticon Anglicanum*, ed. J. Caley, H. Ellis and B. Bandinel, 6 vols. in 8 (London, 1846)
Mon. Ebor.	J. Burton, *Monasticon Eboracense* (York, 1758)
Monastic Order	J. Burton, *The Monastic Order in Yorkshire 1069–1215*, Cambridge Studies in Medieval Life and Thought, 4th series (Cambridge, 1999)
Neville Family	C.R. Young, *The Making of the Neville Family in England 1166–1400* (Woodbridge, 1996)
Patrons and Benefactors	K. Legg, *Bolton Priory: Its Patrons and Benefactors 1120–1293*, Borthwick Papers, 106 (York, 2004)
Religious and Secular Houses	W.P. Baildon, *Notes on the Religious and Secular Houses of Yorkshire*, YAS, RS, xvii, lxxxi (1895, 1931)
Religious Orders	J.E. Burton, *Monastic and Religious Orders in Britain 1000–1300* (Cambridge, 1994)
Rot. Parl.	*Rotuli Parliamentorum; ut et petitiones et placita in Parliamento tempore Edwardi R.I. (Edwardi III, Ricardi II, Henrici IV, V, VI, Edwardi IV, Ricardi III, Henrici VII, 1278–1503)*, collected and arranged by R. Blyke, P. Morant, T. Astle and J. Topham; ed. J. Strachey, 7 vols. (1767–1832)
Valor Ecclesiasticus	J. Caley and J. Hunter, eds., *Valor Ecclesiasticus Temp. Henr. VIII Auctoritate Regia Institutus* (Record Commission, 1810–1834)
Yorkshire Deeds	C.T. Clay, M.J. Hedditch and M.J. Stanley Price, eds., YAS, RS, xxxix, l, lxiii, lxv, lxxv, lxxxiii, cii, cxi, cxx (1909–1955)
Yorkshire Fines, 1218–1231	J. Parker, ed., *Feet of Fines for the County of Yorkshire, from 1218 to 1231*, YAS, RS, lxii (1921)
Yorkshire Fines, 1232–1246	J. Parker, ed., *Feet of Fines for the County of Yorkshire, from 1232 to 1246*, YAS, RS, lxvii (1925)
Yorkshire Fines, 1246–1272	J. Parker, ed., *Feet of Fines for the County of Yorkshire, from 1246 to 1272*, YAS, RS, lxxxii (1932)
Yorkshire Fines, 1272–1300	F.H. Slingsby, ed., *Feet of Fines for the County of Yorkshire, from 1272 to 1300*, YAS, RS, cxxi (1956)
Yorkshire Fines, 1301–1314	M. Roper, ed., *Feet of Fines for the County of Yorkshire, from 1301 to 1314*, YAS, RS, cxxvii (1965)
Yorkshire Fines, 1314–1326	M. Roper and C. Kitching, eds., *Feet of Fines for the County of York from 1314 to 1326*, YAS, RS, clviii (2004)
Yorkshire Fines, 1327–1347	W. Paley Baildon, ed., *Feet of Fines for the County of Yorkshire, from 1327 to 1347, 1–20 Ed. II*, YAS, RS, xlii (1910)
Yorkshire Fines, John	W. Brown, ed., *Pedes Finium Ebor. Regnante Johanne AD MCXCIX–AD MCCXIV*, Surtees Society, 94 (1897)
Yorkshire Fines, Richard I	W. Brown, ed., 'Pedes Finium Ebor. Tempore Ricardi Primi', *YAJ*, xi (1891), pp. 174–88
Yorks. Inqs.	W. Brown, ed., *Yorkshire Inquisitions in the Reigns of Henry III and Edward I*, YAS, RS, xii, xxiii, xxxi, xxxvii (1892–1906)

Unpublished Theses

I. Kershaw, 'Bolton Priory, 1286–1325, an Economic Study', Ph.D. thesis, Oxford University, 1969

Other Abbreviations

BL	British Library
CB	The Coucher Book
YAJ	*Yorkshire Archaeological Journal*
YAS	Yorkshire Archaeological Society
YAS, RS	Yorkshire Archaeological Society, Record Series

INTRODUCTION

In 1120–1121 William Meschin and Cecily de Rumilly founded a house of regular canons of the order of St Augustine at Embsay, close to the *caput* of the honour of Skipton, which fell to Cecily following the death of Robert de Rumilly, her father. This location proved inhospitable to the canons and within forty years the priory had been re-founded at Bolton by Alice de Rumilly, one of the founders' three daughters. This second site placed the house next to the river Wharfe, with far more fertile soil and better farming conditions from which the canons were able to build and extend their estates. By the time the cartulary was created in the early fourteenth century the estate was largely complete, and relatively compact, lying mainly in the Craven area of West Yorkshire.

The Order of St Augustine and Religious Life at Bolton Priory

The adoption of the Rule of St Augustine by houses of canons and by some eremitical communities appears to have occurred later in England than on the continent, which witnessed their foundation in the eleventh century.[1] Although it is likely that three houses of regular canons were established in England in the last years of the eleventh century – St Botolph's, Colchester, St Gregory's, Canterbury and St Mary's, Huntingdon – it was the twelfth century that witnessed the flourishing of monastic houses of regular canons in England, increasingly being associated with the Order of St Augustine.

The reign of King Henry I (1100–1135) saw the number of houses of regular canons soar from three to about forty-six permanent foundations in England and Wales, and it was during this time that the majority of the Yorkshire houses of Augustinian canons were founded. By the end of the twelfth century the number of Augustinian houses in England and Wales had risen to over 160. Although there were a number of new foundations during the thirteenth century, the pace was slower. This decline was to continue, as was the case with the other monastic orders, with only a handful of houses being established in the fourteenth century, and only one previously established house, Ynys Tudwal *alias* St Tudwal's Island or Modstedwall (Carnarvonshire), adopting the Rule of St Augustine in the fifteenth century.[2] However, by the Dissolution houses of Augustinian canons were more numerous than of any other religious order in England.[3]

The Church appears to have viewed regular canons as a means by which the attempt to reform religious life could be embodied, and this may have influenced the degree to which episcopal support was given for the founding of houses. Episcopal

---

[1] For the emergence and development of houses of regular canons in France see *Austin Canons*, pp. 27–9.
[2] *Medieval Religious Houses*, p. 173.
[3] For a list of over 150 independent houses of Augustinian canons, with information about their founders, see *Austin Canons*, pp. 290–8; for a combined list of all houses, including Arrouaisian and Victorine houses as well as alien cells of Augustinian canons, see *Medieval Religious Houses*, pp. 137–82; for a map of the 'Distribution of Augustinian Houses in Medieval England and Wales' see *Augustinian Settlement*, p. 28.

Yorkshire Houses of Augustinian Canons

	Dedication	Foundation
Bolton	St Mary (St Cuthbert)	1121 (Embsay); 1155
Bridlington	St Mary	before 1114
Drax	St Nicholas	1130x1139
Guisborough	St Mary	1119x1124 (?1119)
Healaugh	St John	before 1190; 1218
Kirkham	Holy Trinity	1119x1124 (?1124)
Marton	St Mary	before 1154
Newburgh	St Mary	1142/3 (Hood); 1145
Nostell	St Oswald	before 1114 (hermits/clerks); 1114x1121
Tockwith	All Saints (cell of Nostell)	before 1121
Warter	St James (Arrouaisian from 1142 to 1191x97)	1132

support is evident in the establishment of a number of early houses of regular canons in England.[4] The north of England was no exception. Archbishop Thomas II of York, for example, was connected with the foundation of Hexham, and Archbishop Thurstan, his successor, is linked with Augustinian houses at Carlisle, Guisborough, Drax and Thurgarton.[5]

The nature of the houses that adopted the Rule of St Augustine varied widely. Whilst some houses, such as Dunstable, became 'centres of letters and education', and others, like Kirkham, were places of monastic solitude, certain houses took on a more parochial role with 'groups of priests serving a church', or existing as a hospital.[6] The origins of the houses that adopted the Rule were also diverse, with, for example, the Yorkshire houses of Nostell and Healaugh Park originating from hermitages,[7] Launceston (Cornwall) and St Frideswide's, Oxford, replacing secular canons, Elsham (Lincolnshire) and Kersey (Suffolk) beginning as hospitals,[8] and the nuns of Aconbury joining the Rule of St Augustine after the revelation that women could not be members of the Order of the Hospital of St John of Jerusalem.[9]

The multifaceted nature of the Rule of St Augustine was expanded further as associated orders emerged, adopting different customs and observances. Several Augustinian houses were associated with other monastic rules, even if only temporarily. In Yorkshire, Warter Priory (East Riding) appears to have become affiliated

---

[4] William Warelwast, bishop of Exeter, for example, instituted regular canons from Aldgate 'in the collegiate church of Plympton', took similar action with 'the great secular college of Launceston', and was connected with Bodmin Priory (*ibid.*, pp. 113, 128).

[5] *Austin Canons*, pp. 116, 124, 127; D. Nicholl, *Thurstan, Archbishop of York (1114–1140)* (York, 1964), pp. 48, 121, 127–9, 136, 151, 192. For the influence of Archbishop Thurstan with regard to Embsay Priory, and other Augustinian houses, see *EEA*, V, ed. J. Burton, pp. xxvi, xxix. For the *acta* made by archbishops Thomas II and Thurstan relating to houses of Augustinian canons see nos. 13, 15A–+17, 27, 32–42, 47–55, 66, 71–2.

[6] D. Knowles, *The Monastic Order in England: A History of its Development from the Times of St. Dunstan to the Fourth Lateran Council*, 2nd ed. (Cambridge, 1966), p. 175.

[7] For the adoption of the Rule of St Augustine by hermitages see J. Herbert, 'The Transformation of Hermitages into Augustinian Priories in Twelfth-Century England', in *Monks, Hermits and the Ascetic Tradition*, ed. W.J. Sheils, Studies in Church History, 22 (Oxford, 1985), pp. 131–45, for Nostell and Healaugh, pp. 132–3.

[8] *Medieval Religious Houses*, pp. 162–3, 169–70, 157, 161.

[9] *Ibid.*, pp. 227, 230; H.J. Nicholson, 'Margaret de Lacy and the Hospital of St. John at Aconbury, Herefordshire', *Journal of Ecclesiastical History*, 50 (1999), pp. 629–51.

with the Rule of St Nicholas of Arrouaise towards the end of the first half of the twelfth century.[10] Another order connected to the Rule of St Augustine was the Order of the Temple of the Lord of Jerusalem, with one house existing in Yorkshire, North Ferriby.[11] The Rule of St Augustine was also adopted by the double Order of Fontevrault, with houses at Watton, York, Ellerton and Malton in Yorkshire.[12]

Not only did the nature of the houses of Augustinian canons differ, but also their size varied considerably. Unlike other religious orders, such as the Cistercians, who required at least thirteen members in order to establish a convent, there was no minimum number established for the foundation of an Augustinian house. This lack of precision, in conjunction with the multifarious nature of Augustinian monasteries, the reforming nature attached to the order, and their acceptance of a wide range of benefactions, such as tithes and other ecclesiastical property which were increasingly unacceptable for a layman to possess, may have given those previously not in a position to found their own convent the opportunity to do so.

The sparse endowment by Cecily de Rumilly and William Meschin of their new foundation of regular canons at Embsay suggests that the original number of canons there was small. The number of canons forming Augustinian houses varied widely, although they may seem to be moderate in comparison to other monastic orders.[13] Osney Abbey (Oxfordshire) was one of the larger Augustinian houses, fluctuating from its original community of twenty-six canons to fifty during the thirteenth century, then decreasing to fall below its original complement by the time of its surrender.[14] Towards the other end of the scale were houses such as Weybourne (Norfolk), where the number of canons does not appear to have entered double figures.[15] There is a similar, if slightly less extreme, disparity amongst the Augustinian houses of Yorkshire whose numbers ranged from nearly thirty in the larger houses of Nostell, Kirkham and Bridlington, down to around ten or less in Drax or Healaugh Park. Bolton Priory seems to have been one of the smaller Augustinian houses in Yorkshire; in 1275 there appear to have been fourteen canons, and at the Dissolution fourteen as well as Prior Richard Moone.[16]

---

[10] For a brief article about Warter see N. Denholm-Young, 'The Foundation of Warter Priory', *YAJ*, 31 (1934), pp. 208–13; for those Augustinian houses connected with the Arrouaisian order see *Augustinian Settlement*, p. 356; for a history of the Arrouaisian order see L. Milis, *L'Ordre des Chanoines Réguliers D'Arrouaise*, 2 vols. (Bruges, 1969).
[11] *Ibid.*, p. 168.
[12] For the order of Fontevrault see B.M. Kerr, *Religious Life for Women c.1100–c.1350: Fontevraud in England* (Oxford, 1999).
[13] The Benedictine monasteries of Reading (Berkshire) and Bury St Edmunds (Suffolk), for example, had in the region of 180 monks respectively, during various periods, *Medieval Religious Houses*, pp. 74, 61.
[14] *Ibid.*, p. 169.
[15] *Ibid.*, p. 179.
[16] *The Register of Walter Giffard, Lord Archbishop of York, 1266–1279*, ed. W. Brown, Surtees Society, 109 (1904), p. 309; *L&P*, 14, p. 162; Other figures stated by D. Knowles and R.N. Hadcock include the prior and thirteen canons in 1315, and the prior and fourteen canons in 1380–1 and 1471 (*Medieval Religious Houses*, p. 148). The priory also contained a number of lay brothers, 'the Poll Tax of 1379 records nineteen canons and five lay brothers (more than in any other Yorkshire Augustinian House)' (*Bolton Priory*, p. 11). For details about the lay brothers at Bolton Priory see *Bolton Priory*, pp. 11–13, 35.

The Foundation of Bolton Priory and its Connection to Huntingdon Priory

Although the order of the house is not stated in the early charters concerning the foundation and endowment of the canons of Embsay, simply referred to as 'ecclesiam canonicorum regularium',[17] its connections with Huntingdon would strongly suggest that the new foundation would follow that house's rule and, possibly, its observances. Indeed, the only reference to Bolton as a house of the Augustinian order, rather than merely being a house of regular canons, occurs in the fourteenth century, 'priori de Bolton in Craven' ordinis sancti Augustini'.[18]

The notification made by Cecily de Rumilly to Archbishop Thurstan regarding the gifts of churches and associated property refers to 'canonicis ecclesie sancte Marie Hun[t]e[... 15mm] sancti Cuthberti Emmeseie', but there is no clarification as to the division of these gifts, if any, or to the relationship between the individual houses.[19] The confusion as to the intention of this benefaction is increased by the confirmation by Henry I of the grant of William Meschin to Huntingdon of the same church, 'ecclesiam sancte Trinitatis de Scipeton', some five or so years after the foundation of Embsay,[20] perhaps indicating the ongoing development of the priory at Embsay and the importance at that stage of Huntingdon. As Huntingdon does not appear to have prevented or contested the grant of the church together with its chapel at Carlton *in proprios usus* by Archbishop Thurstan to the canons of Embsay, it seems most likely that Holy Trinity, Skipton, was understood to have been given by Cecily and William as the endowment for their foundation rather than as an incentive, payment or benefaction to Huntingdon.[21] It is most likely that Prior Reginald and the first canons of Embsay had come from Huntingdon, for William Meschin was a benefactor of that house. This notion is strongly supported by the gift of the church at Skipton being given to both Embsay and Huntingdon in the same charter.[22] It seems most likely that the benefaction of Holy Trinity, Skipton, was made in order to provide an endowment for the new foundation, under the guidance of Huntingdon, which would hold the property, if only in name, until the house was established, after which it would 'be transferred to the new priory under its prior, Reginald'.[23] Indeed the inclusion of an individual, Reginald, in the notification of the founders to Archbishop Thurstan, as well as the grant made by the archbishop to the canons, which also states Reginald rather than Huntingdon Priory, strengthens this notion.[24]

It would appear that Huntingdon wished to retain some connection with the canons of Embsay, later Bolton, although it is unclear whether or not Cecily de Rumilly and William Meschin had intended their foundation to exist as a daughter house or as an independent establishment. It was not until the end of the twelfth century that the canons of Bolton gained their independence from Huntingdon.[25] After several enquiries, with the case being referred to Pope Celestine III (1191–1197), Bolton was assured of its independence.[26] The payment of an annual pension

---

[17] CB, no. 2.
[18] CB, no. 459.
[19] Chatsworth Charter, B2, PB 4865/24.
[20] *EYC*, vii, no. 1.
[21] *Mon. Angl.*, vi, p. 205, no. 11; *EEA*, V, no. 34.
[22] CB, no. 2; Chatsworth Charter, B2, PB 4865/24.
[23] *Monastic Order*, p. 81.
[24] *Bolton-in-Wharfedale*, p. 52. Thompson refers to Reginald as 'Reynald'.
[25] *Bolton-in-Wharfedale*, p. 51. For details of the proceedings see *ibid.*, pp. 51–2.
[26] Huntingdon Priory claimed Bolton's subjection as late as the 1190s, see *Bolton Priory*, p. 5.

to Huntingdon by Bolton of £5 6s. 8d. from the fruits of Kildwick church was established in 1194/5 and continued until the Dissolution, possibly indicating a material rather than spiritual interest by Huntingdon.[27]

The Lost Cartulary

The only evidence that has survived regarding the existence of a cartulary of Bolton Priory is found in the transcript made by Dodsworth, who states that the text was 'in chartulario prioratus de Bolton in Craven',[28] and in the title of the other document which would appear to have been copied from the lost volume, the 'Coucher [at] Bolton Abbey'. The last record of the physical existence of the cartulary of Bolton Priory dates from the seventeenth century. In the July of 1627 William Ingilby, along with several others including Roger Dodsworth, was requested, by William London, on behalf of 'John Rauson, keeper of his Majestie's house of records and evidences, called St. Mary's tower at York', to deliver the monastic records in their possession to the aforesaid John.[29] William Ingilby, however, appears to have ignored this order, for the cartulary was in his possession when Roger Dodsworth inspected it in 1638 and 1643.[30]

The whereabouts and ownership of the cartulary before and after these dates are a mystery. Following the dissolution of the monasteries records pertaining to each house were, in theory, to be transferred to the king's commissioners for safekeeping.[31] However, in practice many documents never entered into the Court of Augmentations in London or its subsidiary bodies around the country. It is possible that many remained in their original location due to the speed with which property was alienated, that they were destroyed or lost before they could be accounted for, or during transport to their new repository.[32]

Although 'cartularies were generally lodged elsewhere',[33] it is not implausible that the cartulary of Bolton Priory was deposited at St Mary's Tower, York, at some time after its use by Dodsworth but before the Civil War, and that, together with the tower, they were destroyed.[34] However, it could also have been one of the many documents

---

[27] *Bolton-in-Wharfedale*, p. 55; *Valor Ecclesiasticus*, v, p. 300; *Compotus*, p. 67. Other payments were also made to Huntingdon, for example in 1300–1301, with regard to 'Decime Terre Sancte', there is an entry 'Pro pensione de Huntyndon' x.s. viij.d.', and in 1314–1315, 'De pensione de Huntyngdon' pro defensione patrie videlicet una vice de qualibet marca xij.d. et alia vice de qualibet marca ij.d. in parte vj.s. viij.d.' (*ibid*. pp. 116, 381).

[28] Oxford, Bodleian Library, Dodsworth MS 144, fo. 1r.

[29] 'MSS. at Ripley Castle', in *Memorials of the Abbey of St. Mary of Fountains*, ii, ed. J.R. Walbran, Surtees Society, 67 (1878), pp. 97–106, at p. 98; for the letter see *ibid.*, pp. 98–9.

[30] In 1638 the cartulary was '*penes* Wm. Ingilby of Ripley' (G.R.C. Davis, *Medieval Cartularies of Great Britain: A Short Catalogue* (London, 1958), no. 61), and in 1643 Dodsworth records that the cartulary was 'penes Willelmum Ingleby de Ripley Armigerum' (Dodsworth MS 144, fo. 1r); B.A. English and C.B.L. Barr mistakenly date the last use by Dodsworth of the cartulary of Bolton Priory to 1634 ('The Records formerly in St. Mary's Tower, York', I, *YAJ*, 42 (1967–1969), p. 498).

[31] *L&P*, xi, p. 596.

[32] English and Barr, 'The Records formerly in St. Mary's Tower, York', pp. 203–4. For the Court of Augmentations and its handling of monastic documents see W.C. Richardson, *History of the Court of Augmentations 1536–1554* (Baton Rouge, 1961), pp. 475–89.

[33] B. English and R. Hoyle, 'What was in St. Mary's Tower: An inventory of 1610', *YAJ*, 65 (1993), pp. 91–4, at p. 92. The cartularies of the monasteries of Fountains, Kirkham, Meaux and St Mary's, York, are known to have been in St Mary's Tower, English and Barr, 'The Records formerly in St. Mary's Tower, York', p. 207.

[34] English and Hoyle, 'What was in St. Mary's Tower', p. 91.

saved by those involved in the salvage operation, such as Ferdinando, 2nd Baron Fairfax.[35] Another possibility is that it became the property of one of the Catholic families, such as the Towneley family in Lancashire into whose hands many monastic documents entered.[36] The possession of seven cartularies by the Ingilby family would suggest that they had some interest in or connection with the documents.[37] One other hypothesis is that the cartulary entered into their possession following some connection with the Cliffords, the earls of Cumberland. There is reference to a certain 'Mr. Ingelby' working for the 3rd earl of Cumberland in the compilation 'from the certificates of the bailiffs the long list of tenants whose holdings were now free to be leased at the Earl's pleasure' in 1602.[38] It is possible that this person was William Ingilby or one of his predecessors, for, as a commissioner for the earl of Cumberland, he would have had access to the muniments of the family, including the cartulary of Bolton Priory, and that following the earl's death in October 1605, the cartulary was not returned to its rightful owner. Another connection that is known to have existed between the two families centres upon the unsuccessful privateering enterprises of the 3rd earl of Cumberland, whom Sir William Ingilby assisted in the raising of funds.[39]

By comparing both the documents transcribed by Roger Dodsworth and those found in the Coucher Book it is possible to build a fuller picture of the cartulary, for both texts have omissions and additions.[40] One benefit in the transcript of parts of the cartulary made by Dodsworth in 1643[41] is the inclusion of a folio number at the end of each document, presumably relating to that in the original.[42] This copy indicates that the cartulary was composed of a minimum of 162 folios: the cartulary starts with a section devoted to foundation documents and other charters of the patrons; then follows a topographically ordered section which is divided by a segment of final concords; the final folio contains what would appear to be documents relating to leased land.[43]

---

[35] See English and Barr, 'The Records formerly in St. Mary's Tower, York', pp. 214–16, 218 for references to those documents saved by members of the Fairfax family. Another person who was involved in the salvage and preservation of documents was Thomas Thompson, see *ibid.*, pp. 214–15, 218, 220, 222, 487. For the collections of the Fairfax family see W.J. Connor, 'The Fairfax Archives: A Study in Dispersal', *Archives*, 11, no. 50 (1973), pp. 76–85.

[36] The Towneley family held the cartularies of Eastbridge Hospital, Canterbury, the Hospital of St James, Canterbury, and Tockwith, alias Scokirk, a cell of Nostell, G.R.C. Davies, *Medieval Cartularies of Great Britain: A Short Catalogue* (London, 1958), nos. 209, 958, 977.

[37] The Ingilby family appear to have held a large number of cartularies in comparison with other families, only being exceeded by the collections of Sir Robert Cotton, who had sixteen monastic registers relating to Yorkshire, and Dodsworth, who held eight Yorkshire cartularies, although 'five of these are no more than fragments', English and Barr, 'The Records formerly in St. Mary's Tower', pts. 166–8, see p. 207.

[38] R.T. Spence, 'The Cliffords, Earls of Cumberland, 1579–1646: A Study of their Fortunes based on their Household and Estate Accounts', Ph.D. thesis, London University, 1959, p. 109.

[39] For the privateering career of the 3rd earl of Cumberland see Spence, 'The Cliffords, Earls of Cumberland', pp. 32–77.

[40] See the table, 'Arrangement of the Lost Cartulary', p. 20 below.

[41] This manuscript is referred to as Dodsworth MS 144, presently held in the Bodleian Library, and is the most complete of all the transcripts made by Dodsworth and his assistants with regard to the cartulary of Bolton Priory.

[42] Dodsworth MS 144, fo. 1r is marked 'in chartulario prioratus de Bolton in Craven', with a note on fo. 54r, 'finis libri de Boulton'.

[43] There are, however, another two documents, not numbered with any folio reference, found on the first folio of Dodsworth MS 144 that would appear to be connected with an assize and an inquisition. The latter is also found in the Coucher Book, but towards the end, rather than at the start, possibly indi-

It seems most probable that the cartulary was started and completed some time shortly after the acquisition of Appletreewick in the early fourteenth century, the latest document relating to this being dated 1322. Although the majority of documents, primarily benefactions and confirmations, date from before the fourteenth century there are some of a later date, such as the benefaction of Richard Baker of Cononley, and of Alice his wife of property in Cononley, dated 6 February 1449. This entry seems to have been added later, probably filling the blank part of a page.[44]

As with many other monastic cartularies, that of Bolton Priory was presumably composed for the 'purposes of reference and information', and to document legal claims on property.[45] Based on internal evidence, the cartulary would appear to have been written during the priorate of John of Laund (?1286 x 1331).[46] The influence of both John of Laund and his predecessor, John of Lund, upon the management of Bolton Priory is also illustrated by the *Compotus*, a series of accounts for 1286–1325, which were 'instigated by Prior John of Lund' and 'continued and extended by his notable successor'.[47] More systematic record keeping might have come from a new desire from within the house, or perhaps an enforced measure from outside, possibly archiepiscopal visitations by Giffard and Wickwane, who both 'found fault with the financial organisation in 1267 and 1280 respectively'.[48]

The purchase of Appletreewick around 1300, together with the series of disasters that occurred during the early fourteenth century – abysmal harvests, catastrophic losses of sheep and cattle, Scottish raids – may have been motives for the creation of the cartulary. Royal protection for the monastery had been sought in the years prior to the departure of the convent from Bolton.[49] In 1320 the majority of the canons left Bolton to join other Augustinian houses because of the ever-present threat of further Scottish raids and the hardships imposed upon the house due to previous incursions.[50] Although 'five senior canons'[51] remained at Bolton, the priory was effectively run by lay guardians, who were to remain in control of the estates for at least five years, seizing 'the opportunity to establish a sound financial position' at the house.[52] As they worked to secure the economic situation it is feasible that the cartulary was created as a compact reference book. It therefore seems most probable that the cartulary came into being as a by-product of the reorganisation of the muniments in an attempt to ascertain and confirm the property of the priory; or that fear of destruction, such as had been posed by the Scottish marauders, demanded a copy be made urgently for the sake of posterity.

---

cating that these documents were a later addition into the text of the book, or perhaps even inserted on a loose sheet.
[44] CB, no. 296; Dodsworth MS 144, fo. 36v, from Bolton Cartulary, fo. 90.
[45] G.R.C. Davis, *Medieval Cartularies of Great Britain: A Short Catalogue* (London, 1958), p. xi.
[46] The importance of John of Laund as prior of Bolton is illustrated by I. Kershaw, who suggests that 'For Bolton the priorate of John of Laund was as important as that of Henry of Eastry, his exact contemporary, for Christ Church Canterbury or the abbacy of Geoffrey of Crowland for Peterborough', *Bolton Priory*, p. 13.
[47] *Compotus*, p. 7.
[48] *Compotus*, p. 7. The compilation of a rental at some point during the 1280s may also be illustrative of a 'financial tightening-up' and the subsequent need for a better method of record keeping (*ibid.*).
[49] The prior and convent of Bolton received, 'Simple protection for one year' in October 1319, which was extended to protection for two years in the following year, see *CPR, 1317–1321*, pp. 395, 506.
[50] The effect of the Scots upon Bolton Priory is indicated by the absence of the account for 1319–1320 due to 'perditus fuit propter adventum Scotorum'; *Compotus*, p. 476, see note also.
[51] *Bolton Priory*, p. 17.
[52] *Ibid.*, p. 173.

Arrangement of the Lost Cartulary

Heading	Coucher Book folios	Coucher Book numbers	Dodsworth MS144 folios	Cartulary folios
[Foundation and Family Charters]	2–6	1–24	2–5	1–4
Halton and Eastby	6v–7	25–26	5–5v	5
Halton	7v–11v	27–33	5v–6	5–6, 8
Stirton	11v–12v	34–39	6v	9
Draughton	13–13v	40–42	6v	9
Marton	13v–19v	43–63	7–8	10–13
Gargrave	19v–22	64–74	8v–9	14–15
Kirkstall	22v–23	75–77		
Airton	24–26	78–85	9v–10	17–19
Scosthorp	26–26v	86–88	10v	19
Hellifield	27–27v	89–91	11	20
Long Preston	28–31v	91–105	11v–12v	21–33
Malham	32–41v	106–139	13–16	25–33, 115v
Linton	41v	140–141	16v	33
Malham and Arncliffe	42	142		
Final Concords	42v–46	143–158	17–19v	34–40, 45, 82
[Holderness			20–21v	41–43, 46, 49]
Appletreewick, initial page under different heading	47–71v	159–246	22–31v	46, 53, 55–58, 61–66, 72–73
Cracoe	72–79	247–269	32–33	75–80
[Kettlewell			33v–34	81–82]
Thorpe	79v–81	270–275	34v	83
Kildwick	81v–82v	276–280	35	85
Silsden	83–84v	281–285	35	85
Farnhill	85v–89	286–294	35v–36	88–89
Cononley	89–89v, 91–111v	295–296, 300–369	36v–39v	89–90, 92–95, 97–101, 103, 105–106, 116
Bradley	90–90v	297–298		
Trepwood	112–114	370–379	40	107
Glusburn	114v–116	380–387		
Eastburn	116v–119	388–399	40v	110–111
Steeton	119v–121	400–405	41	113
Newsholme	121	406–408	41v	114, 120v
Storiths	121v–129	409–434	42–44	119
Storiths and Beamsley	129v–130v	435–440	44	119
[Rodes in Menston			44v	122]
Beamsley	130v	441		
Chapel in Skipton Castle	131	442		
Bounds of Knaresborough Castle	131v	443		
Henry II	132	444		
Philip and Mary	133–134	445		
[Farnley			45–45v	123–124(?)]
Harewood	134v–141	452–467	46–47v	125–127, 129–130, 134
[Weeton			47v	131]
[East Keswick			48	133]
[Brandon and Wigton			48–48v	139, 141, 143]
[Rawdon			48v–49v	144–147]
[Yeadon			50–50v	148]

[Ryther	51	149–150, 153]
[Wentworth, including Street	51v–52v	155–157, 159]
[Wentbridge and Thorpe	53–54	162]

Those details placed within squared parentheses are not found in the Coucher Book but are thought to have been part of the lost cartulary because of their inclusion in Dodsworth MS 144.

The conjecture that the cartulary was composed in order to provide a compendium of title deeds and, therefore, an overview of the canons' properties is enhanced if the purchase of Appletreewick was a factor behind its creation. The section relating to Appletreewick appears to have been the largest section of the cartulary, probably occupying some twenty folios.[53] Although not the canons' most valuable acquisition, the possession of Appletreewick was significant in the economic life of the priory and, more importantly in relation to the cartulary, would appear to have been the last large set of title deeds received into the priory's custody. The inclusion of the protracted legal contest that had preceded the canons' acquisition of Appletreewick could also indicate the need to safeguard their evidence of right to the land.

It is impossible to be certain whether any of the above factors was the primary reason for the compilation of the cartulary. It may have been started simply as an administrative task, possibly with the aim of securing the corporate history of the priory, or it may have followed a reorganisation of the archives of the priory, but it is plausible that some crisis or momentous event acted as a catalyst for its creation, as had been the case at other monastic houses.[54]

The Coucher Book

The Coucher Book is approximately 220mm by 320mm, with a depth of 40mm. The cover of the book has been written on twice, once giving a title 'Coucher [at] Bolton Abbey', the name being kept in order to distinguish it from the lost cartulary, and secondly giving what would appear to be a location reference, 'Drawer (P) No. 11'.[55] The title 'Coucher', another term for cartulary, refers to the compilation of material held by the canons of Bolton Priory.[56] Whether the original cartulary was referred to by this term is uncertain, although Dodsworth refers to the original as cartulary, perhaps indicating that this partial copy was called by a different name in order to identify the two copies, and possibly their purposes.[57]

---

[53] Dodsworth MS 144, fos. 22–31v, which includes references to fos. 46, 53, 55–58, 61–66 and 72–73 of the cartulary.

[54] Dover and Stoneleigh priories, for example, were spurred into action by the loss of parts of their muniments due to theft, fire, decay and negligence; see T. Foulds, 'Medieval Cartularies', *Archives*, 18, no. 77 (1987), pp. 1–35, at pp. 23–5.

[55] A similar reference, 'Drawer (P) Bundle 13', has been found on the cover of a book of accounts of bailiffs of the Clifford family, created in 1613 (Unlisted Clifford Papers, Chatsworth).

[56] 'Coucher' is an extension of the word 'Couch', for which the *Oxford English Dictionary* has two pertinent definitions, firstly, 'to set, place, put (together with others, in a list, category, etc.); to collocate, comprise, include', and secondly, 'to put together, frame, shape, arrange (words, a sentence, etc.); to express in language, put into words; set down in writing' (*OED*, compact edn (Oxford, 1971), i, p. 572). Other words, apart from 'coucher', sometimes used to describe cartularies include 'register' and 'ledger book'.

[57] Dodsworth MS 144, fo. 1r, 'chartulario'; fo. 57r, 'cartulario'; Dodsworth MS 10, fo. 165r, 'chartulario'. Fo. 42r of Dodsworth MS 144 is titled 'Leigier of Bolton', with the following folio using, 'Bolton Leigier'; fos. 2–7, 8–19, 29–40, 45–54 have 'Bolton Reg.', with the fuller description of 'Bolton

A limp vellum cover protects the text of the Coucher Book, which is written on paper. The cover is comprised of two sheets of vellum, perhaps indicating that expense was not an issue in its production. There is slight damage to the cover, including holes made by insects and three slash marks on the outside of the cover, approximately 25mm in length. The outer corners of the cover have been secured with lacing of vellum in a square arrangement. The binding is slightly concave but otherwise, as with the rest of the Coucher Book, is in surprisingly good condition. There is evidence of lacing through, using vellum, in the outside of the cover, but this is more apparent at the middle of each section, where the stitching is clearly visible. Three lacing points can be seen using six holes, giving the appearance of a large stabbing stitch.

The Coucher Book has been bound in four sections, all of similar size, with the fourth being entirely blank, except for a couple of faint jottings on the reverse of the last folio. Why this should be is puzzling. It is possible that the book was assembled before the text was written or that the text was written previously with a blank section added to enable further entries.[58] The large size of the sections, all being over forty folios, makes this inclusion of a blank section even stranger, as the cost of paper was not insignificant, whether it was imported from the continent or produced at home.[59] The text gives no additional indication as to the intended use of the last section, as the previous three are not obviously self-contained and the last part of the third section gives the appearance of having been filled completely in several stages.

The blank pages provide an opportunity to clearly view the watermark found in the paper. The device found appears to be of a fairly simple pot, with the initials 'IB' placed within a band. Although it is often possible to determine the origin and broad dating of a piece of paper from its watermark, at the present no identification has been possible.[60] However, it seems likely that the paper was of French origin, for the pot was a common watermark found in paper produced in France, and that it was manufactured in the late sixteenth or early seventeenth century.[61]

The first gathered section of the Coucher Book comprises of 23 bifolia, the second 25, the third 24 complete bifolia and one that has had the right-hand folio cut out, and the fourth 21. The first four folios have not been numbered, but those of the remainder of the book, 185 folios, including those that are empty, have been allocated Arabic numerals. The continuous numbering suggests that the page that has been cut out, between folios 132 and 133, was removed prior to pagination. An area for the text has been marked out on each folio, being, on average, 140mm by 250mm. The

---

Register' on fos. 44–45; and 'Ad huc ex lib[ro] de Bolton' on fo. 41, marking the end of his transcription, 'Finis libri de Boulton', fo. 54r.

[58] Another, although unlikely, possibility is that this was the work of an amateur, maybe an early antiquarian, as the binding itself is not sophisticated.

[59] Paper mills appeared in England at the end of the fifteenth century but production did not flourish until the seventeenth century. For the history of papermaking see J. Grant, *Books & Documents. Dating, Permanence and Preservation* (London, 1937), pp. 3–6. A rough indication as to the cost of paper may be taken from the administration and inventory of the goods of Nicholas Pilgrim, a stationer and binder, Cambridge, 16 March 1545, which gives the following prices, 'ij Remys of paper … ivs. viijd.' and 'queer of paper … ijs.' (G.J. Gray and W.M. Palmer, *Abstracts from the Wills and Testamentary Documents of Printers, Binders, and Stationers of Cambridge, from 1504 to 1699* (London, 1915), p. 26).

[60] R.L. Hill, *Papermaking in Britain, 1488–1988* (London, 1988), p. 32.

[61] The superior quality of French paper in comparison to that produced in England meant that from the 'fourteenth century onwards much of the paper used in England came from France' (W.A. Churchill, *Watermarks in Paper in Holland, England, France, etc., in the xvii and xviii Centuries and their Interconnection* (Amsterdam, 1967), p. 58).

top margin usually contains a heading relating to the township or area in question and the folio number in the right hand corner. The margin at the base of the folio usually contains the link word to the following box of text, but there is one example of an astrological notation on fo. 92r. Occasionally, topographical section headings are found in the left-hand margin, as well as other marginalia,[62] and occasionally a pointing hand[63] or a mark with the semblance of a shamrock.[64]

As with many other monastic cartularies, the arrangement of the Coucher Book is primarily topographical. The first five folios of text, with fo. 1 being blank, contain memoranda and charters concerning the foundation charter of the priory, the benefactions of its patrons, as well as archiepiscopal notifications and the charters of various monarchs. The Coucher Book then follows a topographical pattern, with some duplication of charters where they either relate to the patronal family and a place or to two locations. The confirmation made by Alice de Rumilly of the gift of the mill of Silsden to the canons, for example, is found at the start of the Coucher Book and in the section headed Silsden,[65] and the benefaction of Helto Mauleverer and Bilioth his wife is found under both Malham and Storiths.[66] The reasoning, if any, behind the order of places is unclear: no parochial system or location in relation to the house either at Embsay or Bolton is obvious, nor is any other method of arrangement, such as the date at which acquisition began in individual areas, or even an alphabetical sequence.[67]

Approximately a third of the way through the Coucher Book the topographical order is broken with a section headed 'Finalis Concordia'.[68] This segment is comprised of fourteen final concords, with seven of them relating to the churches of Long Preston, Broughton, Kettlewell, Keighley, and others concerning lands, properties and rights in Embsay, Yeadon, Hawkswick, Kettlewell, Appletreewick and Eshton. The inclusion of a memorandum and a charter of disafforestation of Wharfedale by King John within the final concords would appear to have been made on the basis that this was the most suitable location for documents of this nature which could not be easily integrated elsewhere.

The section of final concords precedes one of the largest topographical sections in the Coucher Book: Appletreewick. This section begins with a collection of legal documents relating to the claims of four contending parties for the possession of the property of Aveline de Forz who had died in 1274. The inclusion in the Coucher Book of documents produced during the proceedings may indicate a requirement, or at least the canons' desire, to have a copy of every piece of evidence available, should the legality of their ownership ever be contested. For example, as well as having copies of the main documents of the enquiry, such as the claims made by all four

---

[62] The Appletreewick section (fos. 47v–71v) contains the largest amount of marginalia, often accompanying transcripts of royal charters.

[63] CB, nos. 216, 220, 279. Two of these marks are found next to charters within the section relating to Appletreewick, with the third by a document concerning Kildwick.

[64] CB, nos. 409, 413, 414, 416. It is interesting to note that these all occur within the section relating to Storiths. It is possible that these were administrative markings, although they do not occur at the same point in the charters, with two being present in CB, no. 416.

[65] CB, nos. 10, 282.

[66] CB, nos. 106, 409.

[67] I. Kershaw has noted that although there are exceptions there is a broad correspondence between the order of the Coucher Book and the administrative divisions that were applied to rents, as found in the rental of 1473, namely the focus upon 'those estates which lay in Craven' (*Bolton Priory Rentals*, p. vii).

[68] CB, nos. 143–58.

parties, the Appletreewick section also includes notes in French[69] relating to the trial documents. The use of French is continued throughout the Appletreewick section, with many of the charters being preceded with a note in French.[70]

The topographical arrangement continues until fo. 130v, after which point the nature of the contents alters, resuming a topographical section at fo. 134v. These four anomalous folios, fos. 131–134,[71] include a miscellany of documents, which would not appear necessarily to have been of interest to the canons, and were therefore probably added by the scribe or composer of the Coucher Book, a notion which is supported by their absence in the transcript of the cartulary made by Dodsworth. Although the bounds of the forest of Knaresborough, written in English, a charter of Henry II, and the Philip and Mary material[72] are additional, the inclusion of an inquest at Skipton Castle[73] is, perhaps, more interesting as this is the second document in the transcript made by Dodsworth from the cartulary of Bolton Priory, but seems to have been a last minute addition by whoever was involved with the production of the Coucher Book.[74] Whilst this could indicate a change in the importance ascribed to an individual document, it may simply demonstrate how empty folios were utilised, for although it is noted that this was 'in principio libri', it is not assigned a folio, something which Dodsworth did for the rest of the cartulary, almost without fail; the possibility of it being an insert is strengthened by the charters on the following folio being taken from fo. 1 of the text he was copying.

Whereas it would appear that fos. 2–132 of the Coucher Book were possibly written by the same scribe, this seems less likely for the Philip and Mary material, which has a less fluid style and appears to have been a later addition.[75] A far more noticeable change of hand occurs in the section headed Harewood.[76] The first seven charters are written in a very different hand, and are littered with omissions and errors, for example Avice has been transcribed as Lucy.[77] However, the remaining entries in the Coucher Book in the section entitled Harewood, fifteen in total, are in yet another hand, with far fewer errors, similar to that used in the bulk of text, but with variations in size on different folios – for example there are 32 lines on fo. 137r and 39 lines on fo. 140v.

The arrangement and content of the Coucher Book is similar to the transcript made by Dodsworth, but there are some significant differences which may reveal the purpose of the Coucher Book's creator. The first significant difference between the Coucher Book and the transcript made by Dodsworth is the omission in the former but presence in the latter of a section of documents relating to Holderness.[78] The exclusion of material relating to Holderness was, presumably, a deliberate act as, from the indication of its size by the folio numbers of the cartulary included in Dodsworth's transcript, fos. 41–43, 46, 49, it would have been too large to have

---

[69] For example see CB, no. 170.
[70] For examples see CB, nos. 184, 188, 202, 209, 211, and for other examples of French see nos. 218, 220, 221, 226.
[71] CB, fo. 132v is blank.
[72] CB, nos. 443–5.
[73] CB, no. 442.
[74] CB, no. 442; Dodsworth MS 144, fo. 1.
[75] I. Kershaw believed that this section was probably 'added later in the 16th century as an appendix' (*Bolton Priory Rentals*, p. viii).
[76] CB, nos. 452–67.
[77] CB, no. 448, 'Lucia'.
[78] Dodsworth MS 144, fos. 20r–21v.

been accidentally overlooked, unlike, for example the section concerning Rodes in Menston, which may have only filled one folio.[79]

The geographical location of Holderness, in the East Riding of Yorkshire, probably running under a separate administration from that of the house, may have resulted in the records of charters relating to that area being kept independently.[80] However, it seems more probable that the reason for the omission was that Holderness was no longer part of, at least no longer being administered as part of, the estate for which the Coucher Book was prepared. The last suggestion bears greater credence if the Coucher Book is believed to be a post-Dissolution creation, as the Holderness lands did not pass to the Cliffords.[81] The omission of Holderness underlines the hypothesis that a condensed copy of the cartulary was made in order to clarify the status of the Clifford family's new possessions, even if the cartulary itself did enter their possession, together with the majority of property formerly held by the canons of Bolton. The Coucher Book would thereby have provided a more usable administrative document.

Apart from Holderness, other properties, although of smaller scale, are omitted from the Coucher Book. These include Kettlewell, Rodes in Menston, Weeton, East Keswick, Brandon, Wigton, Rawdon, Yeadon (all belonging to the administrative grouping in the Leeds area), Ryther, Wentworth, Street, Wentbridge and Thorpe, all of which lie outside the nucleus of the estates of Bolton Priory. Christ Church, Oxford, was endowed with property previously held by Bolton Priory.[82] This benefaction was fundamentally comprised of spiritual property including the churches of Long Preston, Broughton, Carleton, Skipton and Kildwick, as well as the former monastic chapel at Bolton itself and the pension from Kettlewell, as well as numerous appurtenances and tithes.[83] The grants of spiritual property to the dean and chapter of the cathedral of Christ Church, Oxford, rather than to the Cliffords, raises questions about why material relating to those churches was included in the Coucher Book if it was, as suggested previously, a document relating to those lands late of the canons of Bolton, then held by the earls of Cumberland.

The inclusion of a document issued by King Philip and Queen Mary in 1555[84] adds further complication to the dating of the document. Although it would indicate that the last document transcribed into the Coucher Book could not have been entered before 17 May 1555, the exact date at which the copy of the exemplification was added is difficult to establish, since the hand, of mid to late sixteenth-century style, does not particularly resemble that of any other in the text. This exemplification does, however, help to piece together the administrative history of the Coucher Book. King Philip and Queen Mary appear to have issued it at the request of Henry, earl

---

[79] Dodsworth MS 144, fo. 44v, from Bolton Cartulary, fo. 122.
[80] For example, Tockwith (*alias* Scokirk), a cell of Nostell at Tockwith, had its own cartulary (*The Chartulary of Tockwith, alias Scokirk, a cell to the Priory of Nostell*, ed. G.C. Ransome, YAS, RS, 80 (1931), pp. 149–206, 223–7). Breedon (Leicestershire) was another cell of Nostell that kept its own cartulary, see *ibid.*, p. 153.
[81] For a history of the manor of Holmpton see *Victoria History of the County of Yorkshire: East Riding*, 6 vols., ed. K.J. Allison (London, 1969–), 5, pp. 50–2.
[82] The college 'was endowed with the site and revenues of St. Frideswide's Priory, and with the revenues of twenty other monastic houses suppressed for the purpose … with the addition of several Oxfordshire rectories', J. Newman, 'Cardinal Wolsey's Collegiate Foundations', *Cardinal Wolsey: Church, State and Art*, ed. S.J. Gunn and P.G. Lindley (Cambridge, 1991), p. 108.
[83] *L&P, Henry VIII*, 18, p. 491; see also *ibid.*, 21, pp. 334–7.
[84] CB, no. 445.

of Cumberland, who had acquired properties of the canons in 1541.[85] The motive behind this request for an exemplification, with the reiterated charters dating back to the time of King John and the afforestation of lands in Appletreewick and Craven, as well as a fair in Skipton, is unclear. Its inclusion, however, may support the speculation that the Coucher Book was constructed after the dissolution of the priory in January 1539, upon entering the hands of the Clifford family, and that it was intended to be an administrative document, rather than a historical record of the priory, with the blank pages to be filled with copies of later important documents.

Although the Coucher Book contains many omissions in comparison to the transcript of the cartulary made by Dodsworth, there are also some additions. The section entitled Kirkstall, for example, not present in the copy made by Dodsworth, contains three documents: two relating to agreements with Kirkstall Abbey, and a benefaction of land in Halton.[86] These documents would appear to have been arranged chronologically, but the grouping as a whole is unusual in comparison with the other sections in the Coucher Book, both in size and content. It would appear that these documents were transcribed into the Coucher Book at the time of its creation, but why they were included is unclear, as is, conversely, the reason why Dodsworth did not copy them, if both extant copies were made from the lost cartulary.[87]

Another section of the Coucher Book that contains copies of documents not found in Dodsworth's transcripts is that under the heading of Appletreewick. It is impossible to ascertain whether these documents, like the Kirkstall documents, had been part of the cartulary, for Dodsworth's transcripts do not contain reference to folios 67 to 71 of the cartulary, which is where, if they existed, they may have been located.[88] If the Coucher Book is an accurate copy of the cartulary, these folios would have included transcripts of several letters patent issued by Edward I and Edward II,[89] two of extents of Appletreewick,[90] private charters[91] and other documents relating to legal matters.[92]

Some doubt is cast upon the hypothesis that the Coucher Book was created for use by the Cliffords by the inclusion of lands which are not known to have entered the possession of the earls of Cumberland in the years immediately after the Dissolution. Appletreewick, for example, which was acquired by Sir Christopher Hales in 1539, is not mentioned in the lease made to Henry, earl of Cumberland, in 1540 or in the grant of 1542.[93] However, it is possible that the manor of Appletreewick entered into the possession of the Cliffords during the lifetime of the 2nd earl, who is thought to have been disposing of 'scattered and isolated manors in Yorkshire and elsewhere ... to purchase lands adjacent to his Craven estates'.[94] Likewise the omis-

---

[85] *L&P, Henry VIII*, 16, no. 167, p. 721; *ibid.*, 17, nos. 283 (11), 881 (26), pp. 158–9, 491.
[86] CB, nos. 75–7.
[87] There is no mention of fo. 16 of the cartulary in Dodsworth's transcript, possibly indicative of an omitted section, i.e. Kirkstall, or of a blank folio.
[88] For omission see Dodsworth MS 144, fo. 31v.
[89] CB, nos. 216, 233, 238.
[90] CB, nos. 217, 219.
[91] CB, nos. 235, 236, 240.
[92] For example, CB, nos. 222, 230.
[93] *L&P, Henry VIII*, 16 (1540–1541), 167; *ibid.*, 17 (1542), 283 (11).
[94] R.T. Spence, 'The Cliffords, Earls of Cumberland, 1579–1646: A Study of their Fortunes based on their Household and Estate Accounts', Ph.D. thesis, London University, 1959, p. 12. This idea may be supported by the inclusion of Woodhouse cum Appletreewick in the feodary survey of George, 3rd earl of Cumberland, made in 1573 (*ibid.*, p. 381).

sion of certain lands in the Coucher Book known to have been contained in the cartulary may indicate that the Coucher Book was composed following the disposal of certain properties by the Cliffords, such as Weighton [Weeton?] in 1565.[95] This may indicate the earliest date after which the Coucher Book was created, for if the family had disposed of these properties there would be no reason to include them in the transcript taken from the cartulary.

The notion of the Coucher Book being an administrative document, possibly focused upon estate management, may be supported further by its similarity to the rental of 1473[96] in its omission of certain properties, which 'probably reflects some administrative division within the house'.[97] As with the Coucher Book, the rental does not mention those lands held by the priory in more distant locations, such as Wentworth and Weeton. Bolton Priory, however, must have held an interest, for the rental drawn up at the time of the Dissolution gives these properties the values of £6 13s. 4d. and £4 12s. 10d. respectively, and they are known to have been given to the canons before 1473.[98]

The insertion of the section relating to Harewood at the end of the Coucher Book is another puzzling matter, for the first few folios are not given any heading and are written in two different hands.[99] One explanation is the possibly late acquisition of the canons' lands at Harewood by the Clifford family, after which the appropriate section of the cartulary was copied into the Coucher Book 'as an appendix'.[100] This would suggest that the Cliffords did not acquire Harewood until after 1555, for the charter of Philip and Mary, which occupies some of the folios between the section known to have been copied from the cartulary and that relating to Harewood, could not have been transcribed before the date at which it was created, and it would seem strange to have left three folios blank between topographical segments if the property had been purchased at the same, or a similar, time to the rest.[101]

The Coucher Book is presently lodged at Chatsworth House, Derbyshire, in the possession of the Duke of Devonshire. It would appear that, unlike the cartulary, it has been in the possession of the family from the time of its creation, presumably some time shortly after the acquisition of the lands of the former priory at Bolton. Although Chatsworth is the Coucher Book's present home it has been kept elsewhere, for it is known to have been held in London at the offices of solicitors of the Dukes of Devonshire until the 1960s.

Original Charters

For the reconstruction of the lost cartulary, as well as for the history of the house's estates, Bolton Priory is fortunate in that some twenty original charters known to have been copied into the cartulary, as well as a large number which are not found

---

[95] *Ibid.*, p. 11, citing *Public Record Office Index, Pat. Rolls, 7 Eliz., pt. 6*; Brandon, Rawdon and Yeadon were disposed of in 1549 and 1559 (*ibid.*, citing *CPR, Ed. VI*, iii, 60; *Yorkshire Fines, Tudor*, i, 231).
[96] *Bolton Priory Rentals*, pp. 1–18.
[97] *Ibid.*, p. vii.
[98] *Ibid.*, pp. 50, 36; Dodsworth MS 144, fos. 51v–52v, 47v.
[99] CB, nos. 452–67.
[100] *Bolton Priory Rentals*, p. viii.
[101] It would appear, from the rental taken at the dissolution of Bolton Priory, that the mills of Harewood had been leased, in 1534, to William Beane for a term of sixty-one years (*Bolton Priory Rentals*, p. 37), and perhaps therefore only became available for acquisition following his death.

in the Coucher Book or Dodsworth MS 144, still survive.[102] The survival of these original documents provides the opportunity to appraise the accuracy of those copied into the Coucher Book and transcribed by Dodsworth, and also, therefore, the accuracy of the scribe who compiled the cartulary, for 'to depend upon any man's transcripts without comparing them with the originals will but deceive you'.[103]

More than one hundred original charters have survived, scattered to different locations since the dissolution of the priory and the distribution of its lands to new owners. The majority of the charters are presently housed alongside the Coucher Book at Chatsworth House, and date from the twelfth century until shortly before the Dissolution.[104] Those relating to the churches acquired by Christ Church, Oxford, for example, are located at the Bodleian Library, Oxford. Other documents have entered the collections of the Yorkshire Archaeological Society, Leeds, and the British Library, London, as part of non-organic collections.

Only just over twenty of the charters held at Chatsworth are found in the Coucher Book, raising questions about what was included and what was excluded from the cartulary, as well as from subsequent transcripts.[105] Very few charters of the patrons are included in this number, with only Cecily de Rumilly and William Meschin, Alice de Rumilly their daughter, and William de Forz II being represented. The other original charters that are contained in the Coucher Book relate to lands in Marton, Halton, Cononley, Hazlewood and Storiths, Beamsley, with the largest number, perhaps purely by chance, relating to property in Cononley.

The original charters held at Chatsworth and not contained in the Coucher Book are, perhaps, more interesting than those that are included. For example, of over ten original charters of gifts made by Richard de Pinkeny to the canons of Bolton,[106] none are contained in the Coucher Book. The majority of these charters relate to land in Halton and refer to transactions made during the first half of the thirteenth century, in which Richard gave over ten acres of land as well as other property and rights, making him a conspicuous benefactor. Despite his generosity, however, there is only one reference to him, other than acting as witness:[107] a confirmation charter of William de Forz II, which included the gift of three carucates of land in Halton that Richard de Pinkeny had held and surrendered in the court of Skipton.[108]

The earliest original charter still extant at Chatsworth is that of the notification to Archbishop Thurstan of York by Cecily de Rumilly and William Meschin, the founders of Embsay Priory, of their gift of the church of Skipton, which, as we have noted, they appear to have made jointly to the new foundation at Embsay and to the canons of Huntingdon.[109] However, the charter itself, although damaged and without a seal, provides an almost complete text with which to corroborate and

---

[102] The survival rate for original charters at Bolton is high in comparison with Lanercost, for which 'a random selection of ten, out of some 350 in the Cartulary' are extant: *The Lanercost Cartulary (Cumbria County Record Office MSDZ/1)*, ed. J.M. Todd, Surtees Society, 203, Cumberland and Westmorland Antiquitarian and Archaeological Society Record Series, 11 (1997), p. 29.

[103] *The Thurgarton Cartulary*, ed. T. Foulds (Stamford, 1994), p. cxcv, citing D. Douglas, 'William Dugdale: the "Grand Plagiary"', *History*, 20 (1935), pp. 193–210, at p. 195 (the quote is by Dugdale).

[104] Until 2001 the estate office at Bolton Abbey still held some original charters relating to the lands of the priory; these have now been moved to Chatsworth.

[105] CB, nos. 16, 27–30, 47, 59, 293, 307, 322, 327–32, 342, 343, 348, 350, 421, 427.

[106] Chatsworth Charters, no. 461, K19, B2, PB30765/1–7, 9, 11, 14.

[107] CB, nos. 41, 58, 59, 441, 422.

[108] CB, no. 26.

[109] Chatsworth Charter, B2, PB4865/24.

clarify those charters for which only copies remain, as well as giving information about the founders' families.

The date of this charter is particularly interesting as it would seem to indicate that Cecily, daughter of R[obert] de Rumilly, made her own notification to Archbishop Thurstan following the death of her husband, William son of Ranulf [Meschin]. The inclusion of specific reference to the tithes of Skipton helps to clarify the ambiguity surrounding the extent of the original gift made by William and Cecily as displayed in the notification to the archbishop.[110] This notification is also of interest as it appears to have been created as a secondary charter supporting that originally issued by William and Cecily, as well as, to the best of our knowledge, being the notification to the archbishop of the gift of St Andrew's church, Kildwick, which had been given by Cecily alone.[111]

The other original charters of the patrons of Bolton Priory at Chatsworth include a charter of William de Forz II,[112] an inspeximus of a charter concerning various rights of the canons in relation to the fair at Embsay,[113] and two charters of Alice de Rumilly.[114] Only one of the charters of Alice de Rumilly is found in the Coucher Book,[115] raising questions as to why the other, probably a confirmation was omitted.[116] The second charter relates to Keighley church: it is in such poor condition that it is impossible to tell whether it is a gift or confirmation but, taken in conjunction with the gift of Richard de Pinkeny, it seems likely that it is the latter. There is not a topographical section relating to Keighley in either the Coucher Book or Dodsworth's transcript, suggesting that the original cartulary also lacked any documents relating to this spiritual property. Why this should be is unclear as the church was not inconsequential to the priory: in 1308 they were called upon 'to show their right, among other possessions, to a pension of a mark from the church of Keighley', which they had received, and they made presentation of the clergy of the church, until the Dissolution.[117]

The number of royal charters of which originals survive but are not included in the Coucher Book are few. Some, granted in the fifteenth and sixteenth centuries,[118] are outside the scope of the cartulary, though these do help to create a fuller picture of the development of the priory's estates. Grants of free warren, made by Henry III and Edward II, including the grant of a fair at Appletreewick, do not appear in either the Coucher Book or the Dodsworth's transcript.[119] The exclusion of a royal charter permitting a fair to be held at Appletreewick is curious as the acquisition of Appletreewick is well documented in the Coucher Book, which also contains refer-

[110] CB, no. 2.
[111] CB, no. 4.
[112] CB, no. 47.
[113] Chatsworth Charter, B3, PB11065/54.
[114] CB, no. 16; Chatsworth Charter, B1, PB10.
[115] CB, no. 16.
[116] Chatsworth Charter, B1, PB10.
[117] *Fasti Parochiales*, iv, p. 69. For the church of St Andrew, Keighley, see above.
[118] For example, Chatsworth Charter, B1 PB9 is the confirmation of customary rights to the priory by Henry IV; Chatsworth Charter, B5. PB23166/1 is an inspeximus by Henry VIII regarding the priory's right to common pasture.
[119] Chatsworth Charters, K12, 13.

ence to the fair at Embsay and its extension; both fairs were profitable at the time the cartulary was created.[120]

Like other medieval estate-owners the canons of Bolton were plainly aware of the importance of documentary evidence to support their legal claims to property. For example, the priory was called upon by Archbishop Greenfield to produce evidence of its right to the churches of Long Preston, Skipton, Carleton and Kildwick, for which the canons exhibited seven charters, five of which had been 'exemplified under the hand of Master Andrew de Tang, notary'.[121] The *Compotus* has record of payments being made for the duplication of charters, with, for example, 20*d*. being paid in 1317–1318 'pro carta domini Regis de perpetracione terrarum duplicanda'.[122] Other references can be found in the *Compotus* of payments to the clerks of the archbishops for the charters related to the appropriation of Long Preston,[123] and for acquiring royal confirmation charters, such as that issued by Edward I concerning a charter of Alice de Rumilly, over a century earlier, costing £5,[124] all of which indicate that the canons were willing to spend money upon the safeguarding of their property and rights, in addition to the initial acquisition of these assets.

During his research into the ecclesiastical history of Yorkshire, the antiquarian James Torre noted the presence of various documents relating to Bolton Priory in St Mary's Tower, York, which had survived the destruction of the tower some decades earlier. Indeed an inventory of the contents of St Mary's tower made in 1610 makes reference to 'iiij boxes wherin are diverse smale evidences belonginge to Bolton'.[125] Some of these 'smale evidences' must have surely been the charters recorded by Torre, although whether there were originally more than the eighteen charters noted in the index to Torre's collection, of which only sixteen are present in the collection itself, is impossible to ascertain.[126]

Some of these charters recorded by James Torre may have come into the possession of the Yorkshire Archaeological Society (YAS) primarily as part of the Bradfer-Lawrence collection. Four of the charters held at the YAS are found in the Coucher Book, whilst an equal number do not appear to have been transcribed elsewhere.[127]

---

[120] Although the canons acquired permission for a fair at Appletreewick in 1310, 'apparently, no advantage was taken of the grant at this time and it was renewed by Edward III in 1328' (*Bolton Priory*, p. 30).

[121] *The Register of William Greenfield, Lord Archbishop of York, 1306–1315*, ed. W. Brown and A.H. Thompson, 5 vols., Surtees Society, 145, 149, 151, 152, 153 (1931, 1934, 1936, 1937, 1940), v, p. 208. Those exemplified by Master Andrew de Tang were two letters of Archbishop Thurstan, 'a third of William, the dean and chapter of York, a fourth of archb. H., a fifth of W., dean and chapter of York, with the other two being of Thomas, archbishop of York, and W., the dean and chapter of York, all of which were shown by the prior and convent in person'. In 1298–1299 there is record in the *Compotus* of a payment of 10*s*. 8*d*. to 'Magistro A. de Tong' pro instrumento' which could relate to the above-mentioned exemplifications. For details of Master Andrew de Tang, and his work as a notary, see C.R. Cheney, *Notaries Public in England in the Thirteenth and Fourteenth Centuries* (Oxford, 1972), pp. 58, 61–2, 66 n. 5, 98, 104 n. 5, 119, 121–2, 132–3, 165–6, 171–2, 184–5.

[122] *Compotus*, p. 441.

[123] *Ibid*., p. 148.

[124] *Ibid*., p. 184.

[125] B. English and R. Hoyle, 'What was in St. Mary's Tower: An Inventory of 1610', *YAJ*, 65 (1993), pp. 91–4, see p. 93.

[126] B. English and C.B.L. Barr, 'The Records formerly in St. Mary's Tower, York', *YAJ*, 42, pts. 166–8 (1967–1969), pp. 198–235, 359–86, 465–518, see Appendix X, p. 507.

[127] There is reference to another charter relating to Bolton Priory in the catalogues of the YAS, MD 335 Box 71 – MD 362, bundle 25, C26, which, unfortunately, could not be located under the new reference of MD 335 Box 41. It is hoped that this will come to light in the future.

One of the surviving charters is the notification made by Cecily de Rumilly to Archbishop Thurstan of the gift of Helto Mauleverer to the canons of Embsay of 'quadrugatam terre et dimidiam apud Malgu[m]'.[128] This charter, unlike the notification made by Cecily held at Chatsworth, has stood the test of time exceptionally well, with very little damage or signs of wear and tear after over eight hundred years. The scribe, Reginald the chaplain, identifies himself in the witness list as 'scriptor huius carte', placing himself before the other witnesses.[129] There is a noticeable difference between the inks used for the body of the charter and for the witness list and its introductory clause.

Other original charters are located at the Bodleian Library, as part of the archives of Christ Church[130] and Yorkshire (Charters) Religious Houses. The two charters in the latter collection refer to land in Wentworth and York, whereas those forming part of the Christ Church archive focus upon the churches of Long Preston, Kildwick, together with Carleton, Broughton and Skipton, with one reference to Harewood, being properties which came into the possession of Christ Church following the Dissolution. The majority of these documents date from the fourteenth and fifteenth centuries, although within those relating to Carleton there is one from the end of the twelfth century from Peter son of Grent, and another from the early thirteenth century issued by Everard the son of Peter Grent.[131]

The other extant charters are found in the British Library. These include a benefaction made by Hamlin of Weardley to the canons[132] and a final concord made between Bolton Priory and Peter son of Grent concerning the church at Carleton.[133] This latter deed is of particular interest as it gives some indication of how clergy could be chosen for a particular church, in this instance at the request of the family who had made a gift of their claim to the advowson of the church at Carleton.[134] Another interesting charter not found contained in the Coucher Book or Dodsworth's transcripts concerns permission given by Prior John de Landa and the canons of Bolton for John Scot of Calverley to convey property to the lady Isabel of Calverley, Prioress of Esholt, and most probably a relative of John Scot. It would seem likely that this charter, if contained in the cartulary originally (which seems doubtful as there are few instances of charters made by the canons in either the Coucher Book or the transcripts made by Dodsworth), would have been in the section devoted to Yeadon.[135] The original, which has survived, was part of the collection of Sir Walter Calverley Trevelyan, Baronet, presented to the British Museum in 1866.[136]

Although no other original charters are known to be extant, fortunately, Dodsworth made transcripts of material relating to Bolton other than that found in the

---

[128] CB, no. 410.
[129] For a brief discussion of the position of the scribe in witness lists see J.H. Hodson, 'Medieval Charters: the Final Witness', *Journal of the Society of Archivists*, 5, no. 2 (1974), pp. 71–89, at pp. 86–7. Reginald consistently uses the tagged e [ę] for the first and last letters of 'ecclesie', and to a lesser degree he used a symbol to represent the 'us' ending.
[130] For the archives of Christ Church see N. Denholm-Young, *Cartulary of the Medieval Archives of Christ Church* (Oxford, 1951), pp. 175–9 for Bolton Priory.
[131] Bodleian Library, Christ Church, M 120–121.
[132] British Library, Add. Ch. 16706.
[133] British Library, Add. Ch. 20562.
[134] Other charters concerning the church at Carleton are found at the Bodleian Library as part of the Christ Church Archive, M 120, M 121.
[135] The section relating to Yeadon appears to have occupied fo. 148: see Dodsworth MS 144, fo. 50r–50v.
[136] *The Calverley Charters presented to the British Museum by Sir Walter Calverley Trevelyan, Baronet*, vol. i, ed. W.P. Baildon and S. Margerison, transcribed by S. Margerison, Thoresby Society, 6 (Leeds, 1904), p. v.

cartulary. Dodsworth MS 76, for example, contains a benefaction made by William son of Gilbert of Ryther to the canons of a toft in Ryther called Hill, as well as other properties.[137] This charter is different in comparison with the other benefactions made to Bolton Priory as the body of the text, which is in Latin, is preceded and followed by sections in French, indicating that it is the confirmation made by the earl of Lancaster, 15 December 1315. Other charters transcribed by Dodsworth include those for which only abstracts made from the cartulary are known, such as the final concord made between the priory and William de Malham and Alice his wife, regarding the property in Holderness,[138] as well as charters for which we have no other copy, for example, the gift of Richard de Legarton of two bovates of land in Weeton.[139] Fortunately, like Torre, Dodsworth, on occasion, recorded the location of the material he was transcribing, and therefore it is known that several original charters were held at Skipton Castle during his visit there in 1646.[140]

---

[137] Dodsworth MS 76, fo. 147r.
[138] Dodsworth MS 148, fo. 89r–89v; Dodsworth MS 144, fo. 18r.
[139] Dodsworth MS 83, fo. 4r.
[140] Dodsworth MS 83, fo. 1r, 'This booke conteyneth transcript[es] of Deedes remayning in Skipton castle in com' Ebor' 1646'.

Editorial Method

The lost cartulary of Bolton Priory has been reconstructed (as far as is possible) from two existing partial copies, the Coucher Book and Dodsworth MS 144. When original charters of those documents found in the copies have been located they have been transcribed in preference to the transcripts found in the Coucher Book or Dodsworth MS 144, with any major variants between the texts being noted. The Coucher Book acts as the main framework for the reconstruction of the lost cartulary as this provides fuller copies of the documents which composed the cartulary than does Dodsworth MS 144. The latter frequently only has abstracts, but includes reference to their location within the cartulary from which they were taken. Documents that appear to have been part of the cartulary but are only to be found in Dodsworth's transcripts are included as calendared in Appendix I, with reference being made within the edition of the Coucher Book. Appendix II contains original charters not known to have been transcribed into the cartulary, organised by place name as suggested by the formats of the Coucher Book and Dodsworth's transcript. Although transcripts have not been included of charters for which only copies exist, an exception is made for the two charters made by the patrons of the priory, which comprise Appendix III.

The documents have been numbered sequentially, with separate sequences for the appendices. A précis and a date in the New Style, in squared parentheses for those for which no precise date is known and free standing for those which are certain, precede each document. The documents are transcribed *in extenso*, and the major variants in the Coucher Book, and the transcripts of Dodsworth and others are noted in lettered apparatus following the text. Upper case alphabetical sigla (A, B, C) have been used to denote the manuscripts which contain full or abstract copies of a document: A is reserved for originals, B for the Coucher Book, C–I for Dodworth MSS, and J for other copies.[1]

Manuscript Sigla

A   Original charters and other documents; full reference given
B   Coucher Book
C   Dodsworth MS 8
D   Dodsworth MS 9
E   Dodsworth MS 10
F   Dodsworth MS 76
G   Dodsworth MS 83
H   Dodsworth MS 144
I   Dodsworth MS 148
J   Other non-printed copies of charters and other documents; full reference given

Details of seals are given and, unless otherwise noted, the sealing method used is 'sealed on the tag method 2', as described by the episcopal *acta* project editorial guidelines, otherwise known as *sur double queue*.

---

[1] See the list of manuscript sigla, below. For full details, see the list of manuscript sources under References and Abbreviations, above.

In those documents for which an original has survived *i* has been used as the equivalent for *i* and *j*, *u* as a vowel and *v* as a consonant, otherwise the spelling is unaltered, with ę, þ, uu and w being shown. In those documents for which only a copy is known to exist, *i* is the equivalent of *i* and *j*, *u* is used as the vowel and *v* as the consonant, and the choice of *c* or *t* follows classical practice. The Tironian 'et' and ampersands have been rendered as *et* in French and Latin documents and as *and* in English. Modern practice has been adopted for punctuation. Capitals have been reserved for personal and place names, the Deity, saints' days and other religious holidays, months and the beginning of sentences. Personal names within the original documents and copies have been extended without parentheses, except those for which only an initial is given. Christ's name has been extended as *Cristus*, not *Christus*. Place names have not been extended, and where there is uncertainty about a personal name the manuscript reading has been retained. In both originals and copies elided text is retained, with those words that may appear separately or in elided form being preserved as found in the document from which the transcript has been taken. Arabic or roman numerals appear as presented in the originals or copies, and abbreviations with regard to money, weight and numerals have been retained in their original form.

Lower-case sigla have been used to indicate textual notes. Significant variants in personal and place names are indicated, as well as other noteworthy variations. Simple transpositions have not been indicated. Editorial corrections are placed within the text, with the manuscript reading noted in the textual apparatus. Conjectured readings and those from other manuscripts are inserted in squared parentheses. Missing sections are represented by [...], with the measurement given in millimetres, and with a note being made if the document is in poor condition.

Reference to the folio from which a document has been transcribed is found with the upper-case alphabetical sigla, and is also inserted in squared parenthesis at the precise point of turn. The place-name headings, which are found at the top of the folios, have been noted in the textual apparatus. Marginalia within the Coucher Book have been noted, but those from Dodsworth's transcripts are not mentioned. As Dodsworth does not state whether his transcript was taken from the *recto* or *verso* of the folios of the lost cartulary, no attempt has been made to conjecture this detail. Information concerning the individuals found in the text, including the witness lists, and historical notes are placed under the textual notes. Place names have been standardised, including their use as surnames, but where the identification is uncertain they have been given in italic rather than roman characters. Italic characters have also been used for the Latin witness lists which accompany the calendars of documents in Appendix I.

THE COUCHER BOOK OF BOLTON PRIORY

1 **Memorandum concerning the foundation of a monastery of regular canons at Embsay by William Meschin and Cecily de Rumilly, with the gift of Holy Trinity church, Skipton, with its chapel at Carleton, and the vill of Embsay. [19 Oct. 1120x4 Aug. 1121]**

[fo. 2r] Memorandum quod in anno millesimo centesimo vicesimo fundatum est monasterium canonicorum[a] apud Emmesey per dominum Willelmum Meschin' et dominam Ceciliam uxorem suam, dominam et heredem honoris de Skipton, in honore beate Marie semper virginis et sancti Cuthberti pontificis, anno regni regis Henrici filii regis Willelmi Bastardi vicesimo primo, et anno pontificatus domini Thurstini Ebor' archiepiscopi secundo, et dederunt canonicis ibidem Deo servientibus ecclesiam sancte Trinitatis de Skipton cum capella sua de Carleton, et totam villam de Emmesey, prout patet per cartam suam que sequitur.

a. canonicum *(sic)* B.

This is the only document in the Coucher Book which contains any decoration, with initial 'M' being elaborated with four faces. Above this document, in the top right-hand corner, there is a note incorrectly dating the translation to Bolton from Embsay: *Wm. Meschines founder of Emmesey black canons translated to Bolton (1151)*.
C – fo. 9r. D – fo. 219r. E – fo. 165r. H – fo. 2r and fo. 57r. Pd from D in *EYC*, vii, no. 2; *Mon. Angl.*, vi, p. 203, no. i.

2 **Notification to Thurstan, archbishop of York, by William Meschin and Cecily de Rumilly of their gift in pure alms of Holy Trinity church, Skipton, with its chapel at Carleton, and the vill of Embsay to Reginald the prior, for the foundation of a monastery of regular canons. [19 Oct. 1120x10 Jan. 1135]**

[fo. 2r] Thurstino Dei gracia Ebor' archiepiscopo et omnibus sancte ecclesie filiis Willelmus Meschin et Cecilia uxor mea salutem. Sciatis quod nos damus et concedimus Reginaldo priori ecclesiam sancte Trinitatis de Skipton', cum capella sua de Carlton et omnibus pertinentiis suis, et totam villam de Emmesey cum pertinentiis et rectis divisis suis, ad fundandam inde ecclesiam canonicorum[a] regularium in puram elemosinam pro salute animarum nostrarum et antecessorum et successorum nostrorum. His testibus: H.[b] capellano, Reginaldo Revel', R. cementario, Everardo camerario.

a. canonicarum *(sic)* B.   b. Henricus D.

For the *acta* of Thurstan confirming the grant of William Meschin and Cecily de Rumilly, and granting licence for the appropriation of Holy Trinity, Skipton, and the chapel at Carleton, see *EEA* v, no. 34. For another charter issued by Archbishop Thurstan relating to the foundation of the priory of canons at Embsay and the link with St Mary's, Huntingdon, see Chatsworth Charter, B2, PB4865/24.
C – fo. 9r. D – 219r. E – 165r, from Bolton Cartulary, fo. 1 *(QQ fo. 2)*. H – fos. 2r, from Bolton Cartulary, fo. 1, and fo. 57r. Pd from D in *EYC*, vii, no. 2; *Mon. Angl.*, vi, p. 203, no. ii.

3 Memorandum concerning the gift of Cecily de Rumilly of St Andrew's church, Kildwick, to the canons of Embsay, after the death of William Meschin. [Michaelmas 1130x1155]

[fo. 2r] Et dicta Cecilia, post mortem domini sui Willelmi de Meschin, dedit dictis canonicis ecclesiam sancti Andree de Kildwicke cum omnibus pertinentiis suis, prout patet per cartam que sequitur.

William Meschin is also mentioned in confirmation of Henry I to Huntingdon Priory (*EYC*, vii, p. 50). H – fo. 2r.

4 Gift in free, pure and perpetual alms by Cecily de Rumilly to the canons of Embsay of St Andrew's church, Kildwick. [Michaelmas 1130 or 1135x25 Jan. 1140]

[fo. 2r] Cecilia de Rumelio omnibus has literas audituris vel visuris salutem. Sciatis me dedisse et concessisse, et mea carta confirmasse Deo et sancte Marie et ecclesie sancti Cuthberti Embsaie et canonicis ibi Deo servientibus ecclesiam sancti Andree de Kildwicke cum omnibus pertinentiis suis in liberam, puram et perpetuam elemosinam pro anima domini mei Willelmi Meschin et filiorum meorum Ranulphi et Mathei et pro salute mea et mearum filiarum.[a] His testibus: Bertramo de Bulemer, W.[b] Flandrensi, Heltone Malo Leporario, Rogero de Fafint,[c] W.[d] Whithand, Edwardo camerario.

a. filarum *(sic)* B.   b. Willelmo D.   c. Fasinton D, H fos. 2r–2v and 57v.   d. Willelmo D, H fo. 57v.

In *EEA* v (no. 33), which relates to the grant by Archbishop Thurstan of licence to appropriate the church of St Andrew, Kildwick, Janet Burton questions the date prescribed by C.T. Clay in *EYC*, vii, no. 7, because of his interpretation of the *pro anima* clause. However, she does not appear to have been aware of the previous entry in the Coucher Book which states that William Meschin had died before the gift was made. The inclusion of Ranulph and Matthew after their father's name probably indicates that their deaths had also occurred by the time of this grant, leaving their sisters Avice, Alice and Maud as co-heirs. If the deaths of Ranulph and Matthew are included in the 'pro anima' phrase the grant must have been made after 1135, for Ranulph was still alive at this date (*EYC*, vii, p. 7). For confirmation by Archbishop Thurstan see *EYC*, vii, no. 8, from the original in the Hatton Library, also in *Mon. Angl.*, vi, p. 205, no. xii. See also *EEA* v, no. 33.
D – fo. 219v. H – fos. 2r–2v, from Bolton Cartulary, fo. 1, and fo. 57v. Pd from D in *EYC*, vii, no. 7.

5 Memorandum concerning the gift of Cecily de Rumilly of the vill of Kildwick, with the mill of Silsden and the working of the mill, to the canons of Embsay.

[fo. 2v] Dicta Cecilia dedit eisdem canonicis totam villam de Kildwicke, cum molendino de Sillesden cum opere molendini, prout patet per cartam que sequitur.

6 Gift in pure and perpetual alms by Cecily de Rumilly to the canons of Saint Mary and Saint Cuthbert, Embsay, of the vill of Kildwick with mill and soc of the mill, up to *Aspsick* and all the lands held by Reginald Revel in Sutton, offered by herself and William, nephew of David I of Scotland, son of Duncan, by a knife on the altar of Saint Mary and Saint Cuthbert. [Michaelmas 1130x1154]

Sciant omnes qui sunt et venturi sunt quod ego Cecilia de Romeli dedi et concessi Deo et ecclesie sancte Marie et sancti Cuthberti de Embsaia et canonicis eiusdem ecclesie[a] totam villam de Childwicke, cum molendino et socha molendini, cum haia et omnibus aliis pertinentiis, in bosco et plano, usque ad Aspsiche, et in aquis et pascuis, et cum communitate totius pasture in puram et liberam elemosinam et absolutam ab omni seculari servitio et consuetudine, et totam terram quam Reginaldus Revel tenuit in Suttona[b] pro salute anime mee et parentum meorum, ita ego et gener meus Willelmus nepos regis Scotie Dunecani filius obtulimus easdem per unum cultellum villas super altare sancte Marie et sancti Cuthberti. His testibus: Ada[c] Suani filio, et Ranulfo[d] de Lindeseia, et Waltero de Vianes et Waltero Flandrensi, et Rogero Tempest, et Willelmo de Arches, et Ricardo filio Eswlin'[e] et Elto[ne] Mallevrer, et Rogero Fafinton',[f] et Simone filio Gospatric, et Willelmo de Rilleston', et Aldredo de Farnehill, et Henrico fratre[g] [eius] et Edwardo camerario,[h] et Osberto Feirchildo.

a. ibidem Deo servientibus *replacing* eiusdem ecclesie C.   b. Strattona C, D, H; Marttona I.   c. Adamo (*sic*) B.   d. Rad'o I.   e. Oscholin I.   f. Faisinton C; Fasinton D, H.   g. Fairchild C; Feirchilde D, H, I.   h. chamerario (*sic*) B.

The people called upon by Cecily de Rumilly to act as witness were mostly, as far as can be ascertained, of local if not provincial importance and all tenants of the honour of Skipton.
C – fo. 9r–9v. D – fo. 219r. H – fo. 2v, from Bolton Cartulary, fo. 1 (see CB, no. 276 for charter transcribed in H, fo. 57v, from Bolton Cartulary, fo. 85, same doc.). I – fo. 83r. Pd from D in *EYC*, vii, no. 9; *Mon. Angl.*, vi, p. 203, no. iii, from C.

7 Memorandum concerning the gift by Cecily de Rumilly to the canons of Embsay, of the mill of Silsden, with the working of the mill.

[fo. 2v] Dicta Cecilia dedit eisdem canonicis molendinum de Sighelesden cum opere molendini prout patet per cartam que sequitur.

8 Notification to the archbishop of York, Thurstan, by Cecily de Rumilly of her gift in free, pure and perpetual alms to the canons of Saint Mary and Saint Cuthbert, Embsay, of the mill of Silsden, with multure of the said vill and the workings of the same mill, with all liberties and free customs, setting down rules for the use of the mill, including forfeiture of corn, sack and horses. [Michaelmas 1130x25 Jan. 1140]

[fo. 2v] Karisimo domino et patri suo domino[a] archiepiscopo Ebor' et omnibus Cristi fidelibus presentibus et futuris Cecilia de Rumelio salutem in Domino. Sciatis me dedisse et concessisse et presenti carta confirmasse Deo et beate Marie et sancto Cuthberto Emesai et canonicis ibidem Deo servientibus molendinum de Sighelesden, cum omni moltura eiusdem ville et opere molendini quod mihi debebatur et cum omnibus libertatibus et liberis consuetudinibus quas ego habui in predicto molendino sine aliquo retenemento in liberam, puram et perpetuam elemosinam, ita scilicet quod aliud molendinum ab aliquo homin[um] sine voluntate et consensu canonicorum in eadem villa non fiat, nec etiam manu mola habeatur si quis autem de predicta villa renuerit venire ad predictum molendinum, ego et heredes mei compellemus cum[b] illud sequi, ita quod si repertus fuerit veniens ab alio molendino saccus et bladus erunt canonicorum et equus, et forisfactum erunt mea et heredum meorum [...20mm] His testibus: Rainero dapifero, Ivone constabulario, Hugone Capellano, Waltero Picot, Willelmo Vitand,[c] Reginaldo Revel'.

a. T. *inserted* D.   b. eum (*sic*) B.   c. Iutand H.

Reiner the steward, is probably the same person as Reiner Fleming, as under both names he acted as witness to the charters of William Meschin to St Mary's, Huntingdon, and of Ranulf Meschin to St Bees, as well as Cecily de Rumilly's charters to the canons of Embsay. For more detail see *EYC*, vii, pp. 195–6. It is likely that Ivo was constable of Skipton, the *caput* of the Skipton fee. As constable Ivo also acts as witness to a benefaction of Helto Mauleverer to the canons of Bolton (CB, nos. 106, 409), and is found in the witness lists of the notifications made by Cecily de Rumilly to Archbishop Thurstan (CB, nos. 107, 218, 410). It seems likely that Ivo was the son of Aschetil, who appears twice in the witness lists of charters of Cecily (CB, nos. 411, 446). It is possible that Hugh the chaplain is the same person who is described as the scribe of a confirmation made by Cecily (CB, no. 411), as both Ivo and Reginald Revel witness this confirmation and the above notification. It seems most likely that the forfeiture refers to sack rather than sac due to the use of *saccus* rather than *sacus*, although it is possible that this is a scribal error.

A – untraced; once in possession of Danson Richardson Currer, esq. D – fo. 220r–220v. H – fo. 3r, from Bolton Cartulary, fo. 1 and fo. 85. Pd from facsimile in *Craven*, 2nd ed. in *EYC*, vii, no. 4; facsimile in *Craven*, 2nd ed. p. 162, 3rd ed. p. 448, from original in possession of Danson Richardson Currer, esq.

9   Memorandum concerning the confirmation by Alice, daughter and heir of Cecily de Rumilly, of the mill of Silsden to the canons.

[fo. 3] Item Alicia filia et heres dicte Cecilie dictum molendinum confirmavit dictis canonicis prout patet per cartam suam que sequitur.

10 Gift in pure, free and perpetual alms by Alice de Rumilly to the canons of Embsay of the mill of Silsden, with the workings of the mill, as given by her mother. The right to forfeiture of sack and corn to pertain to the canons and that of horses to Alice de Rumilly and her heirs. [1155x1158]

[fo. 3r] Alicia de Rumelia omnibus tam presentibus quam futuris salutem in Domino. Sciatis me concessisse, confirmasse et dedisse Deo et ecclesie beate Marie de Boulton et canonicis ibidem Deo servientibus molendinum de Sighelesden cum omni multura eiusdem ville cum pertinentiis suis et opere molendini et cum omnibus libertatibus et liberis consuetudinibus quas Cecilia mater mea habuit in predicto molendino et canonicis predictis dedit sine aliquo retenemento in liberam, puram et perpetuam elemosinam, ita scilicet quod aliud molendinum ab aliquo heredum meorum sine voluntate et assensu canonicorum infra dominicas eiusdem ville non fiat nec manu-mola[a] habeatur si quis autem de predicta villa noluerit venire ad predictum molend-inum ego vero et heredes mei compellemus eum illud sequi, ita quod si repertus fuerit veniens de alio molendino saccus et bladus erunt canonicorum et equus et forisfactum erunt mea et heredum meorum. His testibus: Osberto archidiacano,[b] Radulpho decano, Osmundo capellano, Ricardo Tempest, Petro de Marton, Helia de Rilleston, Roberto cementario[c] et multis.

a. manumoro *(sic)* B.   b. archdeacano *(sic)* B.   c. Cemit' *(sic)* B.

D – fo. 220v, abstract. H – fo. 3r, from Bolton Cartulary, fo. 2 and fo. 86, abstract. Pd from D in *EYC*, vii, no. 22.

11 Memorandum concerning the gift by William son of Duncan, nephew of David I of Scotland, son of Duncan, of the vill of Kildwick, with the mill and soc of the mill, to the canons of Embsay.

[fo. 3r] Item W. Dunecani filius confirmavit villam de Kildweeke cum molendino et soca molendini prout[a] patet per cartam que sequitur.

a. pro *(sic)* B.

12 Gift in alms by William, son of Duncan, nephew of David I of Scotland, to the canons of Embsay of the vill of Kildwick, with the mill and soc of the mill. [Michaelmas 1130x(1151)1154]

[fo. 3r] W.[a] Dunecani filius omnibus hominibus de Crava, Francis et Anglis salutem. Sciatis me concessisse Domino Deo et sancte Marie et sancto Cuthberto de Emeseia et canonicis eiusdem loci totam villam de Childewicke cum molendino et cum soca molendini et quicquid ad predictam villam pertinet in bosco, in plano, in aquis et pascuis in elemosina libere ab omni seculari servitio et absolute anime[b] mee, et patris[c] mee et uxoris mee et antecessorum nostrorum. T[estibus]: Ada Suani filio, et Duranto, et Willelmo de Archis, et Hetone Mauleverer,[d] et Ricardo Elsulf[i] filio, et Rareno fratre suo, et Willelmo de Rillestona et Drogone brevifactore.

a. W. *omitted* D, H.   b. anime *repeated twice* B.   c. et matris *inserted* D, H.   d. Heltone Malilevrer D, H.

Richard son of Essolf was probably Richard de Tang [Tong] (*EYC*, vii, p. 59), an idea supported by the benefaction of a certain 'R. de Tanga filius Essolf' (CB, no. 370). Drogo the *brevifactor* is likely to be the same person as Drogo the chaplain who was a witness to and the scribe of a charter of William son of Duncan and Alice de Rumilly to Fountains Abbey (*EYC*, vii, pp. 61–2).
D – fo. 221r. H – fo. 3v, from Bolton Cartulary, fo. 2 and fo. 85.

13   Memorandum concerning the gift by William, son of Duncan, nephew of David I of Scotland, to the canons of Embsay of the church at Broughton.

Item dictus Willelmus filius Dunecani, nepos regis Scotie, dedit eisdem canonicis ecclesiam de Brockton prout patet per[a] cartam que sequitur.

a. per *omitted* B.

14   Notification to Henry, archbishop of York, and Archdeacon Osbert, by William, son of Duncan, nephew of David I of Scotland, of his gift in pure, free and perpetual alms made with his wife Alice de Rumilly to the canons of Embsay of All Saints' church, Broughton. [1151x14 Oct. 1153]

H.[a] Ebor' archiepiscopo et Osberto archidiacano, Willelmus filius Dunecani nepos regis Scotie salutem. Notum sit vobis et omnibus sancte matris fidelibus quod ego et Aeliz de Rumelli uxor mea dedimus et concessimus et presenti carta confirmavimus Deo et ecclesie sancte Marie et sancti Cuthberti de Emeseia et canonicis ibidem Deo servientibus ecclesiam omnium sanctorum de Broctune cum omnibus pertinentiis suis, tam in terris quam in decimis, in puram et liberam et perpetuam elemosinam pro salute animarum nostrarum. [...10mm] Hiis testibus:[b] Alexandro abbate de Kirkstal', Benedicto abbate de Sallai, Ulfo decano, Ranulfo constabulario, Willelmo Flandrensi, Rogero Tempest, Rogero Fafint'.[c]

a. T. *(sic)* B, C, D, H.   b. testibus *omitted* B.   c. Faisinton C, D, H.

This appears to be the only reference to Ranulf as constable of Skipton, within the Coucher Book. The incorrect initial given for the archbishop of York suggests that this charter may be spurious, for Thurstan had died in 1141. However, as A.H. Thompson stated, the charter 'may embody an actual fact' (*Bolton-in-Wharfedale*, p. 56). The archbishop stated must be Henry Murdac, not Thurstan, as Kirkstall Abbey was not established until 1152. G. Barrow dates the death of William son of Duncan to *c.*1151, so this may have been a posthumous confirmation. However, if the dates suggested by Clay (*EYC*) are accepted then the confirmation would have been within his lifetime.
C – fo. 9v. D – fo. 221v. H – fo. 3v, from Bolton Cartulary, fo. 2. Pd from D in *EYC*, vii, no. 15; *Craven*, 2nd ed. p. 162, 3rd ed. p. 448, from C; *Mon. Angl.*, vi, p. 203, no. iv.

15 Memorandum concerning the translation of the canons from Embsay to Bolton with the assent of Alice de Rumilly, and the exchange of lands for her capital manor at Bolton. 1155

Memorandum quod in anno Domini millesimo centesimo quinquagesimo quinto[a] in anno regni regis Henrici secundi primo translati fuerunt dicti canonici per assensum, voluntatem et ordinacionem domine Alicie de Romeli tunc advocate usque Bolton que quidem Alicia dedit dictis canonicis capitale manerium suum de Bolton in excambium aliarum terrarum prout patet per cartam que sequitur.

a. M⁰ C⁰ L⁰ iij⁰ *replacing* Millesimo centesimo quinquagesimo quinto C; primo *replacing* quinto D; 1151 *replacing* Millesimo centesimo quinquagesimo quinto E, H.

C – fo. 10r. D – fo. 222r. E – fo. 165r. H – fo. 4r, from Bolton Cartulary, and fo. 58r. Pd in *Mon. Angl.*, vi, p. 203, no. v; note in *EYC*, vii, no. 17.

16 Gift in free, pure and perpetual alms by Alice de Rumilly, with the assent of William her son and heir, and of her daughters, to the canons of Embsay of the total manor of Bolton, in exchange for the manors of Stirton and Skibeden. The boundaries of the manor of Bolton are from Lumb Gill, under Haw Pike a hedge called Lob Wood, to a moor called Lob Wood, to the river Wharf, up to Barden Beck, and from there to *Cressekeld*, to the road from Appletreewick to Halton, and to Moor Beck, and to Hambleton and then to Lumb Gill Head on the moor next to Lob Wood. [(1155)1151x1155]

[fo. 3v] Notum sit omnibus tam presentis quam f[uturi temporis] sancte ecclesie filii[s quod] ego Ad[eliza] de R[umelio] consessu et assensu Willelmi filii et heredis mei et filiarum mearum dedi et con[cessi et] presenti carta [confir]mavi D[eo et can]onicis regularibus s[an]cte Marie et s[ancti Cuthberti] Embeseie, totum manerium Boelt[on cum] omnibus pertinentiis suis, in b[o]sco et plano, aquis, pratis et pascuis per [istas] divisas scilicet a Lumgila[a] subtus h[aiam qu]e dicitur Lobwith, sicut descendit a mora que vocatur Lo[b]withslect per ipsum Lumgile usque in aquam de Wherf, et sic per ascensionem ipsius aque usque ad Berdenebec et sic per Berdenebec usque ad Cress[eke]lde, et sic ad viam que ducit ab Apel[tr]ewic usque[b] Halt[on et] sic usque in Merebec que est divisa inter Boelton et Halt[on et] sic ad Hameldune versus occidentem per [d]ivisas de Berewic usque perveniatur [it]e[m] ad Lumgilesheved in mo[r]a[m][c] [i]uxta Lobwith cum omnibus libertat[i]bus [et] omnibus [liber]is consuetudinibus quas ego vel aliquis an[te]cessorum meorum habuerimus vel[d] habere pot[uimus] in eodem maneri[o] sine [omni[e] retenemento][f] in liberam, puram et perpetuam elemosinam, in excambium pro duobus maneriis [que f]uerunt canonicorum scilicet Strettun et S[cib]d[un]. Qu[a]re volo et precipio [ut] prefat[i] canon[ici] habeant et teneant et inperpetuum possideant supradictum manerium de [Boe]lt[on]' cum omnibus pertinentiis suis per prenominatas divisas cum omnibus libertatibus [im]munitatibus quas homo dare potes[t] bene et in pace, libere et quiete solute ab omni seculari servicio, consuetudine et exact[ione] cuilibet mortalium perti[nente sicut] liberam, puram [et] perpetuam elemosinam pro sa[lut]e anime mee et liberorum meorum et pro animabus [patris et] matris mee et predecessorum et successorum [meo]rum. H[oc] au[tem] ex[cambium ego et heredes] mei pre[nominatis canonicis] inperpetuum [wa]ran[tizab]imus. His testibus: Willelmo filio [me]o de Egremunt, Ade filio Suani, H[en]rico filio Suani, Osberto [archidiacano, Willelm]o Fland[rensi, Arturo, Heltone] Malo Leporario, Io[r]dano filio Essolf[e], Rogero Temp[est], Rogero de Fafint',[g] Symone [Muhaut],

Petro de Mart[on], Hernis[io] de [Ebor', Willelmo de Rilleston',[h] Kecello filio Tor]fin[i],[i] Ro[bert]o [M]acun, Edwardo[j] camerario, [Rogero Mu]nun,[k] Aldredo[l] filio Cliberni,[m] Ade de [Farnhill], Alano [Fauvel, Galfrido] Mo[ri] et multis aliis.[n]

a. Lugila *(sic)* A.   b. iuxta *replacing* usque E.   c. mora *(sic, damaged)* A, B.   d. aliquo modo *inserted* G.   e. aliquo *replacing* omni B.   f. omni retemento *replacing* aliquo retenemento H, fo. 4r–4v.   g. Faisinton C, D, E; Faisint' H, fo. 4r–4v; Fasinton H, fos. 58r–59r.   h. filio *inserted* H, fos. 58r–59r.   i. Kecello filio Torfin *omitted* H, fos. 58r–59r.   j. Cadwardo B.   k. Muncin C; Munum D; Mumun E; Manum B, H, fo. 4r–4v; Minu[m] H, fos. 58r–59r.   l. Albredo C.   m. Oliveri B.   n. Quam quidam concessionem *(sic* eonacone*)* et excambium, dictus dominus Henricus rex anno regni sui primo per cartam suam confirmavit *addition* B.

Osbert the archdeacon is, probably, Osbert of Bayeux, the nephew of Archbishop Thurstan.
A – Chatsworth Charter, B5, PB141265/4. Endorsed: Boundes of Bolton, Cart' Alic' de Rumell' de excambio de Boul[ton]; *c.*235x137mm [*c.*22mm tag fold]; seal missing, cream and green cords [silk?] threaded through 6 oculi. Document damaged and faded. The reading in B is followed where A is illegible.
C – fo. 10r. D – fo. 222r. E – fo. 165r–165v. H – fo. 4r–4v, from Bolton Cartulary, fos. 2–3, and fos. 58r–59r. Pd from D in *EYC*, vii, no. 17; in *Mon. Angl.*, vi, p. 203, no. v.

17   **Confirmation by Henry II of the exchange between Alice de Rumilly and the canons of St Cuthbert of the manor of Bolton for the vills of Skibeden and Stirton, as stated in Alice de Rumilly's charter. [19 Dec. 1154x1175 (possibly Feb. 1155 or Jan. 1158)], Nottingham**

[fo. 4r] H. rex Angl[orum], dux Norman[orum] et Aquit[anorum][a] et comes Andeg[avorum] iusticiariis, vicecomitibus, baronibus et omnibus fidelibus suis de Eborascire[b] salutem. Concedo quod canonici sancti Cudberti de Craven teneant bene et in pace, libere et quiete, honorifice et iuste escambium suum, scilicet Bolton quam debit eis Adelic[ia] de Rumel' pro [fo. 4v] Scibeton et Stratton sicut carta eiusdem Adelic[ie] testatur. T[este] com[ite] Reg[inaldo] apud Nottingeham.

a. et Aquit[anorum] *omitted* C.   b. Eboracsir' *(sic)* B.

C – fo. 10v. G – fo. 50r, from the original at Bolton Castle in 1646. H – fo. 4v, from Bolton Cartulary, fos. 2–3. Pd from G in *EYC*, vii, no. 19; *Mon. Angl.* vi, p. 204, no. vi.

18   **Memorandum concerning the gifts by Alice de Rumilly of all churches, lands and tenements to the canons when at Embsay and to the church of Bolton and the canons there.**

[fo. 4v] Dicta Alic[ia] de Rumel' omnes ecclesias, terras et tenementa eisdem canonicis prius Emmesei manentibus datas ecclesie de Bolton et canonicis tunc ibi manen[tibus] et successoribus suis imperpetuum concessit et confirmavit unacum aliquibus libertatibus prout patet[a] cartas suas que sequitur.[b]

a. per *omitted* B.   b. sequntur *(sic)* B.

19   **Confirmation by Alice de Rumilly to the canons of Bolton of the gift of all the lands and possessions given by William Meschin and Cecily de Rumilly, her parents, to the canons when at Embsay, namely the vill of Embsay, in length from the boundaries of the vills of Skipton and Skibeden to the boundary of the vill of Rylstone, and Barden, and in width from the hedge of her demesne land of Crookrise Wood to Rowton Beck; the vill of Kildwick with the mill and soc of the mill and hedge; a place called Stead; all the land between Posforth Gill and *Spectesbeck* and from the Wharfe to Washburn, also the gift**

by Alice de Rumilly to the canons of Bolton the place and whole vill of Bolton for the foundation of a church of regular canons as is in her charter; 8*s.* rent for land in Halton of Aldred son of Clibern; and four measures of land in Skipton; twelve bovates of land in Malham which Helto Mauleverer gave to the canons; free chase in all their lands and woods in her fee, and all tithes of beasts of chase caught in her chase in her demesne woods in the chase in Craven, in free, pure and perpetual alms. [1155x(1158) Michaelmas 1159]

[fo. 4v] Aeliz de Rumely omnibus sancte ecclesie filiis salutem. Noverit universitas vestra me concessisse et presenti carta confirmasse, pro me et heredibus meis, Deo et ecclesie sancte Marie de Bolton et canonicis ibidem Deo servientibus omnes illas terras et possessiones quas Willelmus[a] Meschin' pater meus[b] et Cecilia mater mea[c] dederunt et concesserunt dicte ecclesie sancte Marie et sancti Cuthberti et canonicis eiusdem ecclesie tunc apud Embesei, nunc apud Bolton commorantibus ac de dicto loco de Embeseia usque Bolton de voluntate assensu et ordinatione mea translatis; scilicet villam de Embesai cum omnibus pertinentiis suis in bosco et plano, aquis, moris, pascuis et pasturis, videlicet a divisis villarum de Skipton et Skibedon, usque ad divisas ville de Rilleston et Berden in longitudine, et dominica haia mea de Crokeris usque in le Routandebeck' in latitudine sine ullo retenemento; villam de Childwicke cum molendino et socha molendini et haya cum omnibus aliis pertinentiis suis in bosco et plano, aquis, moris, pascuis et pasturis cum suis rectis divisis.[d] Concedo etiam eisdem canonicis et confirmo locum qui Stede dicitur et totam terram inter Poseford et Spectesbeck' et ab aqua de Wherfe usque ad Walehesburne.[e] Preterea do et concedo et hac presenti carta confirmo prefate ecclesie de Bolton locum ipsum et totam villam de Bolton ad fundendum[f] ibidem ecclesiam canonicorum regularium cum omnibus pertinentiis suis et suis rectis divisis, sicut patet in carta mea quam inde habent, et octo solidatos redditus in Halton de terra Aldredi filii Cliberni,[g] et in Skipton quatuor mansuros [fo. 5r] terre et in Malgum duodecim bovatas terre quas Helt' Malleferer eis dedit. Preterea concedo prefate ecclesie et canonicis de Bolton liberam chaciam in omnibus terris et boscis suis, in feodo meo ad omnimodas feras schaciandas et capiendas et omnem decimam feram' captam in chacia mea in dominicis boscis meis in schaciis in Craven. Quare volo ut prenominata ecclesia sancte Marie de Bolton et canonici eiusdem ecclesie habeant et teneant omnes supradictas terras et possessiones et libertates bene et in pace, iuste et honorifice libere et quiete in liberam, puram et perpetuam elemosinam sine ullo retenemento imperpetuum, ita libere sicut aliqua elemosina liberius concedi potest vel confirmari [...15 mm]. His testibus: Ada[h] filio Swini,[i] Henrico filio Swini,[j] Osberto archidiacono, Willelmo Flammag', Arturo, Heltone Malleverer.

a. Willus *(sic)* B.   b. pater meus *omitted* C.   c. de Rumely *replacing* mater mea C.   d. de Farnhill usque ad divisas de Silesden scilicet usque ad Aspesike et sic sequendo Aspesike usque in aquam de Ayr sine omni retenemento *inserted* C.   e. Walkesburn C.   f. fundendum *(sic)* B.   g. et octo solidatos redditus in Halton de terra Aldredi filii Cliberni *omitted* C.   h. Ade B.   i. Swani C.   j. Swani C.
Marginated [fo. 4v]: *Confirmacio Alicie Romley et concessio libere chacie etc.*
Marginated [fo. 5r]: *Libera chacea in terris et boscis suis etc.*; *Decime ferarum in dominiis boscis et chaceis in Craven que fuer[unt] Alic[ia] Romley.*

C – fo. 11r with seal sketch. Obverse: gimmel ring of two annulets with a roundel in each of the eight central segments, and a fleur-de-lys in each of the four outer segments. Legend: + SIGILLUM : HAELIZ : DE RUMELI : Pd from C in *EYC*, vii, no. 18; *Mon. Angl.*, vi, p. 204, no. vii.

20 Confirmation in pure and free alms by Alice de Rumilly to the canons of Bolton of the vill of Kildwick, from the boundary of Farnhill to the boundary of Silsden, namely to *Aspesick*, with all appurtenances. Also the gift by Alice de Rumilly to the canons of a good piece of land in all of her vills and hamlets for the tithe barns of the canons, common pasture for their cattle during autumn, in wood, moor and pasture, and free passage with wagons and horses carrying tithes and goods over her lands, with the canons making compensation for any damage they cause to the corn or meadows of Alice. [1155xMichaelmas 1187]

[fo. 5r] Adeliza de Rumelio omnibus sancte ecclesie filiis salutem. Sciatis me concessisse et confirmasse Deo et beate Marie et canonicis meis de Bolton' totam villam de Kildwicke a divisis de Farnhill usque ad divisas de Silehesden scilicet usque in Aspesick cum omnibus pertinentiis suis in puram elemosinam, liberam ab omni re et servitio seculari. Do etiam et concedo eisdem canonicis bonam placeam in singulis villis meis et hamlettis ad grangias suas decimarum faciendas ubi melius voluerint pro comodo suo, et communem pasturam omnibus averiis suis cum propriis averiis meis, tempore autumpni, tam in boscis quam in moris et campis, qui decimas suas cariaverint pro me et heredibus meis, et liberum transitum cum plaustris carectis et equis ultra terras meas et pasturas cariandi decimas suas, et alia bona sua ubi voluerint sine impedimento mei vel heredum meorum. Et hec pro salute anime mee et heredum meorum. Et si dampnum fecerint in bladis vel pratis meis emendab[un]t dampnum secundum quantitatem dampni [...10mm] Hii sunt testes: Osmundus capellanus[a] et frater eius Symundus de Reenges et Rad[ulf]us de Scovill.

a. Osmundo capellano *(sic)* B.

The first date of 1155 is the year in which the canons moved to Bolton, and the last the death of Alice de Rumilly, which had occurred before Michaelmas 1187 (*EYC*, vii, p. 13).

21 Gift by Alice de Rumilly to the canons of Bolton of acquittance from bridge, carriage, quay, aid, and all other tolls within and without Skipton when buying or selling, with free passage to the fair at Embsay by ways and lanes and in her moors, woods and pastures, excepting through corn and meadows. [1155x1158]

[fo. 5v] Aeliz: de Rumelio omnibus hominibus salutem. Sciatis quod ego do et concedo pro me et heredibus meis Deo et canonicis de Boulton, talem libertatem, quod ipsi et proprii homines sui quieti sint ab omnibus pontagiis, cariagiis, scaciis, auxiliis et ab omni prestatione theolonii infra villam de Skipton et extra ubicunque theolonium prestari debet in terris meis qualitercunque emunt vel vendunt, sive in marcandis[is] sive extra simul[a] cum libero transitu et exitu omnibus venient[ibus] et redeuntibus cum quibuscunque averiis ad feriam suam de Emesey per vias et semitas et extra in moris, boscis meis et pasturis, exceptis bladis et pratis tantum [...10mm] Hii sunt testes: Osbertus archidiaconus, Rogerus Tempest et Rogerus de Fafington.[b]

a. simil *(sic)* B.   b. *witness list given in ablative*.

For the inspeximus of this charter made by Edward I see Chatsworth Charter, B3, PB11065/54 (Appendix II, no. 55). *EYC*, vii, no. 21 is a copy of the above charter taken from the inspeximus issued by Edward I (Charter Roll, 33 Edward I; Pd in *C.Ch.R., 1300–1326*, p. 52).

22 Grant in free, pure and perpetual alms by Henry [II] to the canons of Embsay of a fair to be held for three days at the feast of St Cuthbert in autumn, with tolls, liberties and free customs as are held at the fair at Richmond. [19 Dec. 1154x1178 (Sep. 1155 or Aug. 1158)], Winchester

[fo. 5v] H. Dei gracia rex Angl[orum],[a] dux Norman[norum] et Aquit[anorum], comes Andeg[avorum] archiepiscopis, episcopis, comitibus, baronibus et omnibus ballivis suis et fidelibus salutem in Domino. Sciatis me dedisse et concessisse et presenti carta confirmasse Deo et ecclesie sancti Cuthberti de Embseia et canonicis regularibus ibidem Deo servientibus unam feriam ad festum sancti Cuthberti in autumpno per tres dies in liberam et puram et perpetuum elemosinam, cum eisdem tolnetis et libertatibus et liberis consuetudinibus quas ad feriam de Richemund' concessimus in omnibus habendam. Quare volo et precipio quod predicti canonici de Embeseya habeant et teneant bene et in pace, libere et quiete et pacifice hanc meam donationem absque omni impedimento et impetitione aliquorum meorum fidelium. Et concedo quod homines illuc venientes et inde redeuntes habeant meam firmam pacem. Teste Ricardo de Luci apud Wincestriam.

a. Anglie *(sic)* B.

No reference can be found to Richmond Fair at this date. Although the grant of a fair is made to the canons of Embsay it seems likely that the priory had moved to Bolton by this point. Another possibility is that the canons did not move to Bolton until the later months of 1155, perhaps around the feast-day of the Assumption of the Blessed Virgin Mary, the patron saint of the priory. This charter is recorded in an inspeximus issued by Edward I to the canons of Bolton in 1305 (CB, no. 24).
H – fo. 5r, abstract.

23 Memorandum concerning the fair of Embsay, and its extension from three days to five.

[fo. 5r] Memorandum quod quia non habuimus feriam de Embeseia nisi per tres dies durante prout patet[a] cartam superius scriptam dominus Iohannes de Landa prior tempore regis Edwardi filii regis Henrici anno regni sui xxxiij° impetravit cartam suam de dicta feria per quinque dies duraturos, prout patet per cartam proximo sequentem.

a. per *omitted* B.

24 Inspeximus by Edward I to the canons of Bolton of the fair held at Embsay at the feast of St Cuthbert retaining the liberties and free customs originally granted by Henry [II], with an extension to five days. 29 Mar. 1305, Westminster

[fo. 6r] Edwardus Dei gracia rex Anglie, dominus Hibernie et dux Aquit[annie] archiepiscopis, episcopis, abbatibus, prioribus, comitibus, baronibus, iusticiariis, vicecomitibus, prepositis, ministris et omnibus ballivis et fidelibus suis salutem. Inspexim[us cartam] quam celebris memorie dominus H. quondam rex Anglie pro avus noster fecit Deo et ecclesie sancti Cuthberti de Embesaya et cano[nicis reg]ularibus tunc ibidem Deo servientibus qui se a loco predicto usque Boulton' in Cravene postmodum [transtulerunt et nunc] ibidem [habitant] et morant[ur] in hec verba: H. Dei gracia rex Anglie, dux Normannie et Aquitannie, comes Andegavie archiepiscopis, episcopis, comitibus, baronibus et omnibus ballivis suis et fidelibus suis salutem in domino. Sciatis me dedisse et concessisse, et presenti carta confirmasse Deo et ecclesie sancti Cuthberti de Embesaya et canonicis regularibus ibidem Deo servientibus unam feriam ad festum sancti Cuthberti in autumpno per tres dies in liberam et puram et perpetuum elemosinam cum eisdem tolnetis et libertatibus et liberis consuetudinibus quas ad feriam de Rychemund concessimus in omnibus habendam. Quare volo et precipio quod predicti canonici de Embeseya habeant et teneant bene et in pace, libere et quiete et pacifice hanc meam donationem absque omni impedimento et impetitione aliquorum meorum fidelium. Et concedo quod [homines] illud venientes et inde redeuntes habeant meam firmam pacem. Teste Ricardo de Luci apud Wyncestraam. Et quia dilectis nobis in Cristo priori de Boulton' et canonicis predictis nunc apud Boulton' ut premittitur commorantibus uberiorem graciam facere volumus in hac parte concessimus et hac carta nostra confirmavimus predictis priori et canonicis quod ipsi et successores sui imperpetuum habeant predictam feriam singulis annis apud manerium suum de Embesaya ubi p[riu]s tenebatur pro quinque dies duratura[s] videlicet per tres dies ante predictum festum sancti Cuthberti et in die et in crastino eiusdem festum [fo. 6v][a] nisi feria illa sit ad nocumentum vicinarum feriarum. Quare volumus et firmiter precipimus pro nobis et heredibus nostris quod predicti prior et canonici et eorum successores imperpetuum habeant feriam predictam apud manerium suum predictum cum omnibus libertatibus et liberis consuetudinibus ad huiusmodi feriam pertinentibus. Nisi feria illa sit ad nocumentum vicinarum feriarum sicut predictum est. Hiis testibus: venerabilibus patribus A.[b] Dunolm', W. Coventr' et Lychfeld' S. Sar',[c] et I. Karliolen' episcopis, Henrico de Laci comite Lincoln', Humfrido de Bohun comite Hereford' et Essex', Guidone de Bello Campo comite Warr', Henrico [de] Percy, Hugone Despenser, Roberto de Clyfford, Iohanne de Segrave et aliis. Dat' per manum nostram apud [Wes]tm', vicesimo[d] nono die Marcii anno regni nostri tricesimo tertio.

a. *Heading* Halton et Eastby B.   b. D. *(sic)* A, B.   c. sancte Marie *replacing* S. Sar' B.   d. vicesimo *omitted* B.

The bishop of Durham at this date was Anthony Bek, against whom the prior of Bolton had acted on behalf of the archbishop of York in 1292, presumably as part of a scheme to secure the appropriation of Carleton church (*Bolton Priory*, p. 62; *Bolton-in-Wharfedale*, pp. 76, 78). Walter Langton was bishop of Coventry and Lichfield between 1296 and 1321. He was also the master of the hospital of St Leonard's, York, with which Bolton Priory made an exchange of rents from property in Appletreewick and Blake Street, York (CB, no. 212, see also CB, no. 210).
A – BL, Harl. 58 I 44 (copy). Endorsed … carta prior … Boulton'. 230x160mm. No seal, tag or slit. H – fo. 5r, from Bolton Cartulary, fo. 4, abstract. Pd abstract in *C.Ch.R., 1300–1326*, p. 51.

25   Memorandum concerning the manor of Halton, the hamlet of Eastby and land in the vill of Scosthrop held by the canons of Bolton, comprising three carucates of land of the lords of Skipton Castle, two carucates of land of the lords of Eshton in pure alms and one carucate of land by the gift of Henry the mason (*le Macon'*) which they hold from the heirs of Lord Henry of Keighley, in free, pure and perpetual alms, confirmed by Edward III, in Halton, two carucates of land of the lords of Skipton Castle, and one and a half carucates of land of the lords of Skipton Castle in Scosthrop.

[fo. 6v] Memorandum quod prior et conventus de Boulton tenent manerium de Halton cum omnibus pertinentiis suis pro sex carucatis terre. Quod quidem manerium emerunt et habuerunt a diversis hominibus, partem etiam ex emptione et partem ex donatione prout patet per cartas in thesaurario nostro inventas, quas non oportet ostendere nisi contingat, nos de dicta terra implacitari, et tenent dictum manerium, videlicet tres carucatas terra, de dominis castri de Skipton', per forinsecum servitium homagium tantum excepto, quantum pertinet ad tres carucatas terre, ubi quatuordecim[a] carucate terre faciunt feodi unius militis; et duas carucatas terre tenent de heredibus et dominis de Eston' in puram elemosinam; et unam carucatam terre de dono Henrici le Macon', quam tenent de heredibus domini Henrici de Kighley, tanquam de assignato dicti Henrici le Macon', in liberam, puram et perpetuam elemosinam, et ab illustri domino Edwardo rege Anglie, tempore quo erat dominus castri de Skipton confirmatam. Ad hec est sciendum quod dicti prior et conventus de Boulton tenent hamlettum de Eastbie de dominis castri de Skipton [fo. 7r][b] pro duabus carucatis terre faciendo forinseco, servitio, homagio tantum excepto, quantum pertinet ad duas caruacatas terre, ubi quatuordecim[c] carucatas terre faciunt feodum unius militis. Tenent etiam unam carucatam et dimidiam terre in villa de Scothorpe de dominis castri de Skipton' per forinsecum servitium, homagio tantum excepto, quantum pertinet ad unam carucatam terre et dimidiam ubi quatuordecim carucatas terre faciunt feodum unius militis prout patet[d] cartas inferius per ordinem annotatas. Et si contingat ipsos de aliquibus terris in hamletto de Eastby, sine in villa de Scothorpe implacitari, invenient cartas de dictis terris in thesaurario suo sufficienter.

a. quatuordecem *(sic)* B.   b. *Heading* Halton et Eastby B.   c. quatuordecem *(sic)* B.   d. per *omitted* B.

H – fo. 5r, from Bolton Cartulary, fo. 5, abstract. Pd abstract from H in *EYC*, vii, no. 147.

26 Confirmation by William de Forz [III], count of Aumale, to the canons of Bolton of the whole vill of Eastby, with its appurtenances, to hold in chief of him and his heirs, which John son of Walter son of Helto had surrendered in William's court, three carucates of land in the vill of Halton, with appurtenances, which Richard de Pinkeny had surrendered in William's court, and fourteen bovates of land in Scosthrop, both in demesne and service, making fealty, relief, suit of the court of Skipton and all services, excepting homage, to William and his heirs. [18 Sep. 1241x1260]

[fo. 7r] Omnibus hoc scriptum visuris vel audituris Willelmus de Fortibus comes Albemarlie salutem. Noveritis nos concessisse et presenti scripto confirmasse Deo et ecclesie beate Marie de Boulton et priori et conventui eiusdem loci quod habeant et teneant de nobis et heredibus nostris in capite totam villam de Eastby cum pertinentiis sine aliquo retenemento, quam Iohannes filius Walteri filii[a] Elte aliquando de nobis tenuit et nobis in curia nostra de Skipton reddidit. Concessimus etiam eisdem tres carucatas terre in villa de Halton cum pertinentiis, sine aliquo retenemento, quas Ricardus de Pinkeney de nobis tenuit in eadem villa et nobis similiter reddidit in eadem curia. Preterea concessimus et confirmavimus, predictis priori et conventui quatuordecim[b] bovatas terre cum pertinentiis in Scothorpe, tam in dominico quam in servitio; tenendas et habendas sibi et successoribus suis libere et quiete de nobis et heredibus nostris seu nostris successoribus imperpetuum, faciendo nobis et heredibus nostris fidelitatem, relevium, sectam curie de Skipton' et omnia alia servitia ad dictas terras pertinentia, excepto tantum homagio. Et si contingat dictum priorem [fo. 7v] [c] et conventum vel eorum successores de predictis terris seu aliqua parte dictarum terrarum implacitari ad nullam tenebimur eis rationem huius confirmationis et concessionis warrantiam […10mm]. In cuius rei testimonium presenti scripto cyrographato tam sigillum nostram quam sigillum prioris et conventus mutuo fecimus apposui […15mm]. Hiis testibus: domino Roberto Daniel senescallo nostro, domino

Ricardo de Bolebech, domino Iohanne de Eston', domino Henrico de Daiville, domino Iohanne le Vavasur, Thoma de Lelle, Willelmo de Marton', Petro Gilotto, Willelmo filio Roberti de Skipton, Everardo[d] forestario, Ada de sancto Martino, Gerardo de sancto Iohanne, Iohanne de Nuttill et aliis.

a. filius *(sic)* B.   b. quatuordecem *(sic)* B.   c. *Heading* Halton B.   d. Everdo *(sic)* B.

Robert Daniel is recorded as steward of William de Forz III in 1256 in an indenture relating to St Sepulchre's Hospital, Hedon (*EYC*, vii, p. 290, from *History and Antiquities of the Seigniory of Holderness*, 2 vols. (Hull, 1840–1841), ii, p. 195). He later became a justice in eyre (*Lords of Holderness*, pp. 66–7).
H – fo. 5v, from Bolton Cartulary fo. 5, abstract. Pd from H in *EYC*, vii, no. 42.

27   **Gift by John of Eshton to the canons of Bolton of twelve bovates of land in Halton, with appurtenances, being nine bovates of land with a capital messuage, toft and croft, and the homage and service for two bovates of land from Robert son of Geoffrey of Eshton, pertaining to the said two bovates, one bovate of land which the canons have by the gift of Roger son of Aldred. Also a gift by the said John to the canons of Ivo Roch with his suit of court, to be held with all liberties, easements and common rights, making foreign service for twelve bovates where fourteen bovates makes a knight's fee. [1214x9 Dec. 1234]**

[fo. 7v] [Omnibus sancte matris ecclesie[a] filiis, ad quos presens] scriptum pervenerit Iohannes de Eston eternam salutem in Domino. Noveritis me dedisse et [concessisse et presenti carta mea confir]masse Deo et ecclesie beate Marie de Boult'[b] et canonicis ibidem Deo servientibus [duodecim bovatas terre cum pertinentiis in] villa de Halton', scilicet [n]ovem bova[tas] terre, cum capitali mesuagio, cum toftis et croftis, et omnibus aliis pertinenciis suis quas tenui in dominico meo, et servicium et homanagium[c] Roberti filii Galfridi de Eston', de duabus bovatis terre cum pertinenciis, quas idem[d] Rob[ertus] tenuit de me in villa de Halton',[e] et unam bovatam terre cum pertinenciis quam predicti canonici habent de dono Rogeri filii Aldredi. Et insuper dedi eisdem canonicis Yvonem Roch cum secta sua. Hec omnia dedi eis tenenda et habenda de me et heredibus meis libere et quiete, integre et plene, cum omnibus libertatibus, aysiamentis et communis predicte ville pertinentibus, faciendo forinsecum servicium quantum pertinet ad duodecim bovatas terre in feodo militis quod [est quatuordecim c]arucatarum [terre]. Ego vero et heredes mei warantizabimus [fo. 8r] predictis canonicis predictam terram cum suis per[tinenciis et pre]nominatis contra omnes homines inperpetuum. Hiis testibus: Willelmo de Hebbed[ene],[f] Petro Gwillot,[g] Eustachio [de] Rillest[on], Rogero de Kichelay, Symone[h] de Marton', Ranulfo de Oterburn,[i] Ricardo clerico de eadem, Willelmo clerico de Malghu[m], Eg[idio M]aul[ev]erer, Raynero de[j] [Scoth]orp,[k] Roberto [cemen]tario de Skipt[on] et aliis.

a. …50mm, *to end of line* B.   b. Bolton' B.   c. homagium B.   d. ibidem *replacing* idem B.   e. Eston H.   f. Hebden B.   g. Gwillock' B.   h. Simone B.   i. Ranulpho de Otterburne B.   j. de *omitted* B.   k. Scothorpe B.

For information on the Eshton and Hebden fees see *EYC*, vii, pp. 222–33 and 248–52 respectively.
A – Chatsworth Charter, B1, PB6. Not endorsed; 192x135mm [20mm tag fold]; seal: white wax, round. Obverse: lion with curling tail passant to left. Legend illegible; damaged; 35mm. Document damaged, 60x35mm missing top left. H – fo. 5v, from Bolton Cartulary, fo. 5, abstract. Pd from H in *EYC*, vii, no. 147.

28 Confirmation in perpetual alms by John of Eshton to the canons of Bolton of the gift of Peter of Carleton of half a carucate of land in the vill of Halton, with appurtenances and with all liberties and customs, making foreign service for half a carucate of land where fourteen carucates make a knight's fee, together with a gift in pure and perpetual alms by John of Eshton to the canons of Bolton of one assart in the territory of Halton called *Aylmeskoch*. [1214 or 9 Dec. 1234x1258]

[fo. 8r] Omnibus Cristi fidelibus hoc scriptum visuris vel audituris Iohannes de Eston[a] eternam in Domino salutem. Noveritis me pro salute anime mee et antecessorum et successorum meorum[b] concessisse et presenti carta confirmasse Deo et ecclesie beate Marie de Boulton'[c] et canonicis ibidem Deo servientibus dimidiam carucatam terre cum suis pertinentiis in villa de Halton' illam scilicet quam iidem canonici habent ex dono Petri de Karleton'; tenendam et habendam in perpetuam elemosinam cum omnibus libertatibus et liberis consuetudinibus ad eandem terram spectantibus infra villam et extra, solutam et quietam ab omni impeticione mei vel[d] successorum meorum salvo forinseco servicio, quantum pertinet dimidie carucate terre ubi xiiij[or] [e] carucate faciunt feodum militis. Insuper dedi eisdem canonicis et presenti scripto confirmavi in puram et perpetuam elemosinam, unum assartum in territorio eiusdem ville quod vocatur Aylmeskoch pro salute anime mee et successorum meorum, et illud idem assartum ego Iohannes et heredes mei warantizabimus et defendemus predictis canonicis contra omnes homines inperpetuum. Hiis testibus: Eustachio de Rilleston', Symone[f] de Marton', Willelmo filio eius, Ricardo Tempest', Willelmo Mauleverer[g] de Bethmesl',[h] Iohanne fratre eius, Petro Gilot,[i] Roberto Cuvil, Ricardo de Oterburn,[j] Roberto de Fecheserg',[k] Ricardo Mynum de Skipt',[l] Roberto de Fernhil,[m] Ambrosio de Cunetl'[n] et aliis.

a. Eston' B.   b. meorum *omitted* B.   c. Bolton B.   d. et *replacing* vel B.   e. quatuordecim B.   f. Simone B.   g. Malleverer B.   h. Bethmesley B.   i. Gwilloc' B.   j. Otterburn' B.   k. Fecheserge B.   l. Skipton B.   m. Farnhill B.   n. Cuvell B.

For information on the Rilston fee see *EYC*, vii, pp. 263–72.
A – Chatsworth Charter, K17. Not endorsed; 195x90mm [*c.*12mm tag fold]; seal and tag missing; sealed on the tag method 1. H – fo. 6r, from Coucher Book, fo. 6, abstract. Pd abstract from H in *EYC*, vii, no. 147.

29 Quitclaim in free, pure and perpetual alms by John son of John of Eshton to the canons of Bolton of two carucates of land with toft and croft in the vill of Halton, and all appurtenances, which his father enfeoffed. [1267x1284]

[fo. 8v][a] Omnibus hoc scriptum visuris vel audituris Iohannes filius Iohannis de Eston' salutem in Domino eternam. Noveritis me[b] pro salute anime mee, antecessorum et successorum meorum concessisse, confirmasse et pro me et heredibus meis omnino quietumclamasse Deo et ecclesie beate Marie [de] B[ol]to[n] et canonicis ibidem Deo servientibus in liberam, puram et perpetuam elemosinam duas carucatas terre cum toftis et [cro]ftis et cum omnibus aliis pertinen[ciis] suis in villa de Halton, quas de me ex feofacione predicti Iohannis patris mei in eadem villa prius tenere solebant; tenend[as] et habend[as] eisdem canonicis et eorum successoribus, in liberam, [puram] et perpetuam elemosinam, libere, quiete, bene et in pace, et solute ab omni[c] ser[vici]o et seculari[d] demanda sicut aliqui religiosi liberius vel quietius tenere potuerunt[e] vel aliquo tempore consueverunt.[f] Ego vero predictus Iohannes et heredes mei vel assignati predictas duas carucatas terre cum omnibus pertinenciis suis predictis canonicis et eorum successoribus in liberam, puram et perpetuam elemosinam [sicut] predictum est contra omnes homines in omnibus w[arrant]izabimus, acquietabimus, et inperpetuum defendemus. In cuius rei testimonium huic scripto sigillum meum d[uxi] apponendum. Hiis testibus: domino Iohanne [le^g V]avasour,^{h} domino Roberto de Plumpton', Willelmo Mauleverer^i de Bethemeslay, Rogero Tempest, Willelmo de Marton', Iohanne Giliot,^{j} Willelmo filio Roberti de Skypton',^{k} Radulfo^l Everard[o], Evarardo Fauvell et multis al[iis].

a. *Heading* Halton B.   b. me *omitted* B.   c. omni *omitted* B.   d. sceculari *(sic)* A.   e. poterint B.   f. consueverint B.   g. *damaged* A; le/de *overwrite* B.   h. Vavasor B.   i. le Malleverer B.   j. de Gileoth B.   k. Skipton B.   l. Radulpho B.

A – Chatsworth Charter, K18. Not endorsed; 221x79mm [17mm tag fold]; seal and tag missing; sealed on the tag method 1. H – fo. 6r, from Bolton Cartulary, fo. 6, abstract. Pd abstract from H in *EYC*, vii, no. 147.

30   **Quitclaim in free, pure and perpetual alms by Robert son of John of Eshton to the canons of Bolton of two carucates of land with toft and croft, and all appurtenances, in the vill of Halton, which they are accustomed to hold from John, his brother, feoffed by his father, notwithstanding a convent made in the royal court between the said Robert and John, his brother. [14 Jan. 1272x12 Jan. 1284]**

[fo. 9r]^a [Notum sit omnibus presens scriptum] visuris vel audituris quod ego Robertus filius Iohannis de Eston' concessi, confirmavi [et omnino quietumclamavi pro me et here]dibus meis, Deo et ecclesie beate Marie de Boulto[n] et canonicis ibidem Deo servientibus [in liberam, puram et perpetuam elemosinam] duas carucatas terre cum toftis et croftis et cum omnibus aliis pertinentiis suis in villa de [Halton quas de Iohanne fratre meo ex feoffa]cione predicti Iohannis patris mei in eadem villa prius tenere solebant. Non obstante convencione [inter me et predictum Iohannem fratrem meum in curia] domine regis cirograffata,^{b} per quam me [her]edem suum [de om]nibus terris et tenementis suis et [tenentium suorum serviciis ibidem constituit et] assignavit; tenend[a] et [habenda] eisdem canonicis et [eorum] successoribus, in liberam, puram [et perpetuam elemosinam, libere, quiete, bene et in] pace et solute ab omni servicio secula[ri et] demanda sicut aliqui religiosi, liberius vel quietius [tenere poterunt vel consueverunt, sicut predictus Io]hannes frater meus predictas duas carucatas terre [cum] pertinenciis predictis canonicis et eorum [successoribus confirmavit et per scriptum suum] quietas clamavit. Ego vero predictus Robertus et [her]edes mei [vel mei assi]gnati predictas [duas carucatas terre cum omnibus pertinentiis s]uis predictis canonicis et eorum successoribus in libera [pura] et perpetua elemosina [sicut predictum est contra omnes homines in omnibus warran]tizabimus, acquietabimus et inperpetuum defendemus. In cuius rei testimonium huic scripto sigil[lum meum duxi apponendum. His testibus: domi]no Iohanne Wavasour,^{c} domino Roberto de Plumpton', Willelmo Mauleverer de Bethe[mesley,^{d} Rogero Tempest, Willelmo de Mart]on, [fo. 9v]^e Iohanne Gilliot,^{f} Willelmo filio Roberti de Skypton',^{g} Everardo Fauvel,^{h} Radulfo [filio Everardi, Elia de Kighley et] aliis.

a. *Heading* Halton: B.   b. domine regine cyrographata B.   c. Vasour B.   d. de Malleverer de Bethmesley B.   e. *Heading* Halton B.   f. Gilioth B.   g. Skipton' B.   h. Evaverardo Fauvell B.
The text in squared brackets is taken from B.

A – Chatsworth Charter, B1, PB7. Not endorsed; (on tag fold: istam cartam non oporte osted'e); 132x104mm [17mm tag fold]; seal missing. Document damaged, *c.*50mm left side missing. H – fo. 6r, from Bolton Cartulary, fo. 6, abstract. I – fo. 84r–84v. Pd abstract from H in *EYC*, vii, no. 147.

31 Gift in free, pure, and perpetual alms by Henry the mason to the canons of Bolton of a year's rent which he has in the vill of Halton, including 2s. 8d. from Adam de Carmeslade and Aliena his wife for two bovates of land, 16d. from Robert son of Adam de Carmeslade for one bovate of land, 3s. 8d. from Adam son of Thomas for two and a half bovates of land, 2s. from Richard Dillock for one bovate of land, 2s. from Amabilla de Mira and Matilda Caterays, sisters, for one bovate of land, and 1d. from Richard son of Amabilla for half a bovate of land, with homage, guardianship, reliefs, escheats of the said tenements and marriage portions of the heirs, as well as a quitclaim in free, pure and perpetual alms for a certain sum of money by Henry the mason to the canons of Bolton of 20d. of rent for two bovates of land in Halton. [1261(1273)x17 Oct. 1277]

[fo. 9v] Sciant omnes presentes et futuri quod ego Henricus le Macon' de Skipton' dedi, concessi et hac presenti carta mea confirmavi Deo et ecclesie beate Marie de Boulton' et canonicis ibidem Deo servientibus in liberam, puram et perpetuam elemosinam totum annuum redditum quem habui in villa de Halton sine aliquo retenemento; videlicet de Ada de Carmeslade et Aliena uxore eius et eorum heredibus duos solidos et octo denarios argenti ad duos anni terminos scilicet medietatem ad festum sancti Martini in hieme et aliam medietatem ad Pentec' pro duabus bovatis terre cum pertinentiis quas de me tenuerunt in eadem villa, et de Roberto filio Ade de Carmeslade et heredibus suis sex decem denarios per annum ad eosdem terminos pro una bovata terre cum pertinentiis quam de me tenuit in eadem villa,[a] et de Ada filio Thome et heredibus suis tres solidos et octo denarios per annum ad eosdem terminos pro duabus bovatis terre et dimidia terre cum pertinentiis quas de me tenuit in eadem villa, et de Ricardo Dillock' et heredibus suis duos solidos per annum ad eosdem terminos pro una bovata terre cum pertinentiis quam de me tenuit in eadem villa, et de Amabillia de Mira et Matilde Caterays sorore et earum heredibus duos solidos per annum ad eosdem terminos pro una bovata terre cum pertinentiis quam de me tenuerunt in eadem villa, et de Ricardo filio Amabille et heredibus suis unum denarium ad eosdem terminos pro dimidia bovata terre cum pertinentiis quam de me tenuit in eadem villa una cum homagiis, wardis, releviis, escaetis[b] predictorum tenementorum et cum maritagiis heredum predictum tenentium, cum ad hoc evenerit et cum omnibus aliis pertinentiis que mihi de predictis tenentibus et tenementiis aliquo iure in aliquo tempore pertinere potuerint sine aliquo retenemento. Concessi etiam pro me et heredibus meis et omnino [fo. 10r][c] quietumclamavi predictis canonicis de Bolton et eorum successoribus unum annuum redditum viginti denariorum quos mihi reddere solebant pro duabus bovatis terre cum pertinentiis quas de me tenuerunt in eadem villa; tenenda et habenda eisdem priori et conventui et eorum successoribus libere, quiete, bene et in pace et solute sicut aliqui reliogisi liberius et quietius in libera, pura et perpetua elemosina tenere potuerunt vel aliquo[d] tempore consueverunt. Ego vero predictus Henricus et heredes vel mei assignati omnes predictos redditus cum omnibus[e] predictorum tenentium et heredum suorum, et cum omnibus aliis pertinentiis predictis priori et conventui et eorum successoribus contra omnes mortales warrantizabimus, acquietabimus sicut predictum est[f] in omnibus et imperpetuum defendemus. Pro hac autem donatione[g] et concessione carte confirmatione et quietaclamatione dederunt mihi predicti prior et conventus unam summam pecunie premanibus in mea necessitate. In cuius rei testimonium hanc cartam sigillo mei impressione roboravi [...10mm]. His testibus:

domino Iohanne le Vavasour, domino Roberto de Plumpton', Willelmo de Malleverer de Bethmesley,[h] Rogero Tempest, Willelmo de Marton', Eustachio de Rilleston, Willelmo filio Roberti de Skipton', Rad[ulf]o filio Everardi, Evarardo Fauvel,[i] Ada' filio Roberti de Halton et multis aliis.

a. et de Roberto filio Ada ... tenuit in eadem villa *noted in margin* I.   b. exscaetis *(sic)* B; *omitted* I.   c. *Heading* Halton B.   d. modo *deleted* B.   e. servitiis *inserted* I.   f. et *(sic)* B.   g. donacone *(sic)* B.   h. Methmesley I.   i. Rad[ulf]o Everard Fauvel *(sic)* B.

I – fos. 84v–85v.

32 Confirmation in free, pure and perpetual alms by Henry of Keighley, knight, to the canons of Bolton of all lands and tenements in Halton and Skipton, both in service and in demesne, of the gift of Henry the mason, and all his tenements in Newsholme in the Aire valley and the parish of Keighley, both in demesne and service, together with the advowson of the church of Keighley, with the said Henry being received in good spirit into the church. [1280xEaster 1314]

[fo. 10r] Universis Cristi fidelibus presens scriptum visuris vel audituris Henricus de Kighley miles salutem in Domino sempiternam. Noveritis me concessisse et confirmasse priori et conventui de Bolton' in Craven et eorum successoribus imperpetuum omnes terras et tenementa que habent, tam in servitio quam in dominico, de dono quondam Henrici le Macon' in Halton et Skipton [fo. 10v] et omnia tenementa que habui in Neusum in valle de Aire et in parochia de Kichelay, tam in domanico quam in servitio, unacum advocatione[a] ecclesie de Kighelay;[b] tenenda et habenda in liberam, puram et perpetuam elemosinam, solutam et quietam ab omni seculari servitio pro salute anime mee antecessorum et successorum meorum. Ego vero et heredes mei vel mei assignati omnia predicta tenementa, unacum advocatione ecclesie superius memorate contra omnes homines warrantizabimus, acquietabimus et imperpetuum defendemus in liberam, puram et perpetuam elemosinam. Pro hac autem concessione et confirmatione receperunt me prefati prior et conventus in bonis spiritualibus que fuerunt[c] in ecclesia antedicta. His testibus: dominis Roberto de Plumptona, Thoma de Alta Ripa, Roberto de Stivetona, militibus, Iohanne de Farnill, Iohanne de Kighelay de Skiptona et aliis.

a. advocate *(sic)* B.   b. tam in dominico quam in servitio, unacum advocatione de Kighlay *omitted* I.   c. funt *(sic)* B.

For information on the Keighley family see W.P. Baildon, 'The Keighley Family', *YAJ*, 27 (1924), pp. 1–109. For reference to a pension from the church of Keighley see *EEA* v, nos. 35, 109. Newsholme is in the parish of Gisburn. It seems most likely that Halton East, rather than Halton West, is being referred to in this charter, for the former lies in the parish of Skipton whilst the latter is in Long Preston.
I – fo. 88r.

33 Inspeximus by Edward III of the charter of Henry the mason of Skipton to the canons of Bolton of annual rents in Halton in free, pure and perpetual alms. 30 Mar. 1305, Westminster

[fo. 10v] Edwardus Dei gracia rex Anglie, dominus Hibernie et dux Aquitanie, archiepiscopis, episcopis, abbatibus, prioribus, comitibus, baronibus, iusticiariis, vicecomitibus, prepositis, ministris, et omnibus ballivis et fidelibus suis salutem. Inspeximus cartam Henrici le Machon de Skypton'[a] quam fecit Deo et ecclesie beate Marie Boulton'[b] et canonicis ibidem Deo servientibus in hec verba: Sciant omnes presentes

et futuri quod ego Henricus le Machon' de Skypton'[c] dedi, concessi et hac[d] presenti carta mea confirmavi Deo et ecclesie beate Marie de Boulton et canonicis ibidem Deo servientibus in liberam, puram et perpetuam elemosinam totum annuum redditum quem habui in villa de Halton sine aliquo retenemento; videlicet de Ada[e] de Caronslade et Aliena uxore eius et eorum heredibus duos solidos et octo denarios argenti ad duos anni terminos, scilicet medietatem ad festum sancti Martini in hieme et aliam medietatem ad Pentecost' pro duabus bovatis terre cum pertinentiis quas de me tenuerunt in eadem villa, et de Roberto [fo. 11r][f] filio Ade de Caronslade et heredibus suis sexdecim denarios per annum ad eosdem terminos pro una bovata terre cum pertinentiis quam de me tenuit in eadem villa, et de Ada filio Thome et heredibus suis tres solidos et octo denarios per annum ad eosdem terminos pro duabus bovatis et dimidia terre cum pertinentiis quas de me tenuit in eadem villa, et de Ricardo Dilloc et heredibus suis duos solidos per annum ad eosdem terminos pro una bovata terre cum pertinentiis, quas de me tenuit in eadem villa et de Amabilla[g] de Mira et Matilde Caterays[h] sorore et earum heredibus duos solidos per annum ad eosdem terminos pro una bovata terre cum pertinentiis quam de me tenuerunt in eadem villa. Et de Ricardo filio Amabille et heredibus suis unum denarium ad eosdem terminos pro dimidia bovata terre cum pertinentiis quam de me tenuit in eadem villa unacum homagiis, wardis, releviis, exscaetis predictorum tenementorum et cum maritagiis, heredibus[i] predictorum tenentium, cum ad hoc evenerit et cum omnibus aliis pertinentiis, que michi de predictis tenentibus et tenementis aliquo iure in aliquo tempore pertinere potuerunt sine aliquo retenemento. Concessi etiam pro me et heredibus meis et omnino quietumclamavi predictis canonicis de Boulton'[j] et eorum successoribus unnum annuum redditum viginti denariorum quos michi reddere solebant pro duabus bovatis terre cum pertinentiis quas de me tenuerunt in eadem villa; tenenda et habenda eisdem priori et conventui et eorum successoribus libere, quiete, bene[k] in pace et solute sicut aliqui religiosi liberius et quietius in libera, pura et perpetua elemosina tenere potuerunt vel aliquo tempore consueverunt. Ego vero predictus Henricus et heredes vel mei assignati omnes[l] predictus redditus cum omnibus servitiis predictorum tenentium et heredum suorum et cum omnibus aliis pertinentiis predictis priori et conventui et eorum successoribus contra omnes mortales warrantizabimus [fo. 11v][m] acquietabimus sicut predictum est[n] in omnibus et imperpetuum defendemus. Pro hac autem donatione et concessione carte confirmatione et quietaclamatione dederunt michi predicti prior et conventus unam summam pecunie premanibus in mea necessitate. In cuius rei testimonium hanc cartam sigilli mei impressione roboravi. Hiis testibus: domino Iohanne le Vavasour,[o] domino Roberto de Plumton',[p] Willelmo Mauleverer de Bethemeslay,[q] Rogero Tempest, Willelmo de Marton', Eustachio de Rilleston', Willelmo filio Roberti de Skypton,[r] Rad[ulf]o filio[s] Evarardi, Everardo Fauvell, Ada filio Roberti de Halton, et multis aliis [...10mm]. Nos aut[em dona]tionem et concessiones predictas ratas habentes et gratas eas pro nobis et heredibus nostris quantum in nobis est conced[im]us et confirmamus sicut c[a]rta predicta rationabi[liter] testatur. Hiis testibus: venerabilibus patribus A. Dunelmen',[t] W. Coventren' et Lychefelden',[u] et I.[v] Karliolen', episcopis, Henrico de Lacy comite Lincoln', Humfrido de Bohun comite Hereford et Essex, Guidone de Bello Campo comite Warrewyke',[w] Iohanne de Britann' Iuniore, Adomaro de Valenc', Hugone le Despenser,[x] Iohanne de Segrave, Roberto de la Warde scenescallo hospitii nostri et aliis. Datum pro manum nostram apud Westmonasterium tricesimo die Marcii anno regni nostri tricesimo tertio.
Ingelby

a. Skipton B.   b. Bolton' B.   c. Skipton B.   d. hac *omitted* B.   e. Adamo *(sic)* B.   f. *Heading* Halton: B.   g. Amabilia B.   h. Catterays B.   i. heredum *(sic)* A.   j. Bolton' B.   k. et *inserted* B.   l. omnes *omitted* B.   m. *Heading* Halton B.   n. et *deleted* B.   o. Vavasor B.   p. Plumpton B.   q. Bethmesley B.   r. Skipton' B.   s. filio *omitted* B.   t. Dunolmen' B   u. Coventr' et Lichefeld B.   v. D. B.   w. Warrewicke B.   x. de Spenser B.

A – Chatsworth Charter, B2, PB31865/41. Endorsed: Carta domini regis de inspectione et confirmatione quarumd' terrarum in villa de Halton' *and* Halton No. 1; 286x340mm [45mm tag fold]; seal, green wax, round. Obverse: monarch seated. Reverse: equestrian. No legend. Pendant seal; brown and green cords [silk?] threaded through 3 oculi. Document slightly damaged. The reading in B is followed where A is illegible.

For the gift of Henry the mason see CB, no. 31. The initial attributed to the bishop of Carlisle must have been a scribal error for in 1305 the bishop of Carlisle was John of Halton, who had been consecrated 14 September 1292 remaining until his death 1 November 1324.

Pd in *C.Ch.R.*, *1300–1326*, p. 52; note in *EYC*, vii, p. 230 n. 2 from *C.Ch.R.*.

34 Memorandum concerning the gift and the confirmations in pure alms by Geoffrey Mori and his daughters, respectively, to the canons of Bolton of two bovates of land in Stirton, and the confirmation by William de Forz [III], count of Aumale.

[fo. 11v] Ad hec sciendum est quod prior et conventus de Bolton tenent duas bovatas terre cum pertinentiis suis in Stretton de dono Galfridi Mori et ex concessione et confirmatione filiarum suarum in puram elemosinam et confirmatur a nobili viro domino Willelmo de Fortibus comite Albemarl', prout patet per cartas suas inferius per ordinem ordinatas.

Marginated: *Stretton'*.

For the charter of Geoffrey Mori see CB, no. 35, for the confirmations of his daughter, Matilda, Agnes and Alice CB, nos. 36–38, and for the confirmation of William de Forz, CB, no. 39. Stirton is in the parish of Skipton.

35 Gift in pure and perpetual alms by Geoffrey Mori to the canons of Bolton of two bovates of land, in Stirton, with appurtenances, liberties, common rights and easements. [*c*.1200x1219]

[fo. 12v][a] Sciant tam presentes quam futuri quod ego Galfridus Mori dedi, concessi et hac presenti carta mea confirmavi Deo et ecclesie beate Marie de Bolton' et canonicis ibidem Deo servientibus duas bovatas terre cum omnibus pertinentiis suis in Stretton, illas scilicet que iacent iuxta dimidiam carucatam terre quam Rogerus tinctor tenet de me; tenendas et habend[as] in puram et perpetuam elemosinam cum omnibus libertatibus, communionibus[b] et aysiamentis ad predictam terram pertinentibus. Ego vero et heredes mei warrantizabimus predictam terram cum pertinentiis suis predictis canonicis contra omnes homines imperpetuum. His testibus: Raynero Flandrensi, Willelmo filio Edwardi, Willelmo de Marton, Helia de Rilleston', Roberto cementario de Skipton' et multis aliis.

a. *Heading* Stretton B.   b. commoditatibus *replacing* communionibus G.

G – fo. 40v. H – fo. 6r, from Bolton Cartulary, fo. 8, abstract in family tree. Pd from G in *EYC*, vii, no. 175.

36 Confirmation by Matilda, daughter of Geoffrey Mori, to the canons of Bolton of two bovates of land in Stirton, with appurtenances, given by Geoffrey, her father, in perpetual alms. [*c*.1200x1219]

[fo. 12r] Sciant tam presentes quam futuri quod ego Matildis filia Galfridi Mori concessi et presenti carta mea confirmavi Deo et ecclesie beate Marie de Bolton et canonicis ibidem Deo servientibus duas bovatas terre in Stretton cum omnibus pertinentiis suis, quas scilicet Galfridus pater meus eis dedit in perpetuum elemosinam et ut ista confirmatio firma et inconcussa permaneat eam sigilli mei appositione munivi. His testibus: Raynero Flandrensi, Willelmo filio Edwardi, Willelmo de Marton', Helia de Rilleston', Roberto cementario de Skipton et multis aliis.

For the charter issued by Geoffrey Mori see CB, no. 35.
G – fo. 40v. H – fo. 6r, from Bolton Cartulary, fo. 8, abstract in family tree.

37   Confirmation from Agnes, daughter of Geoffrey Mori, to the canons of Bolton of two bovates of land in Stirton, with appurtenances, given by Geoffrey, her father, in perpetual alms. [c.1200x1219]

[fo. 12r] Sciant tam presentes quam futuri quod ego Agnes filia Galfridi Mori concessi et presenti carta mea confirmavi Deo et ecclesie beate Marie de Bolton' et canonicis ibidem Deo servientibus duas bovatas terre in Stretton' cum omnibus pertinentiis suis quas scilicet Galfridus pater meus dedit eis in [fo. 12v][a] perpetuam elemosinam. Et ut ista confirmatio firma et inconcussa permaneat eam sigilli mei appositione munivi. His testibus: Raynero Flandrensi, Willelmo filio Edwardi, Willelmo de Marton, Helia de Rilleston, Roberto cementario de Skipton'.

a. *Heading* Stretton B.

For the charter issued by Geoffrey Mori see CB, no. 35.
G – fo. 40v. H – fo. 6r, from Bolton Cartulary, fo. 8, abstract in family tree.

38   Confirmation by Avice, daughter of Geoffrey Mori, to the canons of Bolton of two bovates of land in Stirton, with appurtenances, given by Geoffrey, her father, in perpetual alms. [c.1200x1219]

[fo. 12v] Sciant tam presentes quam futuri quod ego Avicia filia Galfridi Mori concessi et presenti carta mea confirmavi Deo et ecclesie beate Marie de Bolton et canonicis ibidem Deo servientibus duas bovatas terre in Stretton cum omnibus pertinentiis suis quas scilicet Galfridus pater meus dedit eis in perpetuam elemosinam. Et ut ista confirmatio firma et inconcussa[a] permaneat eam sigilli mei appositione munivi. Hiis testibus: Rainero Flandrensi, Willelmo filio Edwardi, Willelmo de Marton, Helia de Rilleston, Roberto cementario de Skipton'.

a. incussa *(sic)* B.

For the charter issued by Geoffrey Mori see CB, no. 35.
G – fo. 40v. H – fo. 6r, from Bolton Cartulary, fo. 8, abstract in family tree.

39   Confirmation in pure and perpetual alms by William de Forz [III], count of Aumale, to the canons of Bolton of the gift of Geoffrey Mori of two bovates of land in Stirton, with appurtenances, to be held as the charter of Geoffrey Mori states. [18 Sept. 1241x1249]

[fo. 12v] Omnibus Cristi fidelibus ad quos presens scriptum pervenerit Willelmus de Fortibus comes Albem' salutem in Domino. Noverit universitas vestra nos pro nobis et heredibus nostris concessisse et hac presenti carta nostra confirmasse Deo et ecclesie beate Marie de Bolton' et canonicis ibidem Deo servientibus duas bovatas terre cum omnibus pertinentiis suis in Stretton, illas scilicet que iacent iuxta dimidiam carucatam terre quam Rogerus tinctor quondam tenuit, quas habuit de dono Galfridi Mori; tenendas et habendas in puram et perpetuam elemosinam sicut carta predicti Galfridi Mori testatur. Ut autem hec nostra concessio rata et stabilis in posterum perseveret huic scripto sigillum nostrum apposuimus. His testibus: domino Michaele de Burn', tunc abbate de Melsa, domino Henrico le Monye, tunc senescallo, domino Ricardo de Bolebec, domino Petro de Camp', domino Iohanne de Eston', domino Simone de Marton, domino Eustachio de Rilleston', Henrico de Cesthund tunc constabulario de Skipton, Willelmo Angl', Willelmo de Hartlington' et aliis.

For the charter issued by Geoffrey Mori see CB, no. 35. There appears to be some error in the sketch made by Dodsworth of William de Forz III's seal, with the *patoncree* being scalloped rather than pointed. See C.R. Humphrey-Smith, *Anglo Norman Armory Two: An Ordinary of Thirteenth-Century Armorials* (Canterbury, 1984), p. 323.

C – fo. 13r with sketch of seal: round. Obverse: a knight on horseback galloping to right, wearing mail, surcoat and flat-topped helmet, and holding a drawn sword and a shield. Reverse: a shield of arms, *a cross patonce vair* within circle of foliage. Legend: + SIGILLUM WILLELMI DE FORTIBUS COMITIS ALBEMARLIE. H – fo. 6v, from Bolton Cartulary, fo. 9, abstract. Pd from C in *EYC*, vii, no. 40.

40 Memorandum concerning the gift by Robert, son of Clibern, and Amabilla, daughter of Aldred, son of Clibern, to the canons of Bolton of one *cultura* called *Lyneland'* in the vill of Draughton.

[fo. 13r][a] Ad hec sciendum est quod prior et conventus de Bolton' tenent unam culturam in villa de Drathton, que vocatur Lyneland', de dono Roberti filii Cliberni et ex dono Amabil' filie Aldredi filii Clibernii prout patet per cartas inferius per ordinem annotatas.

a. *Heading* Draghton B.
Marginated: *Draghton*.

Chatsworth Charter B2, PB2865/23 is by Walter son of Aldred of Halton, brother of the said Amabilla, and B2, PB4865/28, is Walter son of Aldred son of Clibern, brother of William, presumably the same person, regarding gifts of land in Halton. Amabilla also made gifts of land in Thwait (Chatsworth Charter K3), as did her brother, and lands in Halton (Chatsworth Charter B1, PB3, which appears to have been duplicated in Potter's transcripts as B2, PB4865/31). Draughton is part of the parish of Skipton.

41 Gift in free and perpetual alms by William son of Robert son of Clibern of Halton to the canons of Bolton of all of his piece of *Linlond'* in the fields of Draughton, both arable and meadow, with all common rights, liberties and easements, paying 2*d.* annually. [1155(*c.*1200)xMay 1247]

[fo. 13r] Sciant presentes et futuri quod ego Willelmus filius Roberti filii Cliberni de Halton' dedi, concessi et presenti carta mea confirmavi Deo et ecclesie beate Marie de Bolton' et canonicis ibidem Deo servientibus totam partem meam de Linlond' in campo de Draghton, tam de terra arabili quam de prato, sine aliquo retenemento; tenendam et habendam de me et heredibus meis in liberam et perpetuam elemosinam, quiete et libere in omnibus communibus et libertatibus et aisiamentis ad predictam terram pertinen[tibus], reddendo inde annuatim mihi vel heredibus meis duos denarios pro omni servitio et demanda, videlicet unum denarium ad Pentecostiam et unum denarium ad festum sancti Martini. Ego vero et heredes mei warrantizabimus predictam terram predictis canonicis contra omnes homines imperpetuum. Hiis testibus: Willelmo Malleverer, Petro de Marton', Simone de Kerkeby, Rogero de Kerkeby, Ricardo de Pinkeni, Roberto cementario, Roberto filio Ricardi.

H – fo. 6v, from Bolton Cartulary, fo. 9, abstract. Pd abstract from H in *EYC*, vii, no. 108.

42 **Gift in free, pure and perpetual alms by Amabilla daughter of Aldred son of Clibern of Halton to the canons of Bolton of all her land, namely that called *Linland'*, in the territory of Draughton, both arable and meadow. [1155(*c.*1200)x1207]**

[fo. 13r] Sciant tam presentes quam futuri quod ego Amabilia filia Aldredi filii Cliberni de Halton' dedi et concessi et presenti carta confirmavi Deo et beate Marie de Bolton' et canonicis ibi Deo servientibus totam terram meam quam habui in territorio de Drauthtona, scilicet illam que vocatur Linlandes, tam in terra arabili quam prato [fo. 13v];[a] tenendam de me et heredibus meis in liberam, puram et perpetuam elemosinam, solutam et quietam ab omni seculari servitio, consuetudine et exactione, pro salute anime mee et omnium antecessorum et successorum meorum. Hanc autem terram ego et heredes mei predictis canonicis warrantizabimus. His testibus:[b] Rainero Flandrensi, Ada, Willelmo, Waltero, Thoma filiis eius, Ranulpho filio Walteri, Willelmo, Roberto, Henrico, Ricardo fratribus euis, Willelmo filio Edwardi, Petro de Carleton, Willelmo filio eius, Henrico de Hill, Ricardo Coto,[c] Waltero Brettur.[d]

a. *Heading* Drathton B.   b. Rin'o *deleted* B.   c. Coco C.   d. Bracur C.

It is possible that Walter Brettur is the same person as Walter le Aleman, for one definition of Brettur or Bracur is Brewer. However, it may be a geographical name, either suggesting that he was a Breton or that he was from Brereton, a village in the parish of Knaresborough. Richard, brother of Ranulf son of Walter, may have been Ranulf de Pinkeny, Chatsworth Charter, B2, PB2865/23.

A – Original bound in Whitaker's own copy of *Craven*, 2nd ed., facing p. 231, in the possession of H.L. Bradfer-Lawrence, esq. C – fo. 20v, from the original formerly in St Mary's Tower, York. Pd from A in *EYC*, vii, no. 108.

43 **Agreement between Kirkstall Abbey and Bolton Priory whereby brother Ralph, abbot, and Kirkstall Abbey recognize the right of Bolton Priory to the advowson of Marton church with Bolton Priory giving two and a half marks of silver annually to Kirkstall Abbey. [1204x1233]**

[fo. 13v] Omnibus sancte matris ecclesie filiis presentibus et futuris frater Rad[ulf]us abbas et conventus de Kirkestall salutem in Domino. Noverit universitas vestra quod cum mota esset controversia inter nos et priorem et canonicos de Bolton super advocatione ecclesie de Marton' nos eorum instrumentis[a] inspectis et iure plenius cognito fraterne caritatis intuitu resignavimus eis, quicquid iuris ad nos pertinebat in predicta advocatione sine aliquo retenemento libere, quiete et solute de nobis et de nostris successoribus imperpetuum. Ita tamen quod dicti prior et conventus de Bolton pro bono pacis dabunt nobis et successoribus nostris imperpetuam annuatim duas marcas argenti et dimidiam, medietatem ad festum sancti Martini et medietatem ad Pentecost' de camera eorum. His testibus: Roberto capellano de Kildweeke, Herveyo capellano, Gerem' de Torthill, Thoma de Addingham.

a. instrimentis *(sic)* B.
Marginated: *Marton.*

Kirkstall Abbey formerly held the chapel of Marton with the connection being broken in 1152–53, when it was granted independence and given parochial status, with presentations to be made by Kirkstall Abbey. However the right to presentation passed to the Marton family (see below, CB, nos. 56 and 61) and thence to Bolton Priory, with Kirkstall Abbey receiving a pension of 20*s*. See *Fasti Parochiales*, iv, pp. 94–8, and G.D. Barnes, *Kirkstall Abbey, 1147–1539: An Historical Study*, Thoresby Society, 58 (1984), pp. 13, 15, 73. It is more probable that this charter refers to the second Prior Ralph of Kirkstall, that is Ralph of Newcastle (*c.*1204–1231/3), for his priorate was closer to the archiepiscopate of Walter Gray (*Heads of Houses*, ii, p. 288). This charter was confirmed by Walter Gray, who was archbishop of York between 1215 and 1255 (*The Register or Rolls of Walter Gray, Lord Archbishop of York*, Surtees Society, 56 (1872), pp. 235–6).

44   **Memorandum concerning the gift by William of Marton to the canons of Bolton of the manor of Ingthorpe, the confirmation in pure alms by Peter of Marton, son of the said William, with common pasture in the vill of Marton and the confirmation in free and pure alms by William de Forz, count of Aumale II.**

[fo. 13v] Ad hoc sciendum est quod prior et conventus de Bolton' tenent manerium de Unckthorpe de dono Willelmi de Marton et confirmatione Petri de Marton' filii dicti Willelmi, cum communi pastura dicte ville de Marton in puram elemosinam, et a nobili viro Willelmo de Fortibus comite Albemarl' in liberam et puram elemosinam confirmatur prout per[a] patet cartas inferius per ordinem annotatas.[b]

a. per *omitted* B.   b. Ad hoc sciendum … per ordinem annotatas *indented c.20mm* B.

For the gift of William of Marton see CB, no. 45, for the confirmation by his son CB, no. 46, and for the confirmation of William de Forz II, CB, no. 47. Ingthorpe was to become one of the major granges of the canons.

45   **Gift in free, pure and perpetual alms by William of Marton to the canons of Bolton of one *cultura*, called Ingthorpe, in the territory of Marton, from the river descending from the marsh of Cranoe Hill to the bridge at Ingthorpe, and from the boundary of Stainton Ho to the ditch between *Leventflat* and Cranoe Hill with common pasture and free exit and other easements and liberties of the vills of Marton. [1186x1219]**

[fo. 14r][a] Notum sit omnibus presentibus et futuris quod ego Willelmus de Marton' dedi et concessi et presenti carta mea confirmavi Deo et ecclesie beate Marie de Bolton et canonicis ibi Deo servientibus unam culturam in territorio de Marton, que vocatur Unckethorpe, cum hiis divisis sicut rivulus descendit de marisco de Cravenhou usque ad pontem de Unckthorpe, et ita usque ad divisas de Stainton' et ita usque ad fossam inter Leventflat et Cravenhou' cum communi pastura et cum liberis exitibus […30mm] et ceteris aysiamentis et libertatibus ad villas de Marton' pertinentibus; tenendam de me et heredibus mei in liberam, puram et perpetuam elemosinam. Et ego et heredes meis prefatam culturam cum suis divisis et aysiamentis predictis canonicis contra omnes homines warrantizabimus. Hiis testibus: Rainero Flandrensi, Helia de Rilleston', Hugone de Kalton', Malgero Vavasar, Simone filio Willelmi de Marton', Willelmo filio Edwardi, Roberto le Macun'.

a. *Heading* Marton: B.

H – fo. 7r, from Bolton Cartulary, fo. 10, abstract. Pd from H in *EYC*, vii, no. 152.

46   **Confirmation in free, pure and perpetual alms by Peter son of William of Marton to the canons of Bolton of one *cultura*, called Ingthorpe, in the vill of Marton with the same boundaries and rights, as is stated in his father's charter. [1212x1219]**

[fo. 14r] Notum sit omnibus tam presentibus quam futuris quod ego Petrus filius Willelmi de Marton' concessi et presenti carta mea confirmavi Deo et ecclesie beate Marie de Bolton' et canonicis ibi Deo servientibus unam culturam in villa de Marton', que vocatur Unckethorpe, cum his divisis sicut rivulus descendit de Cravenhou usque ad pontem de Unckethorpe, et ita usque ad divisas de Stainton', et ita ad fossam inter Levenedflatt et Cravenhou cum communi pastura et ceteris aisiamentis et libertatibus ad villas de Marton' pertinentibus in liberam, puram et perpetuam elemosinam sicut in carta patris mei continetur. His testibus: Rainero Flandrensi, Maugero Vavasor, Helia de Rilleston, Hugone de Calton', Simone filio Willelmi de Marton', Willelmo filio Edwardi, Roberto le Macon'.

For the charter of the William of Marton see CB, no. 45.
H – fo. 7r, from Bolton Cartulary, fo. 10, abstract. Pd abstract from H in *EYC*, vii, no. 152.

47 **Confirmation in pure and perpetual alms by William de Forz [II], count of Aumale, to the canons of Bolton of one *cultura*, called Ingthorpe, in the territory of Marton, and all appurtenances, with free common of the vill, given by the gift of William of Marton as is stated in his charter. [Sep. 1214x29 Mar. 1241]**

[fo. 14v][a] Sciant tam presentes quam futuri quod ego Willelmus de Forz[b] comes Albemarl[i]e[c] concesssi et presenti carta mea confirmavi Deo et ecclesie beate Marie de Boelt[d] et canonicis ibidem Deo servientibus unam culturam in teritorio de Martun[e] que dicitur Unkethorp[f] cum omnibus pertinentiis suis et cum libera communione eiusdem ville quam ex dono Willelmi de Martu[n][g] habent. Hec omnia predicta predictis canonicis confirmavi in puram et perpetuam elemosinam, secundum quod in carta euisdem Willelmi continetur. His testibus: Galfrido de Cabandener,[h] Petro Gyllot,[i] Willelmo Malo Leporario, Simone de Kirkeby, Roberto cementario.

a. *Heading* Marton B.   b. Fortibus B.   c. Albemallie B.   d. Bolton' B.   e. Marton B.   f. Unckthorpe B.   g. Marton' B.   h. Cabaudener B.   i. Gillot B.

For the charter of the William of Marton see CB, no. 45.
A – Chatsworth Charter, B1, PB12. Endorsed: c[arta] Willelmi comitis de cultura de Unketorp' in Marton; 155x60mm [15mm tag fold]; tag, no seal. H – fo. 7r, from Bolton Cartulary, fo. 10, abstract. Pd abstract from H in *EYC*, vii, no. 152.

48 **Agreement between the prior and convent of Bolton and Lord Simon of Marton, knight, whereby the canons have granted to Simon pasture for his cows and cattle under one year in a *cultura* called Ingthorpe, and in return the canons may build, enclose and ditch up to five acres without hindrance from the said Simon or his heirs. [20 Sep. 1248x1272]**

[fo. 14v] Notum sit omnibus quod cum contentio mota esset inter priorem et conventum de Bolton ex una parte, et dominum Simonem de Marton' militem ex altera, super hoc quod idem Simo[n] dicebat se habere pasturam ad omnia animalia domus sue in cultura que vocatur Unckthorpe, tandem post multas alterationes bonis viris mediantibus lis inter eos in hunc modum acquievit, videlicet quod predicti prior et conventus amicabiliter pro bono pacis concesserunt eidem Simoni et heredibus suis pasturam in eadem cultura bobus et vaccis citra secta unius anni proprie domus sue de Eastmarton ceteris omnibus animalibus exclusis, et hoc post blada et fena asportata hoc notato quod licebit eisdem priori et conventui quamcunque et ubicunque voluerint infra predictam culturam edificare, claudere et fossare usque ad quinque acras absque impedimento seu contradictione domini Simonis vel heredum suorum. In huius rei testimonium huic presenti scripto utraque pars sigilla sua apposuerit. His testibus: domino Iohanne de Eston', Eustachio de Rilleston', Thoma de Lelley tunc constabulario, magistro Thoma Romund tunc rectore ecclesie de Marton, Godfrido de Alta Ripa, Ricardo Tempest, Everardo forestario, Galfrido de Otteley, Willelmo

Malo Leporario, Willelmo de Catherton', Willelmo Malo Leporario de Caltona' et aliis.

Thomas Romund, rector of the church of Marton, was presented by the prior and canons of Bolton 20 September 1248 (*Fasti Parochiales*, iv, p. 96).
H – fo. 7r, from Bolton Cartulary, fo. 10, abstract. Pd abstract from C in *EYC*, vii, no. 152.

49   **Quitclaim in free, pure and perpetual alms by Richard de Monte Alto [Mohaut], with the assent of Margaret his wife, to the canons of Bolton of all right and claim of himself and his heirs to the common of Ingthorpe in the fields of Marton, saving to himself and his heirs transit over the said land with his livestock to his arable land, which lies next to the said land, without damage of the meadow and [corn] field. [1226x1270s]**

[fo. 15r][a] Sciant presentes et futuri quod ego Ricardus de Monte Alto, assensu Margorete uxoris mee, dedi et concessi et hac presenti carta mea quietumclamavi Deo et ecclesie beate Marie de Bolton' et canonicis ibidem Deo servientibus totum ius et clameum quod habui in communa de Unckthorpe in campo de Marton de me et heredibus meis imperpetuum in liberam et puram et perpetuam elemosinam, salvo mihi et heredibus meis transitu per predictam terram cum averibus meis usque ad terram meam arabilem que est iuxta culturam predictam sine dampno prati eorundem et segetis. Ut autem hec mea quietaclamatio stabilis imperpetuum perseveret presenti scripto sigillum meum in testimonium apposui. His testibus: Rogero de Kycheley, Ranulpho de Otterburne, Ricardo de Oterburn, Ricardo de Calton', Ricardo de Kirkeby, Raynero de Skosthorpe de Malghum, Ada de Plumland.

a. *Heading* Marton: B.

For the Mohaut fee in the honour of Skipton see *EYC*, vii, pp. 252–63.
H – fo. 7r, from Bolton Cartulary, fo. 10, abstract. Pd abstract from H in *EYC*, vii, no. 152.

50   **Memorandum concerning the gifts by Peter of Marton, William his father, and Simon of Marton his brother, to the canons of Bolton totalling three messuages and six bovates of land in the vill of West Marton, and the confirmation by William de Forz, count of Aumale.**

[fo. 15r] Item sciendum est quod idem prior et conventus tenent tria messuagia et sex bovatas terre in villa de Westmarton, videlicet quinque bovatas terre de dono Petri de Marton', et unam bovatam terre de dono Willelmi patris sui, quarum quinque bovate terre sunt de dono Petri de Marton' et sunt confirmate per nobilem virum dominum Willelmum de Fortibus comitem Albemarl', et postea Simon' de Marton frater dicti Petri de Marton', et postea dominus de eadem villa confirmavit omnes terras et tenementa quas tenent in eadem prout patet per cartas que sequitur.[a]

a. Item sciendum est ... cartas que sequitur *indented c.20mm* B.

For the gift of Peter of Marton see CB, no. 51, for that of his father CB, no. 52, for the subsequent confirmation by William de Forz, CB, no. 53, and for the benefaction of Simon of Marton, CB, no. 54.

51   **Gift in pure and perpetual alms by Peter son of William of Marton to the canons of Bolton of five bovates of land in West Marton, with toft and croft, with Alan son of Ralph and John and Adam sons of Thurstan, who hold the said land, and their families, the croft lying between the garden of Ricard son of Ralph and the house of the**

said John, and a third part of meadow at *Todbeholme* with one acre of meadow, lying between *Saltkeld* and the bridge. Warranty clause, with Peter subjecting himself, his heirs and his lands to the jurisdiction of the dean and chapter of York. [1199 or 1212x1217]

[fo. 15r] Omnibus Cristi fidelibus has literas visuris vel audituris Petrus filius Willelmi de Marton' salutem in Domino. Noverit universitas vestra me divine pietatis intuitu pro salute anime mee et predecessorum et successorum meorum dedisse et concessisse et hac presenti carta mea confirmasse [fo. 15v][a] Deo et ecclesie beate Marie de Bolton et canonicis ibidem Deo servientibus in puram et perpetuam elemosinam quinque bovatas terre in Westmarton, illas scilicet quas Alanus filius Radulphi et Iohannes et Adam filii Thurstani tenuerunt, cum toftis et croftis que idem tenuerunt, et cum predictis hominibus et tota eorum sequela, et cum crofto quod iacet inter gardinum Ricardi filii Radulphi et domum predicti Iohannis, et tertiam partem prati[b] de Todbeholme cum una acra[c] prati[d] que iacet inter Saltkeld et pontem; habendas et possidendas integre et plenarie, libere et quiete sicut aliqua elemosina, liberius et melius possidetur. Ego vero et heredes mei[e] warrantizabimus Deo et prefate ecclesie, et omnes predictas terras cum omnibus pertinentiis et libertatibus suis imperpetuum contra omnes homines. Ego etiam Petrus spontanea voluntate supposui, tam personam meam quam heredes meos et terras meas, ius iurisdictioni decani et capituli Ebor' ut si omnes predictas terras cum pertinentiis prefate ecclesie non warrantizaverimus liceat dictis decano et[f] capitulo non requisita alicuius fori licencia vel privilegio nos ad id faciendo per censuram ecclesiasticam appellationi et dilatione compellere. Ut igitur hec donatio mea firma imperpetuum et inconcussa permaneat eam sigilli mei appositione roboravi. His testibus: Ham[one] thesauriario Ebor', Willelmo archidiacono Nottingham', magistro R. penitenciario, Willelmo filio Ricardi canonic' Ebor', Ada[g] de Stafleya, Hugone de Caltona, Akaria de Staunford, Willelmo filio Edwardi, Simone clerico de Kirkeby, Ranulpho de Oterburn', Willelmo de Malghum et multis aliis.

a. *Heading* Marton B.   b. prate *(sic)* B.   c. acri *(sic)* B.   d. prate *(sic)* B.   e. meis *(sic)* B.   f. capitulo *deleted* B.   g. Adamo *(sic)* B.

H – fo. 7v, from Bolton Cartulary, fo. 11, abstract. Pd from H in *EYC*, vii, no. 154.

52 **Gift in free, pure and perpetual alms by Peter son of William of Marton to the canons of Bolton of a bovate of land, with toft and croft, and all appurtenances, in the vill of West Marton which Alan son of Ralph held, together with the said Alan and all his family, with all common rights, liberties and easements. [1199x17 Apr. 1222]**

[fo. 15v] Sciant presentes et futuri quod ego Petrus filius Willelmi de Marton'[a] dedi et concessi, et presenti carta mea confirmavi Deo et ecclesie beate Marie de Bolton et canonicis ibi Deo servientibus unam bovatam terre in villa de Westmarton' cum tofto et crofto et omnibus pertinentiis suis, illam scilicet quam Alanus filius Radulphi tenuit cum eodem Alano et tota sequela sua; tenendam et habendam de me et heredibus meis in liberam, puram et perpetuam elemosinam, libere et quiete in omnibus [fo. 16r][a] communibus et libertatibus et aysiamentis ad predictam terram pertinentibus sine omni servitio et demanda. Ego vero et heredes mei warrantizabimus predictam terram prefatis canonicis contra omnes homines imperpetuum. His testibus: Petro Gilloth tunc constabulario de Skipton', Willelmo Flandrensi, Hugone de Calton', Willelmo Malleverer, Simone de Kirkeby clerico, Ranulpho de Otterburne, Thoma de Malghum, Willelmo filio Arkil'.

a. *Heading* Marton: B.

H – fo. 7v, from Bolton Cartulary, fo. 11, abstract. Pd abstract from H in *EYC*, vii, no. 155.

53   Confirmation in pure and perpetual alms by William de Forz [II], count of Aumale, to the canons of Bolton of the gift of Peter son of William of Marton of five bovates of land, with a third part of a *cultura* called Ingthorpe in the vill of Marton, and a third part of a *cultura* called *Totheholme*, with all appurtenances and liberties, just as stated in the charter of Peter. [Sep. 1214xFeb. 1233]

[fo. 16r] Omnibus Cristi fidelibus ad quos presens scriptum pervenerit Willelmus de Fortibus comes Albemarlie salutem. Noveritis me concessisse et hac presenti carta mea confirmasse Deo et ecclesie beate Marie de Bolton' et canonicis ibidem Deo servientibus pro salute anime mee et patris et matris mee illas quinque bovatas terre quas Petrus filius Willelmi de Marton' eisdem contulit in villa de Marton cum tertia parte illius culture que vocatur Unchtorpe, et cum tertia parte prati que vocatur Toteholme; tenendas et habendas cum omnibus pertinentiis et libertatibus suis in puram et perpetuam elemosinam sicut carte ipsuis Petri quas inde habent eis testantur. His testibus: Willelmo Passemer[a] tunc[b] senescallo, Petro Gilloth tunc constabulario de Skipton', Willelmo Malo Leporario, Roberto cementario, Simone de Kirkeby clerico, Ranulpho de Otterburne, Roberto filio Ricardi, Willelmo de Farnhill.

a. Sassemer *(sic)* B.   b. constabular *deleted* B.

54   Gift in free, pure and perpetual alms by Simon of Marton to the canons of Bolton of six bovates of land, with toft and croft, and with all placed houses, in the vill of West Marton, with all common rights, liberties and easements, in exchange for seven bovates of land in Marton, which the canons have by the gift of Peter of Marton. [1224xFeb. 1233]

[fo. 16r] Sciant presentes et futuri quod ego Simon' de Marton dedi et concessi et presenti carta mea confirmavi Deo et ecclesie beate Marie de Bolton et canonicis ibidem Deo servientibus sex bovatas terre in Westmarton', illas scilicet quas tenui in eadem villa, cum toftis et croftis et cum omnibus domibus positis in dictis sex bovatis terre; tenendas et habendas de me et heredibus meis in liberam, [fo. 16v] [a] puram et perpetuam elemosinam, solutam et quietam ab omni seculari servitio et demanda cum omnibus pertinentiis suis, sine aliquo retenemento in pratis et pascuis in omnibus communibus et libertatibus et aisiamentis ad predictam terram pertinentibus in excambio septem bovatarum terre, quas iidem canonici habuerunt in villa de Marton' ex dono Petri de Marton'. Ego autem et heredes mei warrantizabimus predictis canonicis predictas terras contra omnes homines imperpetuum. Hiis testibus: Petro Gilot, Willelmo Hebdena, Willelmo de Hartlington, Petro de Marton', Simone de Kirkeby, Rogero de Kighelay, Ranulpho de Otterburne, Roberto cementario, et multis aliis.

a. *Heading* Marton B.

H – fo. 7v, from Bolton Cartulary, fo. 11, abstract. Pd abstract from H in *EYC*, vii, no. 155.

55   Memorandum concerning the gifts of William of Marton of the advowson of the church of Marton and the mill of that vill; the confirmation by Peter of Marton; the gift by Peter of Marton of the

large pool, with fishing rights, below the manor, and common pasture for forty sheep; the gift by Peter of Marton of a third part of the meadow of *Toththolme*; and the confirmation by Simon of Marton of the lands and tenements with the advowson, and the mill, with the *cultura* of Ingthorpe.

[fo. 16v] Ad hec sciendum est quod prior et conventus de Bolton tenent advocationem ecclesie de Marton' et molendinum eiusdem ville de dono et concessione Willelmi de Marton; et ex confirmatione Petri de Marton; mangnum stagnum subtus manerium cum piscaria in eodem et communia pasturæ ad quadringentas oves de dono et concessione Petri de Marton'; et tertiam partem prati de Toththolme de dono Petri de Marton'. Et est sciendum quod omnes terre et tenementa quas tenent in dictis villis sunt confirmati per Simonem de Martun' unacum advocatione ecclesie de Marton', molendinum eiusdem ville cum stagno et aquarum ductibus sectis et operibus cum cultura de Uncthorpe cum suis rectis divisis unacum tertia parte prati de Toththolme et etiam molendinum sunt confirmati unacum stangum et aquarum ductibus per Willelmum' de Marton' filium[a] Willelmi de Marton filii Simonis de Marton' fratris Petri de Marton antedicti prout patet per cartas inferius per ordinem anotatas.[b]

a. filia *(sic)* B.   b. Ad hec sciendum ... per ordinem annotatas *indented c.15mm* B.
Marginated: *Advocatio ecclesie de Martun'* (advocaco *(sic)* B).

Bolton Priory appears to have held the advowson of St Peter's church, Marton, from the early thirteenth century until the Dissolution, although there was some confusion in the early fourteenth century, when two inquisitions are known to have been held (*Fasti Parochiales*, iv, p. 95).
H – fo. 7v, from Bolton Cartulary, fo. 11, abstract. Pd abstract from H in *EYC*, vii, no. 155.

56   Confirmation in free, pure and perpetual alms by Peter son of William of Marton to the canons of Bolton of the church and mill of Marton, with multure of the two vills of Marton, and all easements, as is stated in his father's charter. [1212x1219]

[fo. 16v] Sciant tam presentes quam futuri quod ego Petrus filius Willelmi de Marton' concessi et presenti carta mea confirmavi Deo et ecclesie beate Marie de Bolton' et canonicis ibi Deo servientibus ecclesiam de Marton' cum omnibus pertinentiis suis et molendinum de Martun cum tota multura duarum villarum mearum de Marton' et cum omnibus aisiamentis [fo. 17r][a] sicuti habetur in carta patris mea in liberam, puram et perpetuam elemosinam. Hiis testibus: Rainero Fland[rensi], Willelmo filio Edwardi, Iohanne de Halton', Willelmo Fland[rensi], Ricardo de Helgfeld, Roberti Mascun, Henrico de Hill.

a. *Heading* Marton B.

For the gift of William of Marton see the following charter, CB, no. 57.
H – fo. 8r, from Bolton Cartulary, fo. 12. Pd from H in *EYC*, vii, no. 153.

57   Gift in free, pure and perpetual alms by William of Marton to the canons of Bolton of the mill at Marton, with all the multure of the vills of East Marton and West Marton, with the customary service to make and repair the mill, the men of the said vills paying up to fifteen measures for multure, saving the multure of the said William and his heirs, with forfeiture of corn, sack and horse by the men of the aforesaid vills for use of other mills, and a promise by the said

William and his heirs not to build another mill in the fee of Marton. [1155(c.1200)xMichaelmas 1219]

[fo. 17r] Sciant tam presentes quam futuri quod ego Willelmus de Marton' dedi et concessi et presenti carta mea confirmavi Deo et ecclesie beate Marie de Bolton et canonicis ibi Deo servientibus, in liberam, puram et perpetuam elemosinam, molendinum de Marton' cum tota multura duarum villarum, scilicet de Eastmarton et de Westmarton', et cum omnibus operibus ad molendinum faciendum et reparandum pertinentibus, scilicet quod homines de predictis villis de Marton' facient molendina nova et mairemium[a] deducent de bosco, et stagna et domos ipsorum molendinum reparabunt; tenendum de me et heredibus meis libere et quiete et pacifice in omnibus aisiamentis ad prefatum molendinum pertinentibus, homines vero predictarum villarum multuram persolvent ad quintumdecimum vases, salva multura domus mee et heredum meorum, si quis autem homines[b] de predictis villis de Marton' ad aliud molendinum perexerit sine necessitate et defectu predictorum molendinorum ipsi canonici habebunt bladum et saccum et ego et heredes mei equum et forisfactum. Ista vero molendina ita libere dedi predictis canonicis quod nec ego nec aliquis heredes meorum facient alia molendina in feudo predictarum villarum de Marton', si autem predicti canonici viderint alia loca in feudo de Marton[c] meliora et convenientiora ad molendina sua facienda et viam liberam veniendo et redeundo ad predicta molendina. Ego vero et heredes mei prefata molendina predictis canonicis contra omnes homines warrantizabimus. His testibus: Malgero le Vavasur, Iohanne de Rie, Willelmo filio Edwardi, Roberto de Percy, Henrico de Percy, Helia de Rilleston, Roberto le Macon et multis aliis.

a. mairum' *(sic)* B; i *interlined in* mairum' B.   b. predictorum *deleted* B.   c. et e *deleted* B.

As with CB, no. 8, *saccus* is most likely to refer to sack rather than being in error for *sacus*.
H – fo. 8r, from Bolton Cartulary, fo. 12, abstract. Pd abstract from H in *EYC*, vii, no. 153.

58 Gift in free, pure and perpetual alms by Peter son of William of Marton to the canons of Bolton of two crofts, held by Richard Parmentar and William Crispus, lying from the west part of the river which runs towards the mill of the canons and a large pool below his garden with all fishing rights. [1212x17 Apr. 1222]

[fo. 17v][a] Universis sancte matris ecclesie filiis ad quos hoc presens scriptum pervenerit Petrus filius Willelmi de Marton salutem eternam in Domino. Noverit universitas vestra me intuitu caritatis et pro salute mea et antecessorum et successorum meorum dedisse et concessisse et presenti carta confirmasse Deo et ecclesie beate Marie de Bolton et canonicis ibidem Deo servientibus duos croftos iacentes ex occidentali parte rivuli currentis versus molendinum eorundem canonicorum, scilicet illos quos Ricardus Parmentar[ius] et Willelmus Crispus tenuerunt. Et insuper dedi eisdem canonicis totum magnum stagnum subtus gardinum meum cum tota piscaria ad faciendum de aqua predicti stagni commodum suum et ad piscandum libere in predicto stagno quandocumque voluerint absque aliqua contradictione mei vel heredum meorum. Ita vero prenominata dedi sepedictis canonicis in liberam, puram et perpetuam elemosinam. Ego vero et heredes mei prefatum donum meum contra omnes warrantizabimus imperpetuum. Hiis testibus: Hugone de Kalton, Willelmo Malo Leporario, Willelmo de Hartlington', Simone de Kirkeby clerico, Roberto cementario, Rogero de Kitheley, Ranulpho de Otterburne, Roberto filio Ricardi, Ricardo de Pinkeni.

a. *Heading* Marton B.

H – fo. 8r, from Bolton Cartulary, fo. 12, abstract. Pd abstract from H in *EYC*, vii, no. 154.

59 Gift in pure and perpetual alms by Peter son of William of Marton to the canons of Bolton of two parts of a *cultura* called Ingthorpe in the territory of Marton, in addition to the third part of the same *cultura* which he formerly gave to the canons, with the boundaries being as the river descends from the marsh of Cranoe Hill to the bridge at Ingthorpe, to the boundaries of Stainton Ho to the ditch between *Leventflat* and Cranoe Hill, with the meadow of the said *cultura*, and all easements and liberties of the vills of Marton, and free common within and without the vill and all appurtenances. Moreover he gives pasture for forty sheep on common pasture within the boundaries of the said vill, with free entry and exit. [1214x17 Apr. 1222]

[fo. 17v] [Universis sancte matris ecclesie filiis ad quos hoc presens scriptum pervenerit Petrus filius Willelmi de Marton' salutem eternam in Domino. Noverit universitas vestra me divine pietatis intuitu, pro salute anime mee et antecessorum et successorum meorum dedisse et concessisse et presenti carta mea confirmasse Deo et ecclesie beate Marie de] Boulton'[a] [et canonicis ibidem Deo servientibus duas partes illius culture que vocatur Unckthorpe in territorio de Marton', ad tertiam partem] eiusdem culture [quam prius dedi eisdem canonicis in puram elemosinam ita quod tota prenominata cultura, eisdem canonicis imperpetu]um qu[ieta] remaneat, cum [hiis divisis scilicet sicut rivulus descendit de morisco de Cravenhou usque ad [fo. 18r] [b] pontem de U]nckthorpe et ita usque ad divisas de Staintu'[c] [et ita usque ad fossam inter Levenetflat et Cravenhou cum prato eidem culture] pertinente et cum ceteris omnibus aisiamentis [et libertatibus villis de Marton pertinentibus, in liberis communibus infra villam et extra] et in omnibus aliis locis pertinentibus predictis villis. [Preterea dedi prenominatis canonicis in puram et perpetuam elemosinam] p[asturam] ad quadringentas oves in communi pastura infra divisas [utriusque ville, cum liberis introitibus et exitibus et omnibus] aliis [qu]e ad predictarum villarum pertinent libertatem. Hec omnia prenominata dedi [sepedictis canonicis possidenda imperpetuum integr]e, l[ibere et quiete] sicut aliqua elemosina melius possidetur et liberius. Ego vero [et heredes mei] prefatam donacionem m[eam contra omnes w]arantizabimus inperpetuum. Hiis testibus: Hugone de Kalton', Willelmo Flandre[nsi], Willelmo Malo Leporario, Willelmo de Hebbeden',[d] Willelmo de [Hartlington, Simone] de Kirkebi[e] clerico, Roberto cementario, Iohanne de [Est]on', Rogero de Kicchelay,[f] Rannulfo de Oterburn',[g] R[icardo] de Pink[en]i, Roberto filio [Ricardi].

a. Bolton B.   b. *Heading* Marton B.   c. Stainton' B.   d. Hebden B.   e. Kirkeby B.   f. Kighley B.   g. Rannulfo de Oterburn' *omitted* B.
The text placed inside the squared brackets is taken from B.

A – Chatsworth Charter, K9. Not endorsed; 180x90mm [20mm tag fold] would have been taller; seal: orange wax, round. Obverse: shield with three chevrons. Legend mainly illegible TRI … EM; damaged; 30mm; sealed on the tag method 1. Document damaged, missing top left, centre and right. The reading in B is followed where A is illegible.

60 Gift in pure and perpetual alms by Peter son of William of Marton to the canons of Bolton of four bovates of land in West Marton held by Alan son of Gilbert and John and Alan sons of Thurstan, with toft and croft, and with the men and their families, and a third part of a *cultura* called Ingthorpe, which he holds in his demesne, and a third part of a meadow called *Todheholme*, with all liberties and appurtenances. [1212x17 Apr. 1222]

[fo. 18r] Omnibus Cristi fidelibus ad quos presens scriptum pervenerit Petrus filius Willelmi de Marton' salutem in domino. Noverit universitas vestra me divine pietatis intuitu pro salute anime mee et predecessorum meorum dedisse et concessisse et hac presenti carta mea confirmasse Deo et ecclesie beate Marie de Bolton' et canonicis ibidem Deo servientibus, in puram et perpetuam elemosinam, quatuor bovatas terre in Westmarton' quas Alanus filius Gilleberti et Iohannes et Adam filii Thurstani tenuerunt, cum toftis et croftis, et cum predictis hominibus et tota eorum sequela, et cum tertia parte illius culture que vocatur Unckthorpe, quam tenui in dominico meo, et tertia parte prati que vocatur Todheholme; habendas et possidendas integre et plenarie, libere et quiete sicut aliqua [fo. 18v]ᵃ elemosina liberius et melius possidetur. Ego vero et heredes mei warrantizabimus Deo et prefate ecclesie omnes predictas terras cum omnibus pertinentiis suis et libertatibus imperpetuum contra omnes homines. Hiis testibus: Hugone de Kalton', Willelmo Flandrensi, Willelmo de Hebbeden, Willelmo de Hartlington', Simone de Kirkeby, Rogero de Kitheley, Ranulpho de Otterburn', Roberto filio Ricardi de Skiptona.

a. *Heading* Marton B.

61 Confirmation in free, pure and perpetual alms by Simon of Marton to the canons of Bolton of the gifts of his father William of Marton, and his brother Peter, as stated by their charters, namely the advowson of the church of Marton, the mill with pool, water course, suit of court and workings, one *cultura* called Ingthorpe, and a third part of meadow at *Todeholm'*, in the vill of Marton. [1224xFeb. 1233]

[fo. 18v] Sciant omnes presentes et futuri quod ego Simon de Martona concessi et presenti carta mea confirmavi Deo et ecclesie beate Marie de Boltona et canonicis ibi Deo servientibus omnes terras et tenementa que Willelmus de Martona pater meus et Petrus frater meus illis contulerit in villa de Marton', scilicet advocationemᵃ ecclesie de Martona et molendina cum stagnis et aquarum ductibus et sectis et operibus, et unam culturam que vocatur Unckthorpe cum suis divisis que omnia predicti canonici tenent ex dono Willelmi patris mei et confirmatione Petri fratris mei, et tertiam partem prati de Todeholm' ex dono Petri fratris mei, ista omnia confirmavi predictis canonicis in liberam, puram et perpetuam elemosinam, solutam et quietam ab omni seculari servitio et demanda sicuti carte Willelmi patris mei et Petri fratris mei quas inde habent eis testantur. Hiis testibus: Petro Gilot, Willelmo de Hebbeden, Willelmo de Hartlington', Petro de Marton', Rogero de Kighley, Simone de Kirkeby, Ranulpho de Otterburne, Roberto cementario et multis aliis.

a. advocacione*(sic)* B.

H – fo. 8r, from Bolton Cartulary, fo. 13, abstract. Pd from H in *EYC*, vii, no. 155.

62 Quitclaim in free, pure and perpetual alms by William son of William of Marton to the canons of Bolton of a mill, beneath his garden, a new mill at *Langkeldberg* with a pool that extends from the spring of *Northkeld* to the said mill, and with the rights of the pool and all the suit of court of the vills of East Marton and West Marton, together

with pools and waterways to the mills, as well as all commodities and liberties which they hold in his time and that of his father, saving to himself, his heirs and assigns, and to the men of the two vills entry and exit above the pool with their animals to the common pasture of *Northkeldberge*, and saving the multure of his house. [1260x26 Jun. 1301]

[fo. 18v] Omnibus Cristi fidelibus hoc scriptum visuris vel audituris Willelmus filius Willelmi[a] de Marton' salutem in Domino sempiternam. Noveritis me concessisse, remisisse, confirmasse, et omnino quietumclamasse pro me et heredibus vel assignatis meis Deo et ecclesie beate [fo. 19r][b] Marie de Bolton et canonicis ibidem Deo servi entibus in liberam, puram et perpetuam elemosinam, molendinum subtus gardinum meum et molendinum de novo situm in loco que dicitur Langkeldberg', cum stagno quod se extendit de fonte de Northkeld usque ad predictum molendinum, cum atachiamentis stagni et cum tota secta[c] duarum villarum scilicet de Estmarton et Westmarton, unacum stagnis et aquarum cursibus ad predictum molendinum fluentibus, ita scilicet quod liceat predictis canonicis et successoribus suis terram de predicta pastura capere ad dicta stagna sua faciendum et eo modo stagna sua facere quo melius sibi viderint expedire, salvo mihi et heredibus meis vel assignatis et hominibus dictarum villarum introitu et exitu ultra predictum stagnum cum averiis nostris ad communem pasturam nostram de Northkeldberge, et salva multura proprie domus mee, ista molendina ita libere concessi et confirmavi eisdem canonicis et eorum successoribus sicut aliqua elemosina liberius concedi potest vel confirmavi cum stagnis, atachiamentis stagnorum, cursibus aquarum, sitibus fletis, viis, semitis ad predictum molendinum ducendis, sine aliqua contradictione vel impedimento mei vel heredum seu assignatorum meorum unacum omnibus commoditatibus et libertatibus quas habuerant temporibus meis et temporibus Willelmi de Marton' patris mei et sicuti carte antecessorum meorum quondam dominorum de Marton quas penes se habent plenius testantur et portant. In cuius rei testimonium presens scriptum eisdem canonicis et eorum successoribus sigilla mei impressione feci munitum recipiens ab eisdem illius transcriptum eorum sigillo communi[d] roboratum. Hiis testibus: dominis[e] Roberto de Plumton, Iohanne de Estona, Iohanne Gilioth, militibus, Willelmo Scott, Willelmo de Aula, Iohanne de Kitheley, Radulpho filio Evarardi et aliis.

a. filius Willelmi *omitted* I.   b. *Heading* Marton B.   c. soca I.   d. communi *omitted* I.   e. domino *(sic)* B.

I – fos. 90v–91r.

63   Agreement between Kirkstall Abbey and Bolton Priory whereby the canons of Bolton will pay one gold bezant or two shillings to the said abbot whilst master P. or Laurence, clerk, hold of the church of Marton in recognition of two and a half marks, which the same prior is held to pay to the said abbot after the death of the said master P. and Laurence clerk, as is stated in the charter of the said prior. [1204x1233]

[fo. 19v][a] Hec est conventio inter abbatem et monacos de Kirkestall et priorem et canonicos de Bolton, quod predictus prior et canonici solvent anuatim predictis abbati et monachis unum bisantium auri vel duos solidos ad festum sancti Martini singulis annuis quamdiu magister P. vel Laurencius clericus tenuerint ecclesiam de Marton' in recognitione duarum mercarum et dimidie quas idem prior et canonici tenentur reddere dicto abbati et monachis annuatim imperpetuum post discessum predicti magistri P. et Laurencii clerici, sicut carta predictorum prioris et canonicorum testatur. Hiis testibus: Roberto capellano de Kildwicke, Herveo capellano, Ieremia de Tornhill, Henrico clerico de Swinligtu'n, Thoma de Adingham'.

a. *Heading* Marton B.

Marton and Bracewell were originally connected to the mother church of Barnoldswick, linked to Kirkstall Abbey, being separated and established as individual parishes in 1152–53 (*Fasti Parochiales*, iv, pp. 19–20). Although the monks of Kirkstall retained an active interest in Bracewell, they chose to receive a pension from Marton (*ibid.*, pp. 94–5). The Marton family granted their interest in the church to Bolton Priory, see CB, nos. 56, 61.

64 Memorandum of charters regarding lands and tenements, two carucates and four bovates of land in Gargrave.

[fo. 19v] Carte de terris et tenementis in Gargrave de duabus carucatis et quatuor bovatis terre in eadem de dono diversorum prout patet per carta inferius annotata incipit prima carta.[a]

a. Carte de terris ... incipit prima carta *indented c.25mm* B.
Marginated: *Gargrave*.

65 Gift by Elias of Steeton to Robert, his brother, of two bovates in the territory of Gargrave held by Richard, his brother, by the gift of Lord Eudo de Longvillers, to be held by hereditary right, with all common rights, liberties and easements, for homage and service of the said Robert, making foreign service for two bovates where fourteen carucates make a knight's fee. [1228x1243]

[fo. 19v] Sciant presentes et futuri quod ego Elias de Stiveton dedi et concessi et hac presenti carta mea confirmavi Roberto fratri meo pro homagio et servitio suo duas bovatas terre in territorio de Gayregrave illas scilicet quas Ricardus frater meus tenuit in eadem villa de dono domini Eudonis de Lunkevillers; tenendas et habendas illi et heredibus suis de me et heredibus meis, libere, quiete et pacifice, iure hereditario cum omnibus communibus, libertatibus, aisiamentis infra villam de Gairgrave et extra eisdem bovatis pertinentibus, faciendo forinsecum servitium quantum pertinet ad duas bovatas terre, unde quatuordecim carucate terre faciunt plenum feod[um] militis. Et ego predictus Elias et heredes mei has predictas duas bovatas terre cum omnibus pertinentiis suis predicto Roberto fratri meo et heredibus suis contra omnes homines et feminas imperpetuam warrantizabimus. Et ut hec mea donatio rata sit et stabilis [fo. 20r][a] prenominato Roberto fratro meo et heredibus suis eam scripto presenti et sigilli mei appositione roboravi. Hiis testibus: domino Godfrido de Alta Ripa, domino Iohanne de Eston', domino Eustachio de Rilleston, domino Willelmo Graindorge, Willelmo Anglico tunc ballivo de Skipton, Simone de Marton, Rogero de Kigheley, Willelmo de Farnhill, Gaufr[ido] de Eston', Willelmo filio Gervasii, et multis aliis.

a. *Heading* Gargrave B.

H – fo. 8v, from Bolton Cartulary, fo. 14, partial copy. Pd from H in *EYC*, vii, no. 138.

66 Quitclaim by Beatrice, formerly wife of Elias of Steeton, in her widowhood to the canons of Bolton of all right and claim to all lands, tenements, rents and all other things given by Elias of Steeton,

and to two bovates of land in the vill of Gargrave given by Robert of Steeton. [1228x26 Jan. 1255]

[fo. 20r] Omnibus Cristi fidelibus ad quos presens scriptum pervenerit Beatrix quondam uxor Helie de Stiveton salutem in Domino. Noveritis me in pura viduitate mea relaxasse imperpetuum de me et quietumclamasse priori et conventui de Bolton totum ius et clameum quod ego unquam habui vel habere potui in omnibus terris et tenementis, redditibus et omnibus aliis sine aliquo retenemento quas habent de dono Helie de Stiveton quondam viri mei, et in duabus bovatis terre quas habent de dono Roberti de Stiveton in villa de Gairgrave in omnibus. In huius rei testimonium presenti scripto sigillum meum apposui. Hiis testibus: domino Willelmo tunc sensecallo de Kaneresburgh, Iohanne de Lungevillers, Iohanne de Eston', Simone de Martona, Eustachio de Rilleston, Roberti de Monte Alto, Willelmo de Farnhill, Galfrido de Otteley, Roberto de Fernill, Ada[a] de Wraton', Iohanne Dubelservise, Helia Nigro de Cunedley, Roberto Cuvel, et multis aliis.

a. Adamo *(sic)* B.

Lord William, steward of Knaresborough, is probably William Ireby, noted as steward of Knaresborough, 28 Henry III, 28 October 1243–27 October 1244, in Dodsworth MS 144, fo. 44, from the Bolton Cartulary, fo. 121.

H – fo. 8v, from Bolton Cartulary fo. 14, partial copy. Pd abstract from H in *EYC*, vii, no. 139.

67 Gift in free and perpetual alms by Robert of Warter, son of William of Steeton, to the canons of Bolton, together with his body for burial, of two bovates of land in the vill of Gargrave, which he held by the gift of his brother, Elias of Steeton, with all appurtenances, liberties, common rights and easements, making foreign service for two bovates of land where fourteen carucates make a knight's fee. [1228x26 Jan. 1255]

[fo. 20r] Sciant omnes tam presentes quam futuri quod ego Robertus de Warta' filius Willelmi de Stiveton dedi, concessi et hac presenti carta mea confirmavi et una cum corpore meo legavi Deo et ecclesie beate Marie [fo. 20v][a] de Bolton et canonicis ibidem Deo servientibus duas bovatas terre in villa de Gairgrave cum omnibus pertinentiis suis illas scilicet quas habui de dono Helie de Stiveton fratris mei; tenendas et habendas in liberam et perpetuum elemosinam, libere, quiete et pacifice, cum omnibus libertatibus, communis, aisiamentis ad eandem terram pertinentibus infra villam de Gayrgrave et extra, sine aliquo retenemento faciendo forinsecum servitium quantum pertinet ad duas bovatas terre, unde quatuordecim carucate terre faciunt feodum unius militis. Ego Robertus et heredes mei predictas duas bovatas terre cum pertinentiis suis predictis canonicis contra omnes homines warrantizabimus imperpetuum. In huius rei testimonium huic presenti scripto sigillum meum apposui. Hiis testibus: domino Godefrido de Alta Ripa, Henrico filio persone de Karleton, magistro Galfrido de Otteley, Willelmo de Carleton, Willelmo de Fernill, et multis aliis.

a. *Heading* Gargrave B.

Master Geoffrey of Otley frequently acts as witness but little is known about him as he does not appear as a graduate of Oxford or Cambridge, perhaps studying on the continent. It is unclear which parson of Carleton Henry was the son of. It is possible that he was the son of Thomas Bott, for in a quitclaim made by John Crocbain of Cononley and Agnes his wife, Agnes is stated to be the daughter of William Bott, with the charter concerning lands and tenements that the canons held 'ex dono et concessione Thome Bott quondam rectoris ecclesie de Carleton' (CB, no. 293). Therefore it may be the case that Thomas Bott had two sons, William, who appears to have succeeded his father, and Henry.

H – fo. 8v, from Bolton Cartulary, fo. 14, abstract. Pd from H in *EYC*, vii, no. 139.

68 Gift in free and perpetual alms by Alan son of Arnald of Gargrave to the canons of Bolton of two bovates of land in the vill of Gargrave with a capital messuage, demesne land and all other appurtenances, and the homage and service of the lands and tenements of his father which he has by hereditary right, with all liberties, easements and common rights, to be held of John Fleming and his heirs, making foreign service for two bovates of land where fourteen carucates make a knight's fee. [1228x9 Dec. 1234]

[fo. 20v] Sciant presentes et futuri quod ego Alanus filius Arnaldi de Gairgrave dedi et concessi et presenti carta mea confirmavi Deo et ecclesie beate Marie de Bolton' et canonicis ibidem Deo servientibus duas bovatas terre in villa de Gairgrave cum capitali mesuagio et cum dominico et aliis pertinentiis eisdem pertinentibus, et homagium et servitium totum que de terris et tenementis patris mei de iure hereditario mihi debeant et possint accidere; tenendas et habendas de Iohanne Flandrens[i] et heredibus suis in liberam et perpetuam elemosinam, quietas et solutas ab omni seculari servitio et exactione cum omnibus libertatibus, aisiamentis et communis ad predictam villam pertinentibus salvo tantumodo forinseco servitio quantum pertinet ad [fo. 21r]ᵃ duas bovatas terre in feodo militis quod est quatuordecem carucatarum terre. Hiis testibus: Willelmo de Hebbeden, Iohanne de Eston', Eustachio de Rilleston, Rogero de Kicheley, Simone de Martona, Egidio Mauleverer, Ranulpho de Otterburne clerico et aliis.

a. *Heading* Gairgrave B.

H – fo. 9r, from Bolton Cartulary, fo. 15, abstract. Pd from H in *EYC*, vii, no. 136.

69 Confirmation in perpetual alms by John Fleming to the canons of Bolton of the homage and service of Alan son of Arnald of Gargrave and his heirs for two carucates of land with appurtenances, all liberties, common rights and easements, in the vill of Gargrave, namely those which Arnald once held, making foreign service for two carucates where fourteen carucates make a knight's fee. [1228x9 Dec. 1234]

[fo. 21r] Sciant presentes et futuri quod ego Iohannes Flandrensis concessi et dedi et hac presenti carta mea confirmavi Deo et ecclesie beate Marie de Bolton et canonicis ibi Deo servientibus homagium et servitium Alani filii Arnaldi de Gairgrave et heredum suorum de duabus carucatis terre cum pertinentiis suis in villa de Gairgrave illas scilicet quas Arnaldus de me quondam tenuit; tenendum et habendum dictis canonicis in perpetuam elemosinam, libere et quiete cum omnibus libertatibus, communibus, aisiamentis dictis carucatis terre pertinentibus faciendo forinseco servitio et demanda mihi vel meis pertinente quantum pertinet ad duas carucatas terre in feodo militis quod est xiiij carucatarum terre. Et ego Iohannes et heredes mei dictas carucatas terre dictis canonicis imperpetuum contra omnes homines warrantizabimus et defendemus. Hiis testibus: Willelmo de Hebbeden, Eustachio de Rilleston, Iohanne de Eston, Simone de Marton, Rogero de Kigheley, Hugone de Halton, Willelmo clerico de Malghum et aliis.

H – fo. 9r, from Bolton Cartulary, fo. 14, abstract. Pd abstract from H in *EYC*, vii, no. 136.

70 Quitclaim by Alan son of Arnald of Gargrave to the canons of Bolton of two carucates of land, with appurtenances, in the vill of Gargrave, which he has by hereditary right, both in service and demesne, and holds of John Fleming, making foreign service for two carucates of land where fourteen carucates make a knight's fee. [1228x9 Dec. 1234]

[fo. 21r] Sciant presentes et futuri quod ego Alanus filius Arnaldi de Gairgrave concessi, dedi et hac presenti carta mea quietasclamavi Deo et ecclesie beate Marie de Bolton et canonicis ibidem Deo servientibus duas carucatas terre cum suis pertinentiis in villa de Gairgrave quas de iure hereditario [fo. 21v][a] mihi pertinebant, tam in servitiis quam in dominicis, et ego tenui de Iohanne Flandrens[i]; tenendas et habendas dictis canonicis de predicto Iohanne et suis heredibus plenas et integras, liberas et solutas ab omni actione et impeticione mei vel heredum meorum imperpetuum faciendo forinsecum servitium quantum pertinet ad duas carucatas terre in feodo militis quod est quatuordecim carucatarum terre. Et ego Alanus et heredes mei predictam donationem et quietamclamationem predictis canonicis contra omnes homines imperpetuum warrantizabimus et defendemus. Hiis testibus: Willelmo de Hebbeden, Eustachio de Rilleston, Iohanne de Eston', Simone de Marton', Rogero de Kigheley, Egidio Mauleverer, Ranulpho de Otterburne, Ricardo clerico de eadem, Willelmo filio Arkil', Roberto cementario, Roberto filio Ricardi de Skipton' et aliis.

a. *Heading* Gairgrave B.

71 Gift in free and perpetual alms by Alan son of Arnald of Gargrave to the canons of Bolton of two carucates of land in the vill of Gargrave, with appurtenances, and all liberties, common rights and easements, which he has by hereditary right, both in service and demesne, [making foreign service] for two carucates where fourteen carucates make a knight's fee. [1228x9 Dec. 1234]

[fo. 21v] Sciant presentes et futuri quod ego Alanus filius Arnaldi de Gargrave concessi, dedi et hac presenti carta mea confirmavi Deo et ecclesie beate Marie de Bolton et canonicis ibidem Deo servientibus duas carucatas terre cum pertinentiis in villa de Gargrave que iure hereditario mihi pertinebunt, tam in servitiis quam in dominicis; tenendas et habendas de me et heredibus meis plenas et integras in liberam et perpetuam elemosinam cum omnibus libertatibus, communis et aisiamentis ad predictam terram pertinetibus ad duas carucatas terre in feodo militis quod est quatuordecim carucatarum terre pro omni servitio et exactione mihi et heredibus meis pertinente. Ego vero et heredes mei warrantizabimus et defendemus predictam terram cum pertinentiis prefatis canonicis contra omnes homines imperpetuum. Hiis testibus: Willelmo de Hebbeden, Eustachio de Rilleston, Iohanne de Eston', Simone de Marton', Rogero de Kighley, Hugone [fo. 22r][a] de Halton, Egidio Mauleverer, Ranulpho de Otterburn', Willelmo filio Arkil' et aliis.

a. *Heading* Gairgrave B.

The abstract made by Dodsworth merely notes that this charter has 'eisdem testibus' as the abstract above it (see CB, no. 68). However, there appear to be two more witnesses who attest this charter, and the order is slightly different.
H – fo. 9r, from Bolton Cartulary, fo. 14, abstract. Pd abstract from H in *EYC*, vii, no. 136.

72 Memorandum concerning the gift by the canons of Bolton to William English of two carucates of land.

[fo. 22r] Memorandum de duabus carucatis terrre datis Willelmo Anglico et heredibus suis per priorem et conventum de Bolton ut patet per cartam que sequitur.ᵃ

a. Memoradum de duabus ... cartam que sequitur *indented c.20mm* B.

73 Gift by Prior Thomas and the canons of Bolton to William English of two carucates of land in the vill of Gargrave, with appurtenances, both in service and demesne, namely those carucates that they hold by the gift of John Fleming, in return for his homage and service, paying 12*d*. annually and making foreign service for two carucates of land where fourteen carucates make a knight's fee. [14 Dec. 1226 or 1 Dec. 1228x15 Aug. 1243]

[fo. 22r] Omnibus Cristi fidelibus hoc scriptum visuris vel audituris frater Thomas dictus prior et conventus de Bolton salutem in Domino. Noveritis nosᵃ concessisse, dedisse et hac presenti carta nostraᵇ confirmasse Willelmo Anglico et heredibus suis vel cui assignare voluerit, exceptis viris religiosis, pro homagio suo et servitio duas carucatas terre cum pertinentiis in villa de Geirgrave plenas et integras, tam in servitiis quam in dominicis, illas scilicet quas Arnaldus tenuit quondam in eadem villa et nos tenemus de dono Iohannis Flandrens[i]; tenendas et habendas de nobis illi et heredibus suis vel cui assignare voluerit cum omnibus libertatibus, communibus et aisiamentis ad predictam terram pertinentibus, reddendo inde annuatim xij*d*., videlicet sex denarios ad festum Pentec' et sex denarios ad festum sancti Martini in hieme, et faciendo forinsecum servitium quantum pertinent ad duas carucatas terre in feodo militis quod est quatuordecim carucatarum terre pro omni servitio et exactione. Nos autem dicta terra cum pertinentiis dicto Willelmo et suis heredibus vel cui assignare voluerit sicut [...25mm] est contra omnes homines imperpetuum warrantizabimus et defendemus. Hiis testibus.

a. me *replacing* nos H.   b. nostra written over mea, B; mea *replacing* nostra H.

H – fo. 9r, from Bolton Cartulary, fo. 15, partial abstract. Pd from H in *EYC*, vii, no. 137.

74 Memorandum concerning the confirmation by Lady Margaret Neville of all lands lying in Gargrave and Farnhill.

[fo. 22r] Quareᵃ confirmationem domine Margarete de Nevill de omnibus terris iacentibus in Gargrave et Farnill per cartas de Conondley.ᵇ

a. Quere *(sic)* B.   b. Quare confirmationem ... cartas de Conondley *indented c.25mm* B.

For the Neville family see *The Making of the Neville Family 1166–1400* (Woodbridge, 1996).

75 Gift by Prior Thomas and the canons of Bolton to the convent of Kirkstall of an annual payment of two and a half marks of silver, with a penalty payment of one mark of silver for the work of the church, if they default, placing themselves under the jurisdiction of the priories of Pontefract and Nostell. [14 Dec. 1226x1233 or 15 Aug. 1243]

[fo. 22v]ᵃ Omnibus sancte matris ecclesie filiis hoc scriptum visuris vel audituris frater Thomas dictus prior et conventus de Bolton salutem in Domino sempiternam. Noveritis quod nos debemus annuatim solvere abbati et conventui de Kirkestall duas marcas argenti et dimidiam de camera nostra apud Kirkestall pro quibusdam controversiis sopiendum inter nos olim ortis donec modo certo loco ad aisiamentum eorum eis providerimus, scilicet medietatem ad Pentecost' et medietatem ad festum sancte Martini quod si contigerit nos a solutione defuer[it] nomine pene ad quemlibet terminum dabimus operi ecclesie eorum unam marcam argenti et[b] ne hoc de facili possit infirmari supposuimus nos iurisdictioni priorum de Pontefracto et de sancto Oswaldo omni appellatione cessante. Insuper et omni foro et omnibus impetrand[o] renunciavimus.[c] Hiis testibus: etc.

a. *Heading* Kirkstall B.   b. hac *deleted* B.   c. *extra minim inserted* B

It seems likely that this gift refers to the pension paid annually to Kirkstall Abbey by the canons of Bolton for the advowson of Marton church, for this figure occurs in the *Compotus*, 'Abbati de Kirkestal' pro advocacione de Marton' xxxiii.*s.* iiij.*d.*', for the accounts of 11 November 1288 to 11 November 1289 (*Compotus*, p. 41, see also pp. 48, 59, 67 n. 42). For the advowson of Marton church see *Fasti Parochiales*, iv, pp. 94–8. A.H. Thompson notes that 'among the memoranda for 1229–30' of Archbishop Walter Gray was record of 'an agreement by the prior and convent to pay a pension of two-and-a-half marks of silver yearly out of their *camera* or treasury to the abbot and convent of Kirkstall', although the reason behind this transaction was not included (*Bolton-in-Wharfedale*, p. 62). Therefore it seems likely that this agreement was made towards the earlier end of the dating range suggested.

76 **Gift in pure and perpetual alms by Cecily daughter of Robert Partour and Mary, wife of John Power, in her widowhood to the canons of Bolton of half of one croft in Halton, called *Tibcategarth*, with all appurtenances and with all right and claim to that half, to be held of the chief lord of the fee by service. Also the institution by Cecily of John Chambre and John Parkehill as her attornies to give seisin to the canons as stated by her charter. 15 Jun. 1458**

[fo. 22v] Sciant presentes et futuri quod ego Cecilia filia Roberti Partour' et Marie uxoris Iohannis Power in mea pura viduitate dedi, concessi et hac presenti carta mea confirmavi Deo beate Marie de Bolton' et canonicis ibidem Deo servientibus in puram et perpetuam elemosinam medietatem unius crofti in villa de Halton vocati Tibcategarth cum pertinentiis et quicquod ad me inde pertinet. Habendam et tenendam predictam medietatem cum pertinentiis prefatis canonicis et successoribus suis de capitalibus dominis feodi per servitium inde debit[um] et de iure consueta. Et ulterius remisi et relaxavi eisdem canonicis et successoribus suis predictum totum ius meum et clameum que habeo in eadem medietate cum pertinentiis. Et ego vero predicta Cecilia et heredes mei predictam medietatem cum pertinentiis prefatis canonicis et successoribus suis contra omnes gentes warrantizabimus et defendemus. Et insuper ego predicta Cecilia per presentes attornavi et loco meo posui Iohannem Chambre et Iohannem Parkehill coniunctim et divisim ad deliberandum[a] nomine [fo. 23r][b] meo et pro me prefatis canonicis et successoribus suis plenariam seisinam de et in predicta medietate predicti crofti cum suis pertinentiis secundum una formam et effectum huius carte. In cuius rei testimonium huic presenti carte sigillum meum apposui. Hiis testibus: Thoma Clapham armigero, Willelmo Bankes, Roberto Wright, Henrico Younge, Iohanne Benson et aliis. Dat' quinto decimo die Iunii anno regni regis Henrici sexti post conquestum tricesimo sexto.

a. delibandum *(sic)* B.   b. *Heading* Kirkestall B.

77 **Memorandum concerning the payment by Thomas, abbot of Kirkstall, to Gilbert, prior of Bolton, of 3*s.* 4*d.* for free rent of one messuage and two bovates of land in Yeadon, for 20*d.* a year in arrears. 23 May 1482**

[fo. 23r] Memorandum quod previgil[ia] Pentec' anno Domini millesimo quadringentesimo octogesimo secundo Thomas abbas de Kirkestall solvit Gilberto priori de Bolton iij*s.* iiij*d.* pro libero redditu unius mesuagii et duarum bovatarum terre in Yddon ad xx*d.* per annum aretro per tempus modic' non solut' et hoc recog[nitionem] predictus Thomas abbas et solvit coram Willelmo Blackburne clerico de Bolton predicto Willelmo Nettelton, Henrico Rokley, Thoma Franke et multis aliis etc.[a]

a. Memorandum quod previgil[ia] … multis aliis etc, *indented c.40mm* B.

Yeadon appears to have primarily been of value to the canons by the rent which could be accrued from it, for it lay outside of the centre of their estates and was not of sufficient size to be farmed by themselves. For the financial reward of farming out their estates at Yeadon see *Compotus*, pp. 76, 87, 100, 125.

78 Gift by Thomas son of Suain of Staveley to Hugh of Calton of half a carucate of land in Airton, with all appurtenances and easements, excepting the mill and his demesne in the said vill, paying 6*s.* annually, saving the fine of the county of York and the wapentake, and for his homage and service, and four marks of silver. [1175x17 Apr. 1222]

[fo. 23v][a] Notum sit omnibus videntibus vel audientibus hoc scriptum quod ego Thomas filius Suani de Staveley dedi et concessi et hac carta mea confirmavi Hugoni de Caltona et heredibus suis dimidiam carucatam terre in Airtona cum omnibus pertinentiis suis in bosco et plano, in pascuis, in pratis, in aquis et omnibus aisiamentis eiusdem ville excepto molendino et dominio meo eiusdem ville; tenendam de me et heredibus meis liberam et quietam pro sex solidis annuatim reddendo hiis terminis tres solidos ad festum sancti Martini et tres solidos ad Pentecost' pro omni servitio, salvo fine comitatus Ebor' et wapentac'. Et hoc ei dedi et heredibus suis tenere de me et heredibus meis pro homagio suo et servitio suo et pro quatuor marcis argenti quas mihi dedit. Hiis testibus: Helia filio Swani, Elia de Rilleston, Willelmo de Tresfeld, Hugone de Hertlington, Ricardo filio Wid[onis], et Iordano filio Er[ni]s, Iohanne filio Wid[onis], Alano filio Elie, Clemente, Ricardo, Willelmo de Kirkeby, Alano Alexandri et multis aliis.

a. *Heading* Airton B.

For the connection of the Staveley family to that of Ravensworth, later to become Fitz Hugh, see *Early Yorkshire Families*, p. 28. Airton is in the parish of Kirkby Malham.
H – fo. 9v, from Bolton Cartulary, fo. 17, partial copy. Pd from H in *EYC*, vii, no. 140.

79 Gift in pure and perpetual alms by Simon son of Ranulph to the canons of Bolton of two bovates of land in Airton, which Richard the clerk son of Ralph the priest holds paying 12*d.* annually to the canons, making foreign service for two bovates of land where fourteen carucates make a knight's fee. [1162(1180)x1191]

[fo. 23v] Sciant omnes tam futuri quam presentes quod ego Symon[a] filius Rannulphi[b] dedi et concessi et hac carta mea confirmavi Deo et sancte Marie de Boeltunia[c] et canonicis ibidem Deo servientibus duas bovatas terre in Ayrtu[d] quas Ricardus clericus filius[e] Ranulphi[f] sacerdotis tenet reddendo annuatim xij[a][g] denarios[h] prefatis canonicis, scilicet ad Pentecosten,[i] et eisdem faciendo forinsecum servitium quantum pertinet[j] duabus bovatis[k] terre unde xiiij[a][l] carucate terre faciunt feudum unius militis, ipsi canonici mihi et heredibus meis liberas et quietas ab omni consuetudine et exactione mihi et heredibus meis pertinenti in puram et perpetuam elemosinam. His testibus: Galfrido de Perci de Gayrgraf,[m] et fratre suo Bertholomeo,[n] Rannulpho[o] capellano de Kyrchebi,^p et^q Alfredo de Brohtu'^r et Stephano capellano suo, et Petro de Pincheni, et Lang[usa] [fo. 24r]^s uxore predicti Symonis,^t et Bertram[o] de Karletu'^u et duobus filiis suis Symone^v et Hugone, et Willelmo de Sancto^w Samsone.

a. Simon B.   b. Ranulphi B.   c. Bolton' B.   d. Airton B.   e. filius *interlined above deleted* filius B.   f. Ranulphus *altered to* Ranulphi   g. xij *marred* A.   h. *xiid* B.   i. Pentecostia[m] B.   j. ad *inserted* B.   k. duas bovatas B.   l. quatuordecem *(sic)* B.   m. Percy de Gargrave B.   n. Bartholomeo B.   o. Rannulphus *(sic)* A; Ranulpho B.   p. Kirkeby B.   q. et *omitted* B.   r. Aldreda de Brockton B.   s. *Heading* Airton B.   t. Simonis B.   u. Bartram[o] de Carleton B.   v. Simone B.   w. Marco B.

A certain Simon son of Ranulph and Langusa, possibly the same as the couple that witness this gift, appear in a final concord made with Bolton Priory in 1187, concerning the advowson of Broughton church (CB, no. 147). Ranulf the priest, associated with Kirkby Malham, occurs as a witness to several charters to Fountains Abbey in the late twelfth century (*Fasti Parochiales*, iv, p. 83).
A – YAS, MD 335/75, Ribblesdale, C.1.A. Marked on fold C.1.A.; 210x100mm [15mm tag fold]. No seal or tag; sealed on the tag method 1. H – fo. 9v, from Bolton Cartulary, fo. 17, abstract. Pd abstract from H in *EYC*, vii, no. 141.

80 Confirmation by Hugh of Calton to the canons of Bolton of two bovates of land in the vill of Airton, with all appurtenances, common rights, liberties and easements, which were given to the canons by Richard son of Gospatrick, paying 3*s*. annually to Hugh, saving fines of the county of York and of the wapentake. [*c*.1180x1203 or 17 Apr. 1222]

[fo. 24r] Sciant tam presentes quam futuri quod ego Hugo de Kalton concessi et presenti carta mea confirmavi Deo et ecclesie beate Marie de Bolton' et canonicis ibi Deo servientibus duas bovatas terre in villa de Airton', illas scilicet quas Ricardus filius Gospat' dedit predictis canonicis cum omnibus pertinentiis suis in bosco et plano, in pratis et pascuis et in omnibus communibus et libertatibus et aysiamentis predicte ville pertinentibus reddendo inde mihi et heredibus meis annuatim tres solidos, medietatem ad Pentecost' et medietatem ad festum sancti Martini pro omni servitio ad terram pertinentibus, salvo fine comitatus Ebor' et de wapentack'. Hiis testibus: Willelmo Mauleverer, Ranulpho de Otterburn, Simone clerico de Kirkeby, Ricardo fratre eius, Thoma de Malghum, Willelmo clerico de Malghum.

H – fo. 9v, from Bolton Cartulary, fo. 17, abstract. Pd abstract from H in *EYC*, vii, no. 141.

81 Quitclaim by Richard son of Richard Gospatrick of Airton to Hugh of Calton, his lord, of two bovates of land, with all liberties and appurtenances, and with toft and croft, in Airton for 20*s*. of silver. [*c*.1180x1207]

[fo. 24r] Sciant omnes tam futuri quam presentes quod ego Ricardus filius Ricardi Gospatth' de Airton concessi et quietumclamavi de me et de heredibus meis et hac mea presenti carta confirmavi domino meo Hugoni de Calton' et heredibus suis duas bovatas terre in Airton' cum omnibus libertatibus et pertinentiis eidem terre pertin[entibus] de dimidia carucata terre quam de illo tenui illas duas scilicet cum tofto et crofto remotiores sole et pro hac quietaclamatione et abiuratione dedit mihi et heredibus meis predictus Hugo viginti solidos argenti. Hiis testibus: Ada de Staveley, Ranulpho filio Walteri, Helia de Rilleston, Willelmo filio Edwardi, Willelmo de Malghum, Ranulpho de Otterburn, Simone clerico de Kirkeby, Ricardo eius fratre, et pluribus qui ibi aderant.

One difference found in the abstract made by Dodsworth is the name of the grantor, which is recorded as 'Ricardus filius Gospat' de Eirton'.
H – fo. 9v, from Bolton Cartulary, fo. 17, abstract. Pd from H in *EYC*, vii, no. 141.

82 **Gift in perpetual alms by Hugh of Calton to the canons of Bolton of two bovates of land in Airton, with all appurtenances in wood, field, meadow and pasture and all common rights, liberties and easements, together with Duna, widow, and Fulk, her son and all their family, paying 3s. annually, saving fines of the county and wapentake. [1186x17 Apr. 1222]**

[fo. 24v][a] Sciant presentes et futuri quod ego Hugo de Kalton dedi et concessi et presenti carta confirmavi Deo et ecclesie beate Marie de Bolton et canonicis ibi Deo servientibus duas bovatas terre in villa de Airton, illas scilicet quas emi de Ricardo filio Gospatt' cum omnibus pertinentiis suis in bosco et plano, in pratis et pascuis et in omnibus communibus et libertatibus et aisiamentis predicte ville pertinentibus, cum Duna vidua et cum Fulcone filio eius et tota sequela eorum inperpetuam elemosinam, reddendo inde mihi et heredibus meis anuatim tres solidos, medietatem ad Pentecostiam et medietatem ad festum sancti Martini pro omni servitio ad terram pertinente, salvo fine comitatus et de wapentac'. Hiis testibus: Willelmo de Marton, Petro filius eius, Willelmo Granldorg', Simone clerico de Kirkeby, Ricardo fratre eius, Thoma de Malghum, Ranulpho de Otterburne.

a. *Heading* Airton B.

83 **Gift in pure and perpetual alms by Prior John of Lund and the canons of Bolton to West Dereham Abbey of one toft, with appurtenances, in the vill of Airton, between the toft called *Walrabeny* and the toft of Lord Henry son of Ralph, paying 9d. sterling annually for all services, customs, suit of court and demands. [1275x1286]**

[fo. 24v] Omnibus Cristi fidelibus ad quos presens scriptum pervenerit Iohannes de Lund' permissione divina prior de Bolton in Craven et eiusdem loci conventus salutem in Domino. Noverit universitas vestra nos dedisse, concessisse et presenti carta nostra confirmasse abbati et conventui de Dereham[a] unum toftum cum pertinentiis suis in villa de Airton quod iacet inter toftum eorundem abbatis et conventus quod dicitur Walrabeny et toftum quod fuit domini Henrici filii Ranulphi; tenendum et habendum de nobis et successoribus nostris illis et successoribus suis in liberam et perpetuam elemosinam, reddendo nobis et successsoribus nostris ad Pentecostiam novem denarios sterlingorum et ad festum sancti Martini in hieme novem denarios pro omnibus servitiis, consuetudinibus, sectis[b] curia et demandis nobis vel successoribus nostris pertinentibus et nos et successores nostri warrantizabimus [fo. 25r][c] dictum toftum cum pertinentiis suis predictis abbati et conventui et acquietabimus et defendemus per predictum servitium contra omnes homines et feminas dummodo feoffator' nostri illud nobis et successsoribus nostris warrantizaverint. Et in huius rei testimonium tradidimus eis presentem cartam sigillo communi capituli[d] nostri signatam, recipientes ab eis consimile scriptum communi sigillo capituli sui communitum. Hiis testibus: Iohanne de Fegesher, Thoma de Malghum, Ada[e] de Palublat', Elia de Otterburne, et Ricardo fratre eius, Ranulpho de Otterburne, Thoma de Marcothorpe, Ricardo Nonnefrere, Willelmo de Litton et aliis.

a. Kereham *(sic) interlined* B.   b. seculis *(sic)* B.   c. *Heading* Airton B.   d. capitilio *(sic)* B.   e. Adamo *(sic)* B.

The Premonstratensian abbey of West Dereham (Norfolk) was established by Hubert Walter around 1181. It acquired land in Scosthrop and Airton, as well as the church of Kirkby Malham. For greater detail see H.M. Colvin, *The White Canons* (Oxford, 1951), pp. 29–35.

84   Agreement between Bolton Priory and Adam son of Simon de Litton and Anabilla his wife whereby the said Adam and Amabilla exchange one toft and one bovate of land in the field of Halton, with appurtenances, to be held in free, pure and perpetual alms by the canons, for two tofts with adjacent croft and one bovate of land, with appurtenances, which Richard Drack' held, in the vill of Airton to be held in perpetuity paying 2*s*. 6*d*. annually, for all secular service, exaction and demands, saving foreign service, with the said toft and bovate remaining with the canons upon the death of Adam, Anabilla or their legitimate heirs. 11 Nov. 1267

[fo. 25r] Anno Domini MCC° sexagesimo septimo ad festum sancti Martini in hieme facta est hec conventio inter priorem et conventum de Bolton in Craven ex una parte et Adam[a] filium Simonis de Litton et Anabilam uxorem suam ex altera, videlicet quod predicti Adam et Anabila dederunt, concesserunt et presenti scripto confirmaverunt in excambium predictis[b] priori et conventui et eorum successoribus unum toftum et unam bovatam terre cum omnibus pertinentiis suis in campo de Halton iacentes; tenenda et habenda dictis priori et et conventui et eorum successoribus de predictis Ada[c] et Anabila uxore sua et eorum heredibus libere, quiete et pacifice et integre in liberam, puram et perpetuam elemosinam, solutam et quietam ab omni seculari servitio et demanda pro qua quidem terra predicti prior et conventus dederunt et concesserunt et presenti scripto confirmaverunt in excambium predicto Ade et Anabile uxore sue et heredibus de eorum corporibus legitime procreatis duo tofta cum croftis adiacentibus et unam bovatam terre cum pertinentiis in villa de Airton quem quidem bovatam terre Ricardus Drack' quondam tenuit; tenenda et habenda predictis Ade et Anabilie uxori sue et heredibus de eis legitime procreatis de predictis priore et conventu et eorum [fo. 25v][d] successoribus imperpetuum, ita tamen quod nec opere Adam[e] nec Anabil[a] uxor sua nec heredes eorum predicta tofta cum croftis adiacentibus nec predictam bovatam terre possunt dare, vendere, assignare vel alienare quoquomodo reddendo inde annuatim predictis priori et conventui et eorum successoribus duas solidos et sex denarios argenti ad duos anui termino, videlicet medietatem ad Pentecostiam et aliam medietatem ad festum sancti Martini in hieme, pro omni seculari servitio, exactione et demanda salvo forinseco servitio quantum pertinet ad predicta tofta cum croftis et bovatam terre, et si ita contigerunt quod predict[i] Adam et Anabil[a] sive heredes de eis legitime procreati obierint predicta tofta cum croftis et bovatam terre cum pertinentiis predicti priori et conventui et eorum successoribus plenarie remaneb[un]t. Nos vero dicti prior et conventus ac successores nostri predicta tofta cum croftis et bovatam terre cum pertinentiis in Eirton predictis Ada[f] et Anabil[e] uxor[i] sue et heredibus suis contra omnes homines et feminas sicut predictum est warrantizabimus, adquietabimus et defendemus quam dui predicti Adam et Anabilia predicta toftum et bovatam terre in Halton poterunt warrantizare. Et in huius rei testimonium predicti partes hoc excambium presenti scripto eorum sigillis alternatim signato roboraverunt. Hiis testibus: Iohanne de Tottenhou tunc constabulario de Skipton, Willelmo de Aula de eadem, Ada[g] filio Roberti de Halton, Thoma de Malghum, Iohanne Feyser, Ada[h] Plumland, Ricardo de Calton et aliis.

a. Adamum *(sic)* B.   b. canonicis *deleted* B.   c. Adamo *(sic)* B.   d. *Heading* Airton B.   e. Adamus *(sic)* B.   f. Adam *(sic)* B.   g. Adamo *(sic)*.   h. Adamo *(sic)*.

H – fo. 10r, from Bolton Cartulary, fo. 18, abstract. Pd abstract from H in *EYC*, vii, no. 141.

85 **Quitclaim in free, pure and perpetual alms by Hugh son of Henry [of Ravensworth], knight, to the canons of Bolton of all lands and tenements, with toft and croft, and all appurtenances, that they hold of his fee in the vills of Calton and Airton, paying 6*s*. of silver annually. [17 Jan. 1258x20 Jun. 1301]**

[fo. 25v] Omnibus Cristi fidelibus hoc scriptum visuris vel audituris Hugo filius Henrici miles salutem in Domino sempiternam. Noveritis me concessisse, remisisse, confirmasse et omnino quietumclamasse pro me et heredibus meis vel assignatis Deo et ecclesie beate Marie de Bolton et canonicis ibidem Deo servientibus pro salute anime mee et omnium antecessorum et successorum meorum omnes terras et [fo. 26r][a] tenementa cum toftis et croftis et omnibus pertinentiis quas tenent de feodo meo in villa de Calton et Airton' in liberam, puram et perpetuam elemosinam, solutam et quietam ab homagio et omni seculari servitio, exactione, consuetudine seu demanda, reddendo annuatim mihi et heredibus meis sex solidos argenti ad duos anni terminos, videlicet medietatem ad festum sancti Martini in hieme et alia medietatem ad Pentecost' pro terris et tenementis que tenent de feodo meo in villa de Carlton et Airton. Ego vero et heredes mei vel assignati omnia prescripta sicut superius sunt annotata predictis canonicis et eorum successoribus pro predicto annuali redditu contra omnes homines warrantizabimus, acquietabimus et defendemus. In cuius rei testimonium presens scriptum eisdem canonicis et sigilli mei impressione feci munitum recipiens ab eisdem illius transcript[um] eorum sigillo communi communitum. Hiis testibus: dominis Roberto de Plumpton', Iohanne de Eston', Iohanne Gilioth, militibus, Willelmo Mauleverer, Iohanne de Fey', Ada[b] de Plumland, Henrico Crokebaine et aliis.

a. *Heading* Airton B.   b. Adamo *(sic)* B.

Hugh son of Henry is most likely to be Sir Hugh son of Henry of Ravensworth, who, in 1283, held ¾ of a knight's fee in the honour of Skipton, including lands in Calton, Airton and Elslack (Broughton) (*EYC*, vii, p. 91). For a brief history of the Fitz Hugh (of Ravensworth) family see *Early Yorkshire Families*, p. 28, and for the Ravensworth fee, *EYC*, v, pp. 316–32. For the Fitz Hugh family and the connection to that of Staveley see *EYC*, vii, p. 218–19.

H – fo. 10r, from Bolton Cartulary, fo. 19, abstract. Pd abstract from H in *EYC*, vii, no. 141.

86 **Gift by Thomas of Scosthrop to the canons of Bolton of 6*s*. annual rent from two bovates of land, with appurtenances, in Scosthrop, lying between the fields of Scosthrop near to the land of West Dereham Abbey on the west, which he holds from the said canons, with an obligation that the said canons are able to distrain and retain until the 6*s*. annual rent is paid in full. 22 Jul. 1323, Scosthrop**

[fo. 26r] Sciant presentes et futuri quod ego Thomas de Scothorpe dedi, concessi et hac presenti carta mea confirmavi priori et conventui de Bolton' in Craven et eorum successoribus et assignatis sex solidatas annui redditus exeuntes de duabus bovatis terre cum pertinentiis in Scothorpe quas ego habeo et teneo de dictis priore et conventu percipiendo annuatim in eadem villa de Scothorpe ad festum sancti Martini in hieme et Pentecostia[m] per equales porciones illas videlicet duas bovatas terre que iacent utrobique in campo de Scothorpe propinquiores terre abbatis et conventus de Dereham[a] ex parte occidentali. Et ego dictus Thomas [fo. 26v][b] obligo predictas duas bovatas terre ad quorumcunque manus devenerint districtioni' dictorum prioris et conventus et eorum successorum[c] et assignatorum, ita quod predicti prior et conventus et eorundem successores seu assignati possint in eisdem duabus bovatis terre distringere et districtione retinere quousque predictus annuus redditus sex solidatarum dictis priori et conventui et eorum successoribus et assignatis plenarie fuerit persolutus. Et ego Thomas et heredes mei predictum annuum redditum sex solidatarum de predictis duabus bovatis terre exeuntem ut predictum est predictis priori et conventui et eorum successoribus seu assignatis contra omnes gentes warrantizabimus imperpetuum. In cuius rei testimonium huic carte sigillum meum apposui. Hiis testibus: Iohanne de Bolton, Ricardo Fauvell, Iohanne de Malghum, Roberto de Farnehill, Roberto Bucke, Roberto Crokebaine, Henrico de Kighley et aliis. Dat' apud Scothorpe die veneris proximo post octabis translationis beate Thome Martiris anno regni regis E. filii regis E. septimo decimo.

a. Kereham *(sic)* B.   b. *Heading* Scothorpe B.   c. successsoribus *(sic)* B.
Marginated: *Scothorpe*.

On 8 June 1323 licence was given for the alienation in mortmain of the above gift, with twenty marks being paid to the wardrobe (*CPR, 1321–1324*, p. 301). Four days later licence was given for the alienation by Bolton Priory to Fountains Abbey of the above 6s. rent in Scosthrop (*ibid.*, p. 301). The accounts for 29 September 1323 to 29 September 1224 record a payment of 6s. 'de firma Thome de Scotzthorp' noviter perpetrata' (*Compotus*, p. 528).
Scosthrop is in the parish of Kirkby Malham.
H – fo. 10v, from Bolton Cartulary, fo. 19, abstract.

87   Note concerning the warren and chase for hunting.

[fo. 26v] Nota bene de warrena et chacio pro venatione etc.

88   Mandate by the Duke of Gloucester to Prior Gilbert and the canons of Bolton to show the evidence by which they gave rights of hunting, free chase and warren in all lands and woods that they have from the grant of Alice de Rumilly, and the confirmation of the rights. 26 Nov. 1482

[fo. 26v] Crastino Katherine anno Domini etc M° CCCClxxxij° ex mandato excellentissimi sum principis domini ducis Gloucestr' ad tunc fundatoris nostri Gilbertus prior et conventus domus sive prioratus de Bolton ostenderunt evidentias suas speciales de venatione et libera chacia et warrena in omnibus terris et boscis prioris et conventus eisdem concess[is] per Aliciam de Rumley advotricem eorumdem ex fundatione eorum prima coram venerabilibus viris magistro Willelmo Potman' vicario generali, magistro Thoma Barrowe cancellario dicti domini ducis, Miloni Metcalfe et Thoma Asperleg' peritis et Roberto Percy irrotular[io] et receptor ad tunc dominum de Skipton de consilio prefati domini ducis et ad hoc specialiter deputatis quiquidem[a] omnes et singuli dixerunt et approbaverunt dictas warrenam et chaciam in omnibus terris et boscis suis esse et fore ius eorumdem prioris et conventus et sic affirmaverunt coram multis testibus fidedignis anno et die supradict[is] etc.

a. *loop of* d *attached to top of 2nd* q.
Marginated: *22 Ed.4; Memorandum de clameo prioris de Bolton' et warrena et chacea in terris et boscis sivi concessis per Aliciam de Rumley.*

For the grant of free warren by Alice de Rumilly see CB, no. 19. The inclusion of this fifteenth-century document indicates that the early fourteenth-century cartulary was added to after its creation.

H – fo. 10v, from Bolton Cartulary, fo. 19, abstract.

89 Gift in pure and free alms by Walter Fleming to the canons of Bolton of his share of the mill at Dalton, namely three of five parts of the mill, the whole mill at Hellifield with croft, all the land called *Gildushau*, with all appurtenances in meadow and pasture to the sike which borders Otterburn and to the other sike, and common pasture at Hellifield for two hundred sheep, twenty animals and ten pigs with their young of one year. [1158x1184]

[fo.27r][a] Walterus Flandrensis omnibus sancte ecclesie fidelibus salutem. Sciatis me dedisse et concessisse et presenti carta mea confirmasse Deo et ecclesie sancte Marie de Bolton' et canonicis ibidem Deo servientibus quicquod habui in molendino meo de Dalton', scilicet tres partes de quinque partibus molendini, et totum molendinum de Helchfeld cum crofta eidem molendino pertinente, et totam terram illam que Gildushau nominatur cum omnibus pertinentiis suis in pratis et pascuis a sica que est divisa de Otterburne usque ad alteram sicam, et preterea communem pasturam de Helchfeld ducentis ovibus et viginti animalibus et decem suibus cum nutrimentis hiis unius anni. Quare volo ut prefata ecclesie sancte Marie et canonicis de Bolton habeant et teneant et imperpetuum possideant omnia supradicta retenementa[b] bene et in pace, libere et quiete sicut puram et liberam, elemosinam et solutam ab omni seculari servitio et consuetudine et exactione, pro salute anime mee et uxoris mee et pro animabus patris et matris[c] et omnium antecessorum nostrorum. Hiis testibus: Osberto de Baius', Ada[d] filio Orme, Reinero clerico de Derefeld, Hugone de Calton, Roberto de Laci, Gilberto fratre eius, Iohanne de Kelent', Willelmo Malep[orario], Willelmo filio eius, Ricardo fratre eius, Turstano de Baius, Ricardo filio Walteri com' Flandrensis, Rogero de Swneshede, Willelmo de Leedes, Willelmo de Furn'.

a. *Heading* Helchfeld B.   b. tenementa H.   c. patrum et matrum *(sic)* B.   d. Adamo *(sic)* B.

Although a benefactor frequently requests prayers for the salvation of the souls of his parents, it is possible that Walter was referring to the souls of the parents of himself and his wife. Walter Fleming probably had died by 1184 (*EYC*, vii, pp. 193–202, and p. 150). This suggested date is dependent upon the 'pro salute' clause indicating his decease. The notes made by Dodsworth forming a family tree suggest that William the brother of Reiner, and William the son of William confirmed the gift (Dodsworth MS 144, fo. 52). There does not appear to be a Walter count of Flanders (A. Cappelli, *Cronologia Cronografia e Calendario Perpetuo, Dal principio dell'èra Cristiana ai nostri giorni* (Milan: Ulrico Hoepli Editore, 1983)), and it seems more likely that this was a scribal error for either (a) com' instead of cogn' (known as Fleming), or (b) com' (of the county of Flanders). The low position in the list of witnesses also suggests that he is not a descendent of the counts of Flanders, for someone of such status would normally be placed earlier. Hellifield is in the parish of Long Preston, and Dalton is in the parish of Kirkheaton, West Riding of Yorkshire. No other reference can be found to the canons' interest in a mill at Dalton, possibly indicating that this acquisition was disposed of shortly afterwards, perhaps as part of the process of consolidating other property.
H – fo. 11r, from Bolton Cartulary, fo. 20. Pd from H in *EYC*, vii, no. 87.

90 Confirmation in pure and free alms by Reiner Fleming to the canons of Bolton of all those tenements, with their appurtenances, given by Walter Fleming, his uncle, which he gave by his charter, namely the mill at Hellifield with croft, all that land called *Gildushou*, with appurtenances in meadow and pasture, and common pasture in the vill of Hellifield for two hundred sheep, twenty animals and ten pigs with their young of one year. [1170x29 Sep. 1184]

[fo. 27r] Reinerus Flandrensis omnibus sancte ecclesie fidelibus salutem. Sciatis me concessisse et presenti carta mea confirmasse Deo et ecclesie sancte Marie de Boelt'[a] et canonicis ibidem Deo servientibus omnia illa tenementa cum omnibus pertinetiis suis que Walterus Flandrensis avunculus meus dedit et concessit et cartis suis [fo. 27v] [b] confirmavit predicte ecclesie sancte Marie et canonicis Boelt'[c] in puram et liberam elemosinam, scilicet molendinum de Helchefeld cum crofta eidem molendino pertinente, et totam illam terram que Gildushau[d] nominatur cum pertinentiis suis in pratis et pascuis, et communem pasturam ville de Helchefeld[e] in qua habeant ducentas oves et viginti animalia et decem sues cum nutrimentis suis unuis anni. Quare volo ut prefata ecclesia sancte Marie et canonici de Boelt'[f] habeant et teneant et i[m]perpetuum possideant omnia supradicta tenementa bene et in pace, libere et quiete et solute ab omni seculari servitio et consuetudine[g] et exactione sicut puram et liberam elemosinam pro salute anime mee et pro animabus patris mei et prefati Walteri avunculi mei. His testibus: Adeliz de Rumeli[h] et Adeliz filia eius, Willelmo filio Helton'[i] et Willelmo filio eius, Henrico decano de Whalleia,[j] Rad'[k] decano de Crave,[l] Bærtholomeo[m] de Trevers, Riulpho[n] Pipard,[o] Yvoni[p] Macun, Rogero Cantor, Orm' de Hafrint',[q] Thoma de Criu, Willelmo filio Richardi, Reinero de Kaladel',[r] Richardo filio Walteri.

a. *Heading* Helchfeld B.   b. Bolton B.   c. Boelton' B.   d. Gildushou B.   e. Helthefeld B.   f. Bolton B.   g. d *merge with* g A.   h. Rumely B.   i. Heltona B.   j. Walleia B.   k. Ricardo B.   l. Craven' B.   m. Bartholomeo B.   n. Ranulpho B.   o. P *merge with* D A.   p. Yvone B.   q. Herfrint' B.   r. Rainero de Kaldel B.

A – YAS, MD 303 (previously MD 305, Gisburn Park MSS, VI, bundle 35). Endorsed: De molendine de Helifield cum crofto; Hellifield; Hellifield vi; 320x173mm [25mm tag fold]; tag, no seal. H – fo. 11r, from Bolton Cartulary, fo. 20, abstract; and fo. 52, from Bolton Cartulary, fo. 155, c. 6, abstract in family tree. Pd from A in *EYC*, vii, no. 88.

91 Confirmation by Brother William de Tothale, prior of the hospital of St John of Jerusalem, to the canons of Bolton of one piece of land in the vill of Hellifield, one hundred feet in length and sixty feet in width, paying 2s. annually, 6d. for the said piece of land, 18d. for land in Cononley and Eastby. 6 Jun. 1313, Melchbourne

[fo. 27v] Universis Cristi fidelibus ad quod presens scriptum pervenerit frater Willelmus de Tothalston domus hospitalis sancti Iohannis de Ierusalem prior humilis in Anglia salutem in Domino. Noveritis nos concessisse et hoc presenti scripto nostro confirmasse priori et conventui de Bolton in Craven et eorum successoribus unam placeam terre in villa de Heleghfeld, centum pedum in longitudine et sexaginta pedum in latitudine, infra terram qua Iohannes dictus Le Oxenhird de nobis tenet in eadem villa. Tenendam et habendam predictam placeam de nobis et successoribus nostris dictis priori et conventui et successoribus suis libere, quiete, bene et in pace imperpetuum, reddendo annuatim nobis et successoribus nostris duos solidos, videlicet pro predicta placea vj*d*. et pro terra in Conanley et Eastbie xviij*d*. ad duos anni terminos, scilicet xij*d*. ad Pascham et xij*d*. ad festum sanctis Michaelis. In cuius rei testimonium sigilla utracumque[a] partium huic scripto indentatosunt appensa. Hiis testibus: fratre Alexandro de Michin', fratre Radulpho de Castre, fratre Iohanne de Pillesgat', fratre Waltero del Ill', fratre Willelmo de Huntington et aliis. Dat' apud Melchburn' in celebratione capituli nostri die mercurii in septimana Pentecost' anno domini millesimo trecentesimo tertio decimo.

a. utrarumque *(sic)* B.

The manor of Hellifield appears to have formed part of the preceptory of Newland, see 'Documents

92 Gift in free, pure and perpetual alms by Walter de Amundeville to the canons of Bolton of the church of Long Preston, with all appurtenances. [1141x14 Oct. 1153]

[fo. 28r][a] Sciant omnes qui sunt et venturi sunt quod ego Walterus de Amundewilla dedi et concessi et presenti scripto confirmavi Deo et ecclesie sancti Cuthberti de Embeseia et canonicis eiusdem loci ecclesiam de Preston in Craven cum omnibus pertinentiis suis in liberam et puram et perpetuam elemosinam pro salute anime et parentum meorum. His sunt testes mei doni: Alelinus decanus Lincolnie, Winifridus subdecanus, Iordanus thesaurarius, Elias de Amundewilla, Petrus de Gaula et alii.

a. *Heading* Preston: B.

For confirmation by Archbishop Henry Murdac see *EYC*, xi, no. 151 (Pd in *Mon. Angl.*, vi, p. 205), where the priory is referred to as prior and college. This may indicate the fluidity of terminology and the slow development of definitions for different types of religious establishment. The *acta* of Archbishop Henry confirming the gift of Walter de Amundeville is listed in *EEA* v, no. 108. For other *acta* issued by the archbishops of York which are thought to have related to the church of Long Preston see *EEA* v, nos. 35, 36, 109. It is likely that Winifred the subdean was actually Humfrey who was subdean of Lincoln from c.1133 to 1160 (*Fasti*, Lincoln, p. 21), with the error being made either by the scribe who copied the charter into the cartulary, as both the Coucher Book and Dodsworth MS 144 have this mistake, or by the scribe who wrote the original from which it was copied. For details of the family see C.T. Clay, 'The Families of Amundeville', *Lincolnshire Architectural and Archaeological Society*, new series, iii, part ii (1945–47), pp. 109–36, and *EYC*, xi, pp. 172–80. For the parish of Long Preston see *Fasti Parochiales*, iv, pp. 103–7.
H – fo. 11v, from Bolton Cartulary, fo. 21. Pd from H in *EYC*, xi, no. 150; *Lincolnshire Architectural and Archaeologial Society Reports*, new series, iii, part ii, p. 136.

93 Final concord made between Elias de Amundeville, plaintiff, and John, prior of Bolton, deforciant, by which Elias recognises the advowson of the church of Long Preston to be the right of the prior of Bolton, to be held in pure and perpetual alms, in return for which the canons have received Elias and his heirs, in all and singular alms, into the church of Bolton in all and singular alms, in perpetuity. 27 Jan. 1219, York

[fo. 28r] Hec est finalis concordia facta in curia domini regis apud Ebor' a die sancti Hillarii in xv^{cem} dies anno regni regis Henrici filii regis Iohannis tertio coram domino R. Dunholm' episcopo domini regis cancellario, Roberto de Veteri Ponte, Martino de Paterhull, Willelmo filio Ricardi, Rogero Huscarl' iusticiariis itineranti et aliis domini regis fidelibus tunc ibi presentibus inter Eliam de[a] Amundevill' petentem et Iohannem priorem de Bolton deforciantem de advocatione ecclesie de Preston unde assisa ultime presentationis summonita fuit inter eos in prefata curia, scilicet quod predictus Elyas recognovit advocationem predicte ecclesie esse ius ipsius prioris et ecclesie sancte Marie de Bolton'; habendam et tenendam ipsi priori et successoribus suis imperpetuum in puram et perpetuam elemosinam, quietam ab omni seculari servitio. Et predicti prior et conventus receperunt ipsum Elyam et heredes suos in singulis elemosinis et omnibus que fient decetero in ecclesia sua de Bolton imperpetuum.

a. Emundell *deleted* B.

H – fo. 11v, from Bolton Cartulary, fo. 21 and fo. 34. Pd abstract in *Yorkshire Fines, 1218–1231*, p. 15.

94 Quitclaim in pure and perpetual alms by Elias de Amundeville to the canons of Bolton of all right and claim to the advowson and the church of Long Preston, with appurtenances. [27 Jun. 1217x27 Jan. 1219]

[fo. 28r] Sciant presentes et futuri quod Elias de Amundevill' dedi et presenti carta mea quietumclamavi de me et heredibus meis imperpetuum Deo et canonicis ecclesie sancte Marie de Bolton pro salute anime mee et omnium antecessorum et heredum meorum totum ius et clameum quod habui vel habere potui in advocatione et ecclesie de Preston in [fo. 28v][a] Craven, ita quod predicti canonici ipsam advocationem ecclesie de Preston tenebunt et habebunt cum omnibus pertinentiis suis in puram et perpetuam elemosinam solutam, liberam et quietam imperpetuum. Et ut hoc donatio mea et quietaclamatio rata sit inposterum et inconcussa permaneat presentem cartam sigilli mei appositione roboravi. His testibus: domino R. Dunelmensi episcopo, Martino de Pateshill, Rogero Huskarl', Willelmo filio Ricardi, Iohanne abbate de Font', Simone de Hale vicecomite Ebor', Philippo Iohannis, Petro Gillot tunc constabulario de Skipton', Rogero Malo Leporario, Willelmo filio Thome, Iohanne de Aleton', Simone clerico de Kirkeby, Ranulpho de Otterburn, Ricardo de Kirkeby clerico.

a. *Heading* Preston B.

The earliest date of 1214 relates to the assize of *ultime* presentation.
H – fo. 11v, from Bolton Cartulary, fo. 21, abstract. Pd from H in *EYC*, xi, no. 152.

95 Confirmation by Elias de Amundeville to St Mary's church, Long Preston, and its rectors of the estover in *Prestgill* wood, with appurtenances, for building and burning of the house of the rectors, with all easements, liberties and common rights, saving to himself and his heirs the selling of the wood of *Prestgill* and turbary; and the gift of a lodge in Long Preston. [1201x1231]

[fo. 28v] Omnibus sancte matris ecclesie filiis ad quos presens scriptum pervenerit Elias de Amundevilla salutem. Noverit universitas vestra me divino caritatis intuitu concessisse et hac presenti carta mea confirmasse Deo et ecclesie beate Marie de Preston et rectoribus eiusdem ecclesie estoveria sua in bosco de Prestgill cum pertinentiis ad edificandum et ardendum[a] in propriis domibus dictorum rectorum dicte ecclesie cum omnibus aysiamentis et libertatibus et communibus predicte ville pertinent, salva mihi et heredibus meis venditione dicti bosci de Prestgill et turbarie. Preterea concessi dicto ecclesie et eiusdem rectoribus logiam suam in loco competenti certo et stabili in communi pastura de Preston penes Prestegill; tenenda et possidenda libere, quiete, pacifice sine aliquo nocumento vel molestia mei vel heredum meorum. Et ut concessio firma et stabilis permaneat presenti scripto sigillum meum apposui. Hiis testibus: Iohanne de Kirkeby, Willelmo le Vavasor, Ran[ulpho] de Otterburne, Hugone de Halton, Ran'o de Kirkeby, Bernardo de Malhum, Waltero de Riminton, Elia de Giglesweeke, Iohanne de Preston et multis aliis.

a. ordendum *(sic)* B.

Ran'o de Kirkeby may be Reiner de Kirkeby who witnessed CB, no. 110 together with Ranulph of Otterburn, as well as a number of charters relating to Fountains Abbey (*Fountains Chartulary*, i, pp. 76, 82–3, 150; ii, p. 472).
H – fo. 11v, from Bolton Cartulary, fo. 21, abstract.

96 Memorandum that William of Newton held two carucates of land in the vill of Long Preston, which he sold to Lord Henry de Percy of Settle, bastard, and the final concord which was made between the said parties and the canons of Bolton concerning the church of Long Preston.

[fo. 28v] A ceo fet a remembrer qe William de Newton' tent dieus carues terre in le vile de Preston' la quel terre il vendi a sire Henri de Percy de Setel [fo. 29][a] Bastard qe porta sum brief de la voisor del eglise de Preston sur le prior et covent de Bolton' la quel ple se pesa si com il pert par la fin q[ue] ensuit.[b]

a. *Heading* Preston B.   b. A ceo fet ... fin q[ue] ensuit *indented c.10mm* B.

H – fo. 12r, from Bolton Cartulary, fo. 21.

97 Final concord between William of Newton, plaintiff, represented by Henry de Percy, and Nigel de Amundeville, whom Adam prior of Bolton vouched to warrant, recognising that William had quitclaimed, from himself and his heirs, the advowson of the church of Long Preston, with appurtenances, to Nigel and his heirs, and similarly to the canons of Bolton, with Nigel paying twelve marks of silver to William for this fine. 10 Nov. 1257, Beverley

[fo. 29r] Hec est finalis concordia facta in curia domini regis apud Beverlacum in crastino sancti Martini anno regni regis Henrici filii regis Iohannis quadragesimo secundo coram Iohanne abbate de Burgo sancti Petri, Rogero de Thurkelby, Petro de Percy et Iohanne de Vivill iusticiariis itinerantibus et aliis domini regis fidelibus tunc ibi presentibus inter Willelmum de Newton petentem, per Henricum de Percy positum loco suo ad lucrandum vel perdendum, et Nigillum de Amundevilla, quem Adam prior de Bolton vocavit ad warrantum, de advocatione ecclesie de Preston cum pertinentiis unde placitum fuit inter eos in eadem curia, scilicet quod predictus Willelmus remisit et quietumclamavit de se et heredibus suis predicto Nigello et heredibus suis, et similiter predicto priori et successoribus suis et ecclesie sue de Bolton' totum ius et clameum quod habuit in predicta advocatione predicte ecclesie de Preston cum pertinentiis imperpetuum. Et pro hac remissione, quietaclamatione, fine et concordia idem Nigillus dedit predicto Willelmo duodecim marcas argenti.

This final concord is not present in the appropriate volume of Feet of Fines for Yorkshire produced as part of YAS, R.S.
H – fo. 12r, from CB, fo. 21, abstract.

98 Letters close of Henry III to Peter de Percy, sheriff of Yorkshire, whereby he is to inform the bailiff of the West Riding that the prior of Bolton is to permit Richard de Clare, earl of Gloucester and Hertford, to present the parson to the church of Long Preston in Craven which is vacant. 12 Jan. 1262, Westminster

[fo. 29r] Petrus de Percy vicecomes Ebor' ballivo de Westring' salutem. Mandatum domini regis recepi in hec verba H. Dei gracia etc. vicecomiti Ebor' salutem precipe priore de Bolton quod iuste et sine dilatione premittat Ricardum de Clar' comitem Glauc' et Hereford presentare idoneam personam ad ecclesiam de Preston' in Craven que vacat et ad suam spectat donatione[m] ut dicit et unde queritur quod predictus prior enim iniuste impedit et nisi fecerit et predictus Ricardus fecer[it] te securum clam'ª ser' prosis tunc sum per bonos sum' predict[um] priore[m] quod sit coram iusticiariis nostris apud Westm' in octabis Purificationis [fo. 29v]ᵇ beate Marie ostensur' quare non fecerit. Et habeas ibi suum etᶜ hoc breve. Teste me ipso apud Westm' xijᵒⁱ die Ianuarii anno regni nostri xlvjᵒ unde tibi precipio quod predictum mandatum diligenter exequor'. Valete.

a. 5mm *deleted* B.   b. *Heading* Preston B.   c. suum et *interlined* B.

There is no record of an institution following this mandate, and the mandate is not entered in *CPR* or *CCR* (*Fasti Parochiales*, iv, p. 104, and n.).
H – fo. 12r, from Bolton Cartulary, fo. 21, abstract.

99   The reckoning of Richard de Boyland and William de Skyrebecke who have letters against Richard de Brus son of Robert de Brus.

[fo. 29v] Computator Ricardi de Boyland Willelmus de Skyrebecke tandem litteram habemus contra Ricardumª de Brus filium Robertti deᵇ Brus.ᶜ

a. Riccardum *(sic)* B.   b. de/le *overwritten* B.   c. Computor Ricardi … Roberti de Brus *indented c.20mm* B.

100   Memorandum that Nigel de Amundeville gave the manor of Long Preston in Craven to Richard earl of Gloucester and Hertford, who gave the said manor to Richard de Brus his godson, son of Isabella, sister of the earl. After the death of Richard de Brus the said manor went to Robert de Brus, elder brother of Richard de Brus, who gave the manor to William de Brus, his younger brother who after a year was dispossessed by Gilbert, earl of Gloucester and Hertford, on the account of which the said William brought a writ of novel disseisen against the said Gilbert, Roger de Mowbray and all others. Thereafter the said Gilbert made peace with the said William by £100 and he receives his charter and acquittance from the manor for himself and his heirs and thus he holds the manor.

[fo. 29v] Nigellus de Amundevill'ª dedit manerium de Preston in Craven domino Ricardo comite Glaucest' et Hertforth, dictus Ricardus comes dedit dictum manerium Ricardo de Brus filiolo suo et filio Isabelle sororis dicti comitis, dictus Ricardus de Brus obiit in dicto manerio et in feodo et hereditate sua et post obitum dicti Ricardi de Brus intravit Robertus de Brus frater suus senior ut heres dicti Ricardi de perquisito suo et dictus Robertus de Brus dedit dictum manerium Willelmo de Brus fratri suo iuniori qui fuit in seisina pacifica in dicto manerio fere per anum et postea eiectus per dominum Gilbertum comitem Gloucestr' et Hertforthe ob quod dictus Willelmus impetravit breve nove deiseisine super dictum Gilbertum, Rogerum de Moubray et alios deseisatores coram dominis Willelmo de sancto Quintino, Iohanne de Raigate, Iohanne de Lithgraynes militibus et domini regis iusticiariis et postea dictus Gilbertus fecit pacem cum dicto Willelmo pro CC*li* et recepit ab eo cartam suam et acquietantiam de dicto manerio pro se et heredes et sic tenet dictum manerium.

a. Anundevill' *(sic)* B.

N.K.M. Gurney and C. Clay suggest that the above gift of the manor of Preston 'may have been in amplification of a gift by Nigel to the e., made by final concord on 25 Nov. 1258, of a car. in Preston, the adv. of Huntingdon Priory, together with the reversion of lands in Southoe and Chesterton, Hunts., and 3 car. in Carlton [le Moorland], Lincs. (*Yorks. Fines, 1246–72*, p. 197)' (*Fasti Parochiales*, iv, p. 103).
H – fo. 12r–12v, from Bolton Cartulary, fo. 22.

101 **Gift in pure and perpetual alms by Marjory, formerly wife of Hugh of Newton, to the church of St Mary, Long Preston and the rectors of the church of one bovate of land in the vill of Long Preston, with appurtenances, which Ralph de Amundeville gave to her for homage and service, and which Richard son of Norman once held from Hugh of Newton, her husband, and herself. [1 Sep. 1176 or *c.*1205x18 May 1233]**

[fo. 29v] Omnibus sancte matris ecclesie filiis ad quos presens scriptum pervenerit Marioria quondam uxor Hugonis de Newton salutem in Domino. Noverit universitas vestra me divino caritatis intuitu et pro salute anime mee et animarum antecessorum et successorum meorum concessisse et dedisse et hac presenti carta mea confirmasse Deo et ecclesie beate Marie de Preston et rectoribus eiusdem ecclesie ibidem Deo et beate Marie servientibus unam bovatam terram quam Radulphus de Amundevilla[a] dedit mihi pro homagio et servitio meo in villa de Preston cum omnibus pertinentiis suis in puram et perpetuam elemosinam, illam videlicet bovatam quas Ricardus filius Normanni quondam [fo. 30r][b] tenuit de Hugone de Newtona viro meo et me. Ego vero et heredes mei defendemus et warrantizabimus predictam bovatam elemosinam predicte ecclesie beate Marie de Preston et rectoribus eiusdem contra omnes homines et seculares demandas. Hiis testibus: Thoma capellano tunc de Preston, Iohanne capellano, Roberto persona de Preston, Hugone de Halton, Iohanne de Preston', Thoma Wallens, Ada[c] de Neuton, Gladewino de Preston, Iohanne clerico, Ricardo clerico et multis aliis.

a. Mundevilla *(sic)* B.   b. *Heading* Preston: B.   c. Adam *(sic)* B.

The *persona* [rector] of Long Preston may have been Richard of Preston, Robert, or Peter of Hedon.
H – fo. 12v, from Bolton Cartulary, [fo. 22], abstract.

102 **Gift by Marjory, formerly wife of Hugh of Newton, to William son of Hugh of Newton of one bovate of land in the vill of Long Preston, with appurtenances and easements, namely that which she gave in pure and perpetual alms to the church of Long Preston, whereby he defends and acquits foreign service, for two bovates where twelve bovates make a knight's fee, and all secular service pertaining to the bovate of land given to the church of Long Preston in pure and perpetual alms, for his homage and service, paying 1*d.* annually. [1 Sep. 1176 or *c.*1201x18 May 1233]**

[fo. 30r] Sciant tam presentes quam futuri quod ego Marioria quondam uxor Hugonis de Newton dedi et concessi et hac presenti carta mea confirmavi Willelmo filio Hugonis de Newton pro homagio suo et servitio unam bovatam terre cum pertinentiis suis in villa de Preston', illam scilicet quam Hugo Ruffus tenuit; tenendam et habendam sibi et heredibus suis vel suis assignatis de me et heredibus meis iure et hereditarie libere et quiete in bosco, in plano, in pratis et pascuis et in omnibus aisiamentis predicte terre pertinentibus, reddendo inde anuatim mihi et heredibus meis unum denarium ad natalem pro omni servitio mihi et heredibus meis pertin[ente], faciendo forinsecum servitium quantum pertinet ad duas bovatas terre unde duodecim carucate terre faciunt feodum unius militis, videlicet ad illam bovatam quam dedi in puram et perpetuam elemosinam Deo et ecclesie beate Marie de Preston et ad illam scilicet quam dedi predicto Willelmo per testimonium presentis carte predictus vero Willelmus defendet et adquietabit forinseca et omnia alia secularia servitia que pertinent ad illam bovatam terram quam dedi Deo et ecclesie beate Marie de Preston pro salute anime mee in puram et perpetuam elemosinam. Ego vero Marioria et heredes mei warrantizabimus dictam bovatam terre cum pertinentiis dicto Willelmo et heredibus suis vel eius assignatis contra omnes homines imperpetuum. Hiis testibus: R. [fo. 30v][a] persona de Preston, Hugone de Halton, Iohanne de Preston, Thoma de Wallensi, Ada[b] de Neuton, Ada[c] de Helyefeld, Willelmo Pollard, Walrafuo de Nappay et multis aliis.

a. *Heading* Preston B.   b. Adamo *(sic)* B.   c. Adamo *(sic)* B.

It is probable that 'R. persona de Preston', is Robert, who occurs *c*.1201–*c*.1224, having been succeeded by Peter of Hedon by 18 May 1233.
H – fo. 12v, from Bolton Cartulary, fo. 22, abstract.

103 Acquittance by Reiner de Knoll at the instance of Roger of Skipton rector of the church of Long Preston, to the church of Long Preston of a farthing annually paid to the lord of the demesne for one bovate of land in Long Preston which Marjory, relict of Hugh of Newton, gave to the rectors of the church of Long Preston in pure and perpetual alms because the said Reyner holds the bovate of land which the said Marjory once gave to Adam son of Hugh. [Feb. 1277x11 Feb. 1304]

[fo. 30v] Omnibus Cristi fidelibus ad quos presens scriptum pervenerit Reynerus de Knoll'[a] salutem in Domino sempiternam. Quia dominus Rogerus de Skipton rector ecclesie de Preston instantur petiit ipsum nomine ecclesie sue acquietare pro me de petitione terram quadrantum qui annuatim debentur capitali domino unius bovate terre in Preston quam Marioria quondam relicta Hugonis de Neuton dedit Deo et beate Marie et rectoribus ecclesie de Preston in puram et perpetuam elemosinam pro eo quod teneo in eadem villa unam bovatam terre quam eadem antedicta Marioria quondam dedit Ada[b] filio Hugonis et in forma doni continetur quam ipse Adam[c] acquietare debeat omnia forinseca et omnia alia servitia secularia que pertinent ad illam bovatam terram quam Marioria antedicta dedit Deo et beate Marie et ecclesie antedicte. Et etiam acquietancia iuxta formam premissam attinente istius bovate terre fieri consuevit unde visis et inspectis monumentis et cartis super predict[is] facto bonam fidem agnoscens et volens quod voluntas primi doni Ade[d] et Mariorie facti in omni sui forma ad plenum compleat[ur] acquietantiam antiquitus factam assequendo volo et concedo pro salute anime mee quod de omnibus arreragiis de meo satisfaciat competentur et etiam dictam bovatam terre elemosinam per me et meos aliam bovatam terre in Preston tenentes in posterum prout consueverat imperpetuum a forinsecis et omnibus aliis servitiis secularibus acquietari et indempnem conservari. In cuius rei testimonium presenti scripto sigillum meum apposui. Hiis testibus: domino Iohanne Gillot, domino Iohanne de Alta Ripa, militibus, Iohanne de Boulton, Edmundo Maunsel', Hugone de Halton, Henrico Maunsel, Iohanne[e] de Osmundrelan et multis aliis.

a. Onell' *(sic)* B.   b. Adamo *(sic)* B.   c. Adamus *(sic)* B.   d. Adami *(sic)* B.   e. Iohane *(sic)* B.

Roger of Skipton, rector of Long Preston, occurs 15 April 1297 and resigned 11 February 1304 (*Fasti Parochiales*, iv, p. 106). He was previously the vicar of Kildwick, occurring in September 1272 and February 1277, and as rector of Long Preston was preceded by Peter of Hedon who was presented 18 May 1233. Bolton Priory was influential in his resignation as rector, persuading him with the offer of 'the usufruct of this demesne [Kildwick], together with the tithes of Kildwick, Farnhill, and Carleton', with the lands returning to the canons following his death (*Bolton Priory*, p. 36). Roger is thought to have died 'during the accounting year 1310–11' (*Compotus*, p. 290 n. 181). Both Roger of Skipton and Reiner de Knoll appear in the *Compotus*, with Reiner frequently being in debt to the canons of Bolton (*Compotus*, pp. 62, 95, 100, 111, 201, 219).

104 **Agreement made between Roger of Skipton, rector of the church of Long Preston, and Reiner de Knoll, lord of Hellifield, whereby Reiner grants to the church of Long Preston and to Roger, rector of the same, for his life, an annual rent of 5*s*. for the tithe of the mill at Hellifield; also the said Reiner grants to the church of Long Preston and Roger the rector, for his life, the whole crop of four acres of meadow and a measure of common virgate in the vill of Hellifield in the territory of Hellifield, lying next to *Arumholes* for the tithes of hay of his manor in Hellifield; also the said Roger for his whole life should have and hold the said full crop of four acres and the use of all profits thence resulting without hinderance of the said Reiner with free ingress and egress to mow, raise and carry with horses and oxen to wagon and cart. 15 Apr. 1297**

[fo. 31r][a] Pateat universis ad quorum noticiam hoc presens scriptum pervenerit quod ita convenit inter dominum Rogerum de Skipton' rectorem ecclesie de Preston ex una parte et Rainerum Knol' dominum de Helghfeld ex altera videlicet quod dictus Rainerus concessit ex mera et spontanea voluntate sua pro se et heredibus suis Deo et ecclesie beate Marie virginis de Preston et dicto Rogero rectore dicte ecclesie pro tota vita sua unum annuum redditum quinque solidorum recipiend[um] per manum dicti Raineri et heredum suorum pro decima molendini sui de Helghfeld solvendum ad duos annui terminos per partes equales, scilicet ad Pentecostia[m] et ad festum sancti Martini. Concessit etiam dictus Rainerus pro se et heredibus suis Deo et dicte ecclesie beate Marie et dicto Rogero rectori dicte ecclesie pro tota vita sua plenam vesturam quatuor acrarum prati bene et mensuratarum de communi virga ville de Helghfeld in territorio de Helghefeld iacentium super Arumholes prout dicte acre sicut assignate et pro certas metas et limites signatas in presentia pertinentes pro decima feni manerii sui de Helghefeld. Et quod dictus Rogerus in tota vita sua plenam vesturam dictarum quatuor acrarum pacifice habeat et teneat et de toto emolumento inde proveniente gaudeat sine perturbatione aliqua dicti Raineri seu heredum suorum cum libero ingressu et egressu ad falcandum et levandum et cariandum cum equis et bobus plaustris et carectis. In cuius rei testimonium sigilla partium mutuo scriptis sunt appensa. Dat' apud Skipton in Craven die lune in crastino Pasche anno regni regis Edwardi vicesimo quinto. Hiis testibus: Iohanne de Fehesse H[e]oghe, Willelmo de Malghum, Hugone de Halton, Nicholao de Halton, Ada[b] de Wickelsward sen[iore], Ada[c] de Wickelsword iuniore, Henrico, Ulf[o], et Iohanne de Kigheley clerico et aliis.

a. *Heading* Preston B.   b. Adamo *(sic)* B.   c. Adamo *(sic)* B.

H – fo. 12v, from Bolton Cartulary, fo. 23, abstract.

105 **Agreement made between Peter, rector of Long Preston, and Nicholas de Heversham whereby Nicholas quitclaims to Peter three bovates of land, with appurtenances, in Long Preston which he has from the church land by the gift of Robert the rector his brother, and the said Peter grants Nicholas two bovates of land, with appurtenances, from the three bovates on the west, for his homage and service, and paying 6*s*. annually to Peter. [18 May 1233x15 Apr. 1297]**

[fo. 31v]ª Convenit inter Petrum personam de Preston et Nicholaum de Heversam videlicet quod predictus Nicholaus resignavit et quietumclamavit de se et heredibus suis predicto Petro illas tres bovatas terre cum pertinentiis in Preston quas ipse habuit de terra ecclesie de dono Roberti persone fratris sui, et predictus Petrus concessit predicto Nicholao de Heversam et heredibus suis pro homagio et servitio suo duas bovatas terre cum pertinentiis de illis tribus bovatis terre illas scilicet propinquiores versus occidentem; tenendas et habendas illi et heredibus suis imperpetuum reddendo inde annuatim prefato Petro sex solidos pro omni servitio et seculari demanda, scilicet tres solidos ad Pentecostiam et tres solidos ad festum sancti Martini. Et ut hoc stabile sit sicut predictum est uterque Petrus et Nicholaus mutuis scriptis sigilla sua apposuerunt. Hiis testibus: Hugone de Halton, Alano de Limeseia, Iohanne de Preston, Willelmo clerico de eadem, Hugone de Wickesword, Roberto fratre suo, Willelmo de Berwicke et aliis.

a. *Heading* Preston: B.

Peter of Hedon was presented as the parson of Long Preston 18 May 1233, however it is uncertain who succeeded him, with the next named rector being Roger of Skipton, 15 April 1297 (*Fasti Parochiales*, iv, p. 106). For information about Nicholas Heversham see *EYC*, xi, p. 179.

106 Gift in free, pure and perpetual alms by Helto Mauleverer, with the assent of Bilioth his wife, to the canons of Embsay of twelve bovates of land in Malham, of the Skipton fee, from Malham Water and through *Lutunegate* **up to** *Yvdene* **and towards the east, and all the land between Posforth Gill,** *Spectesbeck***, the Wharfe and Washburn. [19 Oct. 1120x25 Jan. 1140]**

[fo. 32r]ª Sciant omnes tam futuri quam presentes quod ego Helto Maluleporarius consilio et assensu uxoris mee Bilioth dedi et concessi et hac carta confirmavi Deo et beate Marie et sancto Cuthberto Embeseia et canonicis ibi Deo servientibus duodecim bovatas terre in Malghum pertinentes ad feudum de Skipton' cum omnibus communionibusᵇ et pertinentiis suis in bosco et plano, aquis et in pascuis scilicet per Malgewatergelde et per Lutunegate usque in Yvedene et ita versus orientem et totam terram inter Poseford et Spectesbeck et Wherfe etᶜ Walkesburne in bosco et plano, aquis et pasturis sine aliquo retenemento in liberam, puram et perpetuam elemosinam quietam ab omni seculari servitio et exactione quod pertineat ad aliquem mortalem, pro salute anime mee et uxoris mee et filiorum et dominorum meorum. Hiis testibus: Reginaldo capellano, Rainero dapifero, Ivone constabulario, Willelmo Whitehand, Rogero de Fafint,ᵈ Reginaldo Revel'.

a. *Heading* Malgh'm B.   b. communibus *(sic)* B.   c. Walsh *deleted* B.   d. Faisint C.

See also CB, no. 409.
H – fo. 13r, from Bolton Cartulary, fo. 25. Pd from H in *EYC*, vii, no. 57.

107 Notification to Thurstan, archbishop of York, by Cecily de Rumilly of the gift in pure and perpetual alms of Helto Mauleverer to the canons of St Cuthbert's church, Embsay, of one and a half carucates of land in Malham. [Michaelmas 1130x25 Jan. 1140]

[fo. 32r] T. Dei gracia Eboracʹª archiepiscopo et omnibus sancte ęcclesię filiis necnon et omnibus hominibus suis atque amicis Cecilia de Rumel'ᵇ salutem. Sciatis quod ego concedo et confirmo elemosinam quam Helte Mallevrerᶜ dedit ęcclesię sancti Cudbertiᵈ de Ambesi'ᵉ scilicet quadrugatam terre et dimidiam apud Malgu[m]ᶠ quam volo et concedo eidem ęcclesię et servientibus eidem ęcclesię tenere bene et in pace et libere et quiete in pura et perpetua elemosina pro salute anime mee et pro animabus antecessorum meorum. Hi sunt testes: Reginaldus capellanus scriptor huius carte, Reynerus dapifer', Ivo constabul[arius], Willelmus Whithont,^g Walterus Picot, Rogerus Faffint'.^h

a. Ebor' B.   b. Rumely B.   c. Helto Maleverer B.   d. Cuthberti B.   e. Embesey B.   f. Malghum B.   g. t/d *overwrite on final t* A.   h. Fafinton B; Faisinton H.

The absence of William de Meschin suggests that this notification was made after his death. The tagged 'e' [ę] is used throughout the original charter.

A – YAS, MD 335, Box 65/1. Endorsed: secundo ista ostendat' pro terr' in Malgh[u]m; Malghu[m]; T. archia eborac'; 50(d)x155(l)mm + 65mm tongue (part stitched back containing wax fragments), wrapping tie. H – fo. 13r, from Bolton Cartulary, fo. 25 (see also CB, no. 410, edited by H fo. 61). Pd from H in *EYC*, vii, no. 6.

108 Confirmation by Alice de Rumilly, with the assent of her lord and husband William son of Duncan, the nephew of David I of Scotland, of the gift in pure, free and perpetual alms of Helto Mauleverer, made with the assent of Bilioth, his wife, to the canons of Embsay of all the lands between Posforth Gill, *Spectesbeck*, the Wharfe and Washburn, and of twelve bovates of land in Malham, with all appurtenances. [1137x1155]

[fo. 32v]^a Omnibus sancte ecclesie filiis Adeliz de Rumelio in Cristo salutem. Notum sit vobis me concessisse et hac carta presenti confirmasse consilio et assensu domini mei Willelmi filii Dunecani donationem quam Helto Malusleporarius assensu uxoris sue Bilioth dedit Deo et ecclesie sancti Cuthberti Embeseye et canonicis ibidem Deo servientibus in puram, liberam et perpetuam elemosinam, scilicet totam terram inter Poseford, Spectisbecke et inter Wherfe et^b Walkesburne' in bosco et plano et in pasturis et duodecim bovatas terre in Malghum cum omnibus pertinentiis suis in bosco et plano et in pasturis sicut carta predicti Heltonis in omnibis testatur. Quare volo et precipio ut libere, bene et in pace ab omni seculari servitio, consuetudine et exactione prefatas terras quietas teneant. Hiis testibus: Osberto archidiacono, Ada^c filio Suani, Willelmo Flandrensi, Ranulpho de Lyndeseye.

a. *Heading* Malgh'm B.   b. walsh *deleted* B.   c. Adamo *(sic)* B.

109 Gift in free, pure and perpetual alms by Thomas son of William of Malham to the canons of Bolton of two bovates of land, with a capital messuage and with toft, and a meadow called *Howenham*, and all appurtenances, in the vill of Malham, which he held of the fee of the canons, for which gift and confirmation the canons gave thirty marks for his pilgrimage to Jerusalem. [1228x1243]

[fo. 32v] Omnibus Cristi fidelibus ad quos presens scriptum pervenerit Thomas filius Willelmi de Malghum salutem in Domino. Noveritis me dedisse et concessisse et presenti carta mea confirmasse Deo et ecclesie beate Marie de Bolton et canonicis ibidem Deo servientibus duas bovatas terre cum capitali messuagio et cum toftis et cum prato quod vocatur Howenham et cum omnibus aliis pertinentiis suis in villa de Malghum sine aliquo retenemento illas scilicet quas ego tenui de feodo predictorum canonicorum; tenendas et habendas quietas et solutas in liberam, puram et perpetuam elemosinam ab omni seculari servitio, exactione et demanda pro salute anime mee et antecessorum meorum. Ego vero Thomas et heredes mei totam terram prenominatam cum omnibus pertinentiis infra villam et extra predictis canonicis in perpetuum contra omnes homines warrantizabimus. Pro hac autem donatione et confirmatione predicti canonici dederunt mihi triginta marcas ad peregrinationem meam in terram Ierosolimorum perficiendam. Hiis testibus: domino Iohanne de Estona, domino Eustachio de Rilleston, [fo. 33r]ᵃ domino Godfrido de Alta Ripa, militibus, Willelmo Anglico tunc ballivo de Skipton', Simone de Martona, Rogero de Kikelay, Hugone de Alton', Ranulpho de Otterburne, Willelmo filio Archi[lli] et aliis.

a. *Heading* Malgh'm B.

H – fo. 13v, from Bolton Cartulary, fo. 25, abstract. Pd from H in *EYC*, vii, no. 89.

110 Gift in free, pure and perpetual alms by Thomas son of William of Malham to the canons of Bolton of two tofts in the vill of Malham, namely that which Richard de Bentham and Simon Speri held, with appurtenances, common rights, liberties and easements. [1230sx1250s]

[fo. 33r] Sciant omnes tam presentes quam futuri quod ego Thomas filius Willelmi de Malghum dedi et concessi et hac presenti carta mea confirmavi Deo et ecclesie beate Marie de Bolton' et canonicis ibidem Deo servientibus duos toftos in villa de Malghum cum omnibus pertinentiis suis, unum scilicet quod Ricardus de Benetham et alium quod Simonᵃ Speri tenuerunt; tenendos et habendos de me et heredibus meis in liberam, puram et perpetuam elemosinam solutam et quietam in omnibus communibus, libertatibus et aysiamentis predictos toftos pertinentibus infra villam de Malghum et extra. Ego vero et heredes mei warrantizabimus predictis canonicis contra omnes homines imperpetuum. Hiis testibus: Ranulpho de Otterburne, Willelmo filio Arkilli de Malghum, Ricardo de Kirkeby, Ranero de Kirkeby, Ricardo de Otterburn et multis aliis.

a. Simo *(sic)* B.

111 Gift in pure, free and perpetual alms by Thomas son of William of Malham to the canons of Bolton of his close in Cawden and a sheepfold, with appurtenances and liberties, entry and exit and other liberties. [1230sx1250s]

[fo. 33r] Omnibus Cristi fidelibus presens scriptum visuris vel audituris Thomas filius Willelmi de Malghum salutem. Noveritis me pro salute anime et antecessorum et successorum meorum dedisse et concessisse et presenti carta mea confirmasse Deo et ecclesie beate Marie de Bolton'ᵃ et canonicis ibidem Deo servientibus clausum meum situm in Kaluodun et ovile quod fuerunt patris mei infra illud edifacatumᵇ cum omnibus pertinentiis suis; tenenda et habenda de me et heredibus meis in liberam, puram et perpetuam elemosinam pacifice et quiete cum liberis, exitibus et introitibus et aliis libertatibus eidem pertinentibus. Hiis testibus: Ranulpho de Otterburne, Simone de Marton',ᶜ Ricardo de Calton, Ricardo de Kirkeby clerico, Rainero de Scothorpe, Bernardo de Malghum et aliis.

a. Deo *deleted* B.   b. edificatum *(sic)* B.   c. a/o *confusion, Morten seems unlikely as Simon of Marton witnesses several charters.*

112 Gift in free, pure and perpetual alms by Thomas son of William of Malham to the canons of Bolton of two acres of meadow, called Poldale, in the vill of Malham, with appurtenances, liberties, and ease-

ments, that lies above Green Hill, which extends against *Gragret* and the vill, lying next to the meadow of Fountains Abbey, with alternative land in the same vill if they are unable to take control. [1230sx1250s]

[fo. 33v]ᵃ Omnibus Cristi fidelibus ad quos presens scriptum pervenerit Thomas filius Willelmi de Malghum salutem in Domino. Noveritis me dedisse,ᵇ concessisse et hac presenti carta mea confirmasse Deo et beate Marie de Boulton'ᶜ et canonicis ibidem Deo servientibus duas acras prati in teritorio de Malghum super Grenelangeberghᵈ que vocatur le Potdaleᵉ unde se extendunt versus Gragretᶠ et versus villam et iacent iuxta pratum fratrum de Fontibus versus solem et si ibi duas acras prati preficere non possum perficiam eis in alio loco tam competenti in eadem villa quantum deficit. Tenendas et habendas predictasᵍ duas acras prati predictis canonicis libere, quiete, integre et pacifice cum omnibus pertinentiis, libertatibus, asiamentisʰ ad predictum pratum pertinentibus in liberam, puram et perpetuam elemosinam sine aliquo retenemento. Ego vero Thomas et heredes mei predictas duas acras prati predictis canonicis et eorum successoribus imperpetuum warantizabimus, adquietabimusⁱ et defendemus. Et in huius rei testimonium presenti carte sigillum meum apposui. Hiis testibus: Roberto de Fegeserf, Ricardo de Oterburneʲ clerico, Ricardo filio Ranulfiᵏ de eadem, Willelmo Mauleverer de Calton, Thoma filio Rayneriˡ de Scoththorph,ᵐ Ranulfo Corduwan' de Oterburne,ⁿ Willelmo de Hillum clerico scriptore huius carte et aliis.

a. *Heading* Malgh'm B.   b. *et inserted* B.   c. Bolton B.   d. Greenhaugebergh B.   e. Poldale B.   f. Gragreete B.   g. predictas *omitted* B.   h. aisiamentis B.   i. acquietabimus B.   j. Otterburn B.   k. Ranulphi B.   l. Raineri B.   m. Scochthorpe B.   n. Ranulpho de Carduwan' de Otterburne B.

A – YAS, MD/335, Box 65/2. Endorsed: viij; Grenehaugbergh in Malham; later endorsement. 190x120mm; tag, no seal; sealed on the tag method 1.

113 Agreement between Thomas, prior of Bolton, and Thomas son of William of Malham, whereby Thomas son of William of Malham quitclaims to the canons of Bolton one bovate of land, with appurtenances, in the vill of Malham, lying remote from those three bovates which he holds of the canons, including a clause preventing Thomas of Malham from alienating the lands, pastures, and possessions he holds of the canons without their assent. 1232

[fo. 33v] Notum sit omnibus Cristi fidelibus presens scriptum visuris vel audituris quod ita convenit inter Thomam priorem et conventum de Bolton' et Thomam filium Willelmi de Malghum anno gracie M° CC xxxij° videlicet quod dictus Thomas de Malghum concessit, dedit et quietumclamavit de se et heredibus suis imperpetuum Deo et ecclesie beate Marie de Bolton' et canonicis ibidem Deo [fo. 34r]ᵃ servientibus unam bovatam terre cum omnibus pertinentiis suis in villa de Malghum illam scilicet que iacet remotior a sole de illis tribus bovatis terre quas idem Thomas de eisdem canonicis tenuit; tenendam et habendam imperpetuum pro salute anime sue et antecessorum suorum et sciendum est quod idem Thomas vel aliquis heredum suorum non dabit nec vendet nec aliquo modo alienabit sine assensu et consensu dictorum canonicorum imposterum alicui mortalium terras, pasturas, possessiones de terris, pasturis, possessionibus quos de prefatis canonicis tenuit. In huius rei testimonium sigillum suum huic scripto apposuit. Hiis testibus: Ranulpho de Otterburne, Willelmo filio Arkil[li], Rogero de Kikeley, Ranulpho filio eius, Simone de Martona, Ricardo clerico de Otterburne, Gilone Mauleverer, Roberto cementario de Skipton, Roberto filio Ricardi de eadem et aliis.

a. *Heading* Malghm B.

H – fo. 13v, from Bolton Cartulary, fo. 26, abstract. Pd abstract from H in *EYC*, vii, no. 89.

114   Gift in pure, free and perpetual alms by Thomas son of William of Malham to the canons of Bolton of one toft, with appurtenances and easements, in the vill of Malham, which Alice the widow held of him, in return for the burning of three lamps on the mass of St Mary in the church of St Mary, Bolton. [1230sx1250s]

[fo. 34r] Omnibus sancte ecclesie filiis hoc scriptum visuris vel audituris Thomas filius Willelmi de Malghum salutem in Domino. Noveritis me dedisse, concessisse et presenti carta mea confirmasse Deo et ecclesie beate Marie de Bolton et canonicis ibidem Deo servientibus unum toftum in villa de Malghum cum omnibus pertinentiis suis et aisiamentis infra villam et extra predicto tofto pertinentibus illud scilicet toftum quod Alicia vidua tenuit de me; tenendum et habendum de me et heredibus meis in liberam, puram et perpetuam elemosinam linum trium lampadarum ad missam beate Marie in dicta ecclesia arden'. Ego vero et heredes mei warrantizabimus predictum toftum prefatis canonicis contra omnes homines imperpetuum. Hiis testibus: Willelmo de Malghum clerico, Ranulpho de Otterburn', Ricardo de Otterburn' clerico, Rainero filio Symonis de Kirkeby, Ricardo de Kirkeby clerico et aliis.

The Assumption of the Blessed Virgin Mary, 15 August, was the main feast of Bolton Priory and references are found throughout the *Compotus* relating to the celebrations held at the house (e.g. *Compotus*, pp. 73, 79, 205, 301, 326–7, 393–4, 532).

115   Gift in pure, free and perpetual alms by Thomas son of William of Malham to the canons of Bolton of two tofts, which Hugh Sketer and Robert Rady once held, and three acres of land, in the vill of Malham, namely one acre in a remote toft, one under *Arneberge*, half an acre in *Langland'*, and half an acre in *Stalegate*, with appurtenances, liberties, easements and common rights. [1230sx1250s]

[fo. 34v][a] Sciant presentes et futuri quod ego Thomas filius Willelmi de Malghum concessi et dedi et hac presenti carta mea confirmavi Deo et ecclesie beate Marie de Bolton' et canonicis ibidem Deo servientibus duo tofta cum pertinentiis in villa de Malghum illa scilicet que Hugo Sketer et Robertus Rady quondam tenuerunt et tres acras terre cum pertinentiis in eadem villa, scilicet unam acram in toftis remotiorem sole et unam subtus Arneberge et dimidiam acram in Langland[es] et dimidam acram in Stalegate; tenenda et habenda de me et heredibus meis in liberam, puram et perpetuam elemosinam cum omnibus libertatibus, aisiamentis et communis ad tantam terram in villa de Malghum pertinentibus. Ego vero et heredes mei warrantizabimus prefatam terram cum pertinentiis prefatis canonicis contra omnes homines imperpetuum. Hiis testibus: Willelmo filio Arkilli, Ricardo de Kirkeby clerico, Rainero de Scothorpe, Ricardo de Otterburne,[b] Ranulpho de Otterburne, Ada de Plumbl[a]nd, Bernardo de Malghum, Roberto cementario de Skipton et aliis.

a. *Heading* Malgh'm B.   b. Willelmo filio Arkilli, Ricardo de Kirkeby clerico, Rainero de Scothorpe, Ricardo de Otterburne *interlined* B.

Langlandes may be modern day Longlands Barn.

116 Confirmation in free, pure and perpetual alms by Thomas son of William of Malham to the canons of Bolton of all lands and tenements, with homage, rents, reliefs, wardship and escheats, and all other appurtenances, without any reservation, and common pasture in Malham Moor for thirty mares and their offspring up to three years and for all other beasts and cattle, without exception just as the charters of Ranulph of Otterburn, Hugh of Otterburn and William his father testify, with all liberties and utilities. Moreover Thomas son of William of Malham quitclaims to the canons all right and claim to all lands and tenements, with appurtenances, held in Malham as they were in his father's time or as they are able to occur. [1230sx1250s]

[fo. 34v] Omnibus Cristi fidelibus hoc presens scriptum visuris vel audituris Thomas filius Willelmi de Malghum salutem in Domino sempiternam. Noveritis me pro salute anime mee et animarum[a] antecessorum et successorum meorum concessisse et hoc presenti scripto confirmasse Deo et ecclesie beate Marie de Bolton' et canonicis ibidem Deo servientibus omnes terras et tenementa cum homagiis, redditibus, releviis, wardis, escaetis et omnibus aliis pertinentiis suis sine aliquo retenemento et communis pasturis in Malgh[um]more' ad triginta iumenta portanta cum sequela et exita eorum trium annuorum et ad omnimoda alia averia et catalla sua sine aliqua exceptione sicut carta Ranulphi de Otterburne, Hugonis[b] de eadem et Willelmi patris mei plenius testatur; habenda et tenenda predictis canonicis et eorum successoribus libere, quiete et [fo. 35r[c]] integre in liberam, puram et perpetuam elemosinam sicut aliqua elemosina liberius dari poterit cum omnibus libertatibus et utilitatibus ad dictas terras et tenementa et pasturas pertinentibus et inde provenientibus infra villam et extra. Insuper concessi, relaxavi et imperpetuum quietumclamavi pro me et heredibus meis predictis canonicis totum ius et clameum quod habui vel habere potui in omnibus terris et tenementis cum omnibus pertinentiis suis que aliquo tempore fuerunt Willelmi patris mei vel ei accidere potuerunt in Malghum et extra. Ego vero Thomas et heredes mei predicta terras et tenementa et pasturam et omnia alia predicta sicut predictum est predictis canonicis et eorum successoribus contra omnes gentes imperpetuum warrantizabimus, acquietabimus et defendemus. In huius rei testimonium presenti scripto sigillum meum apposui. Hiis testibus: domino Godefrido de Alta Ripa, Willelmo de Hertlington', Hugone de Alton', Willelmo de Farnhill, Willelmo Greindorge,[d] Ada Fauvell, Roberto filio Arnaldi de Geirgrave, Roberto Connell, Ricardo de Fauvelthorpe et aliis.

a. c/a *confusion second* a, animc/arum B.   b. Hugone *(sic)* B.   c. 45 *(sic)* B.   d. de *deleted* B.

117 Confirmation by Thomas son of William of Malham to the canons of Bolton of all lands and tenements, with appurtenances, and common pasture in Malham for their livestock and cattle, without exception, which the canons have by the gift of his father and is stated in the charter which they hold. [1230sx1250s]

[fo. 35r] Omnibus Cristi fidelibus hoc scriptum visuris vel audituris Thomas filius Willelmi de Malghum salutem in Domino sempiternam. Noverit universitas vestra me concessisse et hoc presenti scripto confirmasse omnes terras et tenementa cum omnibus pertinentiis suis et communiam pasture in Malghum ad omnimoda averia sua et catalla sine aliqua exceptione, priori et conventui de Bolton' et eorum successoribus que habent de dono patris mei et antecessorum vel successorum meorum sicut plenius continetur in cartam quas inde habent. In huius rei testimonium presenti scripto sigillum meum apposui. Hiis testibus: domino Godefrido de Alta Ripa, domino Willelmo Grendorge, Willelmo de Hartlington, Ricardo Fauvelthorpe, Willelmo de Farnhill, Roberto de Farnhill fratre suo, Roberto de Gergreve, Willelmo Mauleverer de Calton' et aliis.

H – fo. 13v, from Bolton Cartulary, fo. 27, abstract. Pd abstract from H in *EYC*, vii, no. 89.

118 Gift by Hugh of Otterburn to Peter of Melsa of one bovate of land in Malham, with appurtenances, half of which he holds in demesne and half is held by Gamel of Malham for 2*s.* annually, and a place for the making of a sheepfold, next to the sheepfold of his brother, William of Malham, sufficient for 300 sheep and their young of two years, with common pasture of the same vill, paying 12*d.* annually to Hugh and his heirs. [1212x17 Apr. 1222]

[fo. 35v][a] Sciant omnes presentes et futuri quod ego Hugo de Otterburn' concessi et dedi et hac presenti carta mea confirmavi Petro de Messa unam bovatam terre in Malghum cum omnibus suis pertinentiis cuius medietatem tenui in dominico et alteram medietatem tenuit Gamellus de Malghum de me reddendo mihi inde annuatim duos solidos, dedi etiam eidem quendam locum aptum ad ovile faciendum in eadem villa iuxta ovile quod fuit Willelmi de Malghum fratris mei sufficiens trecentis ovibus et exitui toto eorum duorum annorum cum communi pasture eiusdem ville ex utraque parte aque que fluit per villam illam; habendam et tenendam sibi vel cui assignare voluerit de me et heredibus meis, libere et solute in feudo et hereditate, reddendo inde annuatim mihi vel heredibus meis duodecim denarios, scilicet vj denarios ad Pent' et sex denarios ad festum sancti Martini pro omni servitio et demanda. Et ego et heredes mei warrantizabimus prefato Petro et cui assignaverit totum predictum tenementum contra omnes homines. Hiis testibus: Willelmo Mauleverer, Willelmo de Marton, Petro filio suo, Willelmo de Hebbeden, Hugone de Calton, Simone clerico de Kirkeby, Willelmo filio Edwardi, Ranulpho de Otterburne, Roberto le Macun, Roberto filio Ricardi et Ricardo de Heton, Alano de Heton.

a. *Heading* Malgh'm B.

119 Gift by Peter of Melsa to the canons of Bolton of one bovate of land, with appurtenances, in the vill of Malham given to him by Hugh of Otterburn, and Peter de Melsa also gives a place for the making of a sheepfold in the same vill, sufficient for 300 sheep and their young of two years, given to him by Hugh of Otterburn, next to the sheepfold that was of William of Malham, with common pasture of the vill of Malham, paying 12*d.* annually to Peter and his heirs. [1155x17 Apr. 1222]

[fo. 35v] Sciant presentes et futuri quod ego Petrus de Messa dedi et concessi et presenti carta mea confirmavi Deo et ecclesie beate Marie de Bolton et canonicis ibidem Deo servientibus unam bovatam terre in Malghum cum omnibus pertinentiis suis[a] villam scilicet quam Hugo de Otterburne dedit mihi, dedit etiam eisdem illum locum aptum ad ovile faciendum in eadem villa quem predictus Hugo dedit mihi, iuxta ovile quod fuit Willelmi de Malghum, sufficiens trecentis ovibus et exitui eorum duorum ann[u]orum cum commun[is] pasture eiusdem ville ex utraque parte aque que fluit per villam illam; habenda et tenenda de me et heredibus meis libere, reddendo inde annuatim mihi vel heredibus meis vel cui assignare voluero xij denarios, scilicet vj denarios ad Pentec' et vj denarios ad festum sancti Martini pro omni servitio et demanda. Et ego et heredes mei warrantizabimus prefatis canonicis predictum tenementum contra omnes homines. Hiis testibus: Willelmo de Marton, Petro de Marton, Hugone de Calton', Willelmo Mauleverer, Simone clerico de Kirkeby, Willelmo filio Arkil[li] de Malghum, Ranulpho de Otterburne.

a. in *deleted* B.

Peter of Melsa is also known as Peter de Meaux, and there appears to have been a connection between the Melsa family and the Giliot family (*EYC*, vii, pp. 280–1).
H – fo. 14r, from Bolton Cartulary, fo. 28, partial copy. Pd from H in *EYC*, vii, no. 90.

120 Gift in pure and perpetual alms by Hugh of Otterburn to the canons of Bolton of one bovate of land in Malham, with appurtenances, namely that which Thorfin held, together with Thorfin and his household. Also the gift in pure, free and perpetual alms by Hugh to the canons of two tofts in Malham, one which Adam held and another which Hugh held. Hugh also confirms to the canons a bovate of land in the vill of Malham, which Peter of Melsa gave to the canons, with all common rights, liberties and easements of the said lands. [1155x17 Apr. 1222]

[fo. 36r]^a Sciant omnes presentes et futuri quod ego Hugo de Otterburne dedi et concessi et presenti carta mea confirmavi Deo et ecclesie beate Marie de Bolton et canonicis ibidem Deo servientibus unam bovatam terre in Malghum cum omnibus pertinentiis absque aliquo retenemento, illam scilicet quam Thorfinus tenuit cum eodem Thorfino et tota sequela sua. Insuper dedi eisdem canonicis unum toftum quod Adam tenuit et alium toftum quod Hugo tenuit in eadem villa in liberam, puram et perpetuam elemosinam, solutam et quietam ab omni seculari servitio et demanda. Confirmo etiam eisdem canonicis presenti carta mea illam bovatam terre in prenominata villa de Malghum quam Petrus de Messa dedit eisdem canonicis; tenenda et habenda de me et heredibus meis in puram et perpetuam elemosinam in omnibus communibus et libertatibus et aisiamentis ad predictas terras pertinentibus. Ego vero et heredes mei warrantizabimus predictis canonicis predictas terras contra omnes homines imperpetuum. Hiis testibus: Hugone de Calton', Simone clerico de Kirkeby, Ricardo fratre eius, Ranulpho de Otterburne, Iohanne de Kancefeld', Gilleberto de Le[v]ington.

a. *Heading* Malgh'm B.

121 Quitclaim by Richard of Otterburn to the canons of Bolton of all right and claim to three bovates of land, with lands, tenements, tofts, particulars and all appurtenances, in the vill of Malham, concerning which a writ of mort d'ancestor had been brought, and which the canons have by the gift of Thomas of Malham son of William, his uncle, for which the canons have given 30*s.* of silver. [1228x1258]

[fo. 36r] Sciant presentes et futuri quod ego Ricardus de Otterburne relaxavi et quietumclamavi de me et heredibus meis Deo et ecclesie beate Marie de Bolton' et canonicis ibidem Deo et beate Marie servientibus totum ius et clameum quod habui vel habere potero in tribus bovatis terre cum terris et tenementis, toftis, particulis et omnibus pertinentiis suis in villa de Malghum, unde tulleram breve de morte antecessorum super eosdem canonicos et quas habent de dono Thome de Malghum filii Willelmi advunculi mei, ita quod nunquam ego vel heredes mei clameum vel calumpniam versus predictam terram iure hereditat[is] ponere possumus. Et pro hac relaxatione et quietaclamatione predicti canonici mihi dederunt triginta solidos argenti. Et ad maiorem securitatem huius rei presentem cartam appositione sigilli mei coroboravi. Hiis testibus: Godefrido de Alta Ripa, Elia de Stiveton, Simone de Marton, Eustachio de Rilleston, Iohanne de Eston, Willelmo de Greindorge et multis aliis.

H – fo. 14r, from Bolton Cartulary, fo. 28, abstract. Pd abstract from H in *EYC*, vii, no. 90.

122 Confirmation by Richard son of Hugh of Otterburn to the canons of Bolton of the gift by his father of one bovate of land with two tofts in the vill of Malham, and with Thorfin and his household, as stated in his father's charter. [1155x17 Apr. 1222]

[fo. 36v]ᵃ Sciant presentes et futuri quod ego Ricardus filius Hugonis de Otterburne concessisse et presenti carta mea confirmavi Deo et ecclesie beate Marie de Bolton et canonicis ibidem Deo servientibus totum illud donum quod pater meus dedit eisdem canonicis in villa de Malghum, scilicet unam bovatam terre cum duobus toftis et cum Thorfino et tota sequela sua; tenendam et habendam libere et quiete imperpetuum […25mm] sicut carta patris mea quam inde habent eisdem testantur. Hiis testibus: Hugone de Kalton', Simone de Kirkeby clerico, Ricardo fratre eius, Ranulpho de Otterburne, Iohanne de Kaucefeld, Gilleberto de Le[v]ington.

a. *Heading* Malgh'm B.

123 Grant of licence by Edward I to Ranulph of Otterburn, to give, and to the canons of Bolton, to receive, eight tofts and four bovates of land, with appurtenances, in Malham, in accordance with the licence granted to the priory by Edward I, to acquire twenty marks of property annually, notwithstanding the statute of mortmain. 12 Sep. 1314, York

[fo. 36v] Edwardus Dei gracia rex Anglie dominus Hibernie et dux Aquitannie omnibus ad quos presentes littere pervenerit salutem. Sciatis quod cum per litteras nostras patentes concesserimus et licenciam dederimus pro nobis et heredibus nostris quantum in nobis est dilectis nobis in Cristo priori et conventui de Bolton in Craven quod ipsi terras, tenementa et redditus ad valenciam viginti marcarum annuarum tam de feodo suo proprio quam alieno, exceptis terris et tenementis quo de nobis tenentur in capite, adquirere possint; habenda et tenenda sibi et successoribus suis imperpetuum, statuto de terris et tenementis ad manum mortuam non ponendis edito non obstante, prout ut litteris nostris predictis plenius continetur. Nos concessionem predictam nostram in hac parte volentes effectui debito mancipari concessimus et licentiam dedimus pro nobis et heredibus nostris quantum in nobis est Ranulpho de Otterburne quod ipse octo tofta et quatuor bovate terre cum pertinentiis in Malghum que sunt de feodo suo proprio et que valent per annum in omnibus exitibus triginta et quatuor solidos, sicut pro inquisitione inde per dilectum et fidelem nostrum Iohannem de Eure escaetorem nostrum citra Trentam' capta in cancellariam nostram retornatam est compertum, dare possit et assignare prefatis priori et conventui; habenda et tenenda sibi et successoribus suis imperpetuum in partem satisfactionis dictarum viginti marcarum annuarum terrarum, tenementorum, reddituum predictorum, et eisdem priori et conventui quod ipsi predicta tofta et terras cum pertinentiis a prefato Ranulpho recipere possint et tenere sibi et successoribus suis predictis imperpetuum sicut predictum est, tenore presentium similiter licentiam dedimus specialem. Nolentes quod predictus Ranulphus vel heredes sui aut prefati prior et conventus seu successores [fo. 37r][a] sui ratione statuti predicti per nos vel heredes nostros inde occasionentur molestentur in aliquo seu graventur salvis tamen capitalibus dominis[b] feodi illius servitiis inde debitis et consuetis. In cuius rei testimonium has litteras nostras fieri fecimus patentes. Teste me ipso apud Ebor' duodecimo die septembris anno regni nostri octavo.

a. *Heading* Malgh'm B.   b. dominis *repeated* B.

The gift mentioned cost the canons £10, but was worthwhile, for the profits accruing from it exceeded the value of 34s. Ranulph of Otterburn also held a corrody from the priory, until his death two years later (*Bolton Priory*, p. 116). For payments made to and from Ranulph of Otterburn see *Compotus*, pp. 72, 83, 193, 201, 210–11, 219, 229, 240, 258, 289, 311, 336, 338, 360 n. 225, 370, 381 n. 230, 382, 398–9, 418, 436). H – Dodsworth MS 144, fo. 14r, from Bolton Cartulary, fo. 29, abstract.

124 Power of attorney given by Ranulph of Otterburn to Alexander of Eastburn and William Desert for placing the canons of Bolton in seisin of eight tofts and four bovates of land, with appurtenances, in Malham, that they have by his gift. 7 Oct. 1314, Bolton

[fo. 37r] Universis ad quos presens scriptum pervenerit Ranulphus de Otterburne salutem in Domino. Noveritis me assignasse et loco meo constituisse Alexandrum de Esteburne et Willelmum Desert coniunctim et divisim ad ponendum priorem et conventum de Bolton' in Craven in seisinam in octo toftis et quatuor bovatis terre cum pertinentiis in Malghum quequid tofta et bovatas terre dicti prior et conventus habent de dono meo ut patet per cartam mea eisdem inde confectam. In cuius rei testimonium sigillum meum presentibus apposui. Dat' apud Bolton in Craven die lune in crastino sancte Fidei virginis anno regni regis Edwardi filii regis Edwardi octavo.

125 Gift in free, pure and perpetual alms by Ranulph of Otterburn to the canons of Bolton of eight tofts and four bovates of land in the vill of Malham, with appurtenances, liberties, common rights and easements. 9 Oct. 1314, Bolton

[fo. 37r] Omnibus sancte matris ecclesie filiis ad quos presens scriptum pervenerit Ranulphus de Otterburne salutem in Domino sempiternam. Noveritis me concessisse, dedisse et hac presenti carta mea confirmasse Deo et ecclesie beate Marie de Bolton' in Craven et canonicis ibidem Deo servientibus pro salute anime mee et omnium antecessorum meorum et pro anima Iohannis filii mei octo tofta et quatuor bovatas terre cum omnibus pertinentiis suis in villa de Malghum sine ullo retenemento que quidam tofta et bovatas terre tenui de predicta ecclesia et canonicis antedictis; tenenda et habenda dictis canonicis et eorum successoribus in liberam, puram et perpetuam elemosinam cum omnibus libertatibus, communis et aisiamentis dictis toftis et bovatis terre infra villam de Malghum et extra qualitercunque pertinentibus imperpetuum. Et ego Ranulphus et heredes mei predicta tofta et quatuor bovatas terre cum pertinentiis suis in predicta villa ut predictum est contra omnes homines warrantizabimus imperpetuum. In cuius rei testimonium huic presenti carte sigillum meum apposui. Hiis testibus:[a] [fo. 37v][b] dominis Thoma de Alta Ripa, Willelmo de Hebbeden, Henrico de Hartlington, Iohanne de Stiveton, militibus, Iohanne de Bolton, Willelmo de Malghum, Ricardo Fauvel, Iohanne de Eston', Roberto de Farnhill, Roberto Crobain et aliis. Dat' apud Bolton' in Craven die sancti Dionisii episcopi anno regni regis Edwardi filii regis Edwardi octavo.

a. testibus *link word* B.   b. *Heading* Malgh'm B.

H – fo. 14v, from Bolton Cartulary, fo. 30, abstract. Pd abstract from H in *EYC*, vii, no. 90.

126 Sale by Ranulph of Otterburn to the canons of Bolton of all his goods, moveable and immoveable, in the vill and boundaries of Malham for a sum of money. 7 Oct. 1314, Bolton

[fo. 37v] Pateat universis pro presentes quod ego Ranulphus de Otterburne vendidi priori et conventui de Bolton in Craven omnia bona mea mobilia et immobilia que habui in villa de Malghum et infra divisis dicte ville die confectionis presentium pro quadam summa pecunie in necessitate mea mihi pro manibus persolute de qua quidem pecunia fateor me bene esse pacatum et dictos priorem et conventum quieto per presentes sigillo meo signat'. Dat' apud Bolton in Craven, die lune in crastino sancte Fidis virginis anno Domini millesimo trecentesimo quartodecimo.

It seems that this payment is recorded in the *Compotus*, although it is unclear whether the cost of any other property is included (*Compotus*, p. 360 and n. 225).

127 Quitclaim by Ranulph of Otterburn to the canons of Bolton of eight tofts and four bovates of land, with appurtenances, in the vill of Malham, which he holds of the canons. 11 Nov. 1314, Bolton

[fo. 37v] Omnibus hoc scriptum visuris vel audituris Ranulphus de Otterburne salutem in Domino sempiternam. Noveritis me remisse, relaxasse et omnino pro me et heredibus meis imperpetuum quietumclamasse[a] religiosis viris priori et conventui de Bolton in Craven et eorum successoribus pro salute anime mee et omnium antecessorum meorum et pro anima Iohannis filii mei octo tofta et quatuor bovatas terre cum omnibus pertinentiis suis in villa de Malghum sine ullo retenemento que quidam tofta et bovatas terre tenui de dicta ecclesia et canonicis antedictis, ita videlicet quod nec ego Ranulphus nec heredes mei nec alquis pro me seu nomine nostro quocunque iure titulo mihi contingente quoquo modo aliquid iuris vel clamii in predictis terris et tenementis cum omnibus pertinentiis suis quibuscunque decetero exigere poterimus quoquomodo vel vendicare imperpetuum. Et ego Ranulphus et heredes mei predicta tofta et quatuor bovatas terre cum pertinentiis suis in predicta villa ut predictum est contra omnes homines warrantizabimus imperpetuum. In cuius rei testimonium presenti scripto sigillum meum apposui. Hiis testibus: dominis Thoma de Alta Ripa, Willelmo de Hebbeden, Henrico de Hartlington, Iohanne de Stiveton, militibus, Iohanne de Bolton, Willelmo [fo. 38r][b] de Malghum, Ricardo Fauvel, Iohanne de Estona, Roberto de Farnhill, Roberto Crobain et aliis. Dat' apud Bolton' in Craven die sancti Martini in hieme anno regni regis Edwardi filii regis Edwardi octavo.

a. quietum *repeated twice* B.   b. *Heading* Malgh'm B.

128 Agreement made between Hugh son of Richard of Malham and William his brother for the division of the lands held by Uctred, their elder brother, which he held by hereditary right, after his death, with the exception of two bovates of land in Otterburn which have previ-

ously been granted by Uctred to William for his homage and service. [Michaelmas 1186x1207]

[fo. 38r]^a Notum sit omnibus has literas visuris vel audituris quod ita convenit inter Hugonem filium Ricardi de Malghum et Willelmum fratrem eius post decessum Huctredi fratris sui senioris scilicet quod predicti Hugo et Willelmus pro pace stabili inter eos imperpetuum reformanda ex utraque parte concesserunt quasi veteri more anglicano omnes terras suas, tam in domanico quam in servitio, dividere illas scilicet quas predictus Huctredus frater predictorum Hugonis et Willelmi tenuit iure hereditario exceptis duabus bovatis terre in villa de Otterburne quas predictus Huctredus predicto Willelmo fratri suo pro homagio et servitio suo dedit illas scilicet quas Radulphus^b Pollard tenuit in villa de Otterburne. Et ut hec concessio et pacis reformatio robur stabilitatis imperpetuum obtineat uterque predictorum Hugonis et Willelmi affidaverunt et tactis sacrosanctis et ad maiorem securitatem ex utraque parte sigillorum suorum appositione scripta roboraverunt. Hiis testibus: domino Willelmo de Morton,^c Radulpho de Eston, Elia de Rilleston', Alano de Hamerton', Hugone de Calton', Hugone de Hartlington, Alano de Arneford, Arnaldo de Gairgrave et aliis.

a. *Heading* Malgh'm de feodo de Percy B.   b. Ranulphus H.   c. Marton H.

H – fo. 14v, from Bolton Cartulary, fo. 30, partial copy. Pd abstract from H in *EYC*, vii, no. 90.

129 Gift in perpetual alms by Hugh of Otterburn to the canons of Bolton of the homage and service of Richard son of Archeman for one and a half bovates of land in Malham, with appurtenances, which Richard held, paying 9*d.* annually, making foreign service for one and a half bovates where twelve bovates make a knight's fee. [*c.*1200x1219]

[fo. 38r] Omnibus Cristi fidelibus ad quos presens scriptum pervenerit Hugo de Otterburne salutem in Domino.^a Noveritis me dedisse et concessisse et hac presenti carta mea confirmasse Deo et ecclesie beate Marie de Bolton et canonicis ibidem Deo servientibus homagium et servitium Ricardi filii Archemani et heredum suorum de una bovata terre et dimidia in Malghum cum omnibus pertinentiis suis illas scilicet quas idem Ricardus tenuit de me; tenendum et habendum de me et heredibus meis inperpetuam elemosinam libere et quiete, reddendo [fo. 38v]^b inde mihi vel heredibus meis annuatim novem denarios, medietatem ad Pentecostiam et medietatem ad festum sancti Martini, pro omni servitio et exactione mihi et heredibus meis pertinentibus faciend[a] forinsecum servitium quantum pertinet ad bovatam terre et dimidiam in feudo militis quod est duodecim carucatarum terre. Et ego vero et heredes mei prefatum homagium et servitium prefatis canonicis warrantizabimus. Hiis testibus: Rainero Flandrensi, Galfrido constabulario de Skipton, Hugone de Calton, Willelmo de Stiveton, Helia de Rilleston, Ranulpho de Otterburne, Simone clerico de Kirkeby, Willelmo filio Edwardi, Roberto le Macon', Ernaldo de Gairgrave, Willelmo de Hebbeden, Willelmo de Hartlington.

a. sempiternam *deleted* B.   b. *Heading* Malgh'm B.

H – fo. 15r, from Bolton Cartulary, fo. 30, abstract. Pd abstract from H in *EYC*, vii, no. 90.

130 Gift by William of Malham to the canons of Bolton of the homage and service of Richard son of Archeman and his heirs for one and a half bovates of land, with appurtenances, in Malham, which Richard held

of William, paying 9*d.* annually, making foreign service for one and a half bovates where twelve carucates make a knight's fee. [*c.*1200x1219]

[fo. 38v] Omnibus Cristi fidelibus ad quos presens scriptum pervenerit Willelmus de Malghum salutem in Domino. Noveritis me dedisse et concessisse et hac presenti carta mea confirmasse Deo et ecclesie beate Marie de Bolton et canonicis ibi Deo servientibus homagium et servitium Ricardi filii Archemani et heredum suorum de una bovata terre et dimidia in Malghum cum omnibus pertinentiis suis illas scilicet quas idem Ricardus tenuit de me; tenendum et habendum de me et heredibus meis reddendo[a] annuatim novem denarios, medietatem ad Pentecostiam et medietatem ad festum sancti Martini, pro omni servitio et exactione mihi et heredibus meis pertinentibus, faciend[um] forinse servitium quantum pertinet ad bovatam terre et dimidiam in feudo militis quod est duodecim carucatarum terre. Ego vero et heredes mei prefatum homagium et servitium predictis canonicis warrantizabimus. Hiis testibus: Rainero Flandrensi, Galfrido constabulario de Skipton, Hugone de Calton', Willelmo de Stiveton, Helia de Rilleston, Ranulpho de Otterburne, Simone clerico de Kirkeby, Willelmo filio Edwardi, Roberto le Machun', Ernaldo[b] de Gairgrave, Willelmo de Hebbeden, Willelmo de Hartlington.

a. reddendo *omitted* B.   b. Ernado *(sic)* B.

H – fo. 15r, from Bolton Cartulary, fo. 30, abstract.

131 Gift in free, pure and perpetual alms by Richard [son of] Archeman to the canons of Bolton of three bovates of land, with appurtenances, in Malham. [*c.*1200x1219]

[fo. 38v] Ricardus Ackman omnibus hominibus salutem. Sciatis me dedisse, concessisse Deo et canonicis de Bolton tres bovatas terre cum pertinentiis in villa de Malghum quas de eisdem tenui in liberam, puram et perpetuam elemosinam et quas ego et heredes mei debemus warrantizare. Hiis testibus: Rainero Flandrensi, Elia de Rilleston, Hugone de Otterburn, Roberto le Machun', Ernaldo de Geirgrave, Hugone de Calton et aliis.

132 Quitclaim by Elias son of Richard son of Hugh of Otterburn to the canons of Bolton of all right and claim to all the lands in Malham, with appurtenances, given to the canons by Hugh of Otterburn his grandfather, Richard of Otterburn his father, and Thomas son of William of Malham, as is stated by their charters. Moreover the acquittance in free, pure and perpetual alms by Elias of all right and claim to three bovates of land, with appurtenances, of the Percy fee in Malham, which Richard son of Archeman held. [1228x1273]

[fo. 39r][a] Omnibus hoc scriptum visuris vel audituris Elias filius Ricardi filii Hugonis de Otterburne salutem in Domino sempiternam. Noverit universitas vestra me concessisse et confirmasse et omnino de me et heredibus meis imperpetuum quietumclamasse Deo et ecclesie beate Marie de Bolton et canonicis ibidem Deo servientibus totum ius et clameum quod unquam habui habeo vel aliquo modo habere potero in totam illam terram cum suis pertinentiis quam predicti canonici habent de dono Hugonis de Otterburne quondam avi mei tam infra villam de Malghum quam extra et in totam illam terram cum suis pertinentiis quam Ricardus de Otterburne pater meus dictis canonicis quietamclamavit et in totam illam terram quam predicti canonici habent de dono Thome filio Willelmi de Malghum[b] prout carte predictorum Hugonis, Ricardi et Thome quas predicti canonici penes se de predictis terris habent confectas plenius protestantur. Insuper concessi et confirmavi et omnino pro me et heredibus meis et assignatis imperpetuum quietum Deo et ecclesie beate Marie de Bolton et canonicis ibidem Deo servientibus totum ius et clameum quod unquam habui, habeo vel aliquo modo habere potero in illas tres bovatas terre cum suis pertinentiis de feodo de Percy in Malghum quas Ricardus filius Ackemani quondam tenuit in eadem villa; habenda et tenenda[c] predictis canonicis et eorum successoribus imperpetuum cum omnibus suis pertinentiis in liberam, puram et perpetuam elemosinam sicut aliqua elemosina melius vel liberius dari poterunt vel conferri solutam et quietam ab omnibus secularibus servitiis, exactionibus quibuscunque et demandis, ita videlicet quod nec ego predictus Elias et nec heredes mei nec assignati nec aliquis in nomine nostro ius nec clamium in predictas terras cum suis pertinentiis decetero exigere vel vendicare poterimus. Et ego vero predictus Elias et heredes mei omnes predictas terras cum omnibus et singulis suis pertinentiis in liberam, puram et perpetuam elemosinam ut predictum est predictis canonicis et eorum successoribus imperpetuum contra omnes homines gentes warrantizabimus et defendemus. In cuius rei testimonium presenti scripto sigillum meum apposui. Hiis testibus: Iohanne de Eston, Thoma de Alta Ripa, Iohanne Gilioth, militibus, Willelmo Mauleverer, Ricardo Tempest, Thoma de Malhum, Ranulpho de Otterburne et aliis.

a. *Heading* Malgh'm B.   b. patet *deleted* B.   c. tenenda *altered* B.

This charter supersedes that made by Richard son of Hugh of Otterburn (CB, no. 121).
H – fo. 15r, from Bolton Cartulary, fo. 31, abstract.

133 Quitclaim by Thomas son of William son of Arkil of Malham to the canons of Bolton of all right and claim to the lands, tenements and rents they hold in the vill of Malham of the Skipton or Percy fee. 1287

[fo. 39v][a] Omnibus ad quos presens scriptum pervenerit Thomas filius Willelmi filii Arkil[li] de Malghum salutem in Domino sempiternam. Noveritis me caritatis intuitu et pro salute anime mee et antecessorum meorum remisisse, resignasse et omnino de me et heredibus meis imperpetuum quietumclamasse Deo et ecclesie beate Marie de Bolton et canonicis[b] regularibus Deo servientibus totum ius meum et clameum meum quod unquam habui, habeo vel aliquo titulo iuris habere potui in aliquibus terris, tenementis seu redditibus que vel quas tenent in villa de Malghum tam de feodo de Skipton' quam de feodo de Percy; habenda et tenenda dicte ecclesie et canonicis antidictis et successoribus suis libere imperpetuum sicut aliqua elemosina liberius et quietus teneri poterit, ita quod nec ego Thomas nec aliquis heredum meorum nec aliquis nomine iuris nostri ius vel clamium in nullis terris, tenementis seu redditibus antedictis decetero exigere vel vendicare poterimus. Dat' anno Domini M^o CC^o octagesimo septimo. In cuius rei testimonium presens scriptum sigilli mei impressione roboravi. Hiis testibus: domino Roberto de Plumpton, Iohanne de Eston', Thoma de Alta Ripa, Iohanne Guilot, Willelmo de Hartlington', Roberto de Stiveton', militibus, Henrico de Kikelay, Iohanne de Farnhill, Roberto de Scotorpe et aliis.

a. *Heading* Malgh'm B.   b. ibidem *deleted* B.

H – fo. 15r, from Bolton Cartulary, fo. 31, abstract. Pd abstract from H in *EYC*, vii, no. 89.

134 Gift in free, pure and perpetual alms by Walter son of Nigel of Stockeld to the canons of Bolton of the homage and service of William son

of Arkil and his heirs for half a carucate of land, with appurtenances, in the vill of Malham, being 12*d*. annual rent. [1175 or *c*.1200x17 Apr. 1222]

[fo. 39v] Omnibus Cristi fidelibus ad quos presens scriptum pervenerit Walterus filius Nigelli de Stockeld salutem eternam in Domino. Noveritis me dedisse et concessisse et presenti carta confirmasse Deo et ecclesie beate Marie de Bolton' et canonicis ibidem Deo servientibus homagium Willelmi filii Arkil[li] et heredum suorum de dimidia carucata terre et pertinentium suorum in villa de Malghum et servitium eiusdem Willelmi, scilicet duodecim denarios predictis canonicis annuatim reddendos in liberam, puram et perpetuam elemosinam pro salute anime mee et antecessorum et successorum meorum hanc vero donationem meam predicte ecclesie contra omnes homines warrantizabimus. Hiis testibus: Willelmo de Marton', Helia de Rilleston, Hugone de Calton', Everardo de Kareleton, Willelmo de Hebbeden, Willelmo filio Edwardi, Simone de Kirkeby, Ricardo fratre eius, Ranulpho de Otterburne, Willelmo de Malghum, Hugone de Otterburne, Roberto le Macun de Skipton, Iohanne de Broct', Roberto filio Ricardi.

135 Inspeximus by Henry de Percy, son and heir of Lord Henry de Percy, of the remission by William de Percy, his paternal grandfather, to the canons of Bolton of all secular demands for all the lands in Malham which they hold of his fee in Malham. Whereby, at the instance of Prior John of Laund, Henry de Percy confirms all those lands and tenements that the canons hold in Malham in free, pure and perpetual alms. 24 Jun. 1302, Leconfield

[fo. 40r][a] Universis sancte matris ecclesie filiis ad quos presens scriptum pervenerit Henricus de Perci[b] filius et heres domini Henrici de Perci[c] salutem in Domino sempiternam. Noveritis me pro salute anime mee inspexisse quoddam scriptum domini Henrici de Perci[d] patris mei in hec verba: Omnibus hoc scriptum visuris vel audituris Henricus de Perci[e] filius Willelmi de Perci[f] salutem in Domino. Noveritis me concessisse et remisisse priori et conventui de Boultone[g] omnia secularia demanda de tota terra sua de Malghum quam tenent de feodo meo in eadem villa pro salute anime mee et antecessorum et successorum meorum. In cuius rei testimonium huic scripto sigillum meum apposui. Hiis testibus: Godefrido de Alta Ripa, Roberto de Plomptone,[h] Roberto capellano et multis aliis. Quare volo, concedo et presenti scripto confirmo ad instantiam religiosi viri fratris Iohannis de Landa tunc[i] prioris ibidem quod dicti prior et eiusdem loci conventus decetero habeant et teneant omnia predicta terras et tenementa que tenent in villa de Malghum predicta de me et heredibus meis in liberam, puram et perpetuam elemosinam, solutam et quietam ab omni seculari servitio, exactione et demanda ad me vel[j] heredes meos de predictis tenementis qualitercumque pertinentibus. In cuius rei testimonium huic scripto sigillum meum apposui. Hiis testibus: dominis Thoma de Alta Ripa, Henrico de Kighele,[k] Henrico de Hertlintone,[l] Iohanne Giliot,[m] militibus, Reynero de Cnolle,[n] Willelmo de Malghum, et multis aliis. Dat' apud Lekenefeld xxiiij° die Iunii anno regni regis Edwardi tricesimo.

a. *Heading* Malgh'm B.　　b. Percy B.　　c. Percy B.　　d. Percy B.　　e. Percy B.　　f. Percy B.　　g. Bolton' B.　　h. Plumpton B.　　i. tunc *omitted* B.　　j. ad *inserted* B.　　k. Kighley B.　　l. Hartlington B.　　m. Gilioth B.　　n. Knoll B.

A – YAS, MD 335, Box 65/3. Endorsed: viij; Malghu[m] pred' Percy; anno domini M[i]CCCiij; anno 30

Edwardi primi; 200x118mm [10 tag fold]; no tag or seal, slit and three oculi. H – fo. 15v, from Bolton Cartulary, fo. 32, abstract.

136 Confirmation in free and perpetual alms by John le Aleman to the canons of Bolton of demesne, homage and service for half a carucate of land in the vill of Malham, held by Robert son of Jordan. Also the confirmation in free, pure and perpetual alms by John to the canons of one messuage and two acres of land in Linton, given by Walter his brother, to be held as stated by Walter's charter. John also confirms to the canons two bovates of land in the vill of Malham given by Hugh of Otterburn. [c.1190x9 Dec. 1234]

[fo. 40r] Sciant presentes et futuri quod ego Iohannes le Aleman concessi et presenti carta mea confirmavi Deo et ecclesie beate Marie de Bolton et canonicis ibi Deo servientibus dominium et servitium et homagium dimidie carucate terre in villa de Malghum illius scilicet dimidiam carucatam terre quam Robertus filius Iordani tenuit in liberam, perpetuam elemosinam. Preterea concessi et confirmavi iam dictis canonicis unum messuagium et duas acras terre in Lintona quas Walterus frater meus dedit dictis canonicis in liberam, puram et perpetuam elemosinam; tenenda et habenda de me et heredibus mei libere et quiete sicuti carta Walteri fratris mei quam inde habent [fo. 40v][a] eis testatur. Et insuper concessi et confirmavi predictis canonicis duas bovatas terre in villa de Malghum quas predicti canonici tenent ex dono Hugonis de Otterburne. Ego Iohannes et heredes mei warrantizabimus predictis canonici predictas confirmationes et concessiones contra omnes homines imperpetuum. Hiis testibus: Willelmo de Stiveton', Willelmo de Hebbeden, Gyle Malo Leporario, Simone de Kirkeby, Ranulpho de Otterburne, Iohanne de Eston et multis aliis.

a. *Heading* Malgh'm B.
Marginated: *Linton.*

The reference to the gift of Walter, the brother of John le Aleman, may relate to CB, no. 140, although there are other charters of Walter not contained within the Coucher Book. Robert son of Jordan is mentioned in a benefaction to the canons made by Peter de Karlet', Chatsworth Charter, B2, PB4865/32. Linton is in the parish of Arncliffe.
H – fo. 15v, from Bolton Cartulary, fo. 32, abstract.

137 Final concord made between John [of Kent], abbot of Fountains, and Robert, prior of Bolton, whereby the canons of Bolton quitclaim to the convent of Fountains all right and claim to half a carucate of land in Malham, with appurtenances, which Robert son of Jordan held, and the 2s. annual rent received from the land, in return for which the convent of Fountains quitclaimed to the canons of Bolton all right and claim to half a bovate of land in Malham, with appurtenances, which Gamel held, and the canons of Bolton and the convent of Fountains promise never to accept lands, pastures and rents in the fees of the other, saving the lands and possessions then held by each house, and all disputes being settled. 2 Feb. 1223

[fo. 40v] Hec est finalis concordia facta ad Purificationem beate Marie anno incarnationis Domini M° CC° xxij° inter domum de Fontibus et domum de Bolton mediantibus personis Iohanne tunc abbate de Fontibus et Roberto tunc priore de Bolton scilicet quod dictus prior et conventus de Bolton concesserunt et quietumclamaverunt imperpetuum predicti abbati et conventui de Fontibus totum ius et clameum et dominium quod habuerit in illa dimidia carucata terre cum omnibus pertinentiis suis in Malghum quas Robertus filius Iordani tenuit de eis et redditum duorum solidorum quem de eadem terra recipere annuatim consueverunt. Et pro hac relaxatione et quietaclamat[i]one prefati abbas et conventus de Fontibus[a] relaxaverunt et quietumclamaverunt predicto priori et conventui de Bolton totum ius et clameum quod habuerunt in illa dimidia bovata terre cum pertinentiis in Malghum quam Gamellus tenuit, et abbas et conventus de Fontibus concesserunt et fideliter promiserunt quod nunquam deinceps terras, pasturas vel redditus accipient de feudo prioris et canonicorum de Bolton sine consensu eorum, et prior et conventus de Bolton' similiter concesserunt et fideliter promiserunt quod nunquam deinceps terras, pasturas vel redditus accipient de feudo abbatis et monachorum[b] de Fontibus sine eorum consensu salvis utrique domui terris et possessionibus quos tunc temporis finaliter habuerunt et sopitis omnibus transacti temporis querelis. Et ut hec concordia imperpetuum stabilis et inconcessa permaneat utruisque domus sigillis corroboratur. Hiis testibus: Willelmo de Stiveton, Willelmo de Hebbedena, Iohanne de Halton, Ricardo de Calton, Rogero de Kikeley, Ranulpho de Otterburne, Ricardo clerico de Kirkeby, Ricardo de Otterburne, Gilberto de Haukesword et pluribus.

a. l *(sic)* B.   b. monochorum *(sic)* B.

H – Dodsworth MS 144, fo. 16r, from Bolton Cartulary, fo. 32, abstract. Pd abstract in *Fountains Chartulary*, ii, p. 464.

138 **Agreement made between Fountains Abbey and Bolton Priory concerning the pasture of Malham Moor, with the grant by Fountains Abbey to Bolton Priory to have their horses in pasture and herbage in specified places, from the spring at Malham Water between *Cuniggesete* and *Iarlesete*, being all of *Iarlestoflast* up to *Langester*, and up to the boundaries between Malham and Bordeley, and for the horses to be returned if they escape without accusation, in return for which Bolton Priory has quitclaimed all right and claim they had outside the boundaries stated, with exception of the recovered land in Malham by Bolton, for which they will have common pasture as belongs within those bounds. [1186x1 Dec. 1212]**

[fo. 40v] Hec est compositio facta pro bono pacis et concordie inter ecclesiam de Fontibus et ecclesiam de Bolton super controversia mota [fo. 41r][a] inter prefatas ecclesias de pastura de Malg'mora, scilicet quod monachi de Fontibus concesserunt canonicis de Bolton ut habeant proprios equos suos tam in pastura et herbagium et in his locis, scilicet a sursa de Malgwater inter Cuniggesete et Iarlesete, scilicet per totum Iarlestoflast usque ad Langester et inde usque ad rectas divisas inter Malhum et Bordleia'm, ita quod prefati equi non ascendunt in montibus versus rupes, et si quandoque per evasionem ascenderunt sine accausatione[b] returnabuntur. Et pro hac concessione prefata ecclesia[c] de Bolton totum ius et clameum quod unquam habuit ultra prefatas divisas quietum finaliter clamavit, nolandum quod si prenominata ecclesia de Bolton terram in Malghum recuperaverit communem pasturam habebit in Malghum scilicet quantum ad terram suam pertinet infra prenominatas divisas. Hii sunt testes: Gua[l]t[erus] de Bovinton, Nigellus de Plumpton', Malg[erus] le Vavasour, Guillelmus de Marton, Zacharias de Austewicke, Simon de Coniggeston, Nichol[aus] de Caitun.

a. *Heading* Malgh'm B.   b. accausacone *(sic)* B.   c. totum *deleted* B.

The controversy between Bolton Priory and Fountains Abbey concerning Malham Moor was inextricably linked to the importance of the wool trade.
H – fo. 16r, from Bolton Cartulary, fo. 32, abstract. Pd in English in *Fountains Chartulary*, ii, p. 467.

139 Agreement between Fountains Abbey and Bolton Priory regarding Malham, with Fountains granting common pasture to Bolton without forfeit if the animals cross the boundaries. In return Bolton has granted to Fountains a place called *Yarlessecelogo* to raise a lodge, making no encroachment beyond the bounds of the lodge, and also to have a drain through the land of Bolton without any hindrance, with the walls of the abbey raised at Calvedon and those around their court at Malham to remain as they were in Easter 1257. Moreover Fountains may not burden the common pasture with stones without the consent of Bolton. [Easter 1257xOct. 1258]

[fo. 41r] Notum sit omnibus quod cum controversia mota esset inter venerabilem abbatem de Fontibus et eiusdem loci conventum ex una parte et priorem et conventum de Bolton in Craven ex altera super pluribus controversiis contentis infra divisas de Malghum demum bonis viris mediantibus lis inter eos in hunc modum conquievit, videlicet quod idem abbas et conventus pro bono pacis concesserunt dictis priori et conventui communem pasturam per totas flascas usque ad omnia animalia sua, ita quod si contingat animalia predictorum prioris et conventus ultra metas versus abbatem et conventum evadere rechaciabuntur sine forisfactura, pro qua concessione dicti prior et conventus concesserunt eisdem abbati et conventui levare logiam qui dicitur Yarlessecelogo dummodo non faciunt purpresturam aliquam extra metas eiusdem logie, et ut habeant pipam suam que ducitur per medium terre eorumdem prioris et conventus in campis de Malghum sine contradictione et impedimento dictorum prioris et conventus imperpetuum. Item quod muri levati per eosdem abbatem et conventum in Calvedon stabunt in eo statu in quo fuerunt in Pascha anno gracie MCCLvij°. Item muri predictis abbatis et conventus circa portam curie sue de Malghum remanebunt in tali statu in quo fuerit termino supradicto. Item remiserunt predictis abbati et conventui forisfactum de Petris portatis in communi pastura, ita quod non' [fo. 41v][a] licebit dictis abbati nec conventui a dicto termino communem pasturam lapidibus onerare sine consensu predictorum prioris et conventus. In huius rei testimonium presens scriptum sigillis partium roboratur. Hiis testibus: dominis Godefrido de Alta Rypa, Eustachio de Rilleston, Willelmo Graindorge, militibus, Willelmo de Marton', Petro Gilloth, Ricardo de Oterington', Willelmo de Hartlington', magistro Galfrido de Oteley et aliis.

a. *Heading* Malgh'm B.

H – fo. 16r, from Bolton Cartulary, fo. 33, abstract. Pd in English in *Fountains Chartulary*, ii, p. 468.

140 Gift in pure and perpetual alms by Walter Aleman to the canons of Bolton of two acres of land in the fields of Linton, lying next to the exit from Threshfield, with all common rights and easements. [1186x1219]

[fo. 41v] Omnibus sancte matris ecclesie filiis Gualt[erus] Aleman salutem in Domino. Noscat universitas vestra me concessisse et dedisse et hac presenti carta mea confirmasse Deo et sancte Marie et canonicis ecclesie de Bolton pro salvatione anime mee et antecessorum meorum duas acras terre in campo de Lintona iuxta exitum ville de Treskefeld cum omnibus communibus et aisiamentis, scilicet illas acras super quas Radulphus capellanus mansit in puram et perpetuam elemosinam solutas et quietas ab omni seculari servitio et exactione. Hiis testibus: Rainero Flamag', Guillelmo de Martona, Elia de Rilleston, Guillelmo Graindorge, Guillelmo Mauleverer, Guillelmo de Hebden, Iohanne de Halton, Rogero Tempest, Hascvillo de Heton, Henrico de Treskef', et multis aliis.

Marginated: *Linton.*

Walter Aleman also gave the canons of Bolton Priory the lordship, homage and service of half a carucate of land in Malham, in perpetual alms (*Fountains Chartulary*, ii, p. 459). For another charter made by Walter Aleman to Bolton Priory concerning half a carucate of land in Malham see *EYC*, xi, no. 248, from Fountains Chartulary BL Add. MS 37770, fo. 162.
H – fo. 16v, from Bolton Cartulary, fo. 33, abstract.

141 Gift by Thomas son of William of Malham to the canons of Bolton of all right and claim to one bovate of land, with appurtenances, which he gave to Eleanor his sister and Richard her son for the term of their lives, and which following their decease shall revert to and remain with the canons. [1230sx1250s]

[fo. 41v] Omnibus Cristi fidelibus hoc scriptum visuris vel audituris Thomas filius Willelmi de Malghum salutem in Domino sempiternam. Noverit universitas vestra me dedisse, concessisse et hac presenti scripto confirmasse Deo et ecclesie beate Marie de Bolton et canonicis ibidem Deo servientibus totum ius et clameum quod habui vel habere potui in una bovata terre cum omnibus pertinentiis suis quam dedi Elienore sorori mee et Ricardo filio suo tantummodo ad vitam ipsorum, ita quod predicta bovata terre cum omnibus pertinentiis suis solute et integre post decessum predictorum Elienore et Ricardi revertatur et remaneat predictis canonicis et eorum successoribus sine aliquo retenemento vel impedimento mei vel heredum meorum. Et ego Thomas et heredes mei predictam bovatam terre cum omnibus pertinentiis suis predictis canonicis et eorum successoribus contra omnes gentes imperpetuum warrantizabimus, acquietabimus et defendemus. In huius testimonium presenti scripto sigillum meum apposui. Hiis testibus: Godefrido de Alta Ripa, domino Willelmo Graindorge, Willelmo de Hartlington, Ricardo de Otterburne clerico, Ricardo filio Ranulphi de eadem, Roberto de Feiseres, Thoma de Malghum, Thoma de Scothorpe et aliis.

For other charters of Thomas son of William of Malham which mention his sister Eleanor and her son Richard see YAS, MD 335/75, Ribblesdale C.9.C., and MD 335/75, Ribblesdale C.9.E.

142 Gift in free, pure and perpetual alms by Elias son of John of Arncliffe to the canons of Bolton of the homage and service of Thomas of Buckden and Helen his wife and their heirs for half a bovate of land, and appurtenances, in the vill of Arncliffe. [*c.*1170sx1219]

[fo. 42r][a] Omnibus Cristi fidelibus ad quos presens scriptum pervenerit Helias filius Iohannis de Arncliffe salutem in Domino. Noveritis me dedisse et concessisse et presenti carta confirmasse Deo et ecclesie beate Marie de Bolton et canonicis ibi Deo servientibus homagium et[b] servitium Thome de Buckden et Helene uxoris sue et heredum suorum de medietate unius bovate terre et pertinentium suorum in villa de Arncliffe in liberam, puram et perpetuam elemosinam pro salute anime mee et antecessorum et successorum meorum. Ego vero et heredes mei hanc meam donationem prefatis canonicis contra omnes homines warrantizabimus ab omnibus secularibus servitiis imperpetuum. Hiis testibus: Ada[c] persona de Arncliffe, Willelmo de Arches, Willelmo de Hebbeden, Haskillo de Heton, Henrico de Trescfeld, Simone de Kirkeby, Ranulpho de Otterburne, Roberto le Macun, Roberto de Ketelwell. Ranulpho de Ot'

a. *Heading* Malgh'm et Arncliff B.   b. et *omitted* B.   c. Adamo *(sic)* B.

143 Final concord made between Bolton Priory and Reginald de Lucy, represented by Ulf son of Edward, whereby Reginald and Ulf quit-claim a tenement in Egremont, from themselves and their heirs, to Bolton Priory, as is stated in the charters of the canons. 27 Oct. 1194, Doncaster

[fo. 42v][a] Hec est finalis concordia facta in curia domini regis apud Donecastr' die Iovis in vigilia apostolorum Simonis et Iude anno regni regis Ricardi sexto coram Rogero Bigott comite Norf', R. archidiacono, Willelmo de Glanvill, Willemo filio Herveі[b] tunc iusticiariis domini regis et aliis baronibus et fidelibus domini regis ibidem tunc presentibus inter priorem et conventum de Bolton et Reginaldum de Lucy, et Ulf' filium Edwardi positum loco eiusdem Reginaldi in curia prefata ad lucrandum et perdendum, de libero tenemento predictorum prioris et canonicorum in Egremunde unde placitum fuit inter eos in curia prefata, scilicet quod predict[i] Reginald[us] et Ulf[us] quietumclamaverunt totum predictum tenementum in Egremunde de se et heredibus suis priori et canonicis de Bolton imperpetuum sicut carta predictorum prioris et canonicorum testantur.

a. *Heading* finalis concordia ecclesie de Preston B.   b. Willelmo de Glanvill filio Hervei *(sic)* B.

144 Final concord made between Elias de Amundeville, plaintiff, and John, prior of Bolton, defendant, whereby Elias recognises the right of Bolton Priory to the advowson of the church at Long Preston, in pure and perpetual alms, with Elias and his heirs being received into the church of Bolton in singular alms and orations. 13 Jan. 1219, York

[fo. 42v] Hec est finalis concordia facta in curia domini regis apud Ebor' die sancte Hillarii anno regni regis Henrici filii regis Iohannis tertio, coram domino R. Dunolm' episcopo domini regis cancellario, Roberto de Veteri Ponte, Martino de Paterhull', Willelmo filio Ricardi, Rogero Huscarl' iusticiariis itinerantibus et aliis domini regis fidelibus tunc ibi presentibus inter Heliam de Amundevill petentem et Iohannem priorem de Bolton defendentem de advocatione ecclesie de Preston una assisa ultime presentationis summonita fuit inter eos in prefata curia, scilicet quod predictus Elias recognovit advocationem predicte ecclesie esse ius ipsius prioris et ecclesie sancte Marie de Bolton; habendam et tenendam ipsi priori et successoribus suis imperpetuum in puram et perpetuam elemosinam quietam ob omni seculari servitio, et predicti prior et conventus receperunt ipsum Eliam et heredes suos in singulis elemosinis et orationibus que fient decetero in ecclesia sua de Bolton' imperpetuum.

Yorkshire Fines, 1218–1231 dates this final concord 27 January. This date is, however, the quinzine and not the feast of St Hillary, suggesting that there may have been an error on the part of the copyist.
Pd in *Yorkshire Fines, 1218–1231*, p. 15.

145 Final concord made between William of Newton, plaintiff, represented by Henry de Percy, and Nigel de Amundeville, defendant, whom Adam, prior of Bolton, vouched for warranty, recognising the quitclaim by William to Nigel, and by Nigel to the canons of Bolton of all right and claim to the advowson of the church of Long Preston, with Nigel giving twelve marks of silver to Henry. 11 Nov. 1257, Beverley

[fo. 42v] Hec est finalis concordia facta in curia domini regis apud Beverl' in crastino sancti Martini anno regni regis Henrici filii regis Iohannis quadragesimo secundo coram Iohanne abbate de Burgo sancti Petri, Rogero de Thurkelby, Petro de Percy et Iohanne de Wyvill iusticiariis itinerantibus et aliis domini regis fidelibus tunc ibi presentibus inter Willelmum de Newton petentem,[a] per Henricum de Percy positum loco suo ad lucrandum vel perdendum, et Nigellum de Amundevill quam Adam [fo. 43r][b] prior de Bolton vocavit ad warrantia et qui ei warrantizavit de advocatione ecclesie de Preston cum pertinentiis unde placitum fuit inter eos in eadem curia, scilicet quod predictus Willelmus remisit et quietumclamavit de se et heredibus suis predicto Nigello et heredibus suis et similiter priori et successoribus suis et ecclesie sue de Bolton totum ius et clameum quod habuit in predicta advocatione predicte ecclesie de Preston cum pertinentiis imperpetuum. Et pro hac remissione, quietumclamatione, fine et concordia idem Nigellus dedit predicto Willelmo duodecim marcas argenti.

a. et *deleted* B.   b. *Heading* Finalis Concordia B.

146 Final concord made between Robert son of Geoffrey, plaintiff, and Mauger le Vavasour and the prior of Bolton, defendant, recognising the quitclaim by Robert to Mauger le Vavasour and the prior of Bolton of all his right and claim to three bovates of land, with appurtenances, in Embsay, under assize of mort d'ancestor, for which Robert was given 20*s.* sterling. 29 Aug. 1202, York

[fo. 43r] Hec est finalis concordia facta in curia domini regis apud Ebor' die Iovis proxima post festum sancti Bartholomei anno regni regis I. quarto coram domino I. Norwic' episcopo, Hugone Ward, magistro Rogero Arundell, Iohanne de Gesteling, Willelmo filio Ricardi iusticiariis et aliis fidelibus domini regis ibidem tunc presentibus inter Robertum filium Galfridi petentem et Malgerum' Vavasor et priorem de Bolton tenentes de iij bovatis terre cum pertinentiis in Embsey unde assisa de mort antecessorum summonitum fuit inter eos in prefata curia, scilicet quod prefatus Robertus remisit et quietumclamavit totum ius et clameum quod habuit in prefatis iij bovatis terre cum pertinentiis prefato Maugero Vavasor et heredibus suis et prefato priori et successoribus suis de se et heredibus suis imperpetuum. Et pro hac quietaclamatione, fine et concordia prefati Maug[eri] et prior dederunt prefato Roberto filio Galfridi xx solidos sterlingorum.

H – fo. 17r, from Bolton Cartulary, fo. 34, abstract. Pd in *Yorkshire Fines, John*, p. 55, no. 141.

147 Final concord made between Simon son of Ranulph and Langusa his wife and the canons of Bolton, recognising the quitclaim by Simon and Langusa to Bolton Priory of all their right and claim to the advowson of All Saints' church, Elslack, by a writ of seisin, with

Simon and Langusa being received into the fraternity of Bolton. 16 Sep. 1187, Doncaster

[fo. 43r] Hec est finalis concordia facta in curia domini regis apud Donecastriam die mercurii proxima post exultatione sancte Crucis anno regni regis Henrici secundi[a] xxxiij° coram Godefrido Lucy et Iocelino Cicestr' archidiacono et Willelmo Vavasor tunc iusticiariis domini regis et aliis baronibus et fidelibus domini regis qui tunc ibi aderant, inter Simonem filium Ranulphi et Lang[usam] uxorem eius et priorem et conventum canonicorum de Bolton de advocatione ecclesie de omnibus [fo. 43v][b] sanctis de Elslache unde placitum summonitum fuit inter eos in curia domini regis per breve suum, scilicet quod predicti Simo et Langus[a] uxor eius quietum-clamaverunt de se et heredibus suis Deo et beate Marie et predictis canonicis de Bolton advocatione prefate ecclesie et totum ius et clameum quod in illa clamaverunt. Pro hac vero quietaclamatione receperunt prior et canonici prefatos Simonem et Langusam uxorem suam in fratrem et sororem domus sue.

a. tertii H.   b. *Heading* Finalis Concordia B.

C. Clay, from C, dated the final concord to 1248–49 (*EYC*, vii, pp. 221–2); however in this instance B appears to be correct. C. Clay and N.K.M. Gurney suggest that this concord and the one following were 'based in the Mowbray portion of Elslack and not on those held of the honour of Skipton, the lord of which had given the church of Broughton to Bolton Priory, then at its earlier site at Embsay' (*Fasti Parochiales*, iv, p. 24). Elslack is in the parish of Broughton, and it seems probable that this concord actually relates to All Saints, Broughton, due to the dedication and the physical location of the church.
H – fo. 17r, from Bolton Cartulary, fo. 34, abstract. Pd from H in *EYC*, vii, p. 221.

148 Final concord made between Ralph Darel, plaintiff, and Adam, prior of Bolton, defendant, represented by Henry of Halton, recognising the quitclaim by Ralph to the prior of Bolton of all his right and claim to the advowson of the church of Broughton, with appurtenances, in perpetuity, with the prior giving five marks of silver to Ralph. 13 Jun. 1255, Westminster

[fo. 43v] Hec est finalis concordia facta in curia domini regis apud Westm' a die sancte Trinitatis in tres septimanas anno regni regis Henrici filii Iohannis tricesimo nono coram Rogero de Thurkelby et Alano de Wacsaund iusticiariis et aliis domini regis fidelibus tunc ibi presentibus inter Radulphum Dayrel petentem et Adamum priorem de Bolton' tenentem, per Henricum de Halton positum loco suo ad lucrandum vel perdendum, de advocatione ecclesie de Broucton' cum pertinentiis unde placitum fuit inter eos in eadem curia, scilicet quod predictus Radulphus remisit et quietum-clamavit de se et heredibus suis predicto priori et successoribus suis et ecclesie sue de Bolton totum ius et clameum quod habuit in predicta advocatione predicte ecclesie cum pertinentiis imperpetuum. Et pro hac remissione et quietaclamatione, fine et concordia idem prior dedit predicto Radulpho quinque marcas argenti.

For the transcript made by Burton of the charter whereby Ralph Darel relinquishes his right to the advowson of the church of Broughton see Dodsworth MS 8, fo. 216v, and Bodleian Library, MS Top.Yorks. e.8 (John Burton), p. 339 (187).
H – fo. 17r, from Bolton Cartulary, fo. 34, abstract. Pd in *Yorkshire Fines, 1246–1272*, p. 102.

149 Final concord made between John, prior of Bolton, plaintiff, and Robert le Vavasour, deforciant, whereby Robert recognises one and a half carucates of land in Yeadon, with appurtenances, which Walter of Yeadon held of the prior, and the custody of the heir of Walter, to be

the right of the prior of Bolton in free alms in perpetuity, for which the prior has quitclaimed to Robert and his heirs all expenses and damages. 24 Jan. 1206, Winchester

[fo. 43v] Hec est finalis concordia facta in curia domini regis apud Wentern' die Martis proxima post octavas sancti Hillarii anno regni regis I. septimo coram ipso domini regis Simone de Pateshull, H. archidiacano Stafor', Iacobo de Poterna, Ricardo de Mucemgros iusticiariis et aliis fidelibus domini regis tunc ibidem presentibus inter Iohannem priorem de Bolton petentem et Robertum le Vavasor deforciantem de custodia heredum Walteri de Iadon et de custodia j carucate terre et dimidie cum pertinentiis in Iadona quas idem Walterus tenuit de ipso priore unde placitum fuit inter eos in eadem curia scilicet ad predictus Robertus recognovit et concessit predictam carucatam terre et dimidiam cum pertinentiis esse fund' predicti priori et ecclesie sue de Bolton; tenenda eadem priori et successoribus suis in liberam elemosinam de ipso R. et heredibus suis et quod ipse prior et successores [fo. 44r][a] sui habeant imperpetuum custodiam tam de terra quam de heredibus suis imperpetuum. Et pro hac recognatione et concessione, fine et concordia, predictus prior remisit et quietumclamavit de se et successoribus suis eidem Roberto et heredibus suis omnes expensas et omnia dampna que idem prior habuit per deforciantem quod predictus Robertus ei fecit de predicta custodia.

a. *Heading* Finalis Concordia B.

H – fo. 17r, from Bolton Cartulary, fo. 35, abstract. Pd in *Yorkshire Fines, 1199–1214*, pp. 97–8.

150 **Final concord made between John, prior of Bolton, plaintiff, and Robert le Vavasour, deforciant, recognising the custody of the heir of Walter of Yeadon and of one and a half carucates of land which Walter held of the canons of Bolton, whereby Robert recognises the right to the said land, to be held in free alms, and to the wardship of Walter's heirs, with the said canons quitclaiming all expenses and losses to Robert. 24 Jan. 1206, Worcester**

[fo. 44r] Hec est finalis concordia facta in curia domini Regis apud Wigor' die Martis proxima post octavas sancti Hillarii anno regni regis Iohannis septimo coram ipso domino rege Simone de Pateshull, Henrico archidiacano Stafor', Iacobo de Poterna, Ricardo de Maucemgros iusticiariis et aliis fidelibus domini regis tunc ibidem presentibus inter Iohannem priorem de Bolton petentem et Robertum le Vavasor deforciantem, de custodia heredis Walteri de Iadon' et de custodia j carucate terre et dimidie cum pertinentiis in Iadona quas idem Walterus tenuit de ipso priore unde placitum fuit inter eos in eadem curia, scilicet quod predictus Robertus recognovit et concessit predictam carucatam terre et dimidiam cum pertinentiis esse feudum predicti prioris et ecclesie sue de Bolton'; tenenda eidem priori et successoribus suis in liberam elemosinam de ipso Roberto et heredibus suis, et quod ipse prior et successores sui habeant imperpetuum custodiam, tam de terra illa quam de heredibus ipsius Walteri, sicut accidet de herede in heredem, quietam de ipso Roberto et heredibus suis imperpetuum. Et pro hac recognitione et concessione, fine et concordia predictus prior remisit et quietumclamavit de se et[a] successoribus suis eidem Roberto et heredibus suis omnes expensas et omnia dampna que idem prior habuit per deforciamentum quod predictus Robertus ei fecit de predicta custodia.

a. heredibus *deleted* B.

The similarities between this final concord and the preceding one are striking. Perhaps the scribe, in error, copied the original twice; perhaps wording omitted from, or mistakes found made in the first copy were deemed significant enough for it to be copied again, although why the preceding document was not struck through or erased is open to question; or the differences do relate to two separate final concords, even though the justices, who are the same in both, would have been in two places at once if the dating clause is correct. Robert le Vavasour could be the son of William le Vavasour who confirmed the gift of one and a half carucates of land in Yeadon that was the gift of Robert son of Mauger [le Vavasour] (*EYC*, vii, p. 167; *ibid.*, iii, no. 1873). Therefore it is not implausible that the land referred to in the charter above is the same, and that as the lord of the land the canons acquired the wardship of any tenants, in this case the heir of Walter of Yeadon. Walter of Yeadon is also of interest as he was involved in antisemitic behaviour, being 'amerced 60 marks in 1195 for taking part in the massacre of the Jews in 1193' (*EYC*, iii, p. 482). H – fo. 17r, from Bolton Cartulary, fo. 35, abstract [but could be 149 abstract]. Pd in *Yorkshire Fines, John*, pp. 97–8.

151 Final concord made between Giles Mauleverer, plaintiff, and Robert, prior of Bolton [defendant], whom John, abbot of Fountains, vouched to warranty, recognising the quitclaim by Giles to the prior of all right and claim to the rent of one mark in Hawkswick, with appurtenances, with the prior giving one mark of silver to Giles. 14 Dec. 1226, York

[fo. 44r] Hec est finalis concordia facta in curia domini regis apud Ebor' in crastinum sancte Lucie anno regni regis Henrici filii regis Iohannis undecimo coram Roberto de Veteri Ponte, Iohanne filio Roberti, Martino de Paterhill, Thoma de Multon', Briano de Insula, Willemo de Insula, Ricardo Duket iusticiariis itinerantibus et aliis domini regis fidelibus tunc ibi presentibus inter Egidium de Mauleverer petentem et Robertum priorem de Bolton' quem Iohannes abbas de Fontibus vocavit ad warrantiam et qui ei warrantizavit de unius marce redditu cum pertinentiis in Haukeswicke unde recognitio assise mortis antecessorum sumonita fuit inter predictos Egidium et [fo. 44v][a] abbatem in eadem curia, scilicet quod predictus Egidius remisit et quietumclamavit de se et heredibus suis predicto priori et successoribus suis et ecclesie sancte Marie de Bolton totum ius et clameum quod habuit in toto predicto redditu cum pertinentiis imperpetuum. Et pro hac remissione et quietaclamatione, fine et concordia idem prior[b] dedit predicto Egidio unam marcam argenti.

a. *Heading* Finalis Concordia B.   b. cur[ia] *replacing* prior H.

H – fo. 17r, from Bolton Cartulary, fo. 35, abstract, and fo. 59. Pd in *Yorkshire Fines, 1218–1231*, p. 96.

152 Final concord made between Elias of Keighley, plaintiff, represented by Ralph of Skipton, and Henry, prior of Bolton, defendant, represented by Ivo of Bolton, whereby Elias recognises the advowson of a moiety of the church of Keighley to be the right of the canons of Bolton, in return for which the canons have received the said Elias and his heirs, in singular benefices and orations, into their church in perpetuity. 29 Apr. 1263, Westminster

[fo. 44v] Hec est finalis concordia facta in curia domini regis apud Westm' a die Pasche in unum mensem anno regni regis Henrici filii regis Iohannis quadragesimo septimo coram Gilberto de Preston et Iohanne de Wyvill iusticiariis et aliis domini regis fidelibus tunc ibi presentibus inter Helyam de Kitheleg petentem, et Radulphum de Skipton positum loco suo ad lucrandum et perdendum, et Henricum priorem de Bolton tenentem, per Ivonem de Bolton positum loco suo ad lucrandum vel perdendum, de advocatione medietatis ecclesie de Kitheley unde placitum fuit inter eos in eadem curia, scilicet quod predictus Elias recognovit predictam advocationem medietatem eiusdem ecclesie cum pertinentiis esse ius ipius prioris et ecclesie sue de Bolton et illam remisit et quietumclamavit de se et heredibus suis predicto priori et successoribus suis et ecclesie sue predicte imperpetuum, et idem prior recepit[a] predictum Elyam et heredes suos in singulis beneficiis et orationibus que decetero sicut in ecclesia sua predicta imperpetuum.

a. recipit *(sic)* B.

H – fo. 17v, from Bolton Cartulary, fo. 35, abstract. Pd in *Yorkshire Fines, 1246–1272*, p. 128.

153 **Final concord made between Conan, abbot of Coverham, plaintiff, represented by William de Manfeld, cellarer, and Robert, prior of Bolton, defendant, whereby Prior Robert recognises the right of Abbot Conan to a moiety of the advowson of the church of Kettlewell, with the abbot giving one bovate, held by Eustace of Kettlewell, sixteen acres of land and half a toft in Kettlewell, which the abbey holds of the hospital of St Peter, York, paying one pound of pure incense annually, and the abbot giving 20*s*. sterling to the prior annually with the right to extract chattels from the vill of *Walletrim* to that value if the abbey has defaulted. 17 Apr. 1222, Westminster**

[fo. 44v] Hec est finalis concordia facta in curia domini regis apud Westm' a die Pasche in quindecim dies anno regni regis Henrici filii regis Iohannis sexto coram Martino de Pathull, Radulpho Harang', Stephano de Segrave, Thoma de Haiden, Roberto de Lexunton iusticiariis et aliis domini regis fidelibus tunc ibi presentibus inter Conanum abbatem de Coverham querentem, per Willelmum de Manfeld celerarium suum positum loco suo ad lucrandum et perdendum, et Robertum priorem de Bolton impedientem de advocatione medietatis ecclesie de Ketlewell unde placitum fuit inter eos in prefata curia, scilicet quod predictus prior recognovit advocationem medietatis predicte ecclesie esse ius ipsius abbatis et ecclesie sue de Coverham et illam remisit et quietumclamavit de se et successoribus suis ipsi abbati et successoribus suis imperpetuum, et pro hac [fo. 45r][a] recognitione, remissione, quietaclamatione sue et concordia idem abbas dedit et concessit ipsi priori unam bovatam et sexdecim acras terre et medietatem unius tofti cum pertinentiis in Ketlewell, scilicet unam bovatam terre quam Eustachius de Ketlewell[b] tenuit[c] et illas sexdecim acras terre quas idem abbas tenuit de hospitali sancti Petri de Ebor' cum medietate tofti quod ad illas sexdecim acras terre pertinet, scilicet versus aquilonem; habenda et tenenda eidem priori et successoribus suis et ecclesie sue de Bolton' de predicto abbate et successoribus suis et ecclesia sua de Coverham imperpetuum, reddendo inde annuatim unam libam incessi puri infra octavas translationis sancti Martini et faciendo inde forinsecum servitium quantum ad predictam bovatam terre pertinet pro omni servitio, et preterea idem abbas concessit quod ipse et eius successores dabunt singulis annis' ipse priori et successoribus suis viginti solidos sterlingorum percipiendos annuatim per manum celerarii eiusdem domus de Coverham ad duos terminos anni, scilicet medietatem ad Pentecostiam et aliam medietatem ad festum sancti Martini, et preterea idem abbas concessit quod si ipse vel eius successores vel celerarius domus sue de Coverham quicunque pro tempore fuerit celerarius defecerint insolutionem predicti viginti solidorum ad aliquem predictorum terminorum licebit eidem priori et successoribus suis destringere ipsum abbatem et successores suos per catalla in villa sua de Walletrim inventa usque ad plenam solutionem predictorum viginti solidorum.

a. *Heading* Finalis Concordia B.   b. Rilleston *replacing* Ketlewell H.   c. terra quam Eustachius de Rilleston tenuit fo. 82 *interlined in round brackets* H.

See Appendix I, nos. 1–2 for charters relating to West Marton and Ryther transcribed in Dodsworth MS 144, fo. 17v, from Bolton Cartulary, fo. 36.
H – fo. 17v, from Bolton Cartulary, fos. 35 and 82, abstract but important variations have been noted. Pd in *Yorkshire Fines, 1218–1231*, pp. 44–5.

154   Final concord made between John, prior of Bolton, plaintiff, and James of Eshton, defendant, whereby the said James recognises the manor of Appletreewick, with appurtenances, to be the right of the canons of Bolton, to be held from the king and his heirs, in free, pure and perpetual alms, with James offering warranty, with the prior giving £40 sterling to James. 8 Jul. 1300, York

[fo. 45r] Hec est finalis concordia facta in curia domini regis apud Ebor' a die sancti Iohannis Baptiste in quindecem dies anno regni regis Edwardi filii regis Henrici vicesimo octavo coram Iohanne de Metyngham, Willelmo de Bereford, Elia de Bekyngham, Petro Malorie,[a] Willelmo Huscarl[b] et Lamberto de Trikyngham[c] iusticiariis et aliis domini regis fidelibus tunc ibi presentibus inter Iohannem priorem ecclesie beate Marie de Bolton in Craven querentem et Iacobum de [fo. 45v][d] Eston impedientem de manerio de Appletreewicke cum pertinentiis unde placitum[e] warrantie carte summonitum fuit in eadem curia, scilicet quod predictus Iacobus recognovit predictum manerium cum pertinentiis esse ius ipsius prioris et ecclesie sue beate Marie predicte ut illud quod idem prior habet de dono predicti Iacobi; habendum et tenendum eidem priori et successoribus suis et ecclesie sue beate Marie predicte de domino rege et heredibus suis in liberam, puram et perpetuam elemosinam imperpetuum, et preterea idem Iacobis concessit pro se et heredibus quod ipse warrantizabit eidem priori et successoribus suis et ecclesie sue beate Marie predicte predictum manerium cum pertinentiis contra omnes homines imperpetuum. Et pro hac recognitione, warrantia, fine et concordia idem prior dedit Iacobo quadraginta libras[f] sterlingorum. Et hec concordia facta fuit per preceptum ipsius domini regis.

a. Malone *(sic)* B; Mallere H.   b. Haward G.   c. Tirkingham *(sic)* B.   d. *Heading* Finalis Concordia B.   e. fuit *deleted* B.   f. argenti *deleted* B.
Marginated: *Finis per Iacob[um] de Ashton' priori de Bolton' de manerio de Apletrewic*[g] *28 Ed. 1* (a. 28 Ed. 3 *deleted* B).

See Appendix I, nos. 3–8 for Dodsworth's transcripts of fos. 36–39 of the cartulary of Bolton Priory, relating to property in Holmpton, Staveley, Sutton, Calton and Airton, and Halton East.
G – fo. 9v. H – fo. 18r, from Bolton Cartulary, fo. 36, abstract. I – fo. 90r. Pd in *Yorkshire Fines, 1272–1300*, p. 143.

155   Memorandum concerning the descent of the custody of the hundred of Staincliff through the hands of Edmund de Lacy, earl of Lincoln, to Thomas, earl of Lancaster. 23 Jun. 1253

[fo. 45v][a] Memorandum quod sicut evidentius apparere poterit per inspectionem rotulorum de scaccario quod celebris memorie dominus Henricus quondam rex Anglie filius regis Iohannis xxiij° die Iunii anno regni sui xxxvij° concessit Edmondo de Lascy custodi hundredi de Staincliffe in comitatu Ebor' ad firmam quamdui placeret eidem domino regi tenend[o], et tam dictus Edmundus tempore suo quam Henricus de Lascy nuper comes Lincolnie defunctus qui fuit heres predicti Edmundi suo tempore a predicto die usque in diem obitus predicti Henrici habuerunt hundredum predictum sub colore concessionis predicte et nihil solverunt domino regi tunc debuissent singulis annis quadraginta marcas ad scaccarium persolvisse, et adhuc dominus Thomas comes Lancastr' dictum hundredum tenet et nihil solvit cum aliud ius non habeat nisi quod dictum est ut speratur.

a. *Heading* Placita apud Westm' B.
Marginated: *Memorand[um] quo modo wapen' de Staynclif' devenit ad possessionem comit[is] Lanc' 37 H. 3*

156 Letters patent from John concerning the deforestation of all the forest of Wharfedale. 27 Mar. 1204, Westminster

[fo. 46r]ᵃ Iohannes Dei gracia rex Anglie, dominus Hibernie, dux Norman', Aquitan', comes Andeg' archiepiscopis, episcopis, abbatibus, comitibus, baronibus, iusticiariis, forestariis, vicecomitibus, prepositis, ministris et omnibus ballivis et fidelibus suis salutem. Sciatis nos disforestasse totam forestam de Wherverdale omnino de omnibus que ad forestam et forestarium pertinent. Quare volumus et firmiter precipimus quod tota foresta de Wherverdale et homines infra illud manentes et heredes eorum sint disaforestati imperpetuum de nobis et heredibus nostris et quieti et solute de omnibus que ad forestam et forestarium pertinent. Teste: Galfrido filio Petri comite Essex,ᵇ Willelmo Marescall comite de Penebroke, Willelmo comite Warenne, Willelmo de Brat', Hugone de Nevyll, Willelmo de Brewour, Petro de Stok, Willelmo de Cantilupo. Dat' per manum S. prepositi Beverlac' et archidiaconi Well apud Westm' xxvijᵒ die Marcii anno regni nostri quinto.

a. *Heading* Pl[aci]ta apud Westm' coram prefat' iusticiar[iis] in octab[ile] sancte Trin[itat]is anno suprad[icta] B.   b. Oto filio Petri comitis Essex *(sic) misreading by scribe* B.

Simon of Wells, son of Robert *alias* de Camera, was provost of Beverley and archdeacon of Wells at this date, shortly afterwards being elected bishop of Chichester, between 4 and 9 April 1204, and consecrated 11 July (*Fasti Ecclesiae Anglicanae 1066–1300, v, Chichester*, compiled D.E. Greenway (London, 1996) p. 3; see also *Fasti Ecclesiae Anglicanae 1066–1300, vi, Salisbury*, compiled D.E. Greenway (London, 1991), p. 82). It seems most likely that Oto son of Peter, earl of Essex, is a misreading by the scribe for Geoffrey fitz Peter, who had livery of the lands before Easter 1190, although he was not styled earl of Essex until 1199, dying on 14 October 1213; see *Complete Peerage*, v, pp. 122–5.

157 Final concord made between John son of Robert of Eshton and Adeline his wife, plaintiffs, represented by Robert de Stanford, and Thomas son of William Grandorge, deforciant, whereby the said John recognises the manor of Eshton, with appurtenances, to be the right of Thomas by the gift of the said John, in return for which Thomas gave the said manor, with appurtenances, to John and Adeline and the heirs of their bodies, of the chief lord of the fee by service, with reversion to the heirs of John, to be held in the same way. 6 Oct. 1313

[fo. 46r]ᵃ Hec est finalis concordia facta in curia domini regis apud Westm' in octavas sancti Michaelis anno regni regis Edwardi filii regis Edwardi septimo coram Willelmo de Weceford', Lamberto de Trikingham, Iohanne de Gensted, Henrico de Scrop', Willelmo Inge et Iohanne Gacun' iusticiariis et aliis domini regis fidelibus tunc ibi presentibus inter Iohannem filium Roberti de Esheton' et Adlinam uxorem eius querentes, per Robertum de Stanford positum loco ipsius Adline ad lucrandum vel perdendum, et Thomam filium Willelmi Greindorge deforciantem de manerio de Eshton in Craven cum pertinentiis unde placitum conventionis summonitum fuit inter eos in eadem curia, scilicet quod predictus Iohannes recognovit predicto manerio esse ius ipsius Thome ut illud quod idem Thomas habet de dono predicti

Iohannis, et pro hac recognitione, fine et concordia idem Thomas concessit predictis Iohanni et Adline predictum [fo. 46v]^b manerium cum pertinentiis et illud eis reddidit in eadem curia, habendum et tenendum eisdem Iohanni et Adline et heredibus quos idem Iohannes de corpore ipsius Adline procreaverit de capitalibus dominis feodi illius per servitia que ad illud manerium pertinent imperpetuum, et si contingat quod predictus Iohannes obierit sine herede de corpore ipsius Adline procreato tunc post decessos^c ipsorum Iohannis et Adline predictum manerium cum pertinentiis integre remanebit rectis heredibus ipsius Iohannis, tenendum de capitalibus dominis feodi illius per servitia que ad illud manerium pertinet imperpetuum.

a. *Heading* Finalis Concordia B.   b. *Heading* Finalis Concordia B.   c. decessorum *(sic)* B.

H – fo. 19r, from Bolton Cartulary, fo. 39, abstract.

158 Final concord made between Robert of Eshton, plaintiff, and John of Eshton, defendant, whereby John recognises the manor of Eshton to be the right of Robert by his gift, in return Robert gives John the said manor except for seventy-seven acres of land and three acres of meadow, of which ten acres lie in a field called *Butterhole*, thirteen acres lie in a field called *Langelandes*, seven acres of land lie in a field called *Goldidale*, twelve acres of land lie in a field called *Sulfursouch*, twelve acres lie in a field called *Wadlandes*, three acres lie in a field called *Scalestead*, ten acres lie in a field called *Ternbusk*, ten acres lie in a field called *Teneflates* and three acres lie in a meadow called *Daucker*, paying 1*d.* annually. 14 Jan. 1272, Lincoln

[fo. 46v] Hec est finalis concordia facta in curia domini regis apud Lincoln' in crastino sancti Hillarii^d anno regni regis Henrici filii regis Iohannis quinquagesimo sexto coram Radulfo abbate de Croyland, Gilberto de Preston, Willelmo de Weland, Walton de Helyun' et Iohanne de Oketon' iusticiariis itinerantibus et aliis domini regis fidelibus tunc ibi presentibus inter Robertum de Eshton' querentem^b et Iohannem de Eshton deforciantem de manerio de Eshton' cum pertinentiis unde placitum conventionis summonitum fuit inter eos in eadem curia, scilicet quod predictus Iohannes recognovit predictum manerium cum pertinentiis esse ius ipsius Roberti ut illud quod Robertus habet de dono ipsius Iohannis, et pro hac recognitione, fine et concordia idem Robertus concessit predicto Iohanni predictum manerium cum pertinentiis exceptis sexaginta et decem et septem acris terre et tribus acris prati cum pertinentiis in eodem manerio de quibus decem acris^c terre cum pertinentiis iacentibus in campo qui vocatur Butterhole inter terram abbatis Fouynays, tres decem acris cum pertinentiis iacentibus in campo qui vocatur Langelandes inter terram eiusdem abbatis, septem acris terre cum pertinentiis iacentibus in campo qui vocatur Goldidale inter terram eiusdem abbatis, duodecim acris terre cum pertinentiis iacentibus in campo qui vocatur Sulfursouch inter terram eiusdem abbatis, duodecem acris terre cum pertinentiis iacentibus in campo qui vocatur Wadlandes inter terram ipsius abbatis, tres acris terre cum pertinentiis iacentibus in campo qui vocatur Scalestead in terram ipsius abbatis, decem acris terre cum pertinentiis iacentibus in campo qui vocatur Ternbusk inter terram eiusdem abbatis, decem acris terre cum pertinentiis iacentibus in campo qui vocatur Teneflates inter terram eiusdem abbatis, et tres acris prati cum pertinentiis iacentibus in prato qui vocatur Daucker inter pratum ipsius abbatis, habenda et tenenda eidem Iohanni de predicto Roberto et heredibus suis tota vita ipsius Iohannis, reddendo inde^d per annum unum denarium ad^e natalem domini pro omni servitio, consuetundine, exactione ad predictum Robertum et heredes suos pertinentibus et faciendo inde capitalibus dominis feodi illius pro predicto Roberto et heredibus suis omnia illa servitia que ad predictum manerium pertinent tota vita ipsius Iohannis.

a. Hillorii *(sic)* B.   b. tenentem *replacing* querentem H.   c. acre *(sic)* B.   d. anuatim *deleted* B.   e. at *(sic)* B.

For charters relating to Holderness transcribed by Dodsworth from fos. 41–51 of the cartulary of Bolton Priory but not found in the Coucher Book see Appendix I, nos. 9–17.
H – fo. 19v, from Bolton Cartulary, fo. 40, abstract. Pd in *Yorkshire Fines, 1246–1272*, p. 181.

Nos. 159–171 concern the legal proceedings made by the four parties claiming hereditary right to the lands which reverted to the crown upon the death of Aveline, daughter of William de Forz III and Isabella, resulting in the victory of John of Eshton, and the subsequent exchange of lands. The petition was presented in Michaelmas term 1276, and an inquisition was held on 28 June 1277.

159 **Claim by John of Eshton to Edward I to lands and tenements which had been held by Aveline, daughter of William de Forz [III], excepting the lands and tenements which had descended to Aveline by the deaths of Aveline, grandmother of the aforesaid Aveline, and Richard de Montfichet, tracing the hereditary descent of the lands. [Michaelmas 1276x28 Jun. 1277]**

[fo. 47r][a] Iohannes de Eshton petit quod dominus rex reddat ei omnes terras et tenementa cum pertinentiis de quibus Avelina filia Willelmi de Fortibus quondam[b] comitis[c] Albemarlie que de domino rege tenuit in capite fuit seisita in dominico suo vel de feodo die quo obiit exceptis terris et tenementis que ipsi Avelina descenderunt per decensum cuiusdam Aveline, avie predicte Aveline et except[is] quibusdam terris et tenementis que ei descenderunt per mortem Ricardi de Montfichet tanquam propinquiori herede ipsius Aveline et ius suum etc., et que per mortem predicte Aveline devenerunt ad manus domini regis etc., et unde dicit quod quidam Willelmus le Gros antecessor suus fuit seisitus in dominico suo ut de feodo et iure tempore Henrici regis avi domini regis Henrici patris domini regis nunc cap' explet' etc. de quo Willelmo descend[it] ius quibusdam Hauwise et Avicie ut filiabus et heredibus ipsius Willelmi, et de predicta Hauwisa descend[it] ius propartis sue cuidam Willelmo ut filio et herede et de predicto Willelmo cuidam Willelmo ut filio et herede et de ipso Willelmo cuidam Iohanni ut filio et herede, et de ipso Iohanne quia obiit sine herede de se cuidam Thome ut fratri et herede et de ipso Thoma quia obiit sine herede de se cuidam[d] Willelmo ut fratri et herede, et de ipso Willelmo quia obiit sine herede de se quibusdam Avicie et Aveline ut sororibus et heredibus, et quia predicta Avicia obiit sine herede de se descend[it] ius propartis[e] sue predicte Aveline, et quia predicta Avelina obiit sine herede de se revertebatur ius predicte Aveline sorori predicte Hauwise, et de predicta Avicia cuidam Constancie ut filie et herede, et de ipsa Constancia cuidam Ranulpho ut filio et herede, et de ipso Ranulpho cuidam Iohanni ut filio[f] et herede, et de ipso Iohanne, scilicet Iohanni ut filio et herede qui nunc petit.

a. *Heading* Coram domino rege et concilio suo apud Westm' a die sancti Michaelis in xv dies anno regni regis sui quarto B.   b. tenuit *deleted* B.   c. comes *(sic)* B.   d. cuiadam *(sic)* B.   e. proparcis *(sic)* B.   f. filia H.
Marginated: *Iohannes de Eshton' petit hereditamenta comitis Albemarli de rege E. 1º anno regni 4.*

H – fo. 22r–22v, from Bolton Cartulary, fo. 46. Pd in *Rot. Parl.*, i, p. 348.

160 Note concerning the claim of John le Vindrent.

[fo. 47r] Apres le peticione le dit sire Johan le Vindrent autres e demanderent acunes terres que furent a la dit dame Aveline[a] si com il piert[b] par lour peticiones que ensuint.[c]

a. *10mm gap* B.   b. pert H.   c. Apres le peticione … peticiones que ensuint *indented c.15mm* B.

H – fo. 23r.

161 Note.

[fo. 47r] Hoc legendum est ubi stat' nota suprascripta folio verso.

162 Family tree.

[fo. 47v]

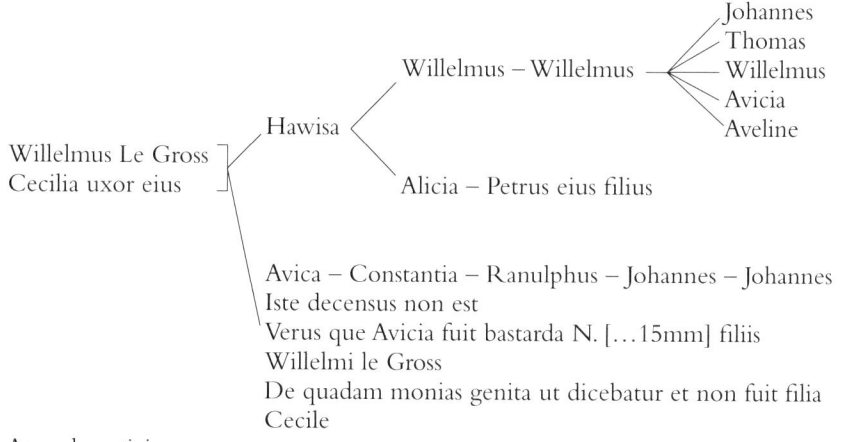

```
                                              ┌ Johannes
                                              │ Thomas
                   ┌ Willelmus – Willelmus ───┤ Willelmus
                   │                          │ Avicia
                   │ Hawisa                   └ Aveline
Willelmus Le Gross ┤
Cecilia uxor eius  │
                   └ Alicia – Petrus eius filius


Avica – Constantia – Ranulphus – Johannes – Johannes
Iste decensus non est
Verus que Avicia fuit bastarda N. […15mm] filiis
Willelmi le Gross
De quadam monias genita ut dicebatur et non fuit filia
Cecile
```

Apres la peticione

a. *Heading*: Apletrewick B; Philipus *deleted* B.

163 Claim by Philip de Wyvelsby to Edward I for all those lands and tenements which John [of Eshton] claims, excepting lands in Cockerham, Rudston, Allerdale and Skipton which Aveline held, tracing the hereditary descent of the lands. [Michaelmas 1276x28 Jun. 1277]

[fo. 47v] Philippus de Wiuelesbie[a] petit quod dominus rex reddat ei omnes predictas terras et tenementa que predictus Iohannes petit exceptis terris et tenementis[b] de Cokerame,[c] Rodestona, Alredale et Skipton de quibus predicta Avelina fuit seisita in dominico suo ut de feodo die quo etc. tanquam propinquiori hered[e] ipsius Aveline et ius suum etc., et que per mortem predicte Aveline devenerunt ad manum domini regis etc., et unde dicit quod quidem Stephanus antecessor suus fuit seisitus etc. tempore predicti Henrici regis avi regis H. patris domini regis nunc cap' explet' etc. de quo Stephano descendit ius[d] cuidam Willelmo ut filio et herede et de ipso

Willelmo cuidam Hauwis[ie] ut filie et herede et de ipsa Hauwisa cuidam Willelmo ut filio et herede, et de ipso Willelmo cuidam Willelmo ut filio et herede, et de ipso Willelmo cuidam Iohanne ut filio et herede, et de ipso Iohanne quia obiit sine herede de se cuidam Thome ut fratre et herede et de ipso Thome quia obiit sine herede de se cuidam Willelmo ut fratri et herede et de ipso Willelmo quia obiit sine herede de se quibusdam Avicie et Aveline ut sororibus et heredibus, et quia predicta Avicia obiit sine herede de se descendit ius propartis sue predicte Aveline, et quia predicta Avelina obiit sine herede de se revertebatur ius cuidam Ingramo filio predicti Stephani et fratri predicti Willelmi primi, et quia predictus Ingramus obiit sine herede de se descendit ius cuidam Simoni ut fratri et herede, et de ipso Simone cuidam Anne ut filie et herede, et de ipsa Anna cuidam Iohanni ut filio et herede et de ipso Iohanne quia obiit sine herede de se cuidam Willelmo ut fratri et herede et de ipso Willelmo cuidam Reginaldo ut filio et herede, et de ipso Reginaldo quia obiit sine herede de se isti Philippo qui nunc petit ut fratri et herede, [fo. 48v]^c et quia predictus Philippus bene dedicit quod predictus Willelmus le Gross' de cuius seisina predictus Iohannes de Estona narrat nullam habuit filiam Aviciam nomine de qua idem Iohannes facit mentionem in narratione descentionis sue, et de hoc ponit se super p[at]riam' et predictus Iohannes similiter ideo fiat inde monstra.^f

a. Wynelesby H.   b. maneriis *replacing* tenementis H.   c. Cokerume H.   d. eiusdem *deleted* B.   e. *Heading* Apletrewick B.   f. iurata *replacing* monstra H.

The abbreviation used by the scribe of the Coucher Book for 'quia' is unusual.
H – fo. 23r.

164 Claims by Walter de Fauconberg and Agnes his wife, Marmaduke of Twing and Lucy his wife, Margaret widow of Robert de Ros, John de Bella Aqua and Ladarena his wife, and John de Mumyngham to Edward I for all those lands and tenements which Philip [de Wyvelsby] claims, tracing the hereditary descent of the lands. [Michaelmas 1276x28 Jun. 1277]

[fo. 48r] Walterus de Faucunberge et Agnes uxor eius, Marmaducus de Tweng' et Lucia uxor eius, Margaret[a] que fuit uxor Roberti de Ros, Iohannes de Bella aqua et Ladarena uxor eius et Iohannes de Mumyngham^a petunt quod dominus rex reddit^b eis omnes predict[a] terras et tenementa que predictus Philippus^c petit de quibus predicta Avelina fuit seisita in dominico suo etc. tanquam propinquiori hered[e] ipsius Aveline ut ius suum etc., et que per mortem predicte Aveline devenerunt ad^d manum domini regis, et unde dicunt quod quidem Stephanus antecessor ipsarum Agnet', Lucie, Margarete, Ladarene et predicti Iohannis fuit seisitus in dominico suo etc. tempore predicti regis H. avi^e cap[iendo] inde explet'^f etc. de quo Stephano descendit ius cuidam Willelmo ut filio et herede et de ipso Willelmo cuidam Hauwis[e] ut filie et herede et de ipsa Hauwisa cuidam Willelmo ut filio et herede Et de ipso Willelmo cuidam Willelmo ut filio et herede et de ipso Willelmo cuidam Iohanni ut filio et herede, et de ipso Iohanne quia obiit sine herede de se cuidam Thome ut fratri et herede, et de ipso Thome quia obiit sine herede de se cuidam Willelmo ut fratri et herede et de ipso Willelmo quia obiit sine herede de se quibusdam Avicie et Aveline ut sororibus et heredibus et quia predicta Avicia obiit sine herede de se descendit ius propartis sue predicte Aveline, et quia predicta Avelina obiit sine herede de se revertebatur ius cuidam Alicie^g filie predicte Hauwise et sorori predicti Willelmi primi avi predicte Aveline et quia predicta Alicia obiit sine herede de se [fo. 48v]^h revertabatur ius cuidam Ingramo filio predicti Stephani et fratri predicti

Willelmi primi, et de ipso Ingramo quia obiit sine herede de se quibusdam Agnete et Matilde et Alicie sororibus et heredibus, et quia predicta Alicia obiit sine herede de se descendit ius propar[tis] sue predictis Agnete et Matilde, et de ipsa Agnet[e] descendit ius propar[tis] sue cuidam Adamo filio et heredi, et de ipso Adamo[i] cuidam Petro ut filio et herede, et de ipso Petro cuidam Petro ut filio et herede et de ipso Petro quia obiit sine herede de se cuidam Iohanni ut fratri et herede, et de ipso Iohanne quia obiit sine herede de se quibusdam Iohanne, Isabelle, Agnete, Alicie, Margarete, Lucie, Aveline, Margarete et Larder[i]ne ut filiabus et heredibus, et quia predict[e] Iohanna, Isabella et Avelina obierunt sine hered[ibus][j] de se et predict[e] Alicia et Margarete habitum religionis susceperunt et in ordine de Simplingham in domo de Warton[k] professe fuerunt descendit ius propartis sue ipsarum Iohanne, Isabelle, Aveline, Alicie et[l] Margerie predictis Agnete, Lucie, Margarete et Landarene que nunc petunt ut sorores[m] etc., et de predicta Matilda descendit ius propartis sue cuidam Iohanne ut filio et herede, et de ipso Iohanne cuidam Alardo ut filio et herede, et de ipso Alardo isti Iohanni ut filio et herede qui nunc petit, et predicti Walterus, Agnes, Marmaducus, Lucia, Margareta, Iohannes et Lardarena bene dedicunt quod predictus Willelmus le Grose de cuius seisina predictus Iohannes de Eston narrat nullam habuit filiam Aviciam nomine de qua idem Iohannes facit mentionem in narratione descensionis sue et similiter dedicunt quod predictus Stephanus de cuius seisina predictus Philippus narrat nullam habuit filium Simonem nomine de quo idem Philippus facit mentionem in narratione sue, et de hoc ponit se super p[at]riam, et predicti Iohannes et Philippus similiter Ide' fiat inde iurata ita quod primo inquiratur si talis esset Avic' etc., et quia antecessor predicti Iohannis de Symingham de quibus facit mentionem in narratione sua non fuerunt ad fidem regis Angl' dictum est ei quod non audiet in peticione sua et postea remisit idem Iohannes de Syningham et quietumclamavit de se et heredibus suis domino regi et heredibus[n] suis totum ius si quod habuit in predictis terris imperpetuum etc.

a. Sunyngham H.   b. reddat *(sic)* B.   c. Philippus *omitted* H.   d. etc. Et que per mortem predicte Aveline devenerunt ad *omitted* H.   e. regis Henrici patris regis nunc *inserted* H.   f. ad valentiam *inserted* H.   g. cuidam *interlined* B.   h. *Heading* Apletrewick B.   i. Ada descendit ius *replacing* Adamo H.   j. hered' *omitted* H.   k. Walton H.   l. Margarete *deleted* B.   m. sororibus et heredibus H.   n. domino regi et heredibus suis *omitted* H.

H – fos. 24r–25r.

165 Family tree.

[fo. 49v][a]

Genealogical Diagram

Willelmus puer de Egremond qui obiit infra etatem de quo nihil

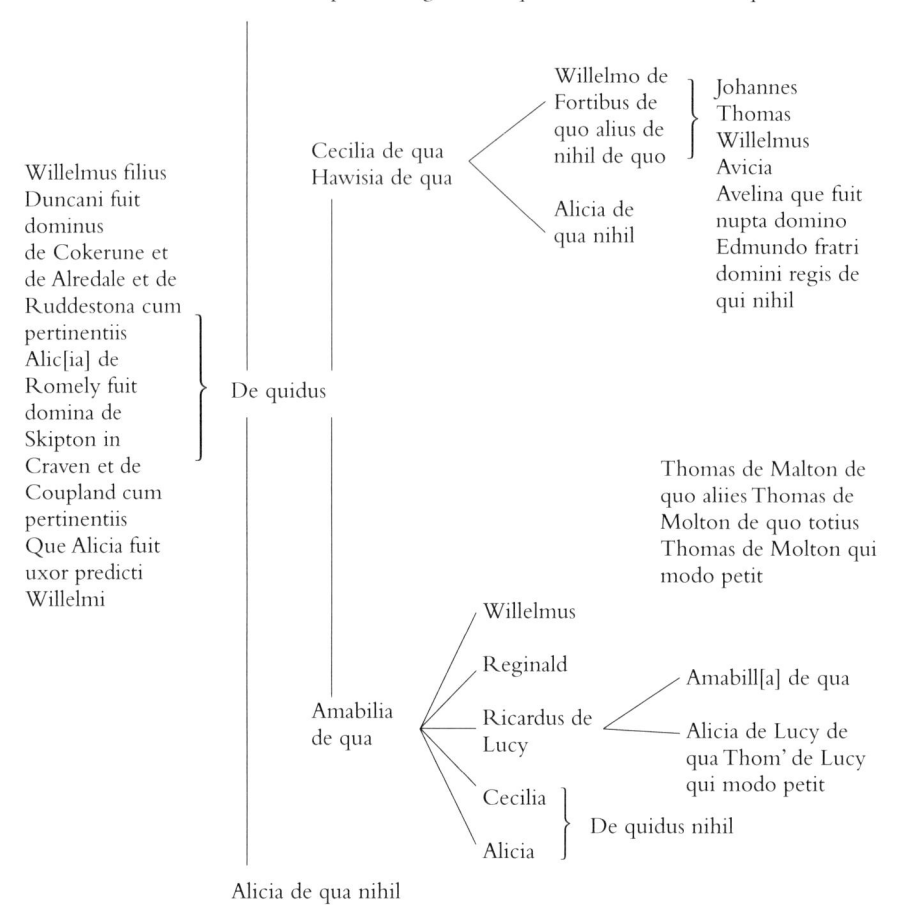

- Willelmus filius Duncani fuit dominus de Cokerune et de Alredale et de Ruddestona cum pertinentiis Alic[ia] de Romely fuit domina de Skipton in Craven et de Coupland cum pertinentiis Que Alicia fuit uxor predicti Willelmi

De quidus:
- Cecilia de qua Hawisia de qua
  - Willelmo de Fortibus de quo alius de nihil de quo
    - Johannes
    - Thomas
    - Willelmus
    - Avicia
    - Avelina que fuit nupta domino Edmundo fratri domini regis de qui nihil
  - Alicia de qua nihil
- Thomas de Malton de quo aliies Thomas de Molton de quo totius Thomas de Molton qui modo petit
- Amabilia de qua
  - Willelmus
  - Reginald
  - Ricardus de Lucy
    - Amabill[a] de qua
    - Alicia de Lucy de qua Thom' de Lucy qui modo petit
  - Cecilia
  - Alicia
  De quidus nihil

Alicia de qua nihil

a. *Heading* Apletrewick B.

H – fos. 25v–26v.

166 Claim by Alice de Lucy and Thomas de Moulton to Edward I for all the lands and tenements in Cockerham, Rudston and Allerdale which Aveline held, tracing the hereditary descent of the lands. [Michaelmas 1276x28 Jun. 1277]

[fo. 49r] Alicia de Lucy et Thomas de Molton' petunt quod dominus rex reddat eis terras et tenementa de Cokerume, Rodestona et Alredale de quibus predicta Avelina fuit seisita in dominico suo etc. ut ius suum, et que per mortem predicte Aveline devenerunt ad manum regis etc., et unde dicunt quod quidem Willelmus filius Dunkani antecessor predict[orum] Alicie et Thome fuit seisita in dominico suo etc. tempore predicti H. regis avi etc. cap[iendo] inde explet' etc. de quo Willelmo descendit ius cuidam Willelmo ut filio et herede, et de ipso[a] quia obiit sine hered[e] de se quibusdam C[ec]elie quam predictus Willelmus le Gros despons' Amabill[ie] et Alic[ie] ut sororibus et heredibus, et quia predicta Alicia obiit sine herede de se descendit ius propart[is] sue predictis Cecilie et Amabill[ie] et de predicta Cecilia descendit ius propartis sue cuidam Hawis[ie] ut filie et herede de predicto Willelmo et ipsa procreat[ur], et de ipsa Hawis[ia] cuidam Willelmo ut filio et herede et de ipso Willelmo[b] cuidam Willelmo ut filio et herede, et de ipso Willelmo cuidam Iohanni ut filio et herede, et de ipso Iohanne quia obiit sine herede de se cuidam Thome ut fratri et herede, et de ipso Thoma quia obiit sine herede[c] cuidam Willelmo ut fratre et herede, et de ipso Willelmo quia obiit sine herede quibusdam Amicie et Aveline ut sororibus et heredibus, et quia predicta Amicia obiit sine herede de se descendit ius propartis sue predicte Aveline, et quia predicta [fo. 49v][d] Avelina obiit sine herede de se revertebatur ius cuidam Alicie filie predicte Hawisie ut sorori predicti Willelmi avi predicte Aveline, et quia predict[a] Alicia obiit sine herede de se revertebatur ius predicte Amabill[ie] sorori et herede predicte Cecilie, et de ipsa Amabill[ie] cuidam Willelmo ut filio et herede, et de ipso Willelmo quia obiit sine herede de se cuidam Regin[aldo] ut fratri et herede, et de ipso Regin[aldo] quia obiit sine herede de se cuidam Ricardo fratr[e] et herede et de ipso Ricardo quibusdam Amabill[ie] et Alic[ie] que nunc petunt ut fil[iabus] et hered[ibus], et de ipsa Amabill[ia] isti Thome[e] ut filio qui nunc petit et herede.

a. Willelmo *inserted* H.   b. cuidam Willelmo ut fil[io] et hered[i] et de ipso Willelmo *repeated* B.   c. de se descendit ius *inserted* H.   d. *Heading* Apletrewick B.   e. qui *deleted* B.

H – fo. 27r–27v. Pd in *Rot. Parl.*, i, pp. 348–9.

167 Further claim by Alice [de Lucy] and Thomas [of Moulton] to Edward I for the manor of Skipton which Aveline held, tracing the hereditary descent of the manor. [Michaelmas 1276x28 Jun. 1277]

[fo. 49v] Iidem Alicia at Thomas petunt quod dominus rex reddat[a] eis manerium de Skipton' cum pertinentiis de quo predicta Avelina obiit seisita etc. tanquam propinquior' hered[ibus] etc., et unde dicunt quod quedam Alicia quam predictus Willelmus filius Duncani duxit in uxorem fuit seisita in dominico suo etc. tempore reg[is][b] ut supra cap[iendo] inde explet' etc. de qua Alicia descendit ius predicto Willelmo ut filio et herede, et de ipso Willelmo quia obiit sine herede de se predictis Cecilie et Amabillie et Alicie ut sororibus et heredibus et extunc faciend[o] mentionem descens[ionis] sue de gradu in gradum ut proximo sequitur.

a. *second* d *interlined* B.   b. H. *inserted* H.

H – fos. 27v–28r. Pd in *Rot. Parl.*, i, p. 349.

168 Refutation by Alice [de Lucy] and Thomas [de Moulton] of the claim by John of Eshton that Hawise had a sister by the name of Avice. [Michaelmas 1276x28 Jun. 1277]

[fo. 49v] Et predicti Alicia et Thomas bene dedicunt quod predicta Hawisa de qua predictus Iohannes de Eston' facit mentionem in narratione sua nullam habuit sororem Aviciam nomine de qua fit mencio ut supra. Et de hoc pon[it] se super p[at]riam et predictus Iohannes similiter ideo fiat inde iurata.

H – fo. 28r. Pd in *Rot. Parl.*, i, p. 349.

169 Order that Nicholas de Stapleton, Philip de Wyvlesby and Thomas de Normanville make an inquisition by twenty-four men, twelve of them

knights, of the counties of York and Lincoln. [Michaelmas 1276x28 Jun. 1277]

[fo. 49v] Et mandatum est Nicholao Stapleton', Philippo de Wyleby et Thome de Normanvill quod per sacramentum viginti quatuor militum quam aliorum proborum et legalium hominum de comitatibus Ebor' et Lincoln' de quibus xij sunt milites glad[iis] cincti per quos etc. et qui nec etc. diligenter inquirere etc. et inquisitionem inde factam remittant etc. et dominus rex per hoc certificetur cui vel quibus respondere debeat, et mandatum est vicecomiti quod ad diem et locum quos predicti Nicholaus, Philippus et Thomas ei scire fac' venire faciant tot et tales etc.

On 10 and 13 November 1275 Thomas de Normanville, together with Richard Holebrok and Ralph Sandwick, was appointed as steward of various royal lands (*HBC*, p. 76). Presumably this occurred before the victory of John of Eshton, therefore the High Sheriff of Yorkshire was probably Alexander de Kirketon, who held that post between 1274 and 1278 (*Lord Lieutenants*, p. 60).
H – fo. 28r. Pd in *Rot. Parl.*, i, p. 349.

170 Note concerning the success of the claim to the lands of Aveline, daughter of William de Forz [III], count of Aumale, and Isabella, and of the grant of lands and the manor of Appletreewick to John [of Eshton] by Edward I.

[fo. 50r]ª Et aremembrer qe apres la mort' dame Avelin file' et air Willam de Force Count de Aumarle e Isabell' famme le dit count la quel Avelin fut espouse a sire Edmund Count de Lancastre fiz le rei Henr' le rei Edward seise tottes les terres le dit Avelin du sa main cum eschet issuit qe per processe tens diverse gens pleideret pur le dit irruage e par lour son plaider perderent et Sir Jon de Eston' […15mm] les auters pleida a q' le rei Edward' dona pur son droit cent liveres de tres en diverses loues ent' lett queles tres il dona la maner de Appletrewicke oue les appertenaunces si cun il pert par la chart' le di roi que ensuit.ᵇ

a. *Heading* Apletrewick B.   b. Et aremembrer qe … Roi que ensuit *indented c.10mm* B.

171 Confirmation by Edward I to John of Eshton of the manor of Thornton next to Pickering, the hamlets of Appletreewick with the capital messuage and half a carucate of land, Broughton, Bradley, the lake at Eshton, ten acres of land called *Simonesflat* and three acres of wood in Elsey near Eshton, in lieu of the lands which John had claimed by hereditary right after the death of Aveline de Forz and had returned to the crown. 7 Nov. 1278, Westminster

[fo. 50r] Edwardus Dei gracia rex Anglie, dominus Hibernie et dux Aquitanie archiepiscopis, episcopis, abbatibus, prioribus, comitibus, baronibus, iusticiariis, vicecomitibus, prepositis, ministris et omnibus ballivis et fidelibus suis salutem. Sciatis nos concessisse et hac carta nostra confirmasse dilecto nobis Iohanni de Aston manerium nostrum de Tornetonª iuxta Pickeringe cum omnibus pertinentiis suis una cum homag[iis] et servit[iis] quatuor feodorum milit[um] pertinentibus ad idem manerium et quod extenditur ad sexaginta et septem libr[as] et hamlettum de Appletrewicke quod est membrum castri nostri de Skipton in Craven cum capitale mesuagio et dimidia carucata terre cum pertinentiis in eadem villa quod extendit[ur] ad sex decem libr[as], duodecem solid[os] et sex denarios et hamlettum de Broughton' quod est membrum eiusdem castri cum omnibus pertinentiis suis, et quod extendit[ur] ad tresdecem libras duos solidos et decem denarios exceptis sectis librorumᵇ hominum facient sectam ad curiam nostram de Skipton quas quidem sectas nobis et heredibus nostris volumus remanere [fo. 50v] et hamlettum de Bradley quod est membrum eiusdem castri, et quod extenditur ad viginti et tres solidos salvis nobis liberis tenentibus nostris sectam ad predictam curiam nostram de Skipton' facientibus et lacum de Aston' qui extenditur ad triginta solidos et decem acr[as] terre que vocantur Simonesflat' cum quadam platam prati que extenditur ad novem solidos et octo denarios. Et insuper tres acras bosci in Eilshou versus Aston; habend[a] et tenend[a] eidem Iohanni et heredibus suis de nobis et heredibus nostris [...60mm]^c in valorem cent librarum terre quas eidem Iohanni concessimus pro iure hereditario quod habere clamabat in comitatu Albemarlie et in omnibus terris et tenementis in Anglia, Normania et alibi que fuerunt Aline de Fortibus et antecessorum suorum quorumcunque et quo idem Iohannes de se et heredibus suis nobis et heredibus nostris et corone nostre Anglie remisit et quietumclamavit unacum dotibus cum acciderint feodis militu[m] advocationibus ecclesiarum et etiam advocationibus domorum religiosarum et cum communibus aliis pertinentiis suis que ad ipsum Iohannem vel heredes suos inde qualitercunque spectare possint vel poterint in futurum. Ita quod idem Iohannes et heredes sui faciant inde nobis et heredibus nostris servicium feodi unius militis pro omni servitio sectis, exactione et demanda quacunque. Quare volumus et firmiter precipimus pro nobis et heredibus nostris quod predictus Iohannes de Aston et heredes sui habeant et teneant predictum manerium de Torneton una cum predictis membris castri nostri de Skipton et terris et tenementis predictis et cum predictis tribus acris bosci in valorem centum librarum terre quas eidem Iohanni concessimus pro iure hereditario quod habere clamabat in comitatu Albemarlie et in omnibus terris et tenementis in Anglie, Normania et alibi que fuerant Aline de Fortibus et antecessorum suorum quorumcunque et que idem Iohannes de se et heredibus suis nobis et heredibus nostris et corone nostre Anglie remisit et quietumclamavit una cum dotibus cum acciderint feodi milit[is] [fo. 51r] et advocationibus ecclesiarum et etiam advocationibus domorum religiosarum et cum omnibus aliis pertinentiis suis que ad ipsum Iohannem vel heredes suos inde qualitercunque spectare possint vel poterunt in futurum. Ita quod idem Iohannes et heredes sui faciant inde nobis et heredibus nostris servicium feodi unius militis pro omni servitio sectis, exactionibus, demandis quacunque sicut predictum est. Hiis testibus: venerabilibus patribus Godefrido Wigor', Thoma Hereford et Willelmo Norwicen' episcopis, Edmundo fratre nostro, Willelmo de Valencia avunculo nostro, Edmundo comite Cornub', Willelmo comite Warr[wik'],^{d} Rogero Mortuomar', Roberto de Tibetoft', [...40mm] Stephano de Eden, Thoma de Normonvill, Hugone filio Othonis^e et aliis. Dat' per manum nostram apud Westm' vij^o die Novembris anno regni regis Edwardi filii regis Henrici sexto.

a. e *altered to* t B.   b. liborum *(sic)* B.   c. 8 xs fill ...60mm B.   d. Warrant' *(sic)* B.   e. Octonis *(sic)* B.
Marginated [fo. 50r]: *Carta regis Edwardi primi Iohanni de Eshton' de maneriis et hamlett' sequent' anno regni sui 6; Manerium de Thornton in Pickering lith'; Hamlettum de Apletrewiek' membrum castri de Skipton' cum capitale messuagio et 4 bovatis terre; Hamlettum de Broughton' membrum etc.*
Marginated [fo. 50v]: *Hamlettum de Bradley membrum etc.; Lacum de Asheton'; Symon Flatt; Elsoo 3 acr[is].*

Although the Coucher Book and Dodsworth MS 83 both state the date of this charter is 7 November 1278, Dodsworth MS 144 records the date as 12 November 6 Edward 1, i.e. 12 November 1278, probably a scribal error. William, earl of Warenne *alias* earl of Surrey, is not a possible option for the scribal error for the seventh witness for at this date the earldom was held by John de Warenne. It seems most likely that this witness was actually William Beauchamp, earl of Warwick, for he paid homage 9 February 1268 and did not die until 5 or 9 June 1298. 'Hugone filio Octonis', is likely to have been Hugh fitzOtho who was one of the stewards of the household of Edward I, with his accession to office occurring in 1274 and his demission probably occurring 4 February 2183, shortly before his death, which was *c.* 11 April 1283. For a brief history of the manor of Thornton see *Victoria History of the County of Yorkshire: North Riding*, 2 vols., ed. W. Page (London, 1914–25), ii, pp. 493–5.

G – fo. 9r, from the original at Skipton Castle, 1646. H – fo. 29v, from Bolton Cartulary, fo. 56, partial copy

172 Note concerning wood in the forest at Barden for the maintenance of a mine and a mill at Appletreewick.

[fo. 51r] A ceo fet aremembrer qe pur ceo qe la mineri de Appeltrewicke [...15mm] done a le dit Sire Jon le reo le dona pur le sustenaunce de la det mineri dicius' acres de boise en la boise de Berden et pur sustenaunce de le molin de Apletrewicke si cum il per par le charter qe ensuit.[a]

a. A ceo fet ... charter qe ensuit *indented c.10mm* B.

173 Letters patent from Edward I confirming to John of Eshton two acres of wood, with appurtenances, in Barden, in the king's forest of Skipton, for the maintenance of his mill and mine at Appletreewick. 18 Nov. 1280, Westminster

[fo. 51r] Edwardus Dei gracia rex Anglie, dominus Hibernie et dux Aquitanie omnibus ad quos presentes littere pervenerit salutem. Sciatis nos concessisse quantum in nobis est dilecto et fideli nostro Iohanni de Eston illas duas acras bosci cum pertinentiis in bosco nostro de Barden qui est infra forestam[a] nostram de Skipton' in comitatu Ebor' quas idem Iohannes ex assignatione dilecti et fidelis nostri Thome de Normanvill senescalli nostri per preceptum nostrum tenet ad sustentationem molendini sui et minere sue de Appeltreeweeke; habendu[m] et tenend[um] eidem Iohanni et heredibus suis de nobis et heredibus nostris ad sustentationem molendini sui et [fo. 51v][b] minere[c] sue predictorum. In cuius rei testimonium has litteras nostras fieri fecimus patentes. Teste me ipso apud Westm' decimo octavo die Novembris anno regni nostri octavo [...10mm] per petitionem de consilio.

a. de *deleted* B.   b. *Heading* Apletrewick B.   c. mineri *(sic)* B.

C – fo. 12r. G – fo. 10r, from the original in Skipton Castle, 1646.

174 Note concerning the grant by John [Veti] to his brother of the manor of Appletreewick.

[fo. 51v] E ce fet a remembrer qe le dit Sire Jon Veti graunt tens apres sum feffement e sa seisin dona le dit maner' de Appeltrewicke assa mes sum frer si com il pert la chart qe ensuit.[a]

a. E ce fet ... chart qe ensuit *indented c.10mm* B.

175 Gift by John of Eshton, knight, to James of Eshton, his brother, of all of his manor of Appletreewick with four bovates of land, and a *cultura* called *Kalegarth*, as well as mines, wastes, chases and adgistments and all other liberties and easements, in the vill of Appletreewick, just as the said John holds the said lands by the gift of Edward I. [1283x17 July 1293]

[fo. 51v] Sciant presentes et futuri quod ego Iohannes de Eston' miles concessi, dedi et hac presenti carta mea confirmavi Iacobo de Eston' fratri meo totum manerium de Appletrewyck cum quatuor bovatis terre in eadem villa et cum quadam cultura que vocatur Kalegarth sine aliquo retenemento una cum mineris, wastiis, schaseis, adgistiamentis et cum omnibus aliis libertatibus et aysiamentis dicte terre pertinentibus infra villam de Appletrewicke et extra libere, quiete, pacifice, solute et hereditarie, secundum quod ego recepi et tenui predicta tenementa de dono domini Edwardi illustris regis Anglie pro extent[a]. Tenenda et habenda predicta tenementa cum omnibus pertinentiis suis predicto Iacobo et heredibus suis vel assignatis suis de domino rege in capite quieta ab omnibus servitiis, consuetudinibus, exactionibus, curiarum sectis et quibuscunque demandis faciendo tam forinsecum servitium domini regis quantum pertinet ad tantam terram. Ego vero dictus Iohannes et heredes mei vel mei assignati omnia predicta tenementa cum omnibus pertinentiis suis ut predictum est predicto Iacobo et heredibus suis vel suis assignatis contra omnes mortales warrantizabimus, acquietabimus et imperpetuum defendemus. Et ad maiorem huius rei securitatem optinendam presens scriptum sigilli mei impressione roboravi. Hiis testibus: dominis Roberto de Plumpton, Willelmo le Vavasor, Helia de Knoll,[a] Thoma de Alta Ripa, Iohannes Gilioth, Rogero Tempest, militibus, domino Godefrido de Alta Ripa rectore ecclesie de Gairgrave, Willelmo de Hebbeden, Willelmo Graindorge, Iohanne de Farnhill, Iohanne de Feghesberge, Everado Fauvell et multis aliis.

a. Rilleston *replacing* Knoll I.
Marginated: *Carta Iohannis de Eshton Iacobo fratr[e] suo de manerio de Apletreweek et 4 bovat[is] terre et cultur[a] vocatur Kalegarth cum miner[is], wasiis, schaseis, agist[amentis] etc. secundum extent' etc. sans date.*

H – fo. 30r, from Bolton Cartulary, fo. 57, abstract. I – fos. 85v–86r.

176 Note concerning the grant by John [of Eshton] to the convent of Fountains of common pasture and a subsequent agreement with James [of Eshton].

[fo. 52v][a] E ceo fet aremembrer qe pur ceo qe dit fut qe le dit sire John avait graunte commune pasture en la pasture de Appletrewicke al abbatem et au covente de Funtains taunt cu[m] il ful seingeur se mona conter entre le dit abbe e le covent de Funtains demaundaunt e James defendat la dit pasture par la reson qe James dit qe il lour fit estate en ceo qe qil avait estate en le dit maner' et par une auter reson qe il entrerunt en la dit pasture pus let statute de la mort main sauntz conge le quel conter se pesa ent' le det abbe e James en la forme qe ensuit.[b]

a. *Heading* Apletrewick B.   b. E ceo fet … forme qe ensuit *indented c.10mm* B.

177 Agreement in the form of a chirograph made between the abbot and convent of Fountains, plaintiff, and James of Eshton, deforciant, concerning free transit and chase through the lands of Appletreewick as the convent were given by John of Eshton, brother of James, whereby James confirms to the convent free transit and chase through all his lands in Appletreewick, specifying various rights and boundaries, and the convent quitclaims to James the right to the residue in Appletreewick given by John of Eshton, as well as certain rights. 31 Oct. 1298, Fountains

[fo. 52r] Pateat universis ad quorum noticiam littere presentes pervenerint quod cum discordia mota esset inter abbatem et conventum de Fontibus nomine iuris sui petentes ex parte una et Iacobum de Eston' deforciantem ex parte altera de libero transitu et chacea per totam terram de Appletrewicke predictis abbati et conventui et eorum hominibus ac rebus universis et commun[a] pasture eiusdem ville omnibus averiis suis cuiuscunque generis ubique preter bladum et pratum que clam[eum] habere per cartam domini Iohannis de Eston' fratris predicti Iacobi ac feofatoris sui predictis abbati[a] et conventui concessam et confirmatam anno Domini millesimo ducentesimo septuagesimo quinto tandem inspecta predicta carta a predicto Iacobo et diligenter considerata sopitis omnibus[b] querelis et exactionibus modo subscripto amabiliter concordati sunt scilicet quod predictus Iacobus pro se et heredibus vel assignatis concessit et confirmavit predictis abbati et conventui et eorum successoribus ac eorum rebus propriis universis[c] et singulis cuiuscunque modi fuerint liberum transitum et chaceam per totam terram suam de Appletreewicke tam per viam quam extra, excepto blado et prato in qualescunque manus prefata villa de Appletrewicke devenerit[d] sine perturbatione[e] [fo. 52v][f] predicti Iacobi heredum suorum vel assignatorum. Et si impedimentum fractionis alicuius apparatus in carriagio evenerit quod licenter possint animalia sua[g] disiungere et pascere quousque defectum[h] fractionis reperaverint concessit etiam predictus Iacobus eisdem et confirmavit communia pasture omnimodis animalibus[i] suis per totam pasturam suam versus Nidderdale ex parte boreali illius vie que vadit de Cravenkeld usque Nussay heved et sic usque Gathopbecke ad situm pontis monacharum antiquum, ita scilicet quod predicti abbas et conventus predictam pasturam sibi concessum animalibus suis non super exonerabuntur et si animalia predictorum abbatis et conventus metas predict[as] sine custodia facta excesserint vel quoquomodo transierint non impertabuntur sed sine detrimento rechaciabuntur. Et pro hac concessione, confirmatione predict[i] abbas et conventus pro se et successoribus suis relaxaverunt et quietumclamaverunt predict[o] Iacobo et heredibus suis vel assignatis quicquid iuris habuerunt in toto residuo pasture de Appletrewicke ratione doni et concessionis predicti domini Iohannis de Eston' fratris sui concesserunt idem abbas et conventus predicto Iacobo et heredibus suis vel assignatis quod legaliter possint adgistare et adgistamenta capere tam in predicta pastura dictis abbati[j] et conventui concessa quam in tota reliqua pro sua voluntate sine contradictione sepedictorum abbatis et conventus. Et ad omnia prenotata[k] concessa et confirmata de transitu et pastur[a] predictus Iacobus obligat se heredes suos et assignatos et quoscunque decetero villam de Appletrewicke tenentes contra omnes et singulos warrantizanda, acquietanda et defendenda. In cuius rei testimonium tam predictus abbas pro se et successoribus suis quam predictus Iacobus pro se et heredibus suis vel assignatis presens scriptum cirographatum sigillorum suorum impressione roboraverunt. Dat' apud Fontes in vigilia omnium sanctorum anno Domini M° CC° nonogesimo octavo. Hiis testibus: dominis Simone Ward, Roberto de Plumpton, Henrico de Hertlington, militibus, Willemo de Ebor', Iohanne de Feuser,[l] Elia de Treskefeld[m] et aliis.

a. abbi *(sic)* B.   b. que *deleted* B.   c. univerrsis *(sic)* B.   d. devenercrit *(sic)* B.   e. prohiribatione *replacing* perturbatione I.   f. *Heading* Apletrewick B.   g. sua *interlined* B.   h. defectum *omitted* I.   i. commodiatibus *replacing* omnimodis animalibus I.   j. abbi *(sic)* B.   k. *deletion 3mm* B.   l. Fruser' I.   m. Treshefeld I.
Marginated: *18 Ed. 1.*

H – fo. 30r, from Bolton Cartulary, fo. 57, abstract. I – fos. 86r–87v.

178 Note concerning the gift and the acquisition of royal licence by James of Eshton to the canons of Bolton of the manor of Appletreewick.

[fo. 53r][a] A ceo fet aremembrer qe pur ceo qe James de Eston' fut en volunte de doner le dit maner de Appeltrewicke oue les appurtenaunces au priour et au covent de Bolton' qu ne poent entrer sauns conge le rei le dit prior purchac' la charter le rei de conge si com il pert par la charter qe ensuit.[b]

a. *Heading* Apletrewick B.   b. A ceo fet … charter qe ensuit *indented c.15mm* B.

179 Licence by Edward I to James of Eshton to alienate in mortmain his manor of Appletreewick to Bolton Priory, in free and pure alms, extended to £16 12s. 6d., with the crown losing a sixth part of one knight's service and 10d. in wards, reliefs and escheats, for a fine of one hundred marks given by the prior. 1 Apr. 1300, Westminster

[fo. 53r] Edwardus Dei gracia rex Anglie, dominus Hibernie et dux Aquetannie omnibus ad quos presentes littere pervenerint salutem. Licet per inquisicionem quam per vicecomitem nostrum Ebor' nuper fieri fecimus accepimus quod esset ad dampnum et preiudicium nostrum se concederemus Iacobo de Eston quod ipse manerium suum de Appletrewicke cum pertinentiis quod per annum ad sexdecim[a] libras, duodecim[b] solidos et sex denarios extenditur dare possit et assignare dilectis nobis in Cristo priori et conventui de Boulton in Craven; habendum et tenendum sibi et successoribus suis imperpetuum in hoc videlicet quod amittemus sextam partem feodi unius milit[is] prec[ii] decem denariorum ut in wardis, releviis et escaetis cum acciderint.[c] Nos tamen per finem centum marcarum quem predictus prior fecit nobis cum coram consilio nostro concessimus et licentiam dedimus quantum in nobis est prefato Iacobo quod ipse manerium predictum cum pertinentiis dare possit et assignare predict[is] priori et conventui; habendum et tenendum sibi et successoribus suis de nobis et heredibus nostris in liberam et puram elemosinam imperpetuum. Et eisdem priori et conventui quod ipsi manerium illud cum pertinentiis a prefato Iacobo recipere possint et tenere sicut predictum est tenore presentium similiter licentiam dedimus specialem. Nolentes quod[d] predictus Iacobus vel heredes sui seu predict[i] prior et conventus aut successores sui ratione statuti nostri de terris et tenementis ad manum mortuam non ponendis editi per nos vel heredes nostros inde occasionentur in aliquo vel graventur. In cuius rei testimonium has litteras nostras fieri fecimus patentes. Teste me ipso apud Westm' primo die Aprilis anno regni nostri vicesimo octavo.

a. sexdecem *(sic)* B.   b. duodecem *(sic)* B.   c. *altered from* adciderint B.   d. q *overwrites* p B.
Marginated: *Licentia regis Iacobo Eshton ad alienandum manerium de Apletreweek' priorum de Bolton' secundum extent' 16[li] 12[s] 6[d] 28 Ed. 1.*

It is unclear whether Sir Robert Ughtred or Simon of Kyme held the post of High Sheriff of Yorkshire at this date for the former held the position from 1299 until 1300 and the latter from 1300 until 1304 (*Lord Lieutenants*, pp. 61–2). It is more likely that it was Simon of Kyme, as he is thought to have become Sheriff shortly after March 1300 (*ibid.*, p. 62).

180 Memorandum that James of Eshton gave to the canons of Bolton the manor of Appletreewick by his charter and a fine levied in the kings court.

[fo. 53v][a] E fet aremembrer qe si apres le conge purchace le dit James feffa' le dit priour e covent de le dit maner' de Appletrewick oue les appurtenaunces si cum il pert par le chart qe ensuit e la fine leve en le court le rei.[b]

a. *Heading* Apletrewick B.   b. A fet aremembrer … court le rei *indented c.15mm* B.

181 Gift in free, pure and perpetual alms by James of Eshton to the canons of Bolton of his manor in Appletreewick, with appurtenances. 18 Apr. 1300, Appletreewick

[fo. 53v] Sciant presentes et futuri quod ego Iacobus de Eston' concessi, dedi et hac presenti carta mea confirmavi religiosis viris priori et conventui de Bolton in Craven et eorum successoribus manerium meum de Appletrewicke cum omnibus suis pertinentiis sine aliquo retenemento; habendum et tenendum predictis[a] priori et conventui[b] et eorum successoribus de domino rege et heredibus in liberam et puram elemosinam imperpetuum. Et ego predictus Iacobus et heredes mei predictum manerium cum omnibus suis pertinentiis sicut predictum est predictis priori et conventui et eorum successoribus warrantizabimus imperpetuum. In cuius rei testimonium presenti carte sigillum meum apposui. Hiis testibus: domino Thoma de Alta Ripa, Roberto de Stiveton, Henrico de Kighley, Iohanne Gilliott, militibus, Reynero de Knol', Willelmo de Hebbeden, Willelmo de Marton, Elia de Tresfeld, Everardo Fauvel, Willelmo de Cesteround, Willelmo Desert et aliis multis. Dat' apud Appletrewicke octavo decimo die Aprilis anno regni regis Edwardi filii regis Henrici vicesimo octavo.

a. canonicis *deleted* B. b. de *deleted* B.
Marginated: *Carta Iacobi de Eshton' priori de Bolton' de manerio de Apletreweek cum pertinentiis 28 Ed. 1, 18 Aprilis.*

Version H could be an abstract of CB, no. 182 but is more likely to be of CB, no. 181, as it seems unusual that Dodsworth does not mention the various rights given in his abstract. In 1300 Prior John of Laund made his second visit to the Papal Curia at Rome and it is thought that he was accompanied by James of Eshton, as part of the purchase of Appletreewick by Bolton Priory (*Compotus*, pp. 105 n. 68, 115).
H – fo. 30r, from Bolton Cartulary, fo. 58, abstract.

182 Gift in free, pure and perpetual alms by James of Eshton to the canons of Bolton of all of his manor in Appletreewick, with all demesne, appurtenances, liberties and easements, together with mines, wainage, tollage, and stallage. 18 Apr. 1300, Appletreewick

[fo. 53v] Sciant presentes et futuri quod ego Iacobus de Eston concessi, dedi et hac presenti carta mea confirmavi Deo et beate Marie et religiosis viris priori et conventui de Bolton in Craven et eorum successoribus totum manerium meum de Appletrewicke cum toto dominio eiusdem manerii et cum omnibus suis pertinentiis, libertatibus et aisiamentis dicto manerio qualitercunque pertinentibus una cum mineris,[a] waynis, tolloniis et stallagiis sine ullo retenemento; habendum et tenendum predictis priori et conventui et eorum successoribus de domino rege et heredibus suis in liberam et puram elemosinam imperpetuum. Et ego vero predictus Iacobus et heredes mei predictum manerium cum omnibus suis pertinentiis sicut predictum est predictis priori et conventui et eorum successoribus warrantizabimus imperpetuum. [fo. 54r][b] In cuius rei testimonium presenti carte sigillum meum apposui. Hiis testibus: dominis Thoma de Alta Ripa, Roberto de Stiveton', Henrico de Kighley, Iohanne Gilioth, militibus, Reynero de Knol', Willelmo de Hebbeden, Willelmo de Marton, Elia de Tresfeld, Everardo Fauvel, Willelmo de Cesterount, Willelmo Desert et aliis multis. Dat' apud Apletrewicke octavo decimo die Aprilis anno regni regis Edwardi filii regis Henrici vicesimo octavo.

a. muris *(sic)* B. b. *Heading* Apletrewick B.
Marginated: *Carta alia Iacobi de Eshton' eodem priori de manerio predicto cum dominio et libertatibus pertin[entibus] una cum miner[is], waynis, tolloniis et stallagiis etc. eisdem die et anno.*

See note to CB, no. 181 with regards to Dodsworth abstract.
G – fo. 10r from the original in Skipton Castle, 1646.

183 **Final concord made between John, prior of Bolton, plaintiff, and James of Eshton, defendant, whereby James recognises the manor of Appletreewick, with appurtenances, to be the right of the said prior by his gift, to be held of the king, in free, pure and perpetual alms, with warranty, and John, the prior of Bolton gives £40 to James of Eshton. 8 Jul. 1300, York**

[fo. 54] Hec est finalis concordia facta in curia domini regis apud Ebor' a die sancte Iohannis Baptiste in quindecem dies anno regni regis Edwardi filii regis Henrici vicesimo octavo coram Iohanne de Metingham, Willelmo de Bereford, Elia de Bekingham, Petro Mallorre, Willelmo Howard et Lamberto de Trikingham' iusticiariis et aliis domini regis fidelibus tunc ibi presentibus inter Iohannem priorem ecclesie beate Marie de Bolton in Craven querentem et Iacobum de Eston' impedientem de manerio de Appeltrewicke cum pertinentiis unde placitum warran[tie] carte summonitum fuit inter eos in eadem curia, scilicet quod predictus Iacobus recognovit predictum manerium cum pertinentiis esse ius ipsius prioris et ecclesie sue beate Marie predict' ut illud quod idem prior habet de dono predicti Iacobi; habendum et tenendum eidem priori et successoribus et ecclesie sue beate Marie predict[a] de domino rege et heredibus suis in liberam, puram et perpetuum elemosinam imperpetuum. Et preterea idem Iacobus concessit pro se et heredibus suis quod ipsi warrantizabunt eidem priori et successoribus suis et ecclesie sue beate Marie predict[a] predictum manerium cum pertinentiis contra omnes homines imperpetuum et pro hac recognitione, warrantia, fine et concordia idem prior dedit predicto Iacobo quadraginta libras sterlingorum et hec concordia facta fuit per preceptum ipius domini regis.

Marginated: *Finis per Iacobum de Eshton' de manerio de Appl: cum pertinentiis priori de Bolton' termino Trinitatis eodem anno 28 E. 1.*

184 **Note concerning the gift of lands to the canons of Bolton and the confirmation of the king.**

[fo. 54r] De quel donne et de quel terres et de molt'des autre terres le dit priour purchata la charte le rei de conferment si cum il pert par la charter qe ensuit.[a]

a. De quel donne … charter qe ensuit *indented c.10mm* B.

185 **Confirmation by letters patent by Edward II to the canons of Bolton of the gift by William Meschin and Cecily de Rumilly of the church of Holy Trinity, Skipton, with the chapel at Carleton and the vill of Embsay, with appurtenances and boundaries, for the foundation of a church of regular canons; the gift by Cecily de Rumilly of the vill of Kildwick with the mill and soc of the mill with** *haia* **and all appurtenances; the gift by Cecily de Rumilly of the mill of Silsden with all multure of the said vill and its workings, and with all liberties and free customs that Cecily had in the mill; the gift by Alice de Rumilly of the translation from Embsay to Bolton, of the vill of Embsay with all appurtenances and the vill of Kildwick with the mill, soc of the mill and appurtenances; the confirmation by Alice de Rumilly of the place called Stead, and all the land between Posforth Gill,**

Spectesbeck, the Wharfe and Washburn; the gift by Alice [de Rumilly] of the church of Bolton, the vill of Bolton, with all appurtenances, 8*s*. rent in Halton and four measures of land in Skipton; the confirmation by Cecily [de Rumilly] of twelve bovates of land in Malham which Helto Mauleverer gave; the gift by Alice [de Rumilly] of free chase in all the lands and woods in her fee and a tenth of the beasts caught in her demesne woods and chases in Craven; the gift by Alice [de Rumilly] of a good place in all her vills and hamlets for tithe barns, common pasture for their animals and free transit for their tithes and goods; the confirmation by Isabella de Forz, countess of Aumale and Devon, Lady of the Isle [of Wight], of the vills of Wigdon and Brandon, one messuage, one toft and two carucates of land in Weeton and Healthwaite [Hall and Hill], and nine bovates of land in Rawdon, six burgages in Harewood, three assarts called *Benecrofte*, Witley Croft, and *Angrum*, with all appurtenances, two acres of land at *Kerebidam*, the mill at Harewood and *Hechewick* with all suit of court of the parish of Harewood, and with the rights of the ponds in the lands, as often as is necessary, twelve carucates of wood annually in *Langwood*, and all lands, tenements and rents which the canons have in Weeton, Healthwaite [Hall and Hill], Harewood, Weardley, Wigton, Brandon and Rawdon and elsewhere in her fee; the gift by Isabella of the mills of Harewood with a place called *Milngreene* and certain rights regarding ditches and water courses; the gift by James of Eshton of the manor of Appletreewick, with demesne and all appurtenances, liberties and easements, and mines, wainage, tollage, and stallage, just as is stated in the charters of the said gifts and confirmations. 18 Mar. 1312

[fo. 54v][a] Edwardus Dei gracia rex Anglie, dominus Hibernie et dux Aquitannie omnibus ad quos presentes litere pervenerit salutem. Sciatis quod nos donationem et concessionem quas Willelmus Meschun et Cecilia de Rumelio uxor sua fecerunt Reginaldo priori de ecclesia sancte Trinitatis in Skipton' cum capella de Carleton et de tota villa de Emmesay cum pertinentiis et rectis divisis suis ad faciendum inde ecclesiam canonicorum regularium; donationem etiam et concessionem quas prefata Cecilia de Rumely fecit Deo et ecclesie beate Marie et sancti Cuthberti de Embsay et canonicis eiusdem ecclesie de tota villa de Childwyk' cum molendino et socha molendini cum haia et omnibus aliis pertinentiis suis; donationem etiam et concessionem quas eadem Cecilia fecit Deo et beate Marie et sancto Cuthberto de Embsay et canonicis ibidem Deo servientibus de molendino de Siglesden cum omni multura eiusdem ville et opere molendini quod eadem Cecilia debebatur et cum omnibus libertatibus et liberis consuetudinibus quas predicta Cecilia habuit in predicto molendino; concessionem etiam et donationem quas Alicia de Rumely fecit Deo et ecclesie sancte Marie de Bolton' et canonicis ibidem Deo servientibus postquam dicta ecclesia de Emmesay usque ad locum illum de Bolton translata fuit de villa de Emmesay cum omnibus pertinentiis suis et[b] villa de Childwicke cum molendino et socha molendini et cum omnibus aliis pertinentiis suis. Necnon concessionem et confirmationem quas eadem Alicia fecit eis de loco qui Sted' dicitur et de tota terra inter Poseford et Spectesbecke et ab aqua de Wherffe usque Wallesburn'; donationem insuper concessionem et confirmationem quas eadem Alicia fecit prefate ecclesie de Bolton de loco' ipso et tota villa de Bolton cum omnibus pertinentiis suis et de octo solidatis redd[itus] in Halton de terra Aldredi filii Cliberni et de quatuor mensuris terre in Skipton; necnon et confirmationem quam eadem Cecilia fecit prefate ecclesie et dictis canonicis de Bolton de duodecim bovatis terre in Malgham quas Helt' Maleferer eis dedit; ac concessionem quam eadem Alicia fecit eisdem ecclesie et canonicis de libera chacea in omnibus terris et boscis suis in feodo ipsius Alicie ad omnimodas feras chaciandas capiendas [fo. 55r]ᶜ et de omni decima fera capta in chacea ipsius Alicie in dominicis boscis suis et chaceis in Craven; donationem etiam et concessionem quas eadem Alicia fecit dictis ecclesie et canonicis de Bolton' de bona placea in singulis villis suis et hamlettis ad grangeas suas decimarum faciendas et de communi pasture omnibus averiis suis cum propriis averiis ipsius Alicie tempore autumni tam in boscis quam in moris et campis que decimas suas cariaverint et de libero transitu cum plaustris carectis et equis ultra terras ipsius Alicie et pastur' cariendi decimis suas et alia bona sua ubi voluerint; concessionem etiam et confirmationem quas Isabella de Fortibus comitissa Albemarlie et Devon' ac domina Insule fecit Deo et prefate ecclesie et canonicis de Bolton' de villis de Wigdon et Brandon cum omnibus pertinentiis suis et de uno mesuagio et uno tofto et duabus carucatis terre in Witheton et Helchauyt cum omnibus pertinentiis suis et de uno messuagio et novem bovatis terre cum omnibus pertinentiis in Roudon et de sex burgagiis in Harwood et tribus assartis que vocatur Benecrofte et Witlaicrofte et Angram cum omnibus pertinentiis suis in eadem villa et duabus acris terre apud Kerebidam et de molendino de Harewood et Hechewick cum sectis totius parochie predicte de Harewood et cum attachiamentis stagnorum in terris ipsius Isabelle quoties necesse fuerit et duodecim carratis bosci annuatim percipiendis in bosco ipsius Isabelle de Langwood et de omnibus aliis terris, tenementis et redditibus que iidem canonici habent in Witheton, Helchauyt, Harwood, Wyve[r]dlay, Wigdon, Brandon et Roudon et ubicunque in feodo ipsius Isabelle de Harwood' ex dono et concessione sua vel antecessorum [fo. 55v]ᵈ suorum; concessionem etiam quam Isabella fecit Deo et prefatis canonicis de Bolton' de dictis molendinis de Harewood cum tota illa placea que vocatur le Milngreene sicut includitur fossato et de licentia stagna et aqueductus dictorum molendinorum purgandi mundandi et etiam ampliandi de terra ipsius Isabelle si necesse fuerit quot[ies] dictis canonicis visum fuerit expedire; concessionem etiam donationem et confirmationem quas Iacobus de Eston fecit Deo et beate Marie et priori et conventui dicti loci de Bolton de toto manerio de Apletrewicke cum toto dominico eiusdem manerii et omnibus pertinentiis suis libertatibus et aysiamentis dicto manerio qualitercunque pertinentibus una cum mineris, waniis, tollonis et stollagiis sine ullo retenemento ratas habentes et gratas eos pro nobis et heredibus nostris quantum in nobis est eisdem priori et conventui de Bolton et successoribus suis, concedimus et confirmamus sicut carte et scripta predictorum donatorum que inde habent rationabiliter testantur. In cuius rei testimonium has litteras nostras fieri fecimus patentes. Teste me ipso apud Ebor' decimo octavo die Martii anno regni nostri quinto.

a. *Heading* Apletrewick B.   b. de *(sic)* B.   c. *Heading* Apletrewick B.   d. *Heading* Apletrewick B.
Marginated:[fo. 54v] *Confirmatio regis E. 2 de diversis terris prius concess[is] priori et conventui de Bolton' ecclesia de Skipton et capella de Carleton villa de Embsey; villa de Kildweek cum molendino; molend[o] de Sillesd'; Steed et terr[is] inter Posford et Spectesbeck et ab aqua de Wharf usque Walkesburn', villa de Bolton et 8s. in Halton; 4 mansur[is] in Skipton; 12 bov[atis] in Malh[u]m; libera chacea.*
Marginated: [fo. 55r] *decima ferarum; ville de Wigdon et Brandon; Terr[is] in Witheton et Helthwait; Rowdon et Harwood.*
Marginated: [fo. 55v] *Manerium de Appl' cum dominico cum libertatibus miner[is], wainis, toloniis et stallagiis.*

For the original grants mentioned in this confirmation, or other documents relating to them, see CB, nos. 2, 4, 6, 8, 16, 19, 20, 107, 410, 454, 455 (for the confirmation by Edward I see CB, no. 456), 182. It is probable that the mill of *Hechewick* is the mill of East Keswick, in the parish of Harewood, for the canons are known to have had an interest in this mill (CB, no. 460).

186 Note concerning the agreement between the convent of Fountains and the canons of Bolton.

[fo. 55v] E ceo fet aremembrer qe conter semona enter le abbate e le covent de Fointains e enter le priour e covent de Bolton de la dit pasture par les resones avaunt dites e sa pesa en la maner' qe ensuit.[a]

a. E ceo fet … maner' qe ensuit *indented c.10mm* B.

187 Agreement in the form of a chirograph made between the convent of Fountains, plaintiff, and the canons of Bolton, deforciant, concerning free transit and chase in Appletreewick, whereby the canons of Bolton confirm to Fountains free transit and chase through all their land in Appletreewick by the way and outside, excepting corn fields and meadow which they claim to have by a charter of John of Eshton, which they confirmed to James of Eshton brother of the said John, who confirmed to the canons of Bolton, whereby the said canons confirm to the convent free transit and chase through Appletreewick excepting in the meadow and corn of the vill of Appletreewick and they concede the right of common pasture in Nidderdale. In return the abbot and convent quitclaim to the canons all the rights they have in the remainder of the pasture of Appletreewick. [1300x1308]

[fo. 55v] Pateat universis ad quorum noticiam presentes littere pervenerint quod cum discordia mota esset inter abbatem et conventum de Fontibus nomine iuris sui petentes ex parte una et priorem et conventum de Bolton[a] in Craven deforciantes ex parte altera de libero transitu et chacea per totam terram de Appletrewicke predict[is] abbati et conventui et eorum heredibus ac rebus universis et communi pasture eiusdem ville omnibus averiis suis cuiusque generis versus Niderdale ex parte boreali illius vie que ducit de Cravenkeld usque Notesaiheved et sic usque Gathopbecke ad situm pontis monachorum antiquum que clamant habere per cartam domini Iohannis de Eston feoffatoris sui predictis abbati et conventui concessam et confirmatam et etiam ex confirmatione [fo. 56r][b] Iacobi de Eston' fratis predicti domini Iohannis de Eston tandem inspecta predicta carta domini Iohannis una cum confirmacione dicti Iacobi a dictis religiosis priore et conventu de Bolton et diligenter consideratis sopitis omnibus querelis et exactionibus modo subscripto am[ic]abiliter concordati sunt scilicet quod predicti prior et conventus de Bolton' pro se et successoribus suis concesserunt et confirmaverunt predictis abbati et conventui et eorum successoribus ac eorum propriis rebus universis et singulis cuiuscunque modi fuerunt liberum transitum et chaceam per totam terram suam de Appletreweeke tam per viam quam extra excepto blado et prato in qualescunque manus prefata villa de Appletrewicke deverenerit sine perturbacione predict[orum] prioris et conventus ac eorum succesorum vel aliorum quorumcunque ad quorum manus dicta villa de Appletrewicke contigerit devenire et si impedimentum fractionis alicuius apparatus in carigio everenerit quod licenter possint animalia sua disiungere et pascere quousque defectum facconis reperaverint concesserunt etiam eisdem predicti prior et conventus et confirmaverunt commun[am] pastur[e] omnimodis animalibus suis per totam pasturam suam versus Niderdale ex parte boreali illius vie que ducit de

Cravenkeld usque Notesaiheved et sic usque Gathopbecke ad situm pontis monachorum antiquum, ita scilicet quod predicti abbas et conventus predictam pasturam sibi concessam animalibus suis non super exonerabuntur. Ac si animalia predict[orum] abbatis et conventus metas predict[as] sua custodia facta excesserint vel quoquomodo transierint non impercabuntur sed sine detrimento rechaciabuntur. Et pro hac concessione, confirmatione predicti abbas et conventus pro se et successoribus[c] suis relaxaverunt et quietumclamaverunt predictis priori et conventui et eorum successoribus quicquid iuris habuerunt in toto residuo pasture de Appletrewicke ratione doni et concessionis predicti domini Iohannis de Eston' concesserunt iidem abbas et conventus predict[is] priori et [fo. 56v][d] conventui et eorum successoribus quod legaliter possint adgistare et adgistamenta capere tam in predicta pastura dictis abbati et conventui concessa quam in tota reliqua pro sua voluntate sine contradictione sepe dictorum abbatis et conventus et etiam se appruiare usque ad quater viginti acras vasti cum mensuratas infra fossate manu facta hominum infra predictas metas et sic appruiata in seperalitate retinere omni tempore anni quocunque modo sibi viderint melius expendire. Ita tamen quod si animalia domini abbatis et conventus per defectum clausure intraverint sine imparcamento rechavabuntur. In cuius rei testimonium tam predictus abbas pro se et successoribus suis quam predictus prior pro se et successoribus suis presens scriptum cirographatum sigillorum suorum impressione roboraverunt. Hiis testibus: dominis Thoma de Alta Ripa, Henrico de Kighley, Iohanne Gilioht, Henrico de Hertlington, militibus, Heverardo Fauvel, Willelmo de Cesterunt, Willelmo de Malghum, Elia de Thresfeld, Elya de Streetton, Reginaldo de Otterburne et aliis.

a. d *deleted* B.   b. *Heading* Apletreweeck B.   c. heredibus *deleted*; successoribus *interlined* B.   d. *Heading* Apletreweeck B.

Pd abstract in *Fountains Chartulary*, i, p. 68.

188 Note concerning six bovates of land held by Henry of Hartlington of the castle of Skipton, Craven, and lands in the vill of Appletreewick and an agreement made with Bolton.

[fo. 56v] Cet aremembrer qe sire Henri de Hertlington' tent vj boves de terre en demain e enservise du seingour de chastel de Skipton en Craven e clama par le reson de la dit terre seingneri e parceneri en la vile de Appeltrewicke par la quel reson conter se mont enter le dit sir Henri e le priour e covent de Bolton e se[a] pesa en la forme qe ensuit.[b]

a. se *interlined* B.   b. Cet aremembrer qe … forme qe ensuit *indented c.15mm* B. Marginated: *symbol*.

189 Agreement made between Henry of Hartlington and the canons of Bolton concerning the demesne and park lands of the vill of Appletreewick whereby Henry quitclaims, for himself and his heirs, to the canons of Bolton all demesne and park lands of the vill of Appletreewick that he and his heirs are able to dispose of and sell, saving however for his tenants sufficient common or pasture, wood, moors, turbaries and all other easements with free ingress and egress to the same. 6 Jul. 1300, Bolton

[fo. 56v] Cum quedam controveria dudum mota fuerit inter dictum Henricum de Hertlington ex una parte et priorem et conventum de Bolton ex altera super dominio et parcenaria ville de Appletrewicke inter partes predictas in forma subscripta am[ic]abiliter conquievit, videlicet predictus Henricus pro se et heredibus suis relaxavit et omnino quietumclamavit predictis priori et conventui et eorum successoribus imperpetuum totum dominium et parcenariam predicte ville in omnibus et singulis approviamentis et quicquid eidem Henrico vel heredibus suis ratione dominii seu parcenarii in Appeltrewicke accrescere poterit in futurum, tamen in clausis et approviamentis die confectionis presentium [fo. 57r][a] factis quam futuris temporibus pro mera voluntate dictorum religiosorum faciendis, ita videlicet quod nec dictus Henricus nec heredes sui nec aliquis nomine[b] eorundem ius nec[c] clameum in dicto dominio nec parcenaria decetero poterunt exigere nec vendicare salvis tamen tenentibus dicti Henrici et heredum suorum manentibus in Appletreweeke sufficienti comun[is] vel in pasturis, boscis, moris, turbariis et in omnimodis aliis aysiamentis cum libero ingressu et egressu ad eadem rationabiliter prout decet. In cuius rei testimonium predictus Henricus sigillum suum presentibus apposuit. Hiis testibus: Thoma de Alta Ripa, Roberto de Stiveton', Henrico de Kighelay, Iohanne Giloth, militibus, Iohanne de Tothernhow tunc constabulario de Skipton, Iohanne de Kigheley, clerico, Ricardo fratre eius, Willelmo Desert et aliis. Dat' apud Bolton die mercurii in octabis appostolorum Petri et Pauli anno Domini millesimo tricentesimo regni autem regis Edwardi filii regis Henrici vicesimo octavo.

a. *Heading* Apletrewick B.   b. nonine *(sic)* B.   c. nec *overwrites* vel B.

190 Note concerning the dispute between Sir Henry [of Hartlington] and the canons over the emparkment of beasts.

[fo. 57r] E pur ceo qe contec fut enter le dit sire Henri e le priour e le covent de emparkement de bestes le dit contec se pesa en la forme qe ensuit.[a]

a. E pur ceo ... forme qe ensuit *indented c.15mm* B.

191 Agreement made between the canons of Bolton and Henry of Hartlington regarding the enclosure of the cattle of Hartlington on the pasture at Appletreewick and the cattle of Appletreewick on the pasture of Hartlington whereby both parties agree to drive back any animals which escape from their respective common pasture. 6 Jul. 1300

[fo. 57r] Cum dudum quedam controversia mota fuerit inter priorem et conventum de Bolton in Craven ex una parte et dominum Henricum de Hertlington' ex altera super impercamentis averiorum de Hertlington in pastura de Appletrewicke et averiorum de Appeltrewick in pastura de Hartlington die mercurii in octabis appostolorum Petri et Pauli Anno regni regis Edwardi filii regis Henrici vicesimo octavo inter partes predictas in forma subscripta am[ic]abiliter conquievit videlicet quod predictus prior et conventus concesserunt pro se et [fo. 57v][a] successoribus suis quod si animalia dicti Henrici et heredum et tenentium suorum de Hertlington et omnia animalia in eadem villa residentia intrent per escapium commun[am] pasture de Appletrewicke am[ic]abiliter rechaciabuntur sine impercamento et predictus Henricus concessit pro se et heredibus suis quod si animalia dictorum prioris et conventus et successorum et tenentium suorum de Appletrewicke et omnia animalia in eadem villa residentia intrent per escapium commun[am] pasture de Hertlington' suis impercamento amabiliter rechaciabuntur. In cuius rei testimonium presentibus scriptis sigilla partium alternatim sunt apposita. Hiis testibus: Thoma de Alta Ripa, Roberto de

Stiveton' Henrico de Kigheley, Iohanne Giliott' militibus, Iohanne de Toterhow tunc constabulario de Skipton, Iohanne de Kigheley clerico, Ricardo de Kighley, Willelmo Desert, Henrico Fabro de Kighley et aliis.

a. *Heading* Apletrewick B.

192 Note concerning the exchange of lands by Henry of Hartlington and the canons of Bolton and the purchase of a licence to alienate in mortmain.

[fo. 57v] A ce fet aremembrer qe sire Henri de Hertlington chivaler taunt parla oue le priour e covent de Bolton e le priour ove luy qe il furent de une acorde de chaungg' les terres avaunt dues mes pur ceo qe les chaungges ne se poent fer saunt la volunte e le conge notre seingour le rey pur let statute de la mort main le dit priour purchaca la chartre le rey de conge si cum il pert par la chartre qe ensuit.[a]

a. E ce fet … chartre qe ensuit *indented c.15mm* B.

193 Grant by Edward [I] to Bolton Priory of licence to receive five messuages, two bovates of land and 2s. rent, with appurtenances, in Appletreewick, and the homage and service of William Desert for four bovates of land in Appletreewick, from Henry of Hartlington, in free, pure and perpetual alms, in exchange for two messuages, one bovate and fifteen acres of land, two acres of meadow and 5s. rent, with appurtenances, in Appletreewick and Burnsall, which the canons hold of him in free and pure alms, and with homage and service of the canons, notwithstanding the statute of mortmain. 10 Feb. 1304, Dunfermline

[fo. 57v] Edwardus Dei gracia rex Anglie, dominus Hibernie et dux Aquitannie omnibus ad quos presentes littere pervenerint salutem. Quia accepimus per inquisitionem, quam per vicecomitem nostrum Ebor' fieri fecimus quod non est ad dampnum vel preiudicium nostrum aut aliorum se concedimus Henrico de Hertlington quod ipse quinque mesuagia, duas bovatas terre et duas solidat[as] redditus cum pertinentiis in Appletreweeke que de nobis ratione manerii de Skipton tenentur per servitium militar[is] una cum homagio et servitio Willelmi Desert tenentis eiusdem Henrici de quatuor bovatis terre cum pertinentiis in eadem villa dare possit et assignare dilecto nobis in perpetuo priori et conventui de Bolton in Craven; habenda et tenenda eisdem priori et conventui et successoribus [fo. 58r][a] suis de nobis et heredibus nostris in liberam, puram et perpetuam elemosinam in excambium pro duobus messuagiis, una bovata, et quindecim acris terre, duabus acris prati et quinque solidat[is] redditus cum pertinentiis in Apletrewicke et Brynsale que iidem prior et conventus tenent de nobis in liberam et puram elemosinam prefato Henrico per ipsos priorem et conventum dandis et assignandis; habenda et tenenda eidem Henrico et heredibus suis de nobis et heredibus nostris imperpetuum, ita quod idem Henricus et heredes sui faciant nobis et heredibus nostris de predictis duabus messuagiis, una bovata et quindecem acris terre, duabus acris prati et quinque solidatis redditus cum pertinentiis cum homagio et servitio predict[is] eisdem priori et conventui per eundem Henricum sic assignand' nobis prius facere consuevit. Nos per finem quem prefatus prior fecit nobis cum in cancellaria nostra concessimus et licentiam dedimus pro nobis et heredibus nostris quantum in nobis est prefato Henrico quod ipse predict[a] quinque messuag[ia], duos bovatas terre et duos solidat[as] redditus cum pertinentiis unacum homagio et servitio predictis dare possit vel assignare predictis priori et conventui; habenda et tenenda sibi et successoribus suis de nobis et heredibus nostris in liberam, puram et perpetuam elemosinam in excambium pro predictis duobus messuagiis, una bovata et quindecim acris terre, duabus acris prati et quinque solidatis redditus cum pertinentiis ab ipsis priore et conventu recipiend'; habenda et tenenda eidem Henrico et heredibus suis de nobis et heredibus nostris imperpetuum per eadem servictia que nobis de predictis quinque messuagiis, duabus bovatis terre et duabus solidatis redditus cum pertinentiis unacum predict[is] homagio et servicio prius facere consuevit. Et predictis priori et conventui quod ipsi predicta quinque messuagia, duas bovatas terre et duas solidatas redditus cum pertinentiis unacum eisdem homagio et servitio a prefato Henrico in escambium predictum recipere possuit et tenere sicut predictum est tenore presentium [fo. 58v][b] similiter licentiam dedimus specialem statuto nostro de terris et tenementis ad manum mortuam non ponend[um] edito non obstante. Nolentes quod idem Henricus vel heredes suis aut predict[i] prior et conventus seu successores sui rationes premissorum per nos vel heredes nostros iusticiarios, escaetores, vicecomites, ballivos aut alios ministros nostros quoscunque occasionentur molestentur in aliquo seu graventur. In cuius rei testimonium has litteras nostras fieri fecimus patentes. Teste me ipso apud Dunfermelyn decimo die Februarii anno regni tricesimo secundo.

a. *Heading* Apletrewick B.   b. *Heading* Apletrewick B.

For an abstract of the *inquisition ad quod dampnum* regarding a host of property in Appletreewick connected to William of Hartlington see *Yorks. Inqs.*, iv, pp. 90–1. For charters concerning William Desert see CB, nos. 195, 201.
H – fo. 30v, from Bolton Cartulary, fo. 62, abstract. Pd in *CPR, 1301–1307*, pp. 212–13.

194   Note concerning the gift of Lord Henry [of Hartlington] of five tofts, two bovates of land, 2s. annual rent and the homage and service of William Desert for four bovates of land in Appletreewick.

[fo. 58v] Le dit sire Henri apres la charter purchace' fessa le dit priour et covent de v toftis ij boves de tere ij sous annuel rent ensemblement ove e le homage e[a] le servise William Desert de iiij boves de tere en Apletrewicke si cum il pert par la charter qe ensuit.[b]

a. e *interlined* B.   b. Le dit sire ... charter qe ensuit *indented c.25mm* B.

195   Gift in free, pure and perpetual alms by Henry of Hartlington, knight, to the canons of Bolton of five messuages, two bovates of land, and 2s. of rent with services of free men rendering the rent, with appurtenances, in the vill of Appletreewick, which he holds from the king as part of the manor of Skipton by military service, together with the homage and service of William Desert, tenant of Henry, for four bovates of land, with appurtenances, in Appletreewick, in exchange for one *cultura* called Calgarth Ho, comprising fifteen acres [of land] and two acres of meadow, and for two messuages, one bovate of land and 5s. rent in Burnsall. [1284x1308 (c.1304x5)]

[fo. 58v] Universis sancte matris ecclesie filiis ad quos presens scriptum pervenerit Henricus de Hertlington miles eternam in Domino salutem. Noveritis me concessisse, dedisse et hac presenti carta mea confirmasse religiosis viris priori et conventui de Boulton' et eorum successoribus quinque messuagia, duos bovatas terre, duos solidat[os] redditus cum servitiis liborum hominum dictum redditum reddentium cum omnibus suis pertinentiis in villa de Appletreweeke in liberam et perpetuam elemosinam que de domino rege tenui ratione manerii de Skipton per servitium militare, unacum homagio et servitio Willelmi Desert tenentis mei de quatuor bovatas terre cum pertinentiis in eadem villa, in excambium pro una cultura que vocatur Calgarth de dominicis manerii de Appeltrewicke continente quindecim acras et duos acras prati, et pro duobus messuagiis, una bovata terre et quinque solidatis redditus cum pertinentiis in Brinsale; habenda et tenenda dictis priori et conventui et eorum successoribus de domino rege in liberam, puram et perpetuam elemosinam imperpetuum. Ego vero Henricus et heredes mei predicta quinque messuagia, duos bovatas terre, duos solidatos redditus cum pertinentiis [fo. 59r][a] cum homagio et servitio Willelmi Desert tenentis mei de quatuor bovatis terre, ut predictum est warrantizabimus imperpetuum. In cuius rei testimonium sigillum meum presentibus est appensu. Hiis testibus: domino Thoma de Alta Ripa, domino Iohanne Gilioth, domino Henrico de Kighley, militibus, Willelmo de Hebbeden, Willelmo de Malgham, Elia de Tresfeld, Iohanne de Kighley et aliis.

a. *Heading* Apletrewick B.

Almost certainly, this gift followed the acquisition of Appletreewick by the canons, and was part of the process of consolidation. For the accounting year 1299–1300 the *Compotus* records a payment of £6 13s. 4d. made to Henry of Hartlington by the priory as part of the consolidation of the manor of Appletreewick (*Compotus*, p. 103).

196 Note concerning the grant of common pasture in the vill of Appletreewick by the canons of Bolton to Henry [of Hartlington], for the term of his life.

[fo. 59r] E ceo fet aremembrer qe apres les chaunges festes pur ceo qe sire Henri ne avait nul' comune de pasture en la vile de Appeltrewicke le dit priour et covent luy graunta comune de pasture en la dit vile a terme de sa vie taunt sulement si cum il pert par lescrit que ensuit.[a]

a. E ceo fet … lescrit que ensuit *indented c.20mm* B.

197 Lease by brother John of Laund, prior of Bolton, and the canons to Henry of Hartlington for the term of his life of common pasture in the pasture of the canons at Appletreewick for all his animals in his manor of Hartlington, for detaining, nourishing and wintering for goats, making the exception that the canons do not intend the lease to apply to the tenants and serfs of the manor of Hartlington. 1 Jan. 1305, Bolton

[fo. 59r] Pateat universis presentes quod nos frater Iohannes de Landa prior[a] monasterii beate Marie de Bolton' in Craven et eiusdem loci conventus dimisimus domino Henrico de Hertlington' ad terminum vite sue de gracia nostra speciali communem pasturam in pastura nostra de Appletrewicke omnibus animalibus suis propriis in suo manerio de Hertlington' commorantibus, nutritis et hiemantibus capris duntaxat exceptis hoc notato quod non intendimus per hanc nostram dimissionem quod aliqui tenentes sui vel nativi dicto manerio manentes habeant pasturam in pastura nostra de Appletrewicke pro suis animalibus quanquam animalia nativorum suorum sua propria animalia sint ut bona nativorum sunt duorum sed pro suis propriis animalibus proprie domus sue de Hertlington' in eadem domo commorantibus hiemantibus et nutritis, ita tamen quod liceat nobis non obstante ista dimissione nos appruiare et appruyamenta nostra facere per totam pasturam de Appletrewicke pro nostre libito voluntatis sine impedimento seu contradictione dicti domini Henrici [fo. 59v][b] et si contingat dictum dominum Henricum dictum manerium alicui vendere vel ad terminum dimittere seu etiam in fata decedere quod absit extunc de dicta commun[a] pastur[a] omnino sit quietus et absolutus, ita quod in dicta pastura extunc nihil ipse vel aliquis in nomine ipsius exigere poterit vel vendicare. In cuius rei testimonium sigillum nostrum commune uni parte una cum sigillo dicti domini Henrici alteri parti presenti scripto cyrographato alternatim sunt apposita. Dat' apud Bolton die circumsisionis Domini anno Domini M⁰ CCC v⁰ 33 Ed. 1.

a. de *deleted* B.   b. *Heading* Apletrewick B.

H – fo. 30v, from Bolton Cartulary, fo. 63, abstract.

198 Note concerning the gift by William Desert to the canons of Bolton of four bovates of land that required a licence to alienate in mortmain.

[fo. 59v] A ceo fet aremembrer qe apres ceo qe le dit priour e covent furent pleynement seisi de totes les terres avant dites ensemblement oue le servise le avaunt dit Willam Desert de les avaunt dites iiij boves de tere le dit Willam Desert prit talent a vendre le iiij boves de tere let quens il tent de priouor e covent a eus mes pre ceo qe le priour e covent ne put entrer en la dit tere saunsz conge le rei le dit priour purchaca la charter le rey en la fourme qe ensuit.[a]

a. E ceo fet … fourme qe ensuit *indented c.15mm* B.

199 Grant by Edward I of licence to Bolton Priory to hold four bovates of land, with appurtenances, in Appletreewick, from William Desert. 15 Nov. 1304, Brastwick

[fo. 59v] Edwardus Dei gracia rex Anglie, dominus Hibernie et dux Aquitannie omnibus ad quos presentes litere pervenerit salutem. Liceat de comuni consilio regni nostri statuerimus quod non liceat viris religiosis seu aliis ingredi feodum alicuius, ita quod ad manum mortuam deveniat sine licentia nostra et capitalis domini de quo res illa mediate tenetur per finem tamen quem dilectus nobis in Cristo prior de Bolton' in Craven fecit nobiscum coram thesaurario et baronibus nostris de scaccario concessimus et licentiam dedimus pro nobis et heredibus nostris quantum in nobis est Willelmo Desert quod ipse quatuor bovatas terre cum pertinentiis in Appletrewicke dare possit et assignare prefato priori et conventui eiusdem loci; habend[as] et tenend[as] sibi et successoribus suis imperpetuum et eisdem priori et conventui quod ipsi predictam terram cum pertinentiis a prefato Willelmo recipere possint et tenere sicut predictum est tenore presentium similiter licentiam dedimus specialem. Nolentes quod predictus Willelmus aut heredes sui seu prefati prior et [fo. 60r][a] conventus aut successores sui per nos vel heredes nostros ratione statuti predict' inde occassionentur in aliquo seu graventur salvis tamen capitalibus dominis feodi illius serviciis inde debitis et consuetis. In cuius rei testimonium has litteras nostras fieri fecimus patentes. Teste me ipso apud Brastwick quinto decimo die Novembris anno regni nostri tricesimo secundo.
Wodef'

a. *Heading* Apletrewick B.

H – fo. 30v, from Bolton Cartulary, fo. 69, abstract. Pd in *CPR, 1301–1307*, p. 268.

200 **Note concerning the gift by William Desert to the canons of Bolton of four bovates.**

[fo. 60r] Apres la charter le rei de conge purchace le dit Willam fess[ff]a le dit priour e covent de les dites iiij boves si cum pert par la charter qe ensuit.[a]

a. Apres la charter … charter qe ensuit *indented c.10mm* B.

201 **Gift in free, pure and perpetual alms by William Desert, son of Robert Desert, to the canons of Bolton of four bovates of land, with appurtenances, both in demesne and service, in Appletreewick, which he holds from the canons and by the gift of Roger son of Thomas of Appletreewick. [11 Nov. 1299 (15 Nov. 1304)x(1305) Jun. 1308]**

[fo. 60r] Sciant presentes et futuri quod ego Willelmus Desert filius Roberti Desert concessi, dedi, reddidi et presenti carta mea confirmavi religiosis viris priori et conventui domus de Bolton in Craven et eorum successoribus quatuor bovatas terre cum pertinentiis, tam in dominico quam in servitio, in Appletrewicke quas ab eisdem religiosis tenui et quas quidem habui de dono et concessione Rogeri filii Thome de Appletrewicke; habendas et tenendas predictis priori et conventui et eorum successoribus imperpetuum in liberam, puram et perpetuam elemosinam cum omnibus suis pertinentiis sine ullo retenemento. Ego vero predictus Willelmus et heredes mei predictas quatuor bovatas terre cum pertinentiis, tam in dominico quam in servitio, ut prescriptum est predictis priori et conventui et eorum successoribus contra omnes gentes warrantizabimus imperpetuum. In cuius rei testimonium presenti carte sigillum meum apposui. Hiis testibus: dominis Thoma de Alta Ripa, Iohanne Giliot, Henrico de Hartlington, militibus, Willelmo Mauleverer, Everardo Fauvel, Willelmo de Cestrount, Elya Tresfeld, Iohanne de Kighley, Constantino Fauvel et aliis.

Licence was granted for William Desert to assign the above lands to the prior and canons of Bolton 15 November 1304, following an inquisition 26 October 1304, writ issued 21 October 1304 (*Yorks. Inqs.*, iv, p. 79). There is record of a payment made to William Desert in the financial year of the priory 11 November 1299 – 11 November 1300 (*Compotus*, p. 103). William Desert was a local landholder who was closely connected to the priory, acting as a representative in business dealings. He later became a corrodian of the house, receiving a corrody of £7 6s. 8d. *per annum* between 1308 and 1325 (*Bolton Priory*, pp. 114–15, 135–6).
H – fo. 30v, from Bolton Cartulary, fo. 69, abstract.

202 **Note concerning the four bovates of land in the vill of Appletreewick, of the Mowbray fee, sold by William Desert to the canons of Bolton with the permission of the king, Roger of Markingfield, John de Mowbray and the convent of Fountains.**

[fo. 60r] E ceo fet aremembrer qe Willam Desert tent iiij boves de tere en la vile de Appletrewicke de le fe de Moubray qe descendit a luy apres la mort' Robert Desert sum per ausi con a fuyz e hair por [fo. 60v][a] decent de heritage les quens teres le dit Willam vendit au priour e covent de Boulton mes pur ceo qe le dit priour e covent ne poent entrer sauncz conge le rei ne sauncz conge sire Jon de Moubray donck seingiour de le dit fe ne sauns conge Roger de Merkingfeld e de le abbe de Fountains de ky les dites teres estaint tenuz le dit priour purchaca la charter le rei la charter sire Jon de Moubray la charter Roger de Merkingfeld e de le abbe de Fountains de conge si com il pert par les escrites en la fourme qe ensuit.[b]

a. *Heading* Apletreweeke B.   b. E ceo fet … fourme qe ensuit *indented c.10mm* B.

203 Grant by Edward I of licence to Bolton Priory to hold four tofts and three bovates of land, with appurtenances, together with the homage and service of Henry of Keighley, and his heirs, tenant of William Desert, of one bovate of land with appurtenances in Appletreewick, given by William Desert. 4 Feb. 1307, Lanercost

[fo. 60v] Edwardus Dei gracia rex Anglie, dominus Hibernie et dux Aquitanie omnibus ad quos presentes littere pervenerint salutem. Licet de communi consilio regni nostri statuerimus quod non liceat religiosis viris seu aliis ingredi feodum alicuius, ita quod ad manum mortuam deveniat sine licentia nostri et capitalis domini de quos res illa imediate tenetur per finem tamen quem dilectus nobis in Cristo[a] prior de Boulton in Craven fecit nobiscum coram cancellario nostro concessimus et licentiam dedimus pro nobis et heredibus nostris quantum in nobis est Willelmo Desert quod ipse quatuor tofta et tres bovatas terre cum pertinentiis una cum homagio et servitio Henrici[b] de Kighley tenentis sui de una bovata terre cum pertinentiis in Appletrewicke, ac heredum ipsius Henrici dare possit et assignare prefato priori et conventui eiusdem loci; habenda et tenenda sibi et successoribus suis imperpetuum. Et eisdem priori et conventui quod ipsi tofta et tres bovatas terre predict[i] una cum homagio et servitio predict[is] cum pertinentiis a prefato Willelmo recipere possint et tenere sibi et successoribus suis imperpetuum sicut predictum est tenore presentium similiter licentiam dedimus specialem. Nolentes quod predictus Willelmus vel heredes suis seu predict[i] prior et conventus aut successores sui ratione statuti predicti per nos vel heredes nostros inde occasionentur in aliquo seu graventur salvis tamen capitalibus dominis feodi illius servitiis inde debitis et consuetis. In cuius rei testimonium has litteras nostras fieri fecimus patentes. Teste me ipso apud Lanrecost quarto die Februarii anno regni nostri tricesimo quinto.

a. priour *(sic)* B.   b. Henricae *(sic)* B.

For the *inquisition ad quod dampnum* that occurred prior to the issue of this licence see *Yorks. Inqs.*, iv, pp. 145–6.
Pd in *CPR, 1301–1307*, p. 496.

204 Licence by John de Mowbray, knight, to the canons of Bolton to enter four messuages and four bovates of land, with toft and croft, in his fee of Appletreewick that they obtained from William Desert in Appletreewick. 16 Oct. 1307, Northampton

[fo. 61r][a] Omnibus ad quos presens scriptum pervenerit Iohannes de Moubray miles salutem in domino sempiternam. Noveritis me dedisse et concessisse priori et conventui de Bolton' in Craven licentiam ingrediendi quatuor messuagia et quatuor bovatas terre cum toftis et croftis et omnibus suis pertinentiis in feodo meo de Appletrewicke que habent ex perquisito de Willelmo Desert in villa predicta; tenenda et habenda eisdem priori et conventui et successoribus suis per servitia inde debita et consueta imperpetuum non obstante statuto domini regis de tenementis ad manum mortuam non ponendis seu alienandis. In cuius rei testimonium presenti scripto sigillum meum apposui. Dat' apud Northampton die Lune sexto decimo die octobris anno regni regis Edwardi filii regis Edwardi primo.

a. *Heading* Apletrewick B.

For the Mowbray family see *Charters of the Honour of Mowbray, 1107–1191*, ed. D. Greenway (Oxford, 1972).
H – fo. 31r, from Bolton Cartulary, fo. 65, abstract.

205 Licence by Roger of Markingfield, at the instance of Lord John of Markingfield, clerk, his brother, to the canons of Bolton to enter four bovates of land with toft and croft, and appurtenances, in the vill of Appletreewick, both in demesne and service, which William Desert held of his fee, for services due. [1307x8]

[fo. 61r] Noverint universi per presentes quod ego Rogerus de Merkingfeld ad instantiam domini Iohannis de Merkingfeld clerici fratris mei concessi religiosis viris priori et conventui de Bolton in Craven et licentiam dedi specialem ingrediendi quatuor bovatas terre cum toftis et croftis et omnibus pertinentiis eidem bovatas terre pertinentibus in villa de Appletrewicke, tam in dominico quam in servitio, quas quidem bovatas terre Willelmus Desert de feodo meo tenuit. Tenend[as] et habend[as] dictas quatuor bovatas terre cum toftis et croftis et omnibus pertinentiis suis in eadem de dominis feodi per servitia inde debita et consueta imperpetuum, nolens quod predict[i] prior et conventus aut successores sui ratione statuti editi de terris et tenementis deveniendis ad manum mortuam per me heredes aut assignatos meos inde occasionentur in aliquo seu graventur. In cuius rei testimonium sigillum meum presentibus est appensum. Hiis testibus: dominis Henrico de Kigheley, Iohanne Gilioth, Henrico de Hartlington, militibus, Willelmo de Malgh[u]m, Ricardo Fauvel, Willelmo de Hawkeswicke et aliis.

The inquisition ad quod dampnum was taken 21 January 1307 (*Yorks. Inqs.*, iv, p. 146), with licence being granted 4 February of the same year (*CPR, 1301–1307*, p. 496). John Giliot had died by 16 June 1308. John of Markenfield first occurs in the accounts for 11 November 1295 – 11 November 1296, with payment of £4 14s. (*Compotus*, p. 62). There appears to have been some family connection with the priory for the mother of John of Markenfield received a payment of 13s. 4d. on behalf of her son in the financial year 1296–97 (*Compotus*, p. 67). The last reference to John of Markenfield is in the accounts for 1316–17 (*ibid.*, p. 430).
H – fo. 31r, from Bolton Cartulary, fo. 65, abstract.

206 Agreement made between Robert the abbot and the convent of Fountains and the canons of Bolton whereby the abbey gives licence for the canons to enter four bovates of land with toft and croft and all appurtenances, in the vill of Appletreewick, both in demesne and service, which William Desert held of the abbey, for services due. 18 Oct. 1307, Fountains

[fo. 61v]ª Noverint universi per presentes quod nos frater Robertus abbas de Fontibus et eiusdem loci conventus concessimus religiosis viris priori et conventui de Bolton in Craven et licentiam dedimus specialem ingrediendi quatuor bovatas terre cum toftis et croftis et omnibus pertinentiis eisdem bovatis terre pertinentibus in villa de Appletrewicke, tam in dominico quam in servitio, quas quidem bovatas terre Willelmus Desert de nobis tenuit. Tenend[as] et habend[as] dictas quatuor bovatas terre cum toftis et croftis et omnibus pertinentiis suis in eadem de nobis et successoribus nostris per servitia inde debita et consueta. Nolentes quod predicti prior et conventus aut successores sui ratione statuti editi de terris et tenementis deveniendis ad manum mortuam per nos aut successores nostros inde occasionentur in aliquo seu graventur. In cuius rei testimonium sigillum commune nostri capituli presentibus est appensum. Dat' apud Fontes die mercurii in festo sancti Luce evangeliste anno Domini Mº CCC vij.

a. *Heading* Apletrewick B.

Pd abstract in *Fountains Chartulary*, p. 68.

207 Note concerning the gift of William Desert to the canons of Bolton of four bovates of land.

[fo. 61v] Le dit Willam apres le conge le rei e les autres seyngurages a dit priour e covent graunte feffa le dit priour de les dites iiij boves de tere en demain et en servise si com il pert en sa charter en la fourme qe ensuit.[a]

a. Le dit Willam … fourme qe ensuit *indented c.15mm* B.

208 Gift by William Desert to the canons of Bolton of four tofts, three bovates of land, with appurtenances, within and without the vill of Appletreewick, together with the homage and service of Henry of Keighley and his heirs for one bovate of land, with appurtenances, excepting seven acres, comprising of four held by Lord Adam of Middleton and three by Henry of Keighley, to be held of the lord of the fee by service. 22 Jan. 1308, Bolton

[fo. 61v] Omnibus hoc scriptum visuris vel audituris Willelmus Desert salutem in Domino sempeternam. Noveritis me dedisse, concessisse et hac presenti carta mea confirmasse religiosis viris priori et conventui de Boulton in Craven quatuor tofta, tres bovatas terre cum omnibus pertinentiis suis infra villam de Appletrewicke et extra ubicunque sine ullo retenemento, una cum homagio et servitio Henrici de Kigheley et heredum suorum de una bovata terre cum pertinentiis in eadem septem duntaxat acris exceptis de quibus dominus Adam de Midleton' tenet quatuor acras et Henricus de Kighley tres acras; tenenda et habenda dictis priori et conventui et eorum successoribus imperpetuum de dominis feodi per servitia inde debita et consueta. Ego vero dictus Willelmus Desert et heredes mei omnes dictas terras et tenementa [fo. 62r][a] cum toftis et omnibus pertinentiis ut supradictum est sine ullo retenemento contra omnes homines warrantizabimus imperpetuum. In cuius rei testimonium huic presenti carte sigillum meum apposui. Hiis testibus: dominis Thoma de Alta Ripa, Iohanne Gilioth, Henrico de Hartlington', Willelmo de Hebbeden, militibus, Willelmo de Malgh[u]m, Iohanne de Bolton, Willelmo de Marton, Ranulpho de Otterburne et aliis. Datum apud Bolton' die dominica proxima ante conversionem beati Pauli appostoli anno Domini M CCC° septimo 1 E. 2.

a. *Heading* Apletrewick B.

209 Note concerning the exchange between the house of St Leonard, York, and the canons of Bolton of 2*s*. rent in the vill of Appletreewick for 3*s*. rent in the vill of York.

[fo. 62r] A ceo fet aremembrer qe pur ceo qe la meson de sein' Leonard de Everwicke tent ii sous de annuele rent en la vile de Appletrewicke issaunt de toftes en la dit vile le dit priour taunt parla oue le mester e oue le freres de la dit meson de sain Leonard quil donaint e grauntaynt mesmes ceo ii soudes de rent au dit priour e covent de Boulton en eschaunge pur iii soud' de rent en la vile de Everwicke mes pur ceo qe le dit priour purchaca la charter le rei en la fourme qe ensuit.[a]

a. E ceo fet … fourme qe ensuit *indented c.20mm* B.

210 Grant by Edward I of licence for the exchange by Walter, bishop of Coventry and Lichfield, master of the St Leonard's Hospital, York,

and Bolton Priory of 2*s*. rent, with appurtenances, in the vill of Appletreewick, for 3*s*. rent in York. 14 Oct. 1301, *Domypas*

[fo. 62r] Edwardus Dei gracia rex Anglie dominus Hibernie et dux Aquitanie omnibus ad quos presentes littere pervenerint salutem. Licet de communi consilio regni nostri statuerimus quod non liceat viris religiosis seu aliis ingredi feodum alicuius, ita quod ad manum mortuam deveniat sine licentia nostra et capitalis domini de quo res illa immediate tenetur per finem tamen quem dilectus nobis in Cristo prior de Bolton fecit nobiscum coram thesaurario et baronibus nostris de scaccario, concessimus et dedimus licentiam quantum in nobis est venerabili patri Waltero Coventrien' et Lychefelden' episcopo magistro hospitalis sancti Leonardi Ebor', quod ipse duas solidatas redditus cum pertinentiis in Appletrewicke dare possit et assignare prefato priori et conventui eiusdem loci in escambium [fo. 62v]a pro tribus solidatis redditus cum pertinentiis in Ebor'; habend[a] et tenend[a] eisdem priori et conventui et successoribus suis imperpetuum et eisdem priori et conventui quod ipsi predict[as] duas solidat[as] reddit[us] cum pertinentiis a prefato magistro in escambium pro predictis tribus solidatis redditus recipere possint et tenere sicut predictum est, tenore presentium similiter licenciam dedimus specialem, nolentes quod predictus magister vel successores sui, seu predicti prior et conventus aut successores sui racione statuti predicti per nos vel heredes nostros inde occasionentur in aliquo seu graventur salvis tamen capitalibus dominis feodi illius servitiis inde debitis et consuetis. In cuius rei testimonium has litteras nostras fieri fecimus patentes. Teste me ipso apud Domypas, quarto decimo die Octobris anno regni nostri vicesimo nono.

a. *Heading* Apletrewick B.

211 Note concerning the exchange made between the hospital of St Leonard and the canons of Bolton.

[fo. 62v] Apres la charter le rei purchace les chaunges se feisaint entre les partis en la fourme qe ensuit.a

a. s/n *overwritten*; Apres la charter ... forme qe ensuit *indented c.10mm* B.

212 Gift by Walter, bishop of Coventry and Lichfield, master of the hospital of St Leonards, York, to the canons of Bolton of 2*s*. rent from one toft, with appurtenances, in Appletreewick with the service of the tenants, in exchange for 3*s*. rent from one messuage, with appurtenances, in Blake Street, York, with the service of the tenants. [*c*.1301]

[fo. 62v] Omnibus Cristi fidelibus hoc scriptum visuris vel audituris Walterus permissione divina Coventrien' et Lichefelden' episcopus, magister hospitalis sancti Leonardi Ebor' et fratres eiusdem domus salutem in Domino. Noveritis nos dedisse, concessisse et hoc presenti scripto confirmasse religiosis viris priori de Bolton et eiusdem loci conventui duas solidat[as] redditus cum pertinentiis in Appletrewicke provenientes de uno tofto cum pertinentiis in eadem villa, simul cum servitio tenentium eiusdem tofti in escambium pro tribus solidatis redditus cum pertinentiis in Ebor' provenientibus de uno messuagio cum pertinentiis in eadem villa in vico qui vocatur Blaykestreet, simul cum servitio tenentium eiusdem messuagii; tenend[a]a et habend[a] dictis priori et conventui et eorum successoribus de capitale domino illius tenementi per servitia inde debita et consueta. Nos vero dicti magister hospitalis predicti et fratres eiusdem domus et successores nostri dictis priori et conventui et eorum successorum dictas duas solidatas cum pertinentiis in Appletrewicke per excambium predictum warrantizabimus imperpetuum. In cuius rei testimonium sigillum commune capituli nostri presenti scripto est appensum. Hiis testibus: dominis Iohanne Sampson de [fo. 63r][b] Eborum, Henrico de Hertlington, militibus, Willelmo de Hebbeden, Elya de Tresschefeld, Ricardo Fauvell, Henrico Blome, Iohanne de Sexdecim Vallibus, Willelmo de Walmegate de Ebor', et Willelmo Desert de Appletrewick et multis aliis.

a. tenendu' *(sic)* B.   b. *Heading* Apletrewick B.

The writ issued prior to the inquisition (ad quod dampnum) is dated 14 October 1301, which suggests that this gift would have occurred at a similar time, once it had been permitted (*Yorks. Inqs.*, iii, p. 137). This gift may have been made in conjunction with the exchange of properties between the hospital of St Leonard, York, and Bolton Priory (CB, no. 210). For the counterpart of the exchange and further references to land in Blake Street see BL, MS Cotton Nero D iii (St Leonard), fos. 87–94v, and for a plan of Blake Street see S.R. Rees Jones, 'Property, Tenure and Rents: Some Aspects of the Topography and Economy of Medieval York', unpublished D.Phil, York University (1988).

213   Note concerning the charters of Lord Geoffrey Neville and Emma his wife of lands and tenements in the fee of Craven, namely Burnsall, Conistone, Cracoe, Airton and Appletreewick.

[fo. 63r] Memorandum de carta domini Galfridi de Nevill et Emme uxoris sue de terris et tenementis et feodis in Craven, videlicet in Brinsall, Conyngston, Crakhou, Airton et Appletrewicke.[a]

a. Memorandum de carta ... Airton et Appletrewicke *indented c.15mm* B. Marginated: *p*.

Burnsall, Conistone, Appletreewick and Cracoe are in the parish of Burnsall. Airton is in the parish of Kirkby Malham.

214   Confirmation and restoration by Alice de Rumilly to Geoffrey Neville and Emma his wife of the service of Robert of Bulmer with all his tenement, namely two carucates of land in Burnsall with the presentation to the church of Burnsall, three carucates of land in Conistone, six carucates of land in Cracoe, one carucate of land in Airton for the fee of one knight and all that moiety of her fee in Appletreewick, namely ten bovates of land and 2*s*. rent in lands in the vill of Appletreewick towards the increment of the said fee, to be held in woods, fields, meadows, pastures, mills, all liberties and free customs, by Geoffrey and Emma and their heirs in fee and hereditarily. [1172 (Michaelmas 1176; 1178)xMichaelmas 1190]

[fo. 63r] Sciant omnes tam presentes quam futuri quod ego Alicia[a] de Romelya concessi et reddidi et presentis carte testimonio confirmavi Galfrido de Nevill et Emme uxori sue servicium Roberti de Bulmer cum toto tenemento suo scilicet duas carucatas terre in Brinsale cum presentacione totius ecclesie de Brinsale et tres carucatas terre in Conyngston et sex carucatas terre in Crakehou et unam carucatam terre in Airton pro feodo unius militis et totam medietatem feodi mei[b] in Appletrewicke, scilicet decem bovatarum terre et duorum solidorum redditus in terris in eadem villa ad incrementum predicti feodi ut rectum suum et feodum et hereditatem Emme uxoris sue filie[c] Bertrami de Bulmer. Quare volo et heredibus meis precipio quod predicti Galfridus et Emma uxor sua, et heredes sui teneant de me et heredibus meis in feodo et hereditate has predictas terras libere, quiete, et integre et honorifice, in bosco et in plano, in pratis et pasturis, in molendino et in omnibus aliis locis in omnibus libertatibus et liberis consuetudinibus sicut antecessores sui unquam[d] liberius de me et antecessoribus meis tenuerunt[e].

In magno clauso apud Girnemue sunt	xxxij acr'
In medio clauso ibidem sunt	xj acr' di'
In tertio clauso ibidem sunt	xiij acr' di
In superiori clauso apud Nuscey sunt	v acr' di'
In inferiori clauso ibidem sunt	vj acr'
In clauso apud Skirum sunt	x acr' di' j rod'
In clauso apud Crofton' sunt	x acr'
In clauso de Bentefalde sunt extra bosco	iij acr'
Summa	iiij[xx] xiij acr' j rod'[f]

a. Cecilia C, H.   b. mei *omitted* H.   c. et heredis *inserted* C.   d. melius et *inserted* C.   e. Hiis testibus *inserted* C; test. Etc. *inserted* H.   f. In magno … xiij acr' j rod' *indented c.10mm* B; *omitted* H; Hiis testibus *replacing* In magno … xiij acr' j rod' C.
Marginated: *Mensuratio prati apud Appletrewick.*

See *Complete Peerage*, ix, pp. 476–505 for the pedigree of the Neville family. The confusion between Alice and Cecily de Rumilly may have been a scribal error, but could also be connected with a previous confirmation made by Alice to the same Geoffrey Neville and Emma his wife of the same property (*EYC*, vii, no. 30).
C – fo. 10v. H – fo. 31r–31v, from Bolton Cartulary, fo. 66. Pd in *EYC*, vii, no. 31.

215 Note concerning to the gifts of Sir John of Eshton to the canons of Bolton.

[fo. 63v][a] Ceo le originale e le garaunt' par qe garaunt les teres qe furent done a sire Johan de Eston estaint estenduz.[b]

a. *Heading* Apletrewick B.   b. Ceo le originale … estaint estenduz *indented c.20mm* B.

216 Writ by Edward I to Thomas de Normanville, steward, to permit John of Eshton to enter the manor of Thornton next to Pickering, which he holds with homage, rents, villienage, escheats, wardship, reliefs and all exactions. 26 Jun. 1278, Westminster

[fo. 63v] Edwardus Dei gracia rex Anglie, dominius Hibernie et dux Aquitanie dilecto et fideli suo Thoma de Normanvill senescallo suo salutem. Cum in ultimo parliamento nostro apud Westmonast' Iohanni de Eston qui ius sibi in hereditatem que fuit Aveline filie et herede Willelmi de Fortibus quondam comitis Albemarl' vendicavit centum libratas terre concesserimus prout nostris[a] vobis mandamus quod manerium de Thorneton prope Pickiring prout alterius[b] iuxta verum valorem eiusdem poteritis sine dilatione extendi faciatis quantam videlicet valet per annum ut in homagiis, redditibus, villenagiis, escaetis, wardis, releviis et omnibus aliis exitibus. Et facta extenta illa manerium illud eidem Iohanni tradatis tenend' iuxta formam concessionis predict', et si manerium illud ad quantitatem terre predicte se non extend[ia]t tunc residuum quantitatis terre predicte in terris et tenementis nostris prope castrum nostrum de Skipton ad dampnum nimis[c] castri illius quam poteritis extendi faciatis in forma predicta et residuum illud in manu nostra salvo custodiri faciat usque ad parliamentum nostrum sancti Michaelis proximo futuro Et extentam illam distincte et aperte factam sub sigillo vestro et sigillo eorum per quos facta fuerit nobis ad idem parliamentum mittatis et hoc breve. Teste me ipso apud Westm' xxvj° die Iunii anno regni nostri sexto.

a. nostris *(sic)* B.   b. altius *(sic)* B.   c. minis *(sic)* B.
Marginated: *Breve regis Ed. 1 anno 6 ad fac' extent' de terre prope Skipton'.*
Marginated: ☞.

217 Extent of lands in Appletreewick, as well as the water mill, including their value. [*c*.1277x1278]

[fo. 63v] Extent de Apletrewicke facta per Rogerum Tempest, Ricardum de Halton et alterum filium Philippi de Remington, Willelmum filium[a] Roberti de Skipton, Elyam de Stretton clericum, Thomam de Malgham, Iohannem de Fegherg', Willelmum de Cestrount, Robertum de Halton, Ad[am] de Plumland, Willelmum Revell' et Adam[b] de Lonesdale, qui dicunt super sacramentum suum quod sunt ibidem in dominico in cultura que vocatur Calgard terre arabil[is] xvj acr' quarum quelibet acr' valet per annum secundum verum valor[em] xij*d*. [fo. 64r][c] sunt etiam ibidem in dominico per loca in campo xvij acr' j rod' et di' terre arabilis prec[ii] acr[e] xviij*d*.

Est etiam ibidem j acr' terre arabil[is] que valet per annum secundum verum valorem in uno crofto xx*d*. Est etiam ibidem in cultura que vocatur Calgord j acr' et di' rod' prati et valet per annum ij*s*.

Est etiam ibidem dimid' acr' prati per loca diversa in campo que val[et] per annum ix*d*.

Summa terre arabilis	xxx iiij acr' j rod' di'
Summa acrarum prati	ij acr'
Summa veri valoris dictarum acrarum	xlvj*s*. v*d*. ob. q.[d]

Sunt etiam ibidem quatuor bovate terre in dominico que tenentur ad voluntatem domini que contin[ent] in se vj acr' terre arabilis precium acre secundum verum valorem xviij*d*. et iiij acr' prati quarum que libet valet per annum secundum verum valorem xviij*d*.

Summa acrarum terre arabilis	xx iiij acr'
Summa acrarum prati	iiij acr'[e]
Summa veri valoris dictarum acrarum cum aisiamento communis pasture pertinentis ad dictas bovatas terre	xlij*s*.

Sunt etiam ibidem quatuor tofta predicta iiij bovatas[f] terre cum[g] pertinentis precium cuius- libet tofti secundum verum valorem cum communa pasture	xviij*d*.
Summa veri valoris	vj*s*.[h]

Est ibi quoddam molendinum aquaticum et valet comunibus annis secundum verum valorem	iiij*li*.
Summa veri valoris	iiij*li*.[i]

Summa summarum precedentium de Appletreeweke secundum verum valorem cum commun[a] pasture pertinen[tia] ad predictas terras in villa predicta viij*li*. xiiij*s*. v*d*. ob q. salvo domino reg[i] capitali mesuagio dominio agistamentis, pasturis, mineris et plactis et omnimod' cur' miner' et aliis perquisitis que non extenduntur.

a. Willelmi filii *(sic)* B.   b. Adamum *(sic)* B.   c. *Heading* Apletreweek B.   d. Summa terre arabilis … xlvij*s vd. ob.* Q. *indented c.15mm* B.   e. Summa acr' prati … iiij acr *indented c.30mm* B.   f. per *deleted* B.   g. cum *omitted* B.   h. Summa veri valoris vj*s. Indented c.25mm* B.   i. Summa veri valoris iiij*li. indented c.25mm* B.
Marginated [fo. 63v]: *Le primer extent*
Marginated [fo. 64r]: *Bovat'; tofta; molendinum*

It is probable that this extent was made before CB, no. 219, for those who undertook the extent are the same, with the exception of 'alterum filium Philippi de Remington', whose name, Walter, is given in the latter.

218 Note concerning the manor of Thornton next to Pickering and land in the manor of Skipton, and the order of Sir Thomas de Normanville, escheator north of the Trent, to Sir Ralph de Normanville, who holds the castle of Skipton, to grant further lands.

[fo. 64v] Fet a remembrer qe pur ceo qe le maner' de Thornton pres Pickering ne les autres teres del maner' de Skipton' devant estenduz ne poient' atendr' a cent liverez de tere manda sir Thom' de Normanvill en ten tenps eschetour notre seigneur le roi de cea Trent a sir Rouf de Normanvill son heu tenaunt au chastel de Skipton qil fait estendre les parceles ment estenduz en la maner de Appletrewicke per les estendurs avant nometz et per le garaunt avant escrit si haute et si proficablement pur le roi come il pount issuit qil enst […15mm] le dit estent au parlement notre seigneur le roi avant nomes et par la vertue del dit mandement[a] e garaunt fit il estoverr le maner e les choses ment estenduz avant nomes si com' piert par lestent qe ensuit.[b]

a. ma[n]daue[n]t *(sic)* B.   b. Fet a remembrer … lestent qe ensuit *indented c.10mm* B.

219 Extent of lands at Appletreewick, including the water mill, court, tolls, stallage, ways and lead mining, as well as their value. [20 Nov. 1277x19 Nov. 1278]

[fo. 64v] Extenta de Appletrewicke facta per Rogerum Tempest, Ricardum de Halton, Walterum filium Philippi de Remington', Willelmum filium Roberti de Skipton', Elyam de Stretton clericum, Thomam de Malgh[u]m, Iohannem de Fegheg', Willelmum de Cestrount, Robertum de Halton', Adam[a] de Plumland, Willelmum Revell' et Adamum de Lonesdale. Qui dicunt super sacramentum suum quod est ibidem quoddam capitale messuagium cum dominio pertinente et agistament[is] et pasturis ibidem et valet per anum lxxvij*s*. Sunt etiam ibidem in dominico in quadam cultura que vocatur Calgard terre arabil[ia] sexdecim acr[arum] quarum quelibet acr[e] valet per annum secundum verum valorem xij*d*. Sunt etiam ibidem in dominico per loca in campo xvij acr' j rod et di' terre arabil[is] prec[ium] acr[e] xviij*d*. Est etiam ibidem una acra terre arabil[is] in uno crofto que valet per annum secundum verum valorem xx*d*. Et etiam ibidem in cultura que vocatur Calgard j acr' j rod' prati , et valet per annum ij*s*. Et etiam ibidem dimidia acra prati per diversa [fo. 65r][b] loca in campo que valet per annum ix*d*. Sunt etiam ibidem iiij bovat[e] terre in dominico que tenentur ad vountatem domini quarum quelibet continet in se vi acr[as] terre arabil[is] precium acr[e] secundum verum valorem xviij*d*. Et sunt ibidem quatuor acr[e] prati quarum quelibet valet per annum secundum verum valorem xviij*d*. Sunt etiam ibidem quatuor tofta predict' quatuor bovat[is] terre pertinen[tes] precium cuiuslibet tofti secundum verum valorem cum communi pastura xviij*d*. Est etiam ibidem quoddam molendinum aquaticum et valet communibus annis secundum verum valorem iiij*li*. Est etiam ibidem quedam cur[ia] de tribus septimanis in tres septiman[a]s Et valet per annum xiijs. iiijd. tolnet' et stallag' ibidem val[ent] per annum^c vjs. viijd. Wayfes etiam ibidem valent per annum vjs. viijd. Extenta autem escaetarum ibidem per anum xiijs. iiijd. Est etiam ibidem miner' plumbi et valet per anum xls.

Summa toftorum iiij	Summa bovatarum iiij
Summa acrarum terre arabilis	xxx iiij acras j rodam et dimidiam
Summa acrarum prati	v acras dimidia et dimidia rodam prati^d
Summa veri valor totius extente de Appletrewicke xvjli. xijs. vd. ob. q.	

a. Adamum *(sic)* B.   b. *Heading* Apletrewick B.   c. annum *omitted* B.   d. Summa toftorum … dimidia rodam prati *indented c.15mm* B.
Marginated: *Le 2^d extent de Apletreweek sur q' le roy fait grant al Iohn de Ashton anno 6 E. 1, 16li. 12s. 5d. ob q.*

220 Note concerning what was held in the Tower of London in the reign of Edward IV.

[fo. 65r] Cest estant serra trove en le Toure de Londr en une petit pochet mone' iuze de une demyune de longe sur qe pochet est escrit sur le une parti les memorandes de Aumarle hec extenta pred[icta] fuit anno regni regis Edwardi filii regis Henrici sexto.^a

a. Cest estant serra … regis Henrici sexto *indented c.10mm* B.
Marginated: ☞.

221 Note concerning the rolls of eyre and the manor of Appletreewick. [20 Nov. 1292x19 Nov. 1293]

[fo. 65v]^a A fet aremembrer qe en le tens Sir Wauter de Northwiche q[ua]nt il^b estate tresurer Aengleter il fet enseccher les rolles del Air de Sir Huhe de Cressingham e trova en le dit Air qe comande ful de seiser e prendre molt de terres en la main notre seigneur le roi par diversis athesous e sur Ceo fist il sounondr' mon sir Johan Biron que estait vescount en le dit Air de vener devaunt luy e devant les barones de Escheker a rendr' son account des issus de les dites terres du mene temps E pur ceo qe comande fut que le man[er] de Appletreweeke fut pris en la main notre signeur le roi ensemblement oue les frauncheses si com' il pert par le ple et per le iugement qe ensuit.

a. *Heading* Apletrewick B.   b. il *interlined* B.
Marginated: *Anno 21 E 1. fuist cest sessuns.*

222 James of Eshton was summoned to reply to the king regarding by what warrant he claimed to have the free mining for lead and iron, assize of bread and ale, tollage and stallage and gallows in Appletreewick without licence of the king and his descendants.

[fo. 65v] Iacobus de Eston' summonitus fuit ad respondendum domino regi de placito quo warranto clamat^a habere liberam mineram de plumbo et ferro emend[e] ass[isam] cervisi[um] fract', thellonium et stallag' et furcas in Appletrewicke que ad coronam et dignitatem domini regis pertinent sine^b licentia et voluntate domini regis et progenitorum suorum regum Anglie etc.

a. camat' *(sic)* B.   b. voluntas *deleted* B.
Marginated: *Quo warranto port' versus Iacobum de Eshton' inter alia de assis[a] panis et cervisie theolon' et stallag' furcas.*

223 Response by James of Eshton that John of Eshton gave to him the manor of Appletreewick with four bovates of land in the vill of Appletreewick, and a *cultura* called Calgarth Ho, together with mines, *waysis*, chase, agistments and all liberties and easements within and without the vill of Appletreewick which he held by the gift of Edward [I], to hold by the right of the king in chief, as is stated by his charter, with John being called to warrant.

[fo. 65v] Et Iacobus venit et dicit quod Iohannes de Eston dedit ei manerium de Appletrewicke cum quatuor bovatis terre in eadem villa et cum quod cultura que vocatur Calgarth sine aliquo retenemento, una cum mineris, waysis, chaceis et agistamentis et cum omnibus aliis libertatibus et aysiamentis dicte terre pertinentibus infra villam de Appletreweeck et extra libere, quiete, pacifice, solute et hereditarie secundum quod ipse receperit et tenuit predictas ten[uras] de dono domini Edwardi illustris regis Anglie per extent'. Tenend[as] et habend[as] predict[as] ten[uras] cum omnibus pertinentiis suis predicto Iacobo et heredibus ius de domino rege in capite [fo. 66r]ᵃ quiet' ab omnibus servitiis, consuetudinibus, exactionibus, curie sectis et quibuscunque demandis faciend[um] tamen forinsecum servitium domini regis quantum pertinet ad tantum terram etc. per cartam suam quam pro se et et que hoc testatur. Et vocat ipsum Iohannem inde ad warr[antiam] etc.

a. *Heading* Apletrewick B.
Marginated: *plea qe Iohn de Eshton' dedit ei manerium de Ap. Etc. cum miner[is], waisis, chaceis, agist' et libert' etc. adeo etc. ut recepit de domino rege per extent', et voc' Iohannem ad warrantiam.*

224 Roger de Heigham, acting for the king, claims that the said liberties are of the mother of the king, whom they are not able to call to warrant, and he requests that James [of Eshton] show proof that the king specifically ratified the gift made to James by John; as James cannot prove this, although he says that he himself made homage to the king, the said manor together with its liberties is taken into the hands of the king.

[fo. 66r] Et Rogerus de Heigham qui sequitur pro domino rege dicit quod predict[e] libertates sunt mere regie, ita quod inde vocar' non potest ad warr[antiam] etc. petit etiam pro ipso domino rege quod predictus Iacobus ostendat si quid habeat de domino rege, quod dominus rex specialiter ratificavitᵃ predictum donum eidem Iacobo per predictum Iohannem factum etc. Et predictus Iacobus nihil ostendit etc. sed tantum dicit quod inde ipse fecit homagium domino regi etc. Et ideo predictum manerium simul cum libertatibus predictis capiatur in manu domini regis etc. quousque etc.

a. recificavit *(sic)* B.
Marginated: *repl' que lez libertus avantdits sunt mere reg[ie], ita quod inde non potest¹ voc' ad warr' et petit ostena' entisic' reg' et nihil dic' i' libert capiatur in man[u] regis* (a. postest *(sic)* B).

Eleanor, the mother of Edward I, received property and rights in the honour of Skipton in 1280 as part of her dower (*EYC*, vii, p. 28).

225 James gives half a mark to the king on the quindene of Easter.

[fo. 66r] Postea predictus Iacobus dat dimidiam marcam domino regi pro respect[u] habendo huic a die Pasche in xv dies etc.

226 A judgement is entered onto the rolls of eyre.

[fo. 66r] Ceo iudgement ne fuit unkes execute ens estries[a] en les rolles del Air ne le vesscount ne estait unkes charge a respondre des issus de le dit man[er] ialemains le dit mon sir Johan Bironne fist somonder le priour de Boulton' que estait tenaunt de le dit man[er] de luy aquiter de vers notre seigneur le roi par une tel brefe qe ensuit.

a. Croise *deleted* B.

227 Mandate by Edward [II] to the sheriff of Yorkshire ordering the acquittance against John de Byroun, lately sheriff of Edward [I] in Yorkshire, who held the lands and tenements of the prior of Bolton for a while by the consideration of the itinerant court of Hugh de Cressingham and his fellow justiciars. [8 Jul. 1316x7 Jul. 1317]

[fo. 66r] Rex vicecomiti Eborum salutem. Precipimus tibi sicut plur' quod non omitt' etc. quin destr' priorem de Bolton per terras etc. ad acquietandum versus nos Iohannem de Byroun nuper vicecomitem domini regis E. [fo. 66v][a] quondam regis Anglie patris nostri in comitatu predicto de exitibus terrarum et ten[ementorum] predicti prioris dudum per considerationem curie ipsius patris nostri in itinere Hugonis de Cressingham et sociorum suorum iusticiariorum tunc in comitatu predict[o] itineratium quibusdam certis de causis in manu[b] dicti patris nostri captarum que quidem terre et tenementa a tempore dicte captionis semper continue in manibus dicti patris extiterunt, et exitus inde provenientes penes se ipsum remanserunt et pro quibus exitibus dictus Iohannes pro eo quod tempore itineris predicti vicecomes comitatus predicti extitit de die in diem per sum[monitionem] scaccarii nostri, ad computum nobis inde reddend[um] ubi ipse de eisdem exitibus nunquam aliquid habuit seu recepit graviter distringitur et ea occasione molestatur et gravatur minis iuste ut idem Iohannes dicit sicut rationabiliter monstrare poterit, quod ipsum inde acquietare debeas et habeas etc. T. etc.

a. *Headed* Apletrewick B.   b. pre *deleted* B.
Marginated: *Le priour de Bolton Somon ad acquietandum vic[ecomitem] de exitibus Apletreweek temps' I. Ashton temps' Ed. 2 anno 10.*

The high sheriff of Yorkshire at this date was Simon Warde; for details see *Lord Lieutenants*, pp. 64–5.

228 Note of plea by the prior [of Bolton].

[fo. 66v] E le dit priour vient en propre parsone e pleda oue luy issuit que iugement passa pur le dit priour e le dit sir Iohan demora en la mercy si com' il pert par le plee qe ensuit.[a]

a. E le dit ... plee qe ensuit *indented c.15mm* B.

229 Plea before the barons of the Exchequer, on the morrow of the close of Easter, 10 Edward II.

[fo. 66v] Placita coram baronibus de scaccario de crastino clausi Pasche anno regis E. filii regis E. decimo.[a]

a. Placita coram baronibus ... regis E. decimo *indented c.30mm* B.
Marginated: *declaratio versus prior' ad acquiet' vic' 10 E. 2.*

230 **The prior of Bolton, John of Laund, is to respond to the plea of John Byroun that he acquitted against the king from the profits of the manor of Appletreewick, with appurtenances.**

[fo. 66v] Prior de Bolton attachiatus fuit ad respondendum Iohanni Byroun de placito quod ipsum acquietet versus dominum regem de exitibus manerii de Appletrewicke cum pertinentiis in comitatu predicto, quond[am] in itinere Hugonis de Cressingham et sociorum suorum iusticiariorum itinerantium in comitatu predicto videlicet anno regis E. patris regis nunc xxj° per considerationem cur[ie] regis de eodem itinere captum fuit in manu ipius regis patris etc. per predictum Iohannem tunc vicecomitem eiusdem comitatus pro eo quod dictum manerium alienatum fuit sine licentia regis etc., et quod quidem manerium a tempore captionis [fo. 67r]ᵃ predict'ᵇ semper continue in manibus dicti prioris extitit et exitus inde provenientes penes seipsum remanserunt et pro quibus exitibus dictus Iohannes pro eo quod tempore itineris predict[es] vicecomes comitatus predicti extitit de die in diem per summonitionem scaccarii ad computum regi inde reddend[o] ubi ipse de exitibus predictis nunquam aliquidᶜ recepit seu habuit graviter distringitur etc. ad dampnum ipsius Iohannis etc.

a. *Heading* Apletrewick B.   b. predict' *present as link, fo. 66v, omitted fo. 67.*   c. habuit *deleted* B.
Marginated [fo. 66v]: *In rotulo xxj° Ebor'.*

231 **Response by the prior [of Bolton] in person who claims that he was not in possession of the profits of the manor [of Appletreewick], but at that point they were in the hands of the king.**

[fo. 67r] Et predictus prior in propria persona venit et defendit etc. et dicit quod ipse non tenetur predictum Iohannem acquietare de exitibus manerii predicti. Quia dicit quod idem manerium cum pertinentiis tempore quo dicitur captio fuisse in manu regis ut premittitur seu aliquo tempore postmodum dum idem Iohannes fuit vicecomes comitatus Ebor' non fuit in manu seu possessione ipsius prioris, ita quod idem prior de aliquibus exitibus eiusdem manerii regi seu prefato Iohanni reddend' onerari debet, et hoc paratus est verificare qualitercunque etc. et idem Iohannes per Adam' de Bovey attornatum suum bene concedit quod predictum manerium cum pertinentiis non fuit in manu predicti prioris tempore quo dicitur capt' fuisse in manu regis nec aliquo tempore dum predictus Iohannes fuit vicecomes Ebor' dicit tamen quod idem manerium modo est in manu dicti prioris. Et preter inde considerationem curie etc. Et quia idem Iohannes sic concedit dictum manerium cum pertinentiis non fuisse in manu dicti prioris tempore captionis eiusdem in manu regis nec aliquo tempore quo idem Iohannes fuit vicecomes Ebor' propter quod idem Iohannes prefatum priorem ligare non potest, ad acquietandum ipsum, de exitibus eiusdem manerii de tempore quo idem prior nullum statum habuit in eodem consideratum est quod idem Iohannes nihil cap[et] per breve suum sed sit in misericordia pro falso clameo et predictus prior estᵃ inde quietus etc.

a. eat *(sic)* B.
Marginated: *Respons et plea que le maner in le temps le dit vicomit' ne fuit in poss[essio]n le dit prior issuit nemii chargeble de respond' lissus et issuit discharge per iudgemt iument obstant purchas perdu de toutz ut patet prox' pag'.*

232 **Findings that James of Eshton entered into the manor of Appletreewick, which he held of the king as lord in chief, together with the honour of Skipton in Craven, but that his gift to the prior and church [of Bolton] was in default of the king, and that a licence was required.**

[fo. 67v]ᵃ E pur ceo qe trove fut qe James de Eston' entra en la maner de Appletrewicke qe fut tenu en chief de notre seigneur le roi, auxi com del honer de Skipton' en Craven sans conge notre seigneur le roi e qe le roi ne fut pase resspodu[sic] des issus de le maner de Appletrewicke del mene temps fut avis a acumes' gens qe p[er]rille serrant pur le priour e pur sa eglise si la defaut de lentre sans conge ne fut fane e les issus de mene tens releses me qe acume gens furent de opinione qe le iugement avant escrit fut torcerous e mannais e croise e acume gens en opimone q[ue] le iugement fut bone le dit priour pur eschuer tons man[er] de p[er]iles qe point avener purchaca la chartre le roi de cele defaut del entre sans conge et des issus per fui fet de dis liversᵇ si com il pert par la chartre notre seigneur le roi qe ensuit.ᶜ

a. *Heading* Apletrewick B.   b. liveries *deleted* B.   c. E pur ceo … roi qe ensuit *indented c.20mm* B.

233 Grant by Edward II to Bolton Priory of licence to hold the manor of Appletreewick, which had been given without licence to the canons by James of Eshton, by a fine of £10 made by the prior of Bolton to the exchequer. 5 May 1317, Windsor

[fo. 67v] Edwardus Dei gracia rex Anglie, dominus Hibernie et dux Aquitannie omnibus ad quos presentes lit[t]ere pervenerint salutem. Sciatis quod cum dudum coram Hugone de Cressingham et sociis suis iusticiariis domini E. quondam regis Anglie patris nostri ultimo itinerantibus ad communia placita in comitatu Ebor' anno videlicet dicti patris nostri vicesimo primo pro eo quod inventum fuit quod Iacobus de Eston' manerium de Appletrewicke cum pertinentiis quod de dicto patre nostro tenebatur in capite de Iohanne de Eston' sine licentia dicti patris nostri in feodo adquisierat consideratum fuisset quod manerium illud occasione transgressionis illius in manum dicti patris nostri caperetur, et subsequenter per finem quem idem Iacobus coram dictis iusticiariis fecit, executio considerationis illius usque ad certum tempus posita fuisset in respectum sicut [fo. 68r]ᵃ per recordum et processum inde habita que coram nobis certis de causis venire fecimus est compertum, ac dictus pater noster postmodum per literas suas patentes quas inspeximus concessisset et licentiam dedisset prefato Iacobo quod ipse manerium predictum cum pertinentiis dare possit et assignare dilectis nobis in Cristo priori et conventui de Bolton' in Craven; habendum et tenendum sibi et successoribus suis de dicto patre nostro et heredibus suis in liberam et puram elemosinam imperpetuum. Nos de gracia nostra speciali et pro decem libris quas prefatus prior spontanea voluntate sua nobis solvit ad scaccarium nostrum concessimus pro nobis et heredibus nostris eisdem priori et conventui quod ipsi manerium predictum cum pertinentiis habeant et teneant sibi et successoribus suis de nobis et heredibus nostris in liberam et puram elemosinam imperpetuum iuxta tenorem litterarum dicti patris nostri predictarum, et quod idem prior et conventus seu successores sui occasione litteras quam predictus Iacobus fecit in adquirendo dictum manerium sine licentia dicti patris nostri ut predictum est seu occasione captionis eiusdem manerii in manum dicti patris nostri aut exitus eiusdem manerii a tempore transgressionis predictis per predictum Iacobum facte per nos vel heredes nostros iusticiarios, escaetores, vicecomites aut alios ballivos seu ministros nostros quoscunque non molestentur in aliquo seu graventur. In cuius rei testimonium has litteras nostras fieri fecimus patentes. Teste me ipso apud Windsor', quinto die Maii anno regni nostri decimo.

a. *Heading* Apletrewick B.
Marginated: *Pardon del roy al prior de Bolton' del entrie et issuis et defaltes avant dits 10 E. 2.*

Pd in *CPR, 1313–1317*, p. 645.

234 Note concerning the purchase by Robert of Barden of lands and various tenements in the vill of Appletreewick.

[fo. 68r] Fet aremembrer qe Robert de Berden purchaca teres de divers tenauntes en la vile de Appeltrewicke si com il pert par les chartres q[ue] ensuunt.

235 Gift by John son of Adam son of John of Appletreewick to Robert son of Adam son of Uctred of Appletreewick of two and a half acres and one rood of land in the vill and territory of Appletreewick, with appurtenances, liberties and easements, namely three roods above the Longcroft, half an acre across *Hoghates*, half an acre above *Swartelandes*, half an acre above *Langelandes super Forelandes*, and one rood above *Midelkenland*, all between the lands of the canons of Bolton and Henry of Keighley, and one rood abbutting above *le Baletrane*. 29 Jul. 1316, Appletreewick

[fo. 68r] Sciant presentes et futuri quod ego Iohannes filius Ade filii Iohannis de Appletrewicke concessi, dedi et presenti carta mea confirmavi Roberto filio Ade filii Ughtredi de Appletrewicke duas [fo. 68v][a] acras et dimidiam et unam rodam terre in villa et in territorio de Appletrewicke cum omnibus suis pertinentiis unde tres rodas iacent super le Langecrofte in terram prioris de Bolton et terram Henrici de Kighley, et dimidia acra iacet transversus Hoghat[es] inter terram predictorum prioris et Henrici, et dimidia acra iacet super Swarteland[es] inter terram dictorum prioris et Henrici, et dimidia acra iacet super Langland[es] super Foreland[es] inter terram dictorum prioris et Henrici, et una roda iacet super Midelkenland super Foreland[es] inter terram dictorum prioris et Henrici et una roda abuttat super le Baletrane; habendas et tenendas dicto Roberto heredibus vel assignatis suis libere, quiete, bene et in pace cum omnibus suis pertinentiis et omnibus libertatibus et aysiamentis infra predictam villam de Appletrewicke et extra ubique spectantibus sine ullo retenemento de capitalibus dominis feodi illius per servitia que ad dicta tenementa pertinent imperpetuum. Et ego vero dictus Iohannes et heredes mei predictas duas acras et dimidiam et rodam terre cum omnibus suis pertinentiis predicto Roberto heredibus vel assignatis suis contra omnes mortales warrantizabimus et imperpetuum defendemus. In cuius rei testimonium presenti carte sigillum meum apposui. Hiis testibus: Henrico de Kighley de Appletrewicke, Ada[b] Profitt de eadem, Thoma de Heton, Iohanne filio Roberti de Appletrewicke, Henrico de Kirke de eadem, Willelmo de Girmouth, Willelmo filio Ade de Wodhuses et aliis. Dat' apud Appletrewicke die Iovis proxima ante festum sancti Petri ad vincula anno Domini MCCC° sexto decimo.

a. *Heading* Apletrewick B.   b. Adam' *(sic)* B.

Adam Prophet of Appletreewick was a wool grower and supplier who purchased a corrody from Bolton Priory in the financial year 29 September 1317 – 29 September 1318 (*Compotus*, p. 440; *Bolton Priory*, pp. 88, 135). The last record of Adam Prophet in the *Compotus* is in 1324–25, the final accounts in the volume (*Compotus*, p. 548). William de Girmouth may be W. of Grimwith, who occurs together with W. de Wodehous, possibly William of Woodhouse, in the *Compotus* for the year 29 September 1313 – 29 September 1314, with regard to a payment of 20s. (*Compotus*, p. 358).

236 Gift by Robert Brust of Eshton to Robert son of Adam son of Uctred of Appletreewick of two and a half acres of land in Appletreewick, lying between *Ketelesden* and *Calknot*, with appurtenances, liberties and easements. 19 Mar. 1316, Appletreewick

[fo. 69v] Sciant[a] et futuri quod ego Ricardus Brust de Eshton' concessi, dedi et presenti carta mea confirmavi Roberto filio Ade filii Ughtredi de Appletrewicke duas acras terre et dimidiam cum pertinentiis in Appletrewicke iacentes inter Ketelesden et Calknot; habendas et tenendas dicto Roberto heredibus vel assignatis suis, libere, quiete, bene et in pace cum omnibus suis pertinentiis et omnibus libertatibus et aysiamentis infra predictam villam de Appletrewick [fo. 69r][b] et extra ubique spectantibus de capitalibus dominis feodi illius per servitia que ad dicta tenementa pertinent imperpetuum. Et ego vero dictus Ricardus et heredes mei predictas duas acras terre et dimidiam cum omnibus suis pertinentiis predicto Roberto heredibus vel assignatis suis contra omnes mortales warrantizabimus et imperpetuum defendemus. In cuius rei testimonium presenti carte sigillum meum apposui. Hiis testibus: Henrico de Kighley de Appletrewick, Ada[c] Proffitt de eadem, Thoma de Heton', Thoma de Bancke, Willelmo de Girmouth, Willelmo de Woodhus, Thoma Bene de Brinsale et multis aliis. Dat' apud Appletrewick die veneris in vigilia sancti Cuthberti confessoris anno Domini millesimo trecentesimo sextodecimo.

a. presentes *omitted* B.   b. *Heading* Apletrewick B.   c. Adam' *(sic)* B.

237 Note concerning the gift by Robert [of Barden] to the canons of Bolton of those lands he had purchased, without having acquired a licence to alienate in mortmain.

[fo. 69r] Apres la tere purchace le dit Robert fut en volunte a doner la dit tere au priour e a covent de Boulton' mes pur ceo qe le dit priour e covent ne poient entrer en la dit terre sans conge notre seigneur le roy pur le estatut de la mort main le dit priour purchaca la chartre notre seigneur le roy si com' il piert par la chartre qe ensuit.[a]

a. Apres la tere … charter qe ensuit *indented c.20mm* B.

238 Grant by Edward II to Bolton Priory of licence to hold those lands, one messuage and six acres of land, with appurtenances, in Appletreewick, given by Robert of Barden to the canons of Bolton without licence, by a fine of twenty marks paid by the prior of Bolton to the wardrobe. 20 Apr. 1317, Westminster

[fo. 69r] Edwardus Dei gracia rex Anglie, dominus Hibernie et dux Aquitainie omnibus ad quos presentes littere pervenerint salutem. Sciatis quod cum nuper pro remissione quam dilecti nobis in Cristi prior et conventus de Bolton in Craven nobis fecerint de sexdecim libris in quibus eis pro bladis et aliis diversis victualibus ab eis ad opus nostrum empt' tenebamus ac per finem viginti marcarum quem fecerit nobiscum, et quas solverit in garderoba nostra concesserimus et licentiam dederimus pro nobis et heredibus nostris quantum in nobis est eisdem priori et conventui quod ipsi terras et tenementa et redditus ad valentiam viginti marcarum annuarum tam de feodo [fo. 69v][a] suo proprio quam alieno, exceptis terris et tenementis que de nobis tenentur in capite adquirere possint; habenda et tenenda sibi et successoribus suis imperpetuum statuto de terris et tenementis ad manum mortuam non ponendum edito non obstante, prout in litteris nostris patentibus eis inde confectis plenius continetur nos concessionem nostram predictam volentes effectui debito mancipari concessimus et licentiam dedimus pro nobis et heredibus nostris quantum in nobis est Roberto de Berden quod ipse unum messuagium et sex acras terre cum pertinentiis in Appletrewicke que quidem messuagia et terre sunt de feodo predictorum prioris et conventus et que valent per annum sex solidos in omnibus exitibus iuxta verum valorem eorundem sicut per inquisitionem per vicecomitem nostrum Ebor' de mandato nostro factam in cancellaria nostra retornatam plenius est compertum dare possit et assignare prefato priori et conventui; habenda et tenenda sibi et successoribus suis imperpetuum in partem satisfactionis viginti marcatarum terrarum et tenementorum et reddituum predictorum et eisdem priori et conventui quod ipsi messuag[ium] et terra[s] predict[a] cum pertinentiis a prefato Roberto recipere possit et tenere sibi et successoribus suis imperpetuum sicut predictum est tenore presentium similiter licentiam dedimus specialem. Nolentes quod predictus Robertus vel heredes sui seu predicti prior aut conventus aut successores sui ratione statuti predicti per nos vel heredes nostros inde occasionentur in aliquo seu graventur salvis tamen capitalibus dominis feodi illius servitiis inde debitis et consuetis. In cuius[b] rei testimonium has litteras nostras fieri fecimus patentes. Teste me ipso apud Westm', vicesimo die Aprilis anno regni nostri decimo.

a. *Heading* Apletrewick B.   b. r *deleted* B.

If this charter is the one referred to in the *Compotus* by which the priory gained the right to enter into 'terram Roberti de Berden' in Apelt'' then it cost 21*s*. 1*d*., with the inquisition taken by the sheriff costing a further 6*s*. 8*d*. (*Compotus*, p. 423, where there also appears to have been a payment for writs of 5*s*. 4*d*.). The sheriff of Yorkshire referred to in this document is likely to have been either Simon Warde or Nicholas de Grey (*Lord Lieutenants*, pp. 64–5).
Pd in *CPR, 1313–1317*, p. 641.

239 Note concerning the gift of land by Robert [of Barden] to the canons of Bolton, after acquiring licence from the king.

[fo. 69v] Apres la chartr[e] notre seigneur le roy purchace le dit Rob[er]t fessa le dit priour e le covent de la vant dit tere si com il piert par le chartr[e] qe ensuit.[a]

a. Apres la chartr[e] … chartr[e] qe ensuit *indented c.20mm* B.

240 Confirmation in pure and perpetual alms by Robert of Barden to Prior John of Laund and the canons of Bolton of five acres of land and one rood, with appurtenances, in the vill of Appletreewick, which Robert bought from John son of Adam son of John and Richard Brust, and which he holds from the said canons. [1316x1331]

[fo. 70r][a] Sciant presentes et futuri quod ego Robertus de Berden concessi, dedi et presenti carta mea confirmavi domino Iohanni de Land' priori monasterii beate Marie de Bolton in Craven et eiusdem loci conventui quinque acras terre et unam rodam cum pertinentiis in villa de Appletrewicke, quas ego emi de Iohanne filio Ade filii Iohannis et de Ricardo Brust et quas ego tenui de dictis priore et conventu; habendas et tenendas dictis priori et conventui et eorum successoribus in puram et perpetuam elemosinam imperpetuum. Et ego Robertus de Berden et heredes mei dictas quinque acras terre et unam rodam cum omnibus pertinentiis suis dictis priori et conventui et successoribus suis warrantizabimus imperpetuum et defendemus. In cuius rei testimonium huic presenti carte sigillum meum apposui. Hiis testibus: dominis Thoma de Alta Ripa, Willelmo de Hebbeden, Henrico de Hertlington militibus, Henrico de Kighley de Appletrewich, Ada[b] Proph', Henrico del Kerke, Willelmo de Girmouth, Willelmo filio Ade[c] de Woodhuses et aliis.

a. *Heading* Apletrewick B.   b. Adamo *(sic)* B.   c. Adam' *(sic)* B.

241 Note concerning the descent of services for one toft and four bovates of land from Adam of Middleton to Peter of Middleton, and the exchange between the prior and convent of Bolton for lands, tenements, rents and services in the vill of Middleton and the hamlets of Stubham Wood and Scalewray, as well as the purchase of licence to alienate in mortmain.

[fo. 70r] A et aremembrer qe sire Adam de Midleton' tint un' tofft et quatr' acres de tere en la vile de Appletrewicke du priour et covent du Bolton per forein servise et reddaunt ij*d*. per an' les queles teres apres la morte le dit sire Adam decenderent a Piers de Midleton' le fil' Will' de Midleton' com a cosin et heir Et avint issi qe talent prist le dit Piers de Midleton' de chaung[er] lavant dit touft et iiij acr[es] de tere pur ters et tenem[ent] rentes et servises les que[u]x' les avant[a] dites priour et covent avoint en la vile de Midelt[on] et hamels de Stubhum' et Scalwra. Et pur ceo qe les avant dites priour et covent ne poeint cest chaunge faire sans volunte notre seigneur le roi le dit priour purchaca sur ceo la grace notre seigneur le roi si com piert par la chartre qe ensuit.[b]

a. avant 't' *interlined* B.   b. A et aremembrer ... chartre qe ensuit *indented c.10mm* B.

For the quitclaim of Stubham and Scaleway by Bolton Priory to Peter of Middleton see *Yorkshire Deeds*, vi, p. 109.
H – fo. 31v, from Bolton Cartulary, fo. 72.

242 Grant by Edward II of licence to Bolton Priory to hold property to the value of twenty marks, one messuage and four acres of land in Appletreewick from Peter of Middleton, for the remission of £16 for corn and victuals and a fine of twenty marks paid into the wardrobe made by the canons of Bolton. 20 May 1318, Westminster

[fo. 70v][a] Edwardus Dei gracia rex Anglie dominus Hibernie et dux Aquitanie omnibus ad quos presentes littere pervenerint salutem. Sciatis quod cum nuper pro remissione quam dilecti nobis in Cristo prior et conventus de Bolton in Craven nobis fecerint de sex decem libr[is] in quibus eis pro bladis et aliis diversis victualibus ab eis ad opus nostrum emptis tenebamur, ac pro fine viginti marcarum quam fecerint nobiscum et quas solverint in garderoba nostra concesserimus et licentiam dederimus pro nobis et heredibus nostris quantum in nobis est, eisdem priori et conventui quod ipsi viginti marcat[us] terre et redditus tam de feodo suo proprio quam alieno exceptis terris et tenementis et redditibus que de nobis tenentur, in capite sibi adquirere possint; habenda et tenenda sibi et successoribus suis imperpetuum, statuto de terris et tenementis ad manum mortuam non ponend[um] edito non obstante prout in litteris nostris patentibus eis inde confectus plenius continetur. Nos concessionem nostram predictam volentes effectui debito mancipari concessimus et licentiam dedimus pro nobis et heredibus nostris quantum in nobis est Petro de Midleton, quod ipse unum messuagium, et quatuor acr[as] terre cum pertinentiis in Appletrewicke, que quidem messuagium et terre sunt de feodo predictorum prioris et conventus et que valent per annum octo solidat[as], sicut per inquisitionem per dilectum et fidelem nostrum Robertum de Sapy escaetorem nostrum ultra Trentam de mandato nostro factam et in cancellaria nostra retornatam plenius est compertum dare possit et assignare prefatis priori et conventui; habenda et tenenda sibi et successoribus suis imperpetuum in partem satisfactionis viginti marcaram terrarum et reddituum predictorum, et eisdem priori et conventui quod ipsi mesuagium et terram predicta cum pertinentiis a prefato Petro recipererє[b] possint et tenere sibi et successoribus suis imperpetuum sicut predictum est tenore presentium similiter licentiam dedimus specialem. Nolentes quod predictus Petrus vel heredes sui seu predicti prior et conventus aut successores sui ratione statuti predicti [fo. 71r][c] per nos vel heredes nostros inde occasionentur, in aliquo seu graventur salvis tamen capitalibus dominis feodi illius servitiis inde debitis et consuetis. In cuius rei testimonium has litteras nostras fieri fecimus patentes. T[este] me ipso apud Westm' xx° die Maii anno regni nostri undecimo.

a. *Heading* Apletrewick B.   b. reciperere *(sic)* B.   c. *Heading* Apletrewick B.

Various payments were made by the priory in the process of securing this land, including 6s. for the inquisition, 22s. for the king's charter, with a further 20d. for a duplicate (*Compotus*, p. 441). Pd in *CPR, 1317–1321*, p. 143.

243 Note concerning the exchange made between Peter [of Middleton] and the canons of Bolton of one toft and four acres of land for lands, tenements, rents and services in the vill of Middleton, and the hamlets of Stubham Wood and Scalewray.

[fo. 71r] Et apres la chartre notre seigneur le roi purchace le dit Piers dona a les avant dites priour et covent le dit touft et iiij acres de[a] tere en eschaunge pur les teres et tenem', rentes et servises qe les dites priour et covent averent en la vile de Midleton, et hamels de Stubhum et Schalewra si com piert par la chartr[e] qe ensuit.[b]

a. de *interlined* B.   b. Et apres la chartre … chartr[e] qe ensuit *indented c.10mm* B.

Middleton, Stubham and Scalewray (lost) are in the parish of Ilkley.

244 Quitclaim in free, pure and perpetual alms by Peter of Middleton to the canons of Bolton of one messuage and four acres of land, with appurtenances, in the vill of Appletreewick in exchange for lands and tenements, homage and services of freemen in the vill of Middleton and the hamlet of Stubham Wood. [20 May 1318x2 Aug. 1318]

[fo. 71r] Omnibus Cristi fidelibus ad quos presens scriptum pervenerit Petrus de Midleton salutem in Domino sempiternam. Noveritis me dedisse, concessisse, remisisse, reddidisse et quietumclamasse de me et heredibus meis imperpetuum priori et conventui de Bolton' in Craven et eorum successoribus, unum mesuagium et quatuor acras terre cum pertinentiis in villa de Appletrewicke in escambium pro terris et tenementis, homagiis et servitiis liberorum hominum que quidem terr[e] et tenem[ententa], homag[ia] et servit[ia] habuerunt in villa de Middleton et hamletto de Stubhum; habenda et tenenda predictis priori et conventui et eorum successoribus in liberam, puram et perpetuam elemosinam[a] in excambium pro predictis terris et tenementis, homagiis et servitiis liberorum hominum. Ego vero Petrus et heredes predictum mesuagium et predictas quatuor acras terre cum pertinentiis in escambium pro predictis terris et tenementis ut predictum est predictis priori et conventui et eorum successoribus contra omnes homines warrantizabimus imperpetuum. In cuius rei testimonium sigillum meum[b] presentibus est appensum. Hiis [fo. 71v][c] testibus: dominis Thoma de Alta Ripa, Henrico de Hertlington', Willelmo de Hebbeden, Iohanne de Stiveton', militibus, Willelmo de Malgh[u]m, Ricardo Fauvell, Willelmo Mauleverer et aliis.

a. pro *deleted* B.   b meum *interlined* B.   c. *Heading* Apletrewick: B.

The abstract found in Dodsworth MS 144 appears to be written in French, of a similar style to the previous note, starting with 'Fait a remembrer'. Link to *Yorkshire Deeds*, vi, p. 109, no. 352.
H – fo. 31v, from Bolton Cartulary, fo. 73, abstract. I – fo. 87v.

245 Note concerning seisin of the toft and four acres of land being made by Robert Crocbain to the canons [of Bolton].

[fo. 71v] Pur ceo qe le dit Piers ne dona mye seisin del[a] dit toft et quatr' acr' de tere as dits prior et covent en propre parsone dona il poer a Robert Crokebain de doner a eux la seisin si com' piert par sa lettre patent qe ensuit.[b]

a. vel *altered to* del B. b. Pur ceo qe … patent qe ensuit *indented c.15mm* B.

246 Letter of attorney by Peter of Middleton assigning Robert Crocbain to make seisin to the canons of Bolton of one messuage and four acres of land, with appurtenances, in the vill of Appletreewick which he gave in exchange for lands and tenements in the vill of Middleton and the hamlet of Stubham. 2 Aug. 1318, Stockeld

[fo. 71v] Pateat universis per presentes quod ego Petrus de Midleton assignavi, attornavi et potestatem dedi Roberto Crobain ad tradendum seisinam priori et conventui de Bolton' in Craven in uno mesuagio et quatuor acris terre cum pertinentiis in villa de Appletrewick que dedi eisdem in excambium pro terris et tenementis in villa de Midleton, et hamletto de Stubhum, prout carta eisdem inde confecta plenius protestatur. In cuius rei testimonium sigillum meum presentibus est appensum. Dat' apud Stokyld die mercurii proxima post festum beatorum appostolorum Petri et Pauli anno domini millesimo trecentesimo decimo octavo.

H – fo. 31v, from Bolton Cartulary, fo. 73, abstract.

247 Gift in free and perpetual alms by Thomas son of Ralph of Cracoe to the canons of Bolton of all of his demesne and service he has of twelve bovates of land in the vill of Cracoe with homage, custody, reliefs, escheats and appurtenances, making foreign service for the land where twelve carucates make a knight's fee; also the gift in free, pure and perpetual alms of one acre of land, with appurtenances, in the territory of Cracoe, called *Scarweclifte*, and all the meadow pertaining to the bovates which Christiana his mother held during her life. [1214(1228)x1258]

[fo. 72r][a] Sciant omnes presentes et futuri quod ego Thomas filius Rand[ulphi] de Crakehowe dedi, concessi et hac presenti carta mea confirmavi Deo et ecclesie beate Marie de Bolton et canonicis ibidem Deo servientibus totum dominium meum et servitium quod habui in villa de Crakehew de duodecim bovatis terre sine aliquo retenemento cum homagiis, custodiis et releviis, et omnibus aliis excaetis et pertinentiis vel quicquid poterit obvenire quocunque modo veniat sine aliquo impedimento mei vel heredum meorum; tenend[um] et habend[um] de me et heredibus meis predictis canonicis in liberam et perpetuam elemosinam, solute et quiete et integre vel sicut ego unquam melius vel liberius tenui, vel antecessores mei tenuerunt faciendo forinsecum servitium tantumodo quod eadem terra facere debet et solet quod est in feodo militis duodecim[b] carucatam terre pro omni servitio, consuetudine et demanda alicui inventi pertinente. Insuper dedi et presenti scripto confirmavi eisdem canonicis unam acram terre in territorio de Crakehow cum omnibus pertinentiis suis qui vocatur Scarwesclifte et totum pratum quantum pertinet ad illas bovatas terre quas Cristiana mater mea tenuit in vita sua sine aliquo retenemento; tenenda et habenda de me et heredibus meis predictis canonicis in liberam, puram et perpetuam elemosinam, solute, quiete et integre ab omni seculari servitio, consuetudine et demanda. Et ego Thomas et heredes mei omnia prenominata predictis canonicis contra omnes homines warrantizabimus et defendemus imperpetuum. Hiis testibus: Iohanne de Eston', Eustachio de Rilleston', Helya de Stiveton', Ricardo de Tange, Ricardo Tempest, Simone de Martona, Egidio Maleverer, Willelmo de Hertlington, Waltero clerico de Crakehow, Roberto de Stiveton, Stephano de Rilleston, Simone de eadem et aliis.

a. *Heading* Crakehowe B.   b. duodecim *(sic)* B.

It seems likely that Thomas son of Ranulph and Thomas son of Ralph are the same person, for many charters were issued by both relating to grants of property in Cracoe. Cracoe is in the parish of Burnsall. H – fo. 32r, from Bolton Cartulary, fo. 75, abstract. Pd in *EYC*, vii, no. 101, from H.

248 Gift in free and perpetual alms by Thomas son of Ralph of Cracoe to the canons of Bolton of two bovates of land in the vill of Cracoe, which Hugh of Bordley held in the territory of Cracoe, with appurtenances, liberties and easements, making foreign service for two bovates where twelve carucates make a knight's fee. [1214xFeb. 1233]

[fo. 72v]ᵃ Universis Cristi fidelibus hanc cartam visuris vel audituris Thomas filius Radulphi de Crakehoue salutem in Domino. Noveritis universitas vestra me dedisse et concessisse et presenti carta mea confirmasse Deo et ecclesie beate Marie de Bolton' et canonicis ibidem Deo servientibus pro salute anime mee et omnium antecessorum meorum duas bovatas terre in villa de Crakehow, illas scilicet quas Hugo de Bordley tenuit de me in territorio de Crakehow; tenendas et habendas sibi cum omnibus pertinentiis suis in liberam et perpetuam elemosinam et cum omnibus libertatibus et aysiamentis predicte terre infra villam et extra pertinentibus libere et quiete ab omnibus actionibus et demandis secularibus, faciendo inde solumodo forinsecum servitium quantum pertinet ad duas bovatas terre in feudo militis quod est duodecim carucatas terre. Et ego et heredes mei warrantizabimus predictas bovatas terre cum pertinentiis suis prefatis canonicis contra omnes homines imperpetuum. Hiis testibus: Willelmo de Hebbeden tunc constabulario de Skipton, Petro Gylot, Willelmo de Stiveton, Petro de Marton, Eustachio de Rilleston, Iohanne de Eston, Iohanne de Kildewicke, Rad[ulph]o de Crakehow et aliis.

a. *Heading* Crakehowe B.

H – fo. 32r, from Bolton Cartulary, fo. 75, abstract. Pd abstract in *EYC*, vii, no. 101.

249 Gift in free and perpetual alms by Thomas son of Ralph of Cracoe to the canons of Bolton of one bovate of land, with liberties and easements, of the two bovates of land which Hugh of Bordley held in the territory of Cracoe, making foreign service for one bovate where twelve carucates make a knight's fee. [1214xFeb. 1233]

[fo. 72v] Sciant omnes tam presentes quam futuri quod ego Thomas filius Radulphi de Crakehow dedi et concessi et hac presenti carta mea confirmavi Deo et ecclesie beate Marie de Bolton in Craven et canonicis ibidem Deo servientibus pro salute anime mee et omnium antecessorum meorum unam bovatam terre de duabus bovatis terre quas Hugo de Bordley tenuit de me in territorio de Crakehou, videlicet propinquiorem soli; tenendam et habendam de me et heredibus meis in liberam et perpetuam elemosinam cum omnibus libertatibus et aysiamentis predicte bovate terre pertinentibus infra villam et extra libere et quiete ab omnibus servitiis et demandis, faciendo inde forinsecum servitium quantam pertinent uni bovate terre [fo. 73r][a] in feudo militis quod est duodecim carucatas terre. Ego vero et heredes mei warrantizabimus predictam bovatam terre cum pertinentiis prefatis canonicis contra omnes homines imperpetuum. Hiis testibus: Willelmo de Hebbeden, Petro Gilott, Simone de Marton', Eustachio de Rilleston', Iohanne de Eston', Willelmo de Hertlington et multis aliis.

a. *Heading* Crakehowe B.

250 Gift in free, pure and perpetual alms by Thomas son of Ralph of Cracoe to the canons of Bolton of one messuage, with toft and croft, that William Surais holds in Cracoe, namely in *Cracbecke*, and common pasture for eighty sheep and other cattle. [c.1214x9 Dec. 1234]

[fo. 73r] Sciant presentes et futuri quod ego Thomas filius Rad[ulph]i de Crakehou dedi et concessi et presenti carta mea confirmavi Deo et ecclesie beate Marie de Bolton et canonicis ibi Deo servientibus unum mesuagium cum crofto et tofto quod Willelmus Surais tenuit in Crakehow, scilicet in Cracbecke; tenendum et habendum de me et heredibus meis in liberam, puram et perpetuam elemosinam pro salute anime mee et antecessorum et successorum meorum cum commun[a] pastura ad quater viginti oves, et ad alia averia sua quantum pertin[et] ad dictum mesuagium, solutam et quietam ab omni seculari servitio et demanda. Ego vero et heredes mei warrantizabimus dictum tenementum cum pertinentiis dicte ecclesie contra omnes homines imperpetuum. Hiis testibus: Willelmo de Stiveton, Willelmo de Hebbeden, Willelmo Graindorge, Simone de Martona et aliis.

H – fo. 32r, from Bolton Cartulary, fo. 75, abstract.

251 Gift in free and perpetual alms by Thomas son of Ralph of Cracoe to the canons of Bolton of two bovates of land in Cracoe, which Christiana, his mother, once held, lying near to the canons' land, with appurtenances, easements, liberties and common rights, making foreign service for two bovates of land where twelve carucates make a knight's fee; moreover for the deficiency of one acre of land in the two bovates Thomas gives in exchange in free and perpetual alms one rood in *Windel*, one rood in *Gile* and half an acre in Willowlands. [1214x9 Dec. 1234]

[fo. 73r] Omnibus Cristi fidelibus ad quos presens scriptum pervenerit Thomas filius Radulphi de Crackhow salutem in Domino. Noveritis me dedisse, concessisse et hac presenti carta mea confirmasse Deo et ecclesie beate Marie de Bolton et canonicis ibidem Deo servientibus duas bovatas terre cum omnibus pertinentiis suis in Crakehou, illas scilicet quas Cristiana mater mea quondam tenuit et que iacent propinquiores terre predictorum canonicorum; tenendas et habendas de me et heredibus meis in liberam et perpetuam elemosinam, libere, quiete, plenarie, pacifice et honorifice, cum omnibus pertinentiis suis aysiamentis, libertatibus [fo. 73v][a] et communis infra villam et extra, faciendo forinsecum servitium quantum pertinet ad duas bovatas terre unde duodecim[b] carucate terre faciunt feodum unius militis. Et sciendum est quod una acra terre deficit in predictis duabus bovatis terre pro qua dedi predictis canonicis in excambium unam rodam terre in Windel et unam rodam in Gile et dimidiam acram in Wilgeland[es] iacentem inter terram Walteri clerici et terram Alani filii Willelmi. Ego vero predictus Thomas et heredes mei omnia prenominata predictis canonicis contra omnes homines imperpetuum warrantizabimus. Hiis testibus: domino Willelmo de Hebbeden, Eustachio de Rilleston', Iohanne de Eston, Ranulpho de Otterburne, Ricardo de Otterburn, Willelmo filio Arkil', Willelmo Pollard et multis.

a. *Heading* Crakehowe B.   b. duodecem *(sic)* B.

252 Gift in free, pure and perpetual alms by Thomas son of R[alph] of Cracoe of all common of three bovates of land, two of which Christiana, his mother, held during her life, next to the land of the canons and one of which lies next to the lands of Walter the clerk and William Surais. [1214x1247]

[fo. 73v] Omnibus Cristi fidelibus ad quos presens scriptum pervenerit Thomas filius R.[a] de Crachou salutem in Domino. Noveritis me dedisse, concessisse et hac presenti carta mea confirmasse Deo et ecclesie beate Marie de Bolton et canonicis ibidem Deo servientibus totam communam duarum bovatarum quam Cristiana mater mea tenuit in vita sua, et que iacent iuxta terram prioris de Bolton et communam unius bovate terre que iacet propinquiorem terre Walteri clerici et terre Willelmi Surais; tenend[am] et habend[am] de me et heredibus meis sine aliquo retenemento in liberam, puram et perpetuam elemosinam, sicut aliqua elemosina melius vel liberius dari potest. Ego vero et heredes mei totam communam trium bovatarum terre in villa de Crachou sine aliquo retenemento predictis canonicis contra omnes homines warrantizabimus imperpetuum. In cuius rei testimonium huic scripto sigillum meum apposui. Hiis testibus: domino Eustachio de Rilleston, Iohanne de Eston, Simone de Marton, Gilone Maleverer, Willelmo Mauleverer fratre suo, Willelmo de Hertlington', Waltero clerico de Crackhow, Roberto Swyer[b] de eadem, Willelmo filio Walteri clerici et multis aliis.

a. Ran' G.   b. Sqwyre G.

G – fo. 15v.

253 Gift in free, pure and perpetual alms by Thomas son of Ralph of Cracoe to the canons of Bolton of one acre of land in Cracoe, being one and a half perches of land above Thistle Grime, one and a half perches of land above *Stripes* and one perch of land above *Thorneflat*, with free common. [1214x9 Dec. 1234 or 1243]

[fo. 74r][a] Universis Cristi fidelibus hanc cartam visuris vel audituris Thomas filius Rad[ulph]i de Crachou salutem in Domino. Noveritis universitas vestra me dedisse et concessisse et presenti carta mea confirmasse Deo et ecclesie beate Marie de Bolton et canonicis ibidem Deo servientibus unam acram terre in villa de Crackhou, illam scilicet que pertinet ad illas duas bovatas terre que iacent inter bovatas Walteri clerici et Willelmi Surays,[b] unam scilicet perticatam terre et dimidiam super Thistelgrin, et unam perticatam terre et dimidiam super Stripes, et unam perticatam terre super Thorneflat; tenendam et habendam sibi cum pertinentiis ab omni actione et demanda seculari solutam in liberam, puram et perpetuam elemosinam cum libera communa infra villam et extra ad tantam terram[c] pert[inente], et ego et heredes mei warrantizabimus predictam acram cum pertinentiis predictis canonicis contra omnes homines imperpetuum. Hiis testibus: Willelmo tunc constabulario de Skipton', Willelmo de Stiveton', Willelmo de Arches, Nicholao persona de Kirkeby, Petro de Martona, Eustachio de Rilleston, Iohanne de Eston', Iohanne de Kildwicke, Radulpho de Crackhow, Iohanne de Somervill et aliis.

a. *Heading* Crakehowe B.   b. Murays *(sic)* B.   c. terram' *(sic)* B.

254 Quitclaim by Thomas son of Ralph of Cracoe to the canons of Bolton of all right and claim to all those lands, possessions, tenements and other things that the canons hold of him and his heirs, as stated in the charters of his ancestors; also the confirmation by the said Thomas to the canons of two bovates of land, and toft and croft, with a clause preventing its sale and the subsequent loss to the canons. [1214x1258]

[fo. 74r] Omnibus Cristi fidelibus ad quos presens scriptum pervenerit Thomas filius Rad[ulph]i de Crakehou salutem in Domino. Noveritis me demisisse, concessisse, relaxasse, quietumclamasse imperpetuum Deo et ecclesie beate Marie de Bolton et canonicis ibidem Deo servientibus totum ius et clameum quod unquam habui vel habere potui versus predictos canonicos in aliquo et ut habeant et teneant bene et in pace omnes terras, possessiones, tenementa et omnia alia sine aliquo impedimento mei vel heredum meorum, sicuti carte quas de me vel antecessorum meorum in omnibus testantur. Insuper concessi et presenti scripto confirmavi quod ego nunquam de duabus [fo. 74v][a] bovatis terre et tofto et crofto quas habeo in manu mea dabo, nec vendam[b] nec inpignorabo nec aliquo modo alienabo, nisi predictis canonicis ad omnia ista fideliter conservand[a] et proficiend[a] subieci me et omnia mea potestati vicecomiti Ebor' et suis ballivis ut ipsi me distringant per corpus meum et tenementa et catalla mea si in aliquo defecero vel dereliquero versus predictos canonicos. In cuius rei testimonium huic presenti scripto sigillum meum apposui. Hiis testibus: Iohannes de Eston', Eustachio de Rilleston, Simone de Marton', Egidio Maleverer, Willelmo Pollard, Waltero clerico de Crakehow, Roberto de Stiveton, Stephano de Rilleston' et aliis.

a. *Heading* Crakehowe B.   b. vendam' *(sic) fut. of vendo*.

255 Mortgage by Thomas of Cracoe to the canons of Bolton of two bovates of land in the vill of Cracoe, with toft and croft and all appurtenances, which his mother, Christiana, once held, as well as the quitclaim by Thomas of all right and claim to the said bovates, granting seisin of the land under oath. [1214x1258]

[fo. 74v] Sciant omnes presentes et futuri quod ego Thomas de Crackhou invadiavi priori et conventui de Bolton' duas bovatas terre quas habui in manu mea in villa de Crakehou, cum tofto et crofto et omnibus aliis pertinentiis sine aliquo retenemento illas duas bovatas terre scilicet quas Cristiana mater mea quondam tenuit in vita sua propter sex decem solidos quos mihi accomodavit premanibus. Et insuper quietumclamavi predictis priori et conventui imperpetuum totum ius et clameum quod ego unquam habui vel habere potui vel heredes mei habere potuerint in tota prenominata terra cum pertinentiis, si ita contingat quod totum dominium et servitium duodecim bovatarum terre et homagium et servitium Rogeri cappellani vel assignatorum suorum et homagium et servitium Walteri clerici et heredum suorum, et unum pratum quod iacet inter prata predictorum canonicorum et unam acram terre et omnia alia instrumenta que habent ex dono meo vel antecessorum meorum tunc de terris quam de aliis possessionibus in villa de Crakehou sicut predictorum canonicorum carte in omnibus testantur. Ego et heredes mei warrantizare non poterimus totam prenomintam terram cum pertinentiis, solut[am] et quiet[am] remanebit predictis priori et conventui et domui de Bolton sine aliqua contradictione vel impedimento mei vel heredum meorum, et volo etiam ut habeant tam plenam saisinam in duabus bovatis terre cum pertinentiis sicut [fo. 75r]^a ego unquam habui melius vel liberius ad omnia ista fideliter servand[a] affidavi in manu prioris et tactis sacrosanctis iuravi coram Willelmo Marescallo et Rand[ulpho] de Wincestr' et Rogero Niche et Roberto de Mora renunciand' in hac parte omni iur[i]^b remedio et litteris cavillationum et regie prohibitioni et etiam omnia alia que possunt contra hanc concessionem et confirmationem imponi et ut vicecomit[e] Ebor' vel ballivi sui vel ballivi dominorum de Skipton faciant plenam saisinam in predicta terra si in aliquo defecero. In huius rei testimonium huic scripto sigillum meum apposui. Hiis testibus: Iohanne de Estona, Eustachio de Rilleston', Ricardo de Tange et aliis.

a. *Heading* Crakehowe B.   b. red *deleted* B.

See Dodsworth MS 83, fo. 16r, for a copy of the charter issued by Thomas son of Ralph of Cracoe to the canons of Bolton of the homage and service of Walter the cleric and his heirs.

256 Gift by Thomas of Appletreewick to Henry steward of William of Hebden of one bovate of land with toft and croft in the vill of Cracoe, which Robert of Appletreewick held, for his homage and service and three marks of silver. [1214x9 Dec. 1234]

[fo. 75r] Sciant presentes et futuri quod ego Thomas de Appletrewicke dedi, concessi et presenti carta mea confirmavi Henrico dispensatori domini Willelmi de Hebbeden pro homagio suo et servitio et pro tribus marcis argenti quas mihi dedit unam bovatam terre cum tofto et crofto in villa de Crakehou, scilicet illam bovatam terre quas Robertus de Appletrewicke tenuit et que iacet propinquiorem soli preter unam de dimidia carucata terre quam tenui in eadem villa; tenendam et habendam sibi et heredibus suis libere, quiete, plenarie et honorifice cum omnibus pertinentiis suis libertatibus et aysiamentis infra villam et extra, faciendo forinsecum servictum quantum pertinet ad illam bovatam terre unde duodecim carucate terre faciunt feodum unius militis pro omni servitio et exactione. Et ego et heredes mei omnia prenominata predicto Henrico et heredibus suis contra omnes homines imperpetuum warrantizabimus. Hiis testibus: Willelmo de Hebbeden, Petro Gilot, Eustachio de Rilleston', Rainero de Otterburne, Ricardo de eadem, Willelmo filio Chilil' et multis aliis.

257 Sale by Henry, steward of William of Hebden, to Alexander, clerk, of Bracewell, for three marks of silver of one bovate of land in the vill of Cracoe, which was sold to him by Thomas of Appletreewick, making foreign service for one bovate where twelve carucates make a knight's fee. [1214x9 Dec. 1234]

[fo. 75v]^a Notum sit omnibus hominibus has litteras visuris vel audituris quod ego Henricus dispensator Willelmi de Hebbeden vendidi et hac carta confirmavi Alexandro clerico de Bracewell pro tribus marcis argenti quas mihi^b idem Alexander dedit pre manibus unam bovatam terre cum omnibus suis pertinentiis in villa de Crakehou, illam scilicet quam Thomas de Appletrewicke mihi vendidit in villa de Crakehow; tenendam et habendam de me et heredibus meis libere, quiete, pacifice cum omnibus libertatibus et aysiamentis dictam terram[c] infra villam et extra pertinentibus faciendo forinsecum servitium pro omnibus [servitiis][d] et demandis ad me et heredes meos pertinentibus quantum pertinet uni bovate terre unde duodecim carucate terre faciunt feodum unius militis. Et ego Henricus et heredes mei prenominatam bovatam[e] et toftum cum omnibus suis pertinentiis predicto Alexandro et heredibus suis vel suis assignatis contra omnes homines perpetue warrantizabimus. In huius rei testimonium huic scripto sigillum meum apposui. Hiis testibus: Willelmo de Hebbeden, Petro Gilot, Eustachio de Rilleston, Iohanne de Eston, Willelmo Graindorge, Ranulpho de Otterburne, Rainero de Scothorpe, Ricardo de Kirkeby, Willelmo de Malgh[u]m et aliis.

a. *Heading* Crakehowe B. b. d *deleted* B. c. decem' terre *(sic)* B. d. servitiis *omitted* B. e. terre *deleted* B.

H – fo. 32v, from Bolton Cartulary, fo. 77, abstract in family tree.

258 Quitclaim by Elena widow of Henry, steward of Cracoe, to the canons of Bolton of all right and claim to one toft and croft and one bovate of land in the vill of Cracoe which Henry had sold to Alexander of Bracewell. [1214 or 1228x*c*.1270]

[fo. 75v] Omnibus hoc scriptum visuris vel audituris Elena quondam uxor Henrici dispensatoris de Crackhow salutem in Domino eternam. Noverit universitas vestra me relaxasse et omnino quietumclamasse pro me et heredibus meis et assignatis priori de Bolton in Craven et eiusdem loci conventui totum ius et clameum quod unquam habui vel aliquo modo habere potui in uno tofto et crofto et una bovata terre in villa de Crakhow, que quidem toftum, croftum et bovatam terre cum suis[a] pertinentiis predictus Henricus quondam vir meus vendidit Alexandro de Bracewell; habendum et tenendum predictis priori et conventui libere, quiete et integre, sine calumpnia mei vel meorum imperpetuum. In cuius rei testimonium presenti scripto meo sigillum apposui. Hiis testibus: Willelmo [fo. 76r][b] de Paris, Elia de Coverdale, Thoma de Hawkeswick, Everardo Fauvel, Willelmo de Cestreunt, Ada[c] filio Thome de Halton, Ada[d] de Barnesladale[e] et multis aliis.

a. suis *interlined* B. b. *Heading* Crakehowe B. c. Adamo *(sic)* B. d. Adamo *(sic)* B. e. *looks like a* 'K' *but the sense suggests* 'B'.

It seems probable that Henry, steward of Cracoe, is the same person as Henry, steward of William of Hebden.
It is possible that William de Paris, or his ancestors, was originally from Holderness for the 'parisi' were people from Holderness.
H – fo. 32v, from Bolton Cartulary, fo. 77, abstract in family tree. Pd abstract in *EYC*, vii, no. 100, from H.

259 Gift in free and perpetual alms by Alexander of Bracewell to the canons of Bolton, together with his body for burial, of one bovate of land in the vill of Cracoe with one toft belonging to two bovates which he held of Henry the steward, making foreign service for one bovate where twelve carucates make a knight's fee. [1214x1243]

[fo. 76r] Sciant presentes et futuri quod ego Alexander de Braycewell dedi, concessi et hac presenti carta mea confirmavi Deo et ecclesie beate Marie de Bolton et canonicis ibidem Deo servientibus una cum corpore meo tanquam assignatis meis, et pro salute anime mee unam bovatam terre cum pertinentiis in villa de Crackhow et cum uno tofto spectante ad duas bovatas illam scilicet quam tenui de Henrico dispensatore;

tenenda et habenda de eadem Henrico et heredibus suis in liberam et perpetuam elemosinam cum omnibus libertatibus, communibus et aysiamentis ad predictam villam pertinentibus, solutam et quietam ab omni seculari servitio et exactione, faciendo forinsecum servitium quantum pertinet ad unam bovatam terre in feodo militis quod est duodecim carucatarum terre. Hiis testibus: Alexandro persona de Martona, Eustachio de Rilleston', Iohanne de Eston', Simone de Marton, Ranulpho de Otterburne, Rogero de Kighley, Willelmo filio Arkil' et aliis.

260 Gift in free, pure and perpetual alms by Alexander of Rawcliff to the canons of Bolton of one toft in the vill of Cracoe, lying next to the toft of Robert of Steeton on the east, with common rights, liberties and easements. [1201x9 Dec. 1234]

[fo. 76r]*a* Sciant presentes et futuri quod ego Alexander de Rouhecliva dedi et concessi, et presenti carta mea confirmavi Deo et ecclesie beate Marie de Bolton' et canonicis ibidem Deo servientibus pro salute et animabus patris et matris mee et antecessorum et successorum meorum unum toftum in villa de Crakehow, illud scilicet quod iacet propinquum tofto Roberti de Stivetoun versus orientem; tenendum et habendum de me et heredibus meis in liberam, puram et perpetuam elemosinam cum omnibus communibus et libertatibus et aysiamentis infra villam et extra ad tantam terram pertinentibus. Et ego et heredes mei warrantizabimus predictum toftum cum suis pertinentiis predictis canonicis contra omnes homines imperpetuum. Hiis testibus: Willelmo de Hebbeden, Simone de Marton, Eustachio de R[i]lleston, Thoma de Apletrewicke, Thoma de Crakhow et multis aliis.

a. *Heading* Crakehowe B.

H – fo. 32v, from Bolton Cartulary, fo. 78, abstract in family tree.

261 Gift in free and perpetual alms by Alexander son of Richard of Rawcliff to the canons of Bolton of two bovates of land in the vill of Cracoe, namely one bovate which Stephen son of Alan once held, with adjacent toft and croft, and one bovate which Alan son of Orm once held, with half of that toft which Ralph once held, with appurtenances, liberties, easements and common rights, making foreign service for two bovates where twelve carucates make a knight's fee. [1201x9 Dec. 1234]

[fo. 76v] Omnibus Cristi fidelibus presens scriptum visuris vel audituris Alexander filius Ricardi de Routheclive salutem in Domino. Noveritis me concessisse, dedisse et presenti carta confirmasse Deo et ecclesie beate Marie de Bolton et canonicis ibidem Deo servientibus duas bovatas terre cum suis pertinentiis in villa de Crakehow, unam scilicet bovatam quam Stephanus filius Alani quondam tenuit cum tofto et crofto eidem adiacentibus, et alteram quam Alanus filius Horm' quondam tenuit cum medietate illius tofti quod Radulphus aliquando tenuit; tenendas et habendas de me et heredibus meis cum omnibus libertatibus, aysiamentis et communibus eidem terre pertinentibus in liberam et perpetuam elemosinam, solutas et quietas ab omni seculari servitio mihi et heredibus meis pertinent[e] faciendo forinsecum servitium, quantum pertin[et] ad duas bovatas terre in feodo militis quod est duodecim carucat[as] terre. Et ego Alexander et heredes mei warrantizabimus predictis canonicis predictam terram cum suis pertinentiis contra omnes homines imperpetuum. Hiis testibus: Willelmo de

Hebbeden, Willelmo de Archis, Petro de Martona, Eustachio de Rilleston, Iohanne de Kildwich, Iohanne de Somervill et aliis.

262 Gift in free, pure and perpetual alms by Eustace of Rylstone to the canons of Bolton of one toft in the vill of Cracoe, namely that held by Laurence lying between the toft of Bolton Priory held by the gift of Alexander of Rawcliff and that of William Haikman on the south, with appurtenances, and all liberties, common rights and easements. [1201x9 Dec. 1234]

[fo. 76v] Omnibus sancte matris ecclesie filiis hoc scriptum visuris vel audituris Eustac[hius] de Rilleston' salutem in Domino. Noveritis me pro salute anime mee et antecessorum et successorum meorum dedisse et concessisse et presenti carta mea confirmasse Deo et ecclesie beate Marie de Bolton' et canonicis ibidem Deo servientibus unum toftum cum pertinentiis suis in villa de Crakhow illud scilicet quod Laurencius tenuit et quod iacet inter toftum prioris de Bolton quod tenet ex dono Alexandri de Routheclive, et toftum Willelmi Haikman versus meridiem; tenendum et habendum de me et heredibus meis in liberam, puram et perpetuam elemosinam et solutam ab omni seculari servitio, exactione et demanda cum omnibus libertatibus, communibus et aisiamentis ad dictum toftum pertinentibus in prefata villa de Crakehou. Ego vero et heredes mei warrantizabimus predictum toftum cum pertinentiis suis prefate domui de Boulton contra omnes homines imperpetuum. Hiis testibus: Willelmo de Hebbeden, Iohanne de [fo. 77r][a] Eston', Simone de Marton', Thoma de Appletrewicke, Nicholao tunc constabulario de Skipton', Roberto cementario, Alexandro de Bingel'[b] capellano, Petro de Brinneshall capellano et aliis.

a. *Heading* Crakehowe B.   b. Ringel' *(sic)* B.

263 Gift in free, pure and perpetual alms by Alexander of Rawcliff to the canons of Bolton of one toft in the vill of Cracoe, which Alan son of Torald held; also [the gift] in free and perpetual alms by Alexander to the canons of two bovates of land in the vill of Cracoe, which Alan son of Torald held, with all appurtenances, free common and easements, making foreign service for two bovates where twelve carucates make a knight's fee. [1201 or 1228x9 Dec. 1234]

[fo. 77r] Universis Cristi fidelibus ad quos presens scriptum pervenerit Alexand[er] de Routeclif salutem in Domino. Noveritis me dedisse et concessisse et presenti carta mea confirmasse Deo et beate Marie de Bolton et canonicis ibidem Deo servientibus unum toftum in villa de Crakhowe illud scilicet quod Alanus filius Torald' tenuit ab omni actione[a] et demanda[b] seculari solut[am] in liberam, puram et perpetuam elemosinam. Insuper duas bovatas terre in eadem villa illas scilicet quas idem Alanus filius Torald' tenuit; tenenda et habenda sibi plenas et integras cum omnibus pertinentiis suis in liberam et perpetuam elemosinam in plano, in pratis, in pascuis, in mariscis et cum libera communa in omnibus aysiamentis infra villam et extra predicte terre pertin[ent] faciendo inde pro omnibus secularibus actionibus et demandis[c] solumodo forinsecum servitium quantum pertinet ad duas bovatas terre in villa de Crakehou unde duodecim[d] carucate terre faciunt feud[um] unius militis. Et ego et heredes mei warrantizabimus predictas bovatas terre cum predicto tofto prefatis canonicis contra omnes homines imperpetuum. Hiis testibus: Willelmo de Stiveton, Willelmo de Hebbeden tunc constabulario de Skipton, Willelmo de Arches, Nicholao persona de Kirkeby, Iohanne de Eston, Iohanne de Kildewiche, Roberto cementario, Iohanne de Somerwill, Rad[ulf]o clerico et aliis.

a. accone *(sic)* B.   b. demaunda *(sic)* B.   c. demaund[is] *(sic)* B.   d. duodecem *(sic)* B.

Nicholas was rector *(persona)* of Kirkby Malham prior to 4 March 1276 *(Fasti Parochiales*, iv, p. 83). Nicholas of York, chaplain, was presented with the perpetual vicarage of ten marks by Archbishop Geoffrey (1189–1212) *(Fasti Parochiales*, iv, p. 81).

264 Quitclaim by Peter son and heir of Henry Proudfoot of Cavil, in the parish of Eastrington, to the canons of Bolton of all right and claim to all his lands in the vill of Cracoe, with appurtenances, easements and liberties, that the canons have by the gift of Alexander, chaplain of the uncle of the Henry the father of Peter, for a sum of money. [4 Jul. 1233x1285]

[fo. 77r] Omnibus hoc scriptum visuris vel audituris Petrus et filius et heres Henrici Proudefot' de^a Cayvill iuxta Houeden' salutem in Domino eternam. Noveritis me concessisse, relaxasse et omnino^b quietumclamasse pro me et heredibus meis Deo et beate Marie de Bolton in Craven et canonicis ibidem Deo servientibus totum ius et clameum quod habui vel aliquo modo [fo. 77v]^c habere potui in tota illa terra cum pertinentiis sine aliquo retenemento quam predicti canonici habuerunt ex dono domini Alexandri capellani avunculi predicti Henrici patris mei in villa de Crakehow; tenendum et habendum eisdem canonicis et eorum successoribus libere et quiete, integre et solute cum omnibus pertinentiis, aisiamentis et libertatibus predicte terre in omnibus undique pertinentibus sicut etiam uniusque^d liberius et quietius tenuerunt, ita quod nec ego nec heredes mei nec aliquis per nos aliquid iuris vel clamii in predicta terra cum pertinentiis decetero exigere vel vendicare aliquo iure poterimus pro hac autem concessione, relaxatione et quietaclamatione deder[un]t mihi predict[i] canonic[i] unam summam pecunie in mea necessitate. In cuius rei testimonium huic scripto sigillum meum apposui. Hiis testibus: dominis Iohanne le Vavasor, Roberto de Plumpton', Radulpho de Normanvill, Willelmo de Marton, Iohanne Gillot, Willelmo filio Roberti de Skipton', Everardo Fauvell, Rad[ulf]o, Everardo, Roberto de Fauvelthorpe clerico et aliis.

a. de *omitted* B.   b. omnno *(sic)* B.   c. *Heading* Crakehowe B.   d. unisque *(sic)* B.

H – fo. 32v, from Bolton Cartulary, fo. 79, abstract in family tree. Pd abstract from H in *EYC*, vii, p. 163.

265 Gift in free and perpetual alms by Thomas son of Christiana of Cracoe to the canons of Bolton of one acre of land in the fields of Cracoe, namely in that bovate which Hugh de Bordley held, being one rood above *Baldeuineflat*, one rood above Willowlands, one rood above *Uverstipes* and above Buttes and a quarter of a rood above *Christelbrun*. [1201x9 Dec. 1234]

[fo. 77v] Sciant omnes presentes et futuri quod ego Thomas filius Christiane de Crachou dedi et concessi et hac presenti carta mea confirmavi Deo et beate Marie et canonicis de Bolton ibidem Deo et beate Marie servientibus unam acram terre in campis de Crachou in illa scilicet bovat[a] terre quam Hugo de Bordley tenuit, videlicet unam rodam terre super Baldeuineflat et unam rodam terre super Wilgeland[es] et unam rodam terre super Uverstipes et super buttes et quartam rodam terre super Chistelbrun pro salute anime mee et antecessorum et successorum meorum; habendam et tenendam de me et heredibus meis liberissime et quietissime in puram et perpetuam elemosinam sicut aliqua terra liberius et melius potest concedi et confirmari viris religiosis. Ego quidem et heredes mei dictam terram dictis canonicis contra omnes homines in omnibus imperpetuum warrantizabimus. Hiis testibus: domino Willelmo de Hebbeden, domino Eustachio de Rilleston, [fo. 78r][a] Roberto de Stiveton, Alexandro de Routheclive, Alexandro capellano[b] de Linton, Thurstano de Skipton clerico, Rogero de Wakefeld clerico, Hugone de Bordley, Thoma fratre domini Eustachii, Alexandro clerico et multis aliis.

a. *Heading* Crakehowe B.   b. cappelano *(sic)* B.

Thomas the brother of Lord Eustace is, presumably, the brother of Eustace of Rylstone, but he is not listed as a member of the Rilston family by C.T. Clay (*EYC*, vii, pp. 263–9).

266 Gift in free, pure and perpetual alms by Alice daughter of Thomas son of Christiana of Cracoe to the canons of Bolton of one toft in the vill of Cracoe which she has by gift from Richard her brother, with the capital messuage of her father, and one field pertaining to the toft with all liberties, common rights and easements. [1228x16 Oct. 1258]

[fo. 78r] Omnibus Cristi fidelibus ad quos presens scriptum pervenerit Alicia filia Thome filii Cristiane de Crakehoe salutem in Domino. Noverit universitas vestra me dedisse, concessisse et hac presenti carta mea Deo et ecclesie beate Marie de Bolton et canonicis ibidem Deo servientibus confirmasse unum toftum quod habui de dono Ricardi fratris mei in villa de Crakhow et quod fuit capitale mesuagium patris mei et unum pratum quod pertinet tofto; tenendum et habendum predictis canonicis in liberam, puram et perpetuam elemosinam sine aliquo retenemento cum omnibus libertatibus, communibus et aysiamentis predicte ville de Crakhou pertinentibus infra villam et extra. Et ego et heredes mei predictis canonicis predictum toftum cum predicto prato imperpetuum warrantizabimus contra omnes homines et feminas. In cuius rei testimonium presenti scripto sigillum meum apposui. Hiis testibus: domino Eustachio de Rilleston', Willelmo de Hertlington, Ricardo de Ridem' rectore ecclesie de Brinsale, Waltero de Crackhou', Roberto de Stiveton, Willelmo filio Walteri clerici de Crakehou et aliis.

This charter may supplement the information contained in *Fasti Parochiales*, iv (p. 30), which states that a certain Richard was rector of Burnsall, probably in the early thirteenth century (*Fountains Chartulary*, i, pp. 72, 75).

267 Gift in free, pure and perpetual alms by Alice daughter of Thomas son of Christiana of Cracoe to the canons of Bolton of five acres of land in the territory of Cracoe, with all liberties and common rights. [1239x15 May 1250]

[fo. 78r] Omnibus Cristi fidelibus ad quos presens scriptum pervenerit Alicia filia Thome filii Cristiane de Crakehou salutem in Domino. Noveritis me dedisse et concessisse et hac presenti carta mea confirmasse quinque acras terre in territorio de Crakehow Deo et beate Marie de Boulton et canonicis ibidem Deo servientibus; tenendas et habendas predictis canonicis de me et heredibus meis in liberam,[a] puram et perpetuam elemosinam cum omnibus [fo. 78v][b] libertatibus commun[ibus] predicte ville de Crachou pertinentibus. Ego et heredes mei predictas acras terre predictis canonicis contra omnes homines warrantizabimus imperpetuum. Hiis testibus: domino Iohanne de Eston', Eustachio de Rilleston, Henrico de Cesteront tunc constabulario de Skipton', Willelmo de Graindorge, Simone de Martona, Willelmo de Hertlington, Waltero de Crakhou, Roberto de Crakhou serviente et multis aliis.

a. in lib *deleted* B.   b. *Heading* Crakehow B.

For the quitclaim by Alice daughter of Thomas son of Christiana of Cracoe to the canons of Bolton of all the lands and tenements in Cracoe given by her brother, Richard, and her father, Thomas, see Dodsworth MS 83, fo. 18v.
H – fo. 32r, from Bolton Cartulary, fo. 79, abstract. Pd abstract from H in *EYC*, vii, no. 101.

268 Grant by Robert Neville to the canons of Bolton of permission to enter the lands they hold in his fees, in Cracoe, saving services and customs pertaining to the lands, as well as a quitclaim of the suit of court and relief. [mid – late thirteenth century]

[fo. 78v] Omnibus Cristi fidelibus presens scriptum visuris vel audituris Robertus de Nevill[a] salutem in Domino. Noveritis nos concessisse pro nobis et heredibus nostris priori et conventui ciusdem loci ingressum in terram quam tenent de feodo nostro in Crakhou in Craven; tenendum absque impedimento nostri seu heredum nostrorum salvo iure cuiuslibet et salvis nobis et heredibus nostris servitiis et consuetudinibus deditis que predicte terre pertinent. Preterea nos quietumclamavimus pro nobis et heredibus nostris sectam curie et relevium predictis priori et conventui imperpetuum. In cuius rei testimonium presenti scripto sigillum nostrum fecimus apponi. Hiis testibus: domino Roberto de Hilton, domino Roberto de Burton, domino Willelmo [...25mm] militibus, Iohanne de Waleys tunc sen[escallo], Iohanne de Kighley et aliis.

a. dominus de Ruby *inserted* G.

G – fo. 15v; sketch of privy seal: round; Legend: SIGILLUM SECRETI.

269 Memorandum concerning the descent of the vill of Cracoe, six carucates, whereby Alexander of Rawcliff gave two and a half carucates of land in Cracoe to William of Rylstone, his brother, and after the death of Alexander the hereditary right to the three and a half carucates held by him descended to Richard of Rawcliff, his son, who gave twelve bovates of land in Cracoe to Ralph, his brother, and after the death of Ralph the hereditary right passed to Thomas, his son, who sold six bovates of land to Alexander the chaplain and the residue to the canons of Bolton; Alexander the son of Richard of Rawcliff relinquished his hereditary right to twelve bovates of land and two carucates and sold two bovates of land and two tofts in Cracoe to Alexander the chaplain.

[fo. 78v] Memorandum quod Alexander de Routheclyve[a] et Willelmus de Rilleston fuerunt fratres Alexander heres tenuit totum villam cum pertinentiis de Crakehow sex carucatarum. Idem Alexander dedit dicto Willelmo fratri suo duas carucatas et dimidiam terre in eadem villa et tres et dimidiam carucatas terre remanserunt penes eundem Alexandrum. Idem Alexander post decessum suum reliquit hereditarie predictas tres carucatas terre et dimidiam terre cum pertinentiis Ricardo de Routheclive filio suo. Idem Ricardus habuit fratrem nomine Radulphum cui dedit duodecim bovatas terre cum pertinentiis in Crakehow.[fo. 79r][b] Idem Radulphus reliquit Thome filio suo predictas duodecim bovatas terre hereditarie post decessum suum. Et dictus Thomas vendidit Alexandro capellano sex bovatas terre et residuum priori de Bolton [...75mm] predictus Ricardus habuit filium nomine Alexandrum cui reliquit hereditarie post feofamentum duodecim bovatas terre duas carucatas[c] terre unde idem Alexander vendidit Alexandro capellano duas bovatas terre et duo tofta in Crakehow.

a. Boutheclyve *(sic)* B.   b. *Heading* Crakehowe B.   c. carutas *(sic)* B.

H also contains a diagram in the form of a family tree illustrating the various people and their benefactions. For documents relating to Kettlewell transcribed by Dodsworth from the lost cartulary of Bolton Priory, fos. 81–82, see Appendix I, nos. 18, 19.
H – fo. 32v, from Bolton Cartulary, fo. 80. Pd from H in *EYC*, vii, no. 100.

270 Gift in free, pure and perpetual alms by Mary widow of John of Eshton to the canons of Bolton, together with her body for burial, of the homage and service of the heirs of Henry of Thorpe of one carucate of land in Thorpe, with an annual rent of 5*s*., and with all appurtenancs, namely with custody, reliefs and escheats. [1256x1273]

[fo. 79r][a] Omnibus Cristi fidelibus hoc scriptum visuris vel audituris Maria quondam uxor Iohannis de Eston' salutem in Domino. Noverit universitas vestra me in pura viduitate mea et ligia potestate dedisse, concessisse et hac presenti carta mea confirmasse et una cum corpore meo legasse Deo et ecclesie beate Marie de Bolton et canonicis ibidem Deo servientibus homagium et servitium heredum Henrici de Thorpe unius carucate terre in Thorpe cum anno redditu quinque solidorum; tenendum et habendum predictis canonicis in liberam, puram et perpetuam elemosinam cum omnibus pertinentiis suis sine aliquo retenemento, scilicet cum custodiis, releviis et omnibus aliis escaetis que inde poterunt evenire. Ego vero Maria et heredes mei dictum homagium et servitium dictorum heredum de predicta terra cum dicto anno[b] redditu quinque solidorum predictis canonicis sicut predictum est contra omnes homines warrantizabimus, adquietabimus et defendemus imperpetuum. In huius rei testimonium presenti scripto sigillum meum apposui. Hiis testibus: Willelmo Graindorge, Eustachio de Rilleston, Ricardo Tempest, militibus, Willelmo de Hartlington, Iohanne filio Iohannis de Eston', Willelmo Mauleverer de Bethmesley, Willelmo Mauleverer de Calton, Ricardo clerico de Otterburne, Ricardo filio Ranulphi de Otterburne, Thoma filio Willelmi filii Arkil[li] de Malghum, Thoma de Scothorpe et aliis.

a. *Heading* Thorpe B.   b. annio *(sic)* B.

H – fo. 34v, from Bolton Cartulary, fo. 83, abstract. Pd from H in *EYC*, vii, no. 99.

271 Confirmation in free, pure and perpetual alms by John son of John of Eshton to the canons of Bolton of the homage and service of the heirs of Henry of Thorpe of one carucate of land in Thorpe, with an annual rent of 5*s*., with wardship, reliefs and all appurtenances and escheats, as stated by his mother's charter. [1256x1273]

[fo. 79v] Omnibus Cristi fidelibus hoc scriptum visuris vel audituris Iohannes filius Iohannis de Eston salutem in Domino. Noverit universitas vestra me concessisse et hoc presenti scripto confirmasse Deo et ecclesie beate Marie de Bolton et canonicis ibidem Deo servientibus homagium et servicium heredum Henrici de Thorpe unius carucate terre in Thorpe cum anno redditu quinque solidorum; tenendum et habendum dictis canonicis cum wardis, releviis, et omnibus aliis pertinentiis et escaetis que inde poterunt evenire in liberam, puram et perpetuum elemosinam, sicut carta matris mee in omnibus testatur. [fo. 80r][a] Ego vero Iohannes et heredes mei predictum homagium et servitium dictorum heredum cum dicto redditu sicut predictum est predictis canonicis contra omnes homines warrantizabimus, adquietabimus et defendemus imperpetuum. In huius rei testimonium presenti scripto sigillum meum apposui. Hiis testibus: Willelmo Graindorge, Eustachio de Rilleston, Ricardo Tempest, militibus, Willelmo de Hartlington', Iohanne filio Gilberti de Hawkesweeke, Willelmo Mauleverer de Bethmesley, Willelmo Maleverer de Calton', Ricardo clerico de Otterburne, Ricardo filio Rand[ulphi] de Otterburne, Thoma filio Willelmi filii Arkil[li] de Malh[u]m, Thoma de Scothorpe et aliis.

a. *Heading* Thorpe B.

H – fo. 34v, from Bolton Cartulary, fo. 83, abstract. Pd abstract from H in *EYC*, vii, no. 99.

272 Quitclaim by John Giliot of Broughton to the canons of Bolton of all right and claim in rents, homage, services, wardships, reliefs, marriages and all escheats and appurtenances pertaining to twelve bovates of land in the vills of Thorpe and Burnsall. [1260x2Oct. 1290 or 1292]

[fo. 80r] Omnibus hoc scriptum visuris vel audituris Iohannes Gillott de Brocton' salutem in Domino sempiternam. Noverit universitas vestra me pro salute anime mee antecessorum et successorum meorum concessisse, relaxasse et omnino quietumclamasse de me et heredibus meis priori de Bolton in Craven' et eiusdem loci conventui et eorum successoribus totum ius et clameum que habui vel aliquo modo habere potui in omnibus redditibus, homagiis et servitiis, wardis, releviis, maritagiis et omnibus aliis escaetis que mihi aliquo modo accidere poterint de omnibus terris et tenementis et de duodecim bovatis terre cum suis pertinentiis que Henricus de Cluetam et heredes[a] sui quondam tenuerunt in villis[b] de Thorpe et Brinsale; habenda et tenenda predictis priori et conventui et eorum successoribus omnia predicta cum omnibus pertinentiis suis sine aliquo retenemento, libere, quiete et integre et solute imperpetuum. Ita quod nec ego nec heredes mei nec aliquis per nos vel nomine nostro aliquid iuris vel clamei in predictis terris[c] et tenementis, redditibus, homagiis, wardis, releviis, maritagiis nec aliquibus escaetis que mihi aliquo modo a predictis terris vel tenementis accidere poterint de cetero exigere vel vendicare poterimus imperpetuum. In cuius rei testimonium presenti scripto sigillum meum apposui. Hiis testibus: dominis Rogero Tempest, Willelmo de Hartlington', Willelmo Flandrensi, militibus, Everardo [fo. 80v][d] Fauvel, Willelmo de Aula de Skipton', Willelmo de Cestrehonte, Roberto de Brohaton', Helia de Steveton, Philippo de Arundell et aliis.

a. homines *replacing* heredes H.   b. villa *(sic)* B.   c. terris *repeated twice* B.   d. *Heading* Thorpe B.

There are many references to Lord John Giliot in the *Compotus* of Bolton Priory, with the first occurring in the accounts for 11 November 1287 – 11 November 1288, and the last in the accounts for 29 September 1311 – 29 September 1312 (*Compotus*, pp. 37, 312).

H – fo. 34v, from Bolton Cartulary, fo. 83, abstract. Pd abstract from H in *EYC*, vii, no. 98.

273 Gift in free, pure and perpetual alms by Hugh of Calton and Beatrice his wife to the canons of Bolton of one bovate of land, with toft and croft, and appurtenances, in the vill of Thorpe with Ralph son of Gamel and his family, and with all common rights, liberties and easements. [c.1200x17 Apr. 1222]

[fo. 80v] Sciant presentes et futuri quod ego Hugo de Caltona et Beatrix uxor mea dedimus et concessimus et presenti carta nostra confirmavimus Deo et ecclesie beate Marie de Boulton' et canonicis ibi Deo servientibus unam bovatam terre cum tofto et crofto et omnibus pertinentiis suis in villa de Thorpe illam scilicet quam Radulphus filius Gamell' tenuit cum eodem Radulpho et tota sequela sua; tenendam et habendam de nobis et heredibus nostris cum omnibus communibus et libertatibus et aysiamentis ad predictam terram pertinentibus in liberam, puram et perpetuam elemosinam, solutam et quietam ab omni seculari servitio et demanda pro salute animarum nostrarum et Zacharie et antecessorum et successorum nostrorum. Nos vero predictam terram predictis canonicis warrantizabimus contra omnes homines imperpetuum. Hiis testibus: Willemo de Marton, Petro de Marton', Willelmo le Maleverer, Simone de Kirkeby, Ranulpho de Otterburne, Ricardo de Calton, Thoma de Malgh[u]m.

H – fo. 34v, from Bolton Cartulary, fo. 83, abstract.

274 Gift in free, pure and perpetual alms by Hugh of Calton and Beatrice his wife to the canons of Bolton of one bovate of land with toft and croft, and appurtenances, in the vill of Thorpe with Ralph son of Gamel and all his family and one and a half acres of Hugh's service, with all common rights, liberties and easements. [*c.*1200x17 Apr. 1222]

[fo. 80v] Sciant presentes et futuri quod ego Hugo de Caltona et Beatrix uxor mea, dedimus et concessimus et presenti carta nostra confirmavimus Deo et ecclesie Marie de Bolton et canonicis ibi Deo servientibus unam bovatam terre cum tofto et crofto et cum omnibus pertinentiis suis in villa de Thorpe illam scilicet quam Radulphus filius Gamell[i] tenuit cum eodem Radulpho et tota sequela sua et in augment[atione] unam acram et dimidiam de servitio meo; tenend[as] et habend[as] de nobis et heredibus nostris cum omnibus communibus et libertatibus et aysamentis ad predictam terram pertinentibus in liberam, puram et perpetuam elemosinam, solutam et quietam ab omni seculari servitio et demanda pro salute animarum et Zacharie et antecessorum et successorum nostrorum. Nos vero predictam terram prefatis canonicis [fo. 81r][a] warrantizabimus contra omnes homines imperpetuum. Hiis testibus: Willelmo de Marton', Petro de Marton', Willelmo Maleverer, Simone de Kirkeby, Ranulpho de Otterburne, Ricardo de Kalton'.

a. *Heading* Thorpe B.

275 Gift in free, pure and perpetual alms by Beatrice widow of Hugh of Calton to the canons of Bolton of one bovate of land, with toft and croft, and all appurtenances, in the vill of Thorpe with Ralph son of Gamel and all his family, with all common rights, liberties and easements. [*c.*1200x1226 or 19 May 1247]

[fo. 81r] Sciant presentes et futuri quod ego Beatrix uxor Hugonis de Calton' dedi et concessi et hoc presenti carta confirmavi Deo et ecclesie beate Marie de Bolton' et canonicis Deo servientibus in ligia potestate mea unam bovatam terre cum tofto et crofto et omnibus pertinentiis suis in villa de Thorpe illam scilicet quam Radulphus filius Gamelli tenuit cum eodem Radulpho et tota sequela sua; tenendam et habendam de me et heredibus meis cum omnibus communibus et libertatibus et aysiamentis ad predictam terram pertinentibus in liberam, puram et perpetuam elemosinam, solutam et quietam ab omni seculari servitio et demanda. Ego vero et heredes mei predictam terram prefatis canonicis contra omnes homines warrantizabimus imperpetuum. Hiis: testibus Willelmo de Marton', Petro de Marton', Willelmo Maleverer, Simone de Kirkeby, Ranulpho de Otterburne, Ricardo de Calton, Thoma de Malgh[u]m.

276 Gift in pure and free alms by Cecily de Rumilly to the canons of Saint Mary and Saint Cuthbert, Embsay, of the vill of Kildwick with mill and soke of the mill, with *haia* and all appurtenances, up to *Aspsick*, with common of all pasture, and all the lands held by Reginald Revel in Sutton, offered by herself and William son of Duncan, nephew of David I of Scotland, by a knife on the altar of Saint Mary and Saint Cuthbert. [Michaelmas 1130x1154]

[fo. 81v][a] Sciant omnes qui sunt et qui venturi sunt quod ego Cecilia de Romeli dedi et concessi Deo et ecclesie sancte Marie et sancti Cuthberti de Emmesey et canonicis eiusdem ecclesie totam villam[b] Childewic cum molendino et socha molendini cum haia et omnibus aliis pertinentiis in bosco et plano usque ad Aspsiche et in aquis et pascuis et cum communitate totius pasture in puram et liberam elemosinam et absolutam ab omni seculari servitio et consuetudine et totam quam Reginaldus Revel' tenuit in Suttona[c] pro salute anime mee et parentum meorum, ita ego et gener meus Willelmus nepos regis Scotie Dunecani filius obtulimus easdem per unum cultellum villas super altare sancte Marie et sancti Cuthberti. Hiis testibus: Ada Suani filio, et Ranulpho de Lindeseia, et Waltero de Vianes, et Waltero Flandrensi, et Rogero Tempest, et Willelmo de Arches, et Ricardo filio Eswlin, et Elto Maleverer, et Rogero Fafinton',[d] et Simone filio Gospatric', et Willelmo de Rilleston, et Aldredo de Farnhill, et Henrico fratre eius, et Edwardo camarario, et Osberto Feirchildo.

a. *Heading* Kildwek B.   b. villam *repeated twice* B.   c. Stra[ttona] H.   d. Fasinton H.

See also CB, no. 6.
H – fos. 57v–58r, from Bolton Cartulary, fo. 85. Pd from H in *EYC*, vii, no. 9.

277 Gift in alms by William son of Duncan, nephew of David I of Scotland, to the canons of Embsay of the vill of Kildwick, with the mill and soke of the mill. [1130x1154]

[fo. 81v] W: Dunecani filius omnibus hominibus de Crava, Francis et Anglis salutem. Sciatis me concessisse Domino Deo et sancte Marie et Sancto Cuthberto de Ameseia et canonicis eiusdem loci totam villam de Childeuuic cum molino et cum socha molini et quicquid ad predictam villam pertinet in bosco et plano, in aquis et pascuis in elemosina libere ab omni seculari servicio et absolute pro salute anime mee et patris et matris me et uxore mee et antecessorum nostrorum. T[estibus] Ada Suani filio et Durand[o], et Willelmo de Arches, et Heltone Maleverer, et Ricardo Elsulf filio, et Rogero Tempest, et Simone Gospatt' filio, et Rogero Fafinton, et Aldredo Ulf[i] filio, et Reinero fratre suo, et Willelmo de Rilleston, et Drogone brevifactore.

See also CB, no. 12.
Pd in *EYC*, vii, no. 12.

278 Confirmation by Henry de Tracy and Cecily his wife to the canons of Embsay of the vill of Kildwick, with all appurtenances. [Michaelmas 1130x1155]

[fo. 82r][a] Sciant omnes qui sunt et qui venturi sunt quod ego Henricus de Tracy[b] et uxor mea Cecilia concedimus et volumus ecclesie sancti Cuthberti de Emmeseie et servientibus ecclesie in elemosina Childewick et omnibus pertinentibus ei in campis et in moris[c] et in aquis et in molendino et hoc facimus pro animabus patrum nostrorum et matrum et antecessorum nostrorum. Huius donationis testes sunt: Ricardus presbiter, et Willelmus de Arches, et Ricardus filius Aseolt, et Rogerus[d] Tempest, et Heolte Maleverer, et Rogerus Fafinton,[e] et Rad[ulphus] de Oteri.[f] Valete.

a. *Heading* Kildwyck B.   b. Tacy *(sic)* B.   c. moribus *(sic)* B.   d. Rogero *(sic)* B.   e. Faisinton H.   f. et *deleted* B.

For another grant made by Henry de Tracy, second husband of Cecily de Rumilly, concerning Kildwick see Appendix III, no. 1.

H – fo. 35r, from Bolton Cartulary, fo. 85. Pd from H in *EYC*, vii, no. 10.

279 Agreement in the form of a chirograph made between William de Forz III, count of Aumale, and Adam prior of Bolton whereby William de Forz gives, in free, pure and perpetual alms, seven acres of land in the territory of Silsden lying next to the wood of Kildwick extending to the river Aire, in exchange for five acres of land, in pure alms, held by the canons in the territory of Embsay, including a parcel of land in the park of Ley, with provision that the escaped animals of either party to be returned without quarrel. 27 May 1257

[fo. 82r] Anno ab incarnationis domini M CC L vii° ad Pentecosten in hunc modum convenit inter dominum Willelmum de Fortibus comitem Alb'[a] ex una parte et dominum A[dam][b] priorem et conventum de Bolton ex altera, videlicet quod idem comes dedit, concessit et hoc presenti scripto cyrographato confirmavit dictis priori et conventui septem acras terre in territorio de Sillesden que iacent iuxta boscum de Kildwicke sicut se extendunt usque ad aquam de Ayr; tenendas et habendas sibi et successoribus suis imperpetuum in liberam, puram et perpetuam elemosinam et ad eas includend[as] fossato vel haia vel quocunque alio modo inde melius viderint comodum suum facere absque contradictione[c] seu impedimento aliquo sui vel heredum suorum vel successorum suorum licite et pacifice eisdem concessit pro excambio quinque acrarum terre de pura elemosina ipsorum canonicorum in territorio de Emmesey[d] que scilicet iacent ad capud de Ley versus orientem sicut se extendunt in Hellerbecke quas scilicet dicti prior et conventus dederunt, concesserunt et presenti scripto cirographato confirmaverunt prefat[o] comit[i] ad includendum infra parcum suum de Ley; tenend[a] et habend[a] sibi et heredibus suis imperpetuum, ita quod si animalia ipsorum canonicorum vel hominum suorum, ipsum parcum intraverint pro defectu clausture non [fo. 82v][e] impercabuntur[f] excapium sed benigne et pacifice sine querela aut damno returnabuntur et liberabuntur, et si averia dicti comitis vel hominum suorum parcum predictorum prioris et conventus intraverint pro defectu clausture non impercabuntur nec dabunt excapium sed benigne et pacifice sine querela aut damno returnabunt[ur] et liberabuntur. In huius rei testimonium et securitatem subalternatione huic scripto cirographato sigilla sua apposuerunt. Hiis testibus: domino Iohanne le Vavasor, domino Eustachio de Rilleston, domino Ada[g] de sancto Martino, domino Godefrido de Alta Ripa, domino Wydone de Bovill, domino Maugero le Vavasor, domino Elya de Knoll, Henrico de Cestrehunt, Thoma de Ley[h] tunc constabulario de Skipton, Willelmo de Hertlington, Willelmo Maleverer de Bemesley, Willelmo filio Simonis[i] de Marton, Petro Gilot, Rad[ulpho] Berel,[j] Willelmo filio Alani[k] de Katherton et aliis.

a. Albl' C; Albem' H, fos. 59v–60r.   b. A[dam] *omitted* H, fos. 59v–60r.   c. contradicione *(sic)* B.   d. Emnesey *(sic)* B.   e. *Heading* Kildwyck B.   f. nec dabunt *inserted* C, H, fos. 59–60r.   g. Adamo *(sic)* B.   h. Lelay C.   i. Simone *(sic)* B.   j. Derel *replacing* Berel C.   k. Ran' *replacing* Alani C. Marginated: ☞.

C has a blank sketch of a round, double-sided seal.

C – fo. 13r–13v, with sketch of seal, round, double-sided, blank. H – fo. 35r, from Bolton Cartulary, fo. 85, abstract; and fos. 59v–60r. Pd from C in *EYC*, vii, no. 43.

280 Gift in free, pure and perpetual alms by Robert Cuvel to the canons of Bolton of all his land, with appurtenances, lying between the land which the count of Aumale gave to the canons of Bolton in the field of Silsden in exchange for their land in Embsay abutting the wood of the said canons and the field of Silsden, with appurtenances. [27 May 1257x16 Oct. 1258]

[fo. 82v] Omnibus sancte matris ecclesie filliis presens scriptum visuris vel audituris Robertus Covele salutem eternam in Domino. Noveritis me dedisse, concessisse et hac presenti carta mea confirmasse Deo et beate Marie de Bolton et canonicis ibidem Deo servientibus in liberam, puram et perpetuam elemosinam totam terram illam cum pertinentiis quam habui iacentem infra terram quas dominus comes Albemarl' dedit dominis priori et conventui de Bolton in campo de Siglesden in excambio pro terra eorum de Emmesey cuius dicte terre in campo de Sigelesden abuttat unum capud versus boscum dictorum prioris et conventus et aliud caput versus campum de Siglesden; habendam et tenendam predictis dominis priori et conventui de Bolton et eorum successoribus et assignatis quibuscunque in liberam, puram et perpetuam elemosinam sicut predictum est absque ullo retenemento aut vendicatione iuris alicuius seu clamii extra me et heredes meos et assignatos libere, quiete, bene, pacifice et honorifice imperpetuum. Ego vero dictus Robertus et heredes mei warrantizabimus, defendemus [fo. 83r][a] et acquietabimus totam predictam terram cum pertinentiis in omnibus[b] et singulis predictis dictis dominis priori et conventui et eorum successoribus seu assignatis contra omnes homines et feminas imperpetuum. Et ad evidentem huius rei securitatem presenti carte sigillum meum apposui. Hiis testibus: dominis Godefrido de Alta Ripa, Eustachio de Rilleston', militibus, magistro Galfrido de Ottell', Thoma de Lelleya tunc constabulario de Skipton', Willelmo de Farnhill, Roberto de eadem, Willelmo filio Roberti de Skipton et aliis.

a. *Heading* Siglesden B.   b. in omnibus *repeated* B.

For the agreement made between of the count of Aumale and the canons of Bolton see CB, no. 279

281 Notification by Cecily de Rumilly to Thurstan, archbishop of York, of her gift in free, pure and perpetual alms to the canons of Embsay of the mill at Silsden, with all multure of the said vill and the workings of the mill, with all liberties and free customs, setting down rules for the use of the mill including forfeiture of corn, sack and horses, and the prohibition of the use of other mills, including hand mills. [Michaelmas 1130x25 Jan. 1140]

[fo. 83r] Karissimo domino et patri T. archiepiscopo Ebor' etc. omnibus Cristi fidelibus presentibus et futuris Cecilia de Rumelio salutem in Domino. Sciatis me dedisse et concessisse et presenti carta confirmasse Deo et beate Marie et sancto Cuthberto Emmeseia et canonicis ibidem Deo servientibus, molendinum de Sighlesden cum omni multura eiusdem ville et opere molendini quod mihi debebatur et cum omnibus libertatibus et liberis consuetudinibus quas ego habui in predicto molendino sine aliquo retenemento in liberam, puram et perpetuam elemosinam, ita scilicet quod aliud molendinum ab aliquo hominum sine voluntate et assensu canonicorum in eadem villa non fiat nec etiam manu mola habeatur, si quis autem de predicta villa renuerit venire ad predictum molendinum ego et heredes mei compellemus eum illud sequi, ita quod si repertus fuerit veniens ab alio molendino saccus et bladus erunt canonicorum et equus et forisfactum erunt mea et heredum meorum. Hiis testibus: Rainero Dapifer, Ivone constabulario, Hugone capellano, Waltero Picott, Willelmo Vitand, Reginaldo Revell'.

Marginated: *Sighelesden*.

See also CB, no. 8.

282 Gift in pure, free and perpetual alms by Alice de Rumilly to the canons of Embsay of the mill of Silsden, with the workings of the mill, with all liberties and customs, as given by her mother, including the right to forfeiture of sack and corn to the canons and of horses to Alice de Rumilly and her heirs, and the prohibition of the use of other mills, including hand mills. [1155x1158]

[fo. 83v]ª Alicia de Rumeleia omnibus tam presentibus quam futuris salutem in Domino. Sciatis me concessisse, confirmasse et dedisse Deo et ecclesie beate Marie de Bolton et canonicis ibidem Deo servientibus molendinum de Sighelesden cum omni multura eiusdem ville cum pertinentiis suis et opere[b] molendini et cum omnibus libertatibus et liberis consuetudinibus quas Cecilia mater mea habuit in predicto molendino et canonicis predictis dedit sine aliquo retenemento in liberam, puram et perpetuam elemosinam, ita scilicet quod aliud molendinum ab aliquo heredum meorum sine voluntate et assensu canonicorum infra divisis eiudem ville non fiat nec manu mola habeatur si quis autem de predicta villa noluerit venire ad dictum molendinum, ego et heredes mei compellemus eum illud sequi, ita quod si repertus fuerit veniens de alio molendino saccus et bladus erunt canonicorum et equus et forisfactum erunt mea et heredum meorum. Hiis testibus: Osberto archideacano, Radulpho decano, Osmundo capellano, Ricardo Tempest, Petro de Marton', Helia de Rilleston, Roberto cementario et multis.

a. *Heading* Sighelesden B.   b. operer *(sic)* B.

See also CB, no. 10.

283 Gift in pure and perpetual alms by Robert son of Stephen Cuvel of Silsden to the canons of Bolton of one perch of land in Silsden, with appurtenances, lying in *Milneholme* between the mill pool and Silsden Beck just as it extends up and down from the mill to the house of William Fereman, with free entry and egress and free moor. [c.1230sx1267]

[fo. 83v] Omnibus sancte matris ecclesie filiis ad quos presens scriptum pervenerit Robertus filius Steph[an]i Cuvell de Sighelesden eternam in Domino salutem. Noveritis me pro salute anime mee et antecessorum meorum dedisse, concessisse et hac presenti carta mea confirmasse Deo et ecclesie beate Marie de Bolton et canonicis ibidem Deo servientibus unam perticatamª terre cum pertinentiis in Sillesden, illam scilicet que iacet in Milneholme inter stangnum molendini et aquam de[b] Sighelesdenbecke prout se extendit sursum et deorsum a predicto molendino usque domum Willelmi Fereman'; tenendam et habendam predictis canonicis et eorum [fo. 84r][c] successoribus in puram et perpetuam elemosinam et quietam ab omni seculari servitio, exactione, secta curie cuiuscunque vel demanda cum libero ingressu et egressu et libera mora ad eam' colend[um] et manu operand[um] prout eis viderint melius expedire sine aliquo retenemento. Et ego Robertus et heredes mei prenominatam terram prenominatis ecclesie et canonicis et eorum successoribus cum libero ingressu et egressu et aliis omnibus pertinentiis suis sicut predictum est contra omnes ubique warrantizabimus et ab omnibus demandis, sectis et servitiis acquietabimus et imperpetuum defendemus. In cuius rei testimonium presenti scripto sigillum meum apposui. Hiis testibus: Willelmo de Marton', Willelmo Maleverer, Petro Gilot, Willelmo de Hartlington', Simone Mohaud, Willelmo de Aula, Iohanne filio Roberti et aliis.

a. ter *deleted* B.   b. Sillesden *deleted* B.   c. *Heading* Sighelesden B.

284 Gift in free, pure and perpetual alms by Robert Cuvel of Silsden to the canons of Bolton of all his land in *Lewinholme*, Silsden, with all appurtenances, liberties, easements and utilities. [1241x1267]

[fo. 84r] Sciant presentes et futuri quod ego Robertus Couvell de Sighelesden dedi, concessi et hac presenti carta mea confirmavi pro salute anime mee et antecessorum meorum Deo et ecclesie beate Marie de Bolton et canonicis ibidem Deo servientibus in liberam, puram et perpetuam elemosinam totam terram quam habui in Lewinholme cum omnibus pertinentiis suis sine aliquo retenemento; habendam et tenendam predictis canonicis et eorum successoribus vel cuicunque assignare voluerint libere, quiete, bene et in pace et integre cum omnibus libertatibus, aisiamentis et utilitatibus ad dictam terram pertinentibus et inde provenientibus in Sighelesden. Ego vero Robertus et heredes mei totam predictam terram cum omnibus pertinentiis suis predictis canonicis et eorum successoribus vel suis assignatis contra omnes gentes imperpetuum warrantizabimus, acquietabimus et defendemus. In huius rei testimonium presenti scripto sigillum [fo. 84v][a] meum apposui. Hiis testibus: domino Godefrido de Alta Ripa, Willelmo de Marton, Thoma de Lelly tunc constabulario de Skipton, Petro Gilott, magistro Galfrido de Otteley, Roberto de Farnhill, Willelmo de Farnhill et aliis.

a. *Heading* Sighelesden B.

285 Gift in free, pure and perpetual alms by Robert Cuvel son of Stephen Cuvel to the canons of Bolton of all his land, with appurtenances, in *Langecroketholme* and *Brigeholm* between the two waters. [1228x16 Oct. 1258]

[fo. 84v] Omnibus Cristi fidelibus ad quos presens scriptum pervenerit Robertus Couvel filius Stephani Couvell salutem in Domino. Noverit universitas vestra me dedisse, concessisse et hac presenti carta mea confirmasse priori et conventui de Bolton totam terram meam quam habui in le Langecroketholme et totam terram meam in Brigeholm inter duas aquas; tenenda et habenda et in liberam, puram et perpetuam elemosinam cum omnibus pertinentiis suis sine aliquo retenemento. Ego vero et heredes mei totam predictam terram ut predictum est predictis priori et conventui contra omnes homines warrantizabimus imperpetuum. In huius rei testimonium presenti scripto sigillum meum apposui. Hiis testibus: domino Wydone de Bovill, Eustachio de Rilleston, Ricardo de Tange, Willelmo de Farnehill, Roberto fratre suo, Helia Nigro de Conedel, magistro Galfrido de Otteley et aliis.

Fo. 85r of CB is blank.

286 **Gift in free, pure and perpetual alms by William of Farnhill to the canons of Bolton of the mill of Farnhill with all fishing rights, pools and appurtenant rights, and water courses and with the working of his men, as well as five roods of *cultura* called *Milneflat* for the relocation of a mill if they wish, saving the multure of his own house. [1205x17 Apr. 1222]**

[fo. 85v][a] Omnibus Cristi fidelibus ad quos presens scriptum pervenerit Willemus de Farnhill salutem eternam in Domino. Noveritis me dedisse et concessisse et hac presenti carta mea confirmasse Deo et ecclesie beate Marie de Bolton' et canonicis ibidem Deo servientibus totum molendinum ville de Farnhill sine aliquo retenemento cum tota piscaria eiusdem molendini et cum stangnis et atachiamentis suis et aqueductu et cum operibus hominum meorum ad molendinum prefatum pertinentibus et quinque rodas terre culture mee que vocatur Milneflat ad transplantandum molend[ini] si voluerint ubi eis oportimus[b] fuerit in liberam, puram et perpetuam elemosinam, salva multura domus mee proprie. Ego vero et heredes mei prescriptam donationem prefatis canonicis contra omnes homines warrantizabimus imperpetuum. Hiis testibus: Willemo Flandrensi, Willelmo de Marton, Hugone de Calton', Willelmo Malo Leporario, Willelmo de Hebbeden, Iohanne de Alccon', Rogero de Kighley, Roberto cementario, Simone de Kirkeby clerico, Ricardo fratre eius, Roberto filio Ricardi, Ranulpho de Otterburne, Waltero Revell', Stephano Cuvell.

a. *Heading* Farnhill B.   b. uportimus *(sic)* B.

H – fo. 35v, from Bolton Cartulary, fo. 88, abstract.

287 **Confirmation by William son of William of Farnhill to the canons of Bolton of the mill of Farnhill just as in his father's charter and all other tenements held by the canons in his fee. [1228x1243]**

[fo. 85v] Sciant omnes presentes et futuri quod ego Willelmus filius Willelmi de Farnhill concessi et presenti carta mea confirmavi Deo et ecclesie beate Marie de Bolto[n] et canonicis ibi Deo servientibus molendinum de Farnhill cum suis libertatibus et sequelis sicut continetur in carta patris mei et omnia alia tenementa que ipsi canonici tenent de feudo meo. Ego vero et heredes mei prefatam confirmationem predictis canonicis contra omnes homines warrantizabimus imperpetuum. Hiis testibus: Willelmo de Stiveton, Petro de Marton, Rogero de Kighley, Willelmo Grindorge, Eustachio de Rilleston', Roberto filio Ricardi, Stephano de Sillesden.

For the charter of William of Farnhill, father of William, see CB, no. 286.
H – fo. 35v, from Bolton Cartulary, fo. 88, abstract.

288 **Final concord made between Brother John of Lund, prior, and the convent of Bolton and John son of Robert of Farnhill whereby the canons grant to John, and his heirs and assigns, the right to grind his corn from nine bovates and ten acres of land in the vill of Farnhill at the mills of the canons in Farnhill, Bradley and Kildwick or another of his choice, up to 26 measures, saving to John, and his heirs and assigns, all his malt and bran for his dogs. 14 Oct. 1280, York**

[fo. 86r][a] Hec est finalis concordia facta inter fratrem[b] Iohannem de Lund priorem de Bolton' in Craven' eiusdem locique conventum ex una parte et Iohannem filium Roberti de Farnhill ex altera in curia domini regis apud Ebor' coram dominis

Iohanne de Walibus, Willelmo de Saham',[c] Rogero Limeday, Iohanne de Meth[er]ingham et magistro Thoma de Sutchinton' iusticiariis domini regis tunc ibidem itinerantibus et aliis fidelibus domini regis tunc presentibus videlicet die lune in festo sancti Calixti pape et martir[i][d] anno regni regis Edwardi octavo de quadam secta subtracta predictum Iohannem de molendin[um] dicti prior[is] et conventus in Farnhill de novem bovatis et decem acris terre in eadem ville unde placitum motum fuit inter illos in predict[am] cur[iam] coram eisdem iusticiariis, unde ita convenit inter partes predict[es] scilicet predicti prior et conventus concesserunt pro se et successoribus eorum imperpetuum dicto Iohanni et heredibus suis vel suis assignatis molere omnimod[o] blad[um] suum quod dictus Iohannes seu heredes sui vel eorum assignati volunt expendere in domibus suis tam[en] de novem bovatis et decem acris terre superius anotatis quam de ceteris terris suis in eadem villa de Farnhill ad molendinum dicti prioris et conventus videlicet de Farnhill de Bradley et de Kildwicke vel ad unum illorum pro voluntate sua, ad vicesimum sextum vas quacunque hora tramillam et vasa molendini inventa fuerint vacua sine occ[asi]one aliqua seu ullo impedimenti salvis tamen dictis Iohanni et herdibus suis vel suis assignatis toto brasio suo et toto furfure ad canes suos que molent ad eadem molend[inum] quiete sine aliquo multura, et ut hec omnia prescripta sine diminutione[e] lesione vel fraude aliqua integre pro utraque parte robur perpetue stabilitatis optineant sigilla pertin[ent] mutuo presentibus scriptis sunt appensa. Hiis testibus: dominis[f] Iohanne le Vavasor, [fo. 86v][g] Roberto de Plumpton, Thoma de Alta Ripa, Roberto de Stiveton, Rogero Tempest, Iohanne Gilioth, militibus, Willelmo filio Roberti, Everardo Fauvell, Willelmo de Cesterunt et Willelmo le[h] Revel' et aliis.

a. *Heading* Farnhill B.   b. fratrem *repeated twice* B.   c. Maham' *(sic)* B.   d. Martini *(sic)* B.   e. diminc'one *(sic)* B.   f. domino *overwritten by* dominis B.   g. *Heading* Farnhill B.   h. lei *(sic)* B.

H – fo. 35v, from Bolton Cartulary, fo. 88, abstract.

289 Quitclaim in free, pure and perpetual alms by Richard of Keighley to the canons of Bolton of all right and claim to one toft in the vill of Skipton, two bovates of land in the vill of Farnhill, with appurtenances, the advowson of the church of Keighley and all other lands and tenements which the canons have by gift and feoffment of Ranulph his father, according to the charters of his father. [1243x2 Oct. 1290 (probably *c.*1263)]

[fo. 86v] Omnibus hoc scriptum visuris vel audituris Ricardus de Kigheley[a] salutem in Domino eternam. Noverit universitas vestra me pro salute anime mee et antecessorum et successorum meorum confirmasse, remisisse et omnio quietumclamasse Deo et ecclesie beate Marie de Bolton' et canonicis ibidem Deo servientibus[b] imperpetuum totum ius et clameum que habui vel aliquo modo habere potui vel in posterum habere potero in uno tofto cum pertinentiis in villa de Skipton' et in duabus bovatis terre cum pertinentiis in villa de Farnhill et in advocatione ecclesie de Kighley et in omnibus aliis terris et tenementis que habent ex dono et feoffamento[c] predicti Ranulphi patris mei; tenend[a] et habend[a] eisdem canonicis et eorum successoribus in liberam, puram et perpetuam elemosinam imperpetuum secundum tenorem cartarum predicti Ranulphi patris mei quas penes se habent, ita quod nec ego nec heredes mei imposterum aliquid ius vel clameum in predictis terris poterimus exigere vel vendicare. In cuius rei testimonium huic scripto sigillum meum apposui.

Hiis testibus: Rogero Tempest, Willelmo de Marton', Iohanne Giliot, Willelmo filio Roberti de Skipton,[d] Everardo Fauvel, Roberto de Fauvelthorpe clerico et aliis.

a. filius Ranulphi de Kighley *inserted* H.   b. ius *deleted* B.   c. feofamento *(sic)* B.   d. Willelmo filio Roberti de Skipton *omitted* H.

For other documents relating to the church of Keighley see Appendix II, nos. 38–40 and *Yorkshire Fines, 1246–1272*, p. 128.
H – fo. 36r, from Bolton Cartulary, fo. 88, partial copy. Pd from H in *EYC*, vii, no. 149.

290 Gift in the form of a chirograph by Prior John of Lund and the canons of Bolton to John son of Robert of Farnhill of a *cultura* of arable land in the territory of Farnhill, called Mickleholme, in exchange for two tofts and twelve acres of land and meadow in the territory of Cononley which the said John bought from Adam of Farnhill, John Brown, John Frapensans and William son and heir of Peter del Green, together with all the wood that the said John [bought] from John Brown and John Frapensans, in the territory of Cononley, between the wood of the canons and *le Fal'* of Cononley, as well as a way leading from Farnhill up to the bridge and ford of Cononley, without impeding passing, twenty feet everywhere with the site of a mill and thirty feet outside the mill. [19 Oct. 1275x16 Jul. 1286]

[fo. 86v] Notum sit omnibus hoc scriptum visuris vel audituris quod frater Iohannes de Lound prior de Bolton' in Craven et eiusdem loci conventus deder[un]t, concesser[un]t et hac presenti carta sua confirmaver[un]t Iohanni filio Roberti de Farnhill et heredibus vel assignatis suis quandam culturam terre arabil[e] in territorio de Farnhill que vocatur Mikleholm continentem in se novem acras terre in excambio pro duobus toftis [fo. 87r][a] et duodecim acris terre et prati in territorio de Conedley que dictus Iohannes emit de Ada[b] de Farnhill, Iohanne Brun, Iohanne Frapesans et de Willelmo filio et hered[e] Petri del Greene una cum toto bosco quem dictus Iohannes [emit] de dictis Iohanne Brun et Iohanne Frapesans in territorio de Conedley inter boscum dicti prioris et le Fal' de Conedley comperavit et pro quadam via ducente de Farnhill usque ad pontem et vadum de Conedley sine impedimento transeundi continentem latitudine viginti pedum ubique cum situ molendini et cum spacio triginti pedum extra molendinum in circuitu ad dictum molendinum inter locum ubi nunc est et dictum pontem ubi voluer[an]t et quando transplantand[o] et cum latitudine duodecim pedum ad aquam ducendum ad molendinum predictum ubi eam' sibi melius viderint expendire una cum pastur[a] ad animalia blad' dicto molendino ducen' in quadam placia que vocatur Gillebancke continen' in se dimid[iam] rod[am] terre sine impedimento dicti Iohannis et heredum vel assignatorum suorum Et preter hec dictus Iohannes dedit et concessit pro se et heredibus vel assignatis suis unam semitam liberam ducentem et extendentem se[c] a divisis de Bradley usque ad dictum molendinum de Farnhill dictis priori et conventui et successoribus suis iuxta ripam aque de Air, ubi et sicut dicta semita se extendere consuevit per terras dicti Iohannis cum equis et hominibus ad bladum dicto molendino cariand' sine impedimento aliquo dicti Iohannis et heredum vel assignatorum suorum, ita tamen quod dicti homines cum animalibus suis dictam semitam absque ratione et necessitate et deterio ratione blad[um] dicti Iohannis [fo. 87v][d] non excedant; tenend[a] et habend[a] huic inde in escambio sicut prescriptum est libere, quiete, pacifice et integre cum omnibus libertatibus, aisiamentis et liberis consuetudinibus ac pertinentiis dictis terris, pratis et boscis ubique spectantibus, ita vidilicet quod dictus Iohannes et heredes vel assignati sui omnia prescripta tofta, terram, pratum, boscum, aque ductum, viam, semitam et placiam in excambio pro predict[am] cultur[am] de Mikleholm prout predictum est contra regem dominum Galfridum de Nevill et heredes suos et contra omnes mortales in puram et perpetuam elemosinam ab omni seculari servitio, exactione, consuetudine seu demanda dictis priori et conventui et successoribus suis imperpetuum acquietab[un]t, warrantizab[un]t et defendent et dictos priorem et conventum et succesor[es] suos ab omni impedimento omnium mortalium seu calumnia conservabunt et defendent indemnes Pretera sciendum est quod dictus Iohannes et heredes vel assignati reddent anuatim pro predicta cultura de Mickleholm dictis priori et conventui et successoribus suis unam rosam die nativitatis sancti Iohannis Bap[tiste] pro omni seculari servitio, exactione, consuetudine seu demanda, ita scilicet quod dicti prior et conventus et eorum successores predictam culturam de Mickleholme dicto Iohanni et heredibus vel assignatis suis ab omni impedimento seu calumnia omnium mortalium conservabunt et defendent indemnes. In huius rei testimonium presentibus script[i] ad modum cirograffi confectis sigilla pertin[ent] alternatim sunt appensa. Hiis testibus: Thoma de Alta Ripa, Roberto de Stiveton, Iohanne Giliot, Rogero Tempest, militibus, Willelmo de Cestreune, Everardo Fauvel, Willelmo Revel' et aliis.

a. *Heading* Farnhill B.   b. Adamo *(sic)* B.   c. 's' *overwrites* 'd' B.   d. *Heading* Farnhill B.

1 – fo. 90r–90v, partial copy.

291 **Gift by Thomas Bott to the canons of Bolton of one messuage in the vill of Skipton, namely that once held by Adam de Mughebrent, and a small piece of land next to** *Dunpel***, a** *cultura* **of arable land called** *Prestcrofte* **and one acre of arable land above Crake Moor, in the territory of Skipton, as well as the gift all his lands and tenements in the vill and territory of Grassington, and in the vill and territory of Cononley, to be held as in his charter of feoffment. [4 Jul. 1233 or 1256x1285]**

[fo. 87r] Sciant presentes et futuri quod ego Thomas Bott dedi, concessi et hac presenti carta mea confirmavi pro salute animarum antecessorum meorum Deo et ecclesie beate Marie de Bolton in Craven et canonicis ibidem Deo servientibus unum mesuagium in villa de Skipton' cum omnibus desuper constint' illud videlicet quod [fo. 88r]ᵃ Adamᵇ Mughebrent aliquando de me tenuit in eadem et unam parvam peciam terre iuxta Dunpel quam peciam terre dictus Adamᶜ de me tenuit in eadem et unam culturam terre arabile que vocatur Prestcrofte extra villam de Skipton' et unam acram terre arabili[e] super Crakemo[ur] in territorio eiusdem ville, dedi insuper predictis canonicis et eorum successoribus omnes terras et tenementa que habui in villa et in territorio de Gersington et totas terras et tenementa sine ullo retenemento que habui vel aliquo modo habere potui in villa et in territorio de Conedley. Habenda et tenenda predictis canonicis et eorum successoribus omnes predicta terras et tenementa de dominis feodorum antedictorum cum omnibus libertatibus et communi pratis, boscis et pasturis, wardis, releviis, excaetis, libere, quiete, iure, solute et integre imperpetuum, reddendo inde pro me et heredibus meis dominis feodorum predictorum omnia servitia pro dictis terris et tenementis debita et consueta, sicut testat[ur] in cartam feofamentorum meorum quas habent de eisdem tenementis versus se. In cuius rei testimonium hanc presentem cartam sigilli mei impressione roboravi. Hiis testibus: dominis Iohanne le Vavosor, Roberto de Plumton, Radulpho de Normanwill tunc constabulario de Skipton, Rogero Tempest, militibus, Willelmo Graindorge, Willelmo de Aula de Skipton', Everardo Fauvel, Iohanne Tempest, Philippo de Arundel et multis aliis.

a. *Heading* Farnhill B.   b. Adamus *(sic)* B.   c. Adamus *(sic)* B.

John le Vavasour was under age 4 July 1233, being of age by the December of the following year, and dying some fifty years later, by 1285 (*EYC*, vii, p.170). The later initial date relates to the year in which Richard Tempest, who is thought to have been the father of Roger Tempest III, is known to have still been alive. Grassington is in the parish of Linton, and Cononley in that of Farnhill.
H – fo. 36r, abstract.

292   Gift in free and pure alms by Thomas Bott to the canons of Bolton of all his lands and tenements in the vill and territory of Cononley. [4 Jul. 1233 or 1256x1285]

[fo. 88r] Sciant presentes et futuri quod ego Thomas Botte dedi, concessi et hac presenti carta mea confirmavi pro salute anime mee et antecessorum meorum Deo et ecclesie beate Marie de Bolton' in Craven et canonicis ibidem Deo servientibus omnes terras et tenementa que habui vel habere potui quoquomodo in villa et territorio de Conedley sine ullo retenemento. Habenda et tenenda omnes predictas terras et tenementa in liberam et^a puram elemosinam imperpetuum de me et heredibus meis solute et integre, pacifice et [fo. 88v]^b quiete ab omni seculari exactione et demanda. Et ego et heredes mei omnes terras predicta et tenementa predictis canonicis contra omnes homines warrantizabimus, acquietabimus et defendemus imperpetuum. In cuius rei testimonium hanc presentem cartam sigilli mei impressione roboravi. Hiis testibus: dominis Iohanne le Vavasor, Roberto de Plumton, Rogero Tempest, militibus, Willelmo Granedorge, Willelmo de Aula de Skipton, Everardo Fauvel, Iohanne Tempest, Philippo de Arundell et multis aliis.

a. et *interlined* B.   b. *Heading* Farnhill B.

For the dating range see CB, no. 291.

293   Quitclaim by John Crocbain son of Henry Crocbain of Cononley and Agnes his wife, daughter of William Bott, to the canons of Bolton of all their right and claim to all those lands and tenements in the vill and territory of Cononley, with appurtenances, which the canons have by the gift of Thomas Bott, formerly rector of Carleton. [19 Apr. 1292x1 Jul. 1319]

[fo. 88v] Omnibus sancte matris ecclesie filiis ad quos presens scriptum pervenerit Iohannes Crokebayn filius Henrici Crokebayn^a de Conedley et Agnes uxor eius filia Willelmi Bott' eternam in Domino salutem. Noveritis nos concessisse et presenti scripto confirmasse et omnino de nobis et heredibus nostris in perpetuum quietumclamasse religiosis viris priori et conventui de Boulton'^{b} in Craven' et eorum successoribus totum ius et clamium quod unquam habuimus vel aliquo modo habere poterimus in futurum in omnes illas terras et tenementa cum omnibus^c suis pertinenciis sine ullo retenemento que et quas predicti religiosi habent ex dono et concessione Thome Bott' quondam rectoris ecclesie de Carleton' in villa et in^d teritorio de Conedley. Habend[a] et tenend[a] predictis religiosis in perpetuum. Ita videlicet quod nec nos predicti Iohannes et Agnes nec heredes nostri vel aliquis nomine nostro ius nec clamium in predictas terras et tenementa cum pertinenciis ut prescriptum est de cetero poterimus exigere nec aliqualiter vendicare. Nos vero predicti Iohannes et

Agnes et heredes nostri omnes predictas terras et tenementa cum suis pertinenciis predictis religiosis et eorum successoribus warantizabimus in perpetuum. In cuius rei testimonium presenti scripto sigilla nostra apposuimus. Hiis testibus: domino Thoma de Alta Ripa, Iohanne de Stiveton', Iohanne de Boyvill',[e] Roberto de Farnill', Roberto Buc,[f] Roberto Crokebayn,[g] Thoma Revel, Ada[h] Pedefer et aliis.

a. filius Henrici Crokebayn *omitted* B.   b. Bolton' B.   c. omnibus *omitted* B.   d. in *omitted* B.   e. Boivill B.   f. Buck B.   g. Crokebain B.   h. Adam' *(sic)* B.

Prof. G. Potter appears to have made a duplicate copy of Chatsworth L3, P96b, with the reference B1, PB14. It seems unlikely that it is a transcript of the counterpart charter, as the same endorsement appears in both transcripts.

A – Chatsworth Charter, L3, P96b. Endorsed: viij[a]; De Connonley; On tag fold: De istis terris finis levata est in curia regis; 240x115mm [20mm tag fold]; No tag or seal; sealed on the tag method 1, twice. H – from Bolton Cartulary, fo. 89, abstract.

294 Final concord made between the prior of Bolton, plaintiff, and John Crocbain and Agnes his wife, deforciants, whereby the said John and Agnes recognise a messuage, sixty acres of land and eighteen acres of meadow in Cononley to be the right of the prior. 1 Jul. 1319, Westminster

[fo. 89r][a] Hec est finalis concordia facta in curia domini regis apud Westm' in octavis sancti Iohannis Baptiste anno regni regis Edwardi filii regis Edwardi duodecimo coram Willelmo de Bereford, Gilberto de Roubryi, Iohanne de Benestede, Iohanne Bacun et Iohanne de Cateford iusticiariis et aliis domini regis fidelibus tunc ibi presentibus inter priorem de Bolton' in Craven querentem et Iohannem Crokebain et Agnetem uxorem eius deforciantes de uno mesuagio, sexaginta acris terre et decem et octo acris prati cum pertinentiis in Coningley unde placitum conventionis summonitum fuit inter eos in eadem curia, scilicet quod predicti Iohannes et Agnes recognaverunt predicta tenementa cum pertinentiis esse ius ipsius prioris et ecclesie sue beate Marie de Bolton et illa remiserunt et quietumclamaverunt de ipsis Iohanne et Agn[ete] et heredibus ipsius Agn[eta] predicto prior[e] et successoribus suis et ecclesie predicte imperpetuum, et preterea idem Iohannes et Agnes concesserunt pro se et heredibus ipsius Agn[etis] quod ipsi warrantizabunt predict[o] priori et successoribus suis predicta tenementa cum pertinentiis contra omnes homines imperpetuum. Et pro hac recognitione, remissione et quietaclamatione, warrantia, fine et concordia idem prior dedit predictis Iohanni et Agnet[e] viginti marcas argenti.

a. *Heading* Farnhill B.

H – fo. 36r, from Bolton Cartulary, fo. 36, abstract. Pd abstract in *Yorkshire Fines, 1314–1326*, p. 41.

295 Gift in the form of a chirograph made by Henry, prior, and the canons of Bolton to Henry son of Ambrose of Cononley of one toft in the vill of Cononley being five perches in length and thirty-six feet in width, and five acres of land and meadow in the territory of Cononley with one acre of land lying at *Holewath*, one acre of land at *Kaldecotes*, half an acre of land in *Bigriding[es]*, half an acre of land in *Landesmar*, half an acre of land in *Morthwaite*, half an acre of land in *Brigholme*, half an acre of meadow in *Scalethwaite*, and half an acre of land at *Yolestwathe* and *Monghewe*, for his homage and service, paying 5s. 4d. annually. [Oct. 1257x1 May 1267]

[fo. 89r][a] Omnibus Cristi fidelibus presens scriptum visuris vel audituris frater

Henricus dictus prior de Boltona eiusdem que loci conventus salutem eternam in Domino. Noverit[is] universitas vestra nos dedisse, concessisse et hac presenti carta nostra confirmasse Henrico filio Ambrosii de Conondley pro homagio et servitio suo unum toftum in villa de Cunedley et quinque acras terre et prati in territorio eiusdem ville illud videlicet toftum quod iacet inter toftum predicti Henrici et toftum Iohannis Colling in longitudine [fo. 89v][b] quinque particarum et in latitudine triginta sex pedum et illas quinque acras terre et prati quas Robertus filius Agnetis quondam de nobis tenuit quarum una acra terre iacet[c] apud Holewath' et una acra terre in Kaldecotes et dimidia acra terre in Bigriding[es] et dimidia acra terre in Landesmar et dimidia acra terre in Morthwaite et dimidia acra terre in Brigholme et dimidia acra prati apud Scalethwaite et dimidia acra terre apud Yolestwathe et Monghewe; tenenda et habenda eidem Henrico et heredibus suis de nobis et successoribus nostris reddendo inde anuatim sacriste predicte domus de Boltona quinque solidos et quatuor denarios ad duos terminos anni, scilicet medietatem ad Pentecostiam et aliam medietatem ad festum sancti Martini in hieme pro omni servitio, consuetudine, exactione seculari et demanda faciendo tamen forinsecum servicium quantum pertinet ad tantam terram eiusdem feodi in eadem villa nos vero predicti prior et conventus predict[a] toftum et terram predict[a] et pratum predict[o] Henrico et heredibus suis pro predicto servicio tamdiu contra omnes homines warrantizabimus quam diu feoffatores nostri nobis dictum toftum et terram predictam et pratum warrantizare poterint. In cuius rei testimonium nos et dictus Henricus presenti scripto ad modum cirograffi confect' alternatim sigilla nostra apposuimus. Hiis testibus: domino Iohanne le Vavasor, domino Godefrido de Alta Ripa, Willemo de Marton, Petro Gilot, Iohanne de Eston', Helia de Rilleston et aliis.

a. *Heading* Conondley B.   b. *Heading* Conondley B.   c. iacet *repeated twice* B.

For an analysis of the field names of Cononley and their possible locations see T. Hodgeson and D. Gulliver, *The History of Cononley: An Airedale Village* (Kiln Hill (Cononley), 2000), pp. 12–18, with a useful map, p. 15. For example, *Bigriding[es]* is thought to Bigg Reddings on the 1842 tithe award, *Morthwaite* is thought to be near Moorfoot Lane, *Brigholme* is probably Brigholm of the 1842 tithe award, and *Monghew* may be Munyers.
H – fo. 36v, from Bolton Cartulary, fo. 89, abstract.

296 Indenture made between the prior of Bolton and Richard Baker of Cononley and Alice his wife whereby the Richard Baker holds one carucate of land in Cononley by knight service, paying 5s. 9d. and wapentake, and one toft and five acres of land and meadow in the territory of Cononley by knight service and paying 5s. 4d. of silver annually. 6 Feb. 1449, Bolton

[fo. 89v] Hec indentura facta vj[to] die mensis Februarii anno regni regis Henrici sexti vicesimo septimo inter priorem de Bolton et eiusdem loci conventum ex una parte et Ricardum Baker de Conondley et Aliciam' uxorem ipsius ex altera parte testatur quod predictus Ricardus coram testibus infrascript[am] in domo capitulari de Bolton predict[am] coram priore et quibusdam confratribus suis cognovit se tenere de priore et conventu predict[is] unam carucatam terre in Conondley per servitium militar[e] et reddendo inde annuatim predict[is] priori et conventui quinque solid[os] et novem denarios et festum [fo. 90r][a] wap[entake]n eiusd[em] carucat[e] ac etiam ide[m] Ricardus cognovit se tenere de prefat[is] priore et conventu unum toftum et quinque acras terre et prati in territorio de Conondley per servitium predict[um] et reddendo inde annuatim sacriste de Bolton' quinque solidos et quatuor denarios argenti ad duos anni terminos per equales porciones prout carte prefat[i] prior et conventus inde testatur. Hiis testibus: fratre Thoma Skipton' vicario de Skipton, Petro Overend, Iohanne de Blaykey et aliis. Dat' apud Bolton die et anno supra dictis.

a. *Heading* Conondley B.
Marginated: *Carta 24 H. 6 de tenura terr' quond' Crokeben modo baker et postea Banester.*

H – fo. 36v, from Bolton Cartulary, fo. 90, abstract.

297 **Gift in free, pure and perpetual alms by William de Forz II, count of Aumale, to the canons of Bolton of a mill at both High and Low Bradley with all suit of court and repairs of the mill and pool in free, pure and perpetual alms setting down rules for the use of the mill, with right to forfeiture of sacks and corn to the canons and of horses to William and his heirs, with provision that if the said mill can not grind then meanwhile the men of the said vills should use that to which they owe multure in the parish of Kildwick, with timber from his wood at** *Kalder* **to repair the mill, also the gift to the canons of one messuage in the vill of Skipton. [1214x9 Dec. 1234]**

[fo. 90r] Omnibus Cristi fidelibus hoc scriptum visuris vel audituris Willelmo de Fortibus comes Albemarl' salutem in Domino. Noveritis me pro salute anime mee et antecessorum et successorum meorum dedisse et concessisse et presenti carta confirmasse Deo et ecclesie beate Marie de Bolton et canonicis ibidem Deo servientibus molendinum de utraque Bradleya cum tota secta sibi pertinente et cum reperatione molendini et stagni sicut conserverat cum profectibus et utilitatibus, libertatibus et consuetudinibus quas ego habui in predicto molendino sine aliquo retenemento in liberam, puram et perpetuam elemosinam, ita scilicet quod aliud molendinum ab aliquo hominu[m] sine voluntate et consensu predictorum canonicorum infra divisi[is] dictarum villarum non fiat nec etiam manu mola habeatur, si quis autem de predictis villis renuerit venire ad predictum molendinum. Ego et heredes mei compellamus eum illud sequi. Ita quod si repertus fuerit veniens de alio molendino saccus et bladus erunt canonicorum et equus et forisfactum erunt mea et heredum meorum. Et sciendum est quod si predictum molendinum molere non possit volo ut homines de predictis villis interim sequant[ur] canonicorum illorum vicunora[a] in parochia de Kildwicke per eandem multuram quam debent eidem et [fo. 90v][b] cum necesse fuerit habeant mairemium in bosco meo de Kalder ad reperandum predict[i] molend[ini] per visum forestariorum meorum, dedi etiam eisdem canonicis unum mesuagium in villa de Skipton in liberam, puram et perpetuam elemosinam illud scilicet quod Bartholomeus de Trivers quondam tenuit. Ego vero et heredes mei warrantizabimus prefatis canonicis predictum molendinum cum suis pertinentiis sicut prescriptum est contra omnes homines imperpetuum. Hiis testibus: Galfrido de Chanden, Petro Gwilot, Willelmo de Hebbeden, Iohanne medico tunc[c] senescallo, Iohanne de Eston', Eustachio de Rilleston, Rogero de Kighley, Ranulpho de Otterburne, Willelmo filio Arkil[li], Rainero de Scothorpe et aliis.

a. vicunora *(sic)* B.   b. *Heading* Bradley B.   c. constabul' *deleted* B.
Marginated: *Bradley.*

298 **Gift in free, pure and perpetual alms by Herbert de Camera of Bradley to the canons of Bolton of one and a half roods of land in Bradley,**

namely in *Leirlandes* next to *Kekelfeed*, for the building of one barn for the collection of tithes. [1170x1207]

[fo. 90v] Sciant omnes tam presentes quam futuri quod ego Herbertus de Camera de Bradley dedi et concessi et hac presenti carta mea confirmavi Deo et beate Marie de Bolton et canonicis ibidem Deo servientibus pro salute anime mee et predecessorum meorum in liberam, puram et perpetuam elemosinam unam rodam terre et dimidiam in Bradley scilicet in Leirlandes iuxta Kekelfeed ad edificandum de super unam grangiam ad decimas suas colligendum predictis autem canonicis antedictam terram imperpetuum warrantizabimus.[a] Hiis testibus: Willelmo de Marton', Ranulpho[b] filio Walteri, Helia de Rilleston, Ada[c] Brineshall, Thoma de Adi[n]gham, Ricardo de Langeb[er]gam scriptore huius carte, et multis aliis.

a. warrantizabimus *(sic)* 'imus' *deleted* B.   b. de Otterburne *deleted* B.   c. Adamo *(sic)* B.

299 Gift by Robert son of Andrew of Bradley to Richard Bott of Skipton of half an acre of land in *Bradlaiholmes* rendering annually 1*d*. to the hospital of Jerusalem. [early thirteenth century]

[fo. 90v] Omnibus Cristi fidelibus hanc paginam inspecturis vel audituris Robertus filius Andree de Bradley salutem in Domino. Noverit universitas vestra me dedisse, concessisse et hac presenti carta mea confirmasse Ricardo Bott de Skiptona et heredibus suis vel cui assignare voluerit unam dimidiam acram terre in Bradlaiholmes sine retenemento; tenendam et habendam sibi et heredibus suis vel cui assignare voluerit libere, quiete et hereditarie cum omnibus pertinentiis suis reddendo inde annuatim sancte [fo. 91r][a] domui hospital[io] Ierusalem unum denarium dicte fraterint ac eiusdem hospital[i] Ierusalem pro omni servitio et exac[ti]one seculari, ego vero prenominatus Robertus et heredes mei warrantizabimus prenominatam terram prenominato Ricardo et heredibus suis vel eius assignatis contra omnes homines. Hiis testibus: fratre Willelmo de Bedeford, et magistro fratre Henrico capellano, et Thoma clerico de Herdeslaw, Roberto clerico de Toppecliffe, Petro clerico de Sourby, Ricardo clerico de Sandal', Ada[b] de Farnhill et aliis.

a. sancte *repeated* B; *Heading* Conondley B.   b. Adamo *(sic)* B.

Bradlaiholmes may be Bradley Common.

300 Confirmation in free and pure alms by Reiner Fleming to the canons of Bolton of twelve bovates of land in Cononley which Walter Fleming his uncle gave to the canons, as stated in his charter. [1166x29 Sep. 1184]

[fo. 91r] Rainerus Flandrensis omnibus sancte ecclesie fidelibus salutem. Sciatis me concessisse et presenti carta mea confirmasse Deo et ecclesie sancte Marie de Bolton et canonicis ibidem Deo servientibus duodecim bovatas terre in Conondley quas Walterus Flandrensis avunculus meus dedit et concessit et carta sua confirmavit predicte ecclesie et canonicis de Bolton in liberam et puram elemosinam quare volo ut predicta ecclesia et canonici de Bolton' habeant et teneant et imperpetuum possideant prenominatam terram in Conendley bene et in pace, libere et quiete ab omni seculari servitio et consuetudine et exactione que mihi et heredibus meis pertin[ent] et sicut predictus Walterus avunculus meus liberius et quietius eam tenuit de capitaneis dominis suis et cum omni iure quod ipse habuit in eadem terra et sicut carta eiusdem Walteri eis testatur. Hiis testibus: Adeliza de Rumeli et Adeliza filia eius,

Henrico decano de Walleia, Radulpho decano de Craven, Willelmo filio Heltone et Willelmo filio eius, Bartholomeo de Trevers, Ranulpho Pipard, Ivone Macun, Rogero Cantor[e].

H – fo. 37r, from Bolton Cartulary, fo. 92, partial copy. Pd in *EYC*, vii, no. 112.

301 Gift in free and pure alms by Walter Fleming to the canons of Bolton of twelve bovates of land in Cononley which Adam of Farnhill held for annual farm of 8s., just as the said Walter held it of John Malherbe. [1171x1181]

[fo. 91v][a] Walterus Flandrensis omnibus sancte ecclesie fidelibus salutem. Sciatis me dedisse et concessisse et presenti carta mea confirmasse Deo et ecclesie beate Marie de Bolton et canonicis ibidem Deo servientibus in liberam et puram elemosinam duodecim bovatas terre in Conendley quas Adam de Farnhill tenuit de me per annuatam firmam octo solidorum et per cetera iura terre pertinentia. Quare volo ut predicta ecclesia et canonici Bolton' habeant et teneant et imperpetuum possideant prenominatam terram in Conendley et quicquid iuris et donationis habui in eadem terra bene et in pace, libere et quiete, et sicut eam tenui de domino meo Iohanne Malaherb'. Hanc vero elemosinam dedi pro salute anime mee et Reineri nepotis mei et pro anima Willelmi fratris mei et omnium antecessorum et successorum nostrorum. Hiis testibus: Reinero le Flament, Alveredo de Broct',[b] Hugone de Hertlington', Waltero[c] filio Nigelli, Thoma Flament,[d] Rogero de Swinefet,[e] Ada[f] de Budebroc', Rogero Cantor[e], Helia de Hwerl',[g] Thoma de Crui.

a. *Heading* Conendley B.   b. Brocton H.   c. Willelmo *replacing* Waltero H.   d. Flamenc H.   e. Swyninefet H.   f. Adamo *(sic)* B.   g. Hawerl' H.

H – fo. 37r–37v, from Bolton Cartulary, fo. 92. Pd from H in *EYC*, vii, no. 111.

302 Gift in pure and perpetual alms by Elias of Farnhill to the canons of Bolton of one bovate of land in Cononley which his father gave, and six acres in the wood, namely between the way from *Morthuait* and *Langarithuic*. [1155xc.1220]

[fo. 91v] Sciant omnes tam presentes quam futuri quod ego Helias de Fernhill dedi et concessi et hac presenti carta mea confirmavi Deo et ecclesie sancte Marie de Bolton et canonicis ibidem Deo servientibus unam bovatam terre in Conendley quam pater meus dedit et concessit predicte ecclesie illam videlicet quam Thomas tenuit cum omnibus pertinentiis suis in bosco et plano, aquis et pascuis et preterea dedi et concessi predicte ecclesie sex acras in bosco scilicet inter viam de Morthuait et Langarithuic has quidem sex acras et predictam bovatam dedi et concessi prefate ecclesie in puram et perpetuam elemosinam libere et quiete ab omni seculari servitio et consuetudine et exactione pro salute anime mee patris et matris mee et parentum meorum. Hiis testibus: Roberto capellano de Kildwicke, magistro Roberto de Sexdecem Wall[ibus], Henrico de Mouhald, Henrico filio de[a] Helia de Stiveton, Reinero de Glyseburne, Ada[b] de Fernhill, Samsone fratre eius, Willelmo filio Ade, Alexandro fratre eius.

a. S *(sic)* B.   b. Adamo *(sic)* B.
Morthuait is thought to be near Moorfoot Lane, Cononley.

303 Gift in pure and perpetual alms by Richard Revel to the canons of Bolton of one bovate of land in Cononley and the confirmation in

pure alms of the mill pond of Kildwick in the water of the Aire. [1155x1207]

[fo. 92r]ᵃ Sciant omnes qui sunt et venturi sunt quod ego Ricardus Revel' dedi et concessi et presenti carta mea confirmavi Deo et beate Marie de Bolton' et canonicis ibi Deo servientibus unam bovatam terre in Conendley in puram et perpetuam elemosinam cum omnibus pertinentiis suis libertatibus et aisiamentis ad prefatam terram pertinentibus salvo forinseco servitio et affirmationem stagni molendini de Kildwicke in aqua de Air super terram meam ubi eis melius viderint esse in puram elemosinam pro salute anime mee et patris mei et matris mee et antecessorum meorum et successorum meorum. Et ego Ricardus Revel' et heredes volumus warrantizare dictam terram et affirmationem stagni dictis canonicis contra omnes imperpetuum. Hiis testibus: Roberto de Kildweeke, Radulpho Roddeb', Galfrido de Skipton capellano, Rainero Flandrensi, Ranulpho filio Walteri, Willelmo de Marton', Willelmo Maloleporario, Ivone cementario, Ricardo filio Walteri, Adaᵇ Flandrensi, Roberto cementario et aliis multis.

a. *Heading* Conondley B.   b. Adamo *(sic)* B.

H – fo. 37v, from Bolton Cartulary, fo. 92, abstract. Pd abstract in *EYC*, vii, no. 112.

304 Confirmation in pure and perpetual alms by Avice de Revest to the canons of Bolton of one bovate of land in Cononley which Richard Revel gave, with appurtenances, common rights, liberties and easements. [1175xMichaelmas 1219]

[fo. 92r] Sciant omnes tam presentes quam futuri quod ego Aviz' de Revest concessi et hac presenti carta mea confirmavi Deo et sancte Marie de Bolton' et canonicis ibidem Deo et sancte Marie servientibus unam bovatam terre in Conondley cum omnibus pertinentiis illam scilicet quam Ricardus Revel' eis dedit in puram et perpetuam elemosinam, libere et quiete in omnibus communibus et libertatibus et aisiamentis ad prefatam terram pertinentibus salvo forinseco servitio. Hiis testibus: Galfrido tunc constabulario de Skipton', Roberto le Vavasor, Willelmo de Marton', Helia de Rilleston, Willelmo filio Edwardi, Ricardo filio Walteri et multis aliis.

305 Confirmation by Roger de Montbegon to the canons of Bolton of all those lands and tenements which the canons hold in his fee, in the vills of Cononley and Farnhill, being twelve bovates of land by the gift of Walter Fleming, one bovate by the gift of Reiner son of Ulf, six acres by the gift of Elias son of the said Reiner and one bovate by the gift of Richard Revel in Cononley, and the mill of Farnhill by the gift of William son of Adam, one assart next to the church of St Andrew by the gift of Aldred father of Adam, one toft and one acre of land by the gift of the said Adam, two bovates of land by the gift of William de Kalne, and seven acres by the gift of Henry son of the said Adam in Farnhill, just as is stated in their charters. [1205x17 Apr. 1222]

[fo. 92r] Omnibus sancte matris ecclesie filiis litteras istas visuris vel audituris Rogerus de Monte Begonis salutem in Domino. Noveritis me concessisse et presenti carta [fo. 92v]ᵃ mea confirmasse Deo et ecclesie beate Marie de Bolton' et canonicis ibidem Deo servientibus omnes illas terras et tenementa que predicti canonici tenent de feodo meo in villis[b] de Conondley et de Farnhill scilicet duodecim bovatas terre cum suis pertinentiis in villa de Conendley ex dono Walteri Flandrensis, et unam bovatam cum suis pertinentiis in eadem villa ex dono Raineri filii Ulfi, et sex acras ex dono Helie filii eiusdem Raineri, et unam bovatam cum suis pertinentiis in predicta villa ex dono Ricardi Revel', in villa vero de Farnhill molendinum eiusdem ville cum omnibus pertinentiis suis et libertatibus suis ex dono Willelmi filii Ade et unum essartum[c] iuxta ecclesiam sancti Andree de Kildewicke ex dono Aldredi patris Ade, et unum toftum et unam acram terre in eadem villa ex dono predicti Ade, et duas bovatas terre cum suis pertinentiis in prefata villa ex dono Willelmi de Kalne, et septem acras terre in eadem villa ex dono Henrici filii sepedicti Ade hec autem omnia prenominata tenementa cum suis pertinentiis concessi et confirmavi predictis canonicis; tendenda et habenda libere, quiete et pacifice cum omnibus suis pertinentiis sicut carte predictorum donatorum suorum eis testantur. Hiis testibus: Willelmo de Lungevillers, Eudone de Lungevil', Hugone de Calton, Galfrido Britone, Willelmo Maleverer, Arnaldo de Gairgrave, Simone de Kirkeby[d] clerico, Ranulpho de Otterburne, Rogero de Kigheley.

a. *Heading* Conondley B.   b. villa *(sic)* B.   c. 'a' *covered by ink mark* B.   d. Kirke H.
Marginated at base of page: *Assucis astrologe unios si noveris orbes si unius huc: Septem te Trio nostra docet*.

It seems likely that this charter relates to the gift of the mill of Farnhill by William of Farnhill (CB, no. 286).
H – fo. 37v, from Bolton Cartulary, fo. 93. Pd abstract in *EYC*, vii, no. 112.

306 Gift in free, pure and perpetual alms by Aldred of Farnhill to the canons of Bolton of one bovate of land in Cononley and land in the field of Farnhill lying next to the church of St Andrew of Kildwick, with appurtenances, liberties and easements. [1155x17 Apr. 1222]

[fo. 92v] Aldredus de Farnhill omnibus fidelibus salutem. Sciatis me dedisse, concessisse et hac presenti carta mea confirmasse Deo et ecclesie sancte Marie de Bolton et canonicis ibidem Deo servientibus unam bovatam terre in Conondley et illam terram in campo de Farnhill que est iuxta ecclesiam sancti Andree de Kildweeke cum omnibus pertinentiis, libertatibus, aisiamentis dicte terre pertinentibus in liberam, puram et perpetuam elemosinam, solutam et quietam ab omni seculari servitio, consuetudine et demanda. Hiis testibus: Roberto Crasso, Rainero Barne, [fo. 93r][a] Ada Buche, Ada[b] Mineun, Herberto Ruffo et multis aliis.

a. *Heading* Conondley B.   b. Adamo *(sic)* B.

It seems probable that this gift was made during the mid to late twelfth century rather than the early thirteenth century. Dodsworth MS 144, fo. 38v contains a pedigree of the Farnhill family, headed by Aldred, occasionally following an individual's name with a folio reference, presumably from the original cartulary of Bolton Priory, and less frequently a few names of the witnesses of a benefaction.
H – fo. 38r, from Bolton Cartulary, fo. 93, abstract. Pd abstract from H in *EYC*, vii, no. 112.

307 Confirmation in free, pure and perpetual alms by Adam of Farnhill to the canons of Bolton of one bovate in Cononley and land in the fields of Farnhill next to the church of St Andrew of Kildwick, namely that bovate and land which Aldred his father gave in pure alms, also the gift of one acre of land in pure and perpetual alms, made with the consent of William his son and heir, Sampson his brother and John his son, with Adam receiving one mark from the canons. [1155x17 Apr. 1222]

[fo. 93r] Adam de Fernhill'[a] omnibus sancte ecclesie fidelibus salutem. Sciatis me concessisse et presenti scripto confirmasse Deo et ecclesie sancte Marie de Boelt'[b] et canonicis regularibus ibidem Deo servientibus unam bovatam terre in Cunitleya[c] cum omnibus pertinentiis suis in bosco et plano, aquis et pascuis et omnibus communionibus et aisiamentis eidem wille pertinentibus et in campo de Fernhill[d] illam terram que est iuxta ecclesiam sancti Andree de Kildwic[e] ad occidentalem plagam a divisis de Kildwic[f] sic per viam qua itur ab ecclesia ad[g] Fernhil[h] et sic per sicham et dumos usque in Air[i] terram arabilem et pratum in liberam, puram et perpetuam elemosinam illam scilicet bovatam et illam terram quas[j] Aldredus pater meus dedit prefate ecclesie et canonicis in puram elemosinam. Preterea dedi et hac carta confirmavi predicte ecclesie et canonicis de Boelt'[k] unam acram terre in Cunitleya[l] in augmentum in puram et perpetuam elemosinam. Hanc vero donacionem et concessionem et confirmationem feci assensu et concessu Willelmi filii et heredis mei et Samsonis fratris mei et Iohannis filii eiusdem et heredis. Quare volo ut supradicta ecclesia et canonici de Boelt'[m] habeant et teneant et perpetuo possideant prefatas terras bene et in pace et integre, libere et quiete ab omni seculari servitio, consuetudine et exactione cuilibet mortalium pertinente et sicut illas quas ego et Samson frater meus et heredes nostri ex conventione tenemur eis warantizare, defendere et adquietare adversus regem[n] et omnes capitaneos dominos meos de omni servitio, consuetudine et exactione quam pro inde deder[in]t can[onicis] nobis unam marcam argenti hoc solum tamen [fo. 93v][o] excepimus quod nichil amplius essartab[un]t vel vendent[p] de bosco nostro absque licentiam sed ad habitandam terram suam et ad focalia libere sument. His testibus: Roberto cap[ellano], Iwone Mac', Reinero Barn, Ada' Mineun,[q] Ada' Marcsal,[r] Ada' Buche, Roberto Crasso, Gileberto[s] de Dract', Hugone et Gervas[io] de Kildwic,[t] Gerardo clerico,[u] Herberto Ruffo et multis aliis.

a. Farnhill B. b. Bolton B. c. Conondley B. d. Farnhill B. e. Kildwicke B. f. Kildwicke B. g. de *replacing* ab B. h. Farnhill B. i. Ayr B. j. quam B. k. Bolton B. l. Conendley B. m. Bolton B. n. regem omitted B. o. *Heading* Conondley B. p. e/u *overwrite* A. q. Muneun' B. r. Marthall B. s. Gilberto B. t. Kildwicke B. u. R *erased* A.

The hand of this charter suggests the confirmation was issued in the mid to late twelfth century. Professor G. Potter appears to have made a duplicate copy of Chatsworth, B1, PB5, with the reference B5, 22965/17. There are a few minor differences between the transcripts but these could have been introduced by Potter. It seems unlikely that it is a transcript of the counterpart, with Potter noting the same *EYC* reference on both copies: vii, no. 181.
A – Chatsworth Charter, B1, PB5. Endorsed: viij[a], Bri[?] 14 C. 11., Cunendlly deed from Adam de Fernhill to [prior] de Bolton', Sans dute, Conendly no. 5; 148x157mm [20mm tag fold]; no seal, tag. H – fo. 38r, from Bolton Cartulary, fo. 92, abstract. Pd abstract from H in *EYC*, vii, no. 112.

308 Gift by William son of Adam of Goldsborough to the canons of Bolton of four bovates of land in Cononley and land in *Swinewath*, with appurtenances, common rights, liberties and easements, for twenty marks which they gave in reparation to Samuel the Jew of York, rendering 35*d.* annually to Eudo de Longvillers, and 5*d.* of silver annually to Peter Gilot and Richard of Kildwick for land in *Swynewat*, and 3*ob.* for the wapentake. [1226x10 Jan. 1231]

[fo.93v] Omnibus Cristi fidelibus ad quos presens scriptum pervenerit Willelmus filius Ade de Godelesburg salutem. Sciatis me dedisse et concessisse et presenti carta mea confirmasse Deo et ecclesie beate Marie de Bolton, et canonicis ibidem Deo servientibus quatuor bovatas terre in Conondley cum pertinentiis suis et cum terr[a] de Swinewath pro viginti marcis quas pro me Samueli Iudeo Ebor' pacaver[un]t, illas scilicet quas ego tenui in eadem villa; tenendas et habendas de me et heredibus meis libere et quiete in bosco et plano in pratis et pascuis et omnibus aliis communibus, libertatibus et aysiamentis ad eandem terram in villa de Conendeley pertinentibus, reddendo inde annuatim Ewdoni de Longevilers et heredibus suis triginta quinque denarios ad advinculam sancti Petri et pro terra de Swynewat Petro Gilot et Ricardo de Kildelit et hered[um] eorum quinque[a] denarios argenti, scilicet medietatem ad festum sancti Martini et medietatem ad Pentecostiam' sicut ego Willelmus reddidi pro omni servitio et demanda mihi et heredibus meis pertin[entibus] et tres obulos ad finem wapen[tagii]. Ego vero Willelmus filius Ade de Godelesburg et heredes mei warrantizabimus predictam terram predictis canonicis contra omnes homines imperpetuum si vero aliquo casu prefatam terram dictis canonicis warrantizare non poterimus, dabimus eisdem de terra nostra in Godelesburg ad valenciam terre prenominate de Conendley. Hiis testibus: Willelmo de Hebbeden, Petro Gilot, Ricardo de Tange, Rogero de Kighley, Willelmo de Farnhill, Roberto fratre eius, Helya filio Cacegay, Helya filio Osberti[b] et aliis.

a. quinque *obscure at start* B.   b. Osberto *(sic)* B.

309 Confirmation in free and perpetual alms by Eudo de Longvillers, with the assent of Clemence his wife and John his heir, to the canons of Bolton of four bovates of land in Cononley which they hold by the gift of William of Goldsborough rendering 35*d.* annually to Eudo and his heirs, and 3*ob.* for the wapentake. [1226x10 Jan. 1231]

[fo. 94r][a] Omnibus Cristi fidelibus hoc scriptum visuris vel audituris Eudo de Lungvill' salutem eternam in Domino. Noveritis me assensu et consensu Clem[en]cie uxoris mee et Iohannis heredis mei concessisse et presenti carta confirmasse pro salute animarum nostrarum et antecessorum et successorum nostrorum Deo et ecclesie beate Marie de Bolton et canonicis ibidem Deo servientibus quatuor bovatas terre cum omnibus pertinentiis suis in villa de Conendley illas scilicet quas tenent de dono Willelmi de Godelesburg'; tenendas et habendas de me et heredibus meis in liberam et perpetuam elemosinam, solutam et quietam in omnibus que ad me pertinent reddendo inde annuatim mihi et heredibus meis triginta quinque denarios[b] advinculam sancti Petri pro omnibus servitiis et demandis mihi et heredibus meis pertinentibus et reddendo tres obulos ad finem wapentag[ii]. Hiis testibus: domino Willelmo de Hebbeden, domino Petro Gilot, Iohanne de Eston', Simone de Marton, Ricardo[c] de Tange, Rogero de Kigheley, Ranulpho de Otterburn, Willelmo filio Arkil[li] et multis aliis.

a. *Heading* Conondley B.   b. ad *inserted* B.   c. Ricardi *(sic)* B.

310 Gift in free, pure and perpetual alms by Adam of Farnhill to the canons of Bolton of an assart that Edwin held in the vill of Cononley, namely two and a half acres of assarted land and half an acre of wood to assart, between the said assart and the assart of Ernald, one toft in the vill of Farnhill lying between the land of Roger of Keighley and Roger de Rumore, and one acre of wood to assart at the head of the toft against the north, with free common of Cononley. [1160x1227]

[fo. 94r] Sciant omnes tam presentes quam futuri quod ego Adam[a] de Farnhill dedi et concessi et presenti carta mea confirmavi Deo et ecclesie beate Marie de Bolton et canonicis ibi Deo servientibus in villa de Conondley essartum illud, quod Edwinus tenuit de me scilicet duas acras et dimidiam de terra sertata et dimidiam acram de bosco ad sartandum inter predictum essartum et essartum Ernaldi, et in villa de Farnhill unum toftum quod iacet inter terram Rogeri de Kighley et terram Rogeri de Rumore et unam acram bosci ad sertandum ad caput eiusdem tofti versus aquilonem cum libera communione eiusdem ville sine retenemento in liberam, puram et perpetuam elemosinam solutam et quietam ab omni seculari servitio et exactione pro salute anime mee et antecessorum meorum. Hiis testibus: Roberto Vavasor, Willelmo de [fo. 94v]^b Stiveton, Roberto de Mouhaud, Ricardo Petit, Roberto capellano, Ricardo clerico, Alexandro, Henrico, Iohanne, Ada filiis ipsius Ade.

a. Adamus *(sic)* B.   b. *Heading* Conondley B.

311 Gift in free, pure and perpetual alms by William son of Adam of Farnhill to the canons of Bolton of one rood of land in the field of Cononley, lying in length next to the river Aire opposite the mill of Farnhill. [1155x*c*.1230]

[fo. 94v] Sciant presentes et futuri quod ego Willelmus filius Ade de Farnhill dedi et concessi et hac presenti carta mea confirmavi Deo et ecclesie beate Marie de Bolton et canonicis ibi Deo servientibus unam rodam terre in campo de Conondeley iacentem in longum iuxta aquam de Ayr ex oposito molendino de Farnhill in liberam, puram et perpetuam elemosinam, solutam et quietam ab omni seculari servitio et demanda. Hiis testibus: Iohanne de Cutleya, Ada[a] de Farnhill, Ada de Stiveton, Helya de Cutleya et multis aliis.

a. Adamo *(sic)* B.

It seems likely that this benefaction was made in the late twelfth or early thirteenth century.

312 Confirmation in free, pure and perpetual alms by William son of Adam of Farnhill to the canons of Bolton of three acres of land in Cononley and one toft and one acre in the vill of Farnhill, with free common, which Adam his father gave to the canons, to be held as stated in his father's charter. [1189x1227]

[fo. 94v] Sciant omnes tam presentes quam futuri quod ego Willelmus filius Ade de Farnhill concessi et presenti carta mea confirmavi Deo et ecclesie beate Marie de Bolton et canonicis ibi Deo servientibus tres acras terre in Conendley et unum toftum et unam acram in villa de Farnhill cum libera communione eiusdem ville que Adam[a] pater meus dedit eisdem canonicis in liberam, puram et perpetuam elemosinam sicut carta eiusdem Ade[b] patris mei quam inde habent eis testatur. Hiis testibus: Roberto capellano, Roberto Vavasor, Willelmo de Stiveton, Roberto de Mohaud,[c] Ricardo Petit, Ricardo clerico, Alexandro, Henrico, Iohanne, Ada[d] filiis ipsius Ade.

a. Adamus *(sic)* B.   b. Adami *(sic)* B.   c. Mohaiid *(sic)* B.   d. Adamo *(sic)* B.

313 Gift in pure and perpetual alms by William of Farnhill to the canons of Bolton of two acres of arable land in the field of Cononley, namely one and a half acres in the long assart and half an acre of land above the fountain next to the vill of Cononley, with common rights, liberties and easements. [1155x1219]

[fo. 94v] Sciant presentes et futuri quod ego Willelmus de Farnhill dedi et concessi et presenti carta mea confirmavi Deo et ecclesie beate Marie de Bolton' et canonicis ibi Deo servientibus duas acras terre arabil[is] in campo de Conendley scilicet unam acram terre et dimidiam in longo essarto et dimidiam acram terre supra fontes iuxta villam de Conendley; tenendas de me et heredibus meis in puram et perpetuam elemosinam, libere et quiete in omnibus communibus et libertatibus et aysiamentis ad prefatam terram pertinentibus. Ego vero et heredes mei predictam terram prefatis canonicis warrantizabimus contra omnes homines imperpetuum. Hiis testibus: [fo. 95r]ᵃ Rainero Flandrensi, Helya de Rilleston, Rogero Tempest, Willemo filio Edwardi, Simone de Kirkeby, Iohanne de Cutleya.

a. *Heading* Conondley B.

It seems more likely that this charter was issued towards the end of the period suggested. The reference from the family tree found in Dodsworth MS 144, fo. 38r, simply states the name of the benefactor, 'Willelmus filius et heres' of Adam, the first three witnesses, and what is, presumably, the folio of the Coucher Book from which it was taken.
H – fo. 38r, from Bolton Cartulary, fo. 94, abstract in family tree.

314 Quitclaim by William son of William the elder of Farnhill to the canons of Bolton of all right and claim of six acres of wood in Cononley that the canons have by the gift of William his son and heir, with a penalty of 100s. for the fabric of the castle at York. [c.1220xc.1260]

[fo. 95r] Sciant omnes tam presentes quam futuri quod ego Willelmus filius Willelmi sen[ior]is de Farnhill remisi et quietumclamavi a me et heredibus meis imperpetuum Deo et ecclesie beate Marie de Bolton et canonicis ibidem Deo servientibus totum ius et clameum quod habui vel habere potui in sex acris bosci de Conendley quas predicti canonici habent ex dono Willelmi filii et heredis mei, ita quod ego nec heredes mei aliquid iuris vel clamii in predictis sex acris bosci inposterum potuerimus exigere vel vendicare, quod si fecerimus et super hoc convicti fuerimus dabimus centum solidos nomine pene ad opus fabriceᵃ castri Ebor' et quantum ad supradictam obligo me et heredes meos. In huius rei testimonium presenti carte sigillum meum apposui. Hiis testibus: Roberto et Adaᵇ fratribus de Farnhill, Galfrido rectore ecclesie de Preston', Willemo Revel', Willemo Cuvel, Willemo filio eius, Willemo Bicular[io] de Bradley, Henrico filio Ambrosii de Conendley et aliis.

a. frabrice *(sic)* B.   b. Adamo *(sic)* B.

Dodsworth MS 144, fo. 38 only lists the name of the benefactor, 'Willelmus filius Willelmi senioris de Farnhill' and the folio from the cartulary, fo. 94.
H – fo. 38r, from Bolton Cartulary, fo. 94, abstract as part of family tree.

315 Gift in pure and perpetual alms by William of Farnhill to the canons of Bolton of three acres of land in the territory of Cononley, namely one and a half acres in the old field, and one and a half acres to the headland of the crofts, with all liberties, easements and common rights, to furnish one candle to be burnt before the image of the Blessed Virgin Mary. [c.1220xc.1260]

[fo. 95r] Omnibus Cristi fidelibus ad quos presens scriptum pervenerit Willelmus de Farnhill salutem in Domino. Noverit universitas vestra me concessisse, dedisse et presenti carta mea confirmasse Deo et ecclesieᵃ beate Marie de Bolton et canonicis ibidem Deo servientibus tres acras terre in territorio de Conendley videlicet unam acram et dimidiam in veteri campo propinquiorem Henrico filio Ambrosii, et unam acram et dimidiam in marisco ad capita croftorum; tenendas et habendas eisdem canonicis in puram et perpetuam elemosinam cum omnibus libertatibus, aysiamentis et commun[ionibus] ad eandem terram pertin[ent] ad inveniendum[b] unum[c] cereum ardentem in prefata ecclesia coram imagine beate Marie virginis imperpetuum. [fo. 95v][d] Et ego Willelmus et heredes mei prefatas tres acras cum suis libertatibus predictis canonicis contra omnes homines warrantizabimus et defendemus. In cuius rei testimonium presenti scripto sigillum meum apposui. Hiis testibus: domino Guidone de Boyvill, Helia de Stiveton, Roberto de Farnhill, Helya Nigro et Ambrosio de Conendley, Galfrido de Otteley clerico et aliis.

a. ecclesia *(sic)* B.   b. inveneund' *(sic)* B.   c. unam *(sic)* B.   d. *Heading* Conondley B.

316 **Gift in free, pure and perpetual alms by William Farnhill to the canons of Bolton of seven acres of land and one rood of wood in the wood of Cononley, with appurtenances, namely that lying next to the wood of the canons on the east, in exchange for four acres of arable land in Farnhill. [*c.*1230x1267]**

[fo. 95v] Sciant presentes et futuri quod ego Willelmus Fernhill dedi, concessi et hac presenti carta mea confirmavi priori et conventui de Bolton septem acras terre et unam rodam bosci in bosco de Conendley scilicet que iacent iuxta boscum dicti prioris et conventus ex parte orientali, quarum una acra et una roda sunt de[a] bovata elemosinata; habendas et tenendas dictis priori et conventui et eorum successoribus in liberam, puram et perpetuam elemosinam in excambio pro quatuor acris terre arabile in Farnhill. Ego vero Willelmus et heredes mei predictas septem acras et unam rodam cum pertinentiis suis predictis priori et conventui et eorum successoribus sicut predictum est contra omnes gentes imperpetuum warrantizabimus, acquietabimus[b] et defendemus. In huius rei testimonium presenti scripto sigillum meum apposui. Hiis testibus: domino Godefrido de Alta Ripa, Willelmo de Martona, Petro Gilot, Ranulpho Barel', magistro Galfrido de Otteley, Roberto et Ada[c] fratribus de Farnhill, Roberto Cuvel', Roberto Revel et aliis.

a. de *repeated twice* B.   b. acquietabimus *obscure* 'ac' B.   c. Adamo *(sic)* B.

It is possible that Ranulph Barel' was a miscopying by the scribe of either the original cartulary or of the Coucher Book for Ranulph Darel, for the Darel family held land in the honour of Skipton (*EYC*, vii, pp. 274–5). The hypothesis of a miscopying by one of the scribes is strengthened by the inclusion in the pedigree in Dodsworth MS 144, fo. 38, of the list of witnesses to a charter of William son of William, which includes Ralph Darel. It seems likely that this reference is the same as the above charter, although the witnesses are listed in a different order by Dodsworth and appear to more numerous: 'Roberto et Ada fratribus de Farnhill, Willelmo Revel, Roberto Cuvell, Willelmo filio eius, domino Godefrido de Alta Ripa, … de Marton, Petro Giliot, Radulph[o] Darel, Galfrido de Otelay'. The reference to the cartulary of Bolton Priory is fo. 95.

317 **Gift in free, pure and perpetual alms by William son of William of Farnhill to the canons of Bolton of six acres of wood, in the wood of Cononley, lying between the wood which the canons have by the gift of his father, William, on the north, the wood which he has by the gift of his father on the west, and by the way which leads eastwards. [*c.*1220x*c.*1260]**

[fo. 95v] Sciant omnes tam presentes quam futuri quod ego Willelmus filius Willelmi de Farnhill dedi, concessi et hac presenti carta mea confirmavi Deo et ecclesie beate

Marie de Bolton et canonicis ibidem Deo servientibus sex acras bosci in bosco de Conendley iacentes inter boscum quem predicti canonici habent ex dono Willelmi patris mei versus borealem et boscum meum que habeo [fo. 96r][a] ex dono predicti patris mei versus meridiem et per semitam que ducit per medium orientem; tenendas et habendas eisdem canonicis et eorum successoribus imperpetuum in liberam, puram et perpetuam elemosinam sine aliquo retenemento sicut aliqua elemosina melius et liberius dari poterit. Ego autem et heredes mei predictas sex acras bosci cum libero introitu et exitu antedictis canonicis et eorum successoribus imperpetuum contra omnes homines sicut superius dictum est warrantizabimus, acquietabimus et defendemus. In huius rei testimonium presenti carta sigillum meum apposui. Hiis testibus: Roberto et Ada[b] et fratribus de Farnhill, Galfrido rectore ecclesie de Preston', Willelmo Revel', Roberto Cuvel', Willelmo fratre eius, Willelmo Biticular[io] de Bradeley, Henrico filio Ambrosii de Conondley et aliis.

a. *Heading* Conondley B.   b. Adamo *(sic)* B.

318 Quitclaim in free, pure and perpetual alms by Adam son of William of Farnhill to the canons of Bolton of the whole *cultura* called with adjacent marsh called *Foulsikeriding*, in the territory of Cononley, lying between the way from Cononley to Skipton on the east, *Nankerriding* on the west, *Henrihavercroft* on the south and *Foulesike* on the north descending to *Nantherridding*, for a sum of money. [1260x*c*.1280 or 16 Jun. 1308]

[fo. 96r] Omnibus Cristi fidelibus ad quorum noticiam presens scriptum pervenerit Adam filius Willelmi de Farnhill salutem in Domino eternam. Noveritis me dedisse, concessisse et confirmasse et omnino pro me et heredibus meis quietumclamasse Deo et ecclesie beate Marie de Bolton' et canonicis ibidem Deo servientibus et eorum successoribus in liberam, puram et perpetuam elemosinam totam illam culturam terre cum marisco adiacente que vocatur Fulsikerding in territorio de Conendley quam quidem culturam terre cum marisco, ego dictus Adam de predictis canonicis aliquo tempore tenere solebam integre sicut iacet et proportat in longitudine et latitudine sine ullo retenemento inter istas divisas scilicet inter viam meantem de Conendley apud Skipton ex parte orientali et Nankerridding ex parte occidentali et Henrihavercroft ex parte australi et Foulesike ex parte boreali ut descendit de Nantherridding; tenenda et habenda eisdem canonicis et eorum successoribus in liberam, puram et perpetuam elemosinam, libere et quiete, bene et in pace, et integre et solute [fo. 96v][a] imperpetuum et sicut aliqui religiosi liberius et quietius tenere poterint vel aliquo tempore consueverint. Ego vero dictus Adam et heredes mei vel mei assignati predictam culturam terre cum marisco adiacente predictis canonicis et eorum successoribus in liberam, puram et perpetuam elemosinam sicut predictum est contra omnes mortales warrantizabimus, adquietabimus et imperpetuum defendemus. Pro hac autem donatione, confirmatione, concessione et quietaclamatione dederunt mihi predicti canonici unam summam pecunie premanibus in mea necessitate. In cuius rei testimonium huic scripto sigillum meum pro me et heredibus mei apposui. Hiis testibus: Roberto de Stiveton, Iohanne de Farnhill, Elia de Kighley, Willelmo de Marton, Iohanne Gilot, Willelmo filio Roberti de Skipton, Iohanne fratre eius de eadem et aliis.

a. *Heading* Conondley B.

Dodsworth MS 144, fo. 38r, states that the benefactor was Adam the son of William and the brother of

William of Farnhill, that the witnesses were 'Roberto de Stiveton, Iohanne de Farnhill, Elya de Kighley, Willelmo of Marton, Iohanne Gilot', and that the information came from fo. 95 of the cartulary. In correspondence D. Gulliver has suggested that *Nankerrigding* may be near modern-day Shady Lane, Cononley. Foulsike occurs in the 1842 tithe award. For a map showing likely field locations see D. Gulliver, T. Hodgson, *The History of Cononley: An Airedale Village* (Cononley, 2000), p.15.

H – fo. 38r, from Bolton Cartulary, fo. 95, abstract as part of family tree.

319 Quitclaim in free, pure and perpetual alms by William son of William of Farnhill to the canons of Bolton of toft and croft with buildings, lying between the tofts and crofts of Maline, his sister, and Humfrey, and all the land he has in the east part of *Godhestubbing* up to *Collingstubbing*, with all the land, meadow and wood he had in *Braithuait*, all sect in *le Blakeker*, all the land around *le Hou*, half a rood at *le Birkeheved*, two butts at *le Fulesike* and half a rood above the assart of Robert son of John, in the vill of Cononley, with appurtenances, liberties and easements. [*c*.1220x*c*.1260]

[fo. 96v] Omnibus hoc scriptum visuris vel audituris Willelmus filius Willelmi de Farnhill eternam in Domino salutem. Noverit universitas vestra me resignasse, dedisse, concessisse et quietumclamasse ac presenti carta confirmasse pro me et heredibus meis vel meis assignatis pro salute anime mee, antecessorum et successorum meorum Deo et ecclesie beate Marie de Bolton et canonicis ibidem Deo servientibus toftum et croftum cum edificiis superedificatis que iacent inter toftum et croftum Maline sororis mee et toftum et croftum quondam Umfridi et totam terram quam habui in oriental[i] parte de Godtestubbing usque ad Collingstubbing cum tota terra, prato et bosco que habui in Braithuait et totam sectam le Blakeker et totam terram in circuitu le Hou et dimidiam rodam[a] apud le Birkeheved et duas buttas apud le Fulesike et dimidiam rodam proxima super assartum Roberti filii Iohannis; tenenda et habenda predictis canonicis et eorum successoribus vel assignatis in liberam, puram et perpetuam elemosinam bene et integre et solute et in pace ab omni seculari servitio, consuetudine, sectis curie, exactionibus et demandis [fo. 97r][b] cum omnibus libertatibus et aysiamentis infra villam de Conendeley et extra ubique in omnibus et per omnia pertinent[ibus], ita quod nec ego nec heredes mei vel mei assignati aut aliquis ex parte nostra aliquid iuris vel clamii aliquo tempore momento aliquomodo in predictis terris de cetero exigere poterimus vel vendicare. In cuius rei testimonium presenti scripto sigillum meum apposui. Hiis testibus: Roberto de Stiveton, Willelmo Cuvel, Waltero de Estburne', Willelmo Revel', Ricardo Pedefer, Ada[c] filio eius, Ricardo de Bradley, Willelmo buticular[io] et aliis.

a. dimer' ᵭ rod[am] *(sic)* B.   b. *Heading* Conondley B.   c. Adamo *(sic)* B.

It seems likely that William the *buticularious* was a butler, as his surname suggests. It is probable that the witness to CB, nos. 134 and 137, whose surname is similar, 'Willelmo Bicular[io] de Bradley' and 'Willelmo Biticular[io] de Bradeley', respectively, were the same person. D. Gulliver speculates that *Godhestubbing*, *Collingstubbing*, *Blakeker* and *Braithuait* are near Woodside. *Le Hou* may form part of Howefield, whilst it seems likely that *le Birkeheved* is Birkheads, and that *le Fulesike* is Foulsike.

320 Gift by William son of William of Farnhill to the canons of Bolton of a certain part of the wood lying between Farnhill and Bradley, pertaining to one bovate of land, to be assarted and cleared by the will of the canons, with all common pasture. [*c*.1220x1267]

[fo. 97r] Omnibus Cristi fidelibus hoc presens scriptum visuris vel audituris Willelmus filius Willelmi de Farnhill eternam salutem in Domino. Noverit universitas vestra me concessisse, dedisse et presenti scripto confirmasse Deo et ecclesie beate Marie de Bolton' et canonicis ibidem Deo servientibus quandam partem illius bosci inter Farnhill et Bradeley pertinen[tis] ad unam bovatam terre sicut largius et melius acciderit dividend[am] ad[a] assartandum et excolendum pro voluntate dictorum canonicorum cum tota communa pasture pertinen[tis] ad unam bovatam terre in omnibus pasturis, aysiamentis et locis ad dictam villam de Farnhill pertin[ent] infra villam et extra; habendum et tenendum predictis canonicis et eorum successoribus libere, quiete et integre cum omnibus pertinentiis suis solutos et quietos ab omni servitio seculari et demanda. Ego vero Willelmus filius Willelmi et heredes mei totam predictam partem et commun[a] pastur[e] cum omnibus pertinentiis suis predictis canonicis et eorum successoribus contra omnes gentes imperpetuum warrantizabimus, acquietabimus et defendemus. In huius rei testimonium presenti scripto sigillum meum apposui. Hiis testibus: Willelmo de Marton, Willelmo Maleverer, Petro Gilot, Willelmo filio[b] [fo. 97v][c] Roberti de Skipton, Willelmo Revel', Thoma pistore, Henrico filio Ambrosii de Conondley et aliis.

a. ad *interlined* B.   b. filio *omitted* B.   c. *Heading* Conondley B.

321 Quitclaim in free, pure and perpetual alms by William son of William of Farnhill to the canons of Bolton of all the land once held by William Bott in the vill and territory of Cononley, namely one toft and one croft, half an acre in the vill of Cononley, half an acre under Cononley in the area around *le Hou*, three roods north of vegetables (*holum*), half a rood at *Morthwaith*, half an acre at *Fulsike*, and all the marsh at *Hawercroft* spring, measuring up to six acres, with appurtenances, easements, utilities and escheats. [*c*.1220x*c*.1260]

[fo. 97v] Omnibus Cristi fidelibus ad quos presens scriptum pervenerit Willelmus filius Willelmi de Farnhill salutem in Domino sempiternam. Noverit universitas vestra me dedisse, concessisse et imperpetuum pro me et omnibus heredibus vel assignatis meis quietumclamasse et hac presenti carta mea confirmasse Deo et ecclesie beate Marie de Bolton et canonicis ibidem Deo servientibus totam terram quam Willelmus[a] Bott quondam de me tenuit in villa et in territorio de Conendley ad firmam scilicet unum toftum et unum croftum que tenent dimidiam acram in dicta villa de Conendley et subtus eandem villam in giro circa le Hou[b] dimidiam acram et desuper boreale holum tres rodas et apud Morthwaith dimidiam rodam et apud Fulsike[c] aliam dimidiam rodam et totum marescum ab Hawercroft fonte deorsum descendendo quod in mensuratione se extendit usque ad sex acras; tenendam et habendam dictis canonicis et eorum successoribus in liberam, puram et perpetuam elemosinam, solutam et quietam ab omni seculari servitio, exactione et demanda libere, quiete, bene et integre cum omnibus pertinentiis, aysiamentis, utilitatibus et excaetis tam infra villam de Conondeley quam extra dictis tofto et crofto aliis supradictis omnibus terris una cum marisco pertin[entibus] seu inde provenientibus sine aliquo retenemento. Ego vero Willelmus et heredes mei vel assignati mei heredum meorum assignati vel assignatorum assignati omnes prescriptarum terrarum et marisci particulas prenotatas sicut predictum est dictis canonicis et eorum successoribus contra omnes gentes warrantizabimus, acquietabimus et defendemus. In cuius rei testimonium presenti carte sigillum meum apposui. Hiis testibus: domino Godefrido de Alta Ripa, Willelmo Maleverer de Bethmesley, Roberto de Stiveton, Willelmo filio Roberti de Skipton', Iohanne de Farnhill et aliis multis.

a. Willimus *(sic)* B.   b. d *deleted* B.   c. Sulsike *(sic)* B.

Hawercroft is thought to be part of modern-day Howefield.

322   Quitclaim in free, pure and perpetual alms by William son of William of Farnhill to the canons of Bolton of one acre of land in the territory of Farnhill, namely three roods lying in the *cultura* called *Landiflath* and one acre lying in *Gunnildebutt super Henganderiding*. [c.1240–c.1290]

[fo. 98r][a] Omnibus hoc scriptum inspecturis Willelmus filius Willelmi de Farnil[b] salutem eternam in Domino. Noveritis me pro salute anime mee[c] dedisse, concessisse, quietumclamasse et hac presenti carta mea confirmasse Deo et ecclesie beate Marie de Bouelt[o]n[d] et canonicis ibidem Deo servientibus unam acram terre in territorio de Farnhil[e] scilicet tres rodas iacentes in una cultura que vocatur Lanedi[fla]th[f] et unam rodam iacentem in Gunnildebutt'[g] super Henganderiding. Tenendam et habendam dictis canonicis et eorum successoribus vel assignatis in liberam, puram et perpetuam elemosinam bene, integre, quiete, solute et in pace ab omni seculari servicio, consuetudinis, sectis curie, exactione et demanda cum omnibus libertatibus et aysiamentis dicte terre pertinentibus sine aliquo retenemento. Et ego Willelmus et heredes mei predictam terram cum pertinenciis dictis canonicis et eorum successoribus vel assignatis contra omnes homines warantizabimus, adquieta[bimus et imperpetuum defendemus]. In cuius rei testimonium presenti scripto sigillum meum apposui. Hiis testibus: Thoma de Alta Ripa, Willelmo filio Roberti de Skippt',[h] Radulfo filio [Everardi de eadem, Iohanne] de Farnil,[i] Willelmo fratre eius, Willelmo [Fau]vel, Ricardo Pedefer de Gluseburne, Iohanne de Strettu[n], Roberto le Vavasur[j] et aliis.

a. *Heading* Conondley B.   b. Farnhill B.   c. mee *interlined* A.   d. Boltona B.   e. Farnhill B.   f. Landiflath B.   g. Gunldebutt B.   h. Skipton' B.   i. Farnhill B.   j. Willelmo [Fau]vel, Ricardo Pedefer de Gluseburne, Iohanne de Strettu[n], Roberto le Vavasur *omitted* B.

In correspondence D. Gulliver has suggested that *Lanediflath* lay south of Aire Bridge.
A – Chatsworth Charter, B2, 31865/38. Endorsed: xxiij; 200x45mm [10mm tag fold]; no seal or tag; sealed on the tag method 1. Document slightly damaged. The reading in B is followed where A is illegible.

323   Gift in free, pure and perpetual alms by William of Farnhill son and heir of William of Farnhill to the canons of Bolton of one *cultura* of arable land in the field of Farnhill called *Mickleholm*, paying 5s. of silver annually with free ingress and egress to that *cultura*, also an annual rent of 7s. 4d. for one and a half carucates of land in the vill of Cononley, namely 5s. 7d. from Henry Crocbain for one carucate of land, 8d. from Adam brother of the said William and 1d. for a tenement, 4d. from Matilda sister of the said William for a tenement, 4d. or a plough share from Margaret of Keighley for a tenement, 1d. from the heirs of Peter del Greene for a tenement, 2d. from William Bott for a tenement, with homage, wardship, reliefs, escheats and marriages, for a sum of money. [1233x1285]

[fo. 98r] Sciant presentes et futuri quod ego Willelmus de Farnhill filius et heres Willelmi de Farnhill dedi, concessi et presenti carta mea confirmavi priori et conventui de Bolton in Craven dominis meis et eorum successoribus in liberam, puram et perpetuam elemosinam, unam culturam terre arabil[e] in campo de Farnhill que vocatur Mickleholm pro qua eisdem priori et conventui quinque solidos argenti annuatim aliquo tempore reddere solebant, una cum libero ingressu et egressu ad eandem culturam. Concessi etiam eidem priori et conventui dominicis meis et eorum successoribus unum annuum redd[itum] septem solid[orum] et quatuor denar[iorum] in villa de Conondley precipiend[um] de una carucata terre et dimidia in eadem villa videlicet de Henrico Crocbain pro una carucata terre in eadem villa ad duos terminos anni quinque solidos et septem denarios scilicet ad festum beati Petri [fo. 98v]ᵃ advincula[b] et purificationem beate Marie virginis per partes equales et de Adamo fratre meo octo denarios ad eosdem terminos et ad Natale Domini unum denarium pro toto tenemento quod de me tenuit in eadem sine ullo retenemento et de Matild[a] sorore mea quatuor denarios ad eosdem terminos pro toto tenemento quod de me tenuit in eadem villa sine aliquo retenemento et de Margareta de Kighley unum vomerem vel quatuor denarios ad Natale Domini pro toto tenemento quod de me tenuit in eadem villa sine ullo retenemento et de heredibus Petri del Greene unum denarium ad eundem terminum pro toto tenemento quod de me tenuit in eadem villa sine aliquo retenemento et de Willelmo Bott duos denarios pro annum scilicet ad Pascham et ad Natale Domini pro toto tenemento quod de me tenuit in eadem villa sine aliquo retenemento una cum homagio ward[is], releviis, excaetis predictorum tenen[tium] et hered[um] eorum vel assignatorum et cum maritag[iis] heredum eorundem cum omnibus aliis pertinentiis que predict[i] tenent[es] aliquo modo pertinere poterint; tenend[a] et habend[a] eisdem priori et conventui dominis meis et eorum successoribus libere, quiete et integre, bene et in pace sicut aliqui religiosi liberius vel quietius in libera, pura et perpetua elemosina tenere potuerunt vel consueverunt. Ego vero dictus Willelmus et heredes mei vel mei assignati omnia predicta sicut predictum est predictis priori et conventui et eorum successoribus contra omnes mortales warrantizabimus, acquietabimus in omnibus et imperpetuum defendemus. Pro hac autem donatione, concessione et carte mee confirmatione dederunt mihi predict[i] prior et conventus unam summam pecunie premanibus in mea necessitate. In cuius rei testimonium hanc cartam sigilli mei impressione roboravi. Hiis testibus: domino Iohanne le Vavasur, domino Roberto de Plumpton', domino Thoma de Alta Ripa, militibus, Roberto de Stiveton', Iohanne de Farnhill, Willelmo de Aula de Skipton', Everardo Fauvell deᶜ Thoraldby et multis aliis.

a. *Heading* Conondley B.   b. ad advincula *(sic)* B.   c. Skipton' *deleted* B.

The rents listed in the charter total 7*s.* 3*d.*, falling 1*d.* short of the total given by William of Farnhill. This gift was probably made towards the later end of the date range suggested.
H – Dodsworth MS 144, fo. 38v, abstract.

324 Gift in pure and perpetual alms by Robert son of Samson of Cononley to the canons of Bolton of all his land in the vill of Cononley, with appurtenances, lying towards the head of the said vill against the east between the way and the land of the prior of Bolton. [*c.*1200x26 Jan. 1255]

[fo. 98v] Notum sit omnibus has litteras visuris vel audituris quod ego Robertus filius Samson[is] de Conondley concessi et dedi et hac carta confirmavi Deo et ecclesie sancte Marie de Boulton et canonicis ibidem Deo servientibus pro salute [fo. 99r]ᵃ anime mee et antecessorum meorum in puram et perpetuam elemosinam totam terram meam in villa de Conondley cum omnibus pertinentiis illam scilicet que iacet ad caput ville predicte versus orientem inter viam et terram prioris de Bolton; tenendam et habendam libere, quiete, pacifice cum omnibus pertinentiis ab omnibus servitiis et demandis sicut puram et perpetuam elemosinam de me et heredibus meis. Et ego Robertus filius Samson[is] de Conondley et heredes mei terram prenominatam cum omnibus pertinentiis domui de Bolton' et canonicis ibidem Deo servientibus contra omnes homines perpetue warrantizabimus. Hiis testibus: Godefrido de Alta Ripa, Ricardo de Tange, Helia de Stivetona, Roberto Couvell, Willelmo de Farnhill, Iohanne Miniun, Herberto de Bradley et aliis.

a. *Heading* Conondley B.

325 **Gift in free, pure and perpetual alms by Ambrose of Cononley, son of John son of Samson, to the canons of Bolton of one toft in the vill of Cononley, which Mauger held of his father, and all appurtenances, five acres of arable land in the territory of Cononley and one acre of meadow, namely, half an acre in** *Aldefeld* **[?Hadfield], one rood in** *Westbrerland[es]*, **one rood in** *Rakebutt[es]*, *Mikelmungen'*, *Littlemungen'*, *Stainbrigeland[es]*, **and one acre in** *Clayflatt*, **in the croft which Giles held half an acre, to** *le Morethawitgate* **and** *le Heptrees* **next to the river, half an acre in** *Morethwait*, **to** *le Segisyke*, **and one [acre] above** *le Waterbank* **to the** *parvam Losterwat*, **and one acre next to** *Fulesikegate*, **between** *Flekebrige* **and** *Northolme* **and in** *Crokedland* **one rood, and in** *Hengebutt[es]* **extending from** *Trepperiding* **and to** *Strykeflatt* **one rood, and to** *Dedehewed* **and outside** *Dedehee* **half an acre, and one acre of meadow in** *Grunpelthwait* **to** *Strikefald*, **with liberties, common rights and easements, paying 16d. annually. [c.1220xc.1260]**

[fo. 99r] Omnibus Cristi fidelibus ad quos presens scriptum pervenerit Ambrosius de Conondley filius Iohannis filii Samson[is] salutem in Domino. Noverit universitas vestra me dedisse, concessisse et hac presenti carta mea confirmasse Deo et ecclesie beate Marie de Boulton' et canonicis ibidem Deo servientibus unum toftum in villa de Conondley quod Maugerus quondam tenuit de Iohanne patre meo cum omnibus pertinentiis suis, et quinque acras bone terre arabil[is] in territorio de Conondley et unam acram boni prati scilicet per tales divisas dimidiam acram in Aldefeld et unam rodam in Westbrerland[es] et unam rodam in Rakebutt[es] et in Mikelmungen' et in Littelmungen' et in Stainbrigeland[es] et in Clayflatt unam acram et in crofto quod Maugerus predictus quondam tenuit dimidiam acram et ad le Morethawitgate et ad le Heptrees et iuxta rivulum in longitudine dimidiam acram in Morethwait et ad le Segisyke et unam acram[a] super le Waterbank et ad parvam Losterwat, et iuxta Fulesikegate unam acram et inter Flekebrige et Northolme et in Crokedland unam rodam et in Hengebutt[es] que extendit apud Trepperiding et ad Strykeflatt unam rodam et ad Dedehewed et extra Dedehee dimidiam acram et unam acram in Grunpelthwait [fo. 99v][b] et ad Strikefald prati; tenenda et habenda predictis canonicis de me et heredibus meis libere, quiete, pacifice et integre et cum omnibus libertatibus, communis, aysiamentis infra villam de Conondley et extra tante terre pertin[entibus] in bosco meo et in omnibus aliis locis sine aliquo retenemento in liberam, puram et perpetuam elemosinam reddendo annuatim mihi et heredibus meis sexdecim denarios ad duos terminos scilicet medietatem ad purificacionem beate Marie et aliam medietatem ad advincula sancti Petri pro omni servitio exactione et demanda. Et ego et heredes mei predictum toftum et quinque acras[c] terre prenominatas et unam acram prati cum omnibus pertinentiis suis prenominat[am] sine aliquo retenemento predictis canonicis warrantizabimus et defendemus imperpetuum. In huius rei testimonium presenti scripto sigillum meum apposui. Hiis testibus: domino Godefrido de Alta Ripa, Wydone de Boyvill, Willelmo de Farnhill, magistro Galfrido de Otteley, Roberto de Farnhill, Willelmo Malo Leporario, Helia Nigro, Willelmo Revel' et multis aliis.

a. terram *(sic)* B.   b. *Heading* Conondley B.   c. acras *omitted* B.

H – fo. 36v, from Bolton Cartulary, fo. 97, abstract.

326 Gift in free, pure and perpetual alms by Ambrose of Cononley to the canons of Bolton of one acre of arable land in the territory of Cononley, namely half an acre towards *Rakebuttes*, one rood above *Croketflatt*, one rood next to *Morthait*, one and a half acres of wood at *Fall*, for the provision of one candle to be burnt in the said church in front of the high altar before the image of the Blessed Virgin. [*c.*1230x26 Jan. 1255]

[fo. 99v] Omnibus Cristi fidelibus ad quos presens scriptum pervenerit Ambrosius de Conondley salutem in Domino. Noverit universitas vestra me dedisse, concessisse et hac presenti carta mea confirmasse Deo et ecclesie beate Marie de Bolton et canonicis ibidem Deo servientibus unam acram terre arabil[is] in territorio de Conondley videlicet unam dimidiam acram ad Rakebuttes et unam rodam super Croketflatt et unam rodam iuxta Morthait et unam acram et dimidiam bosci in loco qui dicitur Fall iuxta boscum Helie Nigri, sine aliquo retenemento; tenendas et habendas eisdem canonicis in liberam, puram et perpetuam elemosinam ad inveniendum unum cereum ardentem in dicta ecclesia coram magno altari ante imaginem beate virginis cum omnibus libertatibus, aysiamentis et communis eidem terre pertinentibus. Et ego Ambrosius et heredes mei predictis canonicis predictam terram et boscum cum suis pertinentiis imperpetuum warrantizabimus. In huius rei testimonium presenti scripto sigillum meum apposui. Hiis testibus: Helya domino de Stiveton', Guidone de Boivill, Willelmo de Farnhill, Roberto fratre suo, Galfrido de Otteley et aliis.

327 Gift in free, pure and perpetual alms by Ambrose son of John of Cononley to the canons of Bolton of all his wood in Cononley, containing 14 acres with 12 virgates, lying between Carleton wood on the north, a syke called *Lingethwaytsike* on the south, a way leading through Cononley wood on the west and a hedge called *Feldegart*, which divides the said wood and a field, to the east. [1230x16 Oct. 1258]

[fo. 100]ª Omnibus Cristi fidelibus ad quos presens scriptum pervenerit Ambrosius filius Iohannis de Cunedeley[b] salutem in [Domino]. Noverit universitas vestra me dedisse, concessisse et hac presenti carta mea confirmasse Deo et [ecc]lesie beate Marie de Bouthelton'[c] et canonicis ibidem Deo servientibus totum boscum meum in Cune[dele]y[d] [sine] aliquo retenemento iacentem inter boscum de Karleton' versus boream et siketum[e] [q]ui vocatur Lingethwaytsike[f] versus meridiem et semitam que ducit per medium bosci de Cuned[eley[g] versus] occidentem et sepem que vocatur Feldegart[h] que dividit boscum de Cunedeley[i] et campum [versus] orientem continentum[j] quatuordecim[k] acras cum duodecim virgatis et amplius. Tenendum et habendum [predictis] canonicis in liberam, puram et perpetuam elemosinam sicut aliqua elemosina melius vel liberius [ali]quib[us] viris[l] religiosis viventibus dari poterit. Ego vero et heredes mei totum predictum boscum cum omnibus [pert]inentiis suis sine aliquo retenemento prefatis canonicis contra omnes homines inperpetuum warantizabimus et defendemus. In huius rei testimonium huic presenti scripto sigillum meum apposui. Hiis testibus: domino Wydone de Boyvill', Iohanne de Eston', Eustachio de R[illes]ton', Symone^m de Monte Alto, Willelmo de Farnhill, Roberto de Fernil,^n magistro Galfrido de Otteley, Helia Nigro de Cunedel[ey],^o Thoma clerico de Malgu[m]^p et aliis.

a. *Heading* Conondley B.   b. Conondley B.   c. Bolton' B.   d. Conondley B.   e. sikecum B.   f. Lingethwaitsike B.   g. Conondley B.   h. Feldgart B.   i. Conondley B.   j. contineum B.   k. quatuordecem B.   l. viris *omitted* B.   m. Simone B.   n. Farnhill B.   o. Conondley B.   p. Malghum B.

It is likely that *Lyngethwaytske* is High and Low Linfitt Carrs, as occurs in the 1842 tithe award, which is close to modern-day Woodside Lane.
A – Chatsworth Charter, K23. Endorsed: xxviij; 180x130mm [30mm tag fold]; seal; orange wax, round. Obverse: bird with claw raised facing left, wing extended. Legend: +S AMBROSI DE CUNEDLEI; 35mm; sealed on the tag method 1. Document damaged, 0–15mm missing left. The reading in B is followed where A is illegible. H – fo. 36v, from Bolton Cartulary, fo. 98, abstract.

328 Gift in free, pure and perpetual alms by Ambrose son of John of Cononley to the canons of Bolton of twelve acres of his wood in Cononley and one rood lying near to the rood of wood the canons hold by the gift of Elias Black of Cononley which lies near to Bareshaw Beck towards the vill of Cononley, between the road which leads through the Cononley wood and a hedge called *Feldegard*, which divides the said wood and the field, to the south. [1230x16 Oct. 1258]

[fo. 100r] Omnibus Cristi fidelibus ad quos presens scriptum pervenerit Ambrosius filius Iohannis de Cunedeley^a salutem in Domino. Noverit universitas vestra me dedisse, concessisse et hac presenti carta mea confirmasse^b priori et conventui de Boulthelton^c duodecim acras bosci mei de Cunedeley^d et unam rodam in longitudine et in latitudine iacentes propinquior[es]^e illa roda bosci quam habent de dono Helie Nigri de Cunedeley^f iacente propinquior[i] Barskilbec^g extendentes se versus villam de Cunedel'^h inter [fo. 100v]^i viam que ducit per medium bosci de Cunedel'^j et sepem que vocatur Feldegard, que divid[it boscum de] Cunedel'^k et campum versus boream; tenendas et habendas predictis^l priori et conventui de me et heredibus [meis in] liberam, puram et perpetuam elemosinam cum omnibus pertinentiis suis sine aliquo retenemento sicut aliqua elemosina melius vel liberius dari poterit aliquibus religiosis viventibus. Ego vero et heredes mei omnes predictas duodecim acras bosci cum suis pertinenciis unacum predicta roda predictis priori et conventui contra omnes homines warantizabimus, defendemus et inperpetuum adquietabimus.^m In huius rei testimonium huic presenti scripto sigillum meum apposui. Hiis testibus: domino Widone Bovill',^n Iohanne de Eston', Symone^o de Marton', Eustachio de Rilleston', Willelmo de Fernil,^p Roberto de Fernil,^q magistro Galfrido de Otteley, Hel[ia]^r Nigro et aliis.

a. Conondley B.   b. confirmavi *(sic)* A.   c. Bolton B.   d. Conondley B.   e. L *inserted* A.   f. Conondley B.   g. Barskilbeck B.   h. Conondley B.   i. *Heading* Conondley B.   j. Conondley B.   k. Conendley B.   l. canonicis *deleted* B.   m. acquietabimus B.   n. Wydone Boyvill' B.   o. Simone B.   p. Farnhill B.   q. Farnehill B.   r. Helyo B.

It is possible that this is one of the charters of Ambrose son of John of Cononley alluded to in the family tree found in Dodsworth MS 144, fo. 38v, which suggests that fos. 97 and 98 of the lost cartulary of Bolton Priory contained benefactions by the said Ambrose.
A – Chatsworth Charter, B2, PB30765/15. Endorsed: xxix; 200x105mm [15–20mm tag fold]; seal; white wax, round. Obverse: bird with claw raised facing left, wing extended. Legend: S: AMBROSI DE CUNEDLEY; 30mm; sealed on the tag method 1. The reading in B is followed where A is illegible.

329 **Gift in free, pure and perpetual alms by Ambrose of Cononley to the canons of Bolton of two acres of land in the territory of Cononley lying between the land of the said canons newly cleared in *le Ker* and two acres of his wood next to *Linthuait* to the south. [1228x16 Oct. 1258]**

[fo. 110v] Omnibus Cristi fidelibus ad quos presens scriptum pervenerit Ambrosius de Cunedel[ey][a] salutem in Domino. Noverit universitas vestra me dedisse, [concess]isse et hac presenti carta mea confirmasse Deo et eccclesie sancte[b] Marie de Bouthelton'[c] et canonicis ibidem Deo servientibus duas acras terre [cum] pertinenciis in ter[r]itorio de Cunedeley[d] sine aliquo retenemento que iacent inter terram predictorum canonicorum de novo assartatam [in le] Ker et duas acras bosci mei propinquiores de Linthuait versus australem partem sine aliquo retenemento; tenendas et habendas dictis[e] canonicis in liberam, puram et perpetuam elemosinam cum omnibus libertatibus, communis et a[i]siamentis predicte ville de Cunedeley[f] pertinentibus infra villam et extra[g] sicut aliqua elemosina liberius et honorius dari poterit alicui viventi. Ego vero Ambrosius et heredes [mei] omnia in presenti scripto prenominata predictis canonicis contra omnes homines warantizabimus in perpetuum. In huius rei testimonium huic presenti scripto pro me et heredibus meis sigillum meum apposui. Hiis testibus: domino Widone de Bovill',[h] Iohanne de Eston', Sym[one][i] de Marton', Eustachio de Rilleston', Roberto de Fernil,[j] Willelmo fratre suo, Hel[ia] Nigro, Roberto [fo. 101][k] Cuvel,[l] Willelmo Botte[m] et aliis.

a. Conendley B.   b. beate *replacing* sancte B.   c. Bolton B.   d. Conendeley B.   e. predictis B.   f. Conendley B.   g. et *inserted* B.   h. Wydone de Boivill B.   i. Simone B.   j. Fernhill B.   k. *Heading* Conondley B.   l. Cuvell B.   m. Bott B.

Linthuait is probably High and Low Linfitt Carr, whilst *le Ker* is thought to be Carr Redding.
A – Chatsworth Charter, B2, PB2865/20. Endorsed xxx[a]; 220x65mm [13mm tag fold]; seal: black wax, round. Obverse: bird with claw raised facing left, wing extended. Legend: + AMBROSI [DE CUN]…EL; slight damage left side; 32mm; sealed on the tag method 1. Document damaged on left. The reading in B is followed where A is illegible.

330 **Gift in free, pure and perpetual alms by Ambrose son of John of Cononley to the canons of Bolton of two acres of wood, to be assarted, in the fields of Cononley, next to the wood which Richard Bott bought from William of Farnhill. [*c*.1230x26 Jan. 1255]**

[fo. 101r] Omnibus Cristi fidelibus ad quos presens scriptum pervenerit Ambrosius filius Iohannis de Cunendelay[a] salutem in Domino. Noveritis me dedisse et[b] concessisse et hac presenti carta mea confirmasse Deo et ecclesie beate Marie de Bowthelton'[c] et canonicis ibidem Deo servientibus duas acras bosci in campo de Cunedelay[d] propinquiores bosco Ricardi Botte[e] quo[f] emit de Willelmo de Fernil[g] ad assartandum licet facere[h] quicquid[e]m[i] voluerint. Tenendum et habendum predictis canonicis de me et heredibus meis[j] in liberam, puram et perpetuam elemosinam solute, quiete, integre, ab omni seculari servicio, consuetudine et demanda. Et ego Ambrosius et heredes mei warantizabimus predictis canonicis duas predictas acras bosci contra omnes homines inperpetuum. In huius rei testimonium huic scripto sigillum meum apposui. Hiis testibus: Hel[ia] de Stiveton', Godefrido de Alta Ripa, Willelmo de Fernil,[k] Roberto fratre suo, Waltero Rewel,[l] Hel[ia] Nigro, Roberto Cuvel,[m] Willelmo Marescallo et aliis.

a. Conondley B.   b. et omitted B.   c. Bolton' B.   d. Conendley B.   e. Bott B.   f. quod B.

g. Farnhill B.   h. 20mm gap; inde replacing licet facere B.   i. quicquid B.   j. meis omitted B.   k. Farnhill B.   l. Relkel B.   m. Cuvell B.

A – Chatsworth Charter, K22. Endorsed: xxxj; 200x65mm [10mm tag fold]; no tag or seal; sealed on the tag method 1.

331 Quitclaim in free, pure and perpetual alms by Henry Crocbain of Cononley to the canons of Bolton of 1*d*. annual rent from land formerly of Margeret of Keighley mother of John of Keighley and 4*d*. annual rent formerly of Thomas Bott rector of Carleton, in the vill of Cononley, with appurtenances and escheats. [1275x26 Jun. 1308]

[fo. 101r] Omnibus hoc scriptum visuris vel audituris Henricus Crokbayn[a] de Cunedley[b] salutem in Domino eternam.[c] Noveritis me concessisse, relaxasse et omnino quietum clamasse de me et heredibus meis vel assignatis Deo et ecclesie beate Marie de Boulton'[d] et canonicis ibidem Deo servientibus unum annuum redditum unius denarii quem accipere consuevi de terra que quondam fuit Margerie de Kihelay[e] matris Iohannis de Kiheley[f] et unum annuum redditum quatuor denariorum quem sibi[g] accipere consuevi de terra que quondam fuit Thome Botte[h] persone de Karleton' in villa de Cunedley.[i] Habendum et tenendum predictis canonicis et eorum successoribus vel assignatis omnem predictum redditum cum omnibus pertinenciis suis et excaetis si que aliquo modo a[ccidere] poterunt in liberam, puram ac[j] perpetuam elemosinam sicut aliqua elemosina liberius, ac quietius ab omni seculari exactione et demanda teneri poterit inperpetuum, [fo. 101v][k] ita quod nec ego Henricus nec heredes mei vel mei assignati in predicto redditu vel in aliqua sui excaeta aliquid iuris vel clamii aliquo modo inposterum exigere vel vendicare poterimus vel possimus inperpetuum. In cuius rei testimonium presenti scripto sigillum meum apposui. Hiis testibus: Iohanne de Farnhil,[l] Willelmo filio Roberti de Skypton',[m] Everardo Fauvel,[n] Willelmo de Cestrehunte,[o] Willelmo Greindorge,[p] Willelmo Revel,[q] Philippo de Arundell et aliis.

a. Crokebain B.   b. Conondeley B.   c. eternam *omitted* B.   d. Bolton' B.   e. Kigheley B.   f. Kighley B.   g. sibi *omitted* B.   h. Bott B.   i. Conondeley B.   j et *replacing* ac B.   k. *Heading* Conondley B.   l. Farnhill B.   m. Skipton' B.   n. Fauvell B.   o. Cestreront B.   p. Graindorge B.   q. Revell' B.

Henry Crocbain occurs frequently in the Bolton Priory *Compotus* between 1291 and 1304, relating to various debts and arrears (*Compotus*, pp. 43, 170).
A – Chatsworth Charter, B2, PB2865/16. Endorsed: xxx'ij; carta Henrici Crokbayn de Cunedley; 190x195mm [15mm tag fold]; seal: white wax, lozenge shaped. Obverse: pole with five cross, a sun on either side, 33x30mm. Legend: RICI … ; sealed on the tag method 1.

332 Quitclaim in free, pure and perpetual alms by Henry son of Ambrose of Cononley to the canons of Bolton of one toft, four acres of arable land and one acre of meadow in the vill of Cononley, being the land the canons hold for 16*d*. annual rent. Also the said Henry quitclaims in free, pure and perpetual alms all his lands and tenements in the vill of Cononley and elsewhere had by the feoffment by Ambrose, his father, and other ancestors. Transaction of a certain sum of money. [*c*.1240x*c*.1280]

[fo. 101r] Omnibus Cristi fidelibus ad quorum noticiam presens scriptum pervenerit Henricus filius Ambrosii de Conedlay[a] salutem eternam in Domino. Noveritis me dedisse, concessisse, confirmasse et omnino pro me et heredibus meis[b] quietum clamasse Deo et ecclesie beate Marie de Bolton' et canonicis ibidem Deo servientibus et eorum successoribus in liberam, puram et perpetuam elemosinam unum toftum[c] in villa de Conedlay[d] cum pertinentiis et quatuor acras terre arabilis et unam acram prati in eadem villa illud[e] scilicet toftum et terram cum pertinenciis pro quibus predicti canonici michi[f] reddere solebant annuatim aliquo tempore sexdecim denarios, ita quod quieti sint ab eisdem inperpetuum.[g] Concessi etiam et confirmavi et omnino quietum clamavi pro me et heredibus meis eisdem canonicis et eorum successoribus in liberam, puram et perpetuam elemosinam omnes terras et tenementa cum omnibus pertinentiis suis que tenent in villa de Conedlay[h] et alibi ex feofacione[i] predicti Ambrosii patris mei et aliorum antecessorum meorum; tenenda et habenda eisdem canonicis et eorum successoribus in liberam, puram et perpetuam elemosinam, libere, quiete, bene et in pace, integre et solute, secundum tenores cartarum quas habent de predicto Ambrosio patre meo et aliis antecessoribus meis et sicut[j] aliqui religiosi liberius et quietius tenere poterunt vel aliquo tempore consueverunt. Ego vero predictus Henricus et heredes mei vel mei assignati omnia predicta tenementa cum pertinentiis suis sicut predictum est predictis canonicis et eorum successoribus in liberam, puram et perpetuam elemosinam contra omnes mortales warantizabimus,[k] adquietabimus[l] et inperpetuum defendemus, pro hac autem donacione, concessione, confirmacione et quieta [fo. 102r][m] clamacione dederunt michi[n] predicti canonici unam summam pecunie premanibus in mea necessitate. In cuius rei testimonium huic scripto sigillum meum pro me et heredibus meis apposui. Hiis testibus: Roberto de Stiveton', Iohanne de Farnhill', Elya de Kyckelay,[o] Willelmo de Martun',[p] Iohanne Giliot,[q] Willelmo filio Roberti de Schipton',[r] Iohanne fratre eius de eadem et multis aliis.

a. Conondley B.   b. meis *omitted* B.   c. tofftum *(sic)* A.   d. Conondley B.   e. illam *written under* B.   f. mihi B.   g. imperpetuum B.   h. Conondley B.   i. feoffacione B.   j. sicut *omitted* B.   k. warrantizabimus B.   l. acquietabimus B.   m. *Headed* Conondley B.   n. mihi B.   o. Helia de Kigheley B.   p. Marton' B.   q. Gilott B.   r. Skipton' B.

A – Chatsworth Charter, L3, P100. Endorsed: xxx[r] iij; xxxiij [very faint]; on front of tag fold: iiij; 210mmx137mm [27mm tag fold]; tag, no seal. H – fo. 38v, from Bolton Cartulary, fo. 99, abstract.

333 Gift in free, pure and perpetual alms by Elias son of Kascegay of Cononley to the canons of Bolton of one acre of land in the vill of Cononley, namely half an acre in the *cultura* called *Brigheholme* and half an acre in the west part of the *cultura* called *Aldefeld*, with all free common, liberties and appurtenances. [1200x9 Dec. 1234]

[fo. 102r] Omnibus Cristi fidelibus hoc scriptum visuris vel audituris Helyas filius Kascegay de Conondley salutem in Domino. Noverits me dedisse et concessisse et hac presenti carta mea confirmasse Deo et ecclesie beate Marie de Bolton' et canonicis ibidem Deo servientibus unam acram terre in villa de Conondley scilicet dimidiam acram in cultura que vocatur Brigheholme et aliam dimidiam acram in occidentali parte culture que vocatur Aldefeld cum libera communia et omnibus aliis libertatibus et pertinentiis ad tantam terram in eadem villa pertinentibus in liberam, puram et perpetuam elemosinam, solutam et quietam ab omni seculari servitio et demanda pro salute anime mee et antecessorum meorum et successorum. Et ego Helyas filius Kascegay et heredes mei warrantizabimus prefatam terram predictis canonicis contra omnes homines imperpetuum. Hiis testibus: Willelmo Flandrensi, Petro Gwylott, Willelmo de Dreffeld tunc senescallo, Willelmo de Stiveton', Willelmo de Hebden, Roberto Coco de Cunugston,[a] Iohanne de Kildewicke et aliis.

a. *sic, perhaps in error for Cuningston.*

William Driffield was the steward of the count of Aumale, being 'the first steward to be definitely localized … steward of Cockermouth *c.*1230' (*Lords of Holderness*, p. 66). This may indicate that this benefaction was made towards the end of the date range suggested. D. Gulliver in correspondence suggests that *Aldefeld* is modern-day Hadfield, whilst *Brigheholme* is likely to be Brigholm in the 1842 tithe award.

334 Gift in free, pure and perpetual alms by Elias son of Kascegay to the canons of Bolton of one toft and croft in the vill of Cononley, lying between the tofts of Elias Black and Edwin, with liberties, easements and common rights. [1228x1243]

[fo. 102r] Sciant presentes et futuri quod ego Helyas filius Kascegay dedi et concessi et presenti carta mea confirmavi Deo et ecclesie beate Marie de Bolton' et canonicis ibidem Deo servientibus unum toftum et croftum cum pertinentiis in villa de Conondley, illa scilicet que iacent inter toftum Helie Nigri et toftum Edwini; tenendum et habendum de me et heredibus meis in liberam, puram et perpetuam elemosinam cum omnibus libertatibus, aisiamentis et communis predicte terre pertinentibus. Ego vero et heredes mei warrantizabimus [fo. 102v][a] predictam terram prefatis canonicis contra omnes homines imperpetuum. Hiis testibus: Petro Gwylott, Iohanne de Eston', Eustachio de Rilleston', Rogero de Kigheley, Ranulpho de Otterburne, Willelmo filio Arkil[li], Roberto cem[en]tar[io] et aliis.

a. *Heading* Conondley B.

335 Gift in free, pure and perpetual alms by William son of Elias [son of] Kascegay to the canons of Bolton of two acres and a half of wood, lying between the woods of Lord Godfrey de Alta Ripa and Elias Black of Cononley, extending to the royal highway up to the moor of Cononley, and half and acre in *le Fall*, with all appurtenances. [1228x*c.*1260s]

[fo. 102v] Omnibus Cristi fidelibus hoc scriptum visuris vel audituris Willelmus filius Helie[a] Kacegay salutem in Domino. Noverit universitas vestra me dedisse, concessisse et presenti scripto confirmasse Deo et beate Marie de Bolton et canonicis ibidem Deo servientibus duas acras bosci et dimidiam iacentes inter boscum domini Godefridi de Alta Ripa et boscum Elie Nigri de Conondley sicut se extendunt a regia via usque ad moram de Conondeley, tam in longitudine quam in latitudine sine aliquo retenemento et dimidiam acram in le Fall; tenendas et habendas predictis canonicis in liberam, puram et perpetuam elemosinam cum omnibus pertinentiis suis. Ego vero Willelmus et heredes mei totum predictum boscum cum dimidiam acram in le Fall predictis canonicis cum suis pertinentiis sine aliquo retenemento contra omnes homines warrantizabimus et defendemus imperpetuum. Hiis testibus: domino Wydone de Boyvill, Ada[b] de Wraton', magistro Galfrido de Otteley, Roberto de Farnhill, Willelmo fratre suo, Ambrosio de Conondley, Helia Nigro de eadem et aliis.

a. filii *omitted* B.   b. Adamo *(sic)* B.

336 Quitclaim by Marra, formerly the wife of John Frapesans, in her widowhood to Prior John of Lund and the canons of Bolton of all right and claim to those buildings, lands and tenements in Cononley which the canons have from her late husband. [19 Oct. 1275x16 Jul. 1286]

[fo. 102v] Omnibus hoc scriptum visuris vel audituris Marra que fuit uxor Iohannis Frapesanse de Conondley salutem in Domino sempiternam. Noveritis me in pura viduitate mea remisisse, resignasse et omnino quietumclamasse religiosis viris Iohanni de Land priori de Bolton' in Craven et eiusdem loci conventui totum ius et clameum quod unquam habui, habeo vel aliquo modo habere potero nomine dotis in illis edificiis, terris et tenementis cum suis pertinentiis in Conondley que vel quas predicti prior et conventus habent et tenent de terris et tenementis que quondam fuerunt predicti Iohannis Frapesanse quondam mariti mei in predicta villa de Conendley; habendum et tenendum predictis priori et conventui et eorum successoribus imperpetuum, ita quod nec ego predicta Marra nec aliquis pro me nec in nomine meo ius vel clamium in predictis edificiis, terris et tenementis cum suis pertinentiis poterimus exigere nec vendicare de cetero quoquomodo. In cuius rei testimonium presenti scripto sigillum meum apposui. [fo. 103r][a] Hiis testibus: Thoma de Alta Ripa, Roberto de Stiveton', Iohanne Giliott, militibus, Iohanne de Farnhill, Henrico Crockbain, Willemo Revell', Ada Pedefer et aliis.

a. *Heading* Conondley B.

337 Quitclaim in free, pure and perpetual alms by William Todd son of William Frapesans of Cononley to the canons of Bolton of all right and claim to all the lands as well as the site and water passage of the mill of the canons, with appurtenances, in Cononley that the canons have by the gifts of his ancestors. [27 May 1257x12 Jun. 1305]

[fo. 103r] Omnibus hoc scriptum visuris vel audituris Willelmus Todd filius Willelmi Frapesans de Conondley salutem in Domino sempiternam. Noverit universitas vestra me remisisse, resignasse et omnino de me et heredibus meis imperpetuum quietumclamasse Deo et ecclesie beate Marie de Bolton' et canonicis ibidem Deo servientibus totum ius et clameum quod unquam habui, habeo vel aliquo modo habere potero in omnes illas terras cum suis pertinentiis, quas predicti canonici habent de dono seu de hereditate successorum meorum in Conondley quoquo modo et totum ius et clamium quod unquam habui, habeo vel aliquo modo habere potero, in situm et aque cursum molendini predictorum canonicorum in Conondley; habendum et tenendum predictis canonicis et eorum successoribus imperpetuum in liberam, puram et perpetuam elemosinam, sicut elemosina liberius dari poterit seu conferri solute et quiete ab omnibus secularibus servitiis et demandis, ita videlicet quod nec ego predictus Willelmus nec heredes nec assignati mei nec aliquis in nomine nostro ius nec clameum in predictis terris cum suis pertinentiis, nec in sicum nec aque cursum dicti molendini decetero exigere poterimus vel vendicare. Et ego vero predictus Willelmus et heredes mei predictas terras cum omnibus suis pertinentiis et sicum et aque cursum dicti molendini quantum in nobis est predictis canonicis et eorum successoribus in liberam, puram et perpetuam elemosinam ut prescriptum est contra omnes gentes warrantizabimus imperpetuum et defendemus. In cuius rei testimonium presenti scripto sigillum meum apposui. Hiis testibus: Thoma de Alta Ripa, Roberto de Stiveton', Willelmo de Boyvill, militibus, Iohanne de Farnhill, Willelmo Revell', Henrico Crokebain, Willelmo Couvell, Ada[a] Pedefer et aliis.

a. Adamo *(sic)* B.

H – fo. 39r, from Bolton Cartulary, fo. 100, abstract.

338 Gift in pure and perpetual alms by Elias Black of Cononley to the canons of Bolton of one perch of wood in the wood of Cononley under the way which extends through the middle of the wood from Cononley towards Carleton, near to the boundary between the woods of Cononley and Carleton and the boundary called *Meretlohe.* **[1241x16 Oct. 1258]**

[fo. 103v][a] Omnibus Cristi fidelibus ad quorum noticiam hoc presens scriptum pervenerit Elyas Niger de Conondley salutem in Domino. Noverit universitas vestra me caritatis intuitu concessisse, dedisse et hac mea carta confirmasse Deo et ecclesie beate Marie de Bolton et canonicis ibidem Deo servientibus unam percatam[b] nemoris mei in nemore de Conendley sub via que extendit per medium dicti nemoris a villa de Conondley versus Carleton, que scilicet pertata[c] iacet propinquior' illi divise que est inter divisis nemor' Coneley et Carleton', et illa divisa est vocata Meretlohe;[d] habendam et tenendam Deo et ecclesie beate Marie et dictis canonicis de Boulton in puram et perpetuam elemosinam, solutam et quietam ab omni seculari servitio, exactione et demanda. Et ego Helyas et heredes mei warrantizabimus, acquietabimus et defendemus prenominatam percatam cum pertinentiis contra omnes homines imperpetuum. In cuius rei testimonium hoc presens scriptum sigillo meo munivi. Hiis testibus: Godefrido de Alta Ripa, Iohanne de Eston, Eustachio de Rilleston', Thoma de Lelley tunc constabul[ario] de Skipton, Willelmo Mauleverer, Ricardo clerico de Otterburne, Willelmo de Farnhill, Roberto fratre suo de eadem, Ambrosio de Conondley et aliis.

a. *Heading* Conondley B.   b. terre *deleted* B.   c. perc/tata *overwritten* B.   d. Merethohe *deleted* B.

Meretlohe is thought to be near the border with Carleton.

339 Gift in free, pure and perpetual alms by Elias Brown of Cononley to the canons of Bolton of three roods of land in Hadfield, with all appurtenances, to the maintenance of a window to the Blessed Mary. [*c*.1230x*c*.1260]

[fo. 103v] Omnibus hoc scriptum visuris vel audituris Elyas Brun de Conondeley salutem in Domino. Noverit universitas vestra me dedisse, concessisse et presenti carta mea confirmasse priori et conventui de Bolton tres rodas terre in Aldfeld, propinquiores terre Willelmi de Farnhill in Aldfeld cum omnibus pertinentiis suis sine aliquo retenemento ad luminare[a] sustentandum beate Marie; tenendas et habendas predictis priori et conventui in liberam, puram et perpetuam elemosinam cum omnibus pertinentiis sicut predictum est. Ego vero Helias et heredes mei predictam terram cum omnibus pertinentiis suis sicut predictum est predictis priori et conventui warrantizabimus, acquietabimus contra omnes homines imperpetuum. In huius rei testimonium presenti carte sigillum meum apposui. Hiis testibus: domino Godefrido de Alta Ripa, Wydone de Boyvill, Willelmo de Farnhill, Roberto fratre eius, Galfrido de Otteley, Everardo forrestar[io], Ambrosio de Conendeley et aliis.

a. lumimare *(sic)* B.

It would seem likely that Elias Brown of Cononley is the same person as Elias Black of Cononley, the benefactor of the previous charter. As has been noted, *Aldfield* may be modern-day Hadfield.

340 Quitclaim in free, pure and perpetual alms by John Brown of Cononley to the canons of Bolton of all the land he had to the head

of *Grimpelthuait*, the head of *Wydhedales* and between *Flekebriggelandes* and *Sandilandes* in the field of Cononley, just as the ditch of the canons extends through half of a certain piece of land of John's between the said boundaries, and all his land in the said ditch, with all liberties and easements. [27 May 1257x12 Jun. 1305]

[fo. 104r]^a Omnibus Cristi fidelibus ad quos presens scriptum pervenerit Iohannes Brun de Conendeley salutem in Domino sempiternam. Noverit universitas vestra me concessisse, remisisse et omnino quietamclamasse Deo et ecclesie beate Marie de Bolton'^b in Craven' et canonicis ibidem Deo servientibus de me et heredibus mei et assignatis imperpetuum totam terram quam habui ad caput de Grimpelthuait et ad caput de Wydhedales et inter Flekebriggeland[es] et Sandiland[es] in campo de Conendelay, sicut fossatum predictorum canonicorum se extendit per medium quarundum particularum terre mee infra predictas divisas, una cum tota terra mea infra predictum fossatum in medietate contenta; habendam et tenendam totas predictas terras predictis canonicis et eorum successoribus in liberam, puram et perpetuam elemosinam cum omnibus libertatibus suis et aisiamentis, libere et quiete et solute ab omni servitio seculari et demanda imperpetuum. Et ego Iohannes et heredes mei et assignati totas predictas terras cum omnibus pertinentiis suis et aisiamentis predictis canonicis et eorum successoribus warrantizabimus, acquietabimus contra omnes homines et imperpetuum defendemus. In cuius rei testimonium presenti scripto sigillum meum apposui. Hiis testibus: dominis Thoma de Alta Ripa, Willelmo de Boyvill et Roberto de Stiveton', militibus, Iohanne de Farneley, Willelmo filio Roberti de Skipton', Everardo Fauvell, Willelmo de Cestreront, Henrico Crookebain, Willelmo Revell' et multis aliis.

a. *Heading* Conondley B.   b. Bilton *(sic)* B.

It seems likely that this quitclaim was made during the later half of the date range. *Sandilandes* and *Flekebriggeland[es]* are thought to be near Northolme, whilst *Wydhedales* may be *Windle Lane*, referred to in the 1842 tithe award. In his correspondence D. Gulliver suggests a possible link between *Wydhedales* and Henry of Windhill.

341 Gift in free, pure and perpetual alms by Elias son of Osbern of Cononley to the canons of Bolton of his toft in the vill of Cononley next to the granary of the canons, with a way leading to their granary being 18 feet in width and 10 perches in length. [Michaelmas 1186x17 Apr. 1222]

[fo. 104r] Sciant presentes et futuri quod ego Helias filius Osberni de Conendley dedi et concessi et presenti carta confirmavi Deo et ecclesie beate Marie de Bolton et canonicis ibi Deo servientibus in tofto meo in villa de Conendley iuxta orreum eorundem canonicorum quandam viam ad caretas eorundem ducendum ad orreum suum, habentem'^a in latitudine xviij pedes et in longitudine decem particas; tenendam et habendam de me et heredibus meis in liberam, puram et perpetuam elemosinam, liberam et solutam ab omni servitio et demanda. Ego vero et heredes mei warrantizabimus prefatis canonicis predictam viam [fo. 104v]^b contra omnes homines. Hiis testibus: Hugone de Calton', Willelmo de Marton, Rogero Kighleya, Willelmo de Farnhill et Ada^c fratre eius, Iohanne filio Sampsonis.

a. d/t *overwritten* B.   b. *Heading* Conondley B.   c. Adamo *(sic)* B.

342 Gift by Ambrose son of John of Cononley to the canons of Bolton of all the land he had in Hadfield in the vill of Cononley as is stated in his charters, with Ambrose holding the said land throughout his life, paying 1*ob.* annually. [1214x26 Jan. 1255]

[fo. 104v] Omnibus Cristi fidelibus ad quos presens scriptum pervenerit Ambrosius filius Iohannis de Cunedelay[a] salutem in Domino. Noverit universitas vestra me dedisse, concessisse et hoc presenti scripto confirmasse priori et conventui de Bouthelton'[b] totam terram quam habui in Aldefeld in[c] villa de Cunedelay[d] sine aliquo retenemento; tenendam et habendam de me et heredibus meis sicut carta quam inde habent[e] de me in omnibus testatur, ita tamen ego totam[f] predictam terram de prefatis priore et conventu[g] tantumodo in vita mea tenebo, reddendo inde annuatim prenominatis canonicis pro predicta terra unum obulum die Natalis Domini pro omni servitio et predicta terra soluta et quieta predictis priori et conventui sine aliqua contradictione vel impedimento mei vel heredum meorum post decessum meum remanebit renunciando regie prohibicioni et omni iuris remedio civilis et canonici. In huius rei testimonium huic scripto sigillum meum apposui. Hiis testibus: domino Helia de Stiveton', Iohanne de Eston', Willelmo de Fernil,[h] Roberto fratre suo, Helia Nigro de Cunedelay,[i] Willelmo filio Walteri Rewel de Gluseburne,[j] Roberto Cuvel[k] et multis aliis.

a. Conondley B.   b. Bolton B.   c. et *repeated twice* A.   d. Conendley B.   e. ....3mm, *possibly contained 'in', scribal error of repeating inde. Unusual loop to 'd'* A.   f. terram *deleted* B.   g. canonicis *replacing* priore et conventu B.   h. Farnhill B.   i. Conendeley B.   j. Revell' de Glusb' B.   k. Cuvell B.

D. Gulliver suggests that *Aldefeld* is modern-day Hadfield.
A – Chatsworth Charter, L3, P97. Endorsed: xliij; 160x90mm [15mm tag fold]; no seal, tag; sealed on the tag method 1. H – fo. 38v, from Bolton Cartulary, fo. 101, abstract.

343 Gift in free, pure and perpetual alms by Ambrose son of John son of Samson of Cononley to the canons of Bolton of all the land lying between *le Helerschacke* and the land Winfrid held of his ancestors in Hadfield, together with his body for burial. [1214x26 Jan. 1255]

[fo. 104v] Omnibus Cristi fidelibus ad quos presens scriptum pervenerit Ambrosius filius Iohannis filii[a] Sampsonis de Cunedelay[b] salutem in Domino. Noverit universitas vestra me dedisse, concessisse et hac presenti carta mea confirmasse Deo et ecclesie beate Marie de Bouthelton'[c] et canonicis ibidem Deo servientibus una cum corpore meo totam terram que iacet inter le Helerschacke et terram quam Winfridus tenuit de antecessoribus meis in Aldefeld; tenend[am] et habend[am] predictis canonicis cum omnibus pertinentiis suis in liberam, puram et perpetuam elemosinam cum omnibus communis et libertatibus predicte ville de Cunedelay[d] pertinentibus. Et ego et heredes mei totam prenominatam terram cum suis pertinentiis predictis canonicis warantizabimus in perpetuum. In huius rei testimonium huic scripto sigillum meum apposui. Hiis testibus: domino Helia de Stiveton', Iohanne de Estona, Willelmo de F[ar]nil,[e] Roberto fratre suo, Helia Nigro, Roberto Cuvel[f] et multis aliis.

a. filii *omitted* B.   b. Conendeley B.   c. Bolton' B.   d. Conendeley B.   e. Farnhill B.   f. Cuvell B.

A – Chatsworth Charter, L2, P30. Endorsed: xliiij; 155x87mm [20mm tag fold]; seal: yellow wax, round; obverse bird walking left; damaged right side; 30mm; sealed on the tag method 1.

344 Gift in free, pure and perpetual alms by Ambrose son of John of Cononley of all the land in Hadfield in the vill of Cononley, all the

land which pertains to the bovate of land which Robert of Cowling held in *le Wulnetwaite* and half an acre of land in *le Fall*, with appurtenances. [*c*.1220x*c*.1260]

[fo. 105r][a] Omnibus Cristi fidelibus ad quos presens scriptum pervenerit Ambrosius filius Iohannis de Conendley salutem in Domino. Noverit universitas vestra me dedisse, concessisse et hoc presenti scripto confirmasse priori et conventui de Bolton totam terram cum suis pertinentiis in Aldefeld in villa de Conendley et totam illam terram que pertinet ad illam bovatam terre quam Robertus de Colling tenuit in le Wulnetwaite et dimidiam acram terre in le Fall cum omnibus pertinentiis suis sine aliquo retenemento; tenendas et habendas predictis priori et conventui in liberam, puram et perpetuam elemosinam sicut aliqua terra melius vel liberius dari poterit. Ego vero Ambrosius et heredes mei omnes predictas terras cum omnibus pertinentiis suis sicut predictum est predictis priori et conventui contra omnes homines warrantizabimus, acquietabimus et defendemus imperpetuum. In huius rei testimonium presenti scripto sigillum meum apposui. Hiis testibus: domino Godefrido de Alta Ripa, Wydone de Boyvill, Willelmo de Farnhill, Roberto fratre eius, Elia Nigro, magistro Galfrido de Otteley in Farnhill, Roberto Covell et aliis.

a. *Heading* Conondley B.

345 Gift in free, pure and perpetual alms by William son of Elias [son of] Kascegay to the canons of Bolton of all his land in Hadfield, and half an acre of land lying towards the head of *Glerschache* on the west. [*c*.1220x*c*.1260]

[fo. 105r] Omnibus Cristi fidelibus ad quos presens scriptum pervenerit Willelmus filius Helie[a] Kacegay salutem in Domino. Noverit universitas vestra me dedisse, concessisse et presenti carta mea confirmasse priori et conventui de Bolton' totam terram meam in Aldefeld cum omnibus pertinentiis suis sine aliquo retenemento iacentem inter terram Elie Brun et terram prioris de Bolton' ex parte occidentali et dimidiam acram terre iacentem ad caput de Glerschache ex parte occidentali; tenendas et habendas in liberam, puram, et perpetuam elemosinam predictis priori et conventui cum omnibus pertinentiis suis sicut predictum est predictis priori et conventui warrantizabimus imperpetuum contra omnes homines. In huius rei testimonium presenti carte sigillum meum apposui. Hiis testibus: domino Godefrido de Alta Ripa, Wydone de Boyvill, Willelmo de Farnhill, Roberto fratre suo, Galfrido de Otteley, Elia Brun', Ambrosio de Conondley et aliis.

a. filii *omitted* B.

D. Gulliver suggests that *Glerschache* is part of the Oldfield.

346 Quitclaim in free, pure and perpetual alms by Peter del Green of Cononley to the canons of Bolton of one acre and ten perches of land in the territory of Cononley, one rood lying above *le Houflatt*, half an acre and two perches lying above the royal highway and one rood and eight perches of land lying in length by the way leading from *Quikildelothem* to *Langflat*. [*c*.1250x12 Jun. 1305]

[fo. 105v][a] Omnibus hoc scriptum inspecturis Petrus del Greene in Cononley salutem eternam in Domino. Noveritis me pro salute anime mee dedisse, concessisse, quietum clamasse et hac presenti carta mea confirmasse Deo et ecclesie beate Marie de Bolton et canonicis ibidem Deo servientibus unam acram et decem particatas terre in territorio de Conendley unde una roda iacet super le Houflatt et dimidia acra et due particate iacent super regiam viam et iacent inter terras dictorum canonicorum ex utraque parte et unam rodam et octo particatas terre que iacent in longitudine a via que exit de Quikildelothem usque ad Langflat; tenendas et habendas dictis canonicis et eorum successoribus vel assignatis in liberam, puram et perpetuam elemosinam, bene et integre, quiete, solute et in pace ab omni seculari servitio, consuetudine, sectis curie, exactione et demanda cum omnibus libertatibus et aisiamentis dicte terre pertinentibus sine aliquo retenemento. Et ego Petrus et heredes mei predictam terram cum pertinentiis dictis canonicis et eorum successoribus et assignatis contra omnes homines warrantizabimus, acquietabimus et imperpetuum defendemus. In cuius rei testimonium presenti scripto sigillum meum apposui. Hiis testibus: Thoma de Alta Ripa, Willemo filio Roberti de Skipton', Radulpho filio Everardi de eadem, Willelmo Farnhill, Iohanne de eadem, Willelmo Revel', Ricardo Pedefer de Glisburn, Iohanne de Stretton', Roberto le Vavasor et aliis.

a. *Heading* Conondley B.

Quikildelothem is thought to have been south of Cononley, towards Kildwick, and *Langflat* is south of Aire Bridge.

347 Gift in pure and perpetual alms by Peter del Green of Cononley to the canons of Bolton of three roods of land in the vill and territory of Cononley, lying in the *cultura* called *Houflat* next to the land of the canons. [*c*.1250x12 Jun. 1305]

[fo. 105v] Omnibus hoc scriptum visuris vel audituris Petrus de Viride de Conendley salutem in Domino. Noverit universitas vestra me dedisse, concessisse et hac presenti carta mea confirmasse Deo et beate Marie de Bolton' et priori et conventui eiusdem domus tres rodas terre cum pertinentiis in villa et in territorio de Conendley in puram et perpetuam elemosinam imperpetuum, scilicet illas tres rodas que iacent in illa cultura que vocatur Houflat iuxta terram dicti conventus; tenendas et habendas priori et dicto conventui et successoribus eorum in feodo et in hereditate, libere, quiete, pacifice cum omnibus libertatibus et communibus, aisiamentis dicte terre pertinentibus infra et[a] extra sine retenemento. Et ego vero Petrus et heredes mei predictas tres rodas terre cum pertinentiis dicto priori et conventui et successoribus eorum contra omnes homines warrantizabimus imperpetuum, acquietabimus et defendemus. In cuius rei testimonium presenti scripto sigillum meum apposui. Hiis testibus: Martino [fo. 106r][b] de Florid[a] capitali ballivo castri, Thoma de Alta Ripa, Willemo filio Roberti de Skipton', Radulpho filio Everardi, Everardo Fauvell de Stretton, Iohanne de Farnhill, Willelmo de eadem, Willelmo Pincerna de Bradley, Ada[c] Bullock de eadem, Thoma clerico et aliis.

a. ete *(sic)* B.   b. *Heading* Conondley B.   c. Adamo *(sic)* B.

348 Quitclaim in free, pure and perpetual alms by Peter del Green of Cononley to the canons of Bolton of one acre of land in the territory of Cononley, half an acre which extends itself above *Langeflathe*, and the way extending from *Quikildehome*, and half an acre extending itself above the royal highway. [*c*.1250x12 Jun. 1305]

[fo. 106r] Omnibus hoc scriptum inspecturis[a] Petrus del[b] Grene[c] in Cunedlay[d] salutem eternam in Domino. Noveritis me pro salute anime mee dedisse, concessisse, quietum clamasse et hac presenti carta mea confirmasse Deo et ecclesie beate Marie de Bouelt'n[e] et canonicis ibidem Deo servientibus unam acram terre in territorio de Cunedlay[f] scilicet dimidiam acram que extendit se super Langeflath[g] in longitudine et in latitudine inter terram canonicorum de Bouelt'n[h] et viam que extendit de Quikildehome' et unam dimidiam acram que extendit se super regiam viam et iacet inter terras canonicorum dictorum ex utraque parte; tenendam et habendam dictis canonicis et eorum successoribus vel assignatis in liberam, puram et perpetuam elemosinam, bene, integre, quiete, solute et in pace, ab omni seculari servicio, consuetudine, sectis curie, exactione et demanda cum omnibus libertatibus et aysiamentis[i] dicte terre pertinentibus sine aliquo retenemento. Et ego Petrus et heredes mei predictam terram cum pertinenciis dictis canonicis et eorum successoribus vel assignatis contra omnes gentes warantizabimus, aquietabimus[j] et inperpetuum defendemus. In cuius rei testimonium presenti scripto sigillum meum apposui. Hiis testibus: Thoma de Alta Ripa, Willelmo filio Roberti de Skipt[o]n, Radulfo[k] filio Everardi de eadem, Willelmo de Farnhil,[l] Iohanne de eadem, Willelmo Revel, Ricardo Pedefer de Gluseburne,[m] Iohanne de Stretton',[n] Roberto le Vavasur et aliis.

a. visuris vel audituris *replacing* inspecturis B.   b. l *deleted* B.   c. Greene B.   d. Conendley B.
e. Boulton' B.   f. Conendley B.   g. Langflatt B.   h. Bolton' B.   i. aisiamentis B.   j acquietabimus B.   k. Radulpho B.   l. Farnhill B.   m. Gliseburne B.   n. Stiveton' B.

Langeflathe is thought to have been south of Aire Bridge and *Quikildehome* south of Cononley, towards Kildwick.
A− Chatsworth Charter, B1, PB22. Endorsed: xlix; 180x50mm [10mm tag fold]; no tag or seal.

349 Gift by Peter son of John del Green of Cononley to the canons of Bolton of one acre of land, half a rood and one place, namely the land which Adam son of Ysode held of Peter del Green lying above *Longeflatt in Swinewatt*, and a piece of land called *le Rane*, between the said land and the way leading from Glusburn to Cononley, in free and perpetual alms. [*c*.1250x12 Jun. 1305]

[fo. 106r] Sciant presentes et futuri quod ego Petrus filius Iohannis del Greene de Conondley dedi, concessi et hac presenti carta confirmavi Deo et ecclesie beate Marie de Bolton' et canonicis ibidem Deo servientibus unam acram terre et dimidiam rodam et unam placeam videlicet illam terram quam Adamus filius Ysode tenuit de Petro del Greene et iacet simul super Longeflatt in Swinewatt et unam placeam terre que vocatur le Rane inter predictam terram et aliam viam [fo. 106v][a] que extendit se versus Gluseburne et versus Conendley; habendas et tenendas predictis priori et canonicis et eorum successoribus in liberam et perpetuam elemosinam, bene, libere, quiete et integre cum omnibus pertinentiis suis absque omni seculari demanda. Ego vero Petrus et heredes mei totam predictam terram cum omnibus pertinentiis suis predictis priori et conventui et eorum successoribus contra omnes[b] gentes warrantizabimus, acquietabimus et defendemus. In huius rei testimonium presenti scripto sigillum meum apposui. Hiis testibus: Willelmo de Farnhill, Roberto et Ada fratribus de eadem, Henrico filio Ambrosii de Conendley, Willelmo Revel', Roberto Cuvell, Willelmo filio eius et multis aliis.

a. *Heading* Conendley B.   b. homines *deleted* B.

It is thought that *le Rane* is Fox Raine, and *Swinewath* is an area south of Aire Bridge.

350 Gift in free and perpetual alms by Peter son of John del Green of Conendley to the canons of Bolton of two acres, half a rood and a piece of land, one acre lying above *Langeflath in Swinewath*, one piece called *le Rane* between the road towards Glusburn and Cononley, and one acre in the green assart west of *Swinewath*. [c.1250x12 Jun. 1305]

[fo. 106v] Sciant presentes et futuri quod ego Petrus filius Iohannis del Grene[a] de Cunedlay[b] dedi, concessi et hac presenti carta mea confirmavi Deo et beate Marie de Bouelt[o]n[c] et canonicis ibidem Deo servientibus duas acras terre et dimidiam rodam et unam placeam videlicet unam acram terre quam Adam filius Ysode[d] tenuit de Petro del Grene[e] et iacet simul super Langeflath[f] in Suinwath[g] et unam placeam terre que[h] vocatur le Rane inter predictam terram et aliam viam que se extendit versus Gluseburne et versus Cunedlay[i] et aliam acram terre in viride assartum in occidentali latere de Suinwath.[j] Tenendas et habendas predictis canonicis et eorum successoribus in liberam et perpetuam elemosinam bene, libere, quiete et integre cum omnibus pertinenciis suis absque omni seculari demanda. Ego vero Petrus et heredes mei totam predictam terram cum omnibus pertinenciis suis predictis canonicis et eorum successoribus imperpetuum contra omnes homines warantizabimus, adquietabimus et defendemus. In huius rei testimonium presenti scripto sigillum meum apposui. Hiis testibus: Willelmo de Pharenhill, Roberto et Ada fratribus de eadem, Henrico filio Ambrosii de Cunedlay,[k] Willelmo Revel,[l] Roberto Cuvel,[m] Willelmo filio eius et multis aliis.

a. Greene B.   b. Conendley B.   c. Bolton' B.   d. Ysote B.   e. Greene B.   f. Langflatt' B.   g. Swinewath B.   h. ducit *deleted* B.   i. Conendley B.   j. Swinewath B.   k. Conendley B.   l. Revell' B.   m. Cuvell B.

A – Chatsworth Charter, K1. Endorsed:.L.; 175x50mm [5–7mm tag fold]; tag, no seal. Pd translation in *Yorkshire Deeds*, ix, p. 48, no. 108.

351 Gift in free, pure and perpetual alms by Peter son of John del Green of Cononley to the canons of Bolton of all the land he had lying in width to half of the *cultura* called *Langflath* to *Swinewathlidiate*, and in length to the royal highway up to *Quikildbothum*. [24 Jun. 1258x11 Nov. 1267]

[fo. 106v] Sciant omnes presentes et futuri quod ego Petrus filius Iohannis del Grene de Conendley concessi, dedi et hac presenti carta confirmavi pro salute anime mee, antecessorum et successorum meorum Deo et ecclesie beate Marie de Bolton' et canonicis ibidem Deo servientibus in liberam, puram et perpetuam elemosinam totam terram illam quam habui iacentem in latitudine a medietate cuiusdam culture que vocatur Langflath usque ad Swinewathlidiate et in[a] longitudine a via regia usque ad Quikildbothum cum omnibus [fo. 107r][b] pertinentiis suis; tenendam et habendam eisdem canonicis et eorum successoribus totam predictam terram cum omnibus suis in bosco et plano in pratis, pascuis et pasturis et omnibus aliis aisiamentis infra villam et extra predicte terre pertinentibus libere, quiete, integre et pacifice in liberam, puram et perpetuam elemosinam. Ego vero dictus Petrus et heredes mei sive assignati totam predictam terram cum omnibus pertinentiis suis predictis canonicis et eorum successoribus sicut predictum est contra omnes homines warrantizabimus, acquietabimus et defendemus imperpetuum. In cuius rei testimonium presenti carte sigillum meum apposui. Hiis testibus: Godefrido de Alta Ripa, Godefrido filio suo, Thoma Bott rectore ecclesie de Karleton', Roberto Hiliard tunc constabulario de Skipton',

Willelmo filio Roberti de eadem, Willelmo filio Willelmi de Farnhill, Iohanne filio Roberti de eadem, Willelmo Revel', Roberto Cuvell', Willelmo filio suo et aliis.

a. longitudine *deleted* B.   b. *Heading* Conendley B.

352 Quitclaim by Marjory in her widowhood, once wife of Peter del Green of Cononley, to the canons of Bolton of the whole of the third part of land which the canons hold in the vill and territory of Cononley by the gift of Peter, her late husband, in pure and perpetual alms. [24 Jun. 1258x12 Jun. 1305]

[fo. 107r] Sciant presentes et futuri quod ego Marioria uxor quondam Petri de Viride de Conendley in mea ligia potestate et pura viduitate concessi et dimisi et a me et heredibus meis imperpetuum quietumclamavi Deo et beate Marie de Bolton' et canonicis ibidem Deo servientibus et successoribus eorum totam tertiam partem terre in puram et perpetuam elemosinam quam dicti canonici habent in villa et in territorio de Conendley ex dono Petri viri mei, ita quod nec ego Marioria nec heredes mei nec aliquis in nomine meo in predicta terra in posterum poterimus exigere vel vendicare. Et ut hec mea concessio rata sit sine dolo vel fraude presenti scripto sigillum meum apposui. Hiis testibus: domino Thoma de Alta Ripa, domino Willemo de Boyvill, Roberto de Stiveton, Willelmo de Farnhill, Henrico filio Ambrosii, Willelmo Revell', Ada[a] de Wratton et aliis.

a. Adamo *(sic)* B.

Peter son of John del Green, presumably, was the same person as Peter del Green of Cononley, the late husband of Marjory.

353 Quitclaim by Margaret in her widowhood, once wife of Peter del Green of Cononley, to the canons of Bolton of all right and claim to all the land in Cononley which Peter del Green, her husband, had sold to the canons. [24 Jun. 1258xc.1305]

[fo. 107r] Omnibus hoc scriptum visuris vel audituris Margareta que fuit uxor Petri del Grene de Conendley salutem in Domino sempiternam. Noverit universitas vestra mea in pura viduitate me remisisse, resignasse et omnino imperpetuum quietumclamasse Deo et ecclesie beate Marie de Bolton' in Craven et canonicis regularibus ibidem Deo servientibus totum ius et clameum quod unquam habui, habeo vel aliquo modo habere potero in tota illa terra cum suis pertinentiis in [fo. 107v][a] Conondeley quam predictus Petrus del Greene quondam maritus meus eisdem canonicis vendidit, ita videlicet quod nec ego predicta Margareta nec aliquis pro me nec in nomine meo ius nec clameum in predicta terra cum suis pertinentiis de cetero poterimus exigere vel vendicare. In cuius rei testimonium presenti scripto sigillum meum apposui. Hiis testibus: Thoma de Alta Ripa, Roberto de Stiveton', militibus, Iohanne de Farnhill, Henrico Crobain, Willemo Revel', Willelmo de Coppeley, Ada Pedefer et aliis.

a. *Heading* Conendley B.

In a previous charter the wife of Peter del Green is called Marjory, however it seems likely that Marjory and Margaret were the same person and that the difference in name was due to the scribe.

354 Gift in free, pure and perpetual alms by William son of Sarah of Cononley to the canons of Bolton of six roods of arable land in

Fulesikiker in the field of Cononley, for a sum of money. [mid to late thirteenth century]

[fo. 107v] Sciant presentes et futuri quod ego Willelmus filius Sare de Conondley dedi, concessi et hac presenti carta mea confirmavi Deo et ecclesie beate Marie de Bolton' et canonicis ibidem Deo servientibus et eorum successoribus sex rodas terre arabil[is] iacentes in una placea que vocatur Fulesikeker in campo de Conondley; tenend[as] et habend[as] dictis canonicis et eorum successoribus libere, quiete, pacifice et integre de me et heredibus meis vel assignatis in liberam, puram et perpetuam elemosinam pro quadam summa pecunie mihi premanibus a predictis canonicis in mea necessitate attributa. Ego vero Willelmus et heredes vel assignati mei dictas sex rodas terre cum pertinentiis predictis canonicis et eorum successoribus prout prescriptum est in omnibus warrantizabimus, acquietabimus et imperpetuum defendemus. In cuius rei testimonium presenti scripto sigillum meum apposui. Hiis testibus: Roberto de Stiveton', milite, Iohanne de Farnhill, Willelmo Revel', Willelmo Covell de Sighlesden, Henrico Crobain et aliis.

It is likely that *Fulesikiker* is the same place as that called Foulsike in the tithe award of 1842.

355 Quitclaim by John son of Robert of Farnhill to the canons of Bolton of the annual rent of 4*d*. for a *cultura* called *Nontekyredding* in the fields of Cononley. [1260x1303]

[fo. 107v] Omnibus hoc scriptum visuris vel audituris Iohannes filius Roberti de Farnhill salutem in Domino sempiternam. Noveritis me concessisse et hoc presenti scripto meo quietumclamasse de me et heredibus meis redditum annualem quatuor denariorum priori et conventui de Bolton' in Craven quem mihi pro quadam cultura in campo de Conondeley que vocatur Nontekyredding reddere consueverunt, ita scilicet quod nec ego nec aliquis heredum meorum in predict[o] annuali redditu aliquod ius nec clamium de cetero vendicare poterimus. In cuius rei testimonium huic scripto sigillum meum apposui. Hiis testibus: domino Thoma de Alta Ripa, domino Rogero Tempest, domino Iohanne Gilott, domino R. de Stiveton, militibus, Willelmo Revel', Ada[a] Bucke, Willelmo de Cesterount et aliis.

a. Adamo *(sic)* B.

Lord R. of Steeton *(domino R. de Stiveton')* may have been Robert of Steeton, see CB, nos. 352, 354.
H – fo. 39r, from Bolton Cartulary, fo. 103, part of family tree. Pd abstract from H in *EYC*, vii, no. 112.

356 Gift in free, pure and perpetual alms by Adam son of John of Cononley to the canons of Bolton of one assart in the territory of Cononley, lying between the land of William of Farnhill and Robert clerk of *Bradleywatt*, with liberties, easements and common rights. [*c*.1200x1261]

[fo. 108r][a] Universis sancte matris ecclesie filiis has litteras visuris vel audituris Adam[b] filius Iohannis de Conendley salutem in Domino. Noveritis me dedisse, concessisse et hac presenti carta mea confirmasse Deo et ecclesie beate Marie de Bolton' et canonicis ibidem Deo servientibus pro salute anime mee et antecessorum meorum unum assartum in territorio de Conendley illud scilicet quod iacet inter terram Willelmi de Farnhill et terram Roberti clerici de Bradleywatt; tenendum et habendum de me et heredibus meis libere, quiete cum omnibus libertatibus, aisiamentis, communibus ad predictam villam de Conendeley infra et extra ad tantum terram pertinentibus in liberam, puram et perpetuam elemosinam. Ego vero et heredes mei warrantizabimus predictum assartum dicto domui et canonicis contra omnes homines imperpetuum. Hiis testibus: Willelmo de Stiveton', Godefrido de Alta Ripa, Petro Gilot, Ricardo de Gouge, Symone de Marton', Gylone Malo Leporario, Waltero[c] de Conendley, Elia fratre suo et aliis.

a. *Heading* Conondley B.   b. Adamus *(sic)* B.   c. Waltero *end obscured* B.

357 Gift in pure and perpetual alms by Robert clerk of Cononley to the canons of Bolton of one assart called *Dedheridding* in the vill of Cononley, with all appurtenances. [1214 or 1228xFeb. 1233]

[fo. 108r] Omnibus hominibus has litteras visuris vel audituris Robertus clericus de Conendley salutem in Domino. Noverit universitas vestra me concessisse et dedisse et hac presenti carta mea confirmasse in puram et perpetuam elemosinam pro salute anime mee et antecessorum meorum Deo et ecclesie beate Marie de Bolton' et canonicis ibidem Deo[a] famulantibus unum assartum in villa de Conendley scilicet illud quod vocatur Dedheridding cum omnibus suis pertinentiis. Et sciendum quod ego Robertus et heredes mei prenominatum assartum cum omnibus pertinentiis suis domui de Bolton' contra omnes homines warrantizabimus. Hiis testibus: Willelmo de Hebbedene, Petro Gilott, Eustachio de Rilleston', Iohanne de Eston', Ranulpho de Otterburne, Willelmo Graindorge, Roberto cementario, Roberto filio Ricardi et aliis.

a. servie *deleted* B.

Robert clerk of Cononley may be the same person as Robert clerk of *Bradleywatt*, who held land next to that being granted to the canons of Bolton by Adam son of John of Cononley. *Dedheridding* is thought to be Dead Eye.

358 Gift in free, pure and perpetual alms by William son of Richard Bott of Skipton to the canons of Bolton of two acres of land in the territory of Cononley lying between the new assart in *le Ker*, with two acres of wood of *Lynthuaitsike* towards the south, with liberties, common rights and easements, paying 3*d.* annually. [1228x16 Oct. 1258]

[fo. 108v][a] Omnibus Cristi fidelibus ad quos presens scriptum pervenerit Willelmus filius Ricardi Bott de Skipton' salutem in Domino. Noverit universitas vestra me dedisse, concessisse et hac presenti carta mea confirmasse Deo et ecclesie beate Marie de Bolton' et canonicis ibidem Deo servientibus duas acras terre cum pertinentiis in territorio de Conendley que iacent inter terram dicti prioris de novo assartatam in le Ker, et duas acras bosci propinquiores de Lynthuaitsike versus austrum; tenendas et habendas de me et heredibus meis in liberam, puram et perpetuam elemosinam, libere, quiete, bene et in pace cum omnibus libertatibus, commun[ibus] et aisiamentis eandem villam de Conendley pertinentibus, reddendo inde annuatim mihi et heredibus meis tres denarios ad duos terminos scilicet medietatem ad festum sancti Martini in hieme et aliam medietatem ad Pentecostiam pro omni servitio, exactione et demanda. Ego vero et heredes mei predictas duas acras terre cum duabus acris bosci predictis canonicis contra omnes homines warrantizabimus et defendemus imperpetuum. In huius rei testimonium huic presenti scripto sigillum meum apposui. Hiis testibus: domino Iohanne de Eston', Godefrido de Alta Ripa, Simone de Marton, Eustachio de Rilleston', Ricardo Tempest, Willelmo de Farnhill, Roberto fratre suo, Roberto Cuvell, Ambrosio de Conendley, Helia Nigro et aliis.

a. *Heading* Conondley B.

Lynthuaitsike has been identified by D. Gulliver as High and Low Linfitt Carrs in the 1842 Tithe Award, near modern-day Woodside Lane. *Le Ker* is believed to be Carr Ridding.

359 Gift in free and perpetual alms by Robert son of Humphrey of Cononley to the canons of Bolton of all the land which Stephan of Lothersdale and Claricia his wife hold by the gifts of his father and himself in the territory of Cononley, with appurtenances, liberties and easements, paying 16d. annually. [1200xFeb. 1233]

[fo. 108v] Sciant presentes et futuri quod ego Robertus filius Humfridi de Conendley dedi et concessi et presenti carta mea confirmavi Deo et ecclesie beate Marie de Bolton et canonicis ibidem Deo servientibus totam terram illam quam Stephanus de Lothersden et Claricia uxor eius tenuerunt cum pertinentiis suis tam de dono patris mei quam de dono meo; tenendam et habendam de me et heredibus meis in liberam et perpetuam elemosinam in territorio de Conendley, cum omnibus libertatibus et aisiamentis predicte ville pertinentibus, reddendo inde annuatim mihi et heredibus meis sexdecim denarios, octo scilicet ad purificationem beate Marie et octo ad festum appostolorum Petri et Pauli pro omnibus servitiis et secularibus demandis. Ego vero et heredes mei warrantizabimus predictam terram cum suis pertinentiis prenominate domui[a] contra omnes homines imperpetuum. Hiis testibus: Willelmo de Stiveton, Willelmo de Hebbeden, [fo. 109r][b] Godefrido de Alta Ripa, Petro Gillott, Willelmo de Farnhill, Ricardo de Gairgrave, Iohanne Brun de eadem villa et aliis.

a. *extra minim in* domui B.   b. *Heading* Conondley B.

360 Quitclaim in free, pure and perpetual alms by Claricia daughter of Winfrid of Cononley, once wife to Stephen of Lothersdale, in her widowhood to the canons of Bolton of all the land her father gave to her late husband in free marriage in the vill of Cononley, with liberties, common rights and easements, for the provision of one candle to be burnt before the high altar of the Blessed Virgin Mary. [1214x26 Jan. 1255]

[fo. 109r] Omnibus Cristi fidelibus ad quos presens scriptum pervenerit Claricia filia Winfridi de Conendley salutem in Domino. Noverit universitas vestra me dedisse, concessisse et hac presenti carta quietum clamasse in pura viduitate mea et libera potestate Deo et ecclesie beate Marie de Bolton' et canonicis ibidem Deo servientibus totam terram quam pater meus dedit Stephano de Lothersden viro meo et mihi in libero maritagio in villa de Conendley sine aliquo retenemento; tenendam et habendam de me et heredibus meis predictis canonicis in liberam, puram et perpetuam elemosinam ad inveniendum unam candelam ardentem in eadem ecclesia coram magno altari beate virginis Marie cum omnibus libertatibus, communi[bus] et aisiamentis predicte ville de Conendley pertinentibus. Et ego Claricia et heredes mei predictis canonicis totam predictam terram cum suis pertinentiis imperpetuum warrantizabimus. In cuius rei testimonium huic scripto presenti sigillum meum apposui. Hiis testibus: domino Godefrido de Alta Ripa, Helia de Stiveton', Iohanne de Eston', Simone de Marton, Willelmo de Farnhill, Roberto de eadem, Ambrosio de Conondley, Helia Nigro de eadem, Roberto Cuvell et multis aliis.

361 Gift in free, pure and perpetual alms by Adam son of William of Farnhill to the canons of Bolton of one acre of land in the territory of Cononley, namely three roods, excepting seven virgates next to *Segysike*, and one rood next to *Kerridding* and seven virgates under *Bradeng* below the road. [*c*.1220x*c*.1270]

[fo. 109r][a] Sciant omnes tam presentes quam futuri quod ego Adam filius Willelmi de Farnhill dedi, concessi et hac presenti carta mea confirmavi Deo et ecclesie beate Marie de Bolton et canonicis ibidem Deo servientibus unam acram terre in territorio de Conendley iacentem in locis subscriptis, videlicet tres rod[as] except[is] septem virgat[is] iuxta Segysike et una roda iuxta Kerridding et vij virgate sub Bradeng sub via; tenendam et habendam eisdem canonicis et eorum successoribus in liberam, puram et perpetuam elemosinam sicut aliqua elemosina melius et liberius dari poterit. In huius rei testimonium presenti carte sigillum meum apposui. Hiis [testibus]: Willelmo, Roberto et Ada[b] fratribus de Farnhill, Galfrido de Otteley, Willelmo Butular et aliis.

a. *Heading* Conondley B.   b. Adamo *(sic)* B.

Adam son of William of Farnhill also quitclaimed a *cultura* in Cononley (CB, no. 318), but it is possible that these grants were made by different people sharing the same name, for the witnesses are different, as is the scale of the benefaction.

362 Gift in pure and perpetual alms by Matilda daughter of William of Farnhill in her widowhood to the canons of Bolton of one and a half roods in the vill and territory of Cononley, one rood lying to the head of Dead Eye Pond next to *Norththolm* and half a rood lying next to *Wolrerwatht* in the field of Cononley, with all liberties, common rights and easements. [*c*.1250x26 Jun. 1308]

[fo. 109v] Omnibus hoc scriptum visuris vel audituris Matilda filia Willelmi de Farnhill salutem in Domino. Noverit universitas vestra quod ego Matilda in mea ligia potestate et pura viduitate dedi, concessi et hac presenti carta mea confirmavi Deo et ecclesie beate Marie de Bolton' et canonicis ibidem [Deo] servientibus unam rodam et dimidiam terre in villa et in territorio de Conendley in puram et perpetuam elemosinam imperpetuum, scilicet illam rodam terre que iacet ad caput mortue aque iuxta Norththolm et unam dimidiam rodam terre[a] que iacet iuxta Wolrerwatht in campo de Conendley; tenend[a] et habend[a] eisdem canonicis et successoribus eorum in feodo et in hereditate libere, quiete, pacifice, cum omnibus libertatibus et communibus, aisiamentis dicte terre pertinentibus infra et extra sine retenemento et absque omni servitio, exactione et demanda seculari. Et ego vero Matilda et heredes mei predictam rodam et dimidiam terre sicut predictum est prenominatis canonicis et successoribus eorum contra omnes gentes warrantizabimus imperpetuum acquietabimus et defendemus. In cuius rei testimonium presenti scripto sigillum meum apposui. Hiis testibus: Martino de Campo Florida ballivo castri, Thoma de Alta Ripa, Willelmo filio Roberti de Skipton, Everardo Fauvell, Iohanne de Farnhill, Henrico Crokebain de Conendley, Iohanne Bruna de eadem, Willelmo Bott de eadem, Willelmo Revell', Willelmo Pincerna de Bradley, Ada[b] Bucke, Thoma clerico et aliis.

a. terre *interlined* B.   b. Adamo *(sic)* B.

It is possible that William the butler of Bradley is the same person as William Pincerna de Bradley. The benefaction by Matilda daughter of William features in the pedigree created by Dodsworth from those charters contained in the lost cartulary, but does not give any further detail. D. Gulliver has suggested that the land referred to as lying 'ad caput mortue aque iuxta Norththolm' is now known as Dead Eye Pond.

363 Gift in pure and perpetual alms by John of Keighley son and heir of Roger of Keighley to the canons of Bolton of all the land he has by the gift of Henry de Windhill and Margeret his wife, mother of the said John, in the vill and territory of Cononley with toft and croft, and with appurtenances, liberties and easements for a certain sum of money. [1260x16 Jul. 1286]

[fo. 109v] Omnibus hoc scriptum visuris vel audituris Iohannes de Kighley filius et heres Rogeri de Kighley salutem in Domino sempiternam. Noverit universitas vestra me dedisse, concessisse et hoc presenti scripto meo confirmasse pro me et omnibus heredibus meis et assignatis Deo et ecclesie beate Marie de Bolton' in Craven et canonicis ibidem Deo servientibus totam terram meam quam habui ex dono Henrici de Windhill et Margerie uxoris eius matris mee in villa et in territorio de Conendley cum toftis et croftis et omnibus pertinentiis suis sine ullo retenemento mei vel meorum ubique predict[e] terre et toft[is] pertinen[tibus]; habendam et tenendam omnia predicta predictis canonicis et eorum successoribus in puram et perpetuam elemosinam libere, quiete, bene et in pace, integre et solute, cum omnibus pertinentiis, libertatibus, aisiamentis predict[is] terre et toftis infra villam de Conendley et extra pertinentibus imperpetuum. Pro hac autem donatione, concessione et present[is] scripti confirmatione dederunt mihi predicti canonici quandam summam pecunie premanibus mihi numeratam in necessitate mea. Et ego Iohannes [fo. 110r][a] et heredes mei et assignati totam predictam terram cum omnibus toftis et aliis pertinentiis antedictis predictis canonicis et eorum successoribus contra omnes homines et feminas ubique warrantizabimus, acquietabimus et imperpetuum defendemus. In cuius rei testimonium presenti scripto sigillum meum apposui. Hiis testibus: Iohanne de Farnhill, Willelmo de la Male, Iohanne Gilott, Rogero Tempest, Willelmo Graindorge, Everardo[b] Fauvel, Willelmo de Cesteront et aliis.

a. *Heading* Conondley B.   b. Evardo *(sic)* B.

H contains a family tree of the family of Roger of Keighley, as well as some other information.
H – fo. 39r, from Bolton Cartulary, fo. 105, abstract.

364 Quitclaim by Margeret daughter of Roger of Keighley in her widowhood to Prior John of Lund and the canons of Bolton of all right and claim to all those lands and tenements, tofts and crofts in the vill of Cononley which John of Keighley, her son and heir, sold and confirmed to the said canons, for a certain sum of money. [19 Oct. 1275x16 Jul. 1286]

[fo. 110r] Omnibus hoc scriptum visuris vel audituris Margeria[a] filia Rogeri de Kighley salutem in Domino. Noverit universitas vestra me in viduitate mea propria et potestate legitima concessisse, remississe et omnino quietumclamasse domino Iohanni de Lund dicto priori de Bolton' in Craven eiusdem locique conventui totum ius et clameum quod habui vel aliquo modo habere potui nomine dotis seu hereditatis seu maritagii sive ratione alicuius alterius tituli iuris in omnibus illis terris et tenementis, toftis et croftis in villa de Conendley que Iohannes de Kighley filius meus primogenitus et heres eisdem priori et conventui vendidit et carta sua confirmavit, ita scilicet quod ego nunquam de cetero nec aliquis nomine mea[b] in dictis terris et tenementis superius anotatis aliquid iuris vel clamii poterimus exigere vel vendicare. Pro hac autem concessione, remissione et huius presentis scripti quietaclamatione dederunt mihi dicti prior et conventus quandam summam pecunie premanibus solutam. In cuius rei testimonium hoc scriptum sigilli mei impressione roboravi. Hiis testibus: Iohanne de Totenhow tunc ballivo de Skipton', dominis Willelmo de Hartlington', Rogero Tempest, Iohanne Gilot, militibus, Willelmo filio Roberti, Everardo Fauvell, Willelmo de Cesteront, Radulpho filio Everardi, Iohanne de Kighley clerico et aliis.

a. tu *deleted* B.   b. mea *a deleted* B.

Dodsworth MS 144, fo. 39, contains reference, within a brief family tree of the Keighley family, of a benefaction by Margaret the daughter of Roger of Keighley which was in fo. 105 of the cartulary. Unfortunately, no other information is given, making it impossible to say with absolute certainty that it relates to the above benefaction.

365 Quitclaim by John son of Roger of Keighley to the canons of Bolton of all lands and tenements in the vill of Cononley which once were his mother's to which the canons were enfeoffed and seised by his charter. [6 Jun. 1267x1298]

[fo. 110r] Omnibus hoc scriptum visuris vel audituris Iohannes filius Rogeri de Kighley salutem in Domino. Noverit universitas vestra me concessisse, quietumclamasse et hoc presenti scripto meo confirmasse Deo et beate Marie de Bolton' in Craven [fo. 110v]^a et priori et conventui eiusdem loci et eorum successoribus omnes terras et omnia tenementa sine ullo retenemento que quondam fuerunt Margerie matris mee in villa de Conendley de quibus etiam terris et tenementis dictus prior et conventus feoffati sunt et seisiti per cartam meam de feoffament; habenda et tenenda dictis priori et conventui et eorum successoribus in feodo et hereditate in omnibus secundum tenorem carte mee de feoffamento. In cuius rei testimonium hoc scripto sigilli mei impressione roboravi. Hiis testibus: Iohanne de Tottenhow tunc constabulario de Skipton', Iohanne de Farnhill, Everardo Fauvell, Willelmo de Cestront, Ranulpho filio Everardi, Roberto de Scothorpe, Henrico Crobain, Ada^b Bucke, Ricardo filio Walteri de Bradley, et Roberto filio Galfridi de eadem et aliis.

a. *Heading* Conendley B.   b. Adamo *(sic)* B.

366 Quitclaim by Richard son of Ranulph of Keighley to the canons of Bolton of all right and claim to the land in the vill of Cononley which they bought from John son of Roger of Skipton. [1243x1285]

[fo. 110v] Omnibus Cristi fidelibus ad quorum noticiam presens scriptum pervenerit Ricardus filius Ranulphi de Kighley salutem in Domino sempiternam. Noverit universitas vestra me concessisse et quietum clamasse pro me et heredibus priori et conventui de Bolton in Craven et eorum successoribus totum ius et clamium quod habui vel aliqua ratione habere potui in tota illa terra quam quondam emerunt de Iohanne filio Rogeri de Skipton' in villa de Conendley una cum tota terra siqua fuerit quam habent in villa predicta mihi vel heredibus meis contingent[e]; tenendum et habendum dictis priori et conventui ita libere et quiete quod nec ego dictus Ricardus vel heredes mei aliquid ius vel clameum in terris predictis de cetero vendicare vel exigere poterimus quoquomodo. Et ut hec mea concessio et quietaclamatio pro me et heredibus meis rata sit et stabile imperpetuum sigillum meum presentibus in testimonium est appensum.

H – fo. 39r, from Bolton Cartulary, fo. 106, abstract.

367 Quitclaim by Matilda daughter of Matilda daughter of William of Farnhill of all right and claim to one toft and croft and six acres of

land in the vill of Cononley, which descended to her by hereditary right. [1260x16 Jun. 1308]

[fo. 110v] Omnibus hoc scriptum visuris vel audituris Matilda filia Matilde filie Willelmi de Farnhill senioris salutem. Noveritis me concessisse, relaxasse et omnino quietumclamasse Deo et ecclesie beate Marie de Bolton et canonicis ibidem Deo servientibus totum ius et clameum quod habeo, habui vel aliquo modo habere potero in uno tofto et crofto et sex acris terre cum pertinentiis in villa de Conendley que quidem toftum et croftum et sex acras terre Matilda mater mea habuit de dono Willelmi de Farnhill patris sui senioris, et que mihi descendere deberet iure hereditar[io], ita scilicet quod nec ego Matilda nec heredes mei nec aliquis nomine meo vel heredum meorum aliquod ius vel clameum in predictis tofto et crofto et sex acris terre cum pertinentiis decetero exigere vel vendicare [fo. 111r][a] poterimus quoquomodo. In cuius rei testimonium huic scripto sigillum meum apposui. Hiis testibus: domino Thoma de Alta Ripa, domino Iohanne Gilott, militibus, Willelmo de Malghum tunc scenescallo domini Henrici de Percy et ballivo castri de Skipton', Roberto de Farnhill, Henrici Crokebain et aliis.

a. *Heading* Conondley B.

Dodsworth MS 144 only includes the name of the benefactor and the folio of the cartulary.
H – fo. 38r, from Bolton Cartulary, fo. 116, abstract as part of family tree.

368 Confirmation, in the form of a chirograph, in free, pure and perpetual alms by Lady Margaret de Longvillers in her widowhood to the canons of Bolton of all those lands and tenements in Cononley and Farnhill that the canons are enfeoffed of, with liberties, common rights, easements and appurtenances; also the confirmation in free and perpetual alms of all those lands and tenements which the canons hold in the vill of Gargrave and elsewhere in her fee, paying annually 10*s.* sterling. 31 May 1287, Farnley

[fo. 111r] Omnibus Cristi fidelibus ad quos presens scriptum pervenerit domina Margareta de Longvl'salutem in Domino sempiternam. Noverit universitas vestra me in pura viduitate mea et ligia potestate concessisse et hac presenti carta mea confirmasse pro me et heredibus meis vel assignatis imperpetuum Deo et ecclesie beate Marie de Bolton' in Craven et canonicis regularibus ibidem Deo servientibus pro salute anime mee et pro anima domini mei Galfridi de Nevill et omnium antecessorum et successorum meorum omnes terras et tenementa in Conendley et Farnhill de quibus fuer[un]t feoffati die confectionis huius confirmationis a quocunque cum omnibus libertatibus, communibus et aisiamentis et omnibus aliis pertinentiis in pratis, pascuis, moris, mariscis, viis, semitis, aquis et omnibus aliis locis eisdem terris et tenementis seu ville pertinentibus in liberam, puram et perpetuam elemosinam, solutam et quietam ab omni seculari servitio, sectis curie, consuetudine et demanda, adeo pure et libere sicut aliqua elemosina liberius dari poterit vel concedi. Preterea concessi et presenti scripto confirmavi pro me et heredibus meis vel assignatis imperpetuum omnes terras et tenementa que tenent in villa de Gairgrave et ubicunque in feodo meo cum omnibus pertinentiis, libertatibus et aisiamentis eisdem terris et tenementis qualitercunque pertinentibus in liberam et perpetuam elemosinam, solutam et quietam ab omnimodo servitio seculari quod peti poterit vel exigi ab aliquo mortali vivente mihi heredibus meis assignatis meis vel alicui mortali aliqualiter pertin[ente] reddendo tantum annuatim mihi et heredibus meis vel assignatis pro terris et tenementis in Geirgrave decem solidos sterlingorum ad festum beati Petri advincula pro omni servitio seculari exactione, sectis curie, consuetudine seu demanda mihi heredibus meis assignatis vel alicui mortali pertinentibus; tenenda et habenda omnes predicta [fo. 111v]^a terras et tenementa cum omnibus suis ubique pertinentibus dictis canonicis de me et heredibus meis vel assignatis, libere, quiete, integre, bene et in pace imperpetuum. Ego vero domina Margareta de Longvil' et heredes mei vel assignati omnes terras et tenementa cum suis omnibus pertinentiis in dictis villis videlicet Conendley, Farnhill, Gairgrave et ubique in feodo meo sicut superius sepedictum est, contra omnes mortales dicte ecclesie et canonicis antedictis acquietabimus et imperpetuum defendemus. In cuius rei testimonium ego domina Margareta et prior et canonici antedicti presenti carte cirograffate sigilla nostra sub alternatione duximus apponendum. Hiis testibus: domino Iohanne de Eston', Iohanne Gilott, Roberto de Stiveton, Willemo de Hertlington, Rogero Tempest, militibus, Henrico de Kighley, Iohanne de Farnhill, Iohanne de Feges, Willemo de Marton et aliis. Dat' apud Farnelay pridie kalend' Iunii anno grace millesimo ducentesimo octogesimo septimo.

a. *Heading* Conondley B.

Margaret de Longvillers, *alias* Margaret Neville, wife of Geoffrey Neville, was widowed in 1285, and died shortly before 20 February 1319. She was probably buried at Bolton Priory (*Craven*, 1st edn, pp. 359, 338), and the prior of Bolton was one of her executors (*CPR*, p. 313). For information regarding her funeral expenses see *Bolton Priory*, p. 139, and *Compotus*, pp. 470, 474; and for details of the Nevilles see *Neville Family*. H – fo. 39v, from Bolton Cartulary, fo. 106, abstract. Pd abstract from H in *EYC*, vii, no. 112.

369 Confirmation in free, pure and perpetual alms by Lady Margaret Neville in her widowhood to the canons of Bolton of all the lands and tenements which the canons hold in vills of Cononley, Farnhill and Gargrave and elsewhere in her fee. [1285x20 Feb. 1319]

[fo. 111v] Omnibus Cristi fidelibus ad quos presens scriptum pervenerit domina Margareta de Nevill salutem in Domino sempiternam. Noverit universitas vestra me in pura viduitate mea et ligia potestate mea concessisse et hac presenti carta mea confirmasse Deo et ecclesie beate Marie de Bolton' et canonicis ibidem Deo servientibus pro salute anime mee et pro anima domini mei Galfridi de Nevill et omnium antecessorum et heredum meorum omnes terras et tenementa quas tenent et habuerunt die confectionis presentium in villis de Conendley, Farnhill et Gairgrave et ubicunque in feodo meo cum omnibus pertinentiis suis; habenda et tenenda de me et heredibus meis in liberam, puram et perpetuam elemosinam solutam et quietam ab omni seculari servitio, consuetudine, exactione seu demanda, ita libere sicut aliqua terra liberius et purius concedi poterit seu confirmari, ita videlicet quod nec ego nec heredes mei nec aliquis nomine meo aliquid iuris vel clamei seu alicuius secular[is] servitii de cetero exigere poterimus vel vendicare quoquomodo. Et ego domina Margareta et heredes mei omnes dictas terras et tenementa cum omnibus pertinentiis suis contra omnes homines acquietabimus et imperpetuum defendemus. In cuius rei testimonium huic scripto sigillum meum est appensum. Hiis testibus: dominis Thoma de Alta Ripa, Roberto de Plumton,^{a} Iohanne de Stiveton, militibus, Iohanne de Bolton', Willemo de Malghum, Ricardo Fauvell, Roberto de Bentel' et aliis.

a. *extra minim in* Plumton B.

370 Gift in pure and perpetual alms by R[ichard] of Tong son of Essolf to the canons of Bolton of half an acre of land in Cowling. [1200x1219]

[fo. 112r]^a Sciant omnes tam presentes quam futuri quod ego R. de Tanga filius Essof' dedi et concessi et hac mea carta confirmavi Deo et ecclesie beate Marie Boltonie et canonicis ibidem Deo servientibus dimidiam acram terre in Colling iuxta unum sicum apud meridiem de subtus domum Rogeri Ferthing hominis Iohannis filii Ricardi sexdecim perticarum in longitudine et quinque in latitudine^b ad suum horreum desuper faciendo in puram et perpetuam elemosinam liberam et quietam ab omni seculari servitio, consuetudine et exactione, pro salute anime mee et uxoris mee et omnium antecessorum meorum et successorum meorum. Hiis testibus: Roberto capellano, G. tunc constabulario de Skipton', Willelmo de Stiveton', Willelmo filio Edwardi, R. Revell', Ada^c de Farnhill, Willelmo filio eius, Horm' de Conendley et multis aliis.

a. *Heading* Trepwoode B. b. latitudinem *(sic)* B. c. Adamo *(sic)* B.

It seems likely that the constable of Skipton who attested this charter was Geoffrey. Cowling is in the parish of Kildwick.
H – fo. 40r, from Bolton Cartulary, fo. 107, abstract as part of family tree.

371 Gift in free alms by Matilda widow of Richard of Tong, together with her body for burial, to the canons of Bolton of her mill at *Ravenswath*, with suit of the mill and other appurtenances, together with the homage and service of William Smith, Adam of Bailden, William Revel, Nicholas de Aldefield, Amabilla Revel and Eve of Newbiggin, for lands and tenements they hold of her in *Trepwood*, with the condition that the canons support and serve her two boys. [*c.*1200x1268]

[fo. 112r] Sciant omnes tam presentes quam futuri quod ego Matilda quondam uxor Ricardi de Tange dedi, concessi et hac carta mea confirmavi Deo et ecclesie beate Marie de Bolton et canonicis ibidem Deo servientibus una cum corpore meo pro salute anime mee et antecessorum meorum molendinum meum de Raweneswat cum secta et ceteris pertinentiis sine aliquo retenemento eisdem molendino pertin[entibus] cum homagiis et servitiis Willelmi Fabri, Ade^a de Balldun, Willelmi Revell', Nicholai de Aldefeld, Amabilie Revel' et Eve de Neub'ing' hominum meorum de terris et tenementis que de me tenebant in Trepwood que quidem omnia habui ex dono patris mei; tenend[a] et habend[a] eisdem canonicis et eorum successoribus in liberam elemosinam salvo servitio capitalium dominorum, ea conditione quod predicti canonici duos pueros meos honorifice nutrient et eisdem in tota vita sua vite necessaria ministrabunt sicut carta eorundem canonicorum testatur quam iidem pueri penes se inde habent. In cuius rei testimonium presenti carte sigillum meum apposui. Hiis testibus: Willelmo et Roberto de Farnhill fratribus, Willelmo de Boyvill, Galfrido de Otteley, Ricardo Fox, Ricardo filio Roberti et aliis.

a. Adamo *(sic)* B.

It seems likely that Eve de Neub'ing', was of Newbiggin, *alias* Stott Hill, in the township of Cowling, in the parish of Kildwick, and that Adam de Balldon was of Bailden, in the same township and parish as Newbiggin. It is possible that *Ravenswath* is Ravensworth, in the parish of Kirkby Ravensworth, but this seems unlikely as this is not close to any of the other property held by the canons.
H – fo. 40r, from Bolton Cartulary, fo. 107, abstract as part of family tree.

372 Gift in free, pure and perpetual alms by Matilda, daughter of Richard of Tong, in her widowhood to the canons of Bolton of her mill at *Ravenswath* and all her land in *Trepwood* from her father's gift, with the

condition that the canons support and serve her two boys. [*c*.1220x22 Dec. 1268]

[fo. 112r] Sciant omnes tam presentes quam futuri quod ego Matilda quondam filia Ricardi de Tange in mea pura viduitate et ligia potestate dedi, concessi et hac presenti carta mea confirmavi Deo et ecclesie beate Marie de Bolton' et canonicis ibidem Deo servientibus molendinum meum de Rawensewatt cum secta eiusdem molendini et totam terram meam in dominico quam in servitio quam habui in Trepwood ex dono patris me; tenenda et habenda eisdem canonicis et eorum successoribus in liberam, puram et perpetuam elemosinam[a] ea conditione quod predicti [fo. 112v][b] canonici duos pueros meos honorifice nutrient et eisdem in tota vita sua vite necessaria ministrabunt sicut carta eorundem canonicorum testantur quam iidem pueri penes se inde habent. In cuius rei testimonium presenti carte sigillum meum apposui. Hiis testibus: Willelmo et Roberto de Farnhill fratribus, Willelmo de Boyvill, Galfrido de Otteley, Ricardo Fox, Ricardo filio Roberti et aliis.

a. elemosina *(sic)* B.   b. *Heading* Trepwode B.

H – fo. 40r, from Bolton Cartulary, fo. 107, abstract in family tree.

373 **Gift by Richard of Tong to Adam of Baildon of ten acres of arable land in his wood called *Trepwood*, with all liberties and easements, paying annually 5*s*. of silver. Moreover, a grant by Richard to Adam of permission to have fuel and material for building, constructing and other necessities from the said wood. [*c*.1220x*c*.1260]**

[fo. 112v] Sciant omnes presentes et futuri quod ego Ricardus de Tange concessi et dedi et hac presenti carta mea confirmavi Ade[a] de Baildun pro homagio et servitio suo et pro dimidia marca argenti quam mihi dedit premanibus decem acras terre arabilis in nemus meum et vocatur Threwood ex parte occidentali a terra Walteri Revel' illi et heredibus suis; tenendas et habendas de me et heredibus meis libere et quiete, pacifice cum omnibus libertatibus et aisiamentis pertinentibus ad Threwood et Eerdilewde reddendo inde annuatim mihi et heredibus meis quinque solidos argenti scilicet medietatem ad Pentecostia[m] et medietatem ad festum sancti Martini pro omni servitio et demanda. Preterea concessi eidem Ade[b] et heredibus suis habere focalia et ad edificia,[c] construenda et ad utensilia domus sue quant[um] eis opus rationabile fuerit de supradictis nemoribus. Et ego Ricardus et heredes mei warrantizabimus predictam terram cum pertinentiis predicto Ade[d] et heredibus suis imperpetuum contra omnes homines. Hiis testibus: Godefrido de Alta Ripa, Elya de Stiveton, Waltero Revel', Willelmo de Farnhill, Roberto fratre suo, Roberto Cuvell, Ricardo de Farnhill et aliis.

a. Adamo *(sic)* B.   b. Adamo *(sic)* B.   c. edifician *(sic)*, nd *deleted* B.   d. Adamo *(sic)* B.

374 **Gift by Adam of Baildon to the canons of Bolton of all the land lying in *Trepwood*, in the parish of Kildwick, which he bought from Richard of Tong, with all liberties and easements pertaining to *Trepwood* and *Eerdelwood*; also he makes the gift of sufficient support from the woods of *Trepwood* for building and construction and also for enclosing and burning. [*c*.1220x*c*.1260]**

[fo. 112v] Omnibus Cristi fidelibus presens scriptum visuris vel audituris Adam[a] de Baildon salutem eternam in Domino. Noverit universitas vestra me pro salute anime mee et antecessorum meorum concessisse, dedisse et presenti scripto confirmasse Deo et ecclesie beate Marie de Bolton et canonicis ibidem Deo servientibus totam terram cum omnibus pertinentiis quam emi a Ricardo de Tange in parochia de Kildewicke a que iacet in Trepwood ex parte occidentali a terra Walteri Revel'; habendam et tenendam predictis canonicis et eorum successoribus libere, quiete, integre in feodo et hereditate cum omnibus libertatibus et aisiamentis ad Trepwood et Eerdelwood pertinentibus. Preterea concessi, dedi et presenti scripto confirmavi predictis canonicis et eorum successoribus sufficientem sustentationem in predictis boscis de Trepwood ad edificia [fo. 113r][b] et utensilia construenda et etiam ad claudendum et comburendum quam quidem sustentationem emi a dicto Ricardo. Ego vero dictus[c] Adam[d] et heredes mei totam terram predictam cum pertinentiis suis et omnia predicta sicut plenius predictum est predictis canonicis et eorum successoribus contra omnes gentes imperpetuum warrantizabimus, acquietabimus et defendemus. In cuius rei testimonium prescripto scripto sigillum meum apposui. Hiis testibus: domino Godefrido de Alta Ripa, Ricardo de Kigheley, Helia de eadem, Ricardo ad Pontem, Willelmo Revell', Willelmo de Farnhill, Henrico filio Ambrosii.

a. Adamus *(sic)* B.   b. *Heading* Trepwode B.   c. Ricardus *deleted* B.   d. Adamus *(sic)* B.

Richard and Elias of Keighley occur in the mid to late thirteenth century, and may have been related, possibly as brothers, step-brothers or cousins (W.P. Baildon, 'The Keighley Family', *YAJ*, 27 (1924), p. 80).

375 Gift in free, pure and perpetual alms by William Revel of Glusburn to the canons of Bolton of all his arable lands, which his father held of Richard of Tong, in the territory of *Trepwood* against the east, with all liberties, easements and common rights. [*c*.1230–*c*.1260]

[fo. 113r] Sciant omnes tam presentes quam futuri quod ego Willelmus Revell' de Gloseburne dedi, concessi et hac presenti carta mea confirmavi Deo et ecclesie beate Marie de Bolton' et canonicis ibidem Deo servientibus[a] totam terram arabilem in territorio de Trepwood versus orientem quam Walterus Revel pater meus tenuit de Ricardo de Tonge et heredibus suis et assignatis et eorum heredibus et assignatis; tenendam et habendam eisdem canonicis et eorum successoribus de me et heredibus meis imperpetuum in liberam, puram et perpetuam elemosinam sicut aliqua elemosina liberius dari poterit cum omnibus libertatibus, aisiamentis et communibus sine aliquo retenemento ville de Herdele pertinentibus. Ego autem et heredes mei vel assignati totam predictam terram cum omnibus pertinentiis suis memorat' canonicis et eorum successoribus contra omnes homines imperpetuum warrantizabimus, acquietabimus et defendemus. In huius rei testimonium presenti carte sigillum meum apposui.[b] Hiis testibus: domino Wydone de Boyvill, Willelmo et Roberto fratribus de Farnhill, Galfrido de Otteley, Ada[c] de Wraton', Elia de Conendley, Ambrosio de eadem et aliis.

a. *mark* B.   b. hisi *deleted* B.   c. Adamo *(sic)* B.

376 Quitclaim by Richard son of Stephen the Irishman to the canons of Bolton of all right and claim to all the land which Matilda of Tong, his mother, held in *Trepwood* and in the mill of *Ravenswath*. 22 Dec. 1268, Skipton

[fo. 113r] Omnibus hoc scriptum inspecturis Ricardus filius Stephani Ybernici salutem in Domino. Noveritis me dedisse, concessisse et quietumclamasse Deo et ecclesie beate Marie de Bolton' et canonicis ibidem Deo servientibus totum ius et clameum quod habui vel habere potui in totam terram quam mater mea Matilda de Tonge in Trepwode et in molendino de Raveneswatt cum omnibus [fo. 113v][a] pertinentiis suis, ita quod nec[b] ego nec heredes mei nec aliquis nomine nostro aliquod ius vel clameum in predictis terra et molendino cum omnibus pertinentiis exigere poterimus de cetero vel vendicare. Et ego Ricardus et heredes mei totam predictam terram et molendinum cum omnibus pertinentiis suis predictis canonicis et eorum successoribus contra omnes gentes warrantizabimus, acquietabimus et imperpetuum defendemus. In cuius rei testimonium huic scripto sigillum meum apposui. Dat' apud Skipton undecimo kalend' Ianuarii anno gracie Domini M° CC° sexagesimo octavo. Hiis testibus: dominis Iohanne le Vavasor, Godefrido de Alta Ripa, Elia de Rilleston', Iohanne de Alta Ripa, militibus, Iohanne Samson' tunc ballivo de Skipton, Willelmo de Hertlington, Willelmo de Aula, Radulpho filio Everardi, Iohanne de Farnhill, Willelmo de eadem, Willelmo Revel', Henrico Crobain, Roberto le Vavasor et aliis.

a. *Heading* Trepwode B.   b. hec *deleted* B.

H – fo. 40r, from Bolton Cartulary, fo. 107, abstract in family tree.

377 Quitclaim by Richard [son of] Matilda daughter of Richard of Tong to the canons of Bolton of all right and claim to the mill of *Ravenswath* and land in *Trepwood*. [1214x1267]

[fo. 113v] Notum sit omnibus tam presentibus quam futuris quod ego Ricardus filius[a] Matilde filie quond[am] Ricardi de Tonge, dedi, concessi et quietumclamavi pro me et pro omnibus aliis nomine seu ex parte mea imperpetuum Deo et ecclesie beate Marie[b] de Bolton' et canonicis ibidem Deo servientibus pro salute anime mee et antecessorum successorum meorum totum ius et clameum quod ego vel aliquis nomine seu ex parte mea unquam in molendino de Ravenswath et in terram de Trepwood habuimus vel habere potuimus, ita quod nec ego nec aliquis aliquo tempore nomine meo in dictum molendinum et terram predictam aliquod ius vel clameum de cetero vendicare seu exigere possimus. In cuius rei testimonium presens script[um] meo feci roborari sigillo. Hiis testibus: Iohanne de Eston, Roberto de Stiveton', Willelmo le Mauleverer de Bethmesley, Ricardo de Kighley, Elia de eadem, Willelmo filio Roberti de Skipton, Radulpho filio Everardi, Nicholao de Bethmesl' et aliis.

a. filius *omitted* B.   b. M *obscured* B.

Dodsworth MS 144, fo. 40, does not state the contents of the charter, but does list the first five witnesses.
H – fo. 40r, from Bolton Cartulary, fo. 107, part of family tree.

378 Quitclaim by Richard son of Lord Richard of Tong to the canons of Bolton of all right and claim to the mill of *Ravenswath* with suit of court and in all lands and tenements both demesne and service that the canons have by the gift of Matilda daughter of Richard of Tong. [1260x1303]

[fo. 113v] Omnibus hoc scriptum visuris vel audituris Ricardus filius Ricardi domini de Tonge salutem in Domino sempiternam. Noveritis me remisisse, relaxasse et omnino de me et heredibus meis imperpetuum quietumclamasse, Deo et ecclesie beate Marie de Bolton' in Craven et canonicis ibidem Deo servientibus totum ius et clameum quod unquam habui, habeo[a] vel aliquo modo habere potero in molendino de Raveneswat cum sequelis et aliis pertinentiis suis et in omnibus terris et tenementis tam in dominicis quam in servitiis et omnibus aliis pertinentiis suis que vel quas predicti canonici habuerunt de dono Matild[e] filie Ricardi de Tonge, ita videlicet quod nec ego predictus Ricardus nec heredes mei nec aliquis in nomine nostro ius nec clameum in predicto molendino cum sequelis et pertinentiis suis, nec in predictis terris et tenementis neque in dominicis nec in [fo. 114r]b servitiis nec in aliis suis pertinentiis de cetero poterimus exigere nec vendicare. In cuius rei testimonium presenti scripto sigillum meum apposui. Hiis testibus: Roberto de Stiveton', Iohanne Gilott, militibus, Iohanne de Farnhill, Ricardo Tempest, Willelmo de Cesteront, Willelmo de Marton', Iohanne de Feiserh', Helia de Stretton', Nigello de Stainford et aliis.

a. habeo *interlined* B.   b. *Heading* Trepwode B.

It seems likely that this quitclaim was made towards the later end of the date range suggested. The family tree by Dodsworth does not record the contents of the charter, merely listing the first two witnesses.
H – fo. 40r, from Bolton Cartulary, fo. 107, abstract as part of family tree.

379 Gift in the form of a chirograph by Brother John of Lund, prior, and the canons of Bolton to Lord Geoffrey Neville of their mill in the vill of Newbiggin and *Ravensewath*, together with the site and suit of court, which they have by the gift of Matilda daughter of Richard of Tong, paying to them 10*s*. of silver annually. [19 Oct. 1275x16 Jul. 1285]

[fo. 114r] Omnibus hoc scriptum visuris vel audituris frater Iohannes de Lund dictus prior de Bolton' in Craven et eiusdem loci conventus salutem in Domino. Noveritis nos ex unanimo consensu et assensu capituli nostri dedisse, concessisse et confirmasse domino Galfrido de Nevill et heredibus suis vel eius assignatis molendinum nostrum in villa de Neubigging et Raveneswath una cum sede eiusdem et secta et cum omnibus pertinentiis que quidem habuimus de Matilda filia Ricardi de Tange; tenendum et habendum eidem domino Galfrido et heredibus suis vel eius assignatis de nobis et successoribus nostris libere, quiete, bene et in pace, integre et hereditarie cum omnibus libertatibus, aisiamentis sine ullo retenemento predicto molendino ubique pertin[entibus] reddendo inde nobis et successoribus nostris imperpetuum decem solidos argenti per annum, scilicet medietatem ad Pentecost' et aliam medietatem ad festum sancti Martini in hieme[a] pro omnibus servitiis et demandis, ita quod liceat nobis predictis priori et conventui et nostris successoribus pro voluntate nostra distringere pro predicta firma vel pro parte predicte firme si ad aliquem predictorum terminorum non fuerit plenarie soluta per omnia bona in predicto molendino inventa. Nos vero predicti prior et conventus et successores nostri predictum molendinum cum sede cum omnibus suis pertinentiis predicto domino Galfrido[b] et heredibus suis vel eius assignatis contra omnes homines sicut predictum est pro predicto servitio imperpetuum warrantizabimus, acquietabimus et defendemus. In cuius rei testimonium huic carte cirographate utraque pars mutuo sigillum suum apposuit. Hiis testibus: domino Iohanne le Vavasor, domino Roberto de Plumton, domino Thoma de Alta Ripa, Iohanne de Farnhill, Willelmo filio Roberti de Skipton, Everardo Fauvell', Iohanne Gilioth et aliis.

a. yeme (yogh) G.   b. Godefrido G.

Neubigging is likely to have been Newbiggin, in the parish of Kildwick.
G – fo. 24r. H – fo. 40r, from Bolton Cartulary, fo. 107, abstract.

380 Confirmation in free alms by Reiner son of Suain Barne of Glusburn to the canons of Bolton of the mill at Glusburn, with suit and appurtenances, and, in free and perpetual alms, all that land which Gervase

of Kildwick holds in the territory of Glusburn next to the mill of Kildwick. [1155x1203]

[fo. 114v]ᵃ Reinerus filius Sueni Barne de Glusburne omnibus sancte ecclesie fidelibus salutem. Sciatis me dedisse et concessisse et presenti carta imperpetuum confirmasse Deo et ecclesie beate Marie de Boulton et canonicis regularibus ibidem Deo servientibus molendinum de Glusburne cum omnibus sibi pertinentibus in liberam elemosinam, et preterea totam terram illam quam Gervasius de Kildewicke tenet in territorio de Glusburne iuxta molendinum de Kildewicke similiter in liberam et perpetuam elemosinam. Quare volo quod prefata ecclesia sancte Marie de Bolton' et canonici habeant et teneant et imperpetuum possideant predictum molendinum de Glusburne cum omni secta sua et pertinentiis et terram supradictam bene et in pace, libere et quiete ab omni seculari servitio et consuetudine pro salute anime mee et animabus patris et matris mee et omnium predecessorum meorum. Huius donationis et concessionis testes sunt: Willelmus filius Helton[is], Hamo et Gerrardus de Glusburne, Herebertus Ruffus, Willelmus Harpin, Willelmus de Harwood, Robertus de Cuvell, Reginaldus miles, Willelmus filius Rogeri, Radulphus cocus, Petrus Faber, Henricus Truverers.

a. *Heading* Glusburne B.

It seems likely that this benefaction was made towards the later end of the date range suggested. Glusburn is in the parish of Kildwick.

381 Gift by Reiner of Glusburn to Gervase of Kildwick of five acres of land in the territory of Glusburn next to the bridge over the Aire, paying 8*d.* annually. [1186x24 Jan. 1206]

[fo. 114v] Notum sit omnibus tam presentibus quam futuris quod ego Reinerus de Glusebur' dedi et concessi et presenti carta mea confirmavi Gervass[io] de Kildewicke et heredibus suis quinque acras terre in territorio de Glusbur' iuxta pontem de Ayr; tenendas de me et heredibus meis libere, quiete reddendo annuatim viij denarios ad assumptionem sancte Marie pro omni servitio. Hiis testibus: Henrico priore de Bolton', Roberto canonico de Bolton', Henrico Truvets', Roberto sacerdote de Kildwicke, Henrico de Thaid', Gerardo clerico de Glusburne, Leysing' de Childewicke, Achaman Ailric', Roberto fratre eius, Willelmo filio Archill[i], Adaᵃ filio Chetell'

a. Adamo *(sic)* B.

382 Quitclaim by Matilda daughter of William son of Gervase of Kildwick in her widowhood to the canons of Bolton of five acres of land in Glusburn lying in *Gerveiseridding* and abutting on one side above the bridge of Kildwick, and that which her father gave to her in free marriage, with appurtenances, liberties and easements. [1234x1267]

[fo. 114v] Omnibus Cristi fidelibus hoc presens scriptum visuris vel audituris Matilda filia Willelmi filii Gervass[ii] de Kildwicke eternam in domino salutem. Noverit universitas vestra me concessisse, dedisse presenti scripto confirmasse et quietumclamasse in pura et ligia viduitate mea Deo et ecclesie beate Marie de Bolton' et canonicis ibidem Deo servientibus quinque acras terre cum pertinentiis in Glusburne que simul iacent in Gerveiseridding et abbutat in uno capite super pontem de Kildwicke [fo. 115r]ᵃ et quas Willelmus pater meus filius Giervasii mihi dedit in libero maritagio; habendas et tenendas predictis canonicis et eorum successoribus libere, quiete et integre cum omnibus libertatibus et utilitatibus ad dictam terram pertinentibus infra villam et extra solut[as] et quiet[as] ab omni servitio seculari et demanda. Ego vero Matilda et heredes mei totam terram predictam cum omnibus pertinentiis suis sine aliquo retenemento mihi vel heredibus meis predictis canonicis et eorum successoribus warrantizabimus et cartam feoffamenti dicti Gervasii avi mei predictis canonicis una cum presenti carta reddidi in augmentatione dicte warrantizationis et ne heredes mei aliquod ius, clameum vel calumpniam in predicta terra exigere possint vel vendicare. In cuius rei testimonium presenti scripto sigillum meum apposui. Hiis testibus: Willelmo de Marton, Henrico de Cestront, Petro Gilot, Willelmo Mauleverer de Bethmesley, Iohanne de Farnhill, Willelmo Revel', Henrico filio Ambrosii de Conendley, Willelmo Cuvell' et aliis.

a. *Heading* Gluseburne B.

383 Gift in free, quit, pure and perpetual alms by Reiner son of Suain of Glusburn to the canons of Bolton of certain land in the territory of Glusburn next to the river Aire in which the canon's mill is situated by the land of Gervase, up to the river which flows in the ford in the water of the Aire, up to the assart of Ulf son of Viche. [1155x*c*.1210]

[fo. 115r] Reinerus filius Swani de Glusburne omnibus sante ecclesie fidelibus salutem. Sciatis me concessisse et dedisse Deo et ecclesie sancte Marie Boeltonie[a] quandam terram in territorio Glusburne iuxta flumen Eyr in quo molendinum predictorum canonicorum situm est a terra videlicet Gervasii usque ad rivulum qui cadit in vadum magni fluminis Eyr et preterea quandam terram que protenditur iuxta flumen prefate Eyr usque ad assartum Ulfi filii Viche. Quare volo quod predicta ecclesia et canonici Boeltonie habeant et imperpetuum possideant prenominatas terras in liberam et quietam et puram et perpetuam elemosinam ab omni seculari servitio et consuetudine pro animabus patris et matris mee et pro salute anime mee. Hiis testibus: Hugone can[onico] Hunterd', Roberto capellano Childewicke, Gerardo clerico, Lesingo, Gervas[io], Hugone, Roberto, Ailrie, hominibus de Kildewicke, Hugone preposito Glusbur', Ulfo, Ricardo de Otterbur', Ricardo Brun.

a. Boeltonie *second 'o' obscured* B.

It seems likely that this charter was made in the late twelfth or early thirteenth century.

384 Gift in free, pure and perpetual alms by Walter Revel of Glusburn, together with his body for burial, to the canons of Bolton of one acre of arable land lying at the head of the bridge of Kildwick towards Glusburn, between the way which leads to Glusburn and the water of the Aire, and *Siketon'* which ends in the river Aire. [*c*.1200x1255]

[fo. 115v][a] Sciant omnes tam presentes quam futuri quod ego Walterus Revell de Glusburne dedi, concessi et hac presenti carta mea confirmavi cum corpore meo Deo et beate Marie de Bolton' et canonicis ibidem Deo servientibus in liberam, puram et perpetuam elemosinam sicut aliqua terra liberius dari potest, unam acram terre arabil[is] que iacet ad caput pontis de Kildewicke versus Glusburne inter viam que ducit apud Glusburne et aquam de Air et Siketon' que cadit in Air; tenendam et habendam eisdem canonicis et eorum successoribus imperpetuum libere, quiete et pacifice cum omnibus libertatibus et liberis consuetudinibus ad eandem terram[b] spectant[ibus]. Ego autem Walterus et heredes mei predictam terram cum pertinentiis omnibus predictis canonicis et eorum successoribus contra omnes imperpetuum warrantizabimus, acquietabimus et defendemus. In cuius rei testimonium presenti carte sigillum meum apposui. Hiis testibus: Elia domino de Stiveton', Guydone de Boyvill, militibus, Willemo de Farnhill, Roberto fratre suo, Elia de Brun, Ambrosio de Conendley, Waltero filio Herberti, Ada[c] fratre suo, Willemo Buticular', Hamund[o] de Hamundtharpe, Galfrido de Otteley et aliis.

a. *Heading* Glusburne B.   b. pertinen' *deleted* B.   c. Adamo *(sic)* B.

385 Gift in free, pure and perpetual alms by Adam of Glusburn son of the late Henry de Wratton', with his body for burial, to the canons of Bolton of one toft in the vill of Glusburn called *Edouscoste*, just as the boundary of the toft extends, and half and acre of land chiefly of *Brindecroft* and all of his portion between *Brindecroft* and *Lewelsike*. [mid thirteenth century]

[fo. 115v] Sciant omnes tam presentes quam futuri quod ego Adam[a] de Glusburne filius defuncti Henrici de Wratton' dedi, concessi et hac presenti carta mea confirmavi una cum corpore meo Deo et ecclesie beate Marie de Bolton et canonicis ibidem Deo servientibus unum toftum in villa de Glusburne que vocatur Eduscoste sicut divise eiusdem tofti se extendunt et unam dimidiam acram terre in capite de Brindecroft et porcionem meam totam inter Brindecrofte et Lewelsike; tenenda et habenda eisdem canonicis et eorum successoribus imperpetuum in liberam, puram et perpetuam elemosinam sicut aliqua elemosina liberius dari poterit cum omnibus libertatibus et liberis consuetudinibus ad supradictam terram pertinentibus infra villam de Glusburne et extra. Ego autem et heredes mei omnia supradicta cum suis pertinentiis memoratis canonicis et eorum successoribus imperpetuum warrantizabimus, acquietabimus et defendemus. In huius rei testimonium presenti carte sigillum meum apposui. Hiis testibus: Thoma capellano de Kildewicke, Roberto de Farnhill, Galfrido de Otteley, Willelmo clerico, Ricardo Pedefer, Willelmo filio Matild[a], David' de Glusburne, Ricardo de Norwood et aliis.

a. Adamus *(sic)* B.

386 Agreement by William son of Alexander of Glusburn, carpenter, that the canons of Bolton should hold the pool attached to the mill of Kildwick to the head of the west of the pool towards Glusburn. [late thirteenth to early fourteenth century]

[fo. 116r][a] Omnibus Cristi fidelibus ad quos presens scriptum pervenerit Willelmus filius Alexandri de Glusburne carpentar[ius] salutem in Domino sempiternam. Quia religiosi viri prior et conventus de Bolton' retroactis temporibus seisiti fuerunt antiquitus de attachiamento stangni molendini de Kildwicke ad caput occidentalem eiusdem stangni versus Glusburne. Noveritis me concessisse pro me et heredibus meis quod predicti religiosi habeant et libere teneant predicti stangni attachiamentum in terram predictam ad eiusdem stangni attacchiamentum reficiend[um] quandocunque et quotiescunque necesse fuerit sine impedimento seu contradictione mei vel heredum meorum. In cuius rei testimonium presenti scripto sigillum meum apposui. Hiis testibus: domino Roberto de Stiveton', Iohanne de Stiveton', Roberto de Farnhill, Henrico Crokebain, Roberto Bucke, Thoma Revell, Ricardo de Bradley, Roberto filio Galfridi, Ada[b] Pedefer et aliis.

a. *Heading* Glusburne B.   b. Adamo *(sic)* B.

387 Quitclaim by Amabilla widow of Adam de Wratton to the canons of Bolton in her widowhood of all her part of one toft of her dower in the vill of Glusburn that Edus the widow once held in a place called *Stouplum* and all of her part of one acre of land in the territory of Glusburn. [*c*.1250x*c*.1310]

[fo. 116r] Sciant presentes et futuri quod Amabilia uxor quondam Ade[a] de Wratton in mea ligia potestate et pura viduitate dedi, concessi et a me et heredibus meis imperpetuum quietumclamavi Deo et beate Marie et conventui de Bolton totam partem meam unius tofti dotis mee in villa de[b] Glusburne quod Edus vidua quondam tenuit in loco quod vocatur Stouplum et totum partem meam unius acre terre in territorio de eadem villa, ita quod nec ego nec heredes mei in predicto tofto nec in predicta[c] acra nec aliquis per me imposterum poterimus exigere vel vendicare. In cuius rei testimonium presenti scripto sigillum meum apposui. Hiis testibus: Willelmo de Farnhill, Iohanne de eadem, Willelmo Revell', Ricardo Pedefer, Hugone de Lapidibus, Waltero de Estburne, Willelmo pincerna de Bradley, Thoma clerico de eadem et aliis.

a. Adami *(sic)* B, with i *obscured*.   b. Conondley *deleted* B.   c. terra *deleted* B.

388 Gift in pure and perpetual alms by Alexander son of Ulf to the canons of Bolton of six acres of land in Eastburn, namely three acres in a tenement next to the river Aire and the boundary of Steeton, and three acres under *Riecroft* with the house Uctred held, and one acre of meadow and all common to the vill [of Eastburn], for which the canons have give 12*s.* of silver to Robert the chaplain and 12*d.* to Simon son and heir of Alexander. [1155x*c*.1210]

[fo. 116v][a] Sciant omnes qui sunt et venturi sunt quod ego Alexander filius Ulf[i] dedi et concessi et hac presenti carta confirmavi Deo et ecclesie sancte Marie de Bolton' et canonicis ibidem Deo servientibus sex acras terre in Eastburne tres scilicet acras in uno tenemento iuxta Air et iuxta divisam' de Stiveton' et tres acras subtus Riecroft cum domo quam Hugdredus tenuit et unam acram de prato et omnem communionem ad villam[b] pertinentem in bosco, plano, pratis, aquis et pascuis[c] et omnibus communionibus et aisiamentis cum eidem ville pertinentibus in puram et perpetuam elemosinam, liberam et quietam et solutam ab omni seculari consuetudine, servitio et exactione pro hac vero donacione et concessione prefati canonici dederunt mihi per Robertum capellanum suum xij solidos argenti et xij denarios Simoni filio et herede meo. Et ad hoc tenendum ego ipse Alexander et Simo et Reinerus filii mei fidem dedimus hanc utique donationem perpetuo warrantizare ego et heredes mei tenemur. Hiis testibus: Reinero de Glusburne, Ada[d] de Fernhill, Roberto Grasso, Thorstino de Baius, Samsone de Cuniclere, Horm' de Conicl', Ivone diacono, Alexandro clerico, Willelmo dispensatore, Hamundo de Bradl', Arnaldo cementorio, Henrico Malelep[orario], Iordano Scotto.

a. *Heading* Eastburne B.   b. ville *(sic)* B.   c. cum *deleted* B.   d. Adamo *(sic)* B.

It seems probable that Robert Grassus is the same person as Robert Crassus (CB, nos. 306, 307, 389). Eastburn is in the parish of Kildwick.
H – fo. 40v, from Bolton Cartulary, fo. 110, abstract.

389 Gift in pure and perpetual alms by Alexander son of Ulf with the assent of Simon and Reiner his sons to the canons of Bolton of eight acres of land in Eastburn, namely three in a tenement next to the Aire and the boundary of Steeton with part of his wood in the same place, three acres under *Riecroft* with the house Uctred held, and one acre of meadow next to the said lands, next to the boundary of Steeton and all common of the vill of Eastburn, with himself and his heirs being received into the fraternity and common benefice. [1155x*c*.1210]

[fo. 116v] Sciant presentes et futuri quod ego Alexander filius Ulfi assensu et voluntate et devocione Simonis et Reineri filiorum meorum dedi et concessi et hac carta mea confirmavi Deo et ecclesie sancte Marie de Boelton' et canonicis ibidem Deo servientibus octo acras terre in Estburne, tres scilicet acras in uno tenemento iuxta Air et iuxta divisam de Stiveton' cum tota parte nemoris que ad me pertinet in eodem loco et tres acras subtus Riecroft cum domo quam Utredus tenuit, et unam acram subtus domum meam iuxta Fuleschawe ad hospitandum si voluer[in]t et unam acram prati que est iuxta predictas tres[a] acras que sunt iuxta divisam de Stiveton' et omnem communionem eidem ville pertinen[tibus] in bosco, plano, pratis, aquis et pascuis et omnibus communionibus et aisiamentis eidem ville pertinentibus in puram et perpetuam elemosinam, liberam et quietam et solutam ab omni seculari servitio et exactione. Et hanc donationem terre ego et heredes mei predicte ecclesie warrantizabimus pro salute animarum nostrarum et ipsi canonici susceperunt me et heredes meos in fraternitatem et commune beneficium predicte ecclesie imperpetuum. [fo. 117r][b] Hiis testibus: Reinero de Glusburne, Ada[c] de Farnhill, Roberto Crasso, Torstano de Baius, Samsone de Conoleia, Horm' de Coneleia, Ivone diacano, Alexandro clerico, Willelmo dispensatore, Hamundo de Bradley, Arnaldo cementario, Henrico Malo Lepor[ario] et multis aliis.

a. terras *(sic)* B.   b. *Heading* Estburne B.   c. Adamo *(sic)* B.

The family tree in Dodsworth MS 144, fo. 40v, states that Reiner son of Ulf occurred on fo. 110 of the lost cartulary, but does not indicate whether this was drawn from the above charter or whether it relates to a charter issued by Reiner to the canons of Bolton.

390   Gift in pure and perpetual alms by Alexander son of Ulf, with the assent of Simon his son and heir, to the canons of Bolton of three and a half acres of land in Eastburn, namely those lands which Simon his brother gave and confirmed to the same canons, in return for which the canons have given to Alexander 7*s.* 6*d.*, through Robert their chaplain. [1155x*c*.1220]

[fo. 117r] Notum sit omnibus tam presentibus quam futuris quod ego Alexander filius Ulf[i] assensu et voluntate Simonis filii mei et heredis mei concessi Deo et ecclesie sancte Marie Boltun' et canonicis ibidem Deo servientibus tres acras terre et dimidiam in Estburne in puram et perpetuam elemosinam, liberam et quietam ab omni seculari servitio, consuetudine et exactione illas videlicet tres acras terre et dimidiam quas frater meus Simon predicte ecclesie dedit et sua carta confirmavit. Pro concessu vero iste prenominati canonici per Robertum capellanum eorum dederunt mihi vij solidos et vj denarios. Hiis testibus: Willelmo de Stiveton', Radulpho eius fratre, Ada de Farnhill, Willelmo filio eius, Ricardo Revel', Samsone de Coneleia, Iohanne eius filio, Henrico filio Ade, Alexandro eius fratre.

391   Gift in pure and perpetual alms by Simon son of Ulf with the assent of his heirs to the canons of Bolton of three acres of land in Eastburn, namely one of arable land and half of wood to assart next to *Morthuuait*

to the boundary between himself and his brother up to *Milleholme* and half an acre in *Whett'lost* and an assart that was held of Bernard for one rood, and three roods in *Scaleholm*. [late twelfth or early thirteenth century]

[fo. 117r] Sciant omnes tam presentes quam futuri quod ego Simon filius Ulf[i] assensu et voluntate hered[um] meorum dedi, concessi et hac mea presenti carta confirmavi Deo et ecclesie sancte Marie Boelton' et canonicis ibidem Deo servientibus tres acras terre in Eastburne unam scilicet arabil[em] et dimid[iam] de bosco ad sartandum iuxta Morthuuait a divisa que est inter me et fratrem meum usque ad Milleholme et dimidiam acram in Whett'lost et essartum quod fuit Bernardi quod pro una roda computatur et tres rodas in Sclaleholm in puram et perpetuam elemosinam, liberam et quietam ab omni seculari servitio, consuetudine et exactione pro salute anime mee et uxoris mee, et omnium antecessorum meorum. Hanc vero predictam terram ego et heredes mei prefate ecclesie et canonicis warrantizabimus. Hiis testibus: Thoma capellano, Ada[a] de Farnhill, Willelmo filio eius, Ricardo Revell', Simone filio Alexandri de Estburn', Willelmo de sancto Samsone, Samson[e] de Conel', Iohanne filio eius, Hamone de Bradley et multis aliis.

a. Adamo *(sic)* B.

It seems probable that Simon son of Ulf was the brother of Alexander son of Ulf (CB, no. 390).

392 Gift in pure and perpetual alms by Simon son of Alexander to the canons of Bolton of three acres of land in Eastburn, including one next to the house of Robert White at the east, one and a half acres next to the boundary of Sutton between the assart of Richard and the same boundaries, and half an acre next to *Morthwait*, with common pasture and easements, in exchange for the three acres under *Riecrofte* which his father had given. [late twelfth century]

[fo. 117v][a] Notum sit omnibus tam presentibus quam futuris quod ego Simon filius Alexandri dedi et concessi et hac carta mea confirmavi Deo et ecclesie sancte Marie Boelton' et canonicis ibidem Deo servientibus tres acras terre in Eastburne unam scilicet acram ad hospitandum iuxta domum que fuit Ricardi Albi apud orientem et unam acram et dimidiam iuxta divisas de Suttona inter essartum quod Ricardus fecit et easdem divisas et dimidiam acram iuxta Morthuait cum communia pasture in bosco et in plano in pratis et in pascuis et omnibus aliis aisiamentis eidem ville pertinentibus in puram et perpetuam elemosinam, liberam et quietam ab omni seculari servitio, consuetudine et exactione pro salute anime mee et omnium antecessorum meorum in excambium scilicet pro illis tribus acris quas pater meus dedit predicte ecclesie de subtus Riecrofte. Ego vero et heredes mei predictas acras et cetera omnia sicut carta mea testatur, predicte ecclesie et canonicis warrantizabimus. Hiis testibus: Willelmo de Stiveton', Ada[b] de Farnhill, Willelmo filio eius, Henrico eius filio, Alexandro eius filio, Ricardo Revell', Samsone de Conendley, Iohanne eius filio et multis aliis.

a. *Heading* Estburne B.   b. Adamo *(sic)* B.

It is possible that either this charter or the one following is referred to in the family tree constructed by Dodsworth (Dodsworth MS 144, fo. 40, from Bolton Cartulary, fo. 110).

393 Confirmation by Simon son of Alexander of Eastburn to the canons of Bolton of one acre of land in Eastburn which his father gave in

free, pure and perpetual alms, as is stated in his charter. Also the gift in free, pure and perpetual alms by the said Simon to the said canons of one rood of land lying next to the aforesaid acre next to the vill to the south to build houses for the canons' men. [1155x1219]

[fo. 117v] Notum sit omnibus tam presentibus quam futuris quod ego Simon filius Alexandri de Eastburne concessi et presenti carta confirmavi Deo et ecclesie beate Marie de Bolton' et canonicis ibidem Deo servientibus unam acram terre in Eastburne cum omnibus pertinentiis suis, quam pater meus dedit eis in liberam, puram et perpetuam elemosinam sicut carta patris mei eis testatur. Insuper vero dedi et presenti carta confirmavi iam dictis canonicis unam rodam terre iuxta prenominatam acram apud villam ad meridiem ad faciendum mansiones hominium suorum quos ibi ponent in augment[atione] prefate acre terre et totam communionem ville de Estburne in bosco et plano, aquis et pascuis, et omnibus communionibus et aisiamentis predicte ville pertinentibus in liberam, puram et perpetuam elemosinam, solutam et quietam ab omni seculari servitio, consuetudine et exactione. Hiis testibus: Willelmo de Scalebi tunc constabulario de Skipton', Reinero Flandrensi, Willelmo Malo Lep[orario], Henrico Malo Lep[orario], Waltero Malo Lepor[ario], Ada[a] de Farnhill, Ricardo Revell, Ivone cementario, Rodberto filio eius, Willelmo de Farnhill, Hamundo de Bradley et multis aliis.

a. Adamo *(sic)* B.

It seems likely that William, Henry and Walter Mauleverer were related, possibly as brothers, sons of Helto Mauleverer and Bilioth, but C.T. Clay makes no reference to any Walter in his study of the Mauleverers of Beamsley (*EYC*, vii, pp. 116–17).

394 Confirmation in pure and perpetual alms by William son of Elias of Steeton to the canons of Bolton of all the land which Robert the chaplain holds in Eastburn, with easements. [early thirteenth century]

[fo. 118r][a] Willelmus filius Helie de Stiveton' omnibus sancte matris ecclesie filiis in Cristo salutem. Notum sit universitati vestre quod ego Willelmus filius Helie concessi et hac mea presenti carta confirmavi Deo[b] et ecclesie sancte Marie Boulton' et canonicis ibidem Deo servientibus totam terram quam Robertus capellanus tenet in Estburne in bosco et plano, in pratis et pascuis cum omnibus aisiamentis eidem ville pertinentibus tam illi quam successores eius terram illam tenentes in puram et perpetuam elemosinam, liberam et quietam et solutam ab omni seculari servitio, consuetudine, exactione pro salute anime mee et omnium antecessorum meorum. Hiis testibus: Ada[c] de Farnhill, Willelmo filio eius, Alexandro filio eius, Henrico filio eius, Ricardo Revel', Samsone de Coneslaie, Iohanne filio eius, Hamone de Bradleia, Willelmo Horchi et multis aliis.

a. *Heading* Estburne B.   b. Deo *repeated twice* B.   c. Adamo *(sic)* B.

395 Confirmation in free and pure alms by Elias of Steeton to the canons of Bolton of all the land which Robert the chaplain held of the canons in Eastburn. Also the gift in free, pure and perpetual alms by the said Robert to the said canons of half an acre of land near to the boundary of Eastburn and next to the said land. [*c.*1200x26 Jan. 1255]

[fo. 118r] Notum sit omnibus tam presentibus quam futuris quod ego Helias de Stiveton' concessi et presenti carta confirmavi Deo et ecclesie sancte Marie et canonicis de Bolton' totam illam terram quam Robertus capellanus de canonicis prefatis tenuit in Eastburne in liberam et puram elemosinam. Insuper autem dedi prenominatis canonicis dimidiam acram terre proximam divise de Eastburne iuxta predictam terram in liberam et puram et perpetuam elemosinam. Hiis testibus: Rodberto capellano de Kildwicke, Ricardo Revel', Ada[a] de Farnhill, Willelmo filio eius, Walod' de Alton', Iohanne filio eius, Reinero de Gluseburne, Orm' de Conedl', Samsone de Cutucli', Rodberto filio Helie, Radulpho fratre eius, Alexandro filio Ade.

a. Adamo *(sic)* B.

396 **Gift in free, pure and perpetual alms by Elias of Steeton, together with his body for burial, to the canons of Bolton of all the land at *Braytheskelt* in the territory of Eastburn extending from the land of William Francisci towards the east [*le Este*], to the way between Eastburn and Steeton, under the house of the said William towards *le Siket* from *le Ruchecroft*, to the land the canons have of his gift, and all the land called *le Acre* and wood just as *le Acre* extends towards the cross, all the land of *le Swinewatt*, and the addition of 2s. annual rent which the abbey of Furness owes for land in *Clapeham*, with liberties, common rights and easements. [1228x26 Jan. 1255]**

[fo. 118r] Omnibus Cristi fidelibus ad quos presens scriptum pervenerit Helias de Stiveton' salutem in Domino. Noveritis me dedisse, concessisse et hac presenti carta mea confirmasse, Deo et ecclesie beate Marie de Bolton' et canonicis ibidem Deo servientibus pro salute anime mee et antecessorum meorum et successorum et una cum corpore meo totam terram de Braytheskelt in territorio de Eastburne sicut extendit se de terra Willelmi Francisci versus le Este et sicut semita extendit se inter Estburn et Stiveton' subtus domum predicti Willelmi usque le Siket de Ruchecroft et sicut le Sikett extendit se versus terram quam predicti canonici habent de dono meo et totam terram que vocatur [fo. 118v][a] le Acre et boscum sicut le Acre extendit se versus crucem et totam terram de Swinewatt quam pater meus emit de Hudredo de Kirke, et insuper ad incrementum duos solidos redditus annuos quos Abbas de Furnesio mihi solebat reddere pro terra de Clapeham; tenendam et habendam de me et heredibus meis predictis canonicis in liberam, puram et perpetuam elemosinam cum omnibus libertatibus, communibus et aisiamentis tante terre in villa de Eastburne pertinentibus. Ego vero et heredes mei predictis canonicis totam predictam terram cum pertinentiis et cum bosco et cum annuo redditu prenominato contra omnes homines warrantizabimus imperpetuum. In huius rei testimonium huic scripto sigillum meum apposui. Hiis testibus: domino Iohanne de Eston', domino Godefrido de Alta Ripa, Iohanne de Lungewil', Simone de Marton', Eustachio de Rilleston', Willelmo de Farnhill, Roberto fratre suo, Ricardo de Farnhill, Waltero Revel', Roberto Cuvell et multis aliis.

a. *Heading* Estburne B.

The abstract provided by Dodsworth gives very little information, merely listing the benefactor, the land granted 'totam terram de Braytheskelt', and several of the witnesses.
H – fo. 40v, from Bolton Cartulary, fo. 111, abstract as part of family tree.

397 **Gift in free, pure and perpetual alms by John son of William of Steeton to the canons of Bolton of one bovate of land in the vill of**

Eastburn, with toft, that Reiner son of Alexander held, with liberties, common rights and easements. [*c.*1200x1243]

[fo. 118v] Omnibus Cristi fidelibus hoc scriptum visuris vel audituris Iohannes filius Willelmi de Stiveton' salutem in Domino. Noverit universitas vestra me concessisse, dedisse et hac presenti carta mea confirmasse Deo et ecclesie beate Marie de Bolton' et canonicis ibidem Deo servientibus pro salute anime mee et antecessorum meorum unam bovatam terre cum suis pertinentiis in villa de Estburne et cum tofto eidem bovate adiacenti, illam scilicet quam Reinerus filius Alexandri tenuit; tenendam et habendam de me et heredibus meis in liberam, puram et perpetuam elemosinam, plenam et integre, quietam et solutam ab omni seculari servitio et exactione cum omnibus lib[er]tatibus, communibus et aisiamentis predicte ville pertinentibus. Ego vero et heredes mei warrantizabimus predictam terram cum suis pertinentiis dictis canonicis contra omnes homines imperpetuum. Hiis testibus: Godefrido de Alta Ripa, Rogero de Kighley, Ranulpho filio eius, Roberto de Monte Alto, Iohanne de Kighley, Willelmo de Farnhill, Roberto fratre eius, Waltero Revel', Roberto Cuvel', Herberto de Bradley, Helia de Cuniclay, Roberto de Waccr' et aliis.

The abstract by Dodsworth is on the edge of the folio, with some information, therefore, being lost.
H – fo. 40v, from Bolton Cartulary, fo. 111, abstract in family tree.

398 Confirmation by Elias son of William of Steeton to the canons of Bolton of all lands and tenements which the canons hold in the vill of Eastburn, just as is stated in the charters they hold. [1239x1249]

[fo. 118v] Sciant presentes et futuri quod ego Helias filius Willelmi de Stiveton concessi et presenti carta mea confirmavi Deo et ecclesie beate Marie de Bolton' et canonicis ibidem Deo servientibus omnes terras et tenementa cum suis pertinentiis quas iidem canonici habent in villa de Estbur'; tenenda et habenda libere, quiete et solute in omnibus sicut carte donatorum quas inde habent [fo. 119r]ᵃ testantur. In cuius rei testimonium presens scriptum sigillo meo roboravi. Hiis testibus: Iohanne de Eston tunc constabulario de Skipton', Godefrido de Alta Ripa, Ricardo de Tange, Eustachio de Rilleston', Simone de Martona, Egidio Mauleverer, Roberto de Monte Alto, Willelmo et Ricardo de Farnhill et aliis.

a. *Heading* Estburne: B.

H – fo. 40v, from Bolton Cartulary, fo. 111, abstract as part of family tree.

399 Gift in free, pure and perpetual alms by Elias son of William of Steeton to the canons of Bolton of eight and a half acres of land in the vill of Eastburn, with appurtenances, liberties, common rights and easements, which lies next to the ditch lying next to the land of Robert of Steeton below the house of Adam Marsh to the east and from the hedge of the same vill, following the same ditch up to the assart of Elias and Robert of Steeton, then up to the meadow of the men of Eastburn, up to the land of Robert of Steeton, and the old hedge, and following *le Este* to the boundary of Steeton and Eastburn, and then up to the new hedge and the ditch first mentioned. [1228x26 Jan. 1255]

[fo. 119r] Sciant omnes presentes et futuri quod ego Helias filius Willelmi de Stiveton' dedi, concessi et hac presenti carta mea confirmavi Deo et ecclesie beate Marie de

Boulton' et canonicis ibidem Deo servientibus octo acras terre et dimidiam in villa de Eastburne cum omnibus pertinentiis suis que incipiunt iuxta sicam que iacet propinquior terre Roberti de Stivetona subtus domum Ade de Marisco versus occidentem et a sepe de eadem villa sequendo eandem sicam usque ad sarcum predicti Helie et Roberti de Stiveton' et sic de assarto predicto usque ad prata hominum predicte ville de Estburne, usque ad terram Roberti de Stiveton' et sic de illa acra in longitudine usque ad antiquam sepem et sic ab antiqua sepe sequendo versus le Este usque ad divisas inter Stiveton' et Estburne et sic ascendendo usque ad novam sepem versus le veste usque ad primam sicam prenominatam; tenendas et habendas predictis canonicis in liberam, puram et perpetuam elemosinam sicut aliqua elemosina melius et liberius poterit dari alicui viventi cum omnibus libertatibus, communibus et aisiamentis infra villam de Eastburne et extra ad tantam terram pertinentibus. Ego vero Helias et heredes mei predictis canonicis totam predictam terram cum omnibus pertinentiis suis, contra omnes homines imperpetuum warrantizabimus et defendemus. In huius rei testimonium huic scripto sigillum meum apposui. Hiis testibus: Iohanne de Estona tunc constabulario de Skipton', Ricardo de Tange, Godefrido de Alta Ripa, Eustachio de Rilleston', Ricardo Tempest, Simone de Martona, Roberto de Monte Alto, Willemo de Farnhill, Ricardo fratre suo, Waltero Revel' et aliis.

400   Gift in free, pure and perpetual alms by Elias of Steeton to the canons of Bolton of certain land in the vill of Steeton called the graveyard to the chapel, in which the canons have a barn for the collection of tithes. [1155x1203]

[fo. 119v][a] Sciant presentes et futuri quod ego Helias de Stiveton' concessu uxoris mee Matilde et heredum meorum concessi et dedi et presenti carta mea confirmavi Deo et ecclesie sancte Marie de Bolton' et canonicis ibidem Deo servientibus quandam terram in villa de Stiveton que cemiterium capelle nominatur in liberam et puram et perpetuam elemosinam in qua prefati canonici habeant horrea sua ad colligendum decimas suas et cetera necessaria sua. Quare volo ut prefata ecclesia et canonici Bolton' habeant et teneant et imperpetuum possideant prefatam terram bene et in pace, libere et quiete et absolute ab omni seculari servitio et exactione et consuetudine salvo edificio orari et ingressu eiusdem quantum ad nos pertinet. Hiis testibus: Willemo filio Helton[is], et Willemo filio eius, Petro de Pinchen[i], et Constanc[ia] uxore sua, Torsin' de Baius, Roberto Crass', Petro de Calverley, Gervias' de Childewicke, Radulpho Denc', Roberto de Evenlai.[b]

a. *Heading* Stiveton B.   b. Osberto de Ban[er] etc. *replacing* Torsin' de Baius … Roberto de Evenlai H.

Peter de Pinkeny and Constance, his wife, are important figures in the claims made by the four parties contesting for the lands of Aveline de Forz. The couple are likely to have been man and wife around the end of the twelfth century, when they jointly make a benefaction to Bolton Priory relating to the advowson of Keighley church (*EYC*, vii, no. 148).

H – fo. 41r, from Bolton Cartulary, fo. 113, partial copy.

401   Gift in free, pure and perpetual alms by Elias of Steeton to the canons of Bolton of one bovate of land in Steeton, and toft. [1155xDec. 1212]

[fo. 119v] Helias de Stiveton' omnibus Dei fidelibus has litteras videntibus et audientibus salutem. Notum sit vobis me dedisse et concessisse et presenti carta confirmasse Deo et sancte Marie de Boulton' et canonicis eiusdem loci Deo servientibus unam bovatam terre in Stivetona cum omnibus pertinentiis suis in bosco et plano, aquis et pascuis et omnibus communionibus et aisiamentis eidem ville pertinentibus scilicet illam bovatam quam Ricardus Albus tenuit et toftum quod pertinet ad illam bovatam in liberam, puram et perpetuam elemosinam, solutam et quietam ab omni seculari servitio et consuetudine et exactione pro salute anime mee et uxoris et filiorum meorum. Hiis testibus: Rodberto capellano de Kildwicke, Ricardo Revel', Waltero de Altona, Iohanne filio eius, Reinero de Glusburne, Ada[a] de Farnhill, Willelmo filio eius, Samsone de Conigleia, Iohanne filio eius, Rodberto filio Helie, Rad[ulfo] fratre eius, Alexandro fratre Ade.

a. Adamo *(sic)* B.

H – fo. 41r, from Bolton Cartulary, fo. 113, abstract.

402 Confirmation in free, pure and perpetual alms by William son of Elias of Steeton to the canons of Bolton of one bovate of land in Steeton, with appurtenances which his father gave and confirmed by his charter. [1155xDec. 1212]

[fo. 119v] Willelmus filius Helie de Stiveton' omnibus Dei fidelibus has litteras videntibus vel audientibus salutem. Notum sit vobis me concessisse et presenti carta mea confirmasse Deo et ecclesie beate Marie de Boulton' et canonicis eiusdem loci unam bovatam terre in Stiveton cum omnibus pertinentiis suis quam pater meus eisdem canonicis secum dedit et sua carta confirmavit scilicet illam quam Ricardus Albus tenuit in liberam, puram et perpetuam elemosinam, solutam et quietam ab [fo. 120r] [a] omni seculari servitio, consuetudine et exactione, pro salute anime mee et patris et matris mee et fratrum et sororum meorum. Hiis testibus: Nigello de Plumpton', Reinero de Glusb', Ricardo Revel', Ada[b] de Farnhill, Samsone de Conentley, Roberto capellano de Kildwicke, Roberto capellano de Skipton', Ada[c] de Carleton', Ivone Macon', Ricardo filio Walteri.

a. *Heading* Stiveton B.   b. Adamo *(sic)* B.   c. Adamo *(sic)* B.

H – fo. 41r, from Bolton Cartulary, fo. 113, abstract.

403 Gift in pure and perpetual alms by William of Steeton, together with his body for burial, to the canons of Bolton of one *cultura* in the territory of Steeton called *Cocholm*. [1155x1243]

[fo. 120r] Notum sit omnibus has litteras visuris vel audituris me Willelmum[a] de Stiveton' dedisse et concessisse et hac carta mea confirmasse Deo et sancte Marie de Bolton' et canonicis ibidem Deo servientibus in puram et perpetuam elemosinam unam culturam in territorio de Stiveton' que vocatur Cocholm cum corpore meo. Et sciendum est quod Willelmus et heredes mei predictam culturam contra omnes homines imperpetuum warrantizabimus. Et ut hec donatio stabilis permaneat cartam presentem sigillo meo corroboravi. Hiis testibus: Helia de Stiveton', Rogero de Kighley, Iohanne filio Rogeri, Roberto Cuvell, Waltero Revell, Ricardo Parvo et multis aliis.

a. Willium' *(sic)* B.

It is more likely that this benefaction was made towards the end of the twelfth century.

404 Confirmation by Elias son of William of Steeton to the canons of Bolton of one bovate of land which the canons hold by the gift of Elias his grandfather in the vill of Steeton and land of *Kakeholm* which they have by the gift of William his father, with his body for burial. Also the gift of a certain site for one granary in the vill of Steeton between the house of the canons and the river which runs through the vill. [1228x16 Oct. 1258]

[fo. 120r] Sciant presentes et futuri quod ego Helias filius Willelmi de Stiveton' concessi et hac presenti carta mea confirmavi Deo et ecclesie beate Marie de Bolton' et canonicis ibidem Deo servientibus illam bovatam terre cum suis pertinentiis quam iidem canonici habent de dono Helie avi mei in villa de Stiveton' et terram de Kakeholm cum suis pertinentiis quam Willelmus pater meus dedit eisdem canonicis una cum corpore suo; tenendam et habendam in omnibus sicut carta predictorum quam inde habent testantur. Insuper dedi eisdem canonicis et presenti scripto confirmavi in puram elemosinam quendam situm ad unum horreum faciendum in villa de Stiveton' super viride in quo possuit decimas eiusdem ville congregare videlicet inter domum predictorum canonicorum et rivulum currentem per mediam villam. Ego vero Helias et heredes mei warrantizabimus predictum situm horrei predictis canonicis contra omnes homines imperpetuum. In cuius rei testimonium presens scriptum sigillo meo corroboravi. Hiis testibus: Iohanne de Estona, Ricardo de Tang', Godefrido de Alta Ripa, Eustachio de Rilleston', Simone de Marton', Roberto de Monte Alto, Willelmo de Fernhill, Roberto fratre suo, Waltero Revell, Roberto Cuvell, Ambrosio de Cunedley et aliis.

H – fo. 41r, from Bolton Cartulary, fo. 113, abstract.

405 Agreement made between Thomas, prior, and the canons of Bolton, and Elias of Steeton, whereby the canons grant to Elias and his heirs divine celebration in perpetuity in his chapel at Steeton. [1 Dec. 1229x15 Aug. 1243]

[fo. 120v][a] Notum sit omnibus Cristi fidelibus quod ita convenit inter Thomam tunc priorem et conventum de Bolton' ex una parte et Heliam de Stiveton' ex altera videlicet quod idem prior et conventus concesserunt dicto Helie et heredibus suis imperpetuum celebrationem divinorum in capella sua de Stiveton' que est in parochia sue matris ecclesie de Kildwick per capellanum quem dictus Helias et heredes sui in stipendiis et necessariis exhibebunt, ita quod omnes oblationes et obventiones de dicta capella provenientes dicte matri ecclesie sine aliqua diminutione et subtractione cum integritate in omnibus restituentur, capell[anu]m vero quemcunque dictus Helias et heredes sui pro tempore habebunt priori et conventui successive presentabit et in matre ecclesia de Kildwicke inspectis sacrosanctis iurabit se in omnibus libertates indempnitates eiusdem ecclesie de Kildwicke sine aliqua lesione fideliter observaturum. Et si dictus capellanus aliquid matri ecclesie de Kildewicke subtraxerit vel in aliquo iura et libertates ipsius leserit licebit decano capelle[b] de Crava ad instantiam prioris et conventus omnia appellatione et contradictione cessantibus ipsum cappellanum a celebratione divinorum suspendere donec illi et sue matri ecclesie plene et integre fuerit satisfactum. Et sciendum quod dictus cappellanus nec ad opus suum nec ad opus predicte capelle aliquid a sano vel infirmo de parochianis de Kildwick accipiet unde eidem ecclesie vel capelle[c] eiusdem in aliquo possit derogari nec aliquem de ipsis parochia[nis] diebus dominicis ad celebrationem divinorum in predicta capella admittet nec diebus illis in quibus matri ecclesie reverenda et statuta debetur oblatio nisi rationabilis causa ad matrem ecclesiam veniendi impedierit accessum autem ista compositio inter partes fideliter perpetue conservetur dictus Helias tactis sacrosanctis prior vero eisdem inspectis iuramentum prestiterant, et sigillis suis huic inde appo[s]itis scripta ista roboraverunt renunciantes in hac parte omni appellatione et privileg[io] for' et omnibus aliis remediis que contra hanc obligationem possunt apponi. Hiis testibus: Alexandro tunc decano de Craven, magistro W. persona de Braicewell, Waltero persona[d] de Lintona, Thoma Boch persona de Karleton.

a. *Heading* Stiveton B.   b. cap'i *(sic)* B.   c. capello *(sic)* B.   d. Perra *(sic)* B.

H – fo. 41r, from Bolton Cartulary, fo. 113, abstract.

406 Quitclaim by Adam son of Jordan of Newsholme to the canons of Bolton of the homage and service of Richard son of Walter of Keighley for the whole tenement which he holds in the vill of Newsholme. [1243x6 Jun. 1267]

[fo. 121r][a] Omnibus Cristi fidelibus hoc scriptum visuris vel audituris Adamus filius Iordani de Newsom salutem in Domino. Noveritis me dedisse, concessisse et imperpetuum quietum clamasse pro me et heredibus meis Deo et ecclesie beate Marie de Bolton' et canonicis ibidem Deo servientibus homagium et servitium Ricardi filii Walteri de Kighley, de toto tenemento quam de me tenuit in villa de Newsom', ita quod nec ego nec aliquis alius aliquo viro me contingente aliquid ius vel clameum in predicto tenemento de cetero poterimus exigere vel vendicare. In huius rei testimonium huic scripto sigillum meum apposui. Hiis testibus: Iohanne Flandrens[i], Simone de Marton', Willemo filio eius, Thoma de Lellie tunc constabulario de Skipton', Ricardo filio Ranulphi de Kighley, Helia de eadem et aliis.

a. *Heading* Stiveton: B.
Marginated: *Newsom.*

Newsholme is in the parish of Keighley.
H – fo. 41v, from Bolton Cartulary, fos. 114, 120v

407 Notification by Richard son of Walter of Keighley, made together with his body for burial, that his homage and service for a tenement in the vill of Newsholme has been assigned by Adam son of Jordan of Newsholme to the canons of Bolton and that he is obliged to render 6d., with reversion to the canons. [1241x1267]

[fo. 121r] Omnibus Cristi fidelibus hoc scriptum visuris vel audituris Ricardus filius Walteri de Kighley salutem in Domino. Universitati vestre cupio innotescere[a] quod cum Adam' filius Iordani de Newsom' assignasset priori et conventui de Boulton' homagium meum et servitium de tenemento quod de eadem aliquando tenui in villa de Newsom' me illam assignationem statum habere et firmam et me et heredes meos presenti scripto obligasse solvere eisdem canonicis de dicto tenemento sex denarios summatim ad festum sancti Martini imperpetuum et quiete et solute una cum corpore meo ad prefatos canonicos revertetur. In cuius rei testimonium presens scriptum sigillo meo communivi. Hiis testibus: Iohanne Flandrensi, Iohanne de Eston', Helia de Otteleya tunc decano de Crava, Thoma de Lelle tunc constabulario de Skipton', Simone de Monte Alto, magistro Galfrido de Otteley, Helie de Kighley et aliis.

a. imotescere *(sic)* B.

H – fo. 41v, from Bolton Cartulary, fo. 114, abstract.

408 Confirmation by John Fleming in free and perpetual alms to the canons of Bolton of one bovate in the vill of Newsholme, containing six parts, all of free common and easement pertaining to the said vill, and also six acres of land in the fields of the vill of Newsholme, formerly of Jordan of Newsholme and his son Adam, as stated in the charter of Adam. [1241x1267]

[fo. 121r] Omnibus Cristi fidelibus presens scriptum visuris vel audituris Iohannes Flandrensis salutem eternam in Domino. Noveritis me pro salute anime mee et antecessorum et successorum meorum concessisse et presenti scripto confirmasse Deo et ecclesie beate Marie de Bolton' et canonicis ibidem Deo servientibus unam bovatam terre [fo. 121v]^a cum suis pertinentiis in villa de Newsom que scilicet fuit quondam Iordani de Newsom' et deinde Ade filii eius, que quidem bovata continet sextam partem omnium libertatum communium et aisiamentorum ad predictam villam spectan[tium] et ad incrementum tam illius bovate sex acras terre in campo eiusdem ville que similiter fuerunt dicti Iordani et Ade filii eius; tenenda et habenda in liberam et perpetuam elemosinam prout carta Ade de Newsom' eis testatur quam inde habent. In cuius rei testimonium presens scriptum sigillo meo corroboravi. Hiis testibus: Iohanne de Estona, Simone de Marton', Willelmo filio eius, Thoma de Lellay tunc constabulario de Skipton', Willelmo Mauleverer, Iohanne fratre eius, Roberto Cuvel, Helia de Kighley et multis aliis.

a. *Heading* Storethes B.

There is a gap of approximately 35mm between the end of this charter and the start of the following section, which relates to Storthes, possibly left to later place a heading in.
H – fo. 41v, from Bolton Cartulary, fo. 114, abstract.

409 Gift in free, pure and perpetual alms by Helto Mauleverer, with the assent of Bilioth his wife, to the canons of Embsay of twelve bovates of land in Malham, with common rights and appurtenances, namely from Malham Water and through *Lutunegate* up to *Yvdene* and east, and all land between Posforth Gill, *Spectesbeck*, the Wharfe and Washburn. [19 Oct. 1120x25 Jan. 1140]

[fo. 121v] Sciant omnes tam futuri quam presentes quod ego Helto Maluleporarius consensu et assensu uxoris mee Biliolt' dedi et concessi et hac carta confirmavi Deo et beate Marie et sancto Cuthberto Embeseie et canonicis ibi Deo servientibus duodecim bovatas terre in Malghum pertinentes ad feudum de Skipton' cum omnibus communionibus et pertinentiis suis in bosco et plano, aquis et pascuis scilicet per Malghwaterkeld et per Littunegate usque Yvdene ita versus orientem et totam terram inter Poseford^a et Spectesbecke et Wharffe et Walkesburne in bosco et plano, aquis et pasturis sine aliquo retenemento in liberam, puram et perpetuam elemosinam quietam ab omni seculari servitio et exactione quod pertineat ad aliquem mortalem pro salute anime mee et uxoris mee et filiorum et dominorum meorum. Hiis testibus: Reginaldo capellano, Reinero Dapifer, Ivone Constabulario, Willelmo Whithand, Rogero de Fafint',^{b} Reginaldo Revell'.

a. Poleford H.   b. Fasinton H.

Marginated: *Sted*; ♣.

I. Kershaw suggests that this gift formed the basis for the priory's grange at Stead (*Bolton Priory*, p. 6). For the later confirmation by the grandson of Helto Mauleverer which indicates that the piece of land *inter Poseford et Spectesbecke et Wharffe et Walkesburne*, was Stead see CB, no. 414.
H – fo. 60v, from Bolton Cartulary, fo. 115.

410 Notification in pure and perpetual alms to Thurstan, archbishop of York, by Cecily de Rumilly of the gift by Helto Mauleverer to St Cuthbert's church, Embsay, of one and a half carucates of land in Malham. [Michaelmas 1130x25 Jan. 1140]

[fo. 122r][a] T. Dei gracia Ebor' archiepiscopo et omnibus sancte matris ecclesie filiis necnon et omnibus hominibus suis atque amicis Cecilia de Rumel' salutem. Sciatis quod ego concedo et confirmo elemosinam quam Helto Maleverer dedit ecclesie sancti Cuthberti de Embesey scilicet quadrugatam terre et dimidiam apud Malghum quam volo et concedo eidem ecclesie et servientibus eidem ecclesie tenere bene et in pace, libere, quiete in pura et perpetua elemosina pro salute anime mee et pro animabus antecessorum meorum. Valete. Hii sunt testes: Reginaldus capellanus scriptor huius carte, Reinerus dapifer, Ivo constabularius, Willelmus[b] Whithond, Walterus Picot.[c]

a. *Heading* Storethes B.   b. Willelmo *(sic)* B.   c. Rogerus Fasinton *inserted* H.

See also CB, no. 107, which is edited from Dodsworth MS 144, fo. 13.
H – fo. 61r, from Bolton Cartulary, fo. 115.

411 Confirmation by Cecily de Rumilly of the gift by Helto [Mauleverer], his wife, and William his heir to the canons of Embsay of all the land between Posforth Gill and *Spectesbeck*. [Michaelmas 1130x25 Jan. 1140]

[fo. 122r] Sciant omnes tam futuri quam presentes quod ego Cecilia de Rumel' concedo et hac carta presenti confirmo donationem quam Helto,[a] uxore sua et herede suo Guillelmo concedentibus dedit ecclesie sancti Cuthberti et canonicis ibidem Deo servientibus scilicet de Emeseia in perpetuam elemosinam scilicet totam terram inter Poseford[b] et Spectesbecke in bosco et plano et in pasturis, quam volo et concedo ut supradicti canonici in pace, libere et quiete, solutam et quietam ab omni seculari exactione teneant. Huius confirmationis advocati sunt testes: Hugo capellanus huius carte scriptor, Ivo filius[c] Aschetilli,[d] Reginaldus Revel', Robertus cementarius.

a. (Malus Leporarius) *inserted* H, fo. 42r.   b. Poleford H, fos. 61r–61v.   c. frater Willelmi *replacing* filius H, fos. 61r–61v.   d. Archecilli H, fos. 61r–61v.
Marginated: *Sted*.

H – fo. 42r and fo. 61r–61v. Pd from H, fo. 42r, in *EYC*, vii, no. 5.

412 Gift in free, pure and perpetual alms by William Mauleverer of Beamsley to the canons of Bolton of all the land in Storiths, Beamsley, that Hugh Curciler holds of him, all the land held by Roger the carpenter, all the land held by Orm, namely from *Baldewinebec* to *Reinaldehou*, and from *Ker* to *Stedekate*, all the land held by Gamill of Stede, from *Pecklingwra* to *Alisaundrefall'* and from *Keldesike* to *Gunildeland* next to the ditch, and the land held by Walter le Pour, from the land held by Gamil to *Fulebrigge* and one acre of land at *Gunnildeland* towards the house of William de Berry, with croft and meadow, namely from the land of Gamil to *Sitheridland*, **with its boundaries and with free common, common rights and easements pertaining to the vill of Beamsley. Moreover the canons to place there five men who will possess the aforesaid common liberties, to their use and that of their beasts. [Michaelmas 1189xMichaelmas 1219]**

[fo. 122r–122v] Sciant presentes et futuri quod ego Willelmus Malus Leporarius de Bethmesleya dedi, concessi et hac presenti carta mea confirmavi Deo et beate Marie de Bolton' et ibidem canonicis Deo servientibus totam terram in Storthes de Bethmesleia quam Hugo Curciler tenuit de me scilicet a domo que fuit Rogeri Carpentarii usque ad terram que fuit Alani[a] Overgode et a domo que fuit Gamelli de Steda usque ad terram que fuit predicti Alani, et etiam totam terram quam Rogerus Carpentarius tenuit de me, scilicet a terra que fuit Alani Overgode usque in Spectesbecke et a Smalkeldes [fo. 122v][b] usque in Brabanch versus aquam de Werff quicquid ibi arari potest et insuper totam terram quam Orm tenuit de me scilicet a Baldewinebec usque Reinaldehou et a Ker usque ad Stedekate et adhuc totam terram quam Gamillus de Stede[c] tenuit de me, scilicet a Pekelingwra' usque ad Alisaundrefall' et a Keldesike usque Gunildeland iuxta sicam adhuc et terram quam Walterus le Pour tenuit de me scilicet a terra que fuit Gamelli usque ad Fulebrigge et unam acram terre a Gunnildeland versus domum Willelmi de Berry et croftum et pratum scilicet a terra que fuit predicti Gamelli usque ad Sitherland has omnes terras cum suis divisis et cum libera communione in bosco et plano, aquis et pascuis, viis et semitis et omnibus cummunionibus et aisiamentis predicte ville de Bethmeslay pertinentibus dedi et concessi prefatis canonicis de Boulton' perpetuo tenenda in liberam et puram et perpetuam elemosinam solutam et quietam ab omni seculari servitio, consuetudine et exactione. Preterea sciendum est quod prefati canonici de Bolton' ponent[d] in prefatis terris quinque homines ad eorum libitum qui eas inhabitent et possideant cum predictis liberis communionibus ad usus suos proprios et propriorum averiorum suorum et bon[orum] conductorum ad eorum terras arandas et vaccarum lactenarum ad se et suos pascendos. Hiis testibus: Roberto Vavasore, Maugero Vavasour, Roberto Valensi, Willelmo Gramatico, Reinero Flandrensi, Simone de Hebbeden, Willelmo Graindorge, Thoma de Otteleya, Willelmo de Marton, Willelmo de Arches.

a. Alani *omitted* B.   b. *Heading* Storethes B.   c. Stode H.   d. tenent H.

C.T. Clay believes that this charter was made before the thirteenth century (*EYC*, vii, pp. 129–30).
H – fos. 61v–62r and fo. 42r, from Bolton Cartulary, fo. 115, abstract.

413 Confirmation in free, pure and perpetual alms by William son of Helto [Mauleverer] to the canons of Bolton of twelve bovates of land in Malham and all that land between Posforth Gill, *Spectesbeck*, the Wharfe and Washburn. [1155x1203]

[fo. 122v] Willelmus filius Helton[is] omnibus fidelibus sancte ecclesie salutem. Sciatis me concessisse et presenti carta mea confirmasse Deo et ecclesie sancte Marie Boelton' et canonicis ibidem Deo servientibus xij bovatas terre in Malghum et totam illam terram inter[a] Poseford[b] et Spectesbeck et Wherffe et Walkesburne in bosco et plano, aquis, moris et pasturis quas Heltus[c] pater meus dedit prefate ecclesie et canonicis de Bolton' in liberam, puram et perpetuam elemosinam, solutam et quietam ab omni seculari servitio, consuetudine et exactione. [fo. 123][d] Quare volo ut predicta ecclesia et canonici de Bolton' habeant et teneant et imperpetuum possideant prenominatas terras cum omnibus pertinentiis suis bene et in pace, libere et quiete, ab omni seculari servitio, consuetudine et exactione cum omnibus libertatibus et aisiamentis et sicut illas terras quas ego et heredes mei debemus warrantizare, adquietare et defendere contra omnes prefate ecclesie et canonicis de Bolton' sicut meam et patris mei elemosinam. Hiis testibus: Iordano clerico, Alveredo clerico, Baldewino de Brameoyt', Willelmo Maleverer de Alverton, Willelmo filio Willelmi Maleverer de Bethmesleya.

a. ter *interlined* B.   b. Poleford H.   c. Helto *(sic)* B.   d. *Heading* Storethes B.
Marginated: ♣

C.T. Clay suggests a narrower date range of *c*.1170x1190 (*EYC*, vii, p. 126, and nos. 27 and 83).
H – fo. 62v and fo. 42r, from Bolton Cartulary, fo. 116, abstract. Pd from H, fo. 62v, in *EYC*, vii, no. 58.

414 Confirmation by William son of William son of Helto [Mauleverer] to the canons of Bolton of twelve bovates of land in Malham with all appurtenances and all the land called Stead, namely between the waters of the Wharfe and Washburn, and between Posforth Gill and *Spectesbeck* in wood, field, water and meadow, which were given by Helto Mauleverer his grandfather to the canons in pure, free and perpetual alms. William also gives confirmation [of the gift] of their pool in his land which the canons want between *Wandewat* and *Grinstanebec*, in free, pure and perpetual alms. [1170x1219]

[fo. 123r] Sciant omnes qui sunt et qui venturi sunt quod ego Willelmus filius Willelmi filii Helton[is] concessi et presenti carta confirmavi Deo et ecclesie beate Marie de Bolton' et canonicis ibidem Deo servientibus duodecim bovatas terre in Malghum cum omnibus pertinentiis suis et totam terram que dicitur Stede videlicet inter aquam de Weherf et aquam de Walkesburne et inter Poseford[a] et Spectesbecke in bosco et plano, in aquis et pascuis quas videlicet terras avus meus Helte Malus Leporarius dedit prefatis canonicis in puram, liberam et perpetuam elemosinam, solutam et quietam ab omni seculari servitio, consuetudine et exactione cuilibet hominum pertinente. Insuper autem dedi prenominatis canonicis affirmationem stagni sui in terra mea ubicunque voluerint inter Wandewat et Grinestanebec in liberam, puram et perpetuam elemosinam, ita quod si contingerit illud in aque vel aliquo casu frangi vel locus positionis eius non' fuerit eis conveniens liceat eis libere et absque aliqua contradictione mei vel heredum meorum infra prenominatas divisas loco quo voluerint et quando voluerint stagnum suum affirmare. Istas vero terras et istam affirmationem stagni prefatis canonicis presenti carta confirmo pro salute anime mee et omnium antecessorum et heredum meorum. Hiis testibus: Willelmo Malo Leporario de Alverton, Rad[ulpho] eius filio, Henrico Malo Leporario, Waltero Malo Leporario,[b] Ada[c] decano de Arncliff, Ivone cementario, Alexandro clerico de Calverlaia, Heltone de Eastby et multis aliis.

a. Poleford H, fo. 63r.   b. Waltero Maloleporario *omitted* H.   c. Adamo *(sic)* B.
Marginated: tadpole.

It seems certain that William, Henry and Walter Mauleverer were related to one another.
H – fo. 63r and fo. 42v, from Bolton Cartulary, fo. 116v, abstract. Pd from H, fo. 63r, in *EYC*, vii, no. 59.

415 Confirmation by Alice de Rumilly, with the assent of William son of Duncan, nephew of David I of Scotland, of the gift of Helto Mauleverer in pure, free and perpetual alms, made with the assent of Bilioth his wife, to the canons of Embsay of all his lands between Posforth Gill,

Spectesbeck, the Wharfe and Washburn, and of twelve bovates of land in Malham, with appurtenances, as stated in his charter. [1137x1154]

[fo. 123v][a] Omnibus sancte ecclesie filiis Adeliza de Rumelio[b] salutem. Notum sit vobis me concessisse et hac carta presenti confirmasse consilio et assensu domini mei Willelmi filii Dunecani donatione[c] quam Helto Malus Leporar[ius] assensu uxoris sue Biliot dedit Deo et ecclesie sancti Cuthberti Embseie et canonicis ibidem Deo servientibus, in puram, liberam et perpetuam elemosinam scilicet totam terram inter Poseford et Spectesbec et inter Wherffe et Walkesburne in bosco et plano et in pasturis et duodecim bovatas terre in Malghum cum omnibus pertinentiis suis in bosco et plano et in pasturis sicut carta predicti Heltonis in omnibus testatur. Quare volo et precipio ut libere, bene et in pace ab omni seculari servitio, consuetudine et exactione prefatas terras, quietas teneant. Hiis testibus: Osberto archidiacono, Ada[d] filio Suani, Willelmo Flandrensi, Ranulpho de Lindsey.

a. *Heading* Storthes B.   b. in Cristo *inserted* H.   c. donaccione *(sic)* B.   d. Adamo *(sic)* B.

For another copy of the confirmation of Alice de Rumilly see CB, no. 108.
H – fo. 63v.

416   Gift in free, pure and perpetual alms by William Mauleverer to the canons of Bolton, together with his body for burial, of one bovate of land in the vill of Beamsley, with appurtenances and free common in the said vill, which Lewin holds, with garden and croft lying between *Kirkegate* and the land of Gilbert; the gift of one assart called *Thistelwatholme*, and part of the meadow called *Thistelwatholme*; the gift of all of his land in Storiths in Beamsley, stating the boundaries; the gift of all his land, with all his meadow and wood which lies between *Edolvesdike* and *Kerebeck*, and between *Aloukesike* and *Lortburne* excepting two acres which the hospital holds in Storiths and one and a half acres held by Gilbert de Levington in *Hakewra*. [c.1190x1227]

[fo. 123v] Universis sancte matris ecclesie filiis ad quos presens scriptum pervenerit Willelmus Malus Leporarius salutem in Domino. Noveritis me dedisse, concessisse et[a] presenti carta mea confirmasse Deo et ecclesie beate Marie de Bolton' et canonicis ibidem Deo servientibus una cum corpore meo unam bovatam terre in villa de Behmesley cum omnibus pertinentiis suis et liberam commune eiusdem ville illam scilicet quam Leuwinus tenuit et que est a sole remotior de decem bovatis in eadem villa, cum gardino et crofto que iacet inter Kirkegate et terram Gilleberti. Et insuper dedi eisdem canonicis unum essartum quod vocatur Thistelwatholme et illam medietatem totius prati eiusdem Thistelwatholme que tendit versus Northwest. Preterea dedi predictis canonicis totam terram quam habui in Storthes de Bethmesley sine retenemento per has divisas scilicet a Spectesbeck sicut aqua de Werffe[b] descendit usque Grinstanebeck[c] ubi Grinstainbeck[d] cadit in aqua de Werff' et sic ascendendo sicut Grinstainbeck currit usque ad caput de Peclingwra quod est versus orientem et ita iuxta Peclingwra versus austrum usque Brunhou et sic sequendo Brunhousike[e] usque Storthes et a Storth' ascendendo versus orientem usque Helrescach et de Helrescach inter Storth et Paternosterland usque in Ruccroftsike[f] et ita sequendo Ruccroftsike[g] [fo. 124r][h] usque Kerebeck[i] et sic sequendo Kerebec[j] ascendendo usque ad locum ubi rivulus qui vocatur Prestpole cadit in Kerebeck[k] et ita sequendo rivulum de Prestpole, usque ad caput ipsius rivuli quod[l] est in Acre Wall et sic de Acrewall recte intransversum versus aquilonem usque in Spectesbeck. Insuper vero dedi prenominatis canonicis una cum corpore meo totam terram cum toto prato^m meo et nemore que iacet inter Edolvesdike et Kerebeckⁿ et inter Aloukesike^o et Lortburne. Has vero omnes prenominatas terras cum suis pertinentiis dedi predictis canonicis de Bolton'; tenendam et habendam de me et heredibus meis in liberam, puram et perpetuam elemosinam, solutam et quietam ab omni seculari servitio et demanda cum libera commune ville de Bethmesley et omnibus aliis pertinentiis et libertatibus predicte ville pertinentibus infra villam et extra in pratis et pascuis, viis et semitis, aquis et mariscis, boscis et moris et in omnibus aliis locis prenominate ville de Bethmesley pertinentibus pro salute anime mee, antecessorum et successorum meorum salva semper predictis canonicis elemosinam quam prius habebant in eisdem Storthes et exceptis duabus acris quas hospitalarii tenent in predictis Storthes^p et excepta una acra et dimidia quas Gillebertus de Levingtun^q tenet in Hakewra.^r Ego vero et heredes mei omnes prefatas terras cum suis pertinentiis prenominatis canonicis imperpetuum contra omnes warrantizabimus. Hiis testibus: Simone de Monte Alto, Willelmo filio eius, Roberto Vavasore, Willelmo Flandrensi, Waltero^s fratre eius, Petro de Marton, Gilberto de Hawkeswicke, Thoma de Litton', Thoma de Buckden, Henrico Scotto,^t Henrico Maloleporario, Iohanne de Conunle',^u Ada de Malghum, Hugone de Malghum et aliis.

a. hac *deleted* B.   b. usque *written over* de *deleted* B.   c. Grinstambeck *(sic)* B.   d. Grinstambeck *(sic)* B.   e. Breunhousike *(sic)* B.   f. Ruccrostsike *(sic)* B.   g. Ruccrostsike *(sic)* B.   h. Storethes *Heading* B.   i. Kexebec C.   j. Kexebec C.   k. Kexebec C.   l. qui *(sic)* B.   m. prate *(sic)* B.   n. Kexebec C.   o. et Kerebeck et inter Aloukesike *omitted* H, fos. 64r–65r.   p. Sorthes *(sic)* B.   q. Leving tamen *(sic)* B.   r. þacwra C; et *inserted* C.   s. Willelmo *(sic)* B.   t. Scocto *(sic)* B.   u. Sumervile C; Somervile H. Marginated: *divise*; ♣

For reference to a gift made by Gilbert de Levington to the canons of Bolton of one acre of land in Beamsley see CB, no. 440.

C – fos. 23v–24r, with sketch of round, blank seal and note: The bounder of Storthes with common pasture throughout all Beamesley. H – fos. 64r–65r and fo. 42v, from Bolton Cartulary, fo. 116, abstract. Pd from C in *EYC*, vii, no. 64.

417 Agreement made between Robert, prior of Bolton, and the canons and Giles Mauleverer that the said Giles makes a gift to the canons of all his land that he has between *Ruccroftsich* and *Stochkebrigg* in the fields of Beamsley, excepting two acres of land and one rood next to the river of *Stokebrigg*, as well as the gift of two acres and three roods of meadow in his park at Summerscales in exchange for one bovate of land in Beamsley with toft and croft and garden and the whole assart called *Thuyselwathholm* and half a toft of meadow of the same *Thiyselwathholm* which land William his father gave to the canons in free, pure and perpetual alms, as is stated by the charter they hold. [1219x1231]

[fo. 124r] Notum sit omnibus Cristi fidelibus hoc scriptum visuris vel audituris quod ita convenit inter dominum Robertum priorem et conventum de Bolton' ex una parte et Gilonem Maleverer ex altera scilicet quod idem Gilo dedit et concessit et hac presenti carta sua confirmavit Deo et ecclesie beate Marie de Bolton' et canonicis ibidem Deo servientibus totam terram cum suis pertinentiis quam tenuit inter [fo. 124v] Ruccroftsich et Stochkebrigg in campo de Bethmesley exceptis duabus acris terre et una roda iuxta terram Gilleberti de Lavint propinquioribus rivulo de Stokebrigge et insuper dedit eisdem canonicis duas acras et tres rodas prati in parco suo de Somerchales in excambio unius bovate terre in Bethmesley illius scilicet quam Lewinus tenuit cum crofto et gardino et cum uno assarto quod vocatur Thuyselwathholm' et cum medietate totius prati eiusdem Thuiselwatholm[a] quas terras Willelmus pater suus dedit eisdem canonicis in liberam, puram et perpetuam elemosinam sicuti carta eius quam inde habent testatur; tenendas et habendas imperpetuum cum omnibus communionibus et libertatibus et aisiamentis ad predictam villam de Bethmesley pertinentibus. Ipse vero Gilo et heredes sui warrantizabunt predictas terras cum pertinentiis prefatis canonicis contra omnes homines imperpetuum: ipsi quoque canonici warrantizabunt predictam bovatam terre cum prenominatis prefato Giloni et heredibus suis contra omnes homines imperpetuum. Hiis testibus: Willelmo de Stiveton', Willelmo Flandrensi, Willelmo de Hebbeden, Simone de Marton, Simone de Kirkeby, Ranulpho de Otterburne et aliis.

a. et cum medietate totius prati eiusdem Thuiselwatholm *omitted* H.

H – fo. 65r and fo. 42v, from Bolton Cartulary, fo. 117, abstract.

418 Confirmation in free, pure and perpetual alms by Giles Mauleverer to the canons of Bolton of all the lands and tenements they hold in Beamsley and Storiths and elsewhere in his fee, with liberties, appurtenances and easements. [1203x9 Dec. 1234]

[fo. 124v] Universis Cristi fidelibus ad quos presens scriptum pervenerit Gyle de Mauleverer salutem eternam in Domino. Noveritis me concessisse et presenti carta mea confirmasse Deo et ecclesie beate Marie de Bolton' et canonicis eiusdem ecclesie in liberam, puram et perpetuam elemosinam omnes terras et tenementa quas tenent in villa de Bemeslay et in Storthes et ubicunque in feodo meo cum omnibus libertatibus, pertinentiis et aisiamentis ad predictas terras et tenementa in villa et extra qualitercunque pertinentibus. Tenenda et habenda omnes dictas terras et tenementa adeo libere et pure sicut aliqua elemosina liberius teneri potest vel haberi. Ego vero et heredes mei dictam elemosinam cum omnibus suis pertinentiis warrantizabimus, acquietambimus et defendemus in omnibus et contra omnes imperpetuum. Hiis testibus: Willelmo de Stiveton', Willelmo de Arches, Willelmo de Hebbeden, Simone de Marton', Simone de Kirkeby,[a] Rogero de Kicyley[b] et multis aliis.

a. Simone de Kirkeby *omitted* H.   b. Kitþclaye C.

C – fo. 24v. H – fo. 66r.

419 Agreement made between Richard, prior of Bolton, and Giles Mauleverer whereby Giles makes a gift of the rights of the mill pool under his garden at *Thistelwatholm* in pure and perpetual alms, in return for which the canons grant to Giles and his heirs, if another mill is built, the right to grind corn without multure just as the men of William, the brother of Giles, had in Storiths. [1235x1243]

[fo. 124v] Notum sit omnibus Cristi fidelibus hoc scriptum visuris vel audituris quod ita convenit inter fratrem Ricardum priorem et conventum de Bolton' ex una parte et Egidium Mauleverer[a] de Bethmesley ex altera videlicet quod predictus Egidius dedit [fo. 125r][b] et concessit et presenti scripto confirmavit Deo et ecclesie beate Marie de Bolton' et canonicis ibidem Deo servientibus attachiamentum[c] stagni molendini sui subtus gardinum suum in terra dicti Egidii in Thistelwatholm; tenendum et habendum imperpetuum in puram et perpetuam elemosinam absque omni impeditione vel impedimento sui vel heredum suorum et quod nullum aliud molendinum ibidem erigatur ad nocumentum eiusdem molendini. Predicti vero prior et conventus concesserunt et presenti scripto confirmaverunt prefato Egidio et heredibus suis ut molant bladum suum de domo sua propria ad ipsum molendinum sine multura quandocunque necesse habuerint vase evacuato nisi interveniat bladum eorundem canonicorum homines quoque sui quandocunque necesse habuerint sicut homines Willelmi fratris sui de Storthes. In huius rei testimonium huic scripto sigilla sua utrique apposuerunt. Hiis testibus: Iohanne de Estona', Eustachio de Rilleston', Simone de Marton' tunc constabulario de Skipton', Rogero de Kighley,[d] Ranulpho filio eius, Gilberto de Hawkeswicke, Iohanne de Kildwicke, Thoma de Buchden, Willelmo filio Arkil[li], Rainero de Storthes.

a. Maulever *(sic)* B.   b. *Heading* Storthes B.   c. acchachiamentum *(sic)* B.   d. Lyghell' H.

H – fo. 66r–66v. Pd from H in *EYC*, vii, no. 76.

420 **Confirmation by William son of William Mauleverer of Beamsley of the exchange of lands made between the canons of Bolton and Giles Mauleverer, his brother, of one bovate of land, with appurtenances, which Lewin held in Beamsley and the land and meadow in *Thistelwattholm*, as is stated in their compositions. [1235x1243]**

[fo. 125r] Omnibus Cristi fidelibus hoc scriptum visuris vel audituris Willelmus filius Willelmi Mauleverer de Bethmesley salutem eternam in Domino. Noveritis me ratum et gratum habere excambium quod prior et conventus de Bolton' fecer[unt] cum Egidio Mauleverer fratre meo de illa bovata terre cum suis pertinentiis quam Lewinus tenuit in Bethmesley et de terra et prato in Thistelwattholm sicut continetur in compositionibus inter eos confectis in omnibus. In huius rei testimonium huic scripto sigillum meum apposui. Testibus: Alexandro persona de Marton' tunc decano de Craven, Ada[a] capellano de Otteley, Godefrido de Alta Ripa, Iohanne de Eston', Eustachio de Rilleston', Simone de Marton' tunc constabulario de Skipton', Rogero de Kighley,[b] Gilleberto[c] de Hawkeswic et aliis.

a. Adamo *(sic)* B.   b. Ranulpho filio eius fo. 118 *inserted in round brackets* H, fo. 43r; Lyghel' H, fo. 67r.   c. Gil'o H, fo. 43r; Willelmo H, fo. 67r.

H – fo. 43r, from Bolton Cartulary, fo. 117, partial copy, and fo. 67r. Pd abstract from H, fo. 43r, in *EYC*, vii, no. 75.

421 **Agreement in the form of a chirograph made between Prior Richard and the convent of Bolton and William Mauleverer the son of William Mauleverer whereby William quitclaims to the canons all right and claim to a tenement that William held of the canons in Storiths in Beamsley, and in return the canons of Bolton give William all his land that they have in the vill of Calton and a moiety of the mill of Airton, saving multure for their land and for their men of Airton, Scosthrop and their house at Malham, rendering 12*d.* annually, with a reservation to the canons of the rights of a lord in chief when William or his heirs should die, and a prohibition preventing alienation without consent of the canons. 19 May 1247**

[fo. 125r] Notum sit[a] omnibus Cristi fidelibus tam presentibus quam futuris quod anno incarnationis Domini M° CC° xlvii°[b] ad Pentecosten ita convenit inter dominum Ricardum tunc priorem et conventum de Bouthelton'[c] ex una parte et inter Willelmum Mauleverere[d] filium Willelmi Mauleverere[e] ex altera, videlicet quod dictus Willelmus dimisit dictis canonicis et inperpetuum quietumclamavit de se et heredibus suis totum tenementum cum suis pertinenciis quod idem W. [fo. 125v] antea tenuit de dictis canonicis in Storthes de Bemesay[f] et extra et totum ius et clamium tam in bosco quam in plano quod umquam habuit vel de cetero habere poterit in eadem villa et extra sine aliquo retenemento. Et pro hac dimissione et quietaclamatione dicti prior et conventus dederunt dicto Willelmo totam terram suam quam tunc temporis habuerunt in villa de Calton' cum suis pertinenciis et cum medietate molendini de Hayreton';[g] tenendam et habendam sibi et heredibus suis inperpetuum salva sibi multura proprie terre sue et hominum suorum de Hayreton'[h] et Scotorp[i] et domus sue de Malghum. Reddendo dictis canonicis inde annuatim duodecim denarios ad duos terminos, scilicet medietatem ad Pentecosten et aliam medietatem ad festum sancti Martini in hyeme, et faciendo forinsecum servicium quantum pertinet ad eandem terram set quandocumque idem Willelmus obierit vel aliquis heredum suorum totum predictum tenementum cum pertinentiis suis erit in custodia dictorum prioris et conventus cum medietate molendini prenominati usque ad etatem[j] heredum qui tunc[k] eciam obsequia debita scilicet relevia et homagia priori dicte domus prestabunt[l] sine aliqua contradictione tanquam suo capitali domino. Et sciendum est quod idem Willelmus seu aliquis heredum suorum nunquam[m] predictam terram de Calton' nec aliquam porciunculam dicti molendini alicui vendent aut invadiabunt seu aliquo modo a domo de Bouthelton'[n] alienabunt. Et si hoc fecerint sine assensu et voluntate dictorum prioris et conventus predicti prior et conventus capient totum predictum tenementum cum suis pertinenciis et cum[o] medietatem molendini et tenebunt in manu sua sine aliqua contradictione quousque satisfecerint eisdem renunciando regie prohibicioni et omni iuris[p] remedio civilis et canonici. Predicti vero prior et conventus predictam terram cum porcione molendini sicut prenominatum[q] est dicto Willelmo et heredibus suis contra omnes homines inperpetuum warantizabunt. In huius rei testimonium huic scripto cirographato utrinque sigilla sua apposuerunt. Hiis testibus: domino Iohanne de Lungvileres, Iohanne de Eston', Symone[r] de Marton', Eustachio de Rilleston', Ricardo Tempeste,[s] Egidio Malo Leporario, Willelmo de Hertelincton',[t] Ricardo de Oterburne,[u] Raynero[v] de Scottorp', Ada de Neusum,[w] Thoma filio Willelmi filii Arkil[x] et multis aliis.

a. sit *obscured* B.   b. M CC B.   c. Bolton' B.   d. Maleverer B.   e. Maleverer B.   f. Bemesley B.   g. Haireton B.   h. Hairton' B.   i. Scothorp B; Scoton H, fo.43r.   j. ecatem B.   k. est *replacing* tunc B.   l. prestabit B.   m. aliquam *replacing* nunquam B; in aliquam *replacing* nunquam H, fo. 67r.   n. Bolton' B.   o. cum *omitted* B.   p. *hole in charter, possibly due to spike.*   q. *hole in charter, possibly due to spike.*   r. Simone B.   s. Tempest B.   t. Hertlinton B.   u. Otterburne B.   v. Reynero B.   w. Neusum' B.   x. Archilli B.

A – Chatsworth Charter, L2, P58. Endorsed: xij; Bemeslay Stors et Calton et aliis [terris]; 200x220mm [25mm tag fold]; seal: green wax, round. Obverse: greyhound. Legend: S WILLI FIL- WILLI MAULEVRER; 33mm; sealed on the tag method 1. B – Coucher Book, fo. 125r–125v. H – fo. 43r, from Bolton Cartulary, fo. 118, abstract, and fo. 67r. Pd from H, fo. 67r, in *EYC*, vii, no. 78.

422 Agreement made between Prior Richard and the canons of Bolton and William son of William Mauleverer of Beamsley whereby William gives the canons the suit of all their men to the mill under their garden to grind their corn up to fourteen measures, saving the right to grind the corn of his without multure, without interfering with the corn of the canons of his brother Giles or their heirs, paying multure if another mill is used. Moreover the gift in pure and perpetual alms

by William to the canons of what is necessary from the wood called *Blabanch* for the repair of their mill pools. [8 Jul. 1233x1243]

[fo. 126r]ª Notum sit omnibus Cristi fidelibus hoc scriptum visuris vel audituris quod ita convenit inter fratrem Ricardum priorem et conventum de Bolton' ex una parte et Willelmum filium Willelmi Mauleverer de Bethmesley ex altera videlicet quod predictus Willelmus dedit, concessit et presenti scripto confirmavit Deo et ecclesie beate Marie de Bolton' et canonicis ibidem Deo servientibus sectam omnium hominum suorum ad molendinum suum subtus gardinum eorundem ut molant bladum suum ad quartum decimum vas, ita tamen quod idem W. molet blada proprie domus sue sine multura quandocunque vas evacuatum invenerit nisi interveniat proprium bladum ipsorum canonicorum vel Egidii fratris sui et heredum suorum. Quare si forte aliquis hominum suorum erit^b cum blado suo ad alium molendinum. Idem W. et heredes sui restituent eisdem canonicis multuram tanti bladi sine aliqua contradictione^c sui vel suorum. Preterea dictus Willelmus dedit, concessit et presenti scripto confirmavit eisdem canonicis et capiant necessaria sua^d in bosco suo quod vocatur Blabanch ad reparanda stangna molendinorum suorum sine aliqua contradictione aut impedimento. Et sciendum est quod idem Willelmus vel heredes sui nullum vastum de predicto bosco facient quin predicta stangna inde possint sufficienter sustentari hec omnia prenominata dedit predictus Willelmus prefatis canonicis; tenenda et habenda de se et heredibus suis in puram et perpetuam elemosinam. In cuius rei testimonium^e huic scripto signa sua utrinque apposuerunt. Testibus: Alexandro persona de Marton' tunc decano de Craven, Ada capellano de Otteley, Godefrido de Alta Ripa, Iohanne de Estona, Eustachio de Rilleston, Simone de Marton tunc constabulario de Skipton', Rogero de Kighley, Ranulpho filio eius, Gilleberto de Hawkeswick, Iohanne de Kildewicke, Thoma de Hebbeden,^f Willelmo filio Arkil[li], Reinero de Otterburne,^g Ricardo de Pinkeny, Waltero de Eastby et multis aliis.

a. *Heading* Storthes B.   b. ierit *(sic)* B.   c. suorum *deleted* B.   d. suo *(sic)* B.   e. signa sua *deleted* B.   f. Buckdene *replacing* Hebbeden H, fo. 68v–69r.   g. Raynero de Scotthorp' *replacing* Reinero de Otterburne H, fo. 68v–69r.

H – fo. 43v, from Bolton Cartulary, fo. 118, abstract, and fos. 68v–69. Pd from H, fos. 68v–69r, in *EYC*, vii, no. 77.

423   Gift by Robert of Calverley to Adam of Newsholme (excepting religious men and Jews) of all his land in Storiths, Beamsley, with liberties and easements, for an annual rent of 1*d*. [1226x1243]

[fo. 126v]ª Sciant omnes tam presentes quam futuri quod ego Robertus de Carvirlay dedi, concessi et hac presenti carta mea confirmavi Ade de Newsom et heredibus suis vel cui assignare voluerit exceptis viris religiosis et Iudeis totam terram meam in Storthes de Betmesley sine retenemento illi et heredibus suis vel assignatis; tenendam et habendam de me et de heredibus meis libere et quiete, pacifice cum omnibus libertatibus et aisiamentis dicte terre pertinentibus reddendo inde annuatim mihi et heredibus meis unum denarium ad Pascham^b pro omni servitio et demanda. Et ego Robertus et heredes mei warrantizabimus prenominatam terram cum omnibus pertinentiis suis predicto Ade et heredibus suis vel assignatis imperpetuum contra omnes homines. Hiis testibus: fratre T. tunc priore de Bolton', Iurdano de Vigel' clerico domini archiepiscopi, Simone de Marton', Rogero de Kighley, Ranulpho de Otterburne, Willelmo Arkil[li], Matheo de Kighley et aliis.

a. *Heading* Storethes B.   b. pascam *(sic)* B.

Brother T., the prior of Bolton, would appear to have been Prior Thomas.
H – fo. 43v, from Bolton Cartulary, fo. 119, abstract, and fo. 69r–69v. Pd from H, fo. 69r–69v, in *EYC*, vii, no. 80.

424   Quitclaim by Robert of Calverley to the canons of Bolton of the homage and service of Adam of Newsholme of the tenement held of him in Storiths, Beamsley. [1228x16 Oct. 1258]

[fo. 126v] Omnibus Cristi fidelibus hoc scriptum visuris vel audituris Robertus de Calverlay salutem in Domino. Noveritis me pro salute anime mee, antecessorum et successorum meorum concessisse et quietum clamasse pro me et heredibus meis imperpetuum Deo et ecclesie beate Marie de Bolton' et canonicis ibidem Deo servientibus homagium et servitium Ade de Newsum de tenemento quod de me tenuit in Storthes de Bethmesley, ita quod nec ego nec aliquis alius aliquo iure me contingente, aliquod ius vel clameum in predicto tenemento de cetero poterimus exigere vel vendicare. In cuius rei testimonium huic scripto sigillum meum apposui. Hiis testibus: Iohanne de Eston', Eustachio de Rilleston', Simone de Marton', Willelmo filio eius, Willelmo Maleverer de Bethmesley, Iohanne fratre eius et aliis.

H – fo. 43v, from Bolton Cartulary, fo. 119, abstract, and fo. 69v. Pd abstract from H, fo. 43v, in *EYC*, vii, no. 80.

425   Quitclaim in free, pure and perpetual alms by Adam of Newsholme to the canons of Bolton of all his land, which he held of the canons, in the territory of the vills of Hazlewood and Storiths, Beamsley. [1214x1267]

[fo. 126v] Omnibus hoc scriptum visuris vel audituris Adam' de Newsom eternam in Domino salutem. Noveritis me dedisse, concessisse et de me et omnibus heredibus et assignatis meis imperpetuum quietumclamasse et hac presenti carta mea confirmasse Deo et ecclesie beate Marie de Bolton' et canonicis ibidem Deo servientibus totam terram^a quam tenui de eisdem canonicis in territoriis villarum scilicet de Heselwoode et Storthes de Bethmesley sine aliquo retenemento; tenendam et habendam dictis canonicis et eorum successoribus in liberam, puram et perpetuam elemosinam, solutam et quietam ab omni servitio seculari, sectis curie, exactione et demanda cum omnibus libertatibus, [fo. 127r]^b utilitatibus et aisiamentis dicte terre ubique pertinentibus omnino nihil retento. Ego vero Adam^c et heredes mei vel mei assignati dictam terram cum omnibus pertinentiis suis dictis canonicis et eorum successoribus contra omnes homines warrantizabimus imperpetuum, acquietabimus et defendemus. In cuius rei testimonium presenti scripto sigillum meum apposui. Hiis testibus: Iohanne de Estun, Willelmo de Maleverer de Bethmesley, Willelmo filio Roberti de Skipton', Elia de Kighley, Radulpho filio Everardi de Skipton', Nicholao de Bethmesley, Petro fratre^d eius et aliis.

a. chartam *replacing* terram H, fo. 70r.   b. *Heading* Storthes B.   c. Adamus *(sic)* B.   d. filio *replacing* fratre H.

It is likely that this quitclaim was made *c*.1250.
H – fo. 43v, from Bolton Cartulary, fo. 119, abstract, and fo. 70r. Pd abstract from H, fo.70r, in *EYC*, vii, no. 81.

426   Gift by Adam of Newsholme to the canons of Bolton of all his land in Storiths, Beamsley, which he had of the gift of Robert of Calverley, for an annual rent of 1*d*. 15 May 1250

[fo. 127v] Sciant presentes et futuri quod ego Adam de Newsom' dedi, concessi et presenti carta mea confirmavi Deo et ecclesie beate Marie de Bolton' et canonicis ibidem Deo servientibus totam terram meam in Storthes de Bethmesley sine aliquo retenemento quam habui ex dono Roberti de Calvarlay; tenendam et habendam de me et heredibus meis vel assignatis pro uno denario quem iidem canonici annuatim nobis reddent ad Pascham pro omni servitio, exactione et demanda nobis pertinentibus. Et ego et heredes mei vel assignati warrantizabimus et defendemus prefatam terram pro predicto servitio prefatis canonicis contra omnes homines imperpetuum. In cuius rei testimonium presens scriptum sigillo meo corroboravi. Hiis testibus: domino Iohanne de Estona, Eustachio de Rilleston', Simone de Marton', Willelmo filio eius, Thoma de Lellay tunc constabulario de Skipton', Willelmo Maleverer, Iohanne fratre eius, Nicholao de Bethmesley et aliis. Dat' ad Pentecost' anno gracie M CC° quinquagesimo.

H – fo. 44r, from Bolton Cartulary, fo. 119, abstract, and fo. 70v. Pd from H, fo. 70v, in *EYC*, vii, no. 81.

427 Quitclaim in free, pure and perpetual alms by Adam of Newsholme to the canons of Bolton of all his land, with liberties, easements, utilities, and appurtenances, which he had of the canons, in Hazlewood and Storiths, Beamsley. [*c.*1240x1267]

[fo. 127r] Omnibus hoc scriptum visuris vel audituris Adam de Neusum'[a] eternam in Domino salutem. Noveritis me dedisse, concessisse et de me et omnibus heredibus vel assignatis[b] meis quietum clamasse et hac presenti carta mea confirmasse Deo et ecclesie beate Marie de Bouelt'n[c] et canonicis ibidem Deo servientibus totam sine aliquo retenemento terram[d] quam tenui[e] de eisdem canonicis in territoriis villarum scilicet de Heseluude[f] et Storthes de Bethmeslay[g] in liberam, puram et perpetuam elemosinam dictis canonicis et eorum successoribus dictam terram solutamque[h] [fo. 127v][i] quietam ab omni seculari servicio, sectis curie, exactione et demanda. Tenendam et habendam cum omnibus libertatibus, utilitatibus et aysiamentis dicte terre ubique pertinentibus sine aliquo retenemento. Ego vero et heredes mei vel mei assignati dictam terram cum omnibus pertinentiis suis dictis canonicis et eorum successoribus contra omnes homines warantizabimus inperpetuum, adquietabimus et defendemus. In cuius rei testimonium presenti scripto sigillum meum apposui. Hiis testibus: Iohanne de Estu[n], Willelmo Mauleverer de Bethmeslay,[j] Willelmo filio Roberti de Skipt'n,[k] Nicholao de Bethmeslay,[l] Petro fratre[m] eius et aliis.

a. Neusom B.   b. assingnatis *(sic)* B.   c. Bolton' B.   d. totam terram sine aliquo retenemento *replacing* totam sine aliquo retenemento terram B, H.   e. habui *replacing* tenui B, H.   f. Heselwood B.   g. Bethmesley B.   h. solutam B.   i. *Heading* Storthes B.   j. Bethmesley B.   k. Skipton' B; Elia de Kighley, Radulpho filio Everardi de Skipton' *inserted* B.   l. Bethmesley B.   m. filio *replacing* fratre H.

A – Chatsworth Charter, B1, PB21. Not endorsed. 150x65mm [7mm tag fold]; seal; white wax, oval. Obverse eight-petalled flower. Legend S. ADE D NEUSUM; 30x35mm; sealed on the tag method 1. H – fo. 71r.

428 Gift in pure and perpetual alms by Adam of Newsholme to the canons of Bolton of all his land in Storiths, Beamsley. 15 May 1250

[fo. 127v] Omnibus Cristi fidelibus presens scriptum visuris vel audituris Adam de Newsom salutem eternam in Domino. Universitati vestre significo me dedisse, concessisse et presenti carta mea confirmasse Deo et ecclesie beate Marie de Bolton' et canonicis ibidem Deo servientibus totam terram meam in Storethes de Bethmesley sine aliquo retenemento; habendam et tenendam in puram et perpetuam elemosinam. Et ego et heredes mei vel assignati warrantizabimus et defendemus predictam terram predictis canonicis contra omnes homines imperpetuum. In cuius rei testimonium presens scriptum sigillo meo corroboravi. Hiis testibus: Iohanne de Eston', Eustachio de Rilleston', Simone de Marton', Thoma de Lelly tunc constabulario de Skipton, Willelmo Mauleverer, Iohanne fratre eius, Nicholao de Bethmesley, Heltone de Halton et aliis. Dat' ad Pentec' anno gracie MCCL°.[a]

a. M° C° L° *replacing* MCCL° H.

H – fo. 71v.

429 Agreement in the form of a chirograph made between Prior John [of Laund] of Bolton and Prior Gerard [of Burton] of Bridlington concerning common pasture which John claims of Gerard in Blubberhouses. 3 Feb. 1298, York

[fo. 127v] Notum sit universis sancte matris ecclesie filiis quod discordia que nuper mota fuit inter religiosos viros Iohannem priorem de Bolton' in Craven querentem ex una parte et Gerardum priorem de Bridelington' impedientem ex altera super communa pasture quam predictus prior Iohannes versus predictum priorem Gerardum exigebat in Bloberhous dominica proxima post purificationem beate Marie virginis anno gracie MCC nonagesimo septimo apud Ebor' conquievit finaliter in hac forma. Quod predictus prior Gerardus pro se, ecclesia sua et successoribus suis concessit quantum in ipso est Iohanni priori de Bolton', ecclesie sue et successoribus suis communa pasture ubique in moris et pasturis de Bloberhous omnimodis animalibus prioris de Bolton [fo. 128r][a] in Bethmeslay et tenentium suorum in villenagio in eadem qua quidem pastura pacifice antiquitus usi fuerunt salvis predicto priori de Bridel', ecclesie sue et successoribus suis omnimodo appruavit tam in domibus et clausis die confectionis presentium in mora et pastura de Bloberhous factis et appruat' quam et futuris temporibus faciendum est appruandum quotiens quando quomodo et ubi pro voluntate sua magis viderint expedire sine reclamatione, clamio et calumpnia predicti prioris de Bolton' et successorum suorum imperpetuum, et idem prior de Bolton' pro se, ecclesia sua et successoribus suis quantum in ipso est concessit predicto priori de Bridelington', ecclesie sue et successoribus suis communa pasture omnimodis animalibus suis et tenentium suorum de Bloberhous in Bethmesley plenam, pacificam et liberam quam idem prior de Bridelington' et[b] predecessores sui ante confectionem presentis scripti habere consueverunt et qua usi sunt pacifice ab antiquo salvis predicto priori de Bolton', ecclesie sue et successoribus suis omnimodo appruavit tam in domibus et clausis die confectionis presentium in moris et pasturis de Bethmeslay factis et appruatis quam et futuris temporibus faciendum et appruandum quotiens, quando, quomodo et ubi sibi pro voluntate sua magis viderint expedire sine reclamatione, clameo et calumpnia predicti prioris de Bridelington', ecclesie sue et successorum suorum imperpetuum. In cuius rei testimonium sigilla commun[ia] capitulorum de Bridelington et Bolton' alternis partibus presentis scripti cirograff[ati] mutuo sunt appensa.

a. *Heading* Storethes B.   b. successor' sui *deleted* B.

The prior of Bridlington (Augustinian, Yorkshire) who is party to this agreement is believed to be Gerard of Burton (*Heads of Houses*, ii, p. 346).

H – fos. 72r–73r. Pd English abstract in *Abstracts of the Charters and Other Documents Contained in the Char-*

tulary of the Priory of Bridlington in the East Riding in the County of York, ed. W.T. Lancaster (Leeds, 1912), p. 185, no. 247.

430 Note of first inquisition, at the instance of the prior of Bolton, concerning the common pasture of Summerscales.

[fo. 128v][a] Prima inquisitio de communia pasture nostre de Somerchales ad instantiam prioris de Bolton capta et concessa.[b]

a. *Heading* Storthes B.   b. Prima inquisitio … capta et concessa *indented c.20mm* B.

Summerscales is in the parish of Kildwick.
H – fo. 73v.

431 Inquisition made in the court of Knaresborough with regard to the claim of the canons of Bolton to pasture rights at Washburn. 5 Nov. 1297, Knaresborough

[fo. 128v] Inquisitio facta in curia de Knaresburg' die martis proxima post festum omnium sanctorum anno regni regis Edwardi vicesimo quinto finiente per dominum Petrum Becard, Henricum[a] du Boys, Thomam de Salleya,[b] Willelmum[c] de Staivley, Rogerum de Cluthern', Willelmum de Sceum[d] clericum, Thomam Torpin, Willelmum de Casteley, Adam[e] de Screm', Radulphum Ward' de Scokton', Ricardum Ward de eadem et Nicholaum Biron' qui dicunt super sacramentum suum quod prior et conventus de Bolton' in Craven solebant communicare et communionem habere in omnibus locis apud Walkesburne in mora et pastura cum omnimodis animalibus suis videlicet a Walkesburneheved usque ad Tymble[f] ultra Walkesburne et eadem pastura pacifice usi fuerunt usque ad tempus Willelmi de Yrby quondam senescalli[g] de Knaresburgh quia eos eiecit tempore domini Ricardi regis Almanie patris comitis qui nunc est sicuti tenentes eiusdem comitis communicant cum priore in pastura de Bethmesley dicunt etiam quod dicti prior et conventus licite possint prosternere et asportare minutum boscum crescentem in campis suis de Witheton' sine calumpnia putura vero forestariorum nihil volunt dicere et ideo remaneat in gracia comitis. Et in testimonium omnium premissorum dicti iuratores presenti scedule sigilla sua apposuerunt. Dat' die ut supradictum.

a. Henrico *(sic)* B.   b. Thomam de Malleya *(sic)* B.   c. Willelmo *(sic)* B.   d. Screvila H.   e. Adamum *(sic)* B.   f. T *overwrites* G in Tymble B.   g. scenescallo *(sic)* B.

Dodsworth MS 144, fo. 44, contains the following note relating to fo. 121 of the cartulary of Bolton Priory: *Dominus Willelmus de Ireby senescallus de Knaresburgh anno 28 H. 3*. The twenty-eighth regnal year of Henry III was 28 October 1243 – 27 October 1244.
H – fo. 73r–73v.

432 Note concerning the second inquisition, at the instance of the prior of Bridlington, because of the claim that the jurors of the first inquisition were in error.

[fo. 128v] Secunda inquisitio de eadem ad instantiam prioris de Bridelington quia dicebat iuratores prime inquisitionis errasse.[a]

a. Secundo inquisitio … inquisitionis errasse *indented c.30mm* B.

H – fo. 73v.

433 **[The second] inquisition made in the court of Knaresborough at the instigation of the earl [of Cornwall] with regard to the claim of the canons of Bolton to pasture rights at Washburn. 19 Jan. 1298, Knaresborough**

[fo. 128v] Inquisitio capta apud Knaresburgh per mandatum domini comitis die dominica proxima post festum sancti Hillarii anno regni regis E. xxvj[o.a] per dominum Thomam de Burton, Iohannem de Brerton', Henricum del Hill, Willelmum de Knarr', Robertum de Led,[b] Henricum Attegate, Ricardum le White, Ieramium de Elingthorpe, Ricardum filium Agneti,[c] Henricum Torpin, Iohannem Bonaye et Robertum Abraham, iuratores qui dicunt[d] super sacramentum suum quod prior de Bolton in Craven et predecessores sui communicare consueverunt a Walkesburneheved usque Timble ultra Walkesburne ubique in mora et pastura ut vicinus cum vicino sicut tenentes comitis [fo. 129r][e] communicant cum dicto priore et tenentibus suis in Bethmesley et dicunt quod de eadem pastura dicti prior et predecessores sui eiecti fuerunt tempore regis Henrici patris regis nunc per Willelmum de Irby seneschallum de Knaresburgh xxviij° anno regis eiusdem dicunt etiam quod solum predicte more in quo dictus prior clamat communiam suam pasture est de feodo de Knarr' dicunt etiam quod comes nullum dampnum[f] nec exheredacione incurreret ibidem nisi tantum de attachiamento et impercamento averiorum dicti prioris et[g] tenentium suorum. Et quod vaga et omnia alia improwiamento[h] ibidem pertinent comiti et nulli alio. Dicunt etiam quod nec prior de Bridelington' nec Thomas de Walk nec alicui cedent in dampnum si comes dicto priori de Bolton' dictam communiam modo antedicto utendam concedere voluer[un]t nisi tantum si pastura illa nimis fuerit onerata quod nullus potest habere agistamentum averiorum in eadem nisi comes tantum et in testimonium premissorum etc.

a. xxij H.   b. Lee H.   c. Agneti *(sic)* B.   d. diciunt *(sic)* B.   e. *Heading* Storthes B.   f. donum puum *replacing* dampnum H.   g. conven *deleted* B.   h. approwiament' H.
H – fo. 74r–74v.

434 Note concerning the instigation of a third inquisition as the previous inquisitions were seen as defective.

[fo. 129r] Et quia videbatur comiti Cornub' et suo consilio quod due prescripte inquisitiones erant defective quia non faciebant mentionem de tempore nec de iure facta fuit ista tertia inquisitio.[a]

a. Et quia videbatur … ista tertia inquisitio *indented c.25mm* B.

H – fo. 74v.

435 [The third] Inquisition made in the court of Knaresborough at the instigation of the earl of Cornwall with regard to the claim of the canons of Bolton to pasture rights at Washburn. 9 Apr. 1298, Knaresborough

[fo. 129r] Inquistio capta per mandatum domini comitis Cornub' in curia de Knarresburgh die mercurii in septimana Pasche anno regni regis Edwardi xxvj° per dominum Petrum Becard, dominum Thomam de Burton', Robertum de Stavley, Iohannem de Brerton, Willelmum de Knarr', Rad[ulphu]m Wayd de Scotton', Rogerum de Clother', Henricum de Brerton', Adam[a] de Screvin, Rogerum de Wyte de Scocton', Ierommum de Edlingthorpe et Ricardum filium Agnete qui dicunt super sacramenta sua quod prior de Bolton et conventus et eorum predecessores ac eorum tenentes in villenagio in Bethmesley consueverunt communicare ubique in mora et pastura apud Walkesburneheved inter metas in primis inquisitionibus expressas de iure vicinitatis sicut vicinus cum vicino a tempore unde non est memoria et dicta pastura pacifice usi fuerunt quousque eiecti fuerunt iniuste per dominum Willelmum de Ireby senescallum regis Alman' patris domini comitis Cornub' [fo. 129v][b] qui nunc est tempore regis Henrici patris regis qui nunc est videlicet xxviij° regni eiusdem. Dicunt etiam quod predicti prior et conventus libere possunt prosternere et asportare minutum boscum crescentem[c] in campis eorundem in Wythit' sine calumpnia et hoc facere consueverunt a tempore quo non est memoria quousque eiecti fuerunt per dominum Willelmum de Ireby ut supra. In testimonium premissorum predicti iurates[d] sigilla sua presentibus apposuerunt.

a. Adamum *(sic)* B.   b. *Heading* Storthes et Betmesley B.   c. cecscen' *(sic)* B.   d. iurati *(sic)* B.

H – fo. 75r–75v.

436 **Mandate from Edmund, earl of Cornwall, to Thomas de Burnham, steward of Knaresborough that, having received £10 from the prior of Bolton, he should allow the prior and his tenants in villeinage of the manor of Beamsley to use the common pasture at Washburn according to the findings of the inquisitions made by Thomas at Edmund's instruction, and that he shall permit the prior and convent and their successors to cut down the little wood growing in their fields at Weeton. 19 Apr. 1298, Ashridge**

[fo. 129v] Edmundus comes Cornub' dilecto et fideli suo domino Thoma de Burnham senescallo de Knarresburgh salutem. Mandamus vobis quod receptis a priore de Bolton' decem libris permittatis ipsum et tenentes suos in villenagio de manerio de Bethmesley uti communia pasture apud Walkesburneheved secundum formam et tenorem inquisitionis ad mandatum nostrum per vos ultimo facte[a] super eos et nobis retornate permittatis quod dictum[b] priorem conventum et successores suos prosternere de cetero minutum boscum crescentem in campis eorundem de Witheton et inde comodum suum facere[c] absque calumpnia seu impedimento ministrorum nostrorum secundum quod in dicta inquisitione[d] contineatur. Et hoc non omittatis. Dat' apud Ascrugg' nono decimo die Aprilis anno regni regis Edwardi vicesimo sexto.

a. fo *obscured* B.   b. dominum *replacing* dictum H.   c. facte H.   d. ministrorum nostrorum secundum quod in dicta inquisitione *omitted* H.

The *Compotus* records a payment of £10 made to the earl of Cornwall for an inquisition about pasture at Washburn, as well as a payment of £6 to 'diversis hominibus auxiliantibus idem placitum' (*Compotus*, p. 79). Dodsworth MS 144, fo. 44, contains a note taken from fo. 121 of the cartulary of Bolton Priory: *Dominus Thomas de Burnham senescallus de Knaresburgh, 26 E. 1*.

H – fos. 75v–76r.

437 **Gift in free, pure and perpetual alms by Denise daughter of Helto Mauleverer and Peter her husband with the consent of their heirs to the canons of Bolton of four acres of land in the territory of Beamsley, namely one and a half acres lying next to the land of the hospital of St John, half an acre next to the sike of *Ruchroft* in the east, one acre in *Gretlandes*, an assart of *Bigwra*, with all easements and common rights. [1155x1207]**

[fo. 129v] Sciant presentes et futuri quod ego Dionisia filia Helti Mali Leporar[ii] et Petrus vir meus consensu et assensu heredum nostrorum dedimus et concessimus et presenti carta confirmavimus Deo et ecclesie Marie de Bolton' et canonicis ibidem Deo servientibus iiij^{or} acras terre in territorio de Bethmesley unam videlicet acram et dimidiam iuxta terram hospitalis sancti Iohannis quam Habel' tenet et dimidiam acram iuxta sikam de Ruchroft in oriente et unam acram in Gretlandes et essartum nostrum de Bigwra pro una acra has iiij^{or} acras terre cum omni aisiamento et communione prefate ville de Bethmesley pertinente quantum pertinet ad tantum terram dedimus et presenti carta confirmavimus iamfatis canonicis in liberam, puram et perpetuam elemosinam, solutam et quietam ab omni seculari servitio, consuetudine et exactione cuilibet mortalium pertinentibus pro salute animarum nostrarum et omnium antecessorum et successorum nostrorum. Hiis testibus: Reinero^a Flandrensi, Petro de Pinkenei, Henrico Malo Leporario, Ranulpho filio Walteri, Ivone cementario, Heltone de Eastby, Alexandro clerico Calverlay, Waltero Malo Leporario, Roberto [fo. 130r]^b filio Ivonis, Abel Pistore et multis aliis.

a. Reinere *(sic)* B.   b. *Heading* Storthes Bethmesley B.
Marginated: *incipit Bethmesley*.

It seems likely that this gift was made towards the end of the date range suggested.
H – fo. 44r, from Bolton Cartulary, fo. 119, abstract, and fo. 76r–76v. Pd in *EYC*, vii, no. 60.

438   Gift in free, pure and perpetual alms by William son of William [Mauleverer] of Beamsley to the canons of Bolton of Marioth daughter of Dolfin with all her suit, except Rodbert her son, and William son of Roger, for 15s. [1155x1226]

[fo. 130r] Sciant omnes qui sunt et qui venturi sunt quod ego Willelmus filius Willelmi de Bethmesleya dedi, concessi et presenti carta confirmavi Deo et beate Marie Boelton' et canonicis ibi Deo servientibus in liberam, puram et perpetuam elemosinam Marioth' filiam Dolfini cum omni secta sua excepto Rodberto filio eius et Willelmo filio^a Rogeri pro salute anime mee et pro quindecim solidis quos mihi prefati canonici de caritate dederunt. Hiis testibus: Reinero de Stiveton', Ada^b Grimbald, Ranulpho de Hellevele, Willelmo filio Petri, Willelmo Buceller,^{c} Abel' Pistore.

a. filii *(sic)* B.   b. Adamo *(sic)* B.   c. Buteller H.

It is most probable that the benefactor in this charter is William Mauleverer, son of William Mauleverer, using his toponymic rather than family name.
H – fos. 76v–77r. Pd from H in *EYC*, vii, no. 62.

439   Gift in free, pure and perpetual alms by William son of Peter to the canons of Bolton of three acres of land in the vill of Beamsley, namely one and a half acres in *Crokedholme*, one and a half acres in Haddockstones, and half a rood of land to the toft where his father's barn was, and common of the said vill, with all common rights and easements. [1155x1219]

[fo. 130r] Sciant omnes qui sunt et qui venturi sunt quod ego Willelmus^a filius Petri dedi et concessi et presenti carta confirmavi Deo et beate Marie Boelton' et canonicis ibidem Deo servientibus tres acras terre in villa de Bethmesley scilicet acram et dimidiam terre in Crokedholme et acram et dimidiam in Hoppandstanes et dimidiam rodam terre ad toftum ubi grangia patris mei fuit et communionem eiusdem ville in bosco, plano, aquis et pascuis et omnibus communionibus et aisiamentis predicte ville pertinentibus in liberam, puram et perpetuam elemosinam, solutam et quietam ab omni seculari servitio, consuetudine et exactione. Hanc vero elemosinam ego et heredes mei warrantizabimus predictis canonicis imperpetuum. Hiis testibus: Renero Flandrensi, Willelmo filio Edwardi, Ada[b] Flandrensi, Thoma Flandrensi, Ricardo Revel,[c] Ada[d] de Brineshall[e] de Heltona, Henrico fratre suo, Roberto, Waltero de Haltona.

a. W. H, fo. 77r.   b. Adamo *(sic)* B.   c. Rever' H, fo. 77r.   d. Adamo *(sic)* B.   e. Buneshall H, fo. 77r.

William son of Peter is probably the son of Denise Mauleverer, daughter of Helto Mauleverer, see CB, no. 437.
Adam and Thomas Flandrensi were probably the sons of Reiner. It seems likely that the benefaction was made in the late twelfth century or early thirteenth century. For documents relating to Rodes of Menston and Farnley transcribed by Dodsworth from fos. 122–124 of the lost cartulary see Appendix I, nos. 21–26.
H – fo. 44r, from Bolton Cartulary, fo. 119, abstract, and fo. 77r. Pd from H, fo. 77r, in *EYC*, vii, no. 61.

440 Confirmation in pure alms by Geoffrey de Percy to the canons of Bolton of one acre of land in the territory of Beamsley which Gilbert de Levington gave with his body for burial, with appurtenances and free common. [1174x*c*.1230]

[fo. 130r] Universis Cristi fidelibus hanc cartam visuris vel audituris Galfridus de Percy salutem eternam in Domino. Noveritis me concessisse et hac presenti carta mea confirmasse Deo et ecclesie beate Marie de Bolton' et ibidem canonicis Deo servientibus illam acram terre in territorio de Bethmesley quam Gillebertus de Lewington eisdem dedit cum corpore suo; tenendam et habendam libere et quiete in pura elemosina cum libera communione et omnibus aliis pertinentiis ad tantam terram in prefata villa pertinentibus in omnibus locis infra villam et extra pro salute anime mee et antecessorum et heredum meorum. Hiis testibus: Petro [fo. 130v][a] de Marton, Simone de Kirkeby, Hugone de Otterburne, Ada de Wuchel',[b] Ricardo clerico, Iohanne de Kildewicke.

a. *Heading* Bethmesley B.   b. Wiuthel' H.

H – fo. 77v. Pd from H in *EYC*, vii, no. 82.

441 Agreement made between Prior Richard and the canons of Bolton and William son of William Mauleverer of Beamsley whereby William gives to the canons of Bolton all suit of his men to the mill under his garden. If any of his men takes corn to another mill William and his heirs shall pay the multure to the canons, with provision that William shall be able to grind his own corn without multure. Also William grants to the canons the right to take what they need from his wood called *Blabanck* for the repair of their mill pond. [1214x20 Sep. 1248]

[fo. 130v] Notum sit omnibus Cristi fidelibus hoc scriptum visuris vel audituris quod ita convenit inter fratrem Ricardum priorem de Bolton' et conventum ex una parte et Willelmum filium Willelmi Mauleverer de Bethmesley ex altera videlicet predictus Willelmus dedit, concessit et presenti scripto confirmavit Deo et ecclesie beate Marie de Bolton' et canonicis ibidem Deo servientibus sectam omnium hominum suorum ad molendinum subtus gardinum eorum ut molant bladum suum ad quartum decimum vas. Ita tamen quod idem W. molet bladum suum proprie domus sue sine multura quandocumque vas evacuatum invenerit nisi interveniat proprium bladum ipsorum

canonicorum vel Egidii fratris sui et heredum suorum. Quod si forte aliquis hominum suorum ierit cum blado suo ad aliud molendinum idem W. et heredes sui restituent eisdem canonicis multuram tanti bladi sine aliqua contradictione sui vel suorum. Preterea dictus W. dedit, concessit et presenti scripto confirmavit eisdem canonicis ut capiant necessaria sua in bosco suo qui vocatur Blabanck ad reparandum stangna molendinorum suorum sine aliqua contradictione aut impedimento. Et sciendum est quod idem Willelmus vel heredes sui nullum vastum de predicto bosco facient quin predicta stagna inde possint sufficienter sustentari, hec omnia prenominata dedit predictus Willelmus prefatis canonicis; tenenda et habenda de se et heredibus suis in puram et perpetuam elemosinam. In huius rei testimonium huic scripto signa sua apposuerunt utrinque. Testibus: Alexandro persona de Marton tunc decano de Craven, Ada[a] capellano de Otteley, Godefrido de Alta Ripa, Iohanne de Eston, Eustachio de Rilleston', Simone de Marton tunc constabulario de Skipton, Rogero de Kighley, Ranulpho filio eius, Gilberto de Hawkesweeke, Iohanne de Kildewicke, Thoma de Bugden, Willelmo filio Arkil[li], Reinero de Scortorp', Ricardo de Pinkeny, Waltero de Eastby et aliis.
Finis.

a. Adamo *(sic)* B.

Beamsley is in the parish of Skipton.

442 Inquisition made as to the extent of Skipton Castle. 1 Oct. 1323, Skipton

[fo. 131r][a] Extenta et inquisitio capta coram magistro Roberto de Aileston'[b] custode privati sigilli domini regis de castro de Skipton' cum pertinentiis primo die octobris anno regni regis Edwardi filii regis Edwardi xvij[oc] per Iohannem de Bolton, Robertum de Farnhill, Robertum Buck, Willelmum de Kighley, Nigellum de Stainford, Willelmum de Brigham, Willelmum de Bradeley, Thomam de Scoethorpe, Robertum Crokebayne, Willelmum Desarte, Iohannem de Coppeley et Thomam de Whetelay iuratores. Qui dicunt super sacramentum suum quod est apud Skipton' in Craven', quoddam castum quod continet in se infra[d] precinctum ij acras et dimidiam acram[e] et non potest extendi quia maximo indiget reperatione. Item dicunt quod est ibidem infra castrum quedam libera capella de fundatione comitis Albemarlie qui concessit et dedit rectori celebranti ibidem quendam annuum redditum c*s*. ad quem redditum complendum dedit et assignavit imperpetuum unum messuagium et unam carucatam terre in Stretton' que quondam valere solebat xl*s*. et nunc valet xvj*s*. Item dec[imas] molend[ini] de Skipton' que solebat valere per annum xxvj*s*. viij*d*. et nunc valet xx*s*. Item dec[imas] molend[ini] de Skibeden que solebat valere per annum iiij*s*. et valet iiij*s*. per annum. Item dec[imas] molend[ini] de Broughton que solebat valere per annum vj*s*. viij*d*. et nunc valet per annum vj*s*.[f] Item oblationes famulorum et servientium castri de Skipton que solebat valere per annum ij*s*. et nunc valet jx*d*. Summa antiqua lxxviij*s*. viij*d*. Summa nova xlvj*s*. x*d*. Et quia predicte terre redditus et proventi non sufficiebant ad donationem et concessionem dictorum C*s*. predictus comes dedit rectori celebranti ibidem ad complendum redditum C*s*. et ad statum suum meliorandum assignavit predicto rectori et successoribus suis per annum iiij quartes et ij bz. et tertiam partem ij[g] bussellorum frumenti, precium quarterii vj*s*. viij*d*. Summa xxviij*s*. x*d*. ob. et tertia pars ob' et unam robam ad Natale Domini per annum prec' xiij*s*. iiij*d*.

Summa elemosine vj*li*. xviij*d*., ob' et tertia pars ob' per extentam antiquam.[h]

a. *Heading*: Cuidem capelle infra castrum de Skipton' in Craven B.   b. Ha Aileston' *(sic)* B.   c. xvj[o] H.   d. infra *written twice* B.   e. terram *replacing* acram H.   f. viij*d. inserted* H.   g. 1 H.   h. Hactenus in pricipio libri *noted under text* H.

H – fo. 1r–1v.

443   A description of the bounds of the forest of Knaresborough.

[fo. 131v][a] That is to saie at Rigmondbecke at Nether Tymble up unto Gilbecke, and from thence to Sorebarleng and so by one dyke unto the toppe of the Rigge above Shawhous and from thence as the Rigg goeth unto the South side of Thounkboller above Tymble a myle and so from thence unto Lyppersley pyke and so to the Gallkehall and from thence on by the overend of Lofteshaw[b] gill unto Fawsborrepyke above Bemesley and so from thence to the skarre above Inkornegill holes adwyning ny to the Queenes fald and so up Paishowsbecke upp to the topp of the more above Paishous and so to Hardenhead and from thence to the south side of the dry tarne and so to the south side of the lordes seete and from thence to the south side of Collond mawe and thence to the Espgill and downe Espgill to Tyard yarte at the nedder end of Middil tonge and from thence uppe Ormesley gill and so to Rerecloutes and from thence unto Craven Crosse standinge at the end of Monghow gill and so unto Craven keld and from thence on by the south side of the skrit[es] of Greenhowhill and by Greenhowhill unto Plouton'gaite et from thence unto the Pale stand' and so unto the north side of a dyke called Draythowhait and as the dyke goeth unto the Padsikebeck and so unto the Monkwall and as the Monkwall goeth unto the water of Nidd'.

a. Heading: *These are the bounders or boundes of the forrest of Knaresburgh toward Craven.*   b. hill deleted B.

444   Letters of protection issued by Henry II to the canons of Bolton, and also the order that the canons should have all tolls, pontage, passage, packing, stallage and lastage. [1180x6 Jul. 1189], Westminster

[fo. 132r] Henricus Dei gracia rex Anglie et dux Normanie et Aquitanie et comes Andig' iusticiariis, vicecomitibus et omnibus prepositis et balliis totius terre sue salutem. Sciatis quod prioratus de Bolton' in Craven' et prior et canonici ibidem Deo servientes et omnes res et possessiones eorum sunt in manu et custodia et protectione mea. Ac ideo precipio quod ipsum prioratum et canonicos et omnia sua custodiatis manuteneatis et protegatis sicut mea dominica, ita quod nullam eis iniuriam vel contumeliam aut gravamen faciatis nec fieri permittatis et si quis super hoc in aliquo forisfacere presumpserit plenariam inde iusticiam sine dilatione fieri faciatis. Volo autem et precipio quod prefati canonici quietantiam habeant per totam meam de thelloneto et pontagio et passagio et pacagio et stallagio et lastagio de omnibus rebus suis propriis et de omnibus aliis consuetudinibus ad me pertinentibus. Testibus: Ranulfo[a] de Glanvill', Huberto Waltero, Reinero de Sedd apud Westm'.

a. Reinero *(sic)* B.

Fo.132v is blank. The following folio has been cut out, but the numbering does not indicate this removal.

445   Letter of Philip and Mary stating that they have inspected the patent roll of John, once king of England, and found a charter of John enrolled for the fifth year of his reign, dated 18 October, granting permission

to the count of Aumale to afforestate his land at Appletreewick. They have also inspected the patent roll of the same king John for his fifth year and found a charter from the same king to Hugh Neville granting the count of Aumale permission to afforestate his land in Craven, also dated 19 October. They have also inspected the letters of the same king granting the count of Aumale a fair of three days at Skipton on the eve, the feast of and the day after Trinity, and a letter of the same king granting the castles of Appleby and Burgh and the bailley of Westmorland to Robert of Oldbridge. Lastly they have inspected a charter of Edward III, formerly king of England, confirming to Roger de Clifford and his heirs a market of seven days at Kirkby Stephen and two fairs, each of two days, one at the feast of St Mark the Evangelist, and the other at the feast of St Luke the Evangelist, dated 16 October in the 27th year of his reign. Philip and Mary, at the instance of their kinsman Henry earl of Cumberland have exemplified these charters. 7 May 1555, Westminster

[fo. 133r] Philippus et Maria Dei gracia rex et regina Anglie, Francie, Neapolis, Ierusalem et Hibernie fidei defensores principes Hispaniarum et Cicilie, archiduces Austrie, duces Mediolani, Burgundie et Brabancie, comites Haspurgi, Flaundrie et Tirolis omnibus ad quos presentes littere nostre pervenerit salutem. Inspeximus irrotulamentum quarumdam litterarum patentium domini Iohannis nuper regis Anglie progenitoris nostri predicte regine fact[arum] comit[i] Albimarl' ac in rotulis cancellarie nostre infra turrim munimentis[a] London' remanentibus videlicet in rotulis terre et deverat' libat' in Angl[ia] anno regni regis Iohannis quinto irrotulat[arum] in hec verba: Iohannes Dei gracia rex Anglie, dominus Hibernie, dux Normannie, Aquitanie, comes Andeg', Hugoni de Nevill' etc. Sciatis quod dedimus licenciam comiti Albemarl' aforestandi terram suam per[b] Apeltrewic per duas leucas'[c] in longitudine nisi sit ad nocumentum nostrum vel Willelmi de Munbi proximi vicini[d] vel alicuius vicinorum, et ideo vobis mandamus quod ipsum eam aforestare permittatis nisi sit ad nocumentum ut prediximus. Teste me ipso apud Valomies decimo nono die Octobris. Inspeximus etiam irrotulamentum aliarum litterarum patentium eiusdem nuper regis Iohannis dicto comiti Albemarl' similiter factarum ac in dictis rotulis cancellar[ie] nostre de dicto anno quinto dum nuper regis etiam irrotulat[arum] in hec verba Rex etc. Hugoni de[e] Nevill etc. Sciatis quod dedimus licenciam comiti Albemarl' aforestandi terram suam de Craven sicut divis[e] iacent et tenent[ur] inter eandem terram et terram cons[tabularii] cestrie pro quinque leucas,[f] ita tamen[g] quod idem non sit ad nocumentum nostrum nec alicuius vicinorum et ideo vobis mandamus quod permittatis ipsum eam aforestare nisi sit etc. Teste me ipso apud Valon' decimo nono die Octobris. Inspeximus etiam quedam verba unius ferie in Skipton habend[e] per eundem nuper regem prefato comiti concess' in rotul[is] predict[is] similiter irrotulat[arum] in hec verba comes Albemarl' habet litteras de una feria habenda apud Skipton per tres dies duraturos ad festum sancte Trinitatis, scilicet in vigilia, in festo et in crastino etc. Inspeximus preteria[h] irrotulament[um] aliarum litterarum patentium domini nuper regis Iohannis Roberto de Veteri Ponte factarum ac in rotulis dicte cancellarie nostre infra [fo. 133v] dictam turrim London' remanen' videlicet in rotulis patentium eiusdem nuper regis Iohannis anno regni sui quarto irrotulat[arum] in hec verba Rex etc. Gilberto filio Petri etc. Sciatis quod[i] commisimus dilecto et fideli nostro Roberto de Veteri Ponte castra nostra de[j] Appelby et de Burgo et totam ballivam Westmorland' cum omnibus pertinentiis suis custodiend[a]

quamdiu nobis placuerit, et ideo vobis mandamus quatenus sine dilatione Roberto de Roell et Iohanni de Ormesheved servienti ipsius Roberti de Veteri Ponte ex parte domini Roberti de[k] Veteri Ponte predicta castra et totam ballivam Westmorland cum omnibus ad eam pertinentibus habere faciatis Et in cuius etc. Teste me ipso apud Rothom tricesimo primo die Marcii. Idem Robertus de Veteri Ponte habet alias litteras patentes directas omnibus tenentibus de honore de Appelby et de Burgo et de tota balliva de Westmorland' quod sint intendentes ei tanquam ballivo quamdiu etc. Inspeximus ulterius irrotulamentum quarumdam aliarum litterarum patentium de confirmatione per dominum E. nuper regem Angl' tercium progenitorem nostrum dicte regine de confirmatione Rogero de Clifford facta ac in rotulis dicte cancellarie nostre infra dictam turrim remanen[tibus] videlicet in rotulis cartarum regis Edwardi tercii anno regni sui vicesimo septimo irrotulat[a] in hec verba: Edwardus Dei gracia rex Anglie et Francie et dominus Hibernie, archiepiscopis, episcopis, abbatibus, prioribus, comitibus, baronibus, iusticiariis, vicecomitibus, prepositis, ministris, ballivis et omnibus fidelibus suis salutem. Sciatis nos de gracia nostra speciali[l] concessisse et hac carta nostra confirmasse dilecto nobis Rogero de Clifford' quod ipse et heredes sui imperpetuum habeant[m] unum marcatum singulis septimanis per diem veneris apud villam suam de Kirkeby Stephan in com' Westmorl' et duas ferias [fo. 134r] ibidem singulis anuis unam videlicet per duos dies diem sancti Marci evangeliste proxima[n] precedentes et per eundem diem et alteram per duos dies diem sancte Luce[o] evangeliste proxima precedentes et per eundem diem[p] nisi marcatum illud et ferie ille sint ad nocumentum vicinorum marcatorum et vicinarum feriarum. Quare volumus et firmiter precipimus pro nobis et heredibus nostris quod predictus Rogerus et heredes sui[q] imperpetuum habeant dicta marcatum et ferias apud villam suam predictam cum omnibus libertatibus et liberis consuetudinibus ad huiusmodi marcatum et ferias pertinentibus nisi marcatum illud et ferie ille sint ad nocumentum vicinorum marcatorum et vicinarum feriarum sicut predictum est. Hiis testibus: venerabilibus patribus Simone Cantuar' archiepiscopo, Iohanne Ebor' archiepiscopo cancellario nostro, Willelmo Winton episcopo[r] thesaurario nostro, Henrico duce Lancastr', Willelmo de Bohun' Norhampton, Ricardo Arundell, comitibus, Henrico de Percy, Rad[ulpho] de Nevill, Iohanne Grey de Rotherfeld senescallo hospicii nostri et aliis. Dat' per manum nostram apud Westm' decimo sexto die Octobris. Nos autem tenores irrotulamentorum predictorum ad requisitionem charissimi consanguinei nostri Henrici comitis Cumbr', duximus exemplificand[o] per presentes. In cuius rei testimonium has litteras nostras fieri fecimus patentes. Testibus nobis ipsis apud Westm' septimo die Maii annis regnorum nostrorum primo et secundo.
R. Hare
Examinatur at per nos   Ricardum Hell et
                          Willelmum Ermysted   Clericos

a. Maui' *(sic)* B.   b. Apletre *deleted* B.   c. leucas' *interlined* B; leutas *deleted* B.   d. proximas vicinum *(sic)* B.   e. de *interlined* B.   f. leucas' *interlined* B; leutas *deleted* B.   g. tamen *interlined* B.   h. preteria *interlined* B; pred *deleted* B.   i. com comiset *deleted* B.   j. Apl *deleted* B.   k. de *interlined* B.   l. cons *deleted* B.   m. dictum marcatum et ferias apud villam suam predictam *deleted* B.   n. p *deleted* B.   o. sancte Luce *(sic)* B.   p. diem *interlined* B.   q. habeant *deleted* B.   r. thess *deleted* B.

446 Gift in free, [pure] and perpetual alms by Cecily de Rumilly to the canons of Embsay of her mill at Harewood with all its multure, with provision that no other mill will be had in the land which pertains to the church of Harewood, excepting Brandon and Wigton, without the assent of the canons, with all suit and free customs, with toft and croft

in Harewood, one assart outside called *Parvum Angrum*, with meadow, another assart called *Benecroft* and free common of the Harewood, with forfeiture for those who go to another mill. [Michaelmas 1130x1148]

[fo. 134v] Sciant[a] omnes homines qui sunt et qui venturi sunt quod ego Cecilia[b] de Rumelli dedi et concessi et hac mea carta confirmavi Deo et beate Marie et sancto Cuthberto Embesaie[c] et canonicis regularibus eiusdem ecclesie Deo servientibus molendina mea de Harwude cum tota multura eorum sicut unquam melius et plenius adiacuit predictis molendinis tempore meo vel domini mei Willelmi Meschun scilicet ut nullum molendinum fiat in tota terra que pertinet ad parochiam ecclesie de Harwude excepto Brandon' et Wigdon' et ut nulle mole eadem terra sint nec alias de predicta terra molet nisi ad predicta molendina de Harwude sicut consuerver[un]t tempore domini mei [Willelmi] Meschun et meo nisi per voluntatem canonicorum de Embesey, ista molendina cum tota socha sua et cum omnibus et liberis consuetudinibus quod ego habui in predictis molendinis cum suo tofto et crofto in Harwude et uno assarto extra vocatur Parvum Angrum cum prato qui pertinente[d] et alium essartum extra vocatur [B]enecroft et liberam communionem in bosco et plano et pascuis et ceteris communionibus ville de Harwude pertinentibus […10mm] [cer]ta' ea canonicis prefat' in liberam, [puram] et perpetuam elemosinam[e] solutare […10mm] quietam ab omni seculari servitio et consuetudine [pro] anima domini mei Willelmi Meschun etc. Ranulphi et Mathei filiorum meorum et pro salute mea et filiarum mearum mi quis […10mm] de predicta terra renuerit venire ad predicta molendina iusticia mea et heredum meorum choercebunt eos eandem molendem sequi ita quod si quis capt[us] sic' iens[f] cum blado ad alium molendinum ut inde redienti bladus et factus erit canonic[orum] et equs et forisfact[um] erit meum et heredum meorum […15mm] testibus: Reinero […10mm] et Ivone filio Aschetilli, Rogero Monte, Hugone capellano, Willelmo filio Godefrid[i] de Elintune, Godefrido de Traili, Philippo filio Charenbald, [A]vicia filia mea seniore, Gal[te]ro Flandren[si], Rodb[erto] de […25mm].

a. Scianc *(sic)* B.   b. Cecilis *(sic)* B.   c. Cmbesaie *(sic)* B.   d. pertinente *(sic)* B.   e. elemosinis *(sic)* B.   f. ieus *(sic)* B.

Similar to those in the gift of Cecily de Rumilly to the canons of Bolton of the mill of Silsden, certain conditions and forfeitures are imposed upon those who choose to use another mill (CB, no. 8). It seems probable that Reiner is, as the transcript made by Dodsworth indicates, Reiner the steward *alias* Reiner Fleming (*EYC*, vii, p. 196). It is possible that Ivo son of Aschetill is a scribal error, and should read Ivo the son of William of Aschetill (CB, no. 411), and, therefore, he is likely to be the same person as Ivo the constable (CB, nos. 8, 106, 107, 281). Hugh the chaplain may have been the scribe who acts as witness to other charters made by Cecily (CB, no. 411). Farrer states that the copy printed in *EYC*, iii, is from Dodsworth MS 144, fo. 4v, presumably in error for fo. 46.

H – fo. 46r, from Bolton Cartulary, fo. 125, abstract. Pd from H in *EYC*, iii, no. 1861.

447 Confirmation in free, pure and perpetual alms by Avice daughter of Cecily de Rumilly to the canons of Embsay of the mills of Harewood, which they had by the gift of Cecily her mother, with no other mill, except in Brandon and Wigton, thoughout the parish of Harewood, namely in Harewood, East Keswick, Lofthouse, Stub Ho, Weardley, Alwoodley, Dunkeswick, and Weeton, without the assent of the canons, with forfeiture being made against those who use other mills, as well as the confirmation by Cecily to the canons of one toft and croft in Harewood, an assart called *Parvum Angrum*, another assart called *Benecroft* and free common in the ville of Harewood, together with the gift in free, pure and perpetual alms by Cecily to the canons of two bovates of land in Weeton and one carucate of land and one bovate [totalling nine bovates] in Rawdon, with appurtenances, common rights and easements. [Michaelmas 1130x1155]

[fo. 134v] Sciant omnes qui sunt et qui venturi[a] sunt quod ego Avicia[b] filia Cecilie de Rumilli concedo et presenti carta confirmo Deo et beate Marie et sancto[c] Cuthberto de [E]mbeseye et canonicis[d] ibidem Deo servientibus molendina de Harwude que mater mea Cecilia dedit predictis canonicis in liberam, puram et perpetuam elemosinam cum tota multura earum s[i]cut suis[e] melius ac plenius adiacuit predictis molendinis tempore patris mei et mat[ris] mee scilicet ut nullum molendinum fiat excepto Briandun ac Wygdun in tota terra que pertinet ad parochiam de Harwude scili[cet] in Harwude […40mm] Estkeswick et dimid[iam] Loftusu,[f] Stubusum,[g] Wiverhelayes, Awaldelayes,[h] Dunkesewic,[i] Withton in omnibus pertin[entiis] earum et ut cille' mole in eisd[em] terris sint[j] nec aliquis de predictis terris molet' nisi ad predicta molendina sicut consueverint tempore patris mei […20mm] et matris mee nec nisi per voluntatem[k] canonicorum de Embeseye si quis […10mm] de prenominat[is] terris renuerit venire ad predicta molendina iusticia mea et he[redes] meos choercebunt[l] eos […10mm] molend' seq[ui] ita quod si quis captus sic iens[m] erit canonicorum et equus et forisfactum erit meum et heredum meorum. Concedo et confirmo dictis canonicis cum predictis molendinis unum toftum et croftum in Harwode et unum essartum quod vocat[ur] Parvum Angraim et alium essartum qui vocatur Benecroft et liberam communionem ville de Harwod et omnibus in puram, perpetuam elemosinam. Insuper dedi dictis canonicis in avant' duas carucatas terre in villa de [fo. 135r] Withton' et unam carucatam terre et unam bovatam in villa de Roudon plenas et integras cum omnibus pertinentiis suis in bosco et plano, aquis, pratis et pascuis et omnibus communionibus et aisiamentis predictis villis pertinentibus quantum pertinent duabus carucatis[n] terre in Withton' et novem bovat[is] terre in Roudon in liberam, puram et perpetuam elemosinam solutam et quietam ab omni seculari servitio, consuetudine et exactione qu[od] pertineat ali[um] mortalium pro salute anime mee et filii mei Willelmi de Curcy et patris et matris mee et omnium antecessorum meorum. Hys testibus: Willelmo de Curci filio meo, Willelmo Daco, Hugone Ruffo, Willelmo filio Hugonis, Willelmo[o] persona de Harwod, Willelmo capellano, Thoma de Roudon, Roberto de Withton', Gamello de […].

a. veicti *(sic)* B.   b. Laucia *(sic)* B.   c. dicto *(sic)* B.   d. canonice *(sic)* B.   e. suq' *(sic)* B.   f. Lostusu *(sic)* B.   g. Mcubusum *(sic)* B.   h. Liwaldelayes *(sic)* B.   i. Wunkesewic *(sic)* B.   j. sinc *(sic)* B.   k. volutatem *(sic)* B.   l. choerteb' *(sic)* B.   m. ieus *(sic)* B.   n. tarucatis *(sic)* B.   o. Villelmo *(sic)* B.

Farrer appears to have mistakenly referenced the copy of this charter printed in *EYC*, iii (no. 1862), stating that it was from Dodsworth MS 144, fo. 4v.
H – fo. 46r, from Bolton Cartulary, fo. 125. Pd from H in *EYC*, iii, no. 1862.

448   Gift in free, pure and perpetual alms by Avice de Rumilly, with the assent of William de Curcy, her son, to the canons of Embsay of two carucates of land in Weeton and a carucate of land in Rawdon. [Michaelmas 1130x1155]

[fo. 135r] Sciant omnes qui sunt et qui venturi sunt quod ego Avicia[a] de Rumelli consensu et assensu Willelmi de Curci[b] filii et heredis mei dedi et concessi et ista mea carta confirmavi Deo[c] et sancte Marie et sancto Cuthberto de Embeseie et canonicis eiusdem[d] ecclesie Deo[e] servientibus duas carucatas terre in villa de Withton' et unam carucatam terre et unam bovatam de Roudon, plenas et integras cum omnibus pertinentiis suis in bosco et plano, aquis, pratis et pascuis et omnibus communionibus et aisiamentis predictis […10mm] pertinentibus quantum pertinet duabus carucatis terre in Duchton' et novem bovat[is] terre in Roudon' in liberam, puram et perpetuam[f] elemosinam[g] solutam, quietam ab omni seculari servitio, consuetudine et exactione quod pertineat aliam[h] mortaliam pro[i] salute anime mee, filii mei et o[mn]e Curcy et patris et matris[j] mee et omnium[k] antecessorum[l] et successorum meorum. Hiis testibus: Willelmo de Curci[m] filio meo, Willelmo […10mm], Hugone Ruffo, Willelmo filio Hugonis, Willelmo persona de Haiwod, Willelmo capell[an]o, Thoma de Roudon'.

a. Lucia *(sic)* B.   b. Cura *(sic)* B.   c. dco *(sic)* B.   d. eis' *(sic)* B.   e. de *(sic)* B.   f. imperpetuam *(sic)* B.   g. elemosinos *(sic)* B.   h. alian *(sic)* B.   i. per *(sic)* B.   j. mris *(sic)* B.   k. omi *(sic)* B.   l. ancessoes *(sic)* B.   m. Cura *(sic)* B.

This document contains many errors, including that of the name of the individual making the gift to the canons of Bolton. It is probable that the donor was Avice de Rumilly, wife of William de Curcy II and mother of William de Curcy III. Although a Lucy de Rumilly, wife of Jordan de Say and mother of William de Say, did exist at a similar time it is unlikely that she was the donor as she received her father's lands in France, whereas Cecily, her sister and ancestor of Avice de Rumilly received lands in England, including those at Skipton, after his death. The copyist is more likely to have miscopied Curci as Cura, rather than Cura to have been an unusual spelling of Say.

449 Confirmation by Avice daughter of Cecily de Rumilly to the canons of Embsay of the mill of Harewood with all multure by the gift of her mother, in free, pure and perpetual alms, with no other mill, except at Brandon and Wigdon, in all the land in the parish of Harewood, that is in Harewood, Newhall, Stockton, East Keswick, half of Wike, Lofthouse, Stub Ho, Weardley, Dunkeswick, Healthwaite [Hall and Hill], Weeton, without the assent of the canons, with forfeiture being made against those who use other mills, as well as the confirmation in pure and perpetual alms by Avice to the canons of one toft and croft in Harewood, an assart called *Parvum Angrum*, an assart called *Benecroft*, and free common in the vill of Harewood. [Michaelmas 1130x1155]

[fo. 135r] Sciant omnes qui sunt et qui venturi[a] sunt quod ego Avicia filia Cecilie de Rumelli concesso[b] et presenti carta confirmo Deo et beate Marie et dicto Cuthberto de Embesey et canonicis ibidem Deo servientibus molendin[a] ville de Harwod que mater mea Cecil[ia] dedit predictis canonicis in liberam, puram et perpetuam elemosinam cum toto multura eorum sicut suquam[c] melius ac plenius adiacuit predictis molend[inis] tempore patris mei et matris mee scilicet ut nullum molend[inum] fiat excepto Brand' et Wigdun in tota terra que pertinet ad parochiam ecclesie[d] de Harwod scilicet in Harwod, Neuhale, Scotton, Estkesewic et dimid[iam] Wyc', Lofthusum, Stubbum, Wivehelayes, Dunkeswic',[e] Helepaic', Withetun cum omnibus pertinentiis eorum et ut nulle mole in eadem terra sint nec aliquis de predicta terra molet nisi ad predict[um] molend[um] sicut consuever[un]t tempore patris mei W. Meschun et matris mee n[isi] per voluntatem canonicorum de Embesey si[f] quis vero de prenominata terra renu[er]it venire ad predicta molend[ina] iusticia mea et heredum meorum cohercebunt eos eand[em] molend[um] sequi ita qu[od] si quis captus sit iens[g] cum blado ad aliud molend[inum] et [fo. 135v] inde rediens bladus et saccus erit canonicorum et equus et forisfactum erit meum et heredes meorum concedo […7mm] et confirmo dictis canonicis cum predictis molendinis unum toftum et croftum in Harwod et unum assartum quod vocatur Parvum Angrum et assartum quod vocatur Benecroft[es][h] et liberam communionem ville de Harwod in omnibus in puram et perpetuam elemosinam, solutam et quietam ab omni seculari servitio et consuetudine pro[i] salute anime mee et pro salute animarum patris et matris mee et successorum meorum. Hiis testibus: domino[j] Willelmo filio Duncani, Alicia[k] sorore mea, Willelmo de Curci filio meo, Radulpho persona, Willelmo Vaco, Hugone Ruffo, Rogero de Fodrighay', Hugone Pictavensi, Willelmo de Artis, Ac' de Mundegum.

a. ventici *(sic)* B.   b. conceso *(sic)* B.   c. suq' *(sic)* B.   d. ecikie' *(sic)* B.   e. Aunkeswic' *(sic)* B.   f. mi *(sic)* B.   g. ieus *(sic)* B.   h. Wenecroftes *(sic)* B.   i. per *(sic)* B.   j. suo' *(sic)* B.   k. Avicia *(sic)* B.

William son of Duncan, husband of Alice, the daughter of Cecily de Rumilly, is thought to have acted in some official capacity during the lifetime of Cecily.

450 **Confirmation in free, pure and perpetual alms by William de Curcy, steward to Henry II, to the canons of Bolton of all those tenements which they have by the gift of his ancestors as is stated in their charters; the mill at Harewood with the rights and all multure, and all liberties and free customs, by the gift of Cecily de Rumilly his grandmother and Avice his mother; the lands in the vill of Harewood by the gift of Cecily including one toft and croft,** *Parvum Angrum* **with meadow, an assart called** *Benecroft* **and free common in the vill of Harewood; and two carucates of land in Weeton and nine bovates of land in Rawdon by the gift of Avice his mother in free and pure alms. [1156xJul. 1175]**

[fo. 135v] Willelmus de Curci dapifer domini regis omnibus hominibus et amicis suis ad quos carta ista pervenerit salutem. Sciatis me concessisse et presenti carta confirmasse Deo et beate Marie[a] de Boulton'[b] et canonicis regularibus ibidem Deo servientibus omnia illa tenementa que hab[e]nt de dono antecessorum meorum sicut carte[c] eorum[d] testantur in liberam, puram et perpetuam elemosinam scilicet molend[inum] de Harwod cum attachiamenta eorum in terra mea quotiens necesse fuit ad utilitatem eorundem et cum omnia multura eorum et cum omnibus libertatibus et liberis consuetudinibus ill[am] adiacentibus que habent ex dono Cecilie de Rumell' ave mee et ex concessione matris mee Avicie sicut carte eorum testantur, et terras quas habent in villa de Harwod ex dono eiusdem Cecilie scilicet unum toftum et croftum et Parvum Angrum cum pratis[e] pertinentibus et assartum quod dicitur Benecroft'[f] et liberam communionem ville de Harwod in omnibus concessi et eisdem canonicis et hac carta confirmavi duas carutatas terre in Withton et novem[g] bovatas terre in Roudona plenas et integras in omnibus que ad eas pertinent quas habent ex dono matris[h] Avicie in liberam, puram elemosinam. His testibus: Alexandro filio Gelols', Willelmo persona de Harwod, Roberto de Withton, Hugone Ruffo, Rogero[i] de Fodriglei, Hugtredo de Cutugestun, Rainero Flandrens', Willelmo de Rilleston et aliis.

a. Marie *omitted* B.   b. Woulton' *(sic)* B.   c. c[a]rte *(sic)* B.   d. corum *(sic)* B.   e. pratos *(sic)* B.   f. Wenecroft' *(sic)* B.   g. navem *(sic)* B.   h. macris *(sic)* B.   i. Rego *(sic)* B.

William de Curcy was steward to Henry II, with his accession to the office occurring between 1156 and 1165, his demission from office *c.*1175, and his last appearance being *c.*7 July 1175. He is believed to have died before 1176 (*HBC*, p. 75). 'Alexandro filio Gelols' may be Alexander son of Gerold who was the second husband of Alice de Rumilly (*EYC*, vii, pp. 12–13).
H – fo. 46r, from Bolton Cartulary, fo. 125.

451 Gift in free, pure and perpetual alms by Warin son of Gerold, chamberlain to Henry II, to the canons of Bolton of a place for a mill in Harewood above Weardley Beck between the house of Robert de le Ver and the ivy hedge [*hederigem*] in order as is most convenient, and the rights of the pool and the free road going to the mill with the same liberties and customs as they have at their other mills in Harewood, and five burgages of land in the vill of Harewood and two acres in the fields of Harewood next to *Kerby Dam*, as well as the confirmation of all the lands and tenements which the canons hold in his fee in the parish of Harewood by the gift of his ancestors, as is stated in their charters. [c.1193xJul. 1216]

[fo. 135v] Omnibus Cristi fidelibus ad quos presens scriptum pervenerit Warinus filius Geroldi domini regis camerarius salutem. Sciatis me dedisse et concessisse et presenti carta mea confirmasse Deo et beate Marie de Boultona et canonicis ibi Deo servientibus locum ad molend[inum] faciens in Harwod super Wyverlaibet inter domum Roberti de le Ver et hederigem ut eis[a] oportunius fuerit et atachiamenta stagni et viam liberam eundi ad molendin[um] cum omnibus aisiamentis[b] et libertatibus et cum eisdem libertatibus et consuetudinibus quas ha[bun]t in aliis molen[dinis] suis in Harwod dedi et eisd[em] canonicis et concessi quinque burgagia in villa de Harwod et duas acris[c] in campo dicte ville iacentes apud Kerby dam' in liberam, puram et perpetuam elemosinam [fo. 136r][d] pro salute anime mee et uxoris mee Alicie de Curci et antecessorum et successorum meorum[e] concedo et confirmo eisdem canonicis omnes terras et tenementa quas tenent de feodo meo in parochia de Harwod de dono anteces[…3mm]sorum meorum sicut carte eorum testantur. Hiis testibus: Iohanne de Ferleste sen', Willelmo de Leyham, Hugone de Lelay, Simone de Monte Alta, Willelmo de Graindorge, Willelmo de Marton, Petro de Ardington et aliis.

a. vero *deleted* B; ut eis *interlined* B.   b. ailiamentis *(sic), obscured* B.   c. acrais *(sic)* B.   d. *Heading*: Harwode B.   e. meos *(sic)* B.

H – fo. 46v, from Bolton Cartulary, fo. 127.

452 Gift in pure alms by lady Margaret de Redvers to the canons of Bolton of twelve cart loads of wood to be taken from *Langewood* for the maintenance of the mill pools of Harewood and for other necessary subsistence. [1226x29 Sep. 1252]

[fo. 136r] Omnibus Cristi fidelibus ad quos presens scriptum pervenerit domina Margareta de Redveriis[a] salutem in Domino. Noverit universitas vestra me dedisse, concessisse et hac presenti carta mea confirmasse Deo et beate Marie de Bolton' et canonicis ibidem Deo servientibus in puram elemosinam duodecim carucatas[b] bosci annuatim capiend[a] in bosco meo de Langew[o]de[c] in loco competenti per visum forestariorum meorum ad stagnum molendinorum suorum sustinendum de Harwood et ad alia necessaria sustinendum. In huius rei testimonium presenti scripto sigillum meum apposui. Hiis testibus: Willelmo de Midleton', Ada[d] de Hilton', Rogero de Stapleton', Helia de Stiveton, Iohanne de Estona, Symone de Marton et aliis.

a. filia et heres Warini filii Geraldi *inserted in round brackets* H.   b. carratas *(sic)* B.   c. Harwode H.   d. Adamo *(sic)* B.

Margaret de Redvers was the daughter of Warin son of Gerold and Alice de Curcy, the daughter of William de Curcy III, the grandson of Cecily de Rumilly and William Meschin, the founders of the priory. She was firstly the wife of Baldwin de Redvers, and shortly after his death in 1216 was married to Fawkes de

Bréauté. Margaret had died before 29 September 1252, being buried in Grey Friars, London (*Complete Peerage*, iv, pp. 317–18).
H – fo. 46v, from Bolton Cartulary, fo. 126, partial copy.

453 Confirmation by Margaret de Redvers, daughter and heir of Warin son of Gerold and Alice de Curcy, in her widowhood, to the canons of Bolton of her mills of Harewood with suit and multure of the whole parish of Harewood and all liberties to *le Milnegreene*, including ditches and waterways running to the mills; also the gift to the canons of licence to extend and improve the waterways and land as necessary; the confirmation of the vills of Wigton and Brandon, both in demesne and in service, with appurtenances, that the canons have of Peter son of William of Marton, and all lands and tenements that they have in Harewood both in burgage and other lands, Weeton, Healthwaite [Hall and Hill], Rawdon and *Girdel* and elsewhere in her fee, in free, pure and perpetual alms. [1226x29 Sep. 1252]

[fo. 136r] Omnibus sancte matris ecclesie filiis presentem cartam visuris vel audituris Margeria de Ripariis filia et heres Warini filii Geloldi eternam in Domino salutem. Sciatis me in propria viduitate mea et pura potestate concessisse et presenti carta mea confirmasse pro salute anime mee et Warini filii Geloldi patris mei et Alicie de Curcy matris mee et omnium antecessorum meorum et successorum Deo et ecclesie beate Marie de Bolton' et canonicis ibidem Deo servientibus molendina mea de Harwoode cum sectis et multuris eorundem totius parochie de Harwood cum omnibus libertatibus a le Milnegreene sine ullo retenemento sicut includitur fossatis et aquarum ductibus de dictis molendinis currentibus. Do etiam et concedo eisdem canonicis et eorum[a] successoribus pro me et heredibus meis licentiam stagna sua et ductus aquarum dictorum molendinorum purgandi, mundandi et etiam amplificandi [fo. 136v][b] de terra mea si necesse fuerit quotiens sibi viderint expediri sine impedimento mei vel heredum meorum imperpetuum concessi, etiam eisdem et confirmavi totam villam de Wigdon' et Brandun tam in dominicis quam in serviciis cum omnibus pertinentiis suis sine ullo retenemento quam habent de dono Petri filii Willelmi de Martun et omnes terras et tenementa que vel quas tenent in villa de Harwood tam in burgagiis quam in aliis terris quibuscunque Wychetun', Helthauyt', Roudon' et Girdel et ubicunque in feodo meo; tenenda et habenda in liberam, puram et perpetuam elemosinam quietam et solutam ab omnibus querelis et omnibus aliis secularibus servitiis, actionibus et demandis mihi et heredibus meis qualitercunque pertinentibus. Ut autem hec mea concessio et confirmatio stabilis imperpetuum perseverat presenti scripto sigillum meum in testimonium apposui. Hiis testibus: Hugone de Lelay, Thoma de Wicham persona de Harwood, Hugone de Wichetun, Henrico Alawaldel, Henrico de Gowthethorpe, Henrico de Null', Ada de Wiverl', Ada de Wigdon', Willelmo de Lovethen', Roberto de Hascham, Willelmo de Lofthuse et aliis.

a. eorum *interlined* B.   b. *Heading*: Harwood B.

The first widowhood of Margaret de Redvers occurred after 1216 after the death of Baldwin de Redvers. However it is most likely that the reference to her widowhood in this charter is that following the death in 1226 of Fawkes de Bréauté, her second husband. Due to the benefaction of property in Weardley in other charters it is not impossible that *Girdel* is a peculiar variant of Weardley.
H – fo. 46v, from Bolton Cartulary, fo. 126, abstract.

454 **Confirmation by Isabella de Forz, countess of Aumale and Devon, lady of the Isle of Wight, to the canons of Bolton of the mills of Harewood with their multure and all liberties and free customs, together with the place called** *Milnegreene*, **including the ditch and waterways, pools and rights; licence to extend the pools and waterways of the mills as necessary, in free pure, and perpetual alms. [17 Aug. 1263x10 Nov. 1293]**

[fo. 136v] Universis Cristi fidelibus presens scriptum visuris vel audituris Isabella de Fortibus comitissa Albemarl' et Devon' ac domina Insule salutem in Domino sempiternam. Noveritis vos caritatis intuitu et pro salute anime nostre et antecessorum et successorum nostrorum concessisse et presenti carta nostra confirmasse Deo et beate Marie de Bolton' in Craven et canonicis Deo ibidem servientibus molendina de Harwude cum multura sua et omnibus libertatibus et liberis consuetudinibus suis et cum tota illa placea que vocatur le Milnegreene sine ullo retenemento sicut includitur fossato et aquarum ductibus de dictis molendinis currentibus et cum stagnis et stagnorum suorum attachiament[um] in terra nostra quotiens necesse fuerit. Dedimus etiam eisdem et concessimus licentiam pro nobis et heredibus nostris stagna sua ductus aquarum dictorum molendinorum purgandi, mundandi et etiam amplificandi de terra nostra si necesse fuerit quotiens sibi viderint expedire, ista omnia cum omnibus libertatibus et liberis consuetudinibus suis dedimus, concessimus eisdem canonicis et successoribus suis [fo. 137r][a] et pro nobis et heredibus nostris presenti carta nostra confirmavimus in liberam, puram et perpetuam elemosinam sicut aliqua elemosina liberius dari potest et concedi. In cuius rei testimonium presenti scripto nostro sigillum nostrum apposuimus. Hiis testibus: dominis Ricardo de Affeton', Willelmo le Vavasour, Roberto de Plumton', Alexandro de Ledis, militibus, Roberto Bardolff', Thoma de Weston', Galfrido de Monte Alto de Lethelay, Willelmo de Langfeld, Iohanne de Maichlay et multis aliis.

a. *Heading*: Harewoode B.

Isabella de Redvers is believed to have been born in July 1237, marrying William de Forz III after 1246, following the death of his first wife, Christiana of Galloway. She survived both her husband, who died in 1260, and her brother, Baldwin de Redvers, earl of Devon, who died in 1262, receiving livery of his lands in 1263. She died 10 November 1293, aged fifty-six, and was buried in Breamore Priory, Hampshire (*Complete Peerage*, iv, pp. 322–3).

455 **Confirmation by Isabella de Forz, countess of Aumale and Devon, lady of the Isle of Wight, to the canons of Bolton of the vills of Wigton and Brandon with appurtenances, one messuage, one toft and two carucates of land in Weeton and Healthwaite [Hall and Hill], with appurtenances, one messuage and nine bovates of land in Rawden with appurtenances, six burgages in Harewood and three assarts called** *Benecroft*, **Witley Croft,** *Angrum* **with appurtenances, two acres of land at** *Kerbydam*, **the mill[s] of Harewood and East Keswick with all suit of the whole parish of Harewood, with the rights of the pools in her lands as is necessary, and twelve cartloads of wood annually from Langwood, all other lands, tenements and rents in Weeton, Healthwaite [Hall and Hill], Harewood, Weardley, Wigton, Brandon, Rawdon and elsewhere in her fee of Harewood in free, pure and perpetual alms. [17 Aug. 1263x1 Dec. 1291]**

[fo. 137r] Universis Cristi fidelibus presens scriptum visuris vel audituris Isabella de Fortibus comitissa Albemarl[ie] et Devon[ie] ac domina Insule salutem in Domino sempiternam. Noveritis nos pro nobis et heredibus nostris caritatis intuitu et pro salute anime nostre et antecessorum et successorum nostrorum concessisse et presenti scripto nostro confirmasse Deo et ecclesie beate Marie de Bolton' et canonicis regularibus ibidem Deo servientibus villas de Wigdon' et Brandon' cum omnibus suis pertinentiis et unum mesuagium et unum toftum et duas carucatas terre in Wicheton et Hethayt cum omnibus suis pertinentiis et unum mesuagium et novem bovatas terre cum omnibus suis pertinentiis in Roudon' et sex burgagia in Harwood et tria assarta que vocatur Benecroft, Wychaycroft et Angram cum omnibus suis pertinentiis in eadem villa et duas acras terre apud Kerbydam et molendin[a] de Harwode et Hetheryk cum sectis totius parochie predicte de Harwood et cum attachiament[is] stangnorum in terris nostris quotiens necesse fuerit et duodecim carratas bosci annuatim percipiend[o] in bosco nostro de Langwood et omnes alias terras, tenementa et redditus que habent, scilicet in Withton', Helthauyt, Harewood', Wynerlay, Wigdon', Brandon' et Roudon' et ubicunque in feodo nostro de Harewood ex dono et concessione nostra [fo. 137v]^a vel^b antecessorum nostrorum liberas, puras, perpetuas et quietas ab omni seculari servitio, sectis curie et demaundis; tenenda et habenda dictis canonicis et successoribus suis tam libere, pure et quiete sicut aliqua elemosina liberius, purius et quietus concedi poterit vel confirmavi, ita quod nec nos Issabella nec heredes nostri nec aliquis ballivorum nostrorum de Harewood nomine iuris nostri ius nec clameum in predictis terris, tenementis nec redditibus decetero exigere vel vendicare poterimus. Et nos Issabella et heredes nostri omnia predicta terras, tenementa et redditus cum omnibus pertinentiis suis antedictis que habent ex dono et concessione nostra vel antecessorum nostrorum dictis canonicis et successoribus suis ut liberam, puram et perpetuam elemosinam nostram contra omnes homines imperpetuum warrantizabimus, acquietabimus et defendemus. In cuius rei testimonium presenti scripto nostro sigillum nostrum apposuimus. Hiis testibus: dominis Iohanne de Sancta Helena, Ricardo de Affeton, Roberto de Plumpton', Willelmo le Vavasour, Alexandro de^c Leedes, et Symone Ward, militibus, Willelmo de Rodeston', Roberto de Dymhoke, Willelmo de Langfeld, Galfrido de Monte Alto de Lethelay, Ricardo de Wigdon' et multis aliis.

a. *Heading* Harewood B.   b. concessione nostra vel *inserted* B.   c. le *(sic)* B.

Hetheryk is almost certainly a scribal error for Keswick, for the canons of Bolton are known to have held the mill of East Keswick (CB, no. 460, Dodsworth, MS 144, fo. 48r). However, it could refer to Hetherick in the parish of Adel.
G – Dodsworth MS 83, fo. 5v, from the original in Skipton Castle in 1646, with sketch of the privy seal of Isabella de Forz, countess of Aumale. H – fo. 47r, from Bolton Cartulary, fo. 127, abstract.

456 Confirmation by inspeximus by Edward [I] of the confirmation of Isabel de Forz, countess of Aumale and Devon, lady of the Isle of Wight to the canons of Bolton of the vills of Wigton and Brandon with appurtenances, one messuage, one toft and two carucates of land in Weeton and Healthwaite [Hall and Hill] with appurtenances, one messuage and nine bovates of land in Rawdon with appurtenances, six burgages in Harewood and three assarts called *Benecroft***, Witley Croft,** *Angram* **with appurtenances, two acres of land at** *Kerbydam***, the mills of Harewood and East Keswick with all suit of the whole parish of Harewood, with the rights of the pools in her lands as is necessary, and twelve cartloads of wood annually from** *Langwood***, all other**

lands, tenements and rents in Weeton, Healthwaite [Hall and Hill], Harewood, Weardley, Wigton, Brandon, Rawdon and elsewhere in her fee of Harewood in free, pure and perpetual alms with warranty clause, as the benefaction had been found not to be to the king's prejudice. 1 Dec. 1291, Westminster

[fo. 137v] Edwardus Dei gracia rex Anglie, dominus Hibernie et dux Aquitanie omnibus ad quos presentes littere pervenerint salutem. Inspeximus scriptum quod dilecta nobis Issabella de Fortibus comitissa Albemarl' et Devonie, ac domina Insule fecit Deo et ecclesie beate Marie de Bolton' et canonicis regularibus ibidem Deo servientibus in hac verba. Universis Cristi fidelibus presens scriptum visuris vel audituris Isabella de Fortibus comitissa Albemarl' et Devonie ac domina Insule salutem in Domino sempiternam. Noveritis nos pro nobis et heredibus nostris caritatis intuitu pro salute anime nostre et antecessorum et successorum nostrorum concessisse et presenti scripto nostro confirmasse Deo et ecclesie beate Marie de Bolton' et canonicis regularibus ibidem Deo servientibus villas de Wigdon' et Brandon' cum omnibus suis pertinentiis et unum mesuagium et unum toftum [fo. 138r][a] et duas carucatas terre in Withton' et Helythuait cum omnibus suis pertinentiis et unum mesuagium et novem bovatas terre cum omnibus suis pertinentiis in Roudon' et sex burgagia in Harwode et tria assarta que vocantur Benecroft, Wytlaycroft et Angrum cum omnibus suis pertinentiis in eadem villa et duas acras terre apud Kerebidam et molend[ina] de Harwood et Hetherik cum sectis totius parochie predicte de Harwood et cum attach[iamentis] stagnorum in terris nostris quotiens neccesse fuerit et duodecim cariatas bosci annuatim percipiend[o] in bosco nostro de Langwood et omnes alias terras, tenementa et redditus que habent scilicet in Wichton', Helthayt, Harwood, Wynerdlay, Wigdon', Brandon', et Roudon' et ubicunque in feodo nostro de Harwood ex dono et concessione nostra vel antecessorum nostrorum liberas, puras, perpetuas et quietas ab omni seculari servitio, sectis curie et demanda; tenenda et habenda dictis canonicis et successoribus suis tam libere et quiete sicut aliqua elemosina liberius, purius et quietas concedi poterit vel confirmavi, ita quod nec nos Issabella nec heredes nostri nec aliquis ballivorum nostrorum de Harwod nomine iuris nostri ius nec clameum in predictis terris, tenementis nec redditibus de cetero exigere vel vendicare poterimus et nos Issabell[a] et heredes nostri omnia predicta terras, tenementa et redditus cum omnibus pertinentiis suis antedictis que habent ex dono et concessione nostra vel antecessorum nostrorum dictis canonicis et successoribus suis ut liberam, puram et perpetuam elemosinam nostram contra omnes homines imperpetuum warrantizabimus, acquietabimus et defendemus. In cuius rei testimonium presenti scripto nostro sigillum nostrum apposuimus. Hiis testibus: domino Iohanne de sancta Helena, Ricardo de Affeton', Roberto de Plumton', Willelmo le Vavasour, Alexandro de Ledes et Symone Ward, militibus, Willelmo de Rodeston', Roberto de Dummok', Willelmo de Langefeud, Galfrido de Monte Alto de Lethelay, Ricardo de Wigdon' et multis aliis. Nos quia accepimus per inquisitionem [fo. 138v][b] quam per vicecomitem nostrum Ebor' fieri fecimus quod non est ad dampnum seu preiudicium nostrum aut aliorum si confirmemus concessionem et confirmationem eisdem priori et conventui factas de ten' supradictis eas pro nobis et heredibus nostris quantum in nobis est concedimus et confirmamus sicut scriptum predictum rationabiliter testatur. In cuius rei testimonium has litteras nostras fieri fecimus patentes. Teste me ipso apud Westm' primo die Decembris anno regni nostri vicesimo.
Drax

a. *Heading* Harewode B.   b. *Heading* Harewod B.

The mill of *Hetherik* is almost certainly that of East Keswick, in the parish of Harewood, but it is possible that it was the mill of Hetherick in the parish of Adel.
Pd in *CPR, 1281–1292*, p. 461.

457 **Sale by Richard son of William of Bracewell to the canons of Bolton of the rights of the mill pond at Harewood on the land called** *Holmes*, **as far as the land extends next to the ditch that leads the water of the Wharfe up to the mill, for a certain sum of money. [late thirteenth century]**

[fo. 138v] Omnibus hoc scriptum inspecturis Ricardus filius Willelmi de Braicewell salutem in Domino. Noveritis me dedisse, concessisse et presenti carta mea confirmasse Deo et ecclesie beate Marie de Bolton' et canonicis ibidem Deo servientibus attachiamentum stagni molendini sui de Harwood in terra mea que vocatur Holmes, quatenus dicta terra se extendit iuxta fossatum quod ducit aquam de Querf usque ad predictum molendinum, sine impedimento mei vel heredum meorum vel aliquorum nomine meo vel heredum meorum pro qua quidem donatione, concessione et confirmacione dicti canonici dederunt mihi quandam summam pecunie premanibus. Et ego Ricardus et heredes mei dictum attachiamentum sicut predictum est imperpetuum warrantizabmus dictis canonicis et eorum successoribus et contra omnes homines defendemus. In cuius rei testimonium presenti scripto sigillum meum apposui. Hiis testibus: domino Willelmo de Rye, Galfrido de Mouhaude, Ricardo de Halstede, Matheo de Dram', Willelmo de Alewaldelay, Ada de Touhouse, Willelmo de Stubbes, Iohanne de Gowkesthorpe, Iordano de Lofthouses,[a] Roberto filio Walteri de Harwod, Roberto clerico et aliis.

a. Losthouses *(sic)* B.

458 **Gift in free, pure and perpetual alms by William del Beck[es] of** *Heyrit* **to the canons of Bolton of the rights of the pool of Harewood in his land of Dunkeswick, next to the Wharfe, in the fields of Dunkeswick. [***c***.1260x1314]**

[fo. 138v] Noverint universi presentes et futuri quod ego Willelmus del Beck[es] de Heyrit concessi, dedi et presenti carta mea confirmavi Deo et Beate Marie de Bolton' et canonicis ibidem Deo servientibus attachiament[um] stagni sui de Harwod in terra mea de Dunkeswicke iuxta ripam de Werf in campo dicte ville de Dunkeswick in liberam, puram et perpetuam elemosinam et hoc concessi pro me et heredibus meis vel assignatis imperpetuum. Hiis testibus: domino Roberto de Plumton', Ricardo de Goldesburgh, Symone de Warde, militibus, Iohanne de Mardley, Ricardo de Wigden, Franc' de Eststoch, et Rogero de Alwaldelay et multis aliis.

459 **Notification by John de Brakanthwait and Agnes his wife, and William of Selby and Alice his wife that they and their heirs are obliged by oath to pay five bushels of corn annually to the canons of Bolton at Michaelmas or within the octave. If they default on this payment the prior and canons shall be able to distrain their lands and tenements until they have received the said five bushels. 2 Oct. 1308, Harewood**

[fo. 139r][a] Universis Cristi fidelibus ad quos pervenerit hec scriptura Iohannes de Brakanthwait et Agnes uxor eius Willelmus de Seleby et Alicia uxor sua salutem in Domino sempiternam. Noveritis nos teneri religiosis viris domino priori de Bolton in

Craven' ordinis sancti Augustini Ebor' diocesis et eiusdem loci conventui et successoribus suis in quinque bussellis frumenti boni et pacabilis solvend[um] eisdem singulis annis ad festum sancti Michaelis vel infra octo dies imediate sequentes sine dilatione ulteriori ad cuius annui redditus solutione fideliter et sine fraude faciend[um] obligamus nos et heredes nostros et omnia bona nostra, et ultra ad tactis sacrosanctis et osculatis Dei evangeliis corporale prestitimus sacramentum, et si contingat quod absit[b] nos in solutione dicti annui redditus deficere terminis supradictis volumus et concedimus pro nobis et heredibus nostris quod extunc liceat dictis priori et conventui et successoribus suis nos per omnes terras nostras et tenementa absque contradiccione quavis impedimento calumpnia vel reclamatione nostrum vel alicuius nostra distringere contra vad[um] et pleg[ios] retinere quousque dictis priori et conventui de predicto redditu annuo quinque bussell[orum] frumenti fuerit plene satisfactum. In cuius rei testimonium sigilla nostra presentibus sunt appensa. Hiis testibus: Andrea de Tang tunc ballivo de Harwood, Iohanne de Stiveton', Ricardo de Wigdon', Roberto de Dighton', Henrico filio Iordani de Lofthouse,[c] Willelmo Acbeck[es], et Iohanne Astin cum aliis quam pluribus. Dat' apud Harwood die mercurii proxima post festum sancti Michaelis anno regni regis Edwardi filii regis Edwardi secundo.

a. *Heading* Harwod B.   b. quod absit *in round parentheses* B.   c. Losthouse *(sic)* B.

460 Notification by William de Monte Alto [Mohaut] and his heirs that they hold the mill at East Keswick with the multure of the vill of the canons of Bolton by homage and service, and by hereditary right, paying one mark of silver annually. [*c*.1200x1230]

[fo. 139r] Sciant omnes presentes et futuri quod ego Willelmus de Monte Alto et heredes mei tenemus et habemus molendinum de Estkesewyc' cum multura eiusdem ville et priore et canonicis de Bolton'[a] pro homagio et servitio nostro iure hereditario libere et quiete de eisdem; tenendum et habendum reddendo inde annuatim predictis priori et conventui de Bolton' unam marcam argenti pro omni servitio medietatem scilicet ad Pentecosten' et medietatem ad festum sancti Martini. Ne[c] ego nec aliquis heredum meorum decetero contra hoc factum in aliquo possimus malignari presentem cartam meam predictis priori et conventui de Bolton' tradidi sigilli mei appositione[b] confirmatam. Hiis testibus: Petro Gillott, Willelmo Mauleverer, Petro de Marton', Rogero de Kighley, Symone de Kirkeby, Ranulpho de Otterburne, Roberto le Macun, Rogero[c] filio Ricardi, Roberto de Monte Alto et multis aliis.

a. pro *inserted* B.   b. impressione G.   c. Roberto G.

Robert de Mohaut may have been a relation of William de Mohaut, for Simon de Mohaut II had a brother called Robert.
G – fo. 4v.

461 Confirmation by the canons of Bolton to William son of Asketell of Harewood and his heirs of all the land which his father held of the canons in the vill of Harewood, to be held by homage, rendering annually 6 baskets of oats, and for the hospitality of the canons or their messengers at his house in Harewood and straw and fodder for their horses. [Michaelmas 1186x1226]

[fo. 139v] Prior et conventus ecclesie beate Marie de Bolton' has litteras videntibus et audientibus salutem. Sciatis nos concessisse et presenti carta confirmasse Willelmo filio Asketelli de Harwood et heredibus suis totam terram quam pater eius Askeill tenuit de nobis in villa de Harwood; tenendam de nobis libere et quiete pro homagios suo reddendo annuatim vj esceppas avene et inveniendo nobis et propriis nunciis nostris itinerantibus domum suam in Harwood ad hopitandum et focalia et stramenta et foragium propriis equis nostris, illam vero supradictam terram predicto Willemo concessimus de nobis tenend[um] in feudo et hereditate per suprascriptum servitium libere et quiete salvo ad opus nostrum tantum spacium terre liberum in toftum de Harwood ubi pater dicti Willelmi mansit ubi possimus honorificum hospitium ad opus nostrum facere et hanc nostram concessionem presenti carta confirmavimus. Idem vero Willelmus in liberatione huius carte dedit nobis relevium suum. Hiis testibus: Willelmo de Marton', Willelmo de Witon', Willelmo filio Gilberti, Hugone de Witun', Willelmo de Subum, Henrico de Harwood.

462 Gift by John son of Henry of Gawthorpe Hall to the canons of Bolton of two *culturas* in the territory of Gawthorpe Hall, namely Witley Croft, against the field of Lofthouse, excepting two seliones and three buttes, and *Pithel*, lying next to the mill pond of *Hetherig*, with all appurtenances, easements, liberties and utilities. [early to mid thirteenth century]

[fo. 139v] Sciant omnes tam presentes quam futuri quod ego Iohannes filius Henrici de Goukethorpe dedi, concessi et hac presenti carta mea confirmavi Deo et beate Marie de Bolton' et canonicis ibidem Deo servientibus pro salute anime mee et antecessorum et successorum meorum in liberam, puram et perpetuam elemosinam duas culturas in territorio de Goukethorpe cum omnibus pertinentiis suis, videlicet unam culturam que vocatur Wythelaycroft versus campum de Lofthuse, exceptis duabus selionibus et tribus buttis de eadem cultura cum tanto prato que abuttat super dictas buttas, et aliam culturam que vocatur Pithel et iacet iuxta stagnum molendini de Hetherig; tenendas et habendas predictis Deo et beate Marie de Bolton' et canonicis ibidem Deo servientibus et eorum successoribus de me et heredibus meis et assignatis meis libere et quiete, bene et integre cum omnibus pertinentiis aysiamentis, libertatibus et utilitatibus ad dictam terram pertinentibus et inde provenientibus infra villam de Goukethorpe et extra solute et quiete, libere, bene et integre ab omnibus servitiis secularibus, sectis curie et demandis.[a] Et ego dictus Iohannes et heredes mei et mei assignati totam predictam terram cum pertinentiis suis predictis Deo et beate Marie de Bolton' et canonicis ibidem Deo servientibus et eorum successoribus sicut predictum est contra omnes homines warrantizabimus, adquietabimus et defendemus imperpetuum. [fo. 140r][b] In cuius rei testimonium presenti scripto sigillum meum apposui. Hiis testibus: magistro Olivero tunc rectore ecclesie de Harwod, domino Rogero Marmiun' tunc rectore ecclesie de Kirkeby Orblaver, Hugone tunc ballivo de Harwood, Rikeman Calle, Willemo Graindorge, Willelmo Byangrant, Willelmo de Alewaldeley, Ricardo de Stokeld, Roberto de Steyburne et aliis.

a. demanndis *(sic)* B.   b. *Heading* Harwod B.

Hetherig may be a peculiar version of Keswick, that is East Keswick, in the parish of Harewood, where the canons are known to have held a mill, or possibly Hetherick in the parish of Adel.
H – fo. 47r, from Bolton Cartulary, abstract.

463 Quitclaim by Henry, son of Jordan of Lofthouse, to the canons of Bolton of all right and claim to a croft in Lofthouse in Harewood, called *Witley Croft*. [*c.*1270x1314]

[fo. 140r] Omnibus Cristi fidelibus ad quos presens scriptum pervenerit Henricus filius Iordani de Lofthuse salutem in Domino sempiternam. Noveritis me caritatis intuitu pro salute anime mee remisisse, resignasse et omnino de me et heredibus meis imperpetuum quietumclamasse Deo et beate Marie de Bolton' in Craven' et canonicis regularibus ibidem Deo servientibus totum ius meum et clameum meum quod unquam habui aut aliquo titulo iuris habere potui vel potero in quodam crofto in Lofthuse in Harwude, quod quidem croftum vocatur Wichtelaycrofte, ita quod nec ego Henricus nec aliquis heredum meorum nec aliquis nomine iuris mei nec clameum in villa terra arabili neque in prato iacente in Wyttelaycroft de cetero exigere vel vendicare poterimus. In cuius rei testimonium presens scriptum sigilli mei impressione roboravi. Hiis testibus: dominis Ricardo de Goldeburgh, Alexandro de Ledes, militibus, Iohanne de Farnehill tunc ballivo de Harwude, Roberto Vilain, Iohanne de Marchelay, Matheo de Brum, Roberto de Arthinton, Waltero de Midelton', Ricardo de Wigdon' et aliis multis.

464 Quitclaim by Alice, daughter of John Thurn, to the canons of Bolton of all right and claim to a messuage, with appurtenances, in the vill of Harewood that William the carpenter, son of John the carpenter, holds, for a certain sum of money. [20 Nov. 1278x*c*.1331]

[fo. 140r] Omnibus Cristi fidelibus hoc scriptum visuris vel audituris Alicia filia Iohannis Thurn' salutem in Domino. Noveritis me relaxasse, remisisse et omnino quietumclamasse de me et heredibus meis imperpetuum priori de Bolton et eiusdem loci conventui et eorum successoribus totum ius et clameum que habui vel aliquo iure habere potui in uno mesuagio cum pertinentiis in villa de Harwod, quod quidem mesuagium Willelmus carpentar[ius] de eadem tenet de eisdem priore et conventu et eorum successoribus in eadem, super quem de eodem mesuagio cum pertinentiis tuli quidem breve mortis antecessoris coram iusticiariis domini regis itinerantibus apud Ebor' anno regni regis Edwardi vij°, et de quo mesuagio Iohannes carpentarius pater predicti Willelmi carpentar[ii] predictum priorem et conventum coram domino Iohanne de Wallibus et sociis suis iusticiariis itinerantibus apud Ebor' vocavit [fo. 140v]ª warrantum; tenend[a] et habend[a] predictis priori et conventui et eorum successoribus imperpetuum, ita quod nec ego nec heredes mei nec aliquis per nos pro nobis de cetero poterimus aliquod ius nec clameum in predicto mesuagio cum pertinentiis exigere vel vendicare. Pro hac autem quietaclamatione dedit mihi predictus prior unam summam pecunie in mea necessitate. In cuius rei testimonium presenti scripto sigillum meum apposui. Hiis testibus: domino Alexandro de Ledes, Roberto de Broctun tunc ballivo de Harwood, Willelmo de Alwaldeley, Ricardo de Wigdon', Matheo de Braham, Ranulpho Rud, Willelmo de Stubhus, Willelmo Folbarun de Harwood, Willelmo de Askam de eadem, Willemo pistore, Adaᵇ venator[e] de Stubhus et aliis.

a. *Heading* Harwod B.   b. Adam' *(sic)* B.

465 Confirmation in the form of a chirograph by Prior John of Laund and the canons of Bolton to Isabella, the widow of Robert, clerk of Harewood, and the heirs of Robert, of all the tenement, with appurtenances, all liberties and easements, that his ancestors held in the vill of Harewood, rendering 5*s*. *ob*. [1281xJan. 1331]

[fo. 140v] Hoc presens scriptum cirographatum testatur quod nos frater Iohannes de

Landa prior monasterii beate Marie de Bolton' in Craven' et eiusdem loci conventus unanimi consensu et assensu totius capituli nostri concessimus et quantum in nobis est imperpetuum confirmavimus Issabelle quondam uxori Roberti clerici de Harwod' et heredibus dicti Roberti totum tenementum cum pertinentiis quod ipse et antecessores sui ab antiquo de nobis tenuerunt in villa de Harwood; habendum et tenendum predicte Issabelle et heredibus dicti Roberti de nobis et successoribus nostris libere, quiete, bene et in pace cum omnibus libertatibus et aysiamentis ad dictum tenementum in eadem villa et extra spectantibus reddendo inde annuatim nobis et successoribus nostris quinque solidos et obulum bonorum et legalium sterlingorum ad duos anni terminos per equales porciones videlicet medietatem ad Pentecosten' et aliam medietatem ad festum sancti Martini in hieme faciendo insuper nobis et successoribus nostris omnia alia servitia dicto tenemento debita et consueta. In cuius rei testimonium presentibus script[is] cirographat[is] sigilla partium alternatim sunt[a] apposita. Hiis testibus: domino Symone Ward, milite, Waltero de Midelton', Iohanne Scott, Michaele de Roudon, Ricardo de Wigdon, Laurentio de Arthinton, Roberto de Wigdon et aliis.

a. apposisa *deleted* B.

466 Confirmation in the form of a chirograph by Prior John of Laund and the canons of Bolton to Robert Loukoke and Agnes his wife and the heirs of Robert of a burgage, with appurtenances, all liberties and easements, that his ancestors held in the vill of Harewood, annually rendering 2s. [1281xJan. 1331]

[fo. 140v] Hoc presens scriptum cirographatum testatur quod nos frater Iohannes de Landa prior monasterii beate Marie de Bolton' in Craven et eiusdem loci conventus unanimi consensu et assensu totius capituli nostri concessimus et quantum in nobis est imperpetuum confirmavimus Roberto Loukoke et Agnet[i] uxori eius et heredibus dicti Roberti illud burgagium cum pertinentiis quod ipse et antecessores sui de nobis tenuerunt in villa de Harwood; [fo. 141r][a] habendum et tenendum predictis Roberto et Agnet[e] uxori eius et heredibus dicti Roberti de nobis et successoribus nostris libere, quiete, bene et in pace cum omnibus libertatibus et aysiamentis ad dictum burgagium in eadem villa et extra spectantibus, reddendo inde annuatim nobis et successoribus nostris duos solidos bonorum et legalium sterlingorum ad duos anni terminos per equales porciones videlicet medietatem ad Pentecosten et aliam medietatem ad festum sancti[b] Martini in hieme faciendo insuper nobis et successoribus nostris omnia alia servitia dicto tenemento debita et consueta. In cuius rei testimonium presentibus scriptis cirographatis sigilla partium alternatim sunt apposita. Hiis testibus: domino Symone Ward milite, Waltero de Midelton', Iohanne Scott, Michaele de Roudon', Ricardo de Wigdon', Laurentio de Arthington', Roberto de Wigdon' et aliis.

a. *Heading* Harwod B.   b. sancte *(sic)* B.

For charters relating to Harewood, Weeton, Brandon, Wigton, Rawdon, Horsforth, Yeadon, Ryther, Wentworth, Street, Wentbridge and Thorpe believed to have been in the cartulary of Bolton Priory see Appendix I, nos. 27–59.

467 Gift by Robert son and heir of Lord John de Insula of Rougemont to the canons of Bolton, after gaining licence from the Edward III, of

an annual rent of 40s. from his manor of Harewood, with provision if this should fall into arrears. [c.26 Oct. 1357], Harewood

[fo. 141r] Omnibus ad quos presens scriptum pervenerit Robertus filius et heres domini Iohannis de Insula de Rubeo[a] Monte salutem. Noveritis me de licentia domini nostri regis Anglie et Francie concessisse ac per presentes confirmasse religiosis viris priori et conventui de Bolton' in Craven' et eorum successoribus imperpetuum quendam annuum redditum quadraginta solidorum percipiend[um] et habend[um] ad festa sancti Martini et Pentecost' per equales porciones de manerio meo de Harwod in comitatu Ebor' quod de ipso domino rege tenetur in capite. Et volo et concedo quod quandocunque contigerit dictum redditum post aliquem terminum aretro esse in parte vel in toto bene liceat dictis priori et conventui et eorum successoribus in dicto manerio ubicunque eis placuerit distringere et districtiones retinere quousque de arreragiis eiusdem redditus eisdem plenarie fuerit satisfactum in quascunque manus contigerit dictum manerium temporibus futuris devenire. In cuius rei testimonium presenti scripto meo sigillum meum apposui. Dat' apud Harwood' supradictum etc.

a. Iubeo *(sic)* B.

For further information regarding the foundation of a chantry at Harewood see *CPR, 1350–1354*, pp. 177, 352, and *ibid., 1354–1358*, pp. 109–10.

Appendix I

Documents from Dodsworth MS 144 thought to have formed part of the cartulary of Bolton Priory

1 **Final concord made between Richard son of Acer with Syrith his wife and Agnes her sister, plaintiffs, and John, prior of Bolton, defendant, recognising the right of the prior to one bovate of land in West Marton. 19 Feb. 1219, York**

Yorkshire Fines records that Thomas the cellarer represented John, the prior of Bolton, in this case, and that Richard with Syrith his wife and Agnes, sister of Syrith, quitclaimed the bovate of land for 3s. 4d.
I – fo. 90r. H – fo. 17v, from Bolton Cartulary, fo. 36, abstract. Pd in *Yorkshire Fines, 1218–1231*, p. 27.

2 **Final concord made between William of Ryther and Lucy his wife, plaintiffs, represented by John the constable, and John, prior of Bolton, deforciant, recognising the right of the prior to twelve acres of meadow in Ryther. 25 Nov. 1298, York**

Yorkshire Fines records more information, including that 'William and Lucy and Lucy's heirs to hold of the chief lords etc. The prior and his successors to warrant. For this William and Lucy have granted the prior 14 acres of meadow in that town and rendered in court. The prior etc. to hold of the chief lords etc. William and Lucy and Lucy's heirs to warrant'.
H – fo. 17v, from Bolton Cartulary, fo. 36. Pd in *Yorkshire Fines, 1272–1300*, pp. 137–8.

3 **Final concord made between John, prior of Bolton, plaintiff, and William of Malham and Alice his wife, deforciants, recognising the right of the prior to one messuage, nineteen tofts, twelve and a half bovates of land, fifty-eight acres and one rood of land, forty-nine acres of meadow, a rent of one pound of cumin and a moiety of a mill with appurtenances in Holmpton, Pensthorpe, (Welwick) Thorpe and Great Hatfield in Holderness and the advowson of a moiety of the chapel of the vill of Holmpton. 20 Jan. 1310, Westminster**

The calendar printed in *Yorkshire Fines*, mentions 'a moiety of a mill', supplying the information omitted by Dodsworth, and states that the price of this remission and quitclaim by William and Alice was '100 marks of silver'. For a transcript of the charter by which William of Malham and Alice his wife made this gift to the canons of Bolton see Bodleian Library, MS, Top. Yorks. e.8. (J. Burton), pp. 83–4.
I – fo. 89r. H – fo. 18r, from Bolton Cartulary, fos. 36, 45, abstract. Pd in *Yorkshire Fines, 1301–1314*, p. 77.

4 **Final concord made between Thomas, prior of Bolton, plaintiff, and Ranulf son of Henry (of Ravensworth) and Alice his wife, deforciants, represented by Norman le Messanger, recognising the right of Ranulf and Alice and the heirs of Alice to the advowson of the church of Staveley, and the gift of Ranulf and Alice to the prior of Bolton of a moiety of a mill at Airton with suit of all free men, saving the multure of all the corn of their house. 8 Jul. 1233, Westminster**

This final concord was made 'in frankalmoign, quit of all secular service and demand' with a warranty clause and provision made that 'Ranulf and Alice undertake not to sell, pledge or alienate, any of the rest of their land in that vill, by which the whole multure belonging the said moiety might be reduced' (*Yorkshire Fines, 1232–1246*, p. 6).
H – fo. 18r, from Bolton Cartulary, fo. 38. Pd in *Yorkshire Fines, 1232–1246*, p. 6.

5   Petition by the prior of Bolton, represented by his attorney, against John son of John of Bugthorpe concerning one messuage with appurtenances in York for which he pays 8s. yearly, and against Nicholas son of William le Fevere of Sutton for one messuage and sixteen acres of land with meadow in Sutton for which he pays 7s. 6d. yearly, which are the right of the canons of Bolton. 16 Jun. 1297, Westminster

H – fo. 18v, from Bolton Cartulary, fo. 37. Pd note from De Banco, Trinity 25 Edward I, m. 51r and Easter 26, Edward I, m. 32v, in *Religious and Secular Houses*, i, p. 13.

6   Final concord made between William of Malham and Alice his wife, plaintiff, and John, the prior of Bolton, deforciant, regarding eight bovates of land, 5s. rent and a moiety of one mill in Calton and Airton. [8 Jul. 1310x7 Jul. 1311]

The text printed in *Yorkshire Fines* provides more information than the abstract made by Dodsworth. It is noted, for example, that there would be reversion to the canons of Bolton, that it had been 'found by inquisition in the Court that the Prior and his predecessors were seised of the said tenement for a long time before the Statute of Mortmain', and that the properties were to be held for an annual rent of 2s.
H – fo. 18v, from Bolton Cartulary, fo. 39. Pd in *Yorkshire Fines, 1301–1314*, p. 81.

7   Plea at York before John de Stonor, itinerant justice, where John of Eshton was called by R[obert], prior of Bolton, by the plea that he was acquit of service that Robert de Clifford claimed from him from the free tenement that John held in Halton super le Hill. [25 Jan. 1336 – 24 Jan. 1337]

Halton super le Hill is otherwise known as Halton East.
H – fo. 19r, from Bolton Cartulary, fo. 39 [Marginated: Family tree displaying John of Eshton and his two sons, John and Robert]

8   Final concord made between John son of Robert of Eshton and Adlina his wife, plaintiffs, represented by Robert de Staunford, and Thomas son of William Graindorge, deforciant, whereby a messuage in Eshton in Craven, with its appurtenances, is recognised to be the right of John and Adlina and their heirs. 6 Oct. 1314, Westminster

H – fo. 19r, from Bolton Cartulary, fo. 39. Pd in *Yorkshire Fines, 1301–1314*, p. 100.

9   Gift by William Cheshunt to William of Malham and Alice his wife of £10 rent with appurtenances from lands and tenements, both in demesne and in service, which are of the hereditary right of Elizabeth, his late wife, in the vills of Holmpton, Pensthorpe, Welwick Thorpe and Great Hatfield and similarly of his hereditary right in Ottringham in Holderness, which William de Walecotes holds by lease for the term of his life, by a fine levied before Hugh de Cressingham. Witnesses: *dominis Thoma de Alta Ripa, Willelmo de Hebbeden, Rainero de Cnol, Iohanne Gyliot militibus, Iohanne de Boulton, Iohanne Tempest, Ricardo Fauvell, Willelmo de Marton, Ranulpho de Otterburn, Iohanne de Kighley*. 25 May 1303, Skipton

For a translation of the inquisition *ad quod dampnum* relating to this grant see *Religious and Secular Houses*, ii, p. 3. For a copy of a transcript of another charter by which William of Malham and Alice his wife made a similar gift to the canons of Bolton see J. Burton, Bodleian Library, MS, Top. Yorks. e.8., pp. 83–4. For record of the payment made to William Cheshunt for the manor of Holmpton and lands in Pensthorpe,

as well as the annual payment made to him and Henry his son see *Compotus*, p. 211 and *passim*, and *Bolton Priory*, pp. 115, 166.
H – fo. 20r, from Bolton Cartulary, fo. 41.

10   Quitclaim by Henry son of William Cheshunt and Elizabeth his wife, and heir of the said Elizabeth, to William of Malham and Alice his wife of all his right and claim to all the lands and tenements, both in demesne [and service] that William and Alice have by the gift of William Cheshunt, his father, in Holmpton in Holderness, Pensthorpe, (Welwick) Thorpe, and Great Hatfield, together with the advowson of a chapel in Holmpton which he holds by the laws of England and by the hereditary right of his mother. Witnesses: *dominis Thoma de Altaripa, Iohanne Giliot, militibus, Iohanne de Boulton, Edmundo de Maunnsell, Willelmo de Marton*. 5 Jun. [1307], Calton

For the payment made to Henry Cheshunt by Bolton Priory see *Bolton Priory*, pp. 115, 166, and *Compotus*, p. 211 and *passim*.
H – fo. 20r–20v, from Bolton Cartulary, fo. 42.

11   [Gift] by William of Malham and Alice his wife to the canons of Bolton of all the lands and tenements with appurtenances in Holmpton, Pensthorpe, (Welwick) Thorpe and Great Hatfield. Witnesses: *dominis Thoma de Alta Ripa, Iohanne Gyliot, Henrico de Kygheley, Henrico de Hertlington, militibus, Willelmo Mauleverer, Willelmo de Marton, Iohanne de Kigheley*. 2 Jan. 1308, Malham

H – fo. 20v, from Bolton Cartulary, fo. 43.

12   Acquittance by Prior John of Laund and the canons of Bolton to John le Constable and his heirs of all services of lands and tenements in Holmpton which he holds by foreign service and other service. Witnesses: *Roberto le Constable, Waltero de Faucumberg' militibus, Henrico de Sancto Martino, Willelmo de Sancto Quintino, Stephano de Schirburn et aliis*. [1281x2 Nov. 1304]

This charter suggests that the canons had an interest in Holmpton before their acquistion of the manor in 1307.
H – fo. 20v, from Bolton Cartulary, fo. 46.

13   Acquittance by the prior [of Bolton] to Walter of Great Hatfield and his heir of service for tenements in Great Hatfield.

H – fo. 20v, from Bolton Cartulary, fo. 46.

14   Agreement made between Christopher, prior of Bolton, and William Risom, esquire, whereby, following the death of Thomas Aston who held lands and tenements with appurtenances in Welwick Thorpe from the priory by military service, the custody of the land and of Thomas's heir, Robert, who is under twenty-one years, is conveyed by the priory to William Risom for a sum of money. 1 Sep. 1492

H – fo. 21r, from Bolton Cartulary, fo. 49.

15 Note concerning the gift by the abbey of Aumale to Robert Fribois, lord of Holmpton, Pensthorpe, of the chapel of Holmpton.

H – fo. 21r.

16 Gift by Abbot Martin and the convent of St Martin of Aumale to Lord Robert Fribois and his heirs of the presentation of a suitable cleric to the vacant chapel of St Nicholas, Holmpton, with a pension of 5s. annually, at the feasts of Pentecost and St Martin in the winter. [1204x1215]

There appears to have been a scribal error with the name of the prior of St Martin of Aumale, with Mark written instead of Martin. Martin occurs as prior of St Martin's, Aumale, in 1209 and 1212, and with his abbacy ending in 1215.

H – fo. 21r.

17 Notification of the aforementioned gift in pure and perpetual alms of Lord Robert [Fribois] to the Abbey of St Martin, Aumale, of 5s. from their gift of Withernsea, annually, at the above two feasts. Witnesses: *Gregorio, Radulfo, Galfrido, Petro monachis, Galfrido de Branford, Ricardo de Hesyngton clericis, Baldwinis de Alverstan, Symone de Scefling', Galfrido de Fryboys, militibus, Iordano Redeman, Hugone de C[ar]liboefe, Gilberto de Beleslede et aliis.* 1209

It is unclear which folio of the cartulary of Bolton Priory this was transcribed from, for the note made by Dodsworth appears to have been altered from 51 to 52 or vice versa.

H – fo. 21v, from Bolton Cartulary, fo. 51.

18 [Gift] by Peter de Arches to the canons of Bolton of two bovates of land, with appurtenances, in Kettlewell, which Syward holds with his family, also with the toft and croft which Richard Surais holds, another bovate of land in his demesne which he gave to Adam of Buckden in marriage with his sister, one assart of sixteen acres of land, and the third part of all his liberties and service in the woods, moors and pastures of Kettlewell. Witnesses: *Willelmo de Stiveton, Willelmo de Arches, Willelmo de Hebbeden, Thoma de Litton, Gilberto de Haukeswick, Helia de Stiveton, Willelmo de Arches, Iohanne de Kildewyk et aliis.* [1200x9 Dec. 1234]

H – fo. 33v, from Bolton Cartulary, fo. 81.

19 Confirmation by Prior Adam and the canons of Bolton to Walter de Gray of four bovates of land in Kettlewell, with appurtenances, one assart of land containing sixteen acres of land, a third part of the liberities of Lord Peter de Arches as in the charter from the said Peter for three bovates, and four bovates of the gift of the abbey of Coverham. Moreover the gift to Walter of half a carucate of land in the vill of Kettlewell which John of Rylstone holds, paying two marks of silver [annually] on the feast of St Philip and St James. Witnesses: *domino Godefrido de Alta Ripa, domino Henrico Dayvell, domino Eustachio de Rilleston, domino Helya de Knol, Ricardo Tempest etc.* [14 Aug. 1243x16 Oct. 1258]

Marginated: *Orde finem de medietate ecclesie de Ketelwell supra fo. 17.*

H – fo. 34, from Bolton Cartulary, fo. 82.

20 Note that William Mann was prior of Bolton on 20 January 1465.

This note must have been a later addition to the cartulary for William Mann was prior of Bolton in the fifteenth century.
H – fo. 35r, from Bolton Cartulary, fo. 84.

21 Gift in free, pure and perpetual alms by Hugh of Leathley to the canons of Bolton of the homage and service of William Ruffus son of Liulf and his heirs, with 2s. 6d. rent which the said William pays annually for land in Rodes of Menston, lying between *Merebec* and *Blakesike*. Witnesses: *Ade cap[ellano] de Ottelay, Thoma parsona de Adingham, Symone de Monte [Alto], Petro de Martona, Alano de Everingham tunc ballivo de Ottelay, Enea de Stubbum clerico, Stephano Cuvel, Serlone de Ylkelay, Thoma de Hurlestin et aliis*. [1155x1229]

It seems most probable that this charter was made towards the end of the twelfth century or the beginning of the thirteenth.
H – fo. 44v, from Bolton Cartulary, fo. 122.

22 [Gift] by Prior John of Laund of Bolton to Hugh de le Rodes of all the lands which Simon de le Rodes held in le Rodes, paying 2s. 6d. annually, for his homage and service. Witnesses: *Roberto Vilain de Rilleford, Waltero de Haukesword, Wal[tero] de Midleton, Michaele de Roudon, Alexandro de Mensington, Willelmo filio Michaelis de eadem*. [1281xJan. 1331]

H – fo. 44v, from Bolton Cartulary, fo. 122.

23 Gift by Robert son of Jordan of Farnley to the canons of Bolton of four acres of land in Farnley, namely toft and croft which Jordan his father held [*pro salute etc*]. Witnesses: *domino Hugone de Lellay, Hugone filio eius, Nicholao Warda, Willelmo filio Odardi de Lyndelay, Iohanne de Yedon, Waltero filio Roberti de Hevekeswyk, Ricardo clerico de Baildun, Alano filio Roberti de Farneley etc*. [Early to mid thirteenth century]

This charter is followed by a note concerning another [gift] by Robert son of Jordan [to the canons of Bolton] of land in Farnley, which was found on fo. 123 of the Bolton Cartulary. In the accounts for the year 29 September 1310 – 29 September 1311 the first reference occurs to lands in Farnley, being farmed at 3s. 4d. (*Compotus*, 286). Later entries specify the property as being Haddock Stones in Farnley (*Compotus*, pp. 76, 87, 208–9, 494). Bolton Priory also rented land in Farnley from Furness Abbey, the first recorded payment of 12s. occurring in the accounts for 29 September 1314 – 29 September 1315 (*Compotus*, p. 382).
H – fo. 45, from Bolton Cartulary, fo. 123.

24 Quitclaim by Agnes, called Beuver, daughter of Robert Beuver to the canons of Bolton of all her right in eight acres of land in Farnley and in all other land which she has by hereditary right. Witnesses: *domino Patricio de Westwic, domino Roberto de Plumton, militibus, Petro de Midleton, Willelmo Mauleverer, Iohanne Mauleverer*. [19 May 1247x12 Jan. 1284]

H – fo. 45r, from Bolton Cartulary, fo. 123.

25 Gift by William, abbot of Furness, to the canons of Bolton of all the land with appurtenances in Farnley that they have by the gift of Serlo of Baildon. Witnesses: *domino Iohanne de Eston, domino Eustachio de Rilleston, domino Iohanne de Cauncefeld, domino Symone de Marton*. [14 May 1235x27 Mar. 1267]

For the payments made to Furness Abbey for land in Farnley farmed by the canons of Bolton see *Compotus*, *passim*.
H – fo. 45r, from Bolton Cartulary, fo. 124.

26   **Confirmation by Thomas son of William son of Thor to the canons of Bolton of the gift of Serlo de Pool, namely half a carucate of land in Farnley [*sic* Farnhill] with all appurtenances. Witnesses:** *Malgero le Vavasor, Nigello de Plumton, Godefrido le Maunsel, Petro de Ardington, Radulpho filio Baldwyn, Willelmo Mauleverer, Serlone filio Arturi, Mathia de Bra[ham], Willelmo clerico de Marton.* **[1155xDec. 1212]**

It is more likely that this confirmation was made towards the end of the suggested range. A note by Dodsworth ascribes the date 3 R. 1 to Peter of Ardington, that is 3 September 1191 – 2 September 1192.
H – fo. 45v, from Bolton Cartulary, fo. 12[4].

27   **[Gift] by Brother Richard of Beachampton to William of Wescoehill of suit of the mill of Harewood for land which he holds in Weeton and Wescoehill, for which William will pay five bushels of corn annually. Witnesses:** *domino Henrico de Perpoin[t] senescallo de Knaresburg, domino Iohanne le Vavasor, domino Willelmo de Ryther, domino Roberto de Plumpton, militibus, Willelmo de Alwaldway, Ricardo de Wigdon.* **1271**

H – fo. 47v, from Bolton Cartulary, fo. 134.

28   **[Gift] by Elias of Otley to the canons of Bolton of twelve bovates of land in Weeton, which he has by the gift of Adam son of Hugh of Weeton. Witnesses:** *domino Iohanne de Ir[eby] tunc senescallo de Knaresburg, domino Ricardo de Lutrington, domino Ricardo de Mora, Willemo de Plumton, magistro Hug[one] de Coke tunc ballivo [de] Harewode, Henrico de Westcohe, Henrico de Goukethorp, Henrico de Stubhus', Rogero Marchale de Neuhale, Roberto filio Eugenii de Wycheton, Willelmo de Castelay, Helya de eadem.* **[*c*.1250–*c*.1260]**

The land in Weeton, together with that in Wescoehill, was farmed for a fee of 4*li*. 7*s*. in the accounts of 11 November 1297 to the same date the following year (*Compotus*, p. 76; for other years see *ibid*., pp. 113–14, 266, 419).
H – fo. 47v, from Bolton Cartulary, fo. 131.

29   **Gift by Adam son of Hugh of Weeton to Elias of Otley, dean of Craven, of twelve bovates of land in Weeton which he holds of the fee of the prior of Bolton. Witnesses:** *domino Willelmo de Ireby, domino Ricardo de Luttrington, domino Ricardo de Mora, militibus, Willelmo de Plumton, Hugone tunc ballivo de Harewode etc. ut carta precedenti.* **[1155(1233)xc.1260s]**

For a charter by which Adam son of Hugh of Weeton states his obligation to the canons of Bolton for twelve bovates of land in Weeton of the fee of Bolton Priory, see Dodsworth MS 83, fo. 3. The transcript made by Dodsworth also has a sketch of the seal of Adam de Witun.
H – fo. 47v, from Bolton Cartulary, fo. 131.

30   **Note recording that John de Mar[th]elay, Nicholas of Ilkton and Matilda his wife, Thomas de Heltofte and Sarra his wife, Gerard de Callum and Imania his wife, William of Ilkton and Katerina his wife, and John de Ecclesley, parcenars of East Keswick hold the mill of East Keswick for an annual rent of 1 mark.**

It seems likely that this note would have been added at the time the cartulary was created. It seems likely that Matilda, Sarra, Ismania and Katherine, mentioned in this note, were the coheirs of Simon de Mohaut III. For more information about the coheirs of Simon de Mohaut III – Alice, Joan and Elizabeth - see *EYC*, vii, p. 256.
H – fo. 48r, from Bolton Cartulary, fo. 133.

31   **Quitclaim by Peter of Marton to Margaret daughter of Warin son of Gerold** of all his right in the vill of Brandon and Wigton, with appurtenances, namely those lands and tenements which he formerly gave to Fawkes de Bréauté, once the husband of Margaret, except the land that he gave to the canons of Bolton and the land he gave to Thomas of Wike, *persona*, of Harewood. Witnesses: *Thoma de Wica tunc persona de Harewode etc.* [11 Jul. 1226x29 Sep. 1252]

For information about Margaret daughter of Warin son of Gerold and her marriages to Baldwin de Redvers, count of Devon, and Faukes de Bréauté see *Complete Peerage*, iv, pp. 316–18.
H – fo. 48r, from Bolton Cartulary, fo. 139.

32   **Quitclaim by Margeret de Redvers, daughter and heir of Warin son of Gerold to Peter son of William of Marton** of all land, with appurtenances, in the vills of Brandon and Wigton, that Peter was given by Fawkes de Bréauté, and afterwards by her, with the resignation of all charters relating to the land *ad maiorem securitatem resignavi dicto Petro omnes cartas quas nobis de prefata terra contulerat.* Witnesses: *Thoma de Wycha tunc persona de Harewood, Henrico de Alwaldeley, Henrico de Goukethorp, Adamo de Wyverlay, Roberto de Aschom.* [11 Jul. 1226x29 Sep. 1252]

H – fo. 48r, from Bolton Cartulary, fo. 139.

33   **Gift in free and perpetual alms by Peter son of William of Marton in Craven to the canons of Bolton** of all those lands, with appurtenances, common rights and liberties, in the vills of Wigton and Brandon, making foreign service for five carucates where sixteen carucates make a knight's fee, saving to the canons the mill of the vill with its workings, suit of court of the vills and two bovates of land with wood of *Knol*, with the boundaries as in an old charter. Witnesses: *Hug[one] de Lelay, Thoma de Wicha' persona de Harewde, Hug[one] de Wytheton, Gilone Mauleverer, Henr[ico] de Alawaldeley, Henr[ico] de Goukatorph, Henr[ico] de […5mm]ibna', Ada de W[…5mm]thell, Ada de Wiggedon', Willelmo de Mouethe, Rob[erto] de Ascham, Waltero de Loftehuse.* [11 Jul. 1226x1261]

G – fo. 3, from the original at Skipton Castle in 1646. H – fo. 48r, from Bolton Cartulary, fo. 141, abstract.

34   **Confirmation in free, pure and perpetual alms by William son of Peter of Marton to the canons of Bolton** of all lands, tenements, homage, rents, wardships, reliefs, escheats, villeins, *sequelis*, woods, fields, meadows and pastures in the vills of Wigton and Brandon, with all appurtenances, liberties and easements. Witnesses: *Willelmo Mauleverer de Beymesl', Henrico de Cestrehunt, Willelmo filio Roberti de Skipton, Willelmo Mauleverer de Kalton, Rad[ulf]o Everardi forestario, Nicholao de Beymesle, Ada de Neusum et aliis.* [1247x12 Jan. 1284]

G – fo. 2v, from the original at Skipton Castle in 1646. H – fo. 48v, from Bolton Cartulary, fo. 141, abstract.

35 Agreement made between the prior of Bolton and Richard son of Adam [of] Wigton of common pasture in the vill of Wigton. Witnesses: *dominis Iohanne Mauleverer, Henrico de Kigheley, Henrico [de] Hertlington, militibus, Waltero de Midleton, Laurentio de Arthington, Willelmo de Castelay et aliis*. [20 Dec. 1292xJan. 1331]

H – fo. 48v, from Bolton Cartulary, fo. 143.

36 Gift by William Ward to Richard de Vescy, for his homage and service in Rawdon, with wardship, reliefs, escheats etc. and appurtenances. Witnesses: *domino Ricardo de Luttrington, domino Rob[erto] de Veylay, domino Roberto de Stopham, domino Radulpho Mauns', militibus, Iohanne de Wescy de Berwyc, Iohanne de Kailly, domino Th[oma] de Huk, Ricardo de Leedes, Matheo de Braham, Iohanne de Chel', Waltero de Grimmeston, Hugone de Collum, Waltero filio [Willelmi] de Hawkesword, Iohanne le Mazon clerico presentium scriptore*. [c.1250xc.1310]

It seems likely that this gift was made in the later decades of the thirteenth century.
H – fo. 48v, from Bolton Cartulary, fo. 144.

37 Gift by Ricard de Vescy, clerk, to the canons of Bolton of one bovate of land with appurtenances in Rawdon which he holds by fee farm of Brother Simon, then abbot of Kirkstall, one *cultura* of land called *Henrirode*, in Rawdon, one toft and one bovate which they have from Nigel, one rood of land in *Hallecrofte* towards the east which he holds by charter by fee farm of Hugh of Horsforth and Emma his wife, and one rood of land in the same held by fee farm from Michael son of Serlo of Rawdon, and one rood of land with meadow held by fee farm from Thomas son of Hugh son of Alan of Rawdon, and one place called *Risses* in the territory of Rawdon which John son of Richard of Rawdon holds from Richard de Vescy. Witnesses: *Gilberto de Berneval, Malgero le Vavasore, Roberto de Plumton, Willelmo de Lasceles, Radulpho Maunsel de Burley, Waltero de Heukesword, (Waltero filio suo fo. 145), Roberto de Povel, Matheo de Bram, Willelmo de Alwaldeley, Ricardo de Wygdon*. 10 Aug. 1266, York

H – fo. 49r, from Bolton Cartulary, fo. 144.

38 Gift by Richard de Vescy to the canons of Bolton of all the tenement in the vill of Rawdon that he held by fee farm from Lord William Ward. Witnesses: *Gilberto de Bernivale, Malgero le Vavasor, Roberto le Plumton, Willelmo de Lasceles, Rad[ulph]o Maunsel de Burle, militibus, Waltero de Heukeswood, Waltero filio suo, Roberto de Pouel, Matheo de Bram, Willelmo de Alwaldley, Ricardo de Wigdon*. [4 Jul. 1233x1311]

Richard de Vescy appears to have had many dealings with Bolton Priory, first occurring in the *Compotus* in the accounts for 11 November 1287 – 11 November 1288, for the farm of the manor of Rawdon (*Compotus*, p. 37). In the accounts of 1292–1293 there is record of a pension being paid to Richard, with the last reference to such payment being for the year 1298–9 (*Compotus*, pp. 48, 90). Therefore it seems likely that this benefaction was made in the later decades of the thirteenth century or the first decade of the fourteenth.
H – fo. 49r, from Bolton Cartulary, fo. 145.

39 Agreement made between Lord Hugh, abbot of Kirkstall, and John [of Laund], prior of Bolton, about certain pasture at Rawdon and Horsforth. Witnesses: *dominis Ricardo de Goldesburg, Ricardo de Wigdon, Nigello de Horsford, Matheo de Roudon, Thoma filio Nigelli de Horsford.* [20 Nov. 1295x19 Nov. 1296]

H – fo. 49r.

40 Quitclaim by Emma the wife of Hugh of Horsforth in her widowhood to the canons of Bolton of all the land they hold by the gift of Richard de Vescy in the vill and territory of Rawdon as well as other lands there. Witnesses: *domino Symone Ward tunc persona de Giselay, Willelmo de Alwaldley, Roberto de Povel, Iohanne filio Ricardi de Roudon etc.* [*c.*1250sx*c.*1310]

Marginated: *These 3 deeds though without date are set in order behold the pedegree below; Nigell a wittnesse pag pre' anno 24 E. 1.*

For the benefaction of Richard de Vescy which mentioned Emma see Appendix I, no. 37.
H – fo. 49v, from Bolton Cartulary, fo. 14[6].

41 Confirmation by Nigel of Horsforth to the canons of Bolton of his gift of two bovates of land in Rawdon. Witnesses: *dominis Symone de [Ward], Alexandro de Leedes, militibus, Iohanne de Farnehill tunc ballivo [de] Harewode, Waltero de Heukesword, Matheo de Braham, Nicholao de Roudon, Ricardo de Wigdon.* [*c.*1250xJan. 1331]

Marginated: *2 his Tho. was after the 24 E. 1.*

A note made by Dodsworth, '2 his Tho. was after the 24 E. 1', indicates that the later date is more probable. Lord Simon is probably Simon de Ward, who witnesses the following charter.
H – fo. 49v, from Bolton Cartulary, fo. 146.

42 Quitclaim by Thomas son of Nigel of Horsforth to the canons of Bolton of all the lands and tenements in the vill and territory of Rawdon granted by R. de Vescy, clerk, and quitclaimed by the gift of Emma his grandmother, mother of Nigel his father. Witnesses: *dominis Willelmo de Stopham, Roberto de Plumton, Symone Ward, militibus, Waltero de Heukesword, Waltero de Midleton, Willelmo de Farneley, Ricardo de Wigdon.* [*c.*1250xJan. 1331]

Dodsworth MS 144 also contains a family tree showing the relationships between the benefactors of the above charters, as well as of the wife, Christiana, and son, Walter, of Nigel of Horsforth. This family tree may indicate that further benefactions were made by Christiana and Walter, for both names are followed by RRR 157, as is the name of Hugh son of Thomas.
H – fo. 49v, from Bolton Cartulary, fo. 146.

43 Quitclaim by Thomas Hauke, knight, to the canons of Bolton of all the lands they have in the vill of Rawdon by the gift of Richard de Vescy, clerk, also by the gift of others and those lands and tenements which lord William Ward, knight, gave to lord Thomas de Houke, knight of his father, with Isabella his sister by his right in free marriage. Witnesses: *dominis Symone Ward, Ricardo de Walais, Symone de Kimbe, Rogero de Nonnewyk, militibus, Waltero de Haukeswick, Thoma de Reyvill, Michaele de Roudon.* 1 Jul. 1318, York

This folio was mistakenly paginated as fo. 58, which has been deleted and reinserted as fo. 50. A family tree follows this charter indicating that Thomas de Howke was married to Isabella, the daughter of William Ward, knight, and that their son was called Thomas de Howke.
H – fo. 50r, from Bolton Cartulary, fo. 147. Pd in *EYC*, xi, no. 120.

44   Gift in free, pure and perpetual alms by Robert son of Mauger [le Vavasour] to the canons of Embsay of one carucate and a half of land, with appurtenances, in the vill of Yeadon, namely those in the south. Witnesses: *Willelmum de Arches, Rad[ulph]um de Hirtun, Everardum de Keterum. Petrum de Plumton, Heliam de Stiveton, Helto[nem] Malo Leporarium, Rogerum Tempest.* [19 Oct. 1120x1155]

H – fo. 50r, from Bolton Cartulary, fo. 148. Pd from H in *EYC*, xi, no. 120.

45   [Confirmation] in free, pure [and perpetual] alms by Robert le Vavasour to the canons of Bolton of one and a half carucates of land in the vill of Yeadon, with [appurtenances], namely those lying in the south that Robert [his] father's uncle had given and William his father had confirmed. The charter was made in the king's court. Witnesses: *Symone de [...10mm] de Poterne, Ricardo de Muchegros iustic' domini regis, hec carta fuit in curia domini regis, Willelmo [...5mm], Hugone de Calton, Iohanne de Halton, Willelmo Greindorg, [...] de Arches, Henrico de Berlay, Serlon[e] de West'*. [Jan. 1206x17 Apr. 1222]

For the confirmation charter issued by William le Vavasour, see below.
H – fo. 50v, from Bolton Cartulary, [fo. 148].

46   Confirmation by William le Vavasour, with the consent of [Robert] and Mauger his sons to the canons of Bolton of one and a half carucates of land in Yeadon, with appurtenances etc., which Robert the son of his uncle confirmed to the canons. Witnesses: *Alano [de] Yedona et Thoma fratre suo, Aldreth de Altun et filio eius, Gaulfrido de Disford, Willelmo Mauleverer, Willelmo filio [eius], Nigello de Plumton et Gilberto [fratre] eius, Ric[ardi] le Vavas[or].* [1155x29 Jun. 1191]

It is possible that the last witness, Richard le Vavasour, was the brother of the grantor.
H – fo. 50v, from Bolton Cartulary, [fo. 148].

47   Gift by Henry of [Ryther] to the canons of Bolton of one and a half bovates of land in the vill of [Ry]ther in a place called Hill, with all appurtenances and the service of Christiana his sister. Witnesses: *Willelmo de Marton, Willelmo Graindorge, Hugone de Calton, Everardo de Kalton, Galfrido de Ryther.* [Michaelmas 1186x17 Apr. 1222]

H – fo. 51, from Bolton Cartulary, fo. 149.

48   Confirmation by William of Ryther, knight, to the canons of Bolton of all the lands and tenements they hold in the vill of Ryther. Witnesses: *monsiere Roberte de Percy, monsire Raphe de Normanvile, mo[n]sire Esteven le Walys, monsire Roberte de Plumton, chevalier', Ric[arde] de Wigdon, Waut[er] de Midleton.* c.1289

This confirmation, in French, is followed with notes of other members of the Ryther family, and the various folios of the cartulary of Bolton Priory on which such reference occurred.

William de Ryther cheveler et Lucia sa feme lan' disnoyve E. 1.   Fo. 150
Roberte Ryther chivaler fitz et heyre a dit William et Lucie.   Fo. 153
H – fo. 50v, from Bolton Cartulary, fo. 149.

49 Gift in pure and perpetual alms by William son of Re[iner] to the canons of Embsay of the lands of Ligulf of Wentworth, Bernulf Pedde and Orm the son as well as his land in Street and the mill of Wentworth with all customs and boundaries. Witnesses: *Walterus frater eius, Willelmus filius Keteb', Ricardus Bagot, Walterus Buse, Suanus decanus, et Ranulphus filius eius, et Walterus de Suinaheve.* [19 Oct. 1120x1155]

William son of Reiner is most likely to be William Fleming and it would seem likely that this benefaction was made towards the later date.
H – fo. 51v, from Bolton Cartulary, fo. 155. Pd from H in *EYC*, vii, no. 130.

50 Gift in pure and perpetual alms by William Fleming son of Reiner the steward to the canons of Embsay of the land of Bernulf Peda de Wentworth, namely two bovates of land with its assarts and his assarts of Street. Witnesses: *Aeliz de Rumeli, Waltero fratre meo, Rad[ulph]o cappelano, Osmundo cappelano, Rogerus [Tempest], Roberto filio Ingelr[ami], Drui de Lind', Willelmo Mauleverer, Alverardo dispensator[e], Edwardo cementario.* [19 Oct. 1120x1155]

Clay suggests a later date range of between *c.*1152 and 1155, 'after the death of her first husband and before her second marriage', for more detail see *EYC*, vii, p. 206. Another gift of land in Wentworth made by William Fleming, together with his body for burial, is alluded to in a family tree compiled by Dodsworth, as is a quitclaim to lands in Street, which was on fo. 156, c. 10 of the lost cartulary (Dodsworth MS 144, fo. 52r).
H – fo. 51v, from Bolton Cartulary, fo. 155. Pd from H in *EYC*, vii, no. 129.

51 Confirmation by John Fleming of Clifton, knight, to the canons of Bolton of all the lands and tenements they hold by the grant of his brother and other of his ancestors. Witnesses: *dominis Godefrido de Alta Ripa, Eustachio de Relleston, Iohanne le Vavasur, Thoma de Bellen, militibus, Symone de Marton', Willelmo Mauleverer, Willelmo de Hertelington, Raynero de Wambewelle, Willelmo filio Roberti de Wintewurth, Willelmo de la Strete, Rogero de Berch, Ricardo de Tankerle et aliis.* [8 Sep. 1229x16 Oct. 1258]

G – fo. 18v, from the original at Skipton Castle in 1646, with sketch of seal: round; fleur-de-lis; Legend: S. IOHANNES LE [FL]AMMENG. H – fo. 52r, from Bolton Cartulary, fo. 157, c. 14. Pd note from G in *EYC*, vii, p. 207.

52 Quitclaim by Agnes daughter of Walter le Potter del Street to the canons of Bolton of all right to half a bovate of land and half a messuage in *le Strete* in the parish of Wath in Burnshead. Witnesses: *domino Iohanne de Horbiri, Willelmo Fleming, Willelmo Widehous, Willelmo del Strete, Willelmo Mauleverer de Bethemesley, Iohanne de Eston, Rogero Tempest, Ricardo de Kichelay, Roberto de Stiveton, et aliis.* 13 Jun. 1268

H – fo. 52v, from Bolton Cartulary, fo. 159, c. 23. Pd note from H in *EYC*, vii, p. 207.

53 Quitclaim by John Walegrim to the canons of Bolton of all right to the mill of Wath. Witnesses: *Helya de Cumbe tunc vic[ecomite], Willelmo de Midleton, Willelmo de Legriton, Ricardo de Alnatheby, Thoma de Osgoteby,*

Willelmo de Thonhill, Willelmo de Nottingham clerico, Helya de Whitechurche tunc ballivo de Westriding. **16 May 1244, York**

It seems likely that Elias de Cumbe may have been the sheriff of a smaller territorial unit, such as Holderness, and that William of Nottingham, was the clerk of the forest (*Fountains Chartulary*, p. 863).
H – fo. 52v, from Bolton Cartulary, fo. 159, c. 26. Pd note from H in *EYC*, vii, p. 207.

54 Gift by William son of Aldelin, steward of the king, to Durand son of Drew his serjeant, of all his land, with appurtenances, which he holds at the bridge of Wentworth with the men residing there and three bovates in the fields of Thorpe (Audlin) with appurtenances, namely the bovate of land held by Robert son of William, two bovates of land held by Thomas son of Anketin, and three acres of land with messuage which he holds of the Hospital of Jerusalem of the fee of Smeaton; and moreover the grant of Durand near his house quit of multure in the mill of Thorn, and on account of 10 marks which Durand gave to me for my journey to Jerusalem and all the tenements held by Duran from me, rendering 12*d*. annually. Witnesses: *Radulpho filio meo, Waltero Alemanno, Iohanne fratre suo, Willelmo filio Rad[ulph]i, Othon[e] de Tilli, Rad[ulph]o fratre suo, Hugo[ne] de Pouelington, Nicholao persona de Tykehill, Ivone clerico, Henrico de Sancto Paulo, Iohanne Sturmino, Galfrido de Schildewyke et multis aliis.* [1175x1190]

William son of Aldelin acceded to the office of steward of the household in 1175, with his demission from the post in 1190.
H – fo. 53r, from Bolton Cartulary, fo. 162.

55 Gift by William son of Aldelin to Durand son of Drew [*Drogo*] his serjeant and his heirs of all the land which he has at the bridge of Wentworth, excepting the land held by Richard Gest' and the bovate of land in the vill of Thorpe held by Robert son of William etc. Witnesses: *Eudo de Lungvilers, et Willelmus frater eius, Alanus de Lungvilers, Ada[m] de Rainevill et Thoma[s] fil[ius eius], Robertus de Walensi, et Rad[ulphus] filius eius, Ricardus, Willemus filius He[lie], Ranu[lph]us frater eius, Ricardus de Hodeleston, Hug[o] de Stivet[on], Henricus de Scalebrok', Iohannes de Rie, et Gilbert[us] frater eius, Alanus Noel, Willelmus Grave, Willelmus de Povelinton, Robertus de Grimeston, et Rad[ulph]us frater eius, Galfridus de Scorchefeof', Willelmus de Somervill', Osbertus de Breton.* [1130x1204]

It seems likely that this grant was made towards the end of the twelfth century.
H – fo. 53r–53v, from Bolton Cartulary, fo. 162. Pd from H in *EYC*, iii, p. 299.

56 Gift by Durand son of Drogo [Drew] to the canons of Bolton of all his land at the bridge of Wentbridge, of the fee of Thorpe (Audlin), excepting one toft in the vill of Thorpe, and a bovate of land in Thorpe (Audlin), which his lord William son of Aldelin gave to the canons for his service. Witnesses: *Willelmo de Ri[a], Willelmo Sumervilla, Ricardo de Hudeleston, Osberto de Bretton, Willelmo de Rievill, Willelmo de Stivetona, Reinero [fratre] eius, Alexandro de Wicheton, Willelmo filio Gilberti, Rod[berto] de Wrangebrok.* [1175xc.1220]

H – fo. 53v, from Bolton Cartulary, [fo. 162]. Pd from H in *EYC*, iii, no. 1642.

APPENDIX I

57 Gift by John de Curthenay to the canons of Bolton of one and a half bovates of land, with appurtenances, at the bridge of Wentworth, which Durand once held. Witnesses: *Osberto de Arches, Thoma de Sancto Paulo, Alano filio Ranulphi de Smitheton et Waltero de Went'*. [early fifteenth century]

This is followed with a note about the marriage of the sister of Adam Mirfeld, and lands of Bolton Priory: *Quidam nupsit sororem Ade Mirfeld quam postea Thomas Gilling accepit in uxorem. Qui quidam tenuit de priore de Boulton the Watervell et Stretegate with other parcells etc.* ...

H – fo. 54r, from Bolton Cartulary, fo. 162.

58 John Dewsbury holds two parts of the aforesaid one messuage in Wentbridge, in the west part called Cartwrightplace, and pays 8s. 8d. annually, and for not paying for eleven years owes £3 8s. 4d. for labour, half to Thomas St Paul who entered the aforesaid messuage after the death of John Dewesbery. [*c.*1400x2 Jul. 1466]

H – fo. 54.

59 Memorandum that Brian St Paul said that John Dewsbury truly owed half his arrears to Thomas St Paul, father of the said Brian, and that John had married the mother of the said Thomas, she who was the true heir to that rent by hereditary right. 2 Jul. 1446, Pontefract

Note: *Finis libri de Boulton*

H – fo. 54r, from Bolton Cartulary, fo. 162.

60 Inquisition concerning the disseisin of Prior Laurence of Bolton Priory of property in Bradley and Embsay. [mid fifteenth century]

Heading: *In chartulario prioratus de Bolton in Craven, penes, Willelmum Ingleby de Ripley armigerum 7 Aug. 1634; In principio libri; Placita assisarum coram Willelmo Babington et Thoma Fulthorp iusticiariis domini regis apud Ebor' die Iovis in 3ª septima 4l^{bне} 12 H. 6.*

H – fo. 1r.

Appendix II

Original documents for which no reference to their inclusion in the cartulary of Bolton Priory can be found

1   Gift in perpetual alms by Peter de Arches to the canons of Bolton of one bovate of land in the vill of Kettlewell, namely that which Hugh Ga[…]ri held, together with the said Hugh and all of his family, making foreign service for one bovate of land where twelve carucates makes a knight's fee. [Michaelmas 1186x17 Apr. 1222]

Omnibus Cristi fidelibus ad quos presens scriptum pervenerit Petrus de Arches salutem in Domino. Noveritis me dedisse et concessisse et presenti carta mea confirmasse Deo et ecclesie beate Marie de Boult' et canonicis ibi Deo servientibus unam bovatam terre in villa de Ketelwelle cum pertinentiis suis et cum omnibus libertatibus et communibus et aisiamentis ville[a] de Ketelwelle pertinentibus illam scilicet quam Hugo[b] Ga[…6mm]ri'[c] tenuit cum eodem Hugone et cum tota sequela ipsius in perpetuam elemosinam solutam et quietam ab omnibus servitiis faciendo forense servitium quantum pertinet ad unam bovatam terre in feudo militis quod est duodecim carrucatarum terre pro salute anime mee et patris et matris mee et antecessorum et successorum meorum. Hiis testibus: Hugone de Kaltun, Willelmo de Mart', Petro filio eius, Willelmo de Hebbedene, Helya de Rillest', Willelmo filio Edwardi[d], Simone de Kirkebi, Ricardo fratre eius, Thoma de Buckeden', Henrico de Trescfeld, Roberto clerico de Ketewell', Haskillo de Hetun.

a. velle *(sic), strange i/e overwrite* A.   b. H *partially worn* A.   c. *partially worn* A.   d. Edward *(sic)* A.

A – Chatsworth Charter, L1, PP2. Endorsed: De Ketteldel pro j bovato terre; 175x80mm [20mm tag fold]; tag with fragment of green wax.

2   Quitclaim in free, pure and perpetual alms by Adam of Wigton to the canons of Bolton of all his wood between the common wood of Wigton and the canons' wood, and all his wood called *Calvecroft*. [1228x16 Oct. 1258]

Sciant presentes et futuri quod ego Adam de Wiggedun dedi et concessi et hac presenti carta mea quietumclamavi Deo et ecclesie beate Marie de Boulton' et canonicis ibidem Deo servientibus totum boscum meum cum pertinenciis quod est inter communem boscum de Wyggedun et boscum eorundem canonicorum et totum boscum meum quod vocatur Calvecroft cum pertinenciis sine aliquo retenemento, tenendum et habendum in liberam, puram et perpetuam elemosinam, quiet[am] et solut[am] ab omni seculari servitio et exactione. Et ego Adam et heredes mei warantizabimus predictis canonicis predictum boscum cum pertinenciis contra omnes homines in perpetuum. Hiis testibus: Iohanne de Eston', Eustachio de Rillest', Hugone de Leley, Roberto de Wyton', Ada de eadem, Roberto Briselanz tunc ballivo de Harewde, Henrico de Stubb', Henrico de Gouketorp, Willelmo de Braycewell' et aliis.

A – Chatsworth Charter, B3, PB191065/91. Endorsed: ix; boscos de Wigdon; 175x80mm [15mm tag fold]. No seal or tag.

3   **Gift in the form of a chirograph by Adam H[amerton] to [the canons of Bolton] of two bovates of land in Wigton, with toft and croft, and with appurtenances, liberties and easements, namely those two bovates held by Richard, excepting the woods of the lord, paying an annual rent. [early thirteenth century]**

Omnibus Cristi fidelibus hoc scriptum visuris vel audituris Adam H[...40mm] ove[...1mm]it salutem in Domino. Noverit universitas vestra nos dedisse, con[cess] esse et hac presen[ti ...60mm] de Wigedona duas bovatas terre cum omnibus pertinenciis scilicet cum tofto et cr[ofto ...28mm] omnibus aliis pertinenciis si[...10mm] villa de Wigedona et extra scilicet illas duas bovatas terre quas R[...35mm] tenendas et habendas de [n]obis et successoribus nostris predictas duas bovatas terre predicto Ricardo et hered[ibus ... 45mm]ssius libertatibus, aysiamentis ad predictam terram pertinentibus in[ter ...45mm] tenemento exceptis dominicis boscis nostris. Reddendo inde a[nnu]atim nobis et successoribus n[ostris ...30mm Pe]ntecost' [...10mm] mediatatem ad festum sancti Mar[tini in] y[eme] et faciendo inde for[...50mm] de villa. Nos vero et successores nostri predictis [...20mm] et heredibus suis contra omnes [...50mm] huic presenti scripto cirograffato predictis R[...20mm] [a]pposuit. Hiis testibus: [...50mm]hale, Hi[...5mm] de Goukethorpe, Ada le be[...15mm] Henrico des Scibe[...13mm], Iohanne [...].

All gaps are due to the poor condition of the document. The witness from Gowthorp may be Henry de Gouketorp who attested a charter of Thomas son of Gamel of Litton to William his son, recorded in the cartulary of Fountains Abbey (*Fountains Chartulary*, i p. 445).
A – Chatsworth Charter, K5. Endorsed: de Wigden. 150x135–140mm [10mm tag fold]. Seal and tag missing; no evidence of sealing method. Damaged, left side fragmentary, large section missing.

4   **Quitclaim by Alan son of Richard of Wentworth to the canons of Bolton of all right and claim to one acre of land in the fields of Wentworth lying against *Oldehawe* within the demesne of the canons, for a certain sum of money. [1155]**

Sciant presentes et futuri quod ego Alanus filius Ricardi de Wyntewrthe dedi, concessi, quietumclamavi et hac presenti carta confirmavi de me et heredibus meis Deo et ecclesie beate Marie de Boulton' et canonicis ibidem Deo servientibus pro quadam summa pecunie mihi premanibus persoluta totum ius et clam[ium] quod unquam habui vel aliquo modo habere potui in una acra terre cum omnibus pertinenciis suis in campis de Wyntewrthe iacente versus Oldehawe infra dominicum predictorum canonicorum, habend[um] et tenend[um] predictis canonicis et eorum successoribus libere, quiete et integre cum omnibus pertinenciis et aysiamentis ad dictam terram pertinentibus sine aliquo retenemento mihi et heredibus meis quod inde exige poterit vel vendicari. Ego vero Alanus et heredes mei totam terram predictam cum omnibus pertinenciis suis predictis canonicis et eorum successoribus imperpetuum warantizabimus aquietabimus et defendemus. In huius rei testimonium presenti scripto sigillum meum apposui. Hiis testibus: Willelmo de Streta, Willelmo subtus viam in Wyntewrthe, Nicholao de eadem, Rogero de Berew', Willelmo del West Halle in Wyntewrth, Henrico del Stede.

For the early history of Wentworth see *Deanery of Doncaster*, ii, pp. 79–81.
A – Bodliean Library, MS Ch.Yorks A1, no. 41. Endorsed: Alanus filius Ricardi de Wintworth; Ricardus de Wyntewrth; Alanus; [under page mount] Ducat Le......... p 553 No. vii p. 349; 190x90mm [20mm tag fold, marked on interior: 41]. No seal or tag; sealed on the tag method 1. Pd in *Mon. Angl.*, vi, p. 206, no. 19.

5   **Gift by Richard de Pinkeny of Halton to Anabilla the wife of Richard de […] of all the land that pertains to his two bovates in the territory of Halton, with appurtenances, paying 1*d.* annually, for which gift Anabilla gives 2*s.* [1228x16 Oct. 1258]**

Omnibus has literas visuris et audituris Ricardus Pickeney de Haltun salutem in Domino. Noverit universitas vestra me dedisse et concessisse et hac mea carta confirmasse Anabilie uxori Ricardi de […5mm]'te de Haltun totam terram que pertinet duabus bovatis meis quas teneo in ter[r]itorio de Haltun cum pertine[ntiis] infra illam culturam que vocat[ur] […15mm]. Tenendam et habendam libere, quiete, paciffice, iure hereditario sibi et assignatis suis et […25mm] de […10mm] et heredibus meis. Reddendo annuatim mihi et heredibus meis unum denarium die natalis […10mm] nomine firme pro omnibus servitiis, actionibus et demandis mihi vel heredibus meis pertinentibus […12mm] autem […7mm conce]ssione et donacione[a] dicta Anabilia dedit mihi duos sol[idos] premanibus nomine recognitionis et ego Ricard[us et] heredes mei warenticabimus predictam terr[a]m prenominate Anabilie et suis assignatis et eorum heredibus contra omnes homines et feminas in perpetuum. Hiis testibus: domino Iohanne de Estun, Eustacio de Rill[est]un, Simone de Martun, Gilone Maulewer[er], Roberto Cementario, Roberto filio Willelmi, Roberti filio Ricardi, Iohanne filio Walteri, Ada Fauvel, Ada filio Ade filii Acre, Thoma filio Willelmi, Ada de Carnusslade et aliis.

a. dacione *(sic)*.

A – Chatsworth Charter, L1, PP6. Endorsed: De Halton; 165x77mm [15mm tag fold]; tag, no seal.

6   **Gift in pure and perpetual alms by Richard de Pinkeny to the canons of Bolton of half an acre of land in the fields of Halton, namely one rood and a quarter of one rood under the way to Embsay leading to the stream of Eastby, and three quarters of a rood above *Langgekosum*. [*c.*1200x*c.*1260]**

Sciant presentes et futuri quod ego Ricardus de Pinkeny dedi, concessi et presenti carta mea confirmavi Deo et ecclesie beate Marie de Boulton' et canonicis ibidem Deo servientibus unam dimidiam acram terre in campo de Halton videlicet unam rodam et quartam partem unius rode subtus viam de Embesay sicut se extendit usque ad amnem de Estby et unam rodam quarta parte minus super Langgekosum. Tenendam et habendam eisdem canonicis in puram et perpetuam elemosinam. Et ego Ricardus et heredes mei warantizabimus prefatis canonicis predictam terram contra omnes homines in perpetuum. Hiis testibus: Willelmo Mauleverer de Bethmeslay, Heltone Mauleverer, Thoma de Halton', Ada de Karluseslade, Ricardo Dilloch, Roberto Kokeman et aliis.

A – Chatsworth Charter, B2, PB30765/1. Not endorsed; 205x70mm [15mm tag fold]; seal: white wax, round. Obverse: cross with embellishment. Legend: SIG RICARDI DE PINCENG; 30mm; sealed on the tag method 1

7   **Gift in free, pure and perpetual alms by Richard de Pinkeny to the canons of Bolton of all the land that pertains to two bovates of his land in the vill of Halton in the east part of *Langhecroftes*, namely one acre and [?] roods and a half. [1205x9 Dec. 1234]**

Sciant presentes et futuri quod ego Ricardus de Pynkeny dedi et concessi et presenti carta mea confirmavi Deo et ecclesie beate Marie de Boulton' et canonicis ibidem Deo servientibus totam illam terram que pertinet duabus bovatis meis in villa de Halton' in orientali parte de Langhecroftes videlicet unam acram [...13mm] rodas et dimidiam. Tenendas et habendas in perpetuum in liberam, puram et perpetuam elemosinam solutam et quietam ab omni seculari servitio et demanda pro salute mea et omnium meorum. Hiis testibus: Willelmo Flandrensi, Willelmo de Hebbeden' tunc senescallo de Crava, Petro de Marton', Egidio Malo Lepor[ario], Ricardo de Oterburn' clerico, Ricardo Tempest', Roberto filio Ricardi, Reginaldo Pyghinni, Roberto filio Willelmi.

A – Chatsworth Charter, B2, PB30765/2. Not endorsed; 130x60mm [20mm tag fold]; seal: white wax, rhomboid. Obverse: flower. Legend; SIGILL: RICART: DE: PINK:; 30x35mm.

8 Gift in pure and perpetual alms from Richard de Pinkeny to the canons of Bolton of one perch of land in the territory of Halton on the eastern side of their *culture* and the entrances to their house at Halton. [*c*.1200x12 Jun. 1261]

Omnibus Cristi fidelibus hoc scriptum visuris vel audituris Ricardus de Pincheny eternam in Domino salutem. Noveritis me dedisse et concessisse et hac presenti carta mea confirmasse pro salute anime mee et antessorum meorum ecclesie beate Marie de Boulton' unam percatam terre in teritorio de Halt', scilicet que iacet propinquior culture sue ex orientali parte coram foribus domus sue de Halt'. Tenendam et habendam de me et de heredibus meis in puram et perpetuam elemosinam, libere, quiete et pacifice. Hiis testibus: Willelmo Flandr[ensi] milite, Gilone Mauleverer, Roberto cementario de Skipt', Roberto filio Ricardi, Ada forestario, Everardo fratre eius et aliis.

A – Chatsworth Charter, B2, PB30765/3. Not endorsed; 140x62mm [15mm tag fold]; seal: white wax, rhomboid. Obverse: flower. Legend; SIGIL RICART DE: PINK:; damaged; 30x30mm diameter.

9 Gift in free, pure and perpetual alms by Richard de Pinkeny to the canons of Bolton of half an acre of land in the territory of Halton, namely in *Langerikebotheme*, with appurtenances, liberties, easements and common. [1214(1228)x16 Oct. 1258]

Sciant presentes et futuri quod ego Ricardus de Pynkeney concessi, dedi et hac presenti carta mea confirmavi Deo et ecclesie beate Marie de Bowthelton' et canonicis ibidem Deo servientibus dimidiam acram terre cum pertinenciis in territorio de Alton' scilicet in Langerikebotheme. Tenendam et habendam de me et heredibus meis in liberam, puram et perpetuam elemosinam cum omnibus libertatibus, aysiamentis et communis ad eandem terram pertinentibus. Et ego Ricardus et heredes mei warantizabimus predictis canonicis totam prenominatam terram cum pertinenciis contra omnes homines inperpetuum. Hiis testibus: Iohanne de Eston', Eustachio de Rilleston', Egidio Mauleverer, Roberto filio Ricardi de Skipton', Roberto filio Willelmi, Roberto cementario de eadem, Ricardo filio Aldredi, Heltone Mauleverer, Nicholao de Percy et multis aliis.

A – Chatsworth Charter, B2, PB30765/4. Not endorsed: 175x100mm [20mm tag fold]. Seal: white wax, oval. Obverse: flower. Legend: SIGIL HENIC PINKENNI +; 25x30mm.

10 Gift in free, pure and perpetual alms by Richard de Pinkeny to the canons of Bolton of one messuage in the vill of Halton, lying between

the houses of Robert of St Edmund and William son of Walter del Hil, and all his land above *Haldanebile* pertaining to half a carucate of land, with liberties, common and easement. [*c*.1200x1228 or *c*.1260]

Sciant presentes et futuri quod ego Ricardus de Pinkeni dedi et concessi et presenti carta confirmavi Deo et ecclesie beate Marie de Boult' et canonicis ibidem Deo servientibus unum mesuagium in villa de Haltu' scilicet illud que iacet inter domum Roberti de sancto Edmundo et domum Willelmi filii Walteri del Hil et totam illam terram quam habui super Haldanebile ad meam dimidiam carrucatam terre pertinentem cum omnibus libertatibus et communibus et aisiamentis predicte ville de Halton' pertinentibus in liberam, puram et perpetuam elemosinam, solutam et quietam ab omni seculari servitio et exactione cuilibet mortalium pertinente. Hiis testibus: Willelmo de Martun, Helya de Rillest'[a], Willelmo filio Edwardi, Hugone de Kastelaye, Roberto le [cementario][b] de Scipt', Roberto filio Ricardi.

a. R *altered from* B.   b. ... 10mm.

It seems more likely that this gift was made towards the earlier part of the thirteenth century. A – Chatsworth Charter, B2, PB30765/6. Endorsed: De Halton; 170x80mm [20mm tag fold]; seal, salmon wax, oval. Obverse: flower. Legend: SIGILL RICART DE: PINK; +; 27x37mm.

11   Gift by Richard de Pinkeny to the canons of Bolton of one toft in the vill of Halton, near to the land of the canons and the house of Osbert son of Ivo, with common and easements. [*c*.1175x1219]

[...25mm]tes quam futuri quod ego Ricardus de Pinkeni dedi et concessi et hac presenti carta mea confirmavi [...30mm] Marie de Boeltun et canonicis ibi Deo servientibus unum toftum in villa de Haltun quod scilicet [...50mm] terre mee et iacet inter terram eorundem canonicorum propinquum et domum Osberti filii Yvo[nis] [...40mm] tenendum de me et heredibus meis libere et quiete in omnibus communibus et aisia[mentis ...40mm] tot[...10mm perti]nentibus. Ego vero et heredes mei warantizabimus prefatum toftum predictis can[onicis ... 55mm]. Hiis testibus: Reinero Flandrensi, Willelmo Male[v]erer, Willelmo filio Ed[w]ardi, [Roberto le M]acun, Roberto filio Ricardi et multis aliis.

It seems likely that this gift was made towards the end of the twelfth- or at the start of the thirteenth century. A – Chatsworth Charter, B2, PB30765/7. Not endorsed; 195x65mm [20mm tag fold]; seal: white wax, oval. Obverse: fleur-de-lys. Legend: SIGILL RICARD DE PINK; 27x40mm. Seal tag has extra piece of parchment attached which appears to have been created from a charter of a similar hand: Sciant tam presentes quam futuri quod ego ... carta mea confirmavi Deo et ecclesie. Document damaged, left.

12   Gift in free, pure and perpetual alms by Richard de Pinkeny to the canons of Bolton of two acres of land in the territory of Halton, namey one selion above *Benelands*, one selion above *Crakelandes*, one selion above *Scelerunbergh*, two selions above *Quikeman*, and one acre that abuts on the toft which Rad' once held of John of Eshton, afterwards by the canons of Bolton, [in Halton?] with appurtenances, liberties, easements and common. [1214x1261]

Sciant presentes et futuri quod ego Ricardus de Pinkeny concessi, dedi et hac presenti carta mea confirmavi Deo et ecclesie beate Marie de Boulton' et canonicis ibidem Deo servientibus duas acras terre cum pertinenciis in territorio de Halton', videlicet unum selionem super Benelandes, et unum selionem super Crakelandes sicuti iacent pro dimidia acra, et unum selionem super Scelerunbergh, et duos seliones super

Quikeman sicuti iacent pro altera dimidia acra, et unam acram que buttat super toftum quod Rad' quondam tenuit de Iohanne de Eston' et postea de predictis canonicis; tenendas et habendas de me et heredibus meis in liberam, puram et perpetuam elemosinam cum omnibus libertatibus, aysiamentis et communis ad eandem terram pertinentibus. Et ego Ricardus et heredes mei warantizabimus predictis canonicis predictam terram cum pertinenciis contra omnes homines in perpetuum. Hiis testibus: Iohanne de Eston', Egidio Mauleverer, Roberto filio Ricardi de Skipton', Roberto filio Willelmi, Roberto cementario de eadem, Ada forestario, Ricardo filio Aldredi, Heltone Mauleverer et aliis.

A – Chatsworth Charter, B2, PB30765/11. Not endorsed; 190x75mm [15mm tag fold]; tag fragment, no seal; sealed on the tag method 1.

13 Gift in free, pure and perpetual alms by Richard de Pinkeny of Halton, together with his body for burial, to the canons of Bolton of half an acre of land in the territory of Halton, extending above the way of the west part of *Hallehill'*, with appurtenances, liberties and free customs. [*c.*1230x*c.*1260]

Sciant omnes tam presentes quam futuri quod ego Ricardus Pingkene de Haltona dedi, concessi et hac presenti carta mea confirmavi Deo et beate Marie de Boultona et canonicis ibidem Deo servientibus dimidiam acram terre cum omnibus pertinenciis suis in territorio de Haltona que extendit se ultra viam ex occidentali parte del Hallehill' cum corpore meo in liberam, puram et perpetuam elemosinam; tenendam et habendam eisdem canonicis et eorum successoribus libere, quiete, pacifice cum omnibus libertatibus et liberis consuetudinibus ad eandem terram spectantibus. Ego vero et heredes mei predictam terram predictis canonicis et eorum successoribus cum omnibus pertinenciis contra omnes homines warantizabimus, aquietabimus et defendemus in perpetuum. In huius rei testimonium presenti scripto sigillum meum apposui. Hiis testibus: Ricardo del Hill', Thoma de Haltona, Ricardo Dilloc fratre suo, Waltero filio Helie de Estby, Willelmo Mauleverer, Ada de Neusum et aliis.

A – Chatsworth Charter, B2, PB30765/14. Not endorsed; 170x100mm [15mm tag fold]; tag, no seal; sealed on the tag method 1.

14 Gift in free, pure and perpetual alms by Richard de Pinkeny to the canons of Bolton of one toft before the house of Robert Ioe, one rood of land in *Crokekeld*, half a rood in *Baxitorne* and half a rood at *Harestanes*, [in Halton?]. [1214(1228)x16 Oct. 1258]

Omnibus Cristi fidelibus ad quos presens scriptum pervenerit Ricardus de Pinkeney salutem in Domino. Noveritis me dedisse, concessisse et hac presenti carta mea confirmasse Deo et ecclesie beate Marie de Bowthelton' et canonicis ibidem Deo servientibus unum thoftum quod iacet coram domo Roberti Ioe et unam rodam terre ad Crokekeld et dimidiam rodam ad Baxitorne et dimidiam rodam ad Harestanes. Tenenda et habenda in liberam, puram et perpetuam elemosinam de me et heredibus meis sicut aliqua elemosina melius vel liberius alicui inventi dari potest. Et ego et heredes mei warantizabimus predictam terram predictis canonicis contra omnes homines inperpetuum. In huius rei testimonium huic scripto sigillum meum apposui. Hiis testibus: domino Iohanne de Eston', Eustachio de Rilleston', Symone de Marton', Ricardo filio Aldredi, Thoma de Alton', Ada de Karlesuade, Ricardo Dilloc, Willelmo Briane et multis aliis.

A – Chatsworth Charter, B2, PB30765/9. Not endorsed; 150x75mm [15mm tag fold]; tag, no seal; sealed on the tag method 1.

15 Gift in free and perpetual alms by Richard de Pinkeny to the canons of Bolton of the homage of the bovate of land which he gave to Ranulf his son in the territory of Halton with service of 3*d.* annually. [1192x16 Oct. 1258]

Omnibus Cristi fidelibus hoc scriptum inspecturis vel audituris Ricardus de Pinchenay eternam in Domino salutem. Noveritis me dedisse et concessisse et hac presenti carta mea confirmasse pro salute anime mee et antecessorum meorum Deo et ecclesie beate Marie de Boulton' homagium illius bovate terre quam dedi Ranulfo filio meo in territorio[a] de Halton' cum servicio trium denariorum annuatim ad Pascha percipiendorum. Tenendum et habendum dicte domui in liberam et perpetuam elemosinam de me et heredibus meis faciendo forinsecum servicium quantum pertinet ad unam bovatam terre unde quatuordecim carucate faciunt feodum militis; quod scilicet iam dicta terra aquietabit. Ut autem hec mea do[nac]io et concessio necnon presentis carte mee confirmacio rata et illesa inperpetuum permaneat presens scr[ip]tum sigillo meo corroboravi. Hiis testibus; Willelmo de Stivet', Petro Gwillot, Eustachio de Rille[s]ton', Gilone Mauleverer, Roberto cementario de Skipton', Roberto [filio] Ricardi et aliis.

a. territori *(sic)* A.

A – Chatsworth Charter, Bolton Charters, no. 461. Endorsed: 461; 30; De Halton; 150x86mm [11mm tag fold]; tag, no seal.

16 Gift in free, pure and perpetual alms by Walter son of Aldred son of Clibern of Halton to the canons of Bolton of all the land which pertains to six bovates lying in the culture in which their barn is situated in the vill of Halton. [*c.*1190x*c.*1220]

Sciant omnes qui sunt et qui futuri sunt quod ego Walterus filius Aldredi filii Clib[erni] de Alton' dedi et concessi et presenti carta confirmavi Deo et beate Marie Boelt' et canonicis ibi Deo servientibus totam terram quam pertinet ad sex bovatas iacentes in cultura illa in qua horreum canonicorum situm est in villa de Alton' in liberam, puram et perpetuam elemosinam quietam, solutam ab omni seculari servitio, consuetudine et exactione pro salute anime mee et antecessorum et successorum meorum. Hiis testibus: magistro Symone de Berton', Nicolao de Ria, Gaufrido de Ria, Ricardo filio Walteri, Ricardo filio Walteri, Radulfo Coco, Ricardo Coco.

A – Chatsworth Charter, B1, PB8. Not endorsed; 145x42mm [7mm tag fold]; fragment of tag, no seal.

17 Gift in perpetual and pure alms by Walter son of Aldred of Halton to the canons of Bolton of half an acre of land in the vill of Halton, lying in *culturas* of the canons. Also a quitclaim in free, pure and perpetual alms by the said Walter to the canons of 3*ob.* of old rent owing for the toft and croft which his brother had sold to the canons. [*c.*1190x*c.*1220]

Notum sit omnibus tam presentibus quam futuris quod ego Walterus filius Aldredi de Alton' dedi et concessi et presenti carta confirmavi Deo et beate Marie de Boelton' et canonicis ibi Deo servientibus dimidiam acram terre in villa de Alton' scilicet illam que iacet in dwaithicos culturas eorundem canonicorum in perpetuam et puram elemosinam. Dedi etiam eisdem canonicis et quietumclamavi tres obolos redditus antivi[a] quos mihi et heredibus meis debuerunt de tofto et crofto que Walter frater meus vendidit eisdem canonicis, in liberam, puram et perpetuam elemosinam solutam et quietam ab omni servitio seculari et consuetudine alicui mortalium pertinente. His testibus: magistro Gregario de Ebor', Willelmo de Ria, Iohanne et Gileberto filiis eius, Hugone de Hamerton, Ada de Budebroc, Galfrido de Ria, Arnaldo de Poterton'.

a. antivos *(sic)* A.

A – Chatsworth Charter, B1, PB13. Not endorsed; 170x45mm [5mm tag fold, now flat]. No seal or tag; sealed on the tag method 1.

18 Gift by Walter of Broughton to the canons of Bolton of one acre of land, with toft and croft, in the vill of Halton and free common in the said vill, to be held of Walter his brother rendering 3*ob*. annually. [late twelfth – early thirteenth century]

Sciant qui sunt et qui venturi sunt quod ego Walterus de Brocton' dedi et concessi et hac carta confirmavi Deo et beate Marie de Bouelton' et canonicis ibidem servientibus unam acram terre ad toftum et croftum in villa de Halton' et liberam communionem[a] eiusdem ville. Tenendam de Waltero fratre meo de Halton' redden[do] ei et heredibus suis tres obulos annuatim ad Pentecosten pro omnibus servitiis. Hiis testibus: Ivone le Macun, Ricardo filio Walteri, Rogero le Tainturer, Adam Mingnan, Adam de Brinsal, Nicholao de Rie, Galfrido de Rie, Willelmo de Rodeberg'.

a. commonionem *(sic)* A.

A – Chatsworth Charter, B2, PB2865/19. Endorsed: de Halton; 180x70mm [10mm tag fold]. Fragment of tag, no seal; sealed on the tag method 1.

19 Gift in free, pure and perpetual alms by Hervey son of Helto son of Henry Mauleverer of Halton to the canons of Bolton of one rood of land in Halton, half a rood of meadow, one selion lying above *Grenelands*, half an acre of land, with a rent of 3*d*.; also the confirmation to the canons of *maritagium* and reliefs, for a sum of money. [*c*.1250x26 Jun. 1308]

Sciant presentes et futuri quod ego Hervicus filius Heltonis filii[a] Henrici Mauleverer de Halton' dedi [...60mm et concessi et hac presenti carta mea confirmavi] Deo et ecclesie beate Marie de Boulton' et canonicis ibidem Deo servientibus et eorum [...15mm successoribus] unam rodam terre [...15mm in territorio de H]alton' iace[ntem] inter terram Ade filii Roberti ex parte una et terram Ade de Litton' ex altera d[...20mm] dimidia roda prati iac[ens] super [...15mm] et unam selionem iacentem super Grenelandes et dimidiam acram terre iacentem super [...5mm]aytes inter terram [...18mm] et terram Ade de [...10mm] ex utroque parte una cum redditu trium denariorum percipiendorum die Nat' D[ominice] unum den[arium] de terra quam Will[...17mm] me emit et duos denarios ad eundem terminum de Ada de Litt[on ...3mm] de una bovata terre que pater meus dedit dicto Ade in libero maritagio. Do etiam [et] confirmo dictis canon[icis et] eorum successoribus maritagium et relevium si[cut] mihi ratione duorum denariorum predictorum vel heredibus meis evenire contingat. Tenend[um] et habend[um] dictis canon[icis[b] et] eorum successoribus libere, quiete, pacifice et integre de me et heredibus vel assignatis mei in liberam, puram et perpetuam ele[mosinam pro] quadam summa pec[unie] premanibus a predictis canonicis in mea necessitate maxime attributa. Ego vero Her[vicus et] heredes vel assignati mei dictam terram cum redditu [...6mm] predictis ca[nonicis] et eorum successoribus sicut prescriptum est in omnibus warantizabimus et defendemus imperpetuum. In cuius rei [testi]monium presenti scripto sigillum meum apposui. Hiis testibus: Willelmo Mauleverer, Willelmo de Aula de Skipton, Everardo Fauvel', [...13mm] Cesterhunte, Ade filio Thome de Halton' et aliis.

a. filius *(sic)* A.   b. dicti canonici *(sic)* A.

The grantor of this charter, Hervey son of Helto son of Henry Mauleverer of Halton, may be a member of the Mauleverer family, but of a different branch from that which is frequently found supporting Bolton Priory.
A – Chatsworth Charter, B2, PB2865/21. Not endorsed; 185x90mm [10mm tag fold]. Seal; white wax, oval. Obverse: cross. Legend: HELTE …, 25x27mm; sealed on the tag method 1. Poor condition.

20   **Quitclaim by Sybil daughter of William le Granger of Halton to the canons of Bolton of all right and claim to four bovates of land, with appurtenances, in the vill of Halton which they had of Peter of Carleton her grandfather, for a sum of money. [4 Jul. 1233 or 1260x12 Jan. 1284]**

Omnibus Cristi fidelibus ad quorum noticiam presens scriptum pervenerit Sybilla filia Willelmi le Granger de Halton' salutem in Domino sempiternam[a]. Noverit universitas vestra me dedisse, concessisse, confirmasse et omnino pro me et heredibus meis quietumclamasse Deo et ecclesie beate Marie de Boulton' et canonicis ibidem Deo servientibus et eorum successoribus totum ius meum et clameum quod habui vel habere potui in illis quatuor bovatis terre cum pertinenciis in villa de Halton' que quondam fuerunt Petri de Carleton' avi mei. Tenendum et habendum eisdem canonicis et eorum successoribus in perpetuum, ita videlicet quod nec ego Sibilla nec heredes mei nec mei assignati ius nec clamium decetero in predictis quatuor bovatis terre cum pertinenciis nec in parte exigere vel vendicare poterimus nec aliquis per nos seu pro nobis nec nomine nostro aliquam calumpniam valeat inponere. Pro hac autem donacione, concessione, confirmacione et quieta clamacione dederunt mihi prenominati canonici quamdam summam pecunie premanibus in mea neccessitate. In cuius rei testimonium huic scripto sigillum meum pro me et heredibus meis apposui. Hiis testibus: domino Iohanne le Wavasur, domino Roberto de Plumpton', Iohanne de Farnil', Willelmo Mauleverer de Bemeslay, Iohanne Giliot, Willelmo de Aula de Skypton', Ada filio de Thoma de Halton', Ade de Carmeslade et aliis.

a. worn from text.

A – Chatsworth Charter, B2, PB2865/22. Endorsed: Halton; 210x80mm [15mm tag fold]; tag, no seal; sealed on the tag method 1.

21   **Gift in free, pure and perpetual alms by Walter son of Aldred of Halton to the canons of Bolton of the service and homage of that carucate of land which Aldred his father gave as the marriage portion of Amabilla, sister of the said Walter, in aquittance of 8*s*. which Alice de Rumilly gave to the canons of service of his tenement of Halton, making foreign service for one carucate of land where fourteen caru‑ cates makes a knight's fee. [1155x1207]**

Sciant omnes presentes et futuri quod ego Walterus filius Aldredi de Hauton' dedi et concessi et presenti carta mea confirmavi Deo et beate Marie de Boult' et canonicis ibidem Deo servientibus servicium et homagium illius carrucate terre quam Aldredus pater meus dedit Amab[il]li[e] sorori mee in maritagium in quietanciam octo solidorum quos Aliz de Rumelio dedit predictis canonicis de servicio tenementi mei de Hautun'. Tenendum[a] de me et heredibus meis in liberam, puram et perpetuam elemosinam libere et quiete ab omni servicio salvo forinseco scilicet quantum pertinet ad unam carrucatam terre in feudo militis que constat ex quatuor decim carrucatis terre. Hiis testibus: Ranulfo filio Walteri, Ricardo de Pinkeni fratre eius, Waltero Alemanno, Helya de Rillestun', Willelmo de Martun', Roberto Vavasore, Maugero Vavasore, Willelmo Greindorge, Willelmo filio Edwardi, Ricardo filio Walteri, Ada de Karlet', Iohanne de Broct', Ada de Brineshal', Thoma de Adiggeham.

a. Tenedo *(sic)* A.

Apart from Richard, there are three other known brothers, William, Robert and Henry. It is likely that Mauger le Vavasour and Robert le Vavasour were brothers, sons of William le Vavasour (*EYC*, vii, pp. 167–9).
A – Chatsworth Charter, B2, PB2865/23. Endorsed: *illegible*; 170x45mm [10mm tag fold]; tag, no seal.

22 Gift in free, pure and perpetual alms by Walter son of Aldred of Halton to the canons of Bolton of half an acre of land in Halton to make a toft and one acre of land in *Gamelescroft* with meadow and common in the vill of Halton, also the quitclaim of 3*ob.* rent which the canons owe for land which Walter his brother sold to the canons. [1166x1219]

Notum sit omnibus tam presentibus quam futuris quod ego Walterus filius Aldrodi de Halt' dedi et concessi et presenti carta confirmavi Deo et beate Marie de Boelt' et canonicis ibidem Deo servientibus in villa de Halt' dimidiam acram terre iuxta domum que fuit Hereberti ad toftum faciendum et unam acram terre in Gamelescroft iuxta terram quam pater meus dedit eisdem canonicis cum sibi pertinente prato et communionem in omnibus ville de Halt' pertinentibus et quietum clamavi redditum trium obulorum quem debuerunt mihi de terra quam Walterus frater meus vendidit eis in eadem villa. Hec supradicta omnia dedi prefatis canonicis in liberam, puram et perpetuam elemosinam pro salute anime mee. His testibus: Reinero Fland[rensi], Willelmo de Mart', Ricardo filio Walteri, Willelmo filio Edwardi, Roberto cementario, Nicholao de Rie, Galfrido de Rie, Willelmo de Rodeberowe, Radulfo Coco, Arnaldo de Potterune.

It is possible that Walter son of Aldred of Halton could be the brother of Amabilla the daughter of Aldred son of Clibern of Halton who made the gift of all her territory of Draughton to the canons (CB, no. 42), for Draughton lies adjacent to Halton. Several of the witnesses of the charter of Amabilla also occur in the witness list of this charter: Reiner Fleming, Richard son of Walter, and William son of Edward, as well as a certain Ricard Coco, possibly a relation of the penultimate attestator.
A – Chatsworth Charter, B2, PB4865/25. Not endorsed; 160x80mm [15mm tag fold]. No seal or tag.

23 Gift in pure and perpetual alms by Hervey son of Henry Mauleverer to the canons of Bolton of 1*d.* annual rent from Simon son of William Brian for one acre of arable land in the territory of Halton, half an acre lying at *Thornho* next to the land of the canons, abutting the headland of the canons against the south, and the top of his land against the north, and one rood at *Thornwathside* next to the lands of Nicholas Mansel and Adam of Litton, and one rood at *Brunemire*

between the lands of the said Adam of Litton and Adam son of Robert of Draughton. [1275x1286]

Omnibus Cristi fidelibus ad quos presens scriptum pervenerit Hervicus filius Henrici Mauleverer salutem in Domino sempiternam. Noveritis me dedisse, concessisse et hoc presenti scripto meo confirmasse pro me et heredibus meis vel assignatis ecclesie beate Marie de Boulton' et canonicis ibidem Deo servientibus unum denarium annui redditus quem percipere consuevi de Simone filio Willelmi Brian ad Natale Domini pro una acra terre arrabilis quam vendidi dicto Simoni in teritorio de Halton' de qua quidem acra una dimidia acra iacet apud Thornho iuxta terram prioris de Boulton' ex una parte et abbuttat ad unum cap[ut] super pratum predicti prioris versus austrum ad aliud cap[ut] super capit[al]am meam versus borialem et una roda apud Thornwathside iuxta terram Nicholai Mansel ex una parte ut iuxta terram Ade de Litton' ex altera et una roda apud Brunemire inter terram predicti Ade de Litton' ex una parte et inter terram Ade filii Roberti de Drahaton' ex altera habend[a] et tenend[a] predictis canonicis predictum denarium annui redditus libere et quiete et in puram et perpetuam elemosinam sicut predictum est inperpetuum. Et ego predictus Hervicus et heredes mei et assignati predictum annuum redditum cum suis pertinenciis et excaetis si que accidere poterint predictis canonicis contra omnes homines et feminas warantizabimus, adquietabimus et defendemus in perpetuum. In cuius rei testimonium presenti scripto meo sigillum meum apposui. Hiis testibus: Ada de Berdeshey, Ada filio Thome de Halton', Ada filio Roberti de Halton, Ricardo Suhaubal, Iohanne de Malghum, Ricardo de Leche, Ricardo de Matun et aliis.

The endorsement of this document indicates the priorate of John of Lund, 1275–1286, and the hand in which the charter is written suggests the late thirteenth century.
A – Chatsworth Charter, B2, PB4865/26. Endorsed: Empcio domus de Boultona tempori [sic] fratris I. de Lunda tunc prioris eiusde[m] de redditu unius denarii de Hervico de Haltona percipiendo de Simone le V^{a}sur; 190x110mm [20mm tag fold]; seal: green wax, oval. Obverse: squiggles on vertical line. Legend: SIGILLUM HERV…; slightly damaged.

24 Gift in free, pure and perpetual alms by Elias of Halton to the canons of Bolton of one rood of land in the fields of Halton against the east, between the lands of the canons and Peter son of Suain, with the body of Alice his wife for burial. [c.1200x1261]

Sciant presentes et futuri quod ego Helias de Halton dedi et concessi et hac presenti carta confirmavi Deo et ecclesie beate Marie de Boult' et canonicis ibidem Deo servientibus unam rodam terre cum pertinentiis in campo de Halt' versus orientem una cum corpore Alicie uxoris mee, illam scilicet que iacet inter terram predictorum canonicorum et terram Petri filii Suayn[i]. Tenendam et habendam de me et heredibus meis in liberam, puram et perpetuam elemosinam cum omnibus libertatibus, aysiamentis et communibus eidem ville perti[nentibus]. Ego vero [et here]des mei waranti[z]a[bim]us predictam terram cum pertinenciis predictis canonicis contra omnes homines [in per]petuum. [Hiis testi]bus: Egidio Mauleverer, Ricardo de Pincheny, Helton[e] Mauleverer, Roberto cementario, Ricardo de Hel[… 5mm], Thoma de [Dr]acton et aliis.

A – Chatsworth Charter, B2, PB4865/27. Not endorsed; 170x60mm [10mm tag fold]; seal; green wax, round. Obverse: bird walking left. Legend: SIGILUM ELII DE HALT; 35mm. Poor condition.

25 Gift in free, pure and perpetual alms by Walter son of Aldred son of Clibern of Halton to the canons of Bolton of one acre of land in the

vill of Halton, namely in *Thwait*, half an acre next to the two bovates which Clibern his grandfather gave to the canons in alms, and half an acre next to the land which Amabilla his sister gave, and half an acre and half a rood which Aldred his father gave, and one rood of meadow next to the meadow which his father gave. [1155x1207]

Walterus filius Aldredi filii Cliberni de Halt' omnibus Cristi fidelibus ad quos presentes littere venerint salutem. Sciatis me dedisse et presenti carta confirmasse Deo et beate Marie de Boelt' et canonicis ibi Deo servientibus unam acram terre in villa de Halt' scilicet in Thwait dimidiam acram iuxta duas bovatas quas avus meus Clibernus dedit prefatis canonicis in eadem villa in elemosinam et dimidiam acram iuxta terram quam Amabil[ia] soror mea dedit similiter eisdem canonicis et dimidiam acram et dimidiam rodam iuxta terram quam pater meus Aldredus dedit secum dictis canonicis et unam rodam prati iuxta pratum quem idem Aldredus dedit eisdem. Has igitur terras dedi prefatis canonicis in liberam, puram et perpetuam elemosinam solutam et quietam ab omni seculari servicio et consuetudine pro salute anime Willelmi fratris mei et mee et antecessorum et successorum meorum. His testibus: Reinero Fland[rensi], Rannulfo filio Walteri, Willelmo de Scallebi tunc constabulario, Ivone cementario, Ricardo filio Walteri,[a] Ricardo de Pinkenni, Petro de Karlt', Willelmo filio Osberti, Ivone fratre eius, Heltone de Estbi, Gilbe[rto] de Malewun, Hugone de Thorntune.

a. Ricardo filio Walteri *repeated twice* A.

A − Chatsworth Charter, B2, PB4865/28. Not endorsed; 160x80mm [10mm tag fold]; seal: white wax, round. Obverse: lion facing right [Potter suggests horse]. Legend: illegible; 36mm; in 2 pieces. Document damaged, small tear top left.

26   Quitclaim by Adam the smith of Halton, called Smalchep, and Matilda his wife to the sacristry and the canons of Bolton of all right and claim to one rood of arable land in the territory of Halton, once held by William del Hill of Halton, bought from Anabilla daughter of James of Halton, and abutting *super Haldengil*. [c.1260x26 Jun. 1308]

Omnibus hoc scriptum visuris vel audituris Adam faber de Halton' dictus Smalchep et uxor sua Matild[a] salutem in Domino sempiternam. Noveritis nos pari assensu et consensu nostro concessisse, confirmasse, remisisse, resignasse et omnino de nobis et heredibus nostris et assignatis quibuscunque inperpetuum quietum clamasse Deo et beate Marie et sacristarie ecclesie de Boulton' et canonicis ibidem Deo servientibus totum ius et clamium quod uncquam habuimus vel aliquo modo habere poterimus in una roda terre arrabilis cum suis per[tin]enciis in territorio de Halton' que quondam fuit Willelmo del Hil de Halton' et quam ipse emit de Anab[ilia] filia Iacobi de Halton' et abuttat super Haldengil, ita videlicet quod nec nos predicti Ad[am], Matild[a] et heredes nostri nec assignati nec aliquis nomine nostro ius vel clamium in predicta roda terre cum suis pertinenciis de cetero poterimus exigere vel vendicare. In cuius rei testimonium presenti scripto sigilla nostra apposuimus. Hiis testibus: Willelmo Mauleverer de Bemesleay, Henrico de Aula de Skipton', Iohanne de Kighelay, Everardo Fauvel', Ada filio Thome de Halton', Roberto de Carneslade, Ricardo filio Amabile et aliis.

The specification of the sacristry is unusual among the benefactions made to Bolton Priory, for the majority were made simply to the canons, and only occurs in those charters issued by Adam the smith of Halton, *alias* Adam Smalchep.

A – Chatsworth Charter, B2, PB4865/29. Endorsed: De Halton; 185x85mm [15mm tag fold]. Document damaged along tag fold.

27 Gift in free, pure and perpetual alms by Adam the smith of Halton, called Smalchep, with the assent of his wife Matilda, to the sacristry and the canons of Bolton of one rood of arable land in the territory of Halton, namely the rood William de Hill bought from Anabilla daughter of James of Halton and abuts on *Haldengil'*. [*c.*1260x26 Jun. 1308]

Sciant omnes presentes et futuri quod nos Adam faber de Halton' dictus Smalchep et uxor mea Matilda [...10mm] assensu et consensu dedimus, concessimus et presenti carta nostra confirmavimus Deo et beate Marie et sacristarie ecclesie de Boulton' et canonicis ibidem Deo servientibus unam rodam terre arrabilis in territorio de Halton' [quam] videlicet rodam Willelmus de Hil quondam emit de Anabil[ia] filia Iacobi de Halton' et abuttat super Haldengil'. Tenendam et habendam Deo, beate Marie et dicte sacristarie ac canonicis ibidem servientibus atque [eorum successoribus] in perpetuum in liberam, puram et perpetuam elemosinam solutam et quietam ab omni ser[vic]io seculari, exactione et demanda. Nos vero dicti Adam et Matilda et heredes nostri totam predictam rodam terre cum omnibus suis pertinentiis dictis ecclesie et canonicis et eorum successoribus contra omnes homines warantizabimus, adquie[tabi]mus et defendemus. In cuius rei testimonium presenti scripto sigilla nostra apposuimus. Hiis [te]stibus; Willelmo Mauleverer, Everardo Fauvel', Willelmo de Cestrehunt, Ada filio Thome de Halton', Ricardo filio Amabil[ie] de eadem, Roberto seminatore de eadem, Ricardo le Horner et aliis.

A – Chatsworth Charter, Bolton Charters, no. 464. Endorsed: 464; 32; Carta de Halton; 186x77mm [17mm tag fold]. No seal or tag; sealed on the tag method 1 twice. Slight damage.

28 Quitclaim by Matilda, widow of Adam the smith of Halton, in her widowhood to the sacristry and the canons of Bolton of all right and claim to one rood of arable land in the territory of Halton, above *Haldengill'*, with appurtenances. [*c.*1260 or 1308x1342]

[Omnibu]s Cristi fidelibus hoc scriptum visuris vel audituris Matild[a] quondam uxor Ade fabri de Halton' dicti [...20mm] salutem in Domino sempiternam. Noveritis me in legitima viduitate mea concessisse, remisisse, confirmasse [...30mm her]ed[ibus] meis in perpetuum quietumclamasse Deo et beate Marie de Boulton' in Craven et sacristar[io] eiusdem et [...30mm] ibidem Deo servientibus totum ius et clamium quod habui vel aliquo [modo] habere potero in una roda terre arrabilis [...30mm terri]tor[io] de Halton' quem quondam [...10mm] Willelmo de Hil de eadem [...10mm] emit de Anabilia filia Iacobi de eadem et abutt[ut] se super Haldengill', ita videlicet quod nec ego nec heredes mei nec aliquis nomine nostro ius nec clamium in predicta roda terre cum suis pertinentiis de cetero poterimus exigere vel vendicare in perpetuum quoquomodo. In cuius rei testimonium presenti scripto [sigillum] meum apposui. Hiis testibus: domino Thoma de Halta Ripa, Willelmo de Malgh', Ricardo de Fauvel, Willelmo Mauleverer, Roberto Sauer', Ricardo de Heton', Ricardo de Bucton' et multis aliis.

It is likely that Adam the smith of Halton was otherwise known as Smalchep, for the previous two charters were made by the same person.

A – Chatsworth Charter, B2, PB2865/18. 195x70mm [10mm tag fold]; seal, white wax, round. Obverse: animal [pashcal lamb?]. Legend illegible; 25x30mm. Document damaged, poor condition top left missing.

29 Gift in free, pure and perpetual alms by Amabilla daughter of Aldred of Halton to the canons of Bolton of all her land in the vill of Halton which she has in croft and meadow between the alms which her grandfather Clibern and her father Aldred gave to the canons. [1155x*c*.1230]

Sciant omnes qui sunt et qui venturi sunt quod ego Amabil[ia] filia Aldredi de Halt' dedi et concessi et presenti carta confirmavi Deo et beate Marie de Boelt' et canonicis ibi Deo servientibus totam terram meam in villa de Halt' quam habui in crofto cum prato sibi pertinente que iacet inter elemosinam quam avus meus Clibern et elemosinam quam pater meus Aldred dederunt prefatis canonicis in liberam, puram et perpetuam elemosinam ab omni seculari servicio, consuetudine et exactione. His testibus: Waltero filio Aldredi, Rodberto filio Gilleberti, Rodberto capellano de Scipt', Roberto capellano de Kildwic, Rodberto cementario de Scipt', Ada' Minium, Ada' de Budebroc, Galfrido de Rie, Henrico de Kildwic.

Robert the chaplain of Kildwick may be the same person as Robert the priest [*sacerdos*] (CB, no. 381).

A – Chatsworth Charter, B2, PB4865/31. Not endorsed; 175–180x70mm [20mm tag fold]; tag, no seal.

30 Gift in alms by Peter of Carleton to the canons of Bolton of 6*s*. which the canons owed annually for half a carucate of land in the vill of Halton. [1189 or *c*.1200x1218]

Sciant omnes qui sunt et qui ve[nturi] sunt quod ego Petrus de Karlt' dedi et concessi et presenti carta confirmavi Deo et beate Marie de Boelt' et canonicis ibi Deo servientibus illos sex solidos quos ipsi debent mihi reddere annuatim pro dimidia carucata terre quam tenent de me in villa de Halt' quietos a me et meis heredibus in elemosinam omni tempore quo Rodbertus filius Iordani vel heredes sui contradicunt recipere homagium et servitium meum [...10mm][a] vel heredum meorum de predicta terra. His testibus: Reinero Flandrense, Willelmo, Waltero, Thoma, Reinero filiis eius, Roberto Vavassur, Willelmo de Mart', Malgero Vavassore, Galfrido de Heselt' tunc constabulario de Scipt', Ricardo filio Walteri, Waltero de Halt', Arnaldo de Potteruna, Galfrido de Ria, Henrico de Hil, Waltero Purcel.

a. *erasure* A.

This charter appears to have been referenced twice by Professor Potter, as B2, PB4865/32 and B1, PB1.
A – Chatsworth Charter, B2, PB4865/32. Not endorsed. 170x80mm [15mm tag fold]. Tag, no seal.

31 Gift in free, pure and perpetual alms by Richard son of Aldred of Halton to the canons of Bolton of one toft in the vill of Halton which he bought from William son of Agnes. [1228x16 Oct. 1258]

Omnibus Cristi fidelibus ad quos presens scriptum pervenerit Ricardus filius Aldredi de Alton' salutem in Domino. Noveritis me concessisse, dedisse et hac presenti carta mea confirmasse Deo et ecclesie beate Marie de Bowthelton' et canonicis ibidem Deo servientibus pro salute anime mee et antecessorum meorum unum toftum in villa de Halton' cum omnibus pertinentiis suis quod emi de Willelmo filio Agnetis. Tenendum et habendum libere, quiete et integre in liberam, puram et perpetuam elemosinam cum omnibus libertatibus et communis infra villam et extra dicto tofto pertinentibus. Et ego et heredes mei warantizabimus prefatum toftum cum pertinentiis prefatis canonicis prout predictum est contra homines omnes in perpetuum et de omnibus demandis adquietabimus ut autem hac mea donacio robur firmitatis perpetue optineat presens scriptum sigilli mei inpressione corroboravi. Testibus: Iohanne de Eston', Eustachio de Rilleston', Ricardo de Tange, Ricardo Tempeste, Gilone Malolepor[ario], Symone de Marton', Helya de Stiveton' et aliis.

A – Chatsworth Charter, B2, PB31865/35. Endorsed: De Halton; 175x75mm [15mm tag fold]; no seal or tag; sealed on the tag method 1.

32 **Gift in free and perpetual alms by Richard de Mount of Halton to the canons of Bolton of one bovate of land in Halton, namely that which Orm held of the father of Richard, with a toft which Eudes held, with half a perch of land lying in the west of *Ormescroft*, and half a perch of land lying against *Haldengile*, with half an acre of land which Richard bought from Helto extending from west to east next to the large way from Skipton to York. [1228x16 Oct. 1258]**

Omnibus Cristi fidelibus ad quos presens scriptum pervenerit Ricardus de Monte de Halton' eternam in Domino salutem. Noveritis me dedisse, concessisse et hac presenti carta mea confirmasse Deo et beate Marie de Boulton' et canonicis ibidem Deo servientibus unam bovatam terre in Halton' illam videlicet quam Ormus quondam tenuit de patre meo in eadem cum quodam tofto quod Heudem de me tenuit cum dimidia perthicata terre que iacet in occidente de Ormescroft et dimidia perthicata terre que iacet versus Haldengile cum illa dimidia acra terre quam emi de Helt' secundum quod extendat se occidente versus orientem iuxta magnam [vi]am que ducit de Skipton apud Ebor'. Tenend[am] et habend[am] eisdem canonicis et eorum successoribus in feodo et hereditate et integre cum omnibus pertinentiis, libertatibus et aysyamentis tante terre spectantibus in H[al]ton in liberam et perpetuam elem[osinam] et quietam ab omni servitio et seculari exactone mihi vel hered[ibus meis][a] spectante. Et ego Ricardus et heredes mei prenominatam terram cum omnibus pertin[entiis] suis sicut predictum est prenominatis canonicis et eorum successoribus ubique et contra omnes homines warentizabimus. In cuius rei testimonium presenti scripto sigillum meum apposui. Hiis testibus: domino Iohanne de E[s]ton', domino Eustacio de Rilleston', domino Ricardo Tempest, Ricardo de Oterburn clerico, Roberto de Farnhil, Willelmo fratre suo, Ricardo de Ledis clerico et aliis.

a. heredibus meis *torn*.

A – Chatsworth Charter, B2, PB31865/36. Not endorsed; 160x115mm [12mm tag fold]. No seal or tag; sealed on the tag method 1.

33 **Gift by Thomas of Halton, cook, with the assent of Agnes his wife, to the canons of Bolton of one rood of land in Halton, lying in *Langecroftes*, abutting on one head above *Stockebrige*. [*c*.1250x12 Jan. 1284]**

Sciant presentes et futuri quod ego Thomas de Halton' cocus assensu, consensu et voluntate Agnet[e] uxoris mee dedi, concessi et hac presenti carta confirmavi Deo et ecclesie beate Marie de Boulton' et canonicis ibidem Deo servientibus unam rodam terre cum pertinenciis in Halton' iacentem in Langecroftes et abutat in uno capite super Stockebrige. Habendam et tenendam predictis canonicis et eorum successoribus libere, quiete et integre cum omnibus libertatibus et aysiamentis ad dictam terram pertinentibus et inde provenientibus solut[e] et quiet[e] ab omni servicio seculari et demanda. Ego vero Thomas et heredes mei predictam rodam terre cum pertinenciis sicut predictum est predictis canonicis et eorum successoribus contra omnes gentes inperpetuum warantizabimus, aquietabimus et defendemus. In huius rei testimonium presenti scripto sigillum meum apposui. Hiis testibus: Willelmo Mauleverer de Beymesl', Nicholao de eadem, Ada de Karunslade, Ada filio Thome de Halton', Ada filio Roberti de Drauton' in Halton', Ricardo Dilloc de eadem, Hervic[io] filio Helt[onis], Roberto de Ydle et aliis.

A – Chatsworth Charter, B3, PB151065/80. Not endorsed; 173x80mm [10mm tag fold]; seal: green wax, round. Obverse: flower. Legend: SIGIL + TOME T...PRI; 30mm.

34 Lease in the form of a chirograph by John of Halton to the canons of Bolton on one place in the vill of Halton within certain boundaries for the building of one barn for the tithes to be stored and also corn, for a term of fifty years next following, rendering 2s. sterling annually. 29 Sep. 1356

Hoc scriptum cirographatum testatur quod ad festum sancti Michaelis anno Domini millesimo CCC^{mo} L^o sexto. Ego Iohannes de Halton' concessi et ad firmam dimisi religiosis viris priori et conventui de Boulton' in Craven' unam placeam in villa de Halton' infra certas divisas in longitudine et latitudine prout mensurabatur die confectionis presentium ad edificandum unam grangiam in dicta placea sumptibus suis propriis pro decimis suis responend[is] et salvand[is] et etiam bladis suis siccandis. Tenend[am] et habend[am] predictis religiosis priori et conventui et eorum successoribus de me et heredibus meis usque ad terminum quinquagenta annorum proxim[orum] sequentium plenarie completorum libere, quiete, bene et in pace. Reddendo inde annuatim michi et heredibus meis duos solidos sterlingorum videlicet medietatem ad festum sancti Martini in Yeme et aliam medietatem ad Pent'. Et sciendum quod post terminum predictorum quinquagenta annorum bene licebit predictis religiosis priori et conventui dictam grangiam pro voluntate sua ubicunque voluerint ammovere seu asportare sine licencia seu contradictione mei vel heredum meorum nisi de ulteriori termino inter se poterint convenire. In cuius rei testimonium presentibus scriptis cirographatis sigilla partium alternatim sunt appensa. Hiis testibus: domino Iohanne Tempest milite, Iohanne de Puddesay, Willelmo de Hertelyngton', Willelmo de Rilleston, Iohanne de Frekelton', Ricardo fratre eius et aliis.

A – Chatsworth Charter, B3, PB151065/81. Endorsed: De Halton; in later hand: Michas Term 1356 a demise of land in Halton in Craven from John of Halton to the priory and convent of Bolton for 50 years; 255x122mm [15mm tag fold]; sealed on the tag method 1.

35 Gift in free, pure and perpetual alms by Amabilla daughter of Aldred son of Clibern to the canons of Bolton of land in *Twaith* [Halton?], lying between the lands which her father, Aldred, gave to the canons in alms in *Thwait*, up to the stream. [1155xMichaelmas 1219]

Sciant omnes qui sunt et qui venturi sunt quod ego Amabilis filia Aldredi filii Cliberni dedi et concessi et presenti [car]ta confirmavi Deo et beate Marie[a] de Boelt' et canonicis ibidem Deo servientibus illam terram quam habui in Twaith que iacet [in]ter terras quam pater meus Aldredus dedit eisdem canonicis in elemosinam a Thwait[... 7mm] usque in rivulum d[...18mm] hac vero [...8mm] cum lib[...3mm] communione ville de Alton' inter villam et extra quantum pertinet ad [...6mm]m terram prefatis canon[icis de] Boelt' in liberam, puram et perpetuam elemosinam liberam et solutam ab omni seculari servicio et consuetundine et exactione pro salute anime mee et antecessorum et successorum meorum. His testibus; Willelmo de Scalebi tunc constabulario, Reinero Flandrensi, Ivone Cementario, Willelmo de Marton', Ricardo filio Walteri, Ade Minnun, Nicolao de Rie, Gaufrido de Rie, Arnaldo de Potterun, Waltero de Alton'.

a. Marie *omitted* A.
The various gaps occur where the document is illegible due to decay.

It seems likely that the charter was made towards the end of the twelfth century, as the other charter of Amabilla seems to have been.
A – Chatsworth Charter, K3. Not endorsed; 180x60mm [10mm tag fold]. Tag, no seal. Damaged on tag fold.

36 Agreement in the form of a chirograph made between Brother John of Laund, prior, and the convent of Bolton and Adam de Collingham whereby the canons have leased to Adam a messuage and two bovates of land with appurtenances in Cononley for a term of twelve years, paying 10s. annually, and making all service. 11 Nov. 1305

Anno Domini M° CCC° quinto ad festum sancti Martini in hiem[e] convenit inter fratrem Iohannem de Landa priorem de Boulton' in Craven' et eiusdem loci conventum ex una parte et Adam de Colling' ex altera videlicet quod predicti religiosi dimiserunt ad firmam dicto Ade illud mesuagium et illas duas bovatas terre cum pertinentiis in Conedelay quod quidem mesuagium cum terra Iohannis Spire prius tenuit in eadem. Tenend[a] et habend[a] predicto Ade et heredibus suis de predictis religiosis usque ad terminum duodecim annorum [proximorum] sequ[entium plenarie completorum libere et quiete] sine ullo retenemento. Reddendo inde annuatim predictis religiosis decim solid[os] sterlingorum videlicet medietatem ad Pent' et aliam medietatem ad festum sancti Martini in hi[e]m[e] faciendo insuper omnia [alia ser]vicia dicto tenemento debita et consueta predictus Ada et heredes sui domos in dicto mesuag[io] et terram cum per[tinentiis] in tam bono [...15mm hole] vel meliori d[emitte]nt In fine termini quam idem Adam eas in pri[n]cipio termini recepit [...7mm] dicti [autem 10mm] prior et conventus dictum mes[uagium] et terram cum pertin[entiis] predicto Ade et heredibus suis usque ad [...10mm] supradictorum duodecim[a] annorum contra omnes gentes [w]ar[rantizabimus] et defende[mus]. In cuius rei [tes]timonium presentibus scriptis sigilla partium alterna[tim] s[unt] appos[it]a. Hiis testibus: Roberto de Farnhil', Alexandro de Esteburn, Henrico Crocbayn, Thoma Revel, Ada Pedef[er et] aliis.

a. decim deleted duodecim *interlined*.

A – Chatsworth Charter, K8. Not endorsed; 230x84–110mm [12–15mm tag fold]; sealed on the tag method 1. Poor condition, especially on right.

37 Agreement in the form of a chirograph made between the prior and convent of Bolton, lord Godfrey de Alta Ripa, Elias son of Osbert, Elias son of Cacegay and their tenants, and William of Farnhill, Ambrose of Cononley and their tenants, whereby the first party quitclaim to the second party all the wood lying between the large way extending in the wood from the vill of Carleton to the vill of Cononley, up to *Feldeyerd*, excepting common pasture, saving to the house of Bolton that pertaining to one bovate of land in the same part of the said wood and saving to Elias Black two perches of wood each side of the high way, and William and Ambrose quitclaim all the wood lying

between the said way and the moor, excepting common pasture. [8 Sep. 1229x1267]

Sciant omnes presentes et futuri ad quos presens scriptum pervenerit quod ita convenit inter priorem et conventum de Bowthelton', dominum Godefridum de Alta Ripa, Eliam filium Osberti, Eliam filium Cacegey et eorum tenentes ex una parte et Willelmum de Farnil, Ambrosium de Cunedelay et eorum tenentes ex altera parte de tota alta silva de Cunedelay extra campum scilicet quod predicti prior et conventus, G. de Alta Ripa, Hel[ias] fil[ius] Osberti, Hel[ias] fil[ius] Cacegay et heredes eorum quietamclamaverunt predictis Willelmo de Farnil, Ambrosio de Cunedelay tenentibus eorum et heredibus eorum totam silvam q[uam] iacet inter magnam viam que extendit se in nemore de villa de Karleton' usque ad villam de Cunedelay de [...10mm]ndo usque ad Feldeyerd. Ita quod nullum clam[i]um[a] ibi habere poterunt inperpetuum preter communam pasturam salvo domui [de Bo]wthelt' quantum pertinet ad unam bovatam terre in eadem parte prenominate silve et salvis Elie Nigro duabus perticatis [b]osci ex utraque parte alte vie et Willelmus de Farnil, Ambrosius de Cuned[ela]y heredes eorum et eorum tenentes quietaclamaverunt predictis priori et conventui de Bowthelton', domino G. de Alta Ripa, Hel[ie] filio Osberti, Hel[ie] filio Cacegay et heredibus eorum vel assignatis eorum totam silvam que iacet inter prenominatam viam et moram ascendendo. Ita quod nullum clam[i]um[a] ibi habere poterunt inperpetuum preter communam pasturam. Et ut hec conventio stabil[is] et firma sit inperpetuum partes huic scripto sigilla sua apposuerunt. Hiis testibus: Iohanne de Eston' tunc constabulario de Skipton', Iohanne le Wawesur, Eustachio de Rilleston', Ricardo de Tange, Ricardo Tempeste, Helia de Stiveton', Symone de Marton', Ricardo de Marton', Wal[tero] Revel, Ricardo Botte et aliis.

a. clamum *(sic)* A.

A – Chatsworth Charter, L3, P98(b). Endorsed: de Connenlay; 205x140mm [15–20mm tag fold]. No seal or tag; sealed on the tag method 1 twice.

38 **Gift in [pure] and quit alms by Alice de Rumilly to the canons of Bolton of the church of Keighley, with all appurtenances. [1155xMichaelmas 1187]**

Adeliz de Rumelio omnib[us sancte ecclesie fideli]bus salutem. Sciatis me [concessisse Deo] et ecclesie sancte Marie Bo[lton et canonicis regu]laribus ibidem Deo servienti[bus ecclesia de Kiþalay]e cum omnibus pertinentiis s[uis ...20mm]bus et tenamentis sine omni rete[nemento in pu]ram et quiet[am] elemosinam pro salu[te... 20mm]um parentum meorum [...20mm] successorum. Et ut h[ec] dona[...20mm] testibus quorum nomina Th[...15mm] de Baius, Osmundus capellanus, Ha[...] capellanus, Will[elmus] filius Helton[is], R[einer Flandre]nsis, Herveus de Reinveile [Barto]lomeus de Trivers, Henricus filius Helt' [... 20mm]nus de Baius, Radulfus Agillanus, Yv[o le M]acon, Willelmus filius Willelmi, Richardus [...20mm].

It seems likely that William, son of Helto, was a member of the Mauleverer family. The names suggested as witnesses appear in other charters of the patrons of Bolton Priory.
A – Chatsworth Charter, B1, PB10. Endorsed: C Alic' de Rum' de ecclesia de Kichelay; 205x90mm [15–20mm tag fold]. No seal or tag; sealed on the tag method 1. Document fragmentary.

39 **Gift in pure and perpetual alms by Ranulf son of Walter [of Eshton] to the canons of Bolton of the [advowson of the] church of Keighley, with**

all appurtenances in lands and tithes and all easements, as confirmed by the charter of Lady Alice de Rumilly. [1155xMichaelmas 1187]

Notum sit omnibus tam presentibus quam futuris quod ego Ranulfus filius Walteri dedi et concessi et hac mea carta confirmavi Deo et sancte Marie de Boeltona et canonicis ibidem Deo servientibus ecclesiam de Kihelaie cum omnibus pertinentiis suis tam in terris quam in decimis ceterisque omnibus aisiamentis sic ut carta domine Aeliz de Rumeli testatur et confirmatur in puram et perp[et]u[am] elemosinam pro salute anime mee et patris et matris mee et [hered]is et omnium parentum meorum et ut dominus contra omnes war[a]ntizabo. [Hiis tes]t[ibus: R]einero Flemeig, Reinero clerico de Derefeld, Gilebe[rto] capellano de Derefeld, Waltero de Suineshevaid, Rogero cantore, Willelmo filio Ricardi, Thoma Flemeig multisque aliis qui affuerunt.

This charter, together with the other relating to the advowson of Keighley church, was until November 2001 housed at Bolton Abbey Estate Office. Both charters were kept in a small box which appears to have been made for that purpose, individually wrapped in covers marked, 'An ancient deede of the church of Kighley given to St. Mari at Bolt[on]', with another wrapper within which both were contained marked 'Keighley advowson'. This charter is, presumably, the one referred to in the later gift of Peter de Pinkeny, with the consent of his wife Constance, to the canons of Bolton of the advowson of Keighley, which also mentions the confirmation of Alice de Rumilly (Dodsworth MS 8, fo. 210v). Ranulf son of Walter is thought to have been a predecessor of the Eshton family. It is possible that Thomas 'Flemeig' was a relation to Reiner, for he had a son by this name, as well as a cousin.
A – Chatsworth Charter. Endorsed: De ecclesie de Kighlay; 165x100mm; tag, no seal. Damaged along folds. Wrapper endorsed: The gift of the advowson of Kighley to St. Marye at Bolton.

40 Quitclaim in free, pure and perpetual alms by Roger of Keighley to the canons of Bolton of all right and claim to the advowson of the church of Keighley. [1201x9 Dec. 1234]

Universis sancte matris ecclesie filiis has literas visuris vel audituris Rogerus de Kygheleye salutem in Domino. Noveritis me remisisse et in perpetuum quietumclamasse de me et heredibus meis totum ius et clamium quod unquam habui vel habere potui in advocacione ecclesie de Kyghely Deo et ecclesie beate Marie de Boulton' et canonicis ibi Deo servientibus in liberam,[a] puram et perpetu[a]m elemosinam et ut hec mea quieta clamacio stabilis et inconcussa remaneat huic [carte] sigillum meum apposui. Hiis testibus: Willelmo de Estiveton', Willelmo Flandres, Willelmo de Hebbeden', Willelmo de Drifeud tunc constabulario de Escipton, Rogero de Byrekyn, Johanne Alemanno, Gylone Mauleverer, Johanne de Eston', Ricardo Tempest et aliis.

a. liberan *(sic)* A.

This charter, together with the other relating to the advowson of Keighley church, was until November 2001 housed at Bolton Abbey Estate Office. Other instances of the unusual variant spellings of Skipton are found in the cartulary of Fountains Abbey.
A – Chatsworth Charter. Endorsed: Pro ecclesia de Kyghl[ay]; 150x95mm; tag, no seal.

41 Gift by Thomas son of William of Malham to the canons of Bolton of one bovate of land in Scosthrop, which his sister Eleanor and her son Richard hold of him for the terms of their lives, together with Hugh del Banc, his serf, with all his cattle and family, and all liberties, utilities and easements, paying half a pound of cumin annually. [1214x1267]

Sciant presentes et futuri quod ego Thomas filius Willelmi de Malgu[m] dedi, concessi et hac presenti carta confirmavi Deo et ecclesie beate Marie de Boulton' et canonicis ibidem Deo servientibus pro salute anime mee et antecessorum meorum unam bovatam terre cum omnibus pertinenciis suis quam Alienora soror mea et Ricardus filius suus de me tenuerunt ad vitam eorum cum Hugon[e] del Banc nativo meo cum omnibus catall[is] et cum tota sequela sua, qui quidem Hugo predictam bovatam terre tenuit in Scosthorp' et que bovata cum pertinenciis et cum dicto Hug[one] nativo, sequel[is] et catall[is] suis ad me et ad heredes meos vel meos assignatos post [...40mm] Alienore et Ricard[i] reverti debent'. Habend[am] et tenend[am] predictis priori et conventui et eorum su[ccessoribus ...35mm]ntis, libere, quiete et integre, cum omnibus libertatibus, utilitatibus et aysiamentis ad dictam terram [...10mm] pertinentibus et inde provenientibus infra villam et extra sine aliquo retenemento mihi et heredibus meis. Reddendo ind[e an]nuatim dimidiam libram cumini ad festum sancti Martini in hyeme Thoma de Scosthorp' et heredibus suis pro omnibus serviciis, consuetudinibus, auxiliis, sectis et demandis umquam ullo modo, salvo tantummodo saccagio quand[am] acciderit quantum pertinet ad unam bovatam terre in eadem villa eiusdem feodi. Ego vero Thomas et heredes [mei] totam terram predictam cum omnibus pertinenciis suis et cum Hug[one] et catall[is] suis et cum tota sequela sua predictis priori et canonicis sicut pleni[us] predictum est, contra omnes gentes imperpetuum warantizabimus. In huius rei testimonium presenti scripto sigillum meum apposui. Hiis testibus: Willelmo Mauleverer de Beymesl', Iohanne de Eston', magistro Galfrido de Ottel', Willelmo filio Willelmi Greindeorge, Roberto de Feyseres, Willelmo filio Roberti de Skipton', Nicholao de Beymesl', Willelmo de Scaudewell' clerico, Ada de Neusum et aliis.

A – YAS, MD 335/75 Ribblesdale C.9.C. 180x145mm [25mm tag fold]. Tag, no seal; sealed on the tag method 1.

42 **Gift by Thomas of Malham to the canons of Bolton of all right and claim to one bovate of land which Eleanor his sister has in Scosthrop, in homage, rents, reliefs, wardships, escheats, suit and all other things, together with all liberties, utilities and appurtenances. [*c.*1214x*c.*1267]**

Omnibus Cristi fidelibus h[oc] presens scriptum visuris vel audituris Thomas de Malgu[m] salutem in Domino sempiternam. Noverit universitas vestra me dedisse, concessisse et h[oc] presenti scripto confirmasse Deo et ecclesie beate Marie de Boulton' et canonicis ibidem Deo servientibus totum ius et clamium quod habui vel aliquo modo habere potui in una bovata terre quam dedi Elyenor' sorori mee in Scosthorp ut in homagiis, redditibus, releviis, wardis, excaetis, sectis et omnibus aliis pertinenciis suis sine aliquo retenemento. Habend[um] et tenend[um] predictis canonicis et eorum successoribus vel eorum assignatis libere, quiete, bene, in pace et integre cum omnibus libertatibus et utilitatibus ad dictam bovatam terre pertinentibus et inde provenientibus que predictis canonicis mee accidere possint. Ego vero Thomas et heredes mei totum ius et clamium quod habui vel habere potui in predicta bovata terre cum pertinenciis suis vel quod mihi inde vel heredibus meis accidere poterunt vel potuerunt predictis canonicis et eorum successoribus vel eorum assignatis sicut plenius predictum est contra omnes gentes imperpetuum warantizabimus, aquiet-abimus et defendemus. In huius rei testimonium presenti scripto sigillum meum apposui. Hiis testibus: domino Godefrido de Alta Ripa, domino Willelmo Greindeorge, Willelmo de Hertlinton', Ricardo de Oterburn' clerico, Ricardo filio Ranulfi de eadem, Thoma de Malgum, Roberto de Feiseres, Thoma de Scosthorp' et aliis.

A – YAS, MD 335/75 Ribblesdale C.9.E. 165x95mm [15mm tag fold]. Tag, no seal; sealed on the tag method 1.

43 **Gift in perpetual alms by Hugh of Calton to the canons of Bolton of two bovates of land in Scosthrop, with all appurtenances, liberties and easements, namely that bovate of land held by Richard son of Bernulf, and that held by Adam his brother, and William son of Swain, together with the men who hold them and all their families, making foreign service as pertains to those two bovates and paying 12***d***. annually. [1155 or 1200x17 Apr. 1222]**

Omnibus sancte ecclesie filiis presentibus et futuris Hugo de Calton sa[lutem] Sciatis me dedisse, concessisse et presenti carta mea confirmasse domui de Bothelton et canonicis ibidem Deo servientibus duas bovatas terre in Scozstorp cum omnibus pertinenciis, libertatibus et asiamentis suis infra villam[a] et exta illam scilicet bovatam terre qu[od] Ricard[us] fil[ius] Bernulfi tenuit et aliam qu[od] Adam frater eius et Willelm[us] fil[ius] Suaini tenuerunt. Tenendas et habendas cum ipsius hominibus et cum tota sequela eorum in perpetuam elemosinam solutam et quietam ab omnibus serviciis et ab omni re ad predictam terram pertinente, faciendo forinsecum servicium quantum pertinent ad illas duas bovatas terre in Scozstorp et reddendo inde annuatim duodecim denarios medietatem scilicet ad Pentecoste' et aliam memdietatem ad festum sancti Martini. Et ego et heredes mei omnia prenominata predictis canonicis warentabimus et defendemus contra omnes homines in perpetuum. Hiis testibus: Willelmo de Arches, Willelmo de Hebbedon, Simone de Kirkeby, Ricardo fratre eius, Ranulfo de Oterburne et pluribus aliis.

a. willam *(sic)* A.

It appears that a confirmation of Hugh's charter was issued by Richard [de Hamerton] (YAS, MD 335/75 Ribblesdale C.9.B). Unfortunately only half of this charter survives, together with its seal, making it impossible to be certain that it does confirm the previous charter.
A – YAS, MD 335/75, Ribblesdale C.9.A. 120x80mm [10mm tag fold]. Seal; red wax; round; 30mm; sealed on the tag method 1.

44 **Grant of licence by Edward I to Bolton Priory to hold lands, tenements and rents to the value of twenty marks annually, including 6***s***. rent from two bovates of land of Thomas of Scosthrop. 8 Jun. 1299, Cowick**

[E]dwardus Dei gracia rex Anglie, dominus Hibernie et dux Aquitanie omnibus ad quos presentes littere pervenerint salutem. Sciatis quod cum per litteras nostras patentes pro remissione quam dilecti nobis in Cristo prior et conventus de Boulton' in Cravene nobis fecerunt de sexdecim libris in quibus eis pro bladis et aliis diversis victualibus ad eis ad opus nostrum emptis teneamur ac per finem viginti marcarum quem fecerunt nobiscum et quas solverunt in garderoba nostra concesserimus et licenciam dederimus pro nobis et heredibus nostris quantum in nobis est eisdem priori et conventui quod ipsi terras et tenementa et redditus ad valenciam viginti marcarum annuarum tam de feodo suo proprio quam alieno exceptis terris et tenementis que de nobis tenentur in capite adquirere possent; habend[a] et tenend[a] sibi et successoribus suis imperpetuum statuto de terris et tenementis ad manum mortuam non ponend[is] edito non obstante prout in litteris nostris predictis plenius continet[ur]. Nos volentes concessionem nostram predictam debito effectui mancipari concessimus et licenciam dedimus pro nobis et heredibus nostris quantum in nobis est dilecto nobis Thome de Scotthorp' quod ipse sex solidatas redditus in Scotthorp' percipiend[as] de duabus[a] bovatis terre ipsius Thome cum pertinentiis in eadem villa que quidem terra de predictis priore et conventui tenetur sicut per inquisitionem per dilectum clericum nostrum Thomam de Burgh' escaetorum nostrum ultra Trentam inde de mandato nostro factam et in cancellaria nostra retornatam est compertum dare possit et assignare prefatis priori et conventui habend[a] et tenend[a] sibi et successoribus suis imperpetuum in partem satisfactionis viginti marcatarum terrarum tenementorum et reddituum predictorum. Et eisdem priori et conventui quod ipsi redditum predictum a prefato Thoma recipere possint et tenere sibi et successoribus suis predictis imperpetuum sicut predictum est tenore presentium similiter licentiam dedimus specialem statuto predicto non obstante. Nolentes quod predictus Thomas vel heredes sui aut prefati prior et conventus seu successores sui ratione statuti predicti per nos vel heredes nostros inde occasionentur in aliquo seu graventur, salvis tamen capitalibus dominis feodi illius servitiis inde debitis et consuetis. In cuius rei testimonium has litteras nostras fieri fecimus patentes. Teste me ipso apud Cowyk', octavo die Iunii anno regni nostri sextodecimo.

a. dabus *(sic)* A.

A – Chatsworth Charter, B2, PB31865/40. Endorsed: Carta domini regis de terra de Scorthorp'; 260x170mm [37mm tag fold]. No seal or tag; sealed on the tag method 1.

45 **Agreement in the form of a chirograph made between the prior and canons of Bolton and Avice, the widow of John le Sclater, whereby the canons lease to Avice one messuage and twelve acres of land and meadow, with appurtenances, in the vill of Storiths, which John de Sclater held during his life, for a term of eleven years next following, rendering 6s. sterling annually. 11 Nov. 1318**

Anno Domini millesimo CCC° octavo decimo ad festum sancti Martini in hieme ita convenit inter religiosos viros priorem et conventus de Boulton' ex una parte et Aviciam relictam Iohannis le Sclater defuncti ex altera videlicet quod predicti prior et conventus dimiserunt ad firmam predicte Avicie unum mesuagium et duodecim acras terre et prati cum pertinentiis in villa de Storthes que quidem mesuagium et terram dictus Iohannes de Sclater tenuit in vita sua in eadem villa. Habenda et tenenda predicte Avicie heredibus et assignatis suis usque ad terminum undecim annorum proximo sequentium plenarie completorum de predictis priore et conventu bene et in pace cum omnibus suis pertinentiis in eadem villa. Reddendo inde annuatim predictis priori et conventui et eorum successoribus sex solid[os] sterling[orum] videlicet medietatem ad Pentecost' et aliam medietatem ad festum sancti Martini in hieme faciendo insuper annuatim quatuor opera autumpnalia et omnia alia servicia dicto tenemento debita et consueta. Predicti vero prior et conventus et eorum successores predicta mesuagium, terram et pratum cum suis pertinentiis predicte Avicie et heredibus suis usque ad finem supradictorum undecim annorum contra omnes homines warantizabunt et defendent. Predicta autem Avicia et heredes sui omnes domos in eodem mesuagio constructas sustentabunt et dimittent ad finem predicti termini in tam bono statu vel meliori quam eas in principio termini recepit. In cuius rei testimonium presentibus scriptis cirographat[is] sigilla partium alternatim sunt apposita.

It seems unlikely that this document would have been found in the cartulary of Bolton Priory, but it is interesting to note the priory's leasing of land.
A – Chatsworth Charter, B3, PB151065/85. Endorsed: Storthes; Storthe'. 205x95mm [20mm tag fold]. No seal or tag; sealed on the tag method 1.

46 Renunciation of tithes and oblations by Andrew, rector of Ilkley, in the vills of Steeton, Eastburn and Glusburn, saving 10s. annually for the church, to be paid by the prior and convent of Bolton. [c.1200x18 Nov. 1240]

Omnibus hoc scriptum visuris vel [inspecturis] Andreas rector ecclesie de Ylecla salutem in domino. Noverit [universitas vestra] me spontanea voluntate mea renunciasse imperpetuum [...25mm] auctorite litterarum domini Honorii pape tertii mote contra priorem et conventum de Boulton' super decimis et proventibus et oblationibus quas iure parrochiali de villis scilicet Stiveton', Estburn', Gluseburn' ad ecclesiam meam de Yleclay vendicam et etiam tactis sacrosanctis evangeliis iuram me numquam contra dictos priorem et conventum vel contra predictam domum de Boulton' super predictis litem[a] vel controversiam moturum salvis mihi et ecclesie mee de Yleclay x solidos annuis quos dicti prior et conventus eidem ecclesie annuatim solvere consueverunt. Huic etiam renunciationi ante solempniter facte ad peticionem et instantiam meam R. decanus et capitulum sancti Petri Ebor' una cum sigillo meo presenti scripto sigillum capituli sui in testimonio apposui. H [...60mm] Ebor, W. priore [...30mm] decano magistro I. Roman' can' Ebor', Fr. Walt[... 25mm]igon [de] Melsa, magistro I de [...15mm ...], A. persona de Thoren[...10mm], Ricardo clerico.

a. d *overwrites* l.

A – Chatsworth Charter, B3, PB191065/90. Not endorsed; 215x160mm [20mm tag fold]. No seal or tag. Poor condition.

47 Gift in free, pure [and perpetual] alms by William son of Peter of Broughton to the canons of Bolton of one toft in the vill of Broughton. [early to mid thirteenth century]

Sciant presentes et futuri quod ego Willelmus filius Petri de Brocton' dedi et [concessi et] hac presenti carta mea confirmavi Deo et ecclesie beate Marie de Bowthelton et ca[nonicis ibi]dem Deo servientibus unum thoftum in villa de Brocton' illud scilicet ad [...35mm] thoftum Willelmi filii Gerardi et thoftum Ade de Thorne et [...50mm te]nend[um] et habend[um] predictis canonicis de Bowthelton' in liberam, puram [et perpetuam elemosinam...] Et ego Willelmus filius Petri et heredes mei warantizabimus tot[um t]oftum prefatis canonicis contra omnes homines inperpetuum. Hiis testibus: [...]tlo' vicario de [...]ton', Iohanne clerico de Brocton', Alano de Stoche, Willelmo Anglico, W[...] filio Willelmi [...] Westorp', Henrico fratre suo, Iohanne Fabro de Stoche, Ada filio Petri, [...] Prudefote, Waltero famulo comitis et multis aliis.

A – Chatsworth Charter, B5, PB161165/100. Endorsed: Broughton; illegible; 167x95mm [10–15mm tag fold]. No seal or tag. Document damaged, left side partially missing.

48 Gift in free, pure and perpetual alms by Richard *Husator* of Calton to the canons of Bolton of [one] acre of land in the territory of Calton, lying between the croft of the canons and the way. [c.1220xc.1270]

Omnibus Cristi fideli[bus] ad quos presens scriptum pervenerit Ricardus Husator d[e] Kaltun salutem in Domino eternam. Noveritis me dedisse et concessisse et presenti carta [mea] confirmasse Deo et ecclesie beate Marie de Boelt' et canonicis ibidem Deo servientibus [...22mm][a] acram terre in territorio de Kal[tun] illam scilicet que ia[cet] inter croftum predictorum canonicorum et viam. Tenendam et habendam de me et heredibus meis in liberam, puram et perpetuam elemosinam cum pertinenciis suis pro [salute] anime me[e] et heredum meorum: Hiis testibus: Ri[cardo] de Kalt', Ranulfo de Oter[...25mm]^b o frat[ri] Simonis, Ricardo de Kirkebi, Ada' de Plumlund et multis aliis.

a. *hole* A.   b. *worn* A.

A – Chatsworth Charter, K4. Endorsed: Calton'; 180x65mm [6–10mm tag fold]. Tag, no seal; sealed on the tag method 1. Poor condition.

49 Gift in free, pure and perpetual alms by Richard de Hamerton to the canons of Bolton of one messuage and toft that William son of Nigel holds in the vill of Calton, with all liberties and easements. [*c.*1200x*c.*1250]

Sciant omnes presentes et futuri quod ego Ricardus de Hamerton dedi et concessi et presenti carta mea confirmavi Deo et ecclesie beate Marie de Boelton' et canonicis ibi Deo servientibus unum mesuagium et toftum quod Willelmus filius Nigelli tenuit in villa de Kaltona. Tenendum et habendum de me et heredibus meis in liberam, puram et perpetuam elemosinam cum omnibus libertatibus, aysiamentis ad tantam terram pertinentibus. Hiis testibus: Simone de Kirkebi, Ricardo fratre eius, Randulfo^a de Oterbur', Ricardo de Oterb', Ricardo le Esquier, Bernardo de Malgum, et multis aliis.

a. n/d overwritten A.

A – Chatsworth Charter, K6. Not endorsed; 130–135x60mm [15mm tag fold]. Tag, no seal.

50 Quitclaim by William Mauleverer of Calton to the canons of Bolton of all right and claim to nine bovates of land, with appurtenances, houses and buildings, in the vill and territory of Calton, and a moiety of the mill of Airton, in exchange for his land in Storiths, and for food, clothing and other necessaries to be provided by the canons for the term of his life and that of Ermeiarde, his wife, and Eustace, his son. Also record that the charter of the canons of Bolton granting William lands in Calton, with the moiety of the mill, which can not be found, allows them to take it from the said William, his wife and son. [1261x1267]

Omnibus Cristi fidelibus presens scriptum visuris vel audituris Willelmus Mauleverer de Kalton' salutem in domino^a sempiternam. Noverit universitas vestra me concessisse et dedisse, relaxasse et quietum clamasse imperpetuum de me et heredibus meis priori et conventui de Boelton' totum ius et clamium quod ego unquam habui vel habere potui vel heredes mei habuer[int] vel habere potuer[in]t vel poterunt in illis novem bovatis terre cum omnibus pertinentiis suis domibus et edificiis in villa et territorio^b de Kalton' sine aliquo retenemento et cum medietate molendini de Eyrton' que omnia habui in exscambio pro terra mea de Stordhes de dono predictorum prioris et conventus, ita quod ego numquam de cetero nec heredes mei nec aliquis per nos aliquod ius vel clamium in predictis terris et tenementis cum medietate predicti molendini vendicare vel exigere pro terminus imperpetuum. Predicti vero prior et conventus pro ista concessione, donatione, relaxatione et quieta clamat[i]one dederunt, concesserunt michi et Ermeiarde uxori mee et Eustachio filio meo victu[m] et vestitu[m] et cetera necessaria tantummodo in vita nostra sicut continentur in scriptis inter nos confectis, et si ita contingat quod predicti prior et conventus habeant aliquod dampnum iact[ur]am vel molestiam per me vel per heredes meos super prenominatis novem bovatis terre cum pertin[entiis], domibus et edificiis una cum medietate predicte molendini vel per cartam quam habui de dono predictorum prioris et conventus de predictis terris in Kalton' cum medietate predicti molendini que non potest ad presens inveniri et quam tradidi domino Eustachio de Rylleston' et quam dominus Elyas filius predicti Eustachii habent penes se ut dicitur bene licebit predictis priori et conventui omnia prenominata michi et Ermeiarde uxori mee et Eustachio filio meo nobis in vita nostra tantummodo concessa penitus a nobis subtrahere et quocumquemodo voluerint alienare. In cuius rei testimonium presenti scripto sigillum meum apposui. Hiis testibus: domino Elya de Rylleston', Roberto de Plumton', Roberto de Stiveton', Iohanne de Eston', Petro Gilot, Willelmo Mauleverer de Bethmeslaye, Roberto de Fegeser', Willelmo de Hertlington', Hervico de Cesterhunt', Ada' de Plumland, Thoma de Malghum, Thoma de Scothorp, Willelmo filio Roberti de Skypton', Rad[ulpho] filio Everardi de eadem, Everardo Fauvel de Thordelby, Elya de Kykhelay et aliis.

a. in domino *interlined* A.   b. t'rritorio *(sic)* A.

C.T. Clay suggests that the charter referred to as being in the possession of Elias of Rylstone is *EYC*, vii, no. 78 (CB, no. 421).
A – YAS, DD 203/44. Endorsed: de Calton; c.10. 160x150mm [10mm tag fold]. Seal: vesica; red/brown wax. Obverse: stylised cross. Legend: S .W . MAULE ... R DE CALT...; 25x35mm. Pd in *EYC*, vii, no. 79, from facsimile of Calton deeds no. 10, in J.W. Morkill, *Parish of Kirkby Malhamdale* (Gloucester, 1934?), pl. x.

51 Gift in free, pure and perpetual alms by Adam of Staveley to the canons of Bolton of half a carucate of land in the vill of Calton, with appurtenances, liberties, common rights and easements. [*c.*1190x Dec. 1218]

Omnibus Cristi fidelibus ad quos presens scriptum pervenerit Adam de Stavelaye salutem. Noveritis me dedisse et concessisse et presenti carta mea confirmasse Deo et ecclesie beate Marie de Boelt' et canonicis ibidem Deo servientibus pro salute anime mee et antecessorum et successorum meorum dimidiam carucatam terre cum omnibus pertinenciis suis in villa de Kalt' et cum omnibus libertatibus et communionibus et aisyamentis predicte terre pertinentibus in bosco et plano, in pratis et pascuis, in moris et mariscis introitibus et exitibus infra villam et extra, illam quam tenui in dominico meo, scilicet in culturis. Tenendam et habendam in liberam, puram et perpetuam elemosinam solutam et quietam ab omni seculari servitio et exactione cuilibet pertinente. Hanc vero elemosinam ego et heredes mei warentizabimus predictis canonicis imperpetuum. Hiis testibus: Alano de Stavelaye, Hugone de Kalt', Hugone de Magnebi, Radulfo de Langecker, Ricardo de Berebrunne, Thoma de Otrinct', Steph[ano] Guer', Thoma de Deupedale, Simone clerico de Kirkebi, Rannulfo de Oterburne, Willelmo clerico de Malhu[m].

A – YAS, DD 203/38. Endorsed: de Calton. 150x120mm [20mm tag fold]. Green and yellow plaited silk cords, pouch for seal (no seal). Pd in *EYC*, vii, no. 142, from facsimile of Calton deeds no. 5, in J.W. Morkill, *Parish of Kirkby Malhamdale*, (Gloucester, 1934?), pl. ix (a).

52 Quitclaim by John de Plumland, son and heir of Adam de Plumland, to the canons of Bolton of all right and claim to 2*d.* rent from all those lands and tenements which he holds in Calton. [mid thirteenth century]

Universis ecclesie filiis ad quos presens scriptum pervenerit Ioh[ann]es de Plumbeland filius et heres Ade de Plumbeland' salutem in Domino sempiternam. Noveritis me dedisse, concessisse et omnino relaxasse pro me et heredibus meis priori et conventui de Boulton eu omnem et eorum successoribus redditum duorum denar[iorum] quo mihi et heredibus meis tenebantur pro aliquibus terris et ten[ementis] quondam[a] habuer[u]nt et tenuer[u]nt in villa de Calton, ita quod nec ego nec heredes mei nec aliquis nomine nostro aliq[uo]d ius vel clamium in dicto redditu decetero exigere poterimus seu vendicare quoquomodo. In cuius rei testimonium sigillum meum presentibus est appensum. Hiis testibus: domino Henrico de Hertlyngton milite, Willelmo de Marton', Iohanne de Boulton', Iohanne de Malghu[m], Iohanne de Cath'ton, Roberto de Farnell', Roberto Banck, Willelmo[b] de Haukeswic, Thoma de Scotthorp et aliis.

a. condam *(sic)* A.   b. Will'io *(sic)* A.

A – YAS, DD 203/46. Endorsed: Carta Iohannis de Plumbelan[d]; Calton; c.16. 240x60mm [5mm tag fold]. Seal: round; red wax; poor condition; sealed on the tag method 1.

53 Tag noting the confirmation of the manor of Ingthorpe, Marton, by the count of Aumale, the agreement made between the lords of Marton and the house of Bolton and the quitclaim by Richard de Mohaut.

Carte maner[ii] de Unkthorp' cum confirmacione comit[is] Albemarl' cum conposicione inter dominos de Marton' et domum de Boulton' cum quietaclamacione Ricardi de Monte Alto.

A – Chatsworth Charter, K7. Tag.

54 Notification to Archbishop Thurstan by Cecily daughter of R[obert] de Rumilly who was the wife of William son of Ran[ulf] of her gift that William son of Ran[ulf] gave to the canons of St Mary's, Huntingdon [and] of St Cuthbert's, Embsay, of all that pertains to the church of Holy Trinity, Skipton, together with its tithes of Skipton and Harewood excepting the tithes of the mills of Skipton and Harewood, with Skibedon Ho and the mill of Embsay and St Andrew's, Kildwick, and other tithes. [Michaelmas 1130x25 Jan. 1140]

Turst' Dei gracia Eborac' archiepiscopo […55mm univ]ersis ecclesie Dei fidelibus Cec[elia] fil[ia] R[oberti de] Rumill' que fuit uxor Willelmi filii Ran' […13mm] salutem […22mm c]oncessisse et hac carta mea con[firmasse] quicquid Willelmus filius Ran' dominus et maritus meus concessit […15mm] canonicis ecclesie sancte Marie Hun[t]e[…15mm] sancti Cuthberti Emmeseie[a] scilicet omnia que ad ecc[lesiam] sancte Trinitatis Schipet' pertinebant et dec[imas] dena[ri]orum census eiusdem Sch[ipet'] et etiam Harauuode ex[cep]ta decima molendini Harauu' et Schibed […10mm]a' cum Shipedone Ho et molendino Emmeseie et ecclesia sancti Andree apostolici de Kildeuuic et decima[s] […10mm] nationis pro salute anime patris et matris mee et anime Willelmi mariti mei et Math[ei] filii mei. Hec […10mm] et omnium antecessorum nostrorum. Testimonio Rein[eri] dapif[eri] et Godard[i] Copel', et Rein[eri] Rivell' et Rein[eri] capellani, et Ran[olphi] Harel et Lig' et Willelmi filii R. dapiferi. Insuper etiam escangias que fuer[un]t facte de Emmeseia et quibusdam terris Schipet' eodem testimonio.

a. Embsay *written underneath in later hand*.

This charter appears to have been made for the founding of the house of canons at Embsay, but unfortunately does not clarify the relationship between Embsay and Huntingdon.
A – Chatsworth Charter, B2, PB4865/24. Endorsed: ?e ?s? ... trinita? ... de Sc..tun'; 195x115mm [10mm missing along most of bottom, probably tie]. No seal or tag; no evidence of sealing method, possibly on missing tie. Damaged.

55 Inspeximus made by Edward I of the gift of Alice de Rumilly to the canons of Bolton of acquittance from bridge, carriage, quay, aid, and all other tolls within and without Skipton when buying or selling, with free passage to the fair at Embsay by ways and lanes and extra in her moors, woods and pastures, excepting through corn and meadows. 5 Apr. 1305, Westminster

Edwardus Dei gratia rex Anglie, dominus Hibernie et dux Aquitanie archiepiscopis, episcopis, abbatibus, prioribus, comitibus, baronibus, iusticiariis, vicecomitibus, prepo[sit]is et ministris et omnibus ballivis et fidelibus suis salutem. Inspeximus cartam quam Aeliz de Rum[eli]o fecit Deo et canonicis de Boulton' in hec verba. Aeliz de Rumelio omnib[u]s hominibus salutem. Sciatis quod ego do et concedo pro me et heredibus meis Deo et canonicis de Boulton' tale[m] libe[r]tatem quod ipsi et proprii homines sui quieti sint ab omnibus pontagiis, cariagiis, staciis, auxi[liis] et ab omni prestacione theolonii infra villam de Skipton' et extra ubicumque theolonium [prestari debet in] terris meis qualitercumque emunt vel vendunt sive in marcandis sive [extra simul cum] libero transitu et exitu omnibus [venientibus et re]deuntibus [cum quibuscumque averiis ad feriam suam de] Emesay per vias et semitas et extra in moris boscis meis [...70mm] et pratis tantum. Hii sunt testes: Osbertus archidiaconus, Rogerus Tempest et Rogerus Fafington'.[a] Nos [aute]m donacionem et concessionem predictas ratas habentes et gratas eas pro nobis et heredibus [...5mm]is quantum in nobis est concedimus et confirmamus sicut carta predicta rationabiliter testatur. Hiis testibus: venerabilibus patribus A. Dunolm', W. Covent' et Lychefeld', et I. Karliolen', episcopis, Henrico [de Lacy] comite Lincoln', Rad[ulf]o de Monte Hermer', comite Glouc' et Hertford', Guidone de Bello [Cam]po comite Warr', Henrico de Percy, Roberto de Cly[for]d, Roberto de la Warde senescallo hospicii [nostri] et aliis. Dat' per manum nostram apud Westm' quinto die Aprilis anno regni nostri t[rices]imo tertio.
Askeby.

a. Osberto archidiacono, Rogero Tempest et Rogero Fafington' *(sic)* A.

For the charter of Alice de Rumilly to the canons see CB, no. 21.
A – Chatsworth Charter, B3, PB11065/54. Endorsements: A grant from king Edward y[e] 1[st] to y[e] prior of Bolton for exempcion of pontage and tollage etc. 4º die Aprilii tricesimo tertio; Skiptone; No. 2; 1272. Markings of face: Rumelio; [*a sum in three rows*] 1695–1274=421. 250x220mm [50–55mm tag fold]. No seal or tag; no evidence of sealing method. Document damaged.

56 Grant by Henry III to the canons of Bolton of free warren in all their demesne lands in Bolton, Kildwick, Stead, Riddings, How, Halton, Embsay, Eastby, Cracoe, Marton, Malham, Storiths, Wigton, Brandon, Wentworth, Street and Ryther, in the county of Yorkshire, so long as they are not within the boundaries of the royal forest. 27 Feb. 1257, Windsor

Henricus[a] Dei gracia rex Anglie, dominus Hibernie, dux Normannie, Aquitanie et comes And' archiepiscopis, episcopis, abbatibus, prioribus, comitibus, baronibus, iusticiis, forestariis, vicecomitibus, prepositis, ministris et omnibus ballivis et fidelibus suis salutem. Sciatis nos concessisse et hac carta nostr[a ...5mm] confirmasse dilectis nobis in Cristo priori et canonicis de Boulton' in Craven' quod ipsi et successores sui imperpetuum habeant liberam waren[nam] in omnibus dominicis terris suis de Boulton', Kildwik, Stede, Ryddinges, Hou, Halton', Emmeseie, Estby, Crachou, Marton', M[al]gum, Storthes, Wygedon', Brandron', Wyntewurth', Strete et Ryther in comitatu Ebor' dum tamen terre ille non sint infra [me]tas foreste nostre, ita quod nullus intret terr[a]s illas ad fugandum in eis vel ad aliquid capiendum quod ad warennam pertine[at] sine licencia et voluntate ipsorum prioris et canonicorum vel successorum suorum super forisfacturam terram decem librarum. Quare volumus et firmiter precipimus pro nobis et heredibus nostris quod predicti prior et canonici et successores sui imperpetuum habeant liberam warennam in omnibus dominicis terris suis predictis dum tamen terre ille non sint infra metas foreste nostre, ita quod nullus intret terras illas ad fugandum in eis vel ad aliquid capiendum quod ad warennam pertine[a]t sine licencia et voluntate ipsorum prioris et canonicorum vel successorum suorum super forisfacturam nostram decem librarum sicut predictum est. Hiis testibus: Guidone de Lezingnan fratre nostro, Humfrido de Bohun iuniore, Galfrido de Geynvill', Elias de Montibus, Walkelmo de Ardern', Waltero de Merton', Nicholao de sancto Mauro, Mathia de Mara, Willemo Gernun et aliis. Dat' per manum nostram apud Windes' vicesimo septimo die Februarii anno regni nostri quadragesimo primo.

a. H. *illuminated in red and blue*.

A – Chatsworth Charter, K12. Endorsed: Cart' de warennia in diversis terris et locis; 220x146mm [33mm tag fold]. No seal or tag; no evidence of sealing method. Right side damaged, *c*.5mm of text. Pd in *C.Ch.R., 1226–1257*, p. 462.

57 Gift in free, pure and perpetual alms by Adam the forester to the canons of Bolton of one toft and six [acres] of land and meadow. [early–mid thirteenth century]

Universis sancte matris ecclesie filiis hac literas visuris vel audituris Adam forestar[ius] de [...10mm] domino [...10mm]. Noverit[is] me intuitu Dei pro salute anime mee et antecessorum et successorum meorum ad honorem de [...25mm] ecclesie concessisse et dedisse et hac presenti carta mea confirmasse Deo et ecclesie beate Marie de Boelt' [...25mm]entibus in liberam, puram et perpetuam elemosinam unum toftum et sex [...10mm] terre tam prati q[uam ...35mm] de [...7mm]y videlicet illud toftum cum ipsa dicta terra et pertinentiis quod [...20mm] Willelmi de Herteligtu[...20mm] terre [...20mm] W. fil' Heltonis de [...7mm] suo versus solem [...35mm] croft' de dominico et [...35mm] ten' et vi[...3mm] acram iuxta plaghe[...15mm] acram in hard[...30mm] in [...55mm] eosdem canonicos. Habend[a] et tenend[a] libere, quiete et pacifice cum omnibus libertatibus et aisiamentis [...35mm] villa [...10mm I]ta quod heredes mei warantizabunt et defend[unt] predictas terras [...5mm] canonicis omnes homines in perpetuum [...10mm] res gesta maneat firmitate [...10mm] et nullum [...15mm] valeat [...35mm]tare sigillum meum apposui. Hiis testibus: Iohanne de Est' [...30mm], Rogero de [...5mm]kel, [20mm] Angl', Roberto filio Willelmi, Ro[...2mm] filio Ricardi, Waltero [...15mm], Willelmo de [...20mm].

Unfortunately damage to this document prevents the location of the benefaction being known.

A – Chatsworth Charter, L2, P25. Not endorsed; 195x90mm [10mm tag fold]. Tag, no seal; sealed on the tag method 1. Document damaged, very poor condition.

58 Quitclaim by Adam son of Simon of Eastby to the canons of Bolton of all right and claim to all lands and tenements with houses, buildings and tofts which Anabilia, widow of Adam the forester, held in her life of the said canons in Eastby and of the said Simon, with a penalty of 100s. of silver. [c.1247x12 Jan. 1284]

Omnibus Cristi fidelibus presens scriptum visuris vel audituris Adam filius Simonis de Estby salutem in Domino. Noveritis me relaxasse, concessisse et hoc presenti scripto quietumclamasse imperpetuum pro me et heredibus mei priori et conventui de Boelton' totum ius et clamium quod ego unquam habui vel habere potui in omnibus terris et tenementis cum domibus, edificiis et tofto que Anabilia quondam uxor Ade forestarii tenuit in tota vita sua de predictis priore et conventu in Estby et que tenent de antecessoribus meis vel tenere poterunt, ita quod nec ego nec heredes mei nec aliqui nomine nostro in predictis terris et tenementis domibus, edificiis et tofto aliquid ius vel clamium exigere deceteo vel vendicare poterimus et si contra hoc factum nostrum aliquid fecerimus dabimus capitali domino de Skypton' vel eius ballivis qui pro tempore fuerint nomine pene centum solidos argenti. In huius rei testimonium presenti scripto sigillum meum apposui. Hiis testibus: Willelmo Mauleverer de Bemesley, Nicholao de eadem, Willelmo Mauleverer de Kalton', Ada filio Thome de Halton', Iohanne filio Walteri filio Helt[onis] de Estby, Ada cementario de eadem, Ricardo filio Walteri filii[a] Helt[onis] et aliis.

a. filio *(sic)* A.

A – Chatsworth Charter, B2, PB30765/10. Endorsed: de Estby; 150x85mm [13mm tag fold]; tag fragment, no seal.

59 Gift in [free and pure] alms by William de Plumland with the assent of Adam de *Fafintun* to the canons of Bolton of one bovate of land near the land of William son of Nigel. [early thirteenth century]

Sciant presentes et futuri quod ego Willelmus de Plumlund consensu et assensu Ade de Fafintun [dedi, concessi et confir]mavi Deo et ecclesie beate Marie de Boulton' et canonicis ibi Deo servientibus unam bovatam terre [...70mm] scilicet que iacet propinquior terre Willelmi filii Nigelli. Tenendam et habendam de me et heredibus mei in [liberam et puram] elemosinam so[lu]ta[m ab] omni [ser]vic[i]o seculari salvo forinseco servicio quant[um] pertinet ad unam bovatam terre in feodo militis [...15mm] quatuordecim carucatas terre. [Ego] dictus Willelmus et heredes mei dictam terram cum pertinenciis prefatis canonicis contra omnes homines warentizabimus in perpetuum. Hiis testibus: Ricardo de Ham'[...5mm], Ranulfo de Oterburne, Willelmo clerico de Malghum, Thoma de Malghum, Reinero filio Symonis, Ricardo filio Hugonis, [et aliis].

A – Chatsworth Charter, B1, PB11. Not endorsed; 193x44–5mm [6mm tag fold]. No seal or tag.

60 Confirmation by Helto Mauleverer to the canons of Bolton regarding three bovates of land. [1228x1243]

Sciant omnes tam presentes quam futuri quod ego Helte Mauleverer concessi et hac presenti carta mea confirmavi priori de Bow[...35mm] me et heredibus meis quod numquam terram de tribus bovatis terre quas de [eisdem c]anonic[is ...30mm] et heredes [...5mm] invadiabimus nec vendemus [...5mm que] dabimus nec aliquomodo alien[...35mm reli]giosis neque [...5mm] eis alicui mortali absque licencia predictorum canonicorum. Et ut hec confirmatio atque concessio rate et stabiles permaneant tactis sacrosantis iuravi [...15mm] scriptum [...10mm] sigilli mei corroboravi. Hiis testibus: Iohanne de Estona, Eustachio de Rilleston', Willelmo Anglico tunc ballivo de Skipt', Symone de Marton', Rogero de Kikel', Willelmo Grayndeorg', Hugono de Halt' que multis aliis.

A – Chatsworth Charter, B2, PB30765/8. Not endorsed; 165x80mm [15mm tag fold]; seal: green wax, round. Obverse: bird [facing left]. Legend; SIGIL ELTE MAULUVERER★; 35mm. Document worn in parts.

61 **Gift in free, pure and perpetual alms by Robert son of William son of Osbern to the canons of Bolton of half an acre of land at *Lungegile*, with his body for burial. [early–mid thirteenth century]**

Omnibus Cristi fidelibus ad quos presens scriptum Robertus filius Willelmi filii Hosberni salutem in Domino. Noveritis me dedisse, concessisse et hac presenti carta mea confirmasse Deo et ecclesie beate Marie de Bowthelt' et canonicis ibidem Deo servientibus et una cum corpore meo dimidiam acram terre ad Lungegile. Tenendam et habendam predictis canonicis libere, quiete et in pace de me et heredibus meis in liberam, puram et perpetuam elemosinam sicut aliqua elemosina liberius vel honorius dari potest. Et ego [...20mm[a]] predictis canonicis predictam terram contra omnes homines warantizabimus inperpetuum. Hiis testibus: Ricardo de Pinkeney, Thoma de Alton' fratre predicti Roberti, Willelmo fratre predicti Thome, Ricardo fratre predicti Willelmi, Ricardo filio Aldredi, Rand' filio Gilberti, Thoma de Malgum, Ada de Karlesswayde, Waltero de Ysteby, Iacobo de Alton' et multis aliis.

a. torn section.

A – Chatsworth Charter, K2. Not endorsed; 160x70mm [15mm tag fold]. Tag, no seal; sealed on the tag method 1.

62 **Notification by Paulinus, master of the St Peter's Hospital, York, of the gift to the canons of Bolton of their land in Blakestreet, York, which Elwin Kent and Richard his son hold, paying 12*d*. annually, and husgable. [*c.*1170x1201]**

Magister Paulinus dictus humilis hospitalis domus sancti Petri de Eborac' et eiusdem loci conventus omnibus sancte matris ecclesie filiis salutem universitati vestre notum esse volumus quod canonici ecclesie sancte Marie de Boelton' terram nostram in Bleistreta in Eborac' que fuer[at] Elwini Kent et Ricardi filii eius de nob[is] perpetuo tenent reddendo inde nobis annuatim duodecim denar[ios] ad Pentecost' et husgavel per omni servitio quod ad nos pertinent si vero predictam firmam ultra tertiu[m] dicti canoici detinuerint supradictam terram in manum nostram saisiemus. His testibus: Ham[one] cancellario, Adam de Torou', Alano et Stephano canonicis et[a] presbiteris, Nicholao Hugonis, Roberto Skyr, Willelmo Balki, Dolfino, Siwad, Osberto, Rogero fratribus, Arnalto filio Leu[us], Thoma filio Gerard[i], Radulfo, Wantar', Bartholomeo, Ricardo Malerb', Lamberto filio Oscend[i], Ingelr[amo].

a. et *omitted* A.

For other charters relating to Blake Street see BL, MS Cotton, Nero D iii (St Leonard's, York), fos. 87r–94v. A – Bodleian Library, MS Ch.Yorks A1, no. 106a. Endorsed: De ... [illegible]; 160x125mm [10–15mm tag fold, marked: 106a]. No tag or seal. Pd in *EYC*, i, no. 252.

63 **Notification by Prior Walter and the canons of Bolton that they hold land in Blake Street, York, which was previously held by Elwin Kent and Richard his son, paying 12*d.* annually to the hospital of St Peter's, York, [St Leonard's], and husgable. [*c.*1170x1201]**

Walterus prior et conventus ecclesie de Boelton omnibus sancte matris ecclesie filiis salutem. Universitati vestre notum esse volumus quod nos terram unam in Blaikestreta in Eboraco, que fuerat Elwini Kent et Ricardi filii eius de domo hospitali Santi Petri Eboracensis perpetuo tenemus, redendo inde eidem hospitali annuatim xij denarios ad Pentecosten et husgavel pro omni servitio quod ad prefatum hospitale pertineat. Si vero predictam firmam ultra tertium diem detinuerimus prenominatum hospitale supradictam terram in manum suam saiset. Hiis testibus: Hamone cancellario, Adam de Thornouer, Alano et Stephano canonicis et presbiteris, Nicholao Hugonis, Roberto Petri, Roberto Skir, Willelmo Balki, Dolfino, Siward, Osberto, Rogero fratribus, Arnulfo filio Leuus, Thoma filio Gerardi, Radulfo Wautar', Bartholomeo, Ricardo Malerb', Lamberto filio Osmundi, Ingelr[amo].

J – BL, MS Nero D. iii (St Leonard's, York), fo. 87. Pd in *EYC*, i, no. 253.

64 **Gift in perpetual alms by Walter Aleman to the canons of Bolton of lordship, service and homage of half a carucate of land in the vill of Malham, namely that which Robert son of Jordan son of Ernis held. [1155x17 Apr. 1222]**

Omnibus Cristi fidelibus ad quos presens scriptum pervenerit Walterus Alemannus salutem eternam in Domino. Noveritis me dedisse et concessisse et presenti carta confirmasse Deo et ecclesie beate Marie de Boult[ona] et canonicis ibidem Deo servientibus dominium et servicium et homagium[a] dimidie carrucate terre et omnium pertinenciarum suarum in villa de Malghum, illius scilicet quam Robertus filius Iordani filii Ernisii de me tenuit, et quicquid michi vel heredibus meis in eadem dimidia carrucata terre pertinuit sine aliquo retenemento in perpetuam elemosinam pro salute anime mee et antecessorum et successorum meorum. Hiis testibus: Willelmo de Martun, Hugone de Kaltun, Helya de Rillestun, Willelmo de Hebbedene, Willelmo filio Edwardi, Symone clerico de Kyrkeby, Ricardo fratre eius, Willelmo de Malghum, Rannulfo de Oterburne.

a. homonagium *(sic)* A.

J – BL, MS Add. 37770, fo. 162. Pd abstract in *Fountains Chartulary*, ii, p. 459.

65 **Licence by Prior John of Laund and the canons of Bolton to John Scot of Calverley to assign all his lands and tenements in Yeadon and Esholt that he has of the gift of Simon de Braam [Braham Hall] son of Benedict de Hagh' to Lady Isabella of Calverley, prioress of Esholt, and the convent there in pure and perpetual alms, paying 10*d*.; notice that the statute of mortmain will not be referred to. 12 Nov. 1327, Bolton**

Pateat[a] universis per presentes quod nos frater Iohannes de Landa prior[b] monasterii beate Marie de Boulton' in Craven et eiusdem loci conventus concessimus et licenciam dedimus specialem Iohanni Scot de Calverlay quod ipse omnes terras et tenementa sua cum omnibus pertinenciis suis in Yedon et Esseholt sine aliquo retenemento que habuit de dono Symonis de Braam filii Benedicti de Hagh' dare possit et assignare domine Isabelle de Calverlay priorisse ecclesie de Esseholt et conventui eiusdem ecclesie et successoribus suis in puram et perpetuam elemosinam quantum in nobis est salvis nobis et successoribus nostris decem denariis redditus tantum de una bovata terre que fuit predicti Iohannis ex dono predicti Symonis in Yedon' capiendis. Volentes et concedentes quod predicta priorissa et conventus ac successores sue racione statuti editi de terris et tenementis devemendis ad manum mortuam per nos aut successores nostros inde non occasionentur in aliquo seu graventur .. In cuius rei testimonium presentibus litteris sigillum commune capituli nostri est appensum. Datum apud Boulton' in Craven in capitulo nostro predicto die martis in festo sancti Michaelis Archangeli anno Domini millesimo trecentesimo vicesimo septimo Et anno regni regis ...[c]

a. P *decorated* A.   b. P *face drawn in loop facing ascender* A.   c. *unfinished* A.

A – BL, MS Add. Ch. 16706. Not endorsed: 240x170mm. No seal or tag; no evidence of sealing method. Pd in *The Calverley Charters Presented to the British Museum by Sir Walter Calverley Trevelyan Baronet*, ed. W.P. Baildon and S. Margerison (Leeds, 1904), i, no. 126.

66 Final concord made between the canons of Bolton and Peter son of Grent whereby the canons, by the entreaty of Peter son of Grent, give the church of Carleton to Alexander the clerk and Adam son of Aubyn will be perpetual vicar, paying 30*s*. 8*d*. annually to the said Alexander, with one toft, with Alexander paying a pension of 4*s*. annually, with provision after the death either of Alexander or Adam. 10 Sep. 1184, York

Hec est finalis concordia facta in curia domini regis apud Eborac' die Lune proxima post Nat[ale] Sancte Marie anno regni regis H. secundi xxx° coram Godefrido de Luci et Hugone de Morewic et Hugone Murdac et Rogero Arundel et Galfrido de Nevill' et Willelmo le Vavasur et Galfrido Hagat iusticiis domini regis et coram aliis baronibus et fidelibus domini regis qui tunc aderant inter priorem et conventum sancte Marie de Boelton' et Petrum filium Grent scilicet quod prior et conventus Alexandro clerico pro amore Dei et prece Petri filii Grent et amicorum suorum et bono pacis ecclesiam de Karleton' concesser[un]t et eum in personam representab[un]t ita quod Ada[m] fil[ium] Albini de predicto Alexandro in perpetuam vicariam prefatam ecclesiam tenebit: solvendo annuatim xxx sol[idos] et viij*d*. iam dicto Alexandro et insuper j toftu[m] quod fuit Thome predicto Alexandro remanebit et ipse Alexand[er] iamdicto priori et conventui: iiij sol[idos] de ead[em] ecclesia de Karleton' annuati[m] nomine pensionis solvet; scilicet ij sol[idos] ad festu[m] sancti Martini et ij ad Pentencosten. Si vero Alexand[er] Ada[m] supervixerit ipse tota[m] ecclesia[m] tenebit; reddendo predictis canonicis annuatim j marcam argenti ad predictos terminos; ita quod post morte[m] Alexand[ri] ecclesia de Karleton' ab omni reclamacione Petri et hered[orum] suorum libera et soluta remanebit. Si vero Ada[m] Alexandru[m] supervixerit: intuitu pietatis prior et conventus peticione Petri vel hered[orum] suorum: alique[m] clericum in predictum beneficium secundem prefata[m] condicione.

For the history of the parish of Carleton and a list of its incumbents see *Fasti Parochiales*, iv, pp. 35–9.
A – BL, MS Add. Ch. 20562. Endorsed: Carleton 4; illegible writing. 180x105mm. Seal: brown wax, round. Legend: SIGIL[LI PET]RI FILII G[R]ENTE [N = backwards diagonal]. Obverse: knight, with sword in right hand and shield in left, on horseback facing left; 50mm [30mm impression]; sealed on the tag method 1. Pd in *EYC*, vii, no. 176.

67 Gift in pure and perpetual alms by Peter son of Grent with the council of his friends and heirs to the canons of Bolton of the advowson of

the church of Carleton, namely with two bovates in Carleton and two bovates in Lothersdale with toft. [1184x1200]

Notum sit omnibus sancte matris ecclesie filiis tam presentibus quam futuris quod ego Petrus filius Gre[n]t consilio amicorum meorum et heredum meorum concessi et dedi et hac mea carta confirmavi tanq[uam] advocat[ionem] ecclesie de Kareltona cum omnibus que ad eandem ecclesiam pertinent scilicet in duabus bovatis terre in Karelt' et duabus bovatis terre in Lotherreldene cum tothtis eisdem bovatis pertinentibus et cum comunitate ville in boscho et plano et ceteris aisiamentis ecclesie beate Marie de Bothelt' et canonicis regularibus ibidem Deo servientibus in pura et perpetua elemosina liberam et solutam et ab omni seculari servicio quieta[m] pro anima Everardi avi mei et patris et matris mee et uxoris mee et omnium predeccesorum et meorum. His testibus: Roberto capellano de Scipt', et Malgero de Gisleburn, et Ada clerico de Karlet', et Alexandro persona de Karlet', et Everardo herede suo et Willelmo fratre suo, et Aufras fratre suo, et Waltero fratre suo, et Henrico fratre suo, et Hugone de Suttune et Willelmo Favel, Helte de Estbi.

A – Bodleian Library, Christ Church Charters, M 120. Endorsed: De Carleton; Carleton; 1; Peter Grent gives the advowson of the church of Carleton to the pryory of Bolton etc.; 115x125mm. Tag, no seal; sealed on the tag method 1.

68   Quitclaim by Everard son of Peter [son of] Grent, lord of Carleton, to the canons of Bolton of all right and claim to the advowson of the church of Carleton and the lands of the said church, namely two bovates of land in Carleton and two bovates of land in Lothersdale, with toft and appurtenances, as the charter of his father states, for eight oxen chosen from the ploughteam of Bolton, and with Everard, his heirs and ancestors being received into the church of Bolton. [1214x9 Dec. 1234]

Notum sit omnibus hoc scriptum visuris vel auditurus quod ego Everardus filius Petri Grent dominus de Carleton' concessi et confirmavi pro me et heredibus meis et quietum clamavi ecclesie de Boulton' et canonicis ibidem Deo servientibus totum ius meum q[uam] habui in advocacione ecclesie de Carleton' et in terris dicte ecclesie pertinentibus scilicet in duabus bovatis terre in Carleton' et in duatis bovatis terre in Lotheredene cum tofto et pertinenciis dictis bovatis pertinentibus sicut carta patris mei testatur pro salute anime mee et omnium antecessorum et successorum meorum et pro octo bobus electis eligendis de carucis de Boulton' et sciendum est q[uod] prior et conventus pro hac concessione receperunt me et heredes meos et antessores meos in oracionibus suis et omnibus spiritualibus bonis in ecclesia de Boulton' i[n] perpetuum faciendis. In cuius rei testimonium presenti scripto sigillum meum apposui signato anulo meo. Hiis testibus: Johanne de Eston', Willelmo de Hebbeden, Willelmo de Farenhil', Willelmo filio Eduardi, Ricardo capellano, Willelmo de Somervil', Rogero clerico et aliis.

Whereas the majority of the charters made to the priory contain a clause about sealing, this is the only example of a signet ring being specified.
A – Bodleian Library, Christ Church Charters, M 121. Endorsed: Dorse: Everardus the son of Peter Grent grant[es] to Boulton the church of Carleton with the lande[s] with 2 oxgranges of land[es] in Carleton and 2 oxgranges of land[es] in Lotheredern with the toft[es] and appurten[a]unces; De advoc' ecclesie de Carletu'; Carleton 2; 210mmx135mm. Tag, no seal.

69 **Quitclaim by Thomas de Alta Ripa son and heir of Lord John de Alta Ripa to the canons of Bolton of all right and claim to the advowson of the church of Carleton in Craven and all its appurtenances. [1290x1303]**

Universis sancte matris ecclesie filiis ad quos presens scriptum pervenerit dominus Thomas de Alta Ripa filius et heres domini Iohannis de Alta Ripa salutem in Domino sempiternam. Noveritis me pro salute anime mee et animabus patris mei matris mee et uxoris mee et omnium antecessorum et successorum meorum concessisse et de me et heredibus meis i[m]perpetuum quietumclamasse Deo et beate Marie de Boulton' et canonicis ibidem Deo servientibus totum ius et clamium quod uncquam habui vel aliquo modo habere potui vel potero in advocacione ecclesie de Carleton' in Craven cum omnibus suis pertinenciis, ita quod nec ego nec aliquis heredum meorum nec aliquis nomine nostro aliquod ius nec clamium in dicta ecclesia vel in advocacione eiusdem de cetero exigere vel vendicare poterimus i[m]perpetuum. Et ut ista mea concessio et quieta clamacio pro me et heredibus meis imperpetuum perpetuam optineat stabilitatem eam sigilli mei i[m]pressione roboravi. Hiis testibus: dominis Roberto de Plu[m]pton', Roberto de Stiveton', Iohanne Giliot', Henrico de Kigheleay, militibus, Iohanne de Farnhil, Willelmo de Cesterhu[n]t, Ricardo Tempest, Willelmo de Ebor', Ev[er]rardo Fauvel et aliis.

For further charters relating to the church of Carleton and the interest in it held by Bolton Priory see Dodsworth MS 83, fo. 2r–2v.
A – Bodleian Library, Christ Church Charters, M 122. Endorsed: Carleton; 3; Thomas de Alta Ripa the son of John de Alta Ripa grant[es] to Bolton the church of Carleton; Ad … de Carleton'; 260x120mm. Tag, no seal; sealed on the tag method 1.

70 **Gift in free, pure and perpetual alms by Hamlin of Weardley to the canons of Bolton of all the homage and service of Adam his brother together with the tenement he holds. [Michaelmas 1186x1226]**

Sciant presentes et futuri quod ego Hamelinus de Wiverthelaye dedi et concessi Deo et ecclesie beate Marie de Boult' et canonicis ibidem Deo servientibus totum humagium et servicium Ade fratris mei quod mihi debebat[ur] cum toto tenemento quod de me tenuit in liberam, puram et perpetuam elemosinam et ut h[ec] m[e]a donatio firma et inconcussa permaneat presentis sigilli mihi appositione confirmo. Hiis testibus: Willelmo de Martu[n], Simone de Mo[n]te Alto, Willelmo filio eius, Willelmo Graindorge, Petro de Arthigtu[n], Willelmo filio Gileberti, Hug[one] de Witu[n], Serlone de Povele, Radulfo de Bramehoppe, Johanne de Rie, Gilberto fratre eius, Roberto Beug[ra]nt, Roberto Longo de Arwde.

A – BL, MS Harl. Ch. 112 E 52. Not endorsed. 140x55mm [10mm tag fold]. Tag, no seal.

Appendix III

Transcripts of charters of the patrons of Bolton Priory for which the originals are no longer extant

1   Gift in pure and perpetual alms by Henry de Tracy and Cecily de Rumilly his wife to the canons of Embsay of the vill of Kildwick, together with the tithes, oblations and profits of the vill, and the mill and soke of the mill. [Michaelmas 1130x1155]

Sciant omnes qui sunt et qui venturi sunt quod ego Henricus de Traches et uxor mea Cecilia concedimus et volumus Deo et beate Marie et ecclesie de Emseie et canonicis ibidem totam Chyldwyke cum omnibus decimis et oblationibus et comoditatibus eidem ville pertinentibus cum molendino et totam socam[a] molendini in puram et perpetuam elmosinam liberam ab omni re seculari servitio et exactione. His testibus: Thoma capellano[b], Heltone Maleverer, Willelmo de Carlton filio[c], Rogero Tempest clerico[d] de Skypton, Iohanne[e] de[f] Addugg'm, cum multis aliis.

a. fossam *in error Mon. Angl.*   b. Thomas capellanus *(sic)* C.   c. Willelmus de Carlton filius *(sic)* C.   d. clericus *(sic)* C.   e. Iohannes *(sic)* C.   f. Adng *deleted* C.

This charter and the one following have been left as full transcripts, rather than as abstracts, because they were made by the patrons of Bolton Priory. Although there is no legend recorded, the seal is presumably that of Henry de Tracy. Dodsworth has titled this charter 'Carta Henrici de Traches et uxoris sue Cecilie', with a note in the margin stating the presence of another charter of Henry de Tracy in the cartulary, fo. 35, 'Al[ias] de Tracy QQ35 ex cartulario de Bolton'.
C – fo. 12, with sketch of a round seal, impression: lion facing right. Pd from C in *EYC*, vii, no. 11; *Mon. Angl.*, vi, p. 204, no. 8.

2   Confirmation in pure and perpetual alms by Alice de Rumilly to the canons of Bolton of the vill of Kildwick, together with tithes, oblations, and profits, and the mill with all its soke together with rights of forfeiture to the canons, and all the land held by the canons in Farnhill and Cononley. [1155x1187]

Adelya de Rumelio omnibus sanctis filiis salutem. Sciatis me concessisse et confirmasse Deo et beate Marie et canonicis de Bollton totam[a] villam de Chyldewyk cum decimis et oblationibus et cum molendino et totam socam molendini atque totam terram que habent et tenent in villis de Fernhill et Conanlia cum omnibus aliis comoditatibus ad villam Chyldwyke pertinentibus in puram et perpetuam elemosinam liberam et quietam ab omni[b] seculari servitio et exactione et sine re, ita vero quod aliud molendinum infra socam ab aliquo hominium sine voluntate et concensu canonicorum non fiat nec habeatur, si quis autem de predicta soca renuerit[c] venire ad predictum molendinum et repertus fuerit[d] veniens ab alio molendino non solito saccus et bladus et equus[e] et forisfactum erunt canonicorum que ville antecessores mei dederunt eis; hoc do pro salute anime mei patris et matris et antecessorum meorum hanc utique concessionem testimur[f] Osmundus capellanus et filius eius Simon, Radulphus de Sosela, Hamondus de Bradley et Hamundus filius eius, Willelmus filius[g], Richardus de Alta Ripa, Iohannes capellanus de Skypton et aliis.

a. tottam *(sic)* C.   b. omne *(sic)* C.   c. renyerit *(sic)* C.   d. furit *(sic)* C.   e. equs *(sic)* C.   f. testi *deleted* C.   g. *(sic)* C.

It is possible that this charter was made by Alice de Rumilly following the death of Alexander son of Gerold, her second husband, before Michaelmas 1178. Dodsworth has titled this particular transcript 'Carta Adelye de Rumelio'. The sketch of the seal appears to have been an error, for Alice de Rumilly is known to have had her own seal. Another explanation is that she used the seal of someone else, but this seems less likely.

C – fo. 12v, with sketch of seal: round; equestrian impression. Legend: +SIGILLUM HENSER' FILII SUANI. Pd from C in *EYC*, vii, no. 23; *Mon. Angl.*, vi, p. 204, no. ix.

Indexes

Roman numerals refer to pages in the Introduction. Charters and other documents are given Arabic numerals, being preceded by CB for Coucher Book, AI for Appendix I, AII for Appendix II, and AIII for Appendix III.

Index of Persons and Places

People with patronymic names have been indexed under the name of the father (or mother). Where there are multiple entries, if other information about an individual is available, such as occupation, this has also been included.

Place-names have been indexed under their modern form, with variants being placed in brackets after. Italic characters have been used for variants and to indicate places that have not been identified. Variants of unidentified places are also placed in brackets after the entry.

Where there are several entries under one place-name, they are arranged with place first, e.g. church, mill of, then followed by people, e.g. William of. Personal names are arranged by occupation and then by other parts of the name.

Abel (Habel), CB437
Abraham, Robert, CB433
Acbeck[es], William, CB459
Acer, Adam son of Adam son, AII, 5
Acer, Richard son of, AI, 1
Acer, Syrith wife of Richard son of, AI, 1
Acre, le, CB396
Acre Wall, CB416
Adam, CB120
Adam, chaplain of Otley, CB420, 422, 441; AI, 21
Adam, clerk of Carleton, AII, 67
Adam, dean of Arncliffe, CB414
Adam, parson of Arncliffe, CB142
Adam, prior of Bolton, CB97, 145, 148, 279; AI, 19
Adam, Aldred father of, CB305
Adam, Alexander brother of, CB401
Adam, Alexander brother of Henry son of, CB390
Adam, Alexander brother of William son of, CB302
Adam, Henry son of, CB305, 390
Adam, Alexander son of, CB395
Adam, William son of, CB302
Adam, William son of, CB305
Adelelm, dean of Lincoln CB92

Addingham (*Adiggeham, Addugg'm, Adingham*), John of, AIII, 1
 Thomas of, CB43, 63, 298; AII, 21
Affeton', Richard de, CB454–6
Agillanus, Ralph, AII, 38
Agnes, sister of Syrith, AI, 1
Agnes, Richard son of, CB433, 435
Agnes, William son of, AII, 31
Aileston, Robert de, of Skipton Castle, CB442
Ailric', Ackman, CB381
Ailric', Ackman, Robert brother of, CB381
Aire, river, CB279, 290, 381, 383–4, 388–9
 bridge over, CB381
 ford in, CB383
Aire, valley, CB32
Airton (*Airtona, Ayrtu', Eirton, Eyrton, Hayreton*), CB78–85, 213–14; AI, 6
 mill of, CB78, 421; AI, 4, 6; AII, 50
Alan, canon of York, AII, 62–3
Alan, Stephen son of, CB261
Alawaldel see Alwoodley
Albemarlie see Aumale
Albus see White
Alccon see Halton
Aldefeld; see also Hadfield; CB333
 Nicholas de, CB371

Aldelin, steward of the king, William son of, AI, 54–6
Aldelin, Ralph son of William son of, AI, 54
Aldred, Richard son of, AII, 9, 12, 14, 61
Aldred, Roger son of, CB27
Aldred, Walter son of, AII, 29
Aleman (*Alemanno*), John le, CB136; AII, 40
   John le, Walter brother of, CB136
   Walter, CB140; AI, 54; AII, 21, 64
   Walter, John brother of, AI, 54
Aleton', John de, CB94
Alexander, abbot of Kirkstall, CB14
Alexander, clerk, CB265, 388–9; AII, 66
Alexander, chaplain, CB269
Alexander, chaplain of Linton, CB265
Alexander, chaplain of the uncle of Henry Proudfoot, CB264
Alexander, clerk of Bracewell, CB256
Alexander, clerk of Calverley, CB414, 437
Alexander, dean of Craven, CB405
Alexander, parson of Carleton, AII, 67
Alexander, parson of Marton, CB259,
Alexander, parson of Marton, dean of Craven, CB420, 422, 441
Alexander, Alan [son of], CB78
Alexander, Reiner son of, CB397
Alexander, Simon son of, CB388, 392
Alfred, clerk, CB413
Alewaldelay see Alwoodley
Alice, widow, CB114
Aliena, wife of Adam de Carmeslade, *see* Carmeslade
Alisaundrefall', CB412
Allerdale (*Alredale*), CB163, 166
Allerston (*Alverstan*), Baldwin of, AI, 17
Alnatheby see Halnaby Hall
Aloukesike, CB416
Alta Ripa (*Halta Ripa*), Godfrey de, CB48, 65, 67, 109, 116–17, 121, 135, 139, 141, 279–80, 284–95, 316, 321, 324–5, 330, 338–9, 344–5, 351, 356, 358–60, 373–4, 376, 396–9, 404, 420, 422, 441; AI, 19, 51; AII, 37, 42
   Godfrey de, rector of Gargrave, CB175
   Godfrey de, Godfrey son of, CB351
   John de, CB103, 376; AII, 69
   Richard de, AIII, 2
   Thomas de, CB32, 125, 127, 132–3, 135, 175, 181–2, 187, 189, 191, 195, 201, 208, 240, 244, 288, 290, 293, 322–3, 336–7, 340, 346–8, 352–3, 355, 362, 367, 369, 379; AI, 9–11; AII, 28, 69
Alton see Halton
Alwoodley (*Alawaldel*, *Alewaldelay*, *Alwaldelay*, *Awaldelayes*), CB447

Henry of, CB453; AI, 32–3
Roger of, CB458
William of, CB457, 462, 464; AI, 27, 37–8, 40
Amabilla, Richard son of, AII, 26
Ambrose, Henry son of, CB315, 352, 374
Amundeville (*Amundewilla*), Elias de, CB92–5, 144
   Nigel, CB97, 100, 145
   Ralph de, CB101
   Walter de, CB92
Andrew, rector of Ilkley, AII, 46
Angrum (*Angram*) see *Parvum Angrum*
Anketin, Thomas son of, AI, 54
Appleby Castle, CB445
Appletreewick (*Apeltrewic*, *Apletrewicke*), xix, xxi, xxiii–xxiv; CB16, 159–246, 445
   manor of, CB154, 170, 173–5, 179–83, 185
   mill(s) of, CB172–3
   mine(s) in, CB172–3, 182
   John of, John son of Adam son of, CB235; *see also* John, John son of Adam son of
   Robert of, CB256
   Robert of, John son of, CB235
   Thomas of, CB256–7, 260, 262
   Thomas of, Roger son of, CB201
   Uctred of, Robert son of Adam son of, CB235–6
Archeman, Richard son of, CB129–32
Arches (*Arches*, *Archis*), Osbert de, AI, 57
   Peter de, AI, 18–19; AII, 1
   William de, CB6, 12, 142, 253, 261, 263, 276–8, 412, 418; AI, 18, 44; AII, 43
Ardern', Walkel de, AII, 56
Ardington *see* Arthington
Arkil; *see also* Malham, Arkil de
Arkil, Thomas son of William son of, CB421
Arkil, William son of, CB52, 70–1, 109, 113, 115, 134, 251, 256, 259, 297, 309, 334, 381, 419, 422–3, 441
Arncliffe, CB142
   dean of *see* Adam
   parson of *see* Adam
   John, Elias son of, CB142
Arneberge, CB115
Arnford (*Arneford*), Alan of, CB128
Arundel (*Arundell*), earl of, *see* Richard
   Philip de, CB272, 291–2, 331
   Roger, *magister*, justice, CB146; AII, 66
Arthington (*Ardington*, *Arthinton*), Laurence of, CB465–6; AI, 35
Peter of, CB451; AI, 26; AII, 70
Robert of, CB463

INDEX OF PERSONS AND PLACES

Arthur, CB16, 19
Arthur, Serlo son of, AI, 26
Artis, William de, CB449
Arumholes, CB104
Aschetill, Ivo son of, CB411, 446
Aschetill, William son of, of Harewood CB 461
Aseolt, Richard son of, CB278
Askham (*Ascham, Askam*), Robert de, AI, 32–3
  William de, of Harewood, CB464
Asperleg', Thomas, CB88
Aspsick (*Aspsiche*), CB6, 20, 276
Astin, John, CB459
Aston, Thomas, AI, 14
  Thomas, Robert heir of, AI, 14
Attegate, Henry, CB433
Aubyn, Adam son of, AII, 66
Aufras, brother of Everard, William, Walter and Henry, AII, 67
Aumale (*Albemarlie*), abbey of St Martin, AI, 15–17
  abbot of *see* Martin
  counts and family of, CB159, 162–7, 170–1, 280, 445; AII, 53; *see also* de Forz
  monks of *see* Geoffrey, Gregory, Peter, Ralph
Austwick (*Austewicke*), Zachary de, CB138
Awaldelayes see Alwoodley
Aylmeskoch, CB28
Ayrtu' see Airton

Bacon (*Bacun*), John, justice, CB294
Bagot, Richard, AI, 49
Baildon (*Balldun*), clerk of *see* Richard
  Adam of, CB371, 373–4
  Serlo of, AI, 25
Baker (*pistore*), Abel, CB437–8
  Richard, of Cononley, CB296
  Richard, of Cononley, Alice wife of, CB296
  Thomas, CB320
  William, CB464
Baldeuineflat, CB265
Baldewinebec, CB412
Baldwin, Ralph son of, AI, 26
Baletrane, le, CB235
Balki, William, AII, 62–3
Banc (*Bancke, Banck*), Hugh del, AII, 41
  Robert de, AII, 52
  Thomas de, CB236
Bankes, William, CB76
Barden (*Berden*), forest, CB172–3
  Robert of, CB234, 237–40

Barden Beck (*Berdenebec*), CB16
Bardolff', Robert, CB454
Barel, Ranulf, CB316
Bareshaw Beck, CB328
Barford (*de Bereford*), William, justice, CB154, 183, 294; AI, 3
Barn (*Barne*), Reiner, CB306–7
  Swain, of Glusburn, Reiner son of, CB380
Barnesladale, Adam of, CB258
Barrowe, Thomas, chancellor of Duke of Gloucester, CB88
Bartholomew, AII, 62, 64
Baxitorne, AII, 14
Bayeaux (*Baius'*), Osbert de, CB89
  Osbert, archdeacon of Richmond, CB10, 14, 16, 19, 21, 108
  Thurstan de, CB89, 388–9, 400
Beachampton, Richard of, brother, prior of Bolton, AI, 27
Beamsley (*Behmesley, Bemesay, Bemesley, Bethmesleia, Bethmesley, Betmesley*); *see also* Storiths; CB412, 416–18, 420, 429, 431, 433, 435–7, 439–40, 443
  Nicholas of, CB377, 425–8; AI, 34; AII, 33, 41, 58
  Nicholas of, Peter brother of, CB425, 427
Beauchamp (*Bello Campo*), Guy de, earl of Warwick, CB24, 33; AII, 55
Becard, Peter, CB431, 435
Beck[es], William del, of *Heyrit*, CB458
Bedeford, William de, brother, CB299
Bedeslede, Gilbert de, AI, 17
Behmesley see Beamsley
Bek, Anthony, bishop of Durham, CB24, 33; AII, 55
Bekingham (*de Bekyngham*), Elias, justice, CB154, 183
Bella Aqua, John de, CB164
  John de, Ladarena wife of, CB164
Bellen, Thomas de, AI, 51
Bello Campo *see* Beauchamp
Bemesay, Bemesley see Beamsley
Bene, Thomas, of Burnsall, CB236
Benecrofte, CB185, 446–7, 449–50, 455–6
Benedict, abbot of Sallay, CB14
Benelands, AII, 12
Benestede, John de, justice, CB294; AI, 3
Bentefalde, CB214
Bentham (*Benetham*), Richard de, CB110
Benson, John, CB76
Bentel, Robert de, CB369
Berdeshey, Adam de, AII, 23
Berch, Roger de, AI, 51
Berden see Barden

Berebrunne, Richard de, AII, 51
Bereford see Barford
Berel, Ralph, CB279
Berew', Roger de, AII, 4
Berlay, Henry de, AI, 45
Bernard, CB391
Bernivale (*Bernevale*), Gilbert de, AI, 37–8
Bernulf, Adam brother of, AII, 43
   Richard son of, AII, 43
Berry, William de, CB412
Berton, Simon de, *magister*, AII, 16
Berwick (*Berwicke, Berewic*), CB16
   William of, CB105
Bethmesleia, Bethmesley, Betmesley see
   Beamsley
Beug[ra]nt, Robert, AII, 70
Beuver, Robert le, Agnes daughter of, AI, 24
Beverley, provost of, *see* Wells, Simon of
Bigod, Roger, earl of Norfolk, justice,
   CB143
Bigridinges, CB295
Bigwra, CB437
Bingley (*Bingel'*), Alexander of, chaplain,
   CB262
Birkeheved, CB319
Birkin (*Byrekyn*), Roger de, AII, 40
Biron, Nicholas, CB431
Biticular see Butler
Blabanch (*Blabanck, Brabanch*), CB412, 422,
   441
Black (*niger*), Elias, CB325, 328–30, 334,
   343–4, 358; AII, 37
   Elias, of Conondley, CB66, 285, 315,
      327–8, 335, 338, 342, 360
Blackburne, William, clerk of Bolton, CB77
Le Blakeker, CB319
Blakesike, AI, 21
Blakey (*Blaykey*), John de, CB296
Blome, Henry, CB212
Blubberhouses (*Bloberhous*), CB429
Boch see Bott
Boelton see Bolton
Bohun, Humphrey de, earl of Hereford and
   Essex, CB24, 33
   Humphrey de, junior, AII, 56
   William de, earl of Northampton, CB445
Bois (*Boys*), Henry de, CB431
Boivill see Bovill
Bolebech (*Bolebec*), Richard de, CB26, 39
Bolton (*Boelton, Bothelton, Boulton, Boultona,
   Bowthelton*), CB19, 185; AII, 56
   church of, CB185
   free warren in, AII, 56
   manor of, CB15–17
   Ivo, CB152

   John of, CB86, 103, 125, 127, 208, 369,
      442; AI, 9–10; AII, 52
Bolton, priory (*Boelton, Bothelton, Boulton,
   Boultona, Bowthelton*); *see also* Embsay,
   priory and canons of, *passim*
   connection to Huntingdon Priory,
      xvi–xvii
   grants to, *passim*
   priors of *see* Adam; Beachampton,
      Richard of; Christopher; Gilbert;
      Henry; John; Laund, John of;
      Lawrence; Lund, John of; Mann,
      William; Reginald; Richard; Robert;
      T.; Thomas; Walter
   priory; *see also* Embsay
   sacristry of, AII, 26–8
   translation of priory to, xiii–xiv, xxviii;
      CB15–19, CB185
Bonaye, John, CB433
Bordley (*Bordeley, Bordleia'm*), CB138
   Hugh of, CB248–9, 265
Bothelton, Boulton, Boultona see Bolton
Bott (*Boch, Botte*), Richard, CB330; AII, 37
   Richard, of Skipton, CB299
   Richard, of Skipton, William son of,
      CB358
   Thomas, CB291–2
   Thomas, rector of Carleton, CB331, 351
   Thomas, parson of Carleton, CB405
   William, CB321, 323, 329
   William, of Cononley, CB362
Bovey, Adam de, CB231
Bovill (*Boyvill, Boivill*), Guy de, CB279, 285,
   315, 325–9, 335, 339, 344–5, 352, 375,
   384
   John de, CB293
   William de, CB337, 340, 371–2
Bovinton, Walter de, CB138
Bowthelton see Bolton
Boyland, Richard de, CB99
Brabanch see Blabanch
Bradley (*Bradeley*), CB171, 298–9, 320; AI,
   60
   mill(s) of, CB288, 297
   Andrew of, Robert son of, CB299
   Hamo of, CB388–9, 391, 393–4; AIII, 2
   Hamo of, Hamo son of, AIII, 2
   Herbert de, CB324, 397
   Richard of, CB319, 386
   Walter of, Richard son of, CB365
   William de, CB442
Bradley, High and Low *see* Bradley
Bracewell, clerk of *see* Alexander
   parson of *see* W.
   Alexander of, CB258–9

William of, AII, 2
William of, Richard son of, CB457
Bradeng, CB361
Bradford, William, AI, 60
Bradlaiholmes, CB299
Braham Hall (*Bram, Bramham, Bran, Brum*),
    Matthew de, CB463–4; AI, 26, 36–8, 41
    Simon de, AII, 65
Braithuait, CB319
Brameoyt', Baldwin de, CB 413
Bramhope (*Bramehoppe*), Ralph de, AII, 70
Brandon (*Brandun, Briandun*), CB185, 453,
    455–6; AI, 31–4
    free warren in, AII, 56
    mill in, CB446–7, 449; AI, 33
Branford, Geoffrey de, clerk, AI, 17
Brakanthwait, John de, CB459
    John de, Alice wife of, CB459
Brat', William de, CB156
Braytheskelt, CB396
Bréauté, Fawkes de, husband of Margaret (de
    Redvers), AI, 31–2
Brearton (*Brerton*), Henry de, CB435
    John de, CB433, 435
Breton (*Bretton*), Osbert de, AI, 55–6
Brettur (*Bracur*), Walter, CB42
Brewour, William de, CB156
Brian (*Briane*), William, AII, 14
    William, Simon son of, AII, 23
Bridlington Priory, CB429, 432–3
Brigholme [Barn] (*Brigeholm, Brigheholm*),
    CB285, 295, 333
Brigham (*Brygham*), William de, CB442
Brindecroft, CB385
*Brineshal, Brineshall, Brinneshall, Brinsal,
    Brinsale, Brinsall see* Burnsall
Briselanz, Robert, bailiff of Harewood, AII, 2
Britann', John de, junior, CB33
Britone, Geoffrey, CB305
Broughton (*Brockton, Broct', Brocton, Brohtu',
    Brohaton'*), CB171; AII, 47
    church of, CB13–14, 148
    mill of, CB442
    clerk of *see* John
    Alfred of, CB79, 301
    John of, CB134; AII, 21
    Peter of, William son of, AII, 47
    Robert of, CB272
    Robert of, bailiff of Harewood, CB464
    Walter of, AII, 18
    Walter, Walter brother of, AII, 18
Brown (*Brun, Bruna*), Elias, CB345
    Elias de, CB384
    Elias, of Cononley, CB339; *see also* Black
    John, CB290,

    John, of Cononley, CB340, 362
    John, of Gargrave, CB359
    Richard, CB383
Brum see Braham Hall
Brunemire, AII, 23
Brunhou, CB416
Brunhousike, CB416
Brus, Richard de, CB100
    Robert de, CB100
    Robert de, Richard de, son of, CB99
Brust, Robert, CB240
Brust, Robert, of Eshton, CB236
Brygham see Brigham
Brynsale see Burnsall
Budebroc, Adam de, CB301; AII, 17, 29
Buche, Adam, CB306
Buck (*Bucke, Buc*), Adam, CB355, 362, 365
    Robert, CB86, 293, 386, 442
Buckden (*Buchen, Bugden*), Adam of, AI, 18
    Thomas of, CB142, 416, 419, 441; AII, 1
    Thomas of, Helen wife of, CB142
Buckton (*Bucton*), Richard de, AII, 28
Bugthorpe (*Buggethorp*), John of, John son
    of, AI, 5
Bullock, Adam, of Bradley, CB347
Bulmer (*Bulemer*), Bertram de, CB4
    Robert de, CB214
Burgh Castle, CB445
Burn, Michael de, abbot of Meaux, CB39
Burnham, Thomas de, steward of
    Knaresborough, CB436
Burnsall (*Brineshal, Brineshall, Brinneshall,
    Brinsale, Brinsal, Brinsall, Brynsale*),
    CB193, 195, 213–14, 272
    church, CB214
    Adam, CB298; AII, 18, 21
    Adam of, of Halton, CB439
    Adam of, of Halton, Henry brother of,
        CB439
    Peter of, chaplain, CB262
Burton, Gerard of, prior of Bridlington,
    CB429
    Robert of, CB268
    Thomas of, CB433, 435
Buse, Walter, AI, 49
Butler (*Bicular', Biticular', Buceller, Buticular',
    pincerna*), William, CB319, 361, 384, 438
    William, of Bradley, CB314, 317, 347,
        362, 387
Butterhole, CB158
Byangrant, William, CB462
Byroun, John de, sheriff of Yorkshire, CB227,
    230

Cabandener, Geoffrey de, CB47

Caitun, Nicholas de, CB138
Calgard (*Calgord*), CB217, 219
Calgarth Ho (*Calgarth*), CB195, 223
Calknot, CB236
Calle, Rikeman, CB462
Callum (*Collum*), Gerard de, AI, 30
  Gerard de, Imania wife of, AI, 30
  Hugh de, AI, 36
Calton (*Calton'*, *Kalton'*, *Kaltun*), CB85, 421; AI, 6; AII, 48–52
  mill of, AI, 6; AII, 50
  Everard of, AI, 47
  Hugh of, CB45–6, 51–2, 58–60, 78, 80–2, 89, 118–20, 122, 128–31, 134, 273–4, 286, 305, 340; AI, 45, 47; AII, 1, 43, 51, 64
  Hugh of, Beatrice wife of, CB273–4
  Hugh of, Beatrice widow of, CB275
  Richard of, CB49, 84, 111, 137, 273–5; AII, 48
Calvedon, CB139
Calvecroft, AII, 2
Calverley (*Carvirlay*), clerk of *see* Alexander
  Isabella of *see* Esholt Priory
  John Scot of *see* Scott, John of Calverley
  Peter of, CB400
  Robert of, CB423–4, 426
Calverley Trevelyan, Walter, xxxi
Camerario see Chamberlain
Camp', Peter de, CB39
Campo Florida, Martin de, bailiff of the castle, CB347, 362
Cantilupe, William de, CB156
cantor see Singer
Carleton (*Kareleton*, *Karlet'*, *Karleton'*, *Karletu'*), AII, 67–8,
  church, xvi; CB1–2, 185; AII, 66–9
  clerk of *see* Adam
  parsons of *see* Alexander; Bott, Thomas
  rector of *see* Bott, Thomas; Crocbain, Thomas
  Adam of, CB402; AII, 21
  Bertram of, CB79
  Bertram of, Hugh son of, CB79
  Bertram of, Simon son of, CB79
  Everard of, CB134
  Henry, son of the parson of, CB67
  Peter of, CB28, 42; AII, 25, 30
  Peter of, grandfather of Sybil daughter of William le Granger of Halton, AII, 20
  Peter of, William son of, CB42
  William of, CB67; *see also* Mauleverer, Helto
Carliboefe, Hugh de, AI, 17
Carmeslade (*Carnusslade*, *Caronslade*, *Karlesswayde*, *Karlesuade*, *Karunslade*, *Karluseslade*), Adam de, CB31, 33; AII, 5–6, 14, 20, 33, 61
  Adam de, Aliena wife of, CB31, 33
  Adam de, Robert son of, CB31, 33
  Robert de, AII, 26
Cartwrightplace, AI, 58
Castley (*Casteley*, *Kastelaye*), Elias of, AI, 28–9
  Hugh of, AII, 10
  William of, CB431; AI, 28–9, 35
Castre, Ralph de, *brother*, CB91
Cateford, John de, justice, CB294
Caterays, Matilda (sister of Mabel de Mira), CB31, 33
Catterton (*Catherton'*, *Katherton*), Alan of, William son of, CB279
  John of, AII, 52
  William of, CB48
Cauncefeld, John de, AI, 25
Cawden (*Kaluodun*), CB111
Celestine III, Pope, xvi
Cementario see Mason
Cesthund, *Cestrehonte*, *Cestrehunt*, *Cestreune*, *Cestrount see* Cheshunt
Chambers (*Chambre*, *de Camera*), Herbert, of Bradley, CB298
  John, attorney to Cecily Power, CB76
Chamberlain (*Camerario*), Edward, CB4, 6, 16, 276
  Everard, CB2
Chanden, Geoffrey de, CB297
Charenbald, Philip son of, CB446
Cheshunt (*Cesthund*, *Chesteround*, *Cheserount*, *Cesterunt*, *Cestrount*, *Chesteront*, *Cestrehonte*, *Cestrehunt*, *Cestreune*), Henry de, CB279, 382; AI, 34
  Henry de, constable of Skipton, CB39
  Hervey de, AII, 50
  William de, CB181–2, 187, 201, 217, 219, 258, 272, 288, 290, 331, 340, 355, 363, 364–5, 378; AI, 9; AII, 27, 69
  William de, constable of Skipton, CB267
  William de, Elizabeth late wife of, AI, 9
  William de, Elizabeth wife of Henry son of, AI, 10
  William de, Henry son of, AI, 10
Chel', John de, AI, 36
Chichester, Jocelin, archdeacon of, *see* Jocelin
Childwicke, *Childewicke see* Kildwick
Chilil', William son of *see* Arkil, William son of
Christelbrun, CB265
Christopher, prior of Bolton, AI, 14
Chyldwyke, *Chyldewyk see* Kildwick

INDEX OF PERSONS AND PLACES

Clapeham, CB396
Clapham, Thomas, CB76
Clare, de, earls of Gloucester and Hertford,
   Gilbert, CB100
   Richard, CB98, 100
Clayflatt, CB325
Clemence, CB78
Clibern, Aldred, son of, CB16, 19
Clibern, Amabilla daughter of Aldred son of, CB40
Clibern, Robert son of, CB40
Clifford (*Clyford*), earls of Cumberland, xviii, xxvi–xxvii
   Henry, earl of Cumberland, CB445
   Robert de, CB24; AI, 7; AII, 55
   Roger de, CB445
Cluetam, Henry of, CB272
Cluthern' (*Clother'*), Roger de, CB431, 435
Cnol, Cnolle see Knoll
Cocholm, CB403–4
Cockerham (*Cockerume, Cokerame*), CB163, 166,
Coco see Coto
cocus see Cook
Coke, Hugh de, *magister*, bailiff of Harewood, AI, 28
Collingham (*Colling'*), Adam de, AII, 36
Collingstubbing, CB319
Collond mawe, CB443
Collum see Callum
Conan, abbot of Coverham, CB153
Conistone (*Coniggeston, Conyngston, Cutugestun*), CB213–14
   Simon of, CB138
   Uctred of, CB450
Connell, Robert, CB116; *see also* Cuvil, Robert
Cononley (*Conedley, Coneslaie, Coneleia, Conicl', Conontley, Conunle', Cunetl', Cuniclere, Cuniclay, Cutleya*), CB290–6, 300–19, 323–70; AII, 36–37; AIII, 2
   Ambrose of, CB28, 315, 326, 329, 332, 335, 338–9, 345, 358, 360, 375, 384, 404; AII, 37
   Ambrose of, Henry son of, CB295, 314, 317, 320, 332, 349, 350, 382
   Elias of, CB311, 375, 397
   Humphrey of, Robert son of, CB359
   John of, CB311, 313, 416
   John of, Ambrose son of, CB327–8, 330, 342, 344, 356
   John del, Peter son of, CB350
   Kascegay of, Elias son of, CB333
   Orm of, CB370, 388–9, 395
   Osbern, Elias son of, CB341
   Samson of, CB388–92, 394–5, 401–2
   Samson of, Ambrose son of John son of, CB325, 343
   Samson of, John son of, CB390–2, 394, 401
   Samson of, Robert son of, CB324
   Sarah of, William son of, CB354
   Walter of, CB356
   Walter of, Elias brother of, CB356
   Winfrid of, Claricia wife of Stephan of Lothersdale and daughter of *see* Lothersdale
Constable (*constabulario*), Ivo, CB8, 106–7, 281, 409–10
   John le, AI, 12
   Ranulf, CB14
   Robert le, AI, 12
Cook (*cocus*), Ralph, CB380
Copel', Godard, AII, 54
Coppeley, John de, CB442
   William de, CB353
Cordwainer, Ranulf of Otterburn, CB112
Cornwall, earl of, CB433–5, *see also* Edmund and Reginald, earls of Cornwall
   Earl of, CB433–5
Coto (*Coco*), Ralph, AII, 16, 22
   Richard, CB42; AII, 16
   Robert, of Cononley, CB333
Couvell see Cuvil
Coventry and Lichfield, bishop of *see* Langton, Walter
Coverdale, Elias de, CB258
Coverham, abbey of, AI, 19
   abbots of *see* Conan
   cellarer of *see* Manfeld, William de
Cowling, CB370
   Robert of, CB344
Cracbecke, CB250
Cracoe (*Crackhou, Crackhow, Crakehou, Crakhou, Crakehow*), CB213–14, 247–69
   free warren in, AII, 56
   Christiana of, Alice daughter of Thomas son of, CB266–7
   Christiana of, Richard brother of Alice daughter of Thomas son of, CB266–7
   Christiana of, Thomas son of, CB255, 265
   Ralph of, CB248, 253
   Ralph of, Christiana mother of Thomas son of, CB247, 251–2
   Ralph of, Thomas son of, CB247–54
   Richard *see* Christiana
   Robert of, *serviente*, CB267
   Thomas of, CB255, 260
   Walter of, CB 266–7
Crake Moor (*Crakemour*), CB291

Crakelandes, AII, 12
Cranhoe Hill, marsh, CB45–6, 59
Crasso, Robert, CB306–7, 388–9, 400
Craven, xiii, xxvi; CB445
   chase, CB185
   deans of *see* Alexander; Otley, Elias of; Ralph
   steward of *see* Hebden, William of
Craven Cross (*Craven Crosse*), CB443
Cravenkeld, CB177, 187, 443
Cressekeld, CB16
Cressingham, Hugh de, justice, CB227, 230, 233
Crispus, William, CB58
Crocbain (*Crobain, Crocbayn, Crokebain, Crokebayne, Crookebain*), Henry, CB85, 336–7, 340, 353–4, 365, 367, 376, 386; AII, 36
   Henry, of Cononley, CB331, 362
   Henry, of Cononley, John son of, CB293
   Henry de, CB323
   John, CB294
   John, Agnes daughter of William Bott, wife of, CB293
   John, Agnes wife of, CB294
   Robert, CB86, 125, 127, 245–6, 290, 442
   Thomas, formerly rector of Carleton, CB293
Crofton, CB214
Crokedholme, CB439
Crokedland, CB325
Crokekeld, AII, 14
Croketflat, CB326
Crookebain *see* Crocbain
Crookrise Wood (*Crokeris*), CB19
Crowland, abbot of *see* Merk, Ralph
Criu (*Crui*), Thomas de, CB90, 301
Cumbe, Elias de, sheriff, AI, 53
Cumberland, Henry earl of, xxv–xxvi, CB445
Cunetl', Cuniclay, Cuniclere see Cononley
Cunniggesete, CB138
Curciler, Hugh, CB412
Curcy (*Curci*), Alice de, wife of Warin son of Gerold, CB451
   William de, son of Avice de Rumilly, CB447–9
   William de, steward to Henry II, CB450
Curthenay, John de, AI, 57
Cutleya see Cononley
Cutugestun see Conistone
Cuvil (*Cuvell, Cuvel, Couvell*), Robert, CB28, 280, 316–17, 324, 329–30, 342–4, 349–51, 358, 360, 373, 396–7, 403–4, 408
   Robert, William brother of, CB317

Robert, William son of, CB349–51
Robert, of Silsden, CB284
Robert de, CB380
Stephen, CB286; AI, 21
Stephen, Robert son of, CB285
Stephen of Silsden, Robert son of, CB283
William, CB314, 319, 337, 382
William, of Sildsen, CB354
William, William son of, CB314

Daco, William, CB447
Dalton, mill of, CB89
Daniel, Robert, steward of Count of Aumale, CB26
dapifer see Steward
Darel, Ralph, CB148
Darfield (*Derefield*), chaplain of *see* Gilbert
   clerk of *see* Reiner
Daucker, CB158
Dayville (*Daiville, Dayvell*), Henry de, CB26; AI, 19
Dead Eye Pond, CB362
Dedehee, CB325
Dedheridding, CB457
Dedehewed, CB325
Deighton (*Dighton*), Robert de, CB459
Denc', Ralph, CB400
Derefield see Darfield
Desert (*Desarte*), Robert, William son of, CB201
   William, CB124, 181–2, 189, 191, 193–5, 198–200, 202–8, 442
   William, of Appletreewick, CB212
Despenser (*de Spenser*), Hugh, CB24, 33
Deupedale, Thomas de, AII, 51
Dewsbury (*Dewsebery, Dewsbery*), John, AI, 58–9
Dillock (*Dilloc, Dilloch*), Richard, CB31, 33; AII, 6, 14
   Richard, of Halton, AII, 33
   Richard, brother of Thomas of Halton, AII, 13
Dishforth (*Disford*), Geoffrey of, AI, 46
dispensatore see Steward
Dodsworth, Roger, xvii–xviii, xxi, xxiv–xxvi, xxviii–xxix, xxxi–xxxiii
Dolfin, brother of Siward, Osbert and Roger, AII, 62–3
Dolfin, Marioth daughter of, CB438
Dolfin, Robert son of Marioth daugher of, CB438
Drack', Richard, CB84
Dram', Matthew de, CB457
Draughton (*Drathton, Dract', Drahaton', Drauton*), CB40–2

INDEX OF PERSONS AND PLACES 303

Gilbert of, CB307
Robert of, Adam son of, AII, 23,
Robert of, Adam son of, in Halton, AII, 33
Thomas of, AII, 24
Draythowhait (dyke), CB443
Drew, Durand son of, serjeant, AI, 54–6
Driffield (*Drifeud*), William of, constable of Skipton, AII, 40
William of, steward, CB333
Drogo, scribe (*brevifactore*), CB12, 277
Dubelservise, John, CB66
Ducket (*Duket*), Richard, justice, CB151
Duchton', CB448
Duna, widow, [of Airton], CB82
Duna, Fulk son of, CB82
Duncan, William son of, nephew of David I of Scotland, CB6, 12–14, 108, 167, 276–7, 415, 449
Dunkeswick (*Dunkesewic, Dunkeswic*), CB447, 449, 458
Dunpel, CB291
Durand (*Duranto, Durandus*), CB12, 277; AI, 57
Dyer (*tinctor*), Roger, CB35, 39
Roger le, AII, 18
Dymhoke (*Dummok'*), Robert de, CB455–6

Eastburn (*Esteburn*), CB388–99
tithes, AII, 46
Alexander of, CB124; AII, 36
Alexander of, Simon son of, CB391, 393
Walter of, CB319, 387
Eastby (*Eastbie, Estbi, Ysteby*), CB25–6; AII, 56
free warren in, AII, 56
stream, AII, 6
Elias of, Walter son of, AII, 13
Helto of, CB414, 437; AII, 25, 67
Helto of, John son of Walter son of, AII, 58
Simon de, Adam son of, AII, 58
Walter of, CB422, 441; AII, 61
East Keswick (*Estkesewic, Estkesewyc*), CB447, 449, 455–6, 460
mill, AI, 30
East Marton *see* Marton, East and West
Ecclesley, John of, AI, 30
Edington, William, bishop of Winchester, treasurer, CB445
Edlingthorpe see Ellenthorpe
Edolvesdike, CB416
Edouscoste, CB385
Edmund, earl of Cornwall, CB436
Edward I, CB23–4, 123, 163–4, 166–7, 170–1, 173, 179, 193, 199, 203, 210, 214, 456; AII, 44–55
Edward II, CB185, 227, 233, 238, 242
Edward III, CB25, 33, 445, 467
Edward, Ulf son of, CB143
Edward, William son of, CB35–8, 42, 45–6, 51, 56–7, 81, 118, 129, 130, 134, 304, 313, 370, 439; AII, 1, 10–11, 21–2, 64, 68
Edus, widow, CB387
Edwin, CB310, 334
Eerdelwood (*Eerdilewde*), CB373–4
Eilshou see Elsey
Eirton see Airton
Elias, Alan son of, CB78
Elias, Ralph brother of Robert son of, CB395, 401
Elias, Ranulf brother of William son of, AI, 55
Elias, Robert son of, CB395, 401
Elias, William son of, AI, 55
Ellenthorpe (*Elingthorpe, Edlingthorpe*), Jeremy de, CB433, 435
Eller Beck (*Hellerbecke*), CB279
Ellington (*Elintune*), CB446
Elsey (*Eilshou*), near Eshton, CB171
Elslack, advowson, CB147
Eltoft (*Eltofte*), Thomas of, AI, 30
Thomas of, Sarra wife of, Appendix, I, 30
Embsay (*Emmesey, Embsaie, Emeseia*); CB1, 2, 19, 146, 185, 279–80; AI, 60; AII, 56
church of, CB4, 6; AII, 54
fair at, CB21–4; AII, 55
free warren in, AII, 56
mill of, AII, 54
Embsay, priory of (*Emmesey, Embsaie, Emeseia*); *see also* Bolton
foundation of priory at, xiii-xvi, xxviii; CB1–2
grants to, CB3–19, 22, 106–8, 276–8, 281–2, 401–11, 415, 446–9; AI, 44, 49–50; AIII, 1
prior of *see* Reginald
translation to Bolton, xiii; CB15–19, CB185
English (*Anglico, Angl'*), William, CB39, 72; AII, 47
William, bailiff of Skipton, CB65, 109; AII, 60
Ermysted, William, clerk, CB445
Ernald, CB310
Ernis, Jordan son of, CB78
Ernis, Robert son of Jordan son of, AII, 64
Esholt (*Essholt*), AII, 65

Isabella of Calverley, prioress of, xxxi; AII, 65
Eshton (*Eston, Estona*); *see also* Aston; AI, 8
  lake, CB171
  manor, CB157–8
  Geoffrey of, CB65
  Geoffrey of, Robert son of, CB27
  James of, CB176, 178–83, 185, 223–5, 232–3
  James of, brother of John, CB175, 177, 187
  John of, CB26–8, 39, 48, 59, 62, 65–6, 68–71, 85, 109, 121, 125, 127, 132–3, 136, 154, 158–9, 163, 168, 170–1, 173, 175–6, 187, 215–16, 222–3, 247–9, 251–5, 257, 259, 262–3, 267, 295, 297, 309, 327–9, 334, 338, 342–3, 357–8, 360, 368, 377, 396, 404, 407–8, 419–22, 424–8, 441, 452; AI, 7, 25, 52; AII, 2, 5, 8, 12, 14, 31–2, 40–1, 50, 57, 60, 68
  John of, brother of James, CB175, 177
  John of, John son of CB29, 270–1
  John of, Mary widow of, CB270
  John of, Robert son of (brother of John), CB30
  John of, constable of Skipton, CB398–9; AII, 37
  Ralph, CB128
  Robert, CB158
  Robert, Adeline wife of John son of, CB157; AI, 8
  Robert, John son of, CB157; AI, 8
  [Eshton], Walter of, Ranulf son of, AII, 39
Espgill, CB443
Esquier see Squire
Essolf, Jordan son of, CB16
Essolf, Richard son of, CB12, 277
Essholt see Esholt
Este, le, CB399
Esthaitfeld, Este Haytefeld see Great Hatfield
Estiveton' see Steeton
Eston, Estona see Eshton
Eststoch, Franc' de, CB458
Eswlin, Richard son of, CB6, 276
Evenlai, Robert de, CB400
Everard, heir of Alexander parson of Carleton, brother of William, Aufras, Walter and Henry, AII, 67
Everard, Ralph son of, CB29–31, 33, 62, 347, 364–5, 376–7
Everingham, Alan de, bailiff of Ottley, AI, 21
Everwick (*Everwicke*), CB209
Eyrton see Airton

faber see Smith
Fafington (*Fafington, Fafint', Fafinton, Fafintun, Fasinton*), Adam de, AII, 59
  Roger de, CB4, 6, 14, 16, 21, 106–7, 276–8, 409
Fairchild (*Feirchildo*), Osbert, CB6, 276
Fall (*le Fall*), CB326, 344
Farnhill (*Farenhil', Farnehill, Farnell, Fernhil, Fernill, Pharenhill*), CB20, 74, 288–90, 305–7, 322–3, 368–9; AIII, 2
  mill of, CB286–8, 305, 310
  Adam of, CB16, 290, 299, 301–2, 307, 310–12, 370, 388–95, 401–2
  Adam of, Adam son of, CB310, 312
  Adam of, Aldred father of, CB307
  Adam of, Alexander son of, CB310, 312, 392, 394
  Adam of, Henry son of, CB310, 312, 392, 394
  Adam of, John son of, CB310, 312
  Adam of, John son of Samson brother of, CB307
  Adam of, Robert and William brothers of, CB361
  Adam of, Samson brother of, CB302, 307
  Adam of, William son of, CB307, 311–12, 370, 390–4, 401
  Aldred of, CB6, 276, 306
  Aldred of, Henry brother of, CB6, 276
  Elias of, CB302
  John of, CB32, 133, 175, 318, 321–3, 331–2, 336–7, 346–8, 353–4, 362–3, 365, 368, 376, 378–9, 382, 387; AII, 20, 69
  John of, bailiff of Harewood, CB463; AI, 41
  John of, William brother of, CB322
  Richard of, CB373, 396
  Robert of, CB28, 66, 86, 125, 127, 280, 284, 293, 315, 325, 327–9, 335, 360, 367, 385–6, 398, 442; AII, 32, 36, 52
  Robert of, Adam brother of, CB314, 316–17, 349–50
  Robert of, Adam and William brothers of, CB361
  Robert of, John son of, CB288, 290, 351, 355
  Robert of, William brother of, CB329, 335, 371–2, 375; AII, 32
  William, CB316
  William of, CB53, 65–7, 116–17, 280, 284–6, 308, 313, 315, 324–8, 330, 338–9, 341–50, 352, 356, 358–60, 373–4, 376, 384, 387, 393, 395–9, 404; AII, 37, 68

William of, Adam brother of, CB341, 361
William of, Adam brother of William son of, CB323
William of, Adam son of, CB318, 361
William of, Maline sister of William son of, CB319
William of, Matilda daughter of, CB362
William of, Matilda sister of William son of, CB323
William of, Richard brother of, CB399
William of, Robert brother of, CB117, 285, 308, 326, 330, 338–9, 342–5, 358, 371–3, 375, 384, 396–7, 404
William of, Robert and Adam brothers of, CB361
William of, William son of, CB287, 317, 319–23, 351
William the elder of, Matilda daughter of Matilda daughter of, CB367
William the elder of, William son of, CB314
William the elder of, William son of William son of, CB314
Farnley, AI, 23–6
  John of, CB340
  Jordan of, Robert son of, AI, 23
  Robert of, Alan son of, AI, 23
  William of, AI, 42
Fasinton see Fafington
Fauconberg (*Faucumberg'*, *Faucunberge*), Walter de, CB164; AI, 12
  Walter de, Agnes wife of, CB164
Fauvel (*Fauvell*, *Favel*), Adam, CB116; AII, 5
  Alan, CB16
  Constantine, CB201
  Everard, CB29–31, 33, 175, 181–2, 187, 201, 258, 264, 272, 288–92, 331, 340, 362–5, 379; AII, 19, 26–7, 69
  Everard, of Stirton, CB347
  Everard, of Thoralby, CB323; AII, 50
  Richard, CB86, 125, 127, 205, 212, 244, 369; AI, 9
Fauvelthorpe, Richard de, CB116–17; AII, 28
  Robert de, clerk, CB264, 289
  William, CB322; AII, 67
Fawsborrepyke, CB443
Feizor (*Fecheserg'*, *Feges*, *Fegesher*, *Fegherg'*, *Feghesberge*, *Fehesse Heoghe*, *Feiseres*, *Feiserh'*, *Feuser*, *Fey'*, *Feyser*), John, CB84
  John de, CB83, 85, 104, 175, 177, 217, 219, 368, 378
  Robert de, CB28, 112, 141; AII, 41–2, 50
Feldegart (*Feldegard*, *Feldeyerd*), CB327–8; AII, 37

Fereman, William, CB283
Ferleste, John de, senior, CB451
Ferthing, Roger, man of John son of Richard, CB370
Feverer, William le, of Sutton, Nicholas son of, AI, 5
Fitz Hugh family and Henry [of Ravensworth], Hugh son of, CB85
Fitz Peter, Geoffrey, earl of Essex, CB156
Flandrensis see Fleming
Flekebrige, CB325
Flekebriggelandes, CB340
Fleming (*Flammag'*, *Flandrense*, *Flandrensis*, *Flandrensi*, *Flandres*, *Flemeig*), Adam, CB303, 439
  John, CB68–70, 73, 406–8
  John, of Clifton, AI, 51
  Reiner, CB35–8, 42, 45–6, 56, 90, 129–31, 140, 300–1, 303, 313, 393, 412, 437, 439, 450; AII, 11, 22, 25, 30, 35, 38–9; see also Reiner
  Reiner, Adam son of, CB42
  Reiner, Reiner son of, CB42; AII, 30
  Reiner, Thomas son of, CB42; AII, 30
  Reiner, Walter son of, CB42; AII, 30
  Reiner, Walter uncle of, CB90, 300
  Reiner, William son of, CB42; AI, 50; AII, 30
  Reiner the steward, William son of, AI, 50
  Thomas, CB301, 439; AII, 39
  Walter, CB6, 89, 276, 301, 305, 446
  Walter, Richard son of, CB89
  W[illiam] de, CB4
  William, CB14, 16, 19, 52, 56, 59–60, 108, 272, 286, 333, 415–17; AI, 52; AII, 7–8, 40
  William, Walter brother of, CB416; AI, 50
Florida see Campo Florida
Fodrighay' (*Fodriflei*), Roger de, CB449–50
Folbarun, William, of Harewood, CB464
Forester (*forestario*), Adam, AII, 8, 12; 57
  Adam, Anabilia widow of, AII, 58
  Adam, Everard brother of, AII, 8
  Everard, CB26, 48, 339
  Everard, Ralph [son] of, AI, 34
Forz, de,
  Isabella, countess of Aumale and Devon, Lady of the Isle of Wight, CB185, 454–6
  William [II], count, CB44, 47, 50, 53, 297
  William [III], count, CB26, 34, 39, 159n, 279, 454n
  William [III], Aveline daughter of, CB159, 170–1, 216
Foulesike (*Fulesike*, *Fulsike*), CB318–19, 321

Foulsikeriding, CB318
Fountains abbey, CB137–9, 177, 186–7, 206
  abbots of *see* John; Kent, John of; Robert
Fox, Richard, CB371–2
Francisci, William, CB396
Franke, Thomas, CB77
Frapensans (*Frapesanse*), John, CB290
  Marra, widow of John, CB336
Freckleton (*Frekelton'*), John of, AII, 34
  John of, Richard brother of, AII, 34
Fribois, Geoffrey, AI, 17
  Robert, AI, 15–17
Fulk, *see* Duna
Fulebrigge, CB412
Fulesike, Fulsike see *Foulesike*
Fulesikegate, CB325
Fulesikiker, CB354
Furn', William de, CB89
Furness, abbey, CB396
  abbot of *see* William

G., constable of Skipton, CB370
Gacun, John, justice, CB157
Gadon see Yeadon
Gamel, CB137, 447
Gamel, Ralph son of, CB273–5
Gamelescroft, AII, 22
Gargrave (*Gergrave*), CB64–74, 368–9
  Arnald of, CB69, 128–31, 305
  Arnald of, Alan son of, CB68–71
  Arnald of, Robert son of, CB116
  Richard of, CB359
  Robert of, CB117
Gathopbecke, CB177, 187
Gaula, Peter de, CB92
Gawk Hall (*Gallkehall*), CB443
Gawthorpe Hall (*Gawthethorpe, Gowkesthorpe*), CB462
  Henry of, CB453; AI, 28-[9], 32–3; AII, 2
  Henry of, John son of, CB462
  John of, CB457
Gedon see Yeadon
Gensted, John de, justice, CB157
Gernun, William, AII, 56
Gerold (*Gelols'*), Alexander son of, CB450
Gerold, Margaret daughter of Warin son of,
  AI, 31; *see also* Redvers
Gerold, Warin son of, chamberlain to
  Henry II, CB451
Geoffrey, constable of Skipton, CB129–30, 304
Geoffrey, monk of St Martin, Aumale, AI, 17
Geoffrey, rector of Long Preston, CB314, 317
Geoffrey, Robert son of, CB146, 365, 386

Gerard, clerk, CB307, 383
Gerard, clerk of Glusburn, CB381
Gerard, Thomas son of, AII, 62–3
Gerard, William son of, AII, 47
Gervase, CB383
Gervase, William son of, CB65
Gerveiseridding, CB382
Gersington see Grassington
Gest', Richard, AI, 55
Gesteling see Guestling
Geynville (*Geynvill'*), Geoffrey de, AII, 56
Ghent, Simon of, bishop of Salisbury, CB24
Giggleswick (*Giglesweeke*), Elias of, CB95
Gilbert, CB416
Gilbert, chaplain of Darfield, AII, 39
Gilbert, prior of Bolton, CB77, 88
Gilbert, Alan son of, CB60
Gilbert, Peter son of, CB445
Gilbert, Rand' son of, AII, 61
Gilbert, Robert son of, AII, 29
Gilbert, William son of, CB461; AI, 56; AII, 70
Gildushau (*Gildushou*), CB89–90
Gile, CB251
Giliot (*Gilioht, Gilioth, Gilliot, Gillot, Gilloth, Gilotto, Guilot, Gwillot, Gwilot, Gylot, Gyllot*), John, CB29–30, 62, 85, 103, 132–3, 135, 175, 181–2, 187, 189, 191, 195, 201, 205, 208, 264, 288–90, 318, 332, 336, 355, 363–4, 367–8, 378–9; AI, 9–11; AII, 20, 69
  John, of Broughton, CB272
  Peter, CB26–8, 47, 54, 61, 139, 248–9, 256–257, 279, 283–4, 297, 308–9, 316, 320, 333–4, 356–7, 359, 382, 460; AII, 15, 50
  Peter, constable of Skipton, CB52–3, 94
Gill Beck, CB443
Gillebanke, CB290
Girdel, CB453
Girmouth, William de, CB235–6, 240
Gisburn (*Gisleburn*), Malger of, AII, 67
Glanvill, Ranulf de, CB444
  William de, justice, CB143
Glerschache, CB345
Gloucester, duke of [Richard III], CB88
Gloucester and Hereford, earl of, *see* Monthermer
Gloucester and Hertford, earls of, *see* de Clare
Glusburn (*Glusbur', Glusburne, Glyseburne*), CB380–387
  tithes, AII, 46
  Adam of, CB385

INDEX OF PERSONS AND PLACES 307

Alexander of, William son of, carpenter, CB386
  David of, CB385
  Gerard of, CB380
  Hamo of, CB380
  Reiner of, CB302, 381, 388–9, 395, 401–2
  Swain of, Reiner son of, CB383
Godhestubbing, CB319
Goldidale, CB158
Goldsborough (*Goldeburgh, Goldesburgh*), Adam of, William son of, CB308
  Richard of, CB458, 463; AI, 39
  William of, CB309
Gospatrick, Richard son of, CB80, 82
Gospatrick, Richard son of Richard, CB81
Gospatrick, Simon son of, CB6, 276–7
Gouge, Richard de, CB356
Gowkesthorpe see Gawthorpe Hall
Gragret, CB112
Grammar (*Gramatico*), William, CB412
Grandorge (*Graindorge, Granedorge, Granldorg', Greindorge, Grindorge*), William, CB65, 82, 116–17, 139–41, 175, 250, 257, 270–1, 287, 291–2, 331, 357, 363, 412, 462; AI, 45, 47; AII, 21, 42, 60, 70
  William, Thomas son of, CB157; AI, 8
  William, William son of, AII, 41
  William de, CB121, 267, 451
Granger, William le, of Halton, Sybil daughter of (granddaughter of Peter of Carleton), AII, 20
Grassington (*Gersington*), CB291
Grasso see Crasso
Grave, William, AI, 55
Gray, John, archbishop of Norwich, justice, CB146
  Walter de, AI, 19
Great Hatfield (*Esthaitfeld, Este Haytefeld*), AI, 3, 9–11, 13
  Walter of, AI, 13
Green (*Greene, Grene*), John del, Peter son of, of Cononley, CB349–51
  Peter del, CB323,
  Peter del, William son of, CB290
  Peter del, of Cononley, CB346–8
  Peter del, of Cononley, Marjory widow of, CB352–3
Green Haw Hill (*Greenhowhill*), CB443
Green Hill (*Grenelangebergh*), CB112
Gregory, monk of St Martin, Aumale, AI, 17
Greindorge see Grandorge
Grenelands, AII, 19

Grent, Everard grandfather of Peter son of, AII, 67
Grent, Everard son of Peter [son of], AII, 68
Grent, Peter son of, xxxi; AII, 66–7
Gretlandes, CB437
Grey, John, of Rotherfield, steward of the king's household, CB445
Grimbald, Adam, CB438
Grimpelthuait (*Grunpelthwait*), CB325, 340
Grimston (*Grimeston, Grimmeston*), Robert of, AI, 55
  Robert of, Ralph brother of, AI, 55
  Walter of, AI, 36
Grindorge see Grandorge
Grinemue, CB214
Grinstanebec, CB414, 416
Guer', Stephan de, AII, 51
Guestling (*Gesteling*), John, justice, CB146
Guilot see Giliot
Gunildeland (*Gunnildeland*), CB412
Gunnildebutt super Henganderiding, CB322
Guy, John son of, CB78
Guy, Richard son of, CB78
Gwillot, Gwilot, Gylot, Gyllot see Giliot

Hacket (*Hagat*), Geoffrey, justice, AII, 66
Haddockstones (*Hoppandstanes*), CB439
Hadfield (*Aldefeld*), CB325, 339, 342–5
Hafrint', Orm de, CB90
Hagh', Benedict, Simon son of, *see* Braham Hall
Haiden see Heyden
Haikman, William, CB262
Hakewra, CB416
Haldanebile, AII, 10
Haldengil, Haldengile, AII, 26–8, 32
Hale, Simon de, sheriff of Yorkshire, CB94
Hales, Christopher, xxvi
Hall (*Aula*), Henry de, of Skipton, AII, 26
  William de, CB62, 283, 376
  William de, of Skipton, 84, 272, 291–2, 323; AII, 19–20
Hallecrofte, AI, 37
Hallehill', AII, 13
Halnaby Hall (*Alnatheby*), Richard of, AI, 53
Halstead (*Halstede*), Richard de, CB457
Halton, John of bishop of Carlisle, CB24, 33; AII, 55
Halton (*Alcon, Alton, Haltona, Haltun*), CB19, 25–33, 76, 84, 185; AII, 5–35
  free warren in, AII, 56
  manor of, CB25
  Adam the smith *see* Smalchep
  Aldred of, AI, 46
  Aldred, Amabilla daughter of, AII, 29

Aldred, Amabilla sister of Walter son of, AII, 21
Aldred, Richard son of, AII, 31
Aldred, Walter brother of Walter son of, AII, 22
Aldred, Walter son of, AII, 17, 21–2
Amabilla of, Richard son of, AII, 27
Clibern of, Aldred son of, AII, 25, 35
Clibern of, Amabilla, daughter of Aldred son of, CB42; AII, 35
Clibern of, Amabilla, sister of Walter son of Aldred son of, AII, 25
Clibern of, Walter son of Aldred son of, AII, 16, 25
Clibern of, William son of Robert son of, CB41
Elias of, AII, 24
Elias of, Alice wife of, AII, 24
Helto of, CB428
Henry of, CB148
Hugh of, CB69, 71, 95, 101–5, 109, 116; AII, 60
James of, AII, 61
James of, Anabilla daughter of, AII, 26–8
John of, CB56, 137, 140, 286; AI, 45; AII, 34
Nicholas of, CB104
Richard of, CB219
Richard of, son of Philip de Remington, CB217
Robert, *see seminatore*
Robert of, CB217, 219
Robert of, Adam son of, CB31, 33, 84; AII, 23
Thomas of, AII, 6, 13–14
Thomas of, Adam son of, CB258; AII, 19–20, 23, 26, 28, 33, 58
Thomas of, brother of Robert son of William son of Hosbern, AII, 61
Thomas of, cook, AII, 33
Thomas of, cook, Agnes wife of, AII, 33
Thomas of, Richard brother of William brother of, AII, 61
Thomas of, William brother of, AII, 61
Walod' of, CB395
Walod' of, John son of, CB395
Walter of, CB401, 439; AII, 30, 35
Walter of, John son of, CB401
Halton super le Hill, AI, 7
Hambleton (*Hameldune*), CB16
H[amerton], Adam, AII, 3
Ham[erton], Richard de, AII, 59
Hamerton, Alan de, CB128
Hugh de, AII, 17
  Richard de, AII, 49

Hammondtharpe, Hamo of, CB384
Hamo, chancellor of York, AII, 62–3
Hamo, treasurer of York, CB51
Hardenhead, CB443
Harel, Ranulf, AII, 54
Hareng (*Harang*), Ralph, CB153
Harewood (*Harauuode, Harwod, Harwood, Harwude*), CB185, 446–7, 450–1, 455–6, 458, 463–7
  mill(s) of, CB185, 446–7, 449–57; AI, 27; AII, 54
  tithes, AII, 54
  bailiffs of *see* Hugh; Broughton, Robert of; Briselanz, Robert; Coke, Hugh de; Farnhill, John of; Tang, Andrew de
  clerk of *see* Robert
  parsons of *see* Wike, Thomas; William
  rector of *see* Oliver
  Henry of, CB461
  Walter of, Robert son of, CB457
  William of, CB380
Harestanes, AII, 14
Harpin, William, CB380
Hartlington (*Hartlington', Hertlintone, Hertlington, Hertelincton, Hertelington, Hertelyngton', Herteligtu'*), CB191
  manor of, CB197
  Henry of, CB125, 127, 135, 177, 187–97, 201, 205, 208, 212, 240, 244; AI, 11, 35; AII, 52
  Hugh of, CB78, 128, 301
  William of, CB39, 54, 58–61, 116–17, 129–30, 133, 139, 141, 247, 249, 252, 266–7, 270–2, 279, 283, 364, 368, 376, 421; AI, 51; AII, 34, 42, 50, 57
Harwod, Harwood, Harwude see Harewood
Hascham, Robert de, CB453
Hauke (*Houke*), Thomas, AI, 43
  Thomas, Thomas father of, AI, 43
  Thomas, Isabella wife of Thomas father of, AI, 43
Hawercroft spring, CB321
Hawkswick (*Haukeswic, Haukeswicke, Hawkesweeke, Hawkeswicke*), CB151
  Gilbert of, CB416, 419–20, 422, 441; AI, 18
  Gilbert of, John son of, CB271
  Thomas of, CB258
  Walter of, AI, 37, 43
  Walter of, Walter son of, AI, 37
  William of, CB205; AII, 52
Hawksworth (*Hawkesword*), Gilbert of, CB137
  Walter of, AI, 22, 37–8, 41–2
  [William] of, Walter son of, AI, 37–8

INDEX OF PERSONS AND PLACES

Haw Pike, CB16
Hayreton see Airton
Hazlewood (*Heselwoode, Heseluude*), CB425, 427
Healthwaite [Hall and Hill] (*Helchauyt, Heltyauyt'*), CB185, 449, 453, 455–6
Hebden (*Hebbeden, Hebbedene, Hebbedena, Hebdena*), Simon of, CB412
   Thomas of, CB422
   William, CB54
   William of, CB27, 59, 60–1, 68–71, 118, 125, 127, 129–30, 134, 136–7, 140, 142, 175, 181–2, 195, 208, 212, 240, 244, 249–51, 256–7, 260–2, 265, 286, 297, 308–9, 333, 357, 417–18; AI, 9, 18; AII, 1, 40, 43, 64, 68
   William of, constable of Skipton, CB248, 263
   William of, steward of Craven, AII, 7
Hechewick, mill, CB185
Heigham, Roger de, CB224
Helchauyt see Healthwaite [Hall and Hill]
Helchefeld, Heleghfeld see Hellifield
Helerschacke, le (*Helrescach*), CB343, 416
Helion (*de Helyun*), Walter, justice, CB158
Hell, Richard, clerk, CB445
Hellerbecke see Eller Beck
Hellevele, Ranulf de, CB438
Hellifield (*Helchefeld, Heleghfeld, Helgfeld, Helyefeld*), CB89–91, 104
   mill, CB89–90, 104
   Adam of, CB102
   Richard of, CB56
Helto, AII, 32
Helto, Henry son of, AII, 38
Helto, Hervey son of, AII, 33
Helto, John son of Walter son of, CB26
Helto, Richard son of Walter son of, AII, 58
Helto, W. son of, AII, 57
Helto, William son of, CB90, 300, 380, 400, 413; AII, 38
Helto, William son of William son of, CB90, 300, 400, 414
Heltyauyt' see Healthwaite [Hall and Hill]
Helyefeld see Hellifield
Hengebutt', CB325
Henrihavercroft, CB318
Henrirode, AI, 37
Henry, CB104
Henry I, xiii; CB1
Henry II, CB17, 22, 24, 444
Henry III, CB98; AII, 56
Henry, chaplain, CB2
Henry, dean of Whalley, CB90, 300
Henry, duke of Lancaster, CB445

Henry, *magister*, brother, chaplain, CB299
Henry, prior of Bolton, CB152, 295, 381
Henry, steward, CB259
Henry, steward of William of Cracoe, Elena wife of, CB258
Henry, steward of William of Hebden, CB256–7
Henry, brother of Aufras, Everard, William and Walter, AII, 67
Heptrees, le, CB325
Herbert, Walter son of, CB384
Herbert, Walter son of, Adam brother of, CB384
Hereford, archdeacon of, *see* Ralph
Herteligtu', Hertelincton, Hertelington, Hertelyngton' see Hartlington
Hertford, earl of, *see* Gloucester and Hertford
Hertlington, Hertlintone, see Hartlington
Hervey, chaplain, CB43, 63
Hervey, William son of, justice, CB143
Heseluude, Heselwoode see Hazelwood
Hesselton (*Hesel'*), Geoffrey of, constable of Skipton, AII, 30
Hesyngton, Richard de, clerk, AI, 17
Hetherig, CB462
Hetton (*Heton*), Alan of, CB118
   Hascoil of, CB140, 142; AII, 1
   Richard of, CB118; AII, 28
   Thomas of, CB235–6
Hertlington see Hartlington
Heversham (*Heversam*), Nicholas of, CB105
   Nicholas of, Robert the rector, brother of, CB105
Hevekeswyk, Walter de, Robert son of, AI, 23
Heyden (*de Haiden*), Thomas, justice, CB153
Hilketon see Ilkton
Hill (*Hil, Hill, Hillum*), at Ryther, AI, 47
   Henry de, CB42, 56; AII, 30
   Henry del, CB433
   Richard del, AII, 13
   Walter del, William son of, AII, 10
   William de, AII, 26–8
   William de, clerk and scribe, CB112
   William del, of Halton, AII, 26
Hilton, Adam of, CB452
   Robert of, CB268
Hiliard, Robert, constable of Skipton, CB351
Hirtun see Irton
Hodeleston see Huddleston
Hoghates, CB235
Holewath, CB295
Holmes, CB457
Holderness, xxiv–xxv; AI, 3, 9–17

Holmpton (*Holmton*), AI, 3, 9–12, 15–16
  church of, AI, 3, 10
  mill of, AI, 3
Hoppandstanes see Haddockstones
Horbury (*Horbiri*), John of, AI, 52
Horchi, William, CB394
Horner, Richard le, AII, 27
Horsforth (*Horsford*), AI, 39
  Hugh of, AI, 37
  Hugh of, Emma wife of, AI, 37, 40
  Nigel of, AI, 39, 41
  Nigel of, Emma mother of, AI, 42
  Nigel of, Thomas son of, AI, 39, 42
Hou, le, CB319, 321
Houflatt, le (*Houflat*), CB346–7
How (*Hou*), free warren in, AII, 56
Howard, William *see* Huscarl, William, justice
Howenham, CB109
Huddleston (*Hodeleston*), Richard of, AI, 55–6
Hugh, CB120
Hugh, abbot of Kirkstall, AI, 39
Hugh, bailiff of Harewood, CB462; AI, 29; *see also* Coke
Hugh, canon of Huntingdon, CB383
Hugh, chaplain, CB8, 281, 446
Hugh, chaplain and scribe, CB411
Hugh, reeve of Glusburn, CB383
Hugh, Adam son of, CB103
Hugh, Nicholas [son] of Hugh, AII, 62–3
Hugh, Richard son of, AII, 59
Hugh, William son of, CB447–8
Hugh, Fitz, *see* Fitz Hugh
Huk, Thomas de, AI, 36
Humphrey, CB319
Humphrey, subdean of Lincoln, *see* Winifred
Hunter (*venator*), Adam, of Stubham, CB464
Huntingdon Priory (*Huntington*), xiii, xvi–xvii; AII, 54
  canon of *see* Hugh
  William de, *brother*, CB91
Hurlestin, Thomas de, AI, 21
Husator, Richard, of Calton, AII, 48
Huscarl (*Huskarl'*), Roger, justice, CB93–4, 144, 154, 183
Hwerl', Elias de, CB301

Iadon see Yeadon
Iarlesete, CB138
Iarlestoflast, CB138
Iarlessecelogo see Yarlessecelogo
Idle (*Ydle*), Robert of, AII, 33
Ilkley (*Yleclay*, *Ylkelay*), church of, AII, 46
  rector of *see* Andrew
  Serlo of, AI, 21

Ilkton (*Hilketon*), Nicholas de, AI, 30
  Nicholas de, Matilda wife of, AI, 30
  William de, AI, 30
  William de, Katerina wife of, AI, 30
Ill', Walter del, brother, CB91
Inge, William, justice, CB157
Ingelram, AII, 62–3
Ingilby (*Ingelby*), CB33
  Mr, xviii
  William, xviii
Ingram, Robert son of, AI, 50
Ingthorpe (*Unchtorpe*, *Unckethorp*, *Unckethorpe*, *Unckthorpe*, *Uncthorpe*), CB44–9, 53, 59–61
  bridge, CB45
  manor, of CB44; AII, 53
Inkornegill, CB443
Insula, de *see* Lisle
Ioe, Robert, AII, 14
Irby (*Ir'*, *Ireby*, *Yrby*), William de, steward of Knaresborough, CB431, 433, 435; AI, 28–29
Irishman (*Ybernici*), Stephen the, Richard son of, CB376
Irton (*Hirtun*), Ralph of, AI, 44
Islip, Simon, bishop of Canterbury, CB445
Ivo, clerk, AI, 54
Ivo, constable, see constable CB106–7, 281, 409
Ivo, deacon, CB388–9
Ivo, Osbert son of, AII, 11
Ivo, Robert son of, CB437

Jerusalem, CB109
Jerusalem, Hospital of St John of, CB91, 299, 437; AI, 54
  prior of *see* Tothale, William de
Jocelin, archdeacon of Chichester, justice, CB147
John (King), CB156, 445
John, abbot of Fountains, CB94
John, abbot of Peterborough, justice, CB97, 145
John, carpenter, William, carpenter, son of, CB464
John, chaplain, CB101
John, chaplain of Skipton, AIII, 2
John, clerk, CB101
John, clerk of Broughton, AII, 47
John, constable, AI, 2
John, prior of Bolton, CB93, 144, 149–50, 154, 182; AI, 2–3, 6
John, John son of Adam son of, CB240
John, Philip [son] of, CB94
John, Robert son of, CB319

INDEX OF PERSONS AND PLACES

Jordan, clerk, CB413
Jordan, treasurer [of Lincoln], CB92
Jordan, Robert son of, CB136–7; AII, 30

Kacegay (*Kascegay, Cacegay*), Elias son of, CB308, 334; AII, 37; *see also* Cononley, Kacegay, Elias of
Kacegay, William son of Elias son of, CB335, 345
Kailly, AI, 36
Kakeholm see Cocholm
Kaladel', Reiner de, CB90
Kaldecotes, CB295
Kalder, CB297
Kalegarth, CB175
Kalne, William de, CB305
Kaluodun see Cawden
Kaneresburgh see Knaresborough
Kancefeld (*Kaucefeld*), John de, CB120, 122
Kareleton, Karlet', Karleton', Karletu' see Carleton
Keighley (*Kicchelay, Kichelay, Kicyley, Kighelay, Kigheleay, Kighele, Kighley, Kighleya, Kihelay, Kikelay, Kikeley, Kycheley, Kyckelay, Kykhelay*), CB32; AII, 39
  church of, CB32, 152, 289; AII, 38–40
  Elias of, CB30, 152, 318, 332, 374, 377, 406–8, 425; AII, 50
  Henry de, of Appletreewick, CB235–6, 240
  Henry of, CB25, 32, 86, 133, 135, 181–2, 187, 189, 191, 195, 203, 205, 208, 235, 368; AI, 11, 35; AII, 69
  John de, of Skipton, CB32
  John of, CB62, 195, 201, 268, 397; AI, 9, 11; AII, 26
  John of, clerk, CB104, 189, 191, 364
  John of, clerk, Richard brother of, CB189
  John of, Margery/Margaret mother of, CB331, 365
  Margaret of, CB323,
  Matthew of, CB423
  Ranulf, father of Richard, CB289
  Ranulf of, Richard son of, CB366, 406
  Richard of, CB191, 289, 308, 374, 377; AI, 52
  Roger of, CB27, 49, 58–61, 65, 68–71, 109, 113, 137, 259, 286–7, 297, 305, 308–10, 334, 341, 397, 403, 418–20, 422–3, 441, 460; AII, 40, 60
  Roger of, John son of, CB365
  Roger of, John of Keighley son of, CB363
  Roger of, John of Keighley son of Margaret daughter of, CB364
  Roger of, Margaret daughter of, CB364
  Roger of, Ranulf son of, CB113, 397, 419, 422, 441
  Walter, Richard son of, CB406–7
  William of, CB442
Kekelfeed, CB298
Keldesike, CB412
Kelent', John de, CB89
Kent, Elwin, AII, 62–3
  Elwin, Richard son of, AII, 62–3
  John of, abbot of Fountains, CB137, 151
Ker, le, CB329, 358, 412
Kerby Dam (*Kerbydam, Kerebidam*), CB185, 451, 455–6
Kerebeck (*Kerebec*), CB416
Kerke see Kirke
Kerkeby see Kirkby
Kerridding, CB361
Ketelsden, CB236
Keteb', William son of, AI, 49
Ketel (*Chetell'*), Adam son of, CB381
Keterum, Everard de, AI, 44
Kettlewell (*Ketelwell*), CB153; AI, 18–19; AII, 1
  church of, CB153
  clerk of *see* Robert
  Eustace of, CB153
  Robert of, CB142
Kicchelay, Kichelay, Kicyley, Kighelay, Kigheleay, Kighele, Kighley, Kighleya, Kihelay, Kikelay, Kikeley see Keighley
Kildwick (*Childewicke, Childwicke, Chyldewyk, Chyldwyke, Kildewiche, Kildewicke, Kildwich, Kildwicke, Schildewyke*), CB5–6, 12, 19–20, 185, 276–9; AII, 56; AIII, 1–2
  bridge of, CB382, 384
  church of, CB3–4
  free warren in, AII, 56
  mill(s) of, CB5–6, 12, 19, 185, 276–7, 288, 303, 380, 386; AIII, 1–2
  tithes of, AII, 54
  chaplains of *see* Robert; Thomas
  priest of *see* Robert
  Ailric of, CB383
  Geoffrey of, AI, 54
  Gervase of, CB307, 380–1, 383, 400
  Gervase of, Matilda daughter of William son of, CB382
  Henry of, AII, 29
  Hugh of, CB307, 383
  John of, CB248, 253, 261, 263, 333, 419, 422, 440–1; AI, 18

Lesing of, CB381, 383
Robert of, CB303
Kimbe, Simon de, AI, 43
Kirkby (*Kerkeby, Kirkeby, Kyrchebi*), clerk of *see* Ranulf; Richard; Simon
  parson of *see* Nicholas
  John de, CB95
  Ran' de, CB95
  Rainer de, CB110
  Richard de, CB49, 110–11, 114, 257; AII, 48
  Richard de, clerk, CB94, 115
  Robert de, CB383
  Roger de, CB41
  Simon, clerk of, CB80–2, 94, 118–20, 129–30, 137; AII, 51
  Simon de, CB41, 47, 54, 60–1, 134, 136, 142, 273–5, 313, 417–18, 440, 460; AII, 1, 43, 49
  Simon de, clerk, CB51–3, 58–9, 122, 286, 305
  Simon de, Rainer son of, CB114
  Simon de, clerk, Richard brother of, CB122, 286
  Simon de, Richard brother of, CB134; AII, 1, 43, 49
  Simon, clerk of, Richard brother of, CB120
  William de, CB78
Kirkby Overblow, rector of *see* Marmuim, Roger
Kirkby Stephen, fairs and markets, CB445
Kirke (*Kerke*), Henry de, of Appletreewick, CB235
  Henry del, CB240
  Uctred de, CB396
Kirkegate, CB416
Kirkstall, abbey, CB43, 63, 75, 77
  abbots of, *see* Alexander, Hugh, Ralph, Simon, Thomas
Knaresborough (*Kaneresburgh, Knarr'*), court of, CB431, 433, 435
  forest of, CB443
  stewards of *see* William; Burnham, Thomas de; Irby, William de; Perpoint, Henry de
  William of, CB433, 435
Knight (*miles*), Reginald, CB380
Knights of St John of Jerusalem in England *see* Jerusalem, Hospital of St John of
Knoll (*Cnolle, Cnol*), AI, 33
  Elias de, CB175, 279; AI, 19
  Reiner de, CB103–4 135, 181–2; AI, 9
Kokeman, Robert, AII, 6
Kycheley, Kyckelay, Kykhelay see Keighley

Kyrchebi see Kirkby

Lacy, Edmund de, earl of Lincoln, CB155
  Henry de, earl of Lincoln, CB24, 33, 155; AII, 55
  Robert de, CB89
  Robert de, Gilbert brother of, CB89
Lancaster, duke of, *see* Henry
Lancaster, earl of, *see* Thomas
Landesmar, CB295
Landiflath, CB322
Langarithuic, CB302
Langebergam, Richard de, scribe, CB298
Langecker, Ralph de, AII, 51
Langecroftes, AII, 33
Langecroketholme, CB285
Langeflath in Swinewath (*Longeflatt in Swinewatt*), CB349–50
Langelandes super Forelandes, CB235
Langerikebotheme, AII, 8
Langester, CB138
Langfield (*Langfeld, Langefeud*), William de, CB454–6
Langflat (*Langeflathe*), CB346, 348, 351
Langgekosum, AII, 6
Langhecroftes, AII, 7
Langkeldberg, mill at, CB62
Langland' (*Langelandes*), CB115, 158
Langton, Walter, bishop of Coventry and Lichfield, master of the hospital of St Leonard, York, CB24, 33, 210, 212; AII, 55
Langwood (*Langewood*), CB185, 452, 455–6
Lapidibus, Hugh de, CB387
Lasceles, William de, AI, 37–8
Laund, John of, prior of Bolton, xix; CB23, 135, 197, 230, 240, 429, 465–6; AI, 5, 12, 22, 39; AII, 36, 65
Laurence, CB262
Laurence, clerk, CB63
Laurence, prior of Bolton, AI, 60
Lavint' see Levington
Leathley (*Lelle, Lelley, Lelleya, Lellie, Lelly*), Hugh of, CB451, 453; AI, 21, 23, 33; AII, 2
  Hugh of, Hugh son of, AI, 23
  Thomas of, CB26
  Thomas of, constable CB48,
  Thomas of, constable of Skipton CB279–80, 284, 338, 406–8, 426, 428
Leche, Richard de, AII, 23
Led, Robert de, CB433
Leeds (*Leedes, Ledis*), Alexander of, CB454–6, 463–4; AI, 41
  Richard of, AI, 36

Richard of, clerk, AII, 32
  William of, CB89
Legirton (*Legriton*), William of, AI, 53
Leirlandes, CB298
Lellay, Lelle, Lelley, Lelleya, Lellie, Lelly see Leathley
Leu', Arnald son of, AII, 62–3
Levendflatt, Leventflat, CB45–6, 59
Levington (*Lavint', Lewington*), Gilbert de, CB120, 122, 416–17, 440
Lewelsike, CB385
Lewin, CB416–17, 420
Lewinholme, CB284
Lexington (*de Lexunton*), Robert, justice, CB153
Ley, park of, CB279
Leyham, William de, CB451
Lezingnan, Guy de, brother of Henry III, AII, 56
Lichfield *see* Coventry
Limeday *see* Loveday
Limeseia, Alan de, CB105
Lincoln, dean of *see* Adelelm
  sub-dean of *see* Winifrid
  treasurer of *see* Jordan
Lind', Drew of, AI, 50
Lindley (*Lyndelay*), Odard of, William son of, AI, 23
Lindsey (*Lindeseia, Lyndeseye*), Ranulf of, CB6, 108, 276, 415
Lingethwaytske see Lynthuaitsike
Linthuait, CB329
Linton, CB136, 140
  chaplain of *see* Alexander
Lippersley Pike (*Lyppersley pyke*), CB443
Lisle (*de Insula*), Brian, justice, CB151
  William, justice, CB151
  John of Rougemont, Robert son of, CB467
Little (*Petit, Parvo*), Richard, CB310, 312, 403
Littlemungen, CB325
Litton, Adam of, AII, 23
  Anabilla, wife of Adam son of Simon of, CB84
  Simon of, Adam son of, CB84
  Thomas of, CB416; AI, 18
  William of, CB83
Lob Wood (*Lobwith, Lobwithslea*), CB16
Lofthouse (*Lofthusum, Loftusu*), CB447, 449, 462–3
  Jordan of, CB457
  Jordan of, Henry son of, CB459, 463
  Walter of, AI, 33
  William of, CB453

Loftshaw Gill (*Lofteshaw gill*), CB443
London, Tower of, CB220
  Henry of, archdeacon of Stafford, justice, CB149–50
Long (*Longo*), Robert, of *Arwde*, AII, 70
Longcroft, CB235
Longeflatt in Swinewatt see Langeflath in Swinewath
Longvillers (*Lungvileres, Lungevillers, Lungewil', Lunkevillers*), Alan de, AI, 55
  Eudo de, CB65, 305, 308–9; AI, 55
  Eudo de, Clemence wife of, CB309
  Eudo de, John heir of, CB309
  Eudo de, William brother of, AI, 55
  John de, CB66, 396, 421
  Margaret de, widow of Geoffrey Neville, CB368–9
  William de, CB305
Longwood *see* Langwood
Long Preston *see* Preston, Long
Lonsdale (*Lonesdale*), Adam of, CB217, 219
Lortburne, CB416
Losterwat, parvam, CB325
Lothersdale, AII, 67–8
  Stephan of, CB359
  Stephan of, Claricia wife of, CB359
  Stephan of, Claricia wife of, daughter of Winfrid of Cononley, CB360
Lotherton (*Lutrington, Luttrington*), Richard of, AI, 28–9, 36
Loukoke, Robert, CB466
  Robert, Alice wife of, CB466
Loveday (*Limeday*), Roger, justice, CB288
Lovethen', William de, CB453
Lucy, Alice de, CB166–8
  Godfrey, justice, CB147; AII, 66
  Reginald de, CB143
  Richard de, regent for Henry II, CB22, 24
Lumb Gill (*Lungila*), CB16
Lumb Gill Head (*Lungilesheved*), CB16
Lund, John of, prior of Bolton, xix; CB83, 288, 290, 336, 364, 379
Lungegile, AII, 61
Lutrington, Luttrington see Lotherton
Lutunegate, CB106, 409
Lyneland (*Linlond, Linlandes*), CB40–2
Lynthuaitsike (*Lingethwaytske*), CB327, 358
Lythegreynes (*Lithgraynes*), John de, CB100

Mabel, Richard son of, CB31, 33
Machon, machun, macon, macun see Mason
Magnebi, Hugh de, AII, 51
Maichlay, John de, CB454
Male, William de la, CB363

Maleverer see Mauleverer
Malewun, Gilbert de, AII, 25
Malham (*Malghum, Malgum, Malhum*); *see also* Cawden; CB19, 106–39, 185, 409–10, 413–15, 421; AII, 64
    free warren in, AII, 56
    clerks of *see* Thomas; William
    Adam of, CB416
    Arkil of, Thomas son of William son of, CB133, 270–1
    Arkil of, William son of, CB110, 119
    Bernard of, CB95, 111, 115; AII, 49
    Gamel of, CB118
    Hugh of, CB416
    John of, CB86; AII, 23, 52
    Richard, Hugh son of, brother of William and Uctred, CB128
    Thomas of, CB52, 80, 82–4, 132, 141, 217, 219, 273, 275; AII, 42, 50, 59, 61
    Thomas of, Eleanor sister of, AII, 42
    William, clerk of, CB27, 69, 80
    William of, CB51, 81, 104, 118–19, 125, 127, 130, 134–5, 187, 191, 205, 208, 244, 257, 369; AI, 3, 6, 9–11; AII, 28, 64
    William of, clerk, CB114
    William of, steward of Henry de Percy and bailiff of Skipton castle, CB367
    William of, Alice wife of, AI, 3, 6, 9–11
    William of, Eleanor sister of Thomas son of, CB141; AII, 41
    William of, Richard son of Eleanor sister of Thomas son of, CB141; AII, 41
    William of, Thomas son of, CB110, 112–17, 132, 140; AII, 41
    William of, Thomas son of (uncle of Richard of Otterburne), CB121
Malham Moor (*Malghummore*), CB116, 138
Malham Water (*Malgewatergelde*), CB106, 138, 409
Malherbe (Malerb'), John, CB301
    Richard, AII, 62–3
Mallory (*Malorie, Mallorre*), Peter, justice, CB154, 183
Malo Leporario see Mauleverer
Manfeld, William de, cellarer of Coverham, CB153
Mann, William, prior of Bolton, AI, 20
Mansel (*Maunnsell, Mauns', Maunsel*), Edmund, CB103; AI, 10
    Godfrey le, AI, 26
    Henry, CB103
    Nicholas, AII, 23
    Ralph, AI, 36
    Ralph, of Burley, AI, 37–8

Marchale, Roger, of Newhall, AI, 28-[9]
Marchelay, John de, CB463
Marcothorpe, Thomas, de, CB83
Mardley, John de, CB458
Mare (*Mara*), Matthew de, AII, 56
Marescallo see Marshall
Markingfield (*Merkingfeld*), John of, CB205
    Roger of, CB202, 205
Marmium, Roger, rector of Kirkby Overblow, CB462
Marsh (*Marisco*), Adam, CB399
    Richard, bishop of Durham, justice, CB93–4
Marshall (*Marcsal, Marescallo*), Adam, CB307
    William, CB330
    William, earl of Pembroke, CB156
Marthelay, John de, AI, 30
Martin, abbot of Aumale, AI, 16
Marton, East and West (*Martun*), CB44–61; AI, 1
    church of, CB43, 55–6, 61, 63
    free warren in, AII, 56
    manor of *see* Ingthorpe
    mill of, 56–8, 61–2
    clerk of *see* William
    lords of, AII, 53
    parson of *see* Alexander
    rector of *see* Romund, Thomas
    Peter of, CB10, 16, 41, 44, 54–5, 61, 119, 248, 253, 261, 273–5, 280, 287, 416, 440, 460; AI, 21, 31; AII, 7
    Richard, of, AII, 23, 37
    Simon of, CB27–8, 39, 48, 54, 65–6, 68–71, 109, 111, 113, 121, 247, 249–50, 252, 254, 259–60, 262, 267, 309, 328–9, 356, 358, 360, 396, 398–9, 404, 406, 408, 417–18, 421, 423–4, 426, 428, 452; AI, 25, 51; AII, 5, 14, 31, 37, 60
    Simon of, constable of Skipton, CB419–20, 422, 441
    Simon of, William son of, CB28, 45, 55, 406, 408, 424, 426
    Simon of, William son of William son of, CB55
    William de, of Calton, CB48
    William of, CB26, 29–31, 33, 35–8, 44–5, 47, 50, 55, 57, 82, 118–19, 128, 134, 138–40, 181–2, 208, 264, 273–5, 283–4, 286, 289, 295, 298, 303–4, 316, 318, 320, 332, 341, 368, 378, 382, 412, 451, 461; AI, 9–11, 47; AII, 1, 10, 21–2, 30, 35, 52, 64, 70
    William of, Peter son of, CB46, 50–3, 56, 58–61, 82, 118, 453; AI, 32–4; AII, 1

INDEX OF PERSONS AND PLACES

William of, Simon son of, CB46, 50, 61, 279
William of, William son of, CB62
Marton, East *see* Marton, East and West
Marton, West *see* Marton, East and West
Mary (Queen), xxv, CB445
Mason (*cementario, machon, machun, macon, macun, mascun, mazon*), Adam, of Eastby, AII, 58
  Arnald, CB388–9
  Edward, AI, 50
  Henry le, CB25, 32
  Henry le, of Skipton, CB31, 33
  Ivo, CB90, 300, 303, 307, 393, 402, 414, 437; AII, 18, 25, 35
  Ivo le, AII, 38
  Ivo, Robert son of, CB393
  John le, clerk, AI, 36
  R, CB2
  Richard of Skipton, Robert son of, CB113
  Robert, CB10, 16, 41, 47, 53–4, 56, 58–9, 61, 70, 115, 262–3, 282, 286, 303, 334, 357, 411; AII, 5, 22, 24
  Robert le, CB45–6, 57, 118, 129–31, 142, 460; AII, 10–11
  Robert le, of Skipton, CB134
  Robert of Skipton, CB27, 35–8, 113; AII, 9, 12, 15, 29
Matilda, William son of, CB385
Mauger, CB325
Mauleverer (*Malo Leporario, le Maleverer, Malleverer, Maulewerer*), Giles, CB27, 68, 70–1, 113, 136, 151, 247, 252, 254, 356, 398, 417–19, 421; AI, 33; AII, 5, 7–9, 12, 15, 24, 31, 40
  Giles, William brother of, CB252, 419
  Helto, CB4, 6, 12, 16, 19, 106–8, 185, 276–8, 409–11, 414–15; AI, 44; AII, 6, 9, 12, 24, 60; AIII, 1
  Helto, Bilioth wife of, CB106, 108, 409, 415
  Helto, Denise daughter of, CB437
  Helto, Peter husband of Denise daughter of, CB437
  Helto, William of Carleton son of, AIII, 1
  Henry, CB388–9, 393, 414, 416, 437
  Henry, Hervey son of, AII, 23
  Henry, Hervey son of Helto son of, of Halton, AII, 19
  John, AI, 24, 35
  Roger, CB94
  Walter, CB393, 414, 437
  William, CB41, 47–8, 52–3, 58–9, 80, 85, 89, 118–19, 132, 140, 201, 244, 273–5, 283, 286, 303, 305, 320, 325, 338, 393, 408, 416, 426, 428, 460; AI, 11, 24, 26, 46, 50–1; AII, 11, 13, 19, 27, 28
  William, Giles brother of William son of, CB422
  William, John brother of, CB408, 426, 428
  William, Thomas son of, CB109
  William, William son of, CB89, 422; AI, 46
  William, William Mauleverer son of, CB420
  William, of Allerton Mauleverer, CB413–14
  William, of Allerton Mauleverer, John son of, CB414
  William, of Beamsley, CB28–31, 33, 270–1, 279, 321, 382, 412, 424–5, 427; AI, 34, 52; AII, 6, 20, 26, 33, 41, 50, 58
  William, of Beamsley, Giles Mauleverer brother of William son of, CB420
  William, of Beamsley, John brother of CB28, 424
  William, of Beamsley, William son of, CB413, 420, 438, 441
  William, of Calton, CB112, 117, 270–1; AI, 34; AII, 50, 58
  William, of Calton, Ermeiarde wife of, AII, 50
  William, of Calton, Eustace son of, AII, 50
  William le, of Beamsley, CB377
Maunsel see Mansel
Mazon see Mason
Meaux, Abbey, abbot of, *see* Burn, Michael de
Medico, John, the steward, CB297
Melsa (*Messa*), Peter de, CB118–20
Menston (*Mensington*), *see also* Rodes of Menston,
  Alexander of, AI, 22
  Michael of, William son of, AI, 22
Meretlohe, CB338
Merk, Ralph, abbot of Crowland, justice, CB158
Merkingfeld see Markingfield
Merop', Henry de, justice, AI, 3
Merton, Walter de, AII, 56
Meschin, William, xiii, xvi; CB1–3, 19, 185, 446, 449; AII, 54
  William, Cecily wife of, *see* Rumilly, Cecily de
Messa see Melsa
Messanger, Norman le, AI, 4
Metcalfe, Miles, CB88

Mettingham (*Metheringham, Metingham, de Metyngham*), John, justice, CB154, 183, 288
Michin', Alexander de, *brother*, CB91
Mickleholme (*Mikelholm*), CB290, 322
Middleton (*Midleton'*), CB241, 243–4
   Adam of, CB208, 241
   Peter of, CB241–4, 246; AI, 24
   Walter of, CB463, 465–6; AI, 22, 35, 42, 48
   William of, CB452; AI, 53
Middle Tongue (*Middil tonge*), CB443
Midelkenland, CB235
Mikelmungen', CB325
miles see Knight
Milleholme, CB391
Milneflat, CB286
Milnegreene, CB185, 453–4
Milnehome, CB283
Mineun (*Miniun, Minnun, Mynum*), Adam, CB306–7; AII, 29, 35
   John, CB 324
   Richard, de Skipton, CB28
   Roger, CB16
Mingnan, Adam, AII, 18
Mira, Mabel de (sister of Matilda Caterays), CB31, 33
Mohaut (*Monte Alto, Muhaut, Mouhald, Mouhaude*), Geoffrey de, CB457
   Geoffrey de, of Leathley, CB454–6
   Henry de, CB302
   Richard de, CB49; AII, 53
   Richard, Margaret wife of, CB49
   Robert de, CB66, 310, 312, 397–9, 404, 460
   Simon, CB283, 407, 416
   Simon de, CB16, 327, 451; AI, 21; AII, 70
   Simon de, William son of, CB416; AII, 70
   William de, CB460
Monghewe, CB295
Monk Wall (*Monkwall*), CB443
Montbegon, Roger de, CB305
Monte Alto see Mohaut
Montfichet, Richard de, CB159
Monthermer (*Monte Hermer'*), Ralph de, earl of Gloucester and Hereford, AII, 55
Monye, Henry le, steward, CB39
Moor Beck (*Merebec, Merebeck*), CB16; AI, 21
Mora, Richard de, AI, 28–9
Morethwait, CB325
Le Morethawitgate, CB325
Morewic, Hugh de, justice, AII, 66
Mori, Geoffrey, CB16, 34–9
   Geoffrey, Agnes daughter of, CB37
   Geoffrey, Avice daughter of, CB38
   Geoffrey, Matilda daughter of, CB36
Morthwaite (*Morthait, Morthuait, Morthuuait, Morthwaith*), CB295, 302, 321, 326, 391–2
Moubray see Mowbray
Mouethe, William de, AI, 33
Mouhald see Mohaut
Mount (*Monte*), Elias de, AII, 56
   Richard de, of Halton, AII, 32
   Roger, CB446
Moulton (*Molton', Multon*), Thomas de, CB166–8
   Thomas de, justice, CB151
Mowbray (*Moubray*), John de, CB202, 204
   Roger de, CB100
Mucegros (*Muchegros, Mucemgros, Maucemgros*), Richard de, justice, CB149–50; AI, 45
Mughebrent, Adam de CB291
Muhaut see Mohaut
Mumyngham, John de, CB164
Munbi, William de, CB445
Mundegum, Adam de, CB449
Munun see Mineun
Murdac, Henry, archbishop of York CB14
Murdac, Hugh, justice, AII, 66
Mynum see Mineun

Nankerridding (*Nantherridding*), CB318
Nappay, Walraf de, CB102
Nether Tymble, CB443
Nettleton (*Nettelton*), William, CB77
Neville (*Nevill, Nevyll*), Geoffrey, CB213–14, 290, 379; AII, 66
   Geoffrey, Emma wife of, CB213–14
   Hugh de, CB156, 445
   Margaret, CB74
   Ralph de, CB445
   Robert, CB268
Newbiggin (*Neub'ing*), mill of, CB379
   Eve of, CB371
Newhall (*Neuhale*), CB449
Newsholme (*Neusum, Newsom*), CB32, 406–8
   Adam of, CB421, 423–8; AI, 34; AII, 13, 41
   Jordan of, CB408
   Jordan of, Adam son of, CB406–8
Newton (*Neuton Newton*), Adam of, CB101–2
   Hugh of, Marjory widow of, CB101–3
   Hugh of, William son of, CB102
   William of, CB96–7, 145
   Nicholas, constable of Skipton, CB262

INDEX OF PERSONS AND PLACES

Nicholas, parson of Kirkby, CB253, 263
Nicholas, parson of Tickhill, AI, 54
Nidd, river, CB443
Nidderdale, CB177, 187
Nigel, AI, 37
Nigel, Walter son of, CB301
Nigel, William son of, AII, 49, 59
Niger see Black
Noel, Alan, AI, 55
Nonnefrere, Richard, CB83
Nonnewyk see Nunwick
Nontekyredding, CB355
Norfolk, earl of *see* Bigod, Roger
Norman, Richard son of, CB101
Normanville (*Normanvile, Normanwill*),
    Ralph de, CB218, 264; AI, 48
  Ralph de, constable of Skipton, CB291
  Thomas de, CB169
  Thomas de, escheator, CB218
  Thomas de, steward, CB216
Northkeld, CB62
Northkeldberge, CB62
Northolme (*Norththolm*), CB325, 362
Norwich, archbishop of, *see* Gray, John
Norwood, Richard de, CB385
Nostell Priory, jurisdiction of, CB75
Notesaiheved see Nussey Ho
Nottingham, archdeacon of *see* William
  William de, clerk, AI, 53
Null, Henry de, CB453
Nunwick (*Nonnewyk*), Roger of, AI, 43
Nuscey, CB214
Nussey Ho (*Notesaiheved, Nussay heved*),
  CB177
Nuttill, John de, CB26

Octon (*de Oketon*), John, justice, CB158
Oldbridge, Robert of, CB445
Oldehawe, AII, 4
Oliver, *magister*, rector of Harewood, CB462
Orm, CB412; AI, 49; AII, 32
Orm, Adam son of, CB89
Orm, Alan son of, CB261
Ormescroft, AII, 32
Ormesheved, John de, CB445
Ormesley gill, CB443
Osbern (*Hosberni*), Robert son of William
  son of, AII, 61 (for brothers of Robert
  see Halton, Thomas de)
Osbert [of Bayeaux], see Bayeaux
Osbert, archdeacon, CB282, 415
Osbert, brother of Dolfin, Siward and
  Roger, AII, 62–3
Osbert, Elias son of, CB308; AII, 37

Osbert, Ivo brother of William son of, AII,
  25
Osbert, William son of, AII, 25
Oscend *see* Osmund, Lambert son of
Osgodby (*Osgoteby*), Thomas of, AI, 53
Osmund, chaplain, CB10, 20, 282; AI, 50;
  AII, 38; AIII, 2
Osmund, chaplain, Simon son of, AIII, 2
Osmund (*Oscend*), Lambert son of, AII, 62–3
Osmundrelan, John de, CB103
Oteri, Ralph de, CB278
Oterington', Richard de, CB139
Otley (*Ottel', Otteley, Otteleya, Otell'*),
  chaplain of *see* Adam
  Elias of, AI, 28
  Elias of, dean of Craven, CB407; AI, 29
  Geoffrey of, CB48, 66–7, 326, 339, 345,
    361, 371–2, 375, 384–5
  Geoffrey of, clerk, CB315
  Geoffrey of, *magister*, CB139, 280, 284–5,
    316, 325, 327–8, 335, 407; AII, 41
  Geoffrey of, *magister*, in Farnhill, CB344
  Thomas of, CB412
Otterburn (*Oterburn, Oterburne, Otterburne*),
  clerk of *see* Richard
  Elias of, CB83
  Elias of, Richard brother of, CB83
  Hugh of, CB116, 118–20, 129, 131–2,
    134, 440
  Hugh of, Elias son of Richard son of,
    CB132
  Hugh of, Richard son of, CB122
  Ranulf of, CB27, 49, 51–4, 58–61, 70–1,
    80–3, 94–5, 110–11, 113–16, 118–20,
    122–7, 129–30, 132, 134, 136–7, 142,
    208, 251, 257, 259, 273–5, 286, 297,
    305, 309, 334, 357, 417, 423, 460; AI,
    9; AII, 43, 49, 51, 59, 64
  Ranulf of, clerk, CB68, 141
  Ranulf of, Richard son of, CB112, 141,
    270–1; AII, 42
  Reginald of, CB187
  Reiner of, CB256, 422
  Richard of, CB28, 49, 109–10, 115, 121,
    132, 137, 251, 256, 383, 421; AII, 49
  Richard of, clerk, CB112, 114; AII, 7, 32,
    42
Otterington, North (*Otrinct'*), Thomas of,
  AII, 51
Ottringham, AI, 9
Overend, Peter, CB296
Overgode, Alan, CB412
Oxford, Christ Church, xxviii
Oxherd (*le Oxenhird*), John, CB91

Pacok, William, William son of, AI, 60
Padsikebeck, CB443
Paishous, CB443
Paishowsbecke, CB443
Pale stand, CB443
Palublat', Adam de, CB83
Paris, William de, CB258
Parkehill, John, attorney for Cecilia Power, CB76
parmentar' see Tailor
Partour; *see also* Power; Robert, CB76
 Robert, Cecilia daughter of, CB76
 Robert, Mary mother of Cecilia, CB76
Parvo *see* Little
Parvum Angrum, CB185, 446–7, 449–50, 455–6
Passemer, William, steward, CB53
Paternosterland, CB416
Pattishall (*Paterhill, Paterhull, Pateshill, Pateshull*), Martin, justice, CB93–4, 144, 151, 153
 Simon, justice, CB149–50; AI, 45
Paulinus, master of St Peter's Hospital, York, AII, 62
Pecklingwra (*Peclingwra*), CB412, 416
Pedde (*Peda*), Bernulf, AI, 49,
 Bernulf of Wentworth, AI, 50
Pedefer, Adam, CB293, 336–7, 353, 386; AII, 36
 Richard, CB319, 385, 387
 Richard, Adam son of, CB319
 Richard, of Glusburn, CB322, 346, 348
Pensthorpe (*Penisthorpe*), AI, 3, 9–11
 mill of, AI, 3
Percy fee, CB133
Percy (*Perci*), Geoffrey de, CB440
 Geoffrey de, [rector] of Gargrave, CB79
 Geoffrey de, of Gargrave, Bartholomew brother of, CB79
 Henry de, CB24, 57, 97, 145, 445; AII, 55
 Henry de, Henry son of, CB135
 Henry de, of Settle, bastard CB96
 Nicholas de, AII, 9
 Peter de, justice, CB97, 145
 Peter de, sheriff of Yorkshire, CB98
 Robert, CB88
 Robert de, CB57; AI, 48
 William de (grandfather of Henry, son of Henry), CB135
Perpoint, Henry de, steward of Knaresborough, AI, 27
Peter, clerk of Sowerby, CB299
Peter, monk of St Martin, Aumale, AI, 17
Peter, rector of Long Preston, CB105
Peter, Adam son of, AII, 47

Peter, Robert [son] of, AII, 63
Peter, William son of, CB438–9
Peter, Fitz *see* Fitz Peter
Petit *see* Little
Pharenhill see Farnhill
Philip (King), xxv; CB445
Picot (*Picott*), Walter, CB8, 107, 281, 410
Pictavensi, Hugh, CB449
Pillesgat', John de, *brother*, CB91
pincerna see Butler
Pinkney (*Pincheni, Pincheny, Pinkeney, Pinkeney, Pinkeni, Pyghinni*), Peter de, CB79, 400, 437
 Peter de, Constance wife of, CB400
 Reginald, AII, 7
 Richard de, CB26, 41, 58–9, 422, 441; AII, 6–12, 14–15, 22, 25, 61
 Richard de, of Halton, AII, 5, 13
 Richard de, Ranulf son of, AII, 15
 Richard de, (brother of Ranulf son of Walter), AII, 21
Pipard, Ranulf, CB90, 300
Pistore see Baker
Pithel, CB462
Plouton'gaite, CB443
Plumland (*Plumbland*), Adam, CB84
 Adam de, CB49, 85, 115, 217, 219; AII, 48, 50
 Adam de, John son of, AII, 52
 William de, AII, 59
Plumpton (*Plumptona, Plumpton, Plomptone, Plunton*), Nigel de, CB138, 402; AI, 26, 46
 Nigel de, Gilbert brother of, AI, 46
 Peter de, AI, 44
 Robert de, CB29–33, 62, 85, 133, 135, 175, 177, 264, 288, 291–2, 323, 369, 379, 454–6, 458; AI, 24, 27, 37–8, 42, 48; AII, 20, 50, 69
 William de, AI, 28–9
Poldale (*le Potdale*), CB112
Pollard, Ralph, CB128
 William, CB102, 251, 254
Pollington (*Pouelington*), Hugh of, AI, 54
 William of, AI, 55
Pontefract Priory, jurisdiction of, CB75
Pontem, ad, Richard, CB374
Pool (*Povele, Povel*), Robert of, AI, 37–8, 40
 Serlo of, AI, 26; AII, 70
Posforth Gill (*Poseford*), CB19, 106, 108, 185, 409, 411, 413–15
Poterne, Simon de …, AI, 45
Poterton' (*Potterun, Potteruna, Potterune*), Arnald of, AII, 17, 22, 30, 35
Potman, William, vicar general, CB88

INDEX OF PERSONS AND PLACES

Potter, Walter le, of Street, Agnes daughter of, AI, 52
Potterne (*de Poterna*), James, justice, CB149–50; AI, 45
Pouelington see Pollington
Pour, Walter le, CB412
Povel, Povele *see* Pool
Power; *see also* Partour; Cecilia, widow of John, CB76
    John, former husband of Cecilia, CB76
Prestcrofte, CB291
Prestgill wood, CB95
Preston; *see also* Preston, Long
    Gilbert, justice, CB152, 158
    Gladwin de, CB101
    John de, CB95, 101–2, 105
Preston, Long (*Preston in Craven*), CB92, 95–6, 101–5
    church of, CB93–8, 101–5, 144
    manor of, CB100
    clerks of *see* Thomas; William
    parson of *see* R[obert]
    rectors of, CB95, 101, 103; *see also* Geoffrey; Peter; Robert; Skipton, Roger de
Prestpole, CB416
Prophet (*Proffitt, Profitt*), Adam, CB240
    Adam, of Appletreewick, CB235–6
Proudfoot, Henry of Cavil, Peter son of, CB264
Pudsey (*Puddesay*), John de, AII, 34
Purcel, Walter, AII, 30
Pyghinni see Pinkney

Queenes fald, CB443
Quikeman, AII, 12
Quikildelothem (*Quikildbothum*), CB346–7, 351

Radcliffe, William, of Bradley, Thomas son of, AI, 60
    William, Margaret wife of, AI, 60
Rady, Robert, CB115
Rainevill, Adam de, AI, 55
    Adam de, Thomas son of, AI, 55
Rakebuttes, CB325–6
Ralph, CB261, 264; AII, 62
Ralph, abbot of Kirkstall, CB43
Ralph, archdeacon of Hereford, justice, CB143
Ralph, clerk, CB263
Ralph, chaplain, CB140; AI, 50
Ralph, dean, CB10, 282
Ralph, dean of Craven, CB90, 300
Ralph, monk of St Martin, Aumale, AI, 17
Ralph, parson, CB449
Ralph, Alan son of, CB51–2
Ralph, Henry son of, CB83
Ralph, Richard son of, CB51
Ralph, William son of, AI, 54
Le Rane, CB349–50
Ranulf, chaplain of Kirkby, CB79
Ranulf, priest, Richard the clerk son of, CB79
Ranulf, Langusa wife of Simon son of, CB79, 147
Ranulf, Simon son of, CB79, 147
Ranulf, William son of, *see* Meschin
Rarene, brother of Richard son of Essolf, CB12
Ravenswath (*Raveneswath*), CB371–2, 376–9
Ravensworth, Henry of, Alice wife of Ranulf son of, AI, 4
    Henry of, Ranulf son of, AI, 4
Rawcliff (*Rouhecliva, Routheclive*), Alexander of, CB260, 262–3, 265, 269
    Richard of, Alexander son of, CB261, 269
    Richard of, Ralph brother of, CB269
    Richard of, Thomas son of Ralph brother of, CB269
Rawdon (*Roudon, Roudona, Rondon*), CB185, 447–8, 450, 453, 455–6; AI, 36–42
    Alan of, Thomas son of Hugh son of, AI, 37
    Matthew of, AI, 39
    Michael of, CB465–6; AI, 22, 43
    Nicholas of, AI, 41
    Richard of, John son of, AI, 37, 40
    Serlo of, Michael son of, AI, 37
    Thomas of, CB447–8
Rear Clouts (*Rerecloutes*), CB443
Redeman, Jordan, AI, 17
Redvers, Margaret de (daughter of Warin son of Gerold and Alice de Curcy; wife of Fawkes de Bréauté), CB452–3; AI, 32
Reenges, Simon (*Symundus*) de, CB20
Reginald, chaplain, xxxi; CB106, 409
    chaplain and scribe, CB107, 410
    earl of Cornwall, CB17
    prior of Embsay, xvi; CB2
Reigate (*Raigate*), John de, CB100
Reinaldehou, CB412
Reiner, CB446
Reiner, chaplain, AII, 54
Reiner, clerk of Darfield, CB89; AII, 39
Reiner, Walter brother of William son of, AI, 49
Reiner, William son of, AI, 49
Reinveile, Hervey de, AII, 38
Relleston see Rylstone

Remington, Philip de, son of, CB217
　Walter son of, CB219
Rerecloutes *see* Rear Clouts
Revel (*Revell'*, *Rewel*), Amabilla, CB371
　R., CB370
　Reginald, CB2, 6, 8, 206, 276, 281, 409, 411
　Richard, CB303–5, 390–5, 401–2, 439
　Robert, CB316
　Thomas, CB293, 386; AII, 36
　Walter, CB286, 330, 373–4, 396–7, 399, 403–4; AII, 37
　Walter, of Glusburn, CB384
　Walter, William son of, of Glusburn, CB342
　Walter, father of William of Glusburn, CB375
　William, CB217, 219, 290, 314, 317, 319–20, 325, 331, 336–7, 340, 346, 348–55, 362, 371, 374, 376, 382, 387
　William, of Glusburn, CB375
　William le, CB288
Revest, Avice de, CB304
Reyvill (*Rievill*), Thomas de, AI, 43
　William de, AI, 56
Ria see Rye
Richard, CB78; AI, 55; AII, 3, 38
Richard, chaplain, AII, 68
Richard, clerk, CB101, 310, 312, 440; AII, 46
Richard, clerk of Baildon, AI, 23
Richard, clerk of Otterburn, CB27, 70, 113, 270–1, 338
Richard, clerk of *Sandal'*, CB299
Richard, earl of Arundel, CB445
Richard, penitentiary of York, CB51
Richard, *presbyter*, CB278
Richard, prior of Bolton, CB419, 421–2, 441
Richard, brother of Simon, clerk of Kirkby, CB80–2
Richard, Anabilla wife of, AII, 5
Richard, John son of, CB370
Richard, Robert son of, CB41, 53, 58–9, 118, 134, 286–7, 357; AII, 5, 7–8, 10–11
Richard, Robert [son of], AII, 15
Richard, Roger son of, CB460
Richard, William son of, CB90; AII, 39
Richard, William son of, canon of York, CB51
Richard, William son of, justice, CB93–4, 144, 146
Richmond, fair at, CB22
Riddings (*Ryddinges*), free warren in, AII, 56

Ridem', Richard de, rector of Burnsall, CB266
Rie see Rye
Riecroft, CB388–9, 392
Rievill see Reyvill
Rigmondbecke, CB443
Rigg, the, CB443
Rilleston', *Rillestona see* Rylstone
Rimington (*Riminton*), Walter de, CB95
Risom, William, AI, 14
Risses, AI, 37
Rivell', Reiner, AII, 54
Robert, CB439, 446
Robert, abbot of Fountains, CB206
Robert, canon of Bolton, CB381
Robert, chaplain, CB135, 307, 310, 312, 370, 388, 390, 394–5
Robert, chaplain of Kildwick, CB43, 63, 302, 383, 395, 401–2; AII, 29
Robert, chaplain of Skipton, CB402; AII, 29, 67
Robert, clerk, CB457
Robert, clerk of *Bradleywatt*, CB356
Robert, clerk of Cononley, CB357
Robert, clerk of Harewood, Isabella widow of, CB465
Robert, clerk of Kettlewell, AII, 1
Robert, clerk of Topcliffe, CB299
R[obert], parson of Preston, CB102
Robert, priest of Kildwick, CB381
Robert, prior of Bolton, CB137, 151, 153, 417; AI, 7
Robert, rector of Long Preston, CB101
Robert, steward of Skipton, AII, 8
Robert, John son of, CB283
Robert, John son of, justice, CB151
Robert, Richard son of, CB371–2
Robert, William son of, CB288, 364
Roch, Ivo, CB27
Rockley, Henry, CB77
Roddeb', Ralph, CB303
Rodeberg', William de, AII, 18
Rodeberowe, William de, AII, 22
Rodes of Menston, AI, 21–2
Rodes, Hugh de le, AI, 22
　Simon de le, AI, 22
Rodestona, Rodeston' see Rudston
Roell, Robert de, CB445
Roger, brother of Dolfin, Siward and Osbert, AII, 62–3
Roger, carpenter, CB412
Roger, clerk, AII, 68
Roger, chaplain, CB255
Roger, John son of, CB403
Roger, William son of, CB380, 438

Romund, Thomas, *magister*, rector of Marton, CB48
Ros, Robert de, Margaret widow of, CB164
Roubryi, Gilbert de, justice, CB294
Roudon, Roudona see Rawdon
Rouhecliva, Routheclive see Rawcliff
Rowton Beck (*Routandebeck*), CB19
Rud, Ranulf, CB464
Rudston (*Rodeston', Rodestona*), CB163, 166
  William de, CB455–6
Ruffus (*Ruffo*), Herbert, CB306, 308, 380
  Hugh, CB102, 447–50
  William, son of Liuf, AI, 21
Rumilly, family, CB165
  Alice de, xiii; CB9–10, 14–21, 88, 90, 108, 185, 214, 282, 300, 415; AI, 50; AII, 21, 38–9, 55; AIII, 2
  Alice de, Alice daughter of, CB90, 300
  Alice de, William, son of, *alias* William of Egremont CB16
  Avice de, CB448, 450
  Avice de, Alice sister of, CB449
  Cecily de, *alias* Lady of Skipton, xiii, xvi; CB1–10, 19, 107, 185, 276, 278, 281-(2), 410–11, 446, 450; AIII, 1
  Cecily de, husband of, *see* Meschin, William; Tracy, Henry de
  Cecily de, Alice daughter of *see* Alice
  Cecily de, Avice daughter of, CB447, 449
  Cecily de, Avice elder daughter of, CB446,
  Cecily de, Matthew, son of, CB4, 446; AII, 54
  Cecily de, Ranulf, son of, CB4, 446
  Robert de, Cecily daughter of, AII, 54; *see also* Cecily
Rumore, Roger de, CB310
Rushcroft (le Ruchecroft, Ruchroft), CB396, 437
Rushcroftsike (Ruccroftsike, Ruccroftsich), CB416–17
Ryddinges see Riddings
Rye (*Ria, Rie*), Geoffrey de, AII, 16–18, 22, 29–30, 35
  John de, CB57; AI, 55; AII, 70
  John de, Gilbert brother of, AI, 55; AII, 70
  Nicholas de, AII, 16, 18, 22, 35
  William de, CB457; AI, 56; AII, 17
  William de, Gilbert brother of, AII, 17
  William de, John brother of, AII, 17
Rylstone (*Relleston, Rilleston', Rillestona*), CB19
  Elias of, CB10, 35–8, 45–6, 48, 57, 78, 81, 128–31, 134, 140, 282, 295, 298, 304, 312, 376; AII, 1, 10, 21, 50, 64
  Eustace of, CB27–8, 31, 33, 39, 65–6, 68–71, 109, 121, 139, 247–9, 251–7, 259–62, 265–7, 270–1, 279–80, 285, 287, 297, 327–9, 334, 338, 358, 396, 398–9, 404, 419–2, 424, 426, 428, 441; AI, 19, 25, 51; AII, 2, 5, 8, 14–15, 31–2, 37, 50, 60
  Eustace of, Elias son of, AII, 50
  Eustace of, Thomas brother of, CB265
  John, AI, 19
  Simon of, CB247
  Stephan of, CB247, 254
  William of, CB6, 12, 16, 276–7, 450; AII, 34
  William of, brother of Alexander of Rawcliff, CB269
Ryther, AI, 2, 47–8
  free warren in, AII, 56
  Geoffrey of, AI, 47
  Henry of, AI, 47
  Henry of, Christiana sister of, AI, 47
  William of, AI, 2, 27, 48
  William, Lucy wife of William of, AI, 2

Saham, William, justice, CB288
Saint Edmund (*sancto Edmundo*), Robert de, AII, 10
Saint Helen (*sancta Helena*), John de, CB455–6
Saint John (*sancto Iohanne*), Gerard de, CB26
Saint Martin (*sancto Martino*), Adam de, CB26, 279
  Henry de, AI, 12
Saint Maur (*sancto Mauro*), Nicholas de, AII, 56
Saint Paul (*sancto Paulo*), Brian de, AI, 59
  Henry de, AI, 54
  Thomas de, AI, 57–9
Saint Quintin (*sancto Quintino*), William de, CB100; AI, 12
Saint Samson (*sancto Sampsone*), William de, CB79, 391
Sallay (*Salleya*), abbot of *see* Benedict; Thomas of, CB431
Saltkeld, CB51
Samson, John, bailiff of Skipton, CB376
Samson, John, of York, CB212
Samson, John son of, CB341
Samuel, the Jew of York, CB308
Sandal', clerk of *see* Richard
Sandilandes, CB340
Salisbury, bishop of *see* Ghent, Simon of
Sauer', Robert, AII, 28
Scalebrok', Henry de, AI, 55
Scaleholm, CB391
Scalewray (*Scalwra, Schalewra*), CB241, 243

Scalestead, CB158
Scalethwaite, CB295
Scalleby (*Scallebi, Scalebi*), William de,
　constable, AII, 25, 35
　William de, constable of Skipton, CB393
Scarweclifte, CB247
Scaudewell', William de, clerk, AII, 41
Scefling, Simon de, AI, 17
Scelerunbergh, AII, 12
Sceum, see Scriven
Schalewra see Scalewray
Schildewyke see Kildwick
Schipet', Schipton see Skipton
Schirburn see Sherburn
Scibeton see Skibeden
Sclater, John le, AII, 45
　John le, Avice widow of, AII, 45
Scorchefeof, Geoffrey *de*, AI, 55
Scosthrop (*Scothorp, Scothorpe, Scotorp, Scotorpe, Scottorp*), CB25, 86, 421; AII, 41–4
　Reiner of, CB27, 111, 115, 257, 297, 421, 441
　Reiner of, Thomas son of, CB112
　Reiner de, of Malham, CB49
　Robert, CB133
　Robert of, CB365
　Thomas of, CB86, 141, 270–1, 442; AII, 42, 44, 50, 52
Scott (*Scot, Scotto*), Henry, CB416
　John, CB465–6
　John, of Calverley, xxxi; AII, 65
　Jordan, CB388
　William, CB62
Scovill, Ralph de, CB20
Scriven (*Sceum, Screm, Screvin*), Adam de, CB431, 435
　William de, clerk, CB431
Scrope (*Scrop'*), Henry de, justice, CB157
Seagrave (*Segrave*), John de, CB24, 33
　Stephan de, justice, CB153
Sedd, Reiner de, CB444
Segisyke, le, CB325, 361
Seizevaux (*Sexdecim Vallibus*), John de, CB212
　Robert de, *magister*, CB302
Selby (*Seleby*), William of, CB459
　William of, Alice wife of, CB459
Seminatore see Sower
Sexdecim Vallibus see Seizevaux
Seymour *see* Saint Maur
Shawhous, CB443
Sherburn (*Schirburn*), Stephan de, AI, 12
Siddington (*de Sutchinton'*), Thomas, justice, *magister*, CB288
Sighelesden see Silsden

Le Siket, CB396
Siketon', CB384
Silsden (*Sighelesden, Silehesden, Sillesden*), CB279–80, 283–4
　mill of, CB5, 7–10, 185, 281–2
　Stephen of, CB287
Silsden Beck (*Sighelesdenbecke*), CB283
Simon, abbot of Kirkstall, AI, 37
Simon, clerk of Kirkby, AII, 64
Simon, clerk of Kirkby, Richard brother of, AII, 64
Simon, Reiner son of, AII, 59
Simonesflat, CB171
Singer (*cantor*), Roger, CB90, 300–1; AII, 39
Sitheridland, CB412
Siward, brother of Dolfin, Osbert and Roger, AI, 18; AII, 62–3
Sketer, Hugh, CB115
Skibeden (*Scibeton, Skibdun, Skibedon*), CB16–17, 19
　manor of, CB16
　mill of, CB442
　tithes of, CB442
Skibedon Ho, tithes, AII, 54
Skipton (*Skypton, Schipton, Schipet'*), CB19, 21, 32, 163, 166, 185, 289, 291, 297
　castle, xxxii; CB25, 442
　chapel of, CB442
　church of, xv; CB1, 2; AII, 54
　court, CB26
　fair at, xxvi; CB445
　fee of, CB133
　honour of, CB1, 232
　tithes, CB442; AII, 54
　bailiffs of *see* English, William; Malham, William of; Sampson, John; Toternhow, John de
　chaplains of *see* John; Robert
　clerk of *see* Tempest, Roger
　constables of *see* G; Geoffrey; Nicholas; William; Cheshunt, Henry de; Cheshunt, William de; Driffield, William of; Eshton, John of; Hebden, William of; Hesselton, Geoffrey de; Hilliard, Robert; Leathley, Thomas de; Marton, Simon of; Normanville, Ralph; Scalleby, William de; Toternhow, John de;
　vicar of *see* Thomas
　Everard of, Ralph son of, CB322, 346, 348, 425; AII, 50
　Geoffrey of, chaplain, CB303
　Ralph of, CB152
　Richard of, Robert son of, CB60, 70; AII, 9, 12

INDEX OF PERSONS AND PLACES   323

Robert of, John brother of William son of, CB318, 322
Robert of, William son of, CB26, 29–31, 33, 217, 219, 264, 280, 289, 318, 320–2, 331–2, 340, 346–8, 351, 362, 377, 379, 425, 427; AI, 34, 41, 50
Roger of, rector of Long Preston, CB103–4
Roger of, John son of, CB366
Thurstan of, clerk, CB265
Skir (*Skyr*), Robert, AII, 62–3
Skirum, CB214
Skypton see Skipton
Skyrebecke, William de, CB99
Smalchep, Adam, smith of Halton, AII, 26–7
  Adam, smith of Halton, Matilda wife of AII, 26–8
Smalkeldes, CB412
Smeaton (*Smithetuna*), AI, 54
Smeaton, Ranulf, Alan son of, AI, 57
Smith (*faber*), Henry, of Keighley, CB191
  John, of *Stoche*, AII, 47
  Peter, CB380
  William, CB371
Somerchales see Summerscales
Somervill (*Somervill*), John de, CB253, 261, 263
  William de, AI, 55–6; AII, 68
Sorebarleng, CB443
Sosela, Ralph de, AIII, 2
Sower (*seminatore*), Robert, of Halton, AII, 27
Sowerby (*Sourby*), clerk of, *see* Peter
Spectesbeck, CB19, 106, 108, 185, 409, 411–16
Speri, Simon, CB110
Spire, John, AII, 36
Squire (*Esquier*), Richard le, AII, 49
Stafford, archdeacon of, *see* London, Henry of
Stafleya see Staveley
Stainbrigeland', CB325
Staincliff, hundred of, CB155
Stainforth (*Stainford*), Nigel of, CB378, 442
Stainton Ho (*Stainton, Staintu'*), CB45–6, 59
Staivley see Staveley
Stalegate, CB115
Stanford, Robert de, CB157
Stanton (*Stantone*), Henry, justice, AI, 3
Stapleton, Nicholas de, CB169
  Roger de, CB452
Staunford, Akaria de, CB51
  Robert de, AI, 8
Staveley (*Stafleya, Staivley, Stavley*), church of, AI, 4

Adam of, CB51, 81; AII, 51
Alan of, AII, 51
Robert of, CB435
Swain of, Thomas son of, CB78
William of, CB431
Stead (*Steda, Stede*), CB19, 185, 411, 414; AII, 56
  Gamill de, CB412
  Henry del, AII, 4
Stedekate, CB412
Steeton (*Estiveton', Steveton, Stiveton, Stivetona, Stivetoun*), CB389, 400–5
  church of (and graveyard), CB400, 405
  tithes of (and tithe barn), CB400; AII, 46
  Adam of, CB311
  Beatrice *see* Steeton, Elias of
  Elias of, CB65–6, 121, 247, 272, 315, 324, 326, 330, 342–3, 360, 373, 384, 395–6, 399–401, 403–5, 452; AI, 18, 44; AII, 31, 37
  Elias of, Beatrice widow of, CB66
  Elias of, Henry son of, CB302
  Elias of, Richard brother of, CB65
  Elias of, Robert brother of, CB65
  Elias of, William son of, CB394, 402
  Hugh of, AI, 55
  John, CB125, 127
  John of, CB244, 293, 369, 386, 459
  R. of, CB355
  Reiner of, CB438
  Robert of, CB32, 66, 133, 181–2, 189, 191, 247, 254, 260, 265–6, 288, 290, 318–19, 321, 323, 331, 336–7, 340, 352–4, 368, 377–8, 386, 399; AI, 52; AII, 50, 69
  William of, CB129–30, 136–7, 248, 250, 253, 263, 287, 310, 312, 333, 356, 370, 390, 392, 403, 417–18; AI, 18, 56; AII, 15
  William of, Elias son of, CB398–9, 404
  William of, John son of, CB397
  William of, Ralph brother of, CB390
  William of, Reiner brother of, AI, 56
Stephen, canon of York, AII, 62–3
Stephen, chaplain of Alfred of Broughton, CB79
Steward (*dapifer, dispensatore*), Alverard, AI, 50
  R., AII, 54
  R., Lig' son of, AII, 54
  R., William son of, AII, 54
  Reiner, CB8, 106–7, 281, 409–10; AII, 54
  William, CB388–9
Steyburne, Robert de, CB462
Stirton (*Stratton, Streetton, Stretton, Strettun*), CB16–17, 34–9, 442

manor of, CB16
  Elias of, CB187, 378
  Elias of, clerk, CB217, 219
  John of, CB322, 346, 348
Stivetona, Stiveton, Stivetoun see Steeton
Stoche, Alan de, AII, 47
Stochkebrigg (*Stokebrigg, Stockebrige*), CB417;
  AII, 33
Stockeld (*Stokeld*), Nigel, Walter son of,
  CB134
  Richard of, CB462
Stockton (*Scokton, Scotton*), CB449
Stokes (*Stok*), Peter de, CB156
Stonor (*de Stonore*), John, justice, AI, 7
Stopham, Robert de, AI, 36
  William de, AI, 42
Storiths (*Stordes, Storthes*); *see also* Beamsley;
  CB412, 416, 418–19, 421–8; AII, 50
  free warren in, AII, 56
  Reiner of, CB419
Stouplum, CB387
Stratton see Stirton
Street (*Streta, Strete*), AI, 50, 52
  free warren in, AII, 56
  William de, AII, 4
  William de la, AI, 51
  William del, AI, 52
Streetton, Stretton, Strettun see Stirton
Strikefald, CB325
Stripes, CB253
Strykeflatt, CB325
Stubbes, William de, CB457
Stub Ho and Stubham Wood (*Stubusum,
  Stubhum*), CB241, 243–4, 246, 447, 449
  Eneas de, clerk, AI, 21
  Henry de, AI, 28, [29]; AII, 2
  William de, CB464
Sturmino, John, AI, 54
Subum, William de, CB461
Suhaubal, Richard, AII, 23
Sulfursouch, CB158
Summerscales (*Somerchales*), CB417, 430
Surais (*Surays, Surrays*), Richard, AI, 18
  William, CB250, 252–3
Sutchinton' see Siddington
Sutton (*Suttona, Suttune*), CB6, 276, 392;
  AI, 5
  Hugh de, AII, 67
Swain, deacon, AI, 49
Swain, deacon, Ralph son of, AI, 49
Swain, Adam son of, CB6, 12, 16, 19, 108,
  276–7, 415
Swain, Elias son of, CB78
Swain, Henry son of, CB16, 19
Swain, Peter son of, AII, 24

Swain, William son of, AII, 43
Swartelandes, CB235
Swillington (*Swinligtu'n*), Henry, clerk,
  CB63
Swinefet, Roger de, CB301
Swineshead (*Suinaheve, Suineshevaid,
  Swneshede*), Roger de, CB89
  Walter de, AI, 49; AII, 39
Swinewath (*Swinewatt, Swynewat*), CB308,
  396
Swinewathlidiate, CB351
Swyer, Robert, of Cracoe, CB252

T., prior of Bolton, CB423
Tailor (*parmentar'*), Richard, CB58
tainturer see Dyer
Tang (*Tange*), Andrew de, bailiff of
  Harewood, CB459
  Andrew de, notary, xxx
  Richard de, CB247, 255, 285, 308–9, 324,
  398–9, 404; AII, 31, 37
Tankersley (*Tankerle*), Richard of, AI, 51
Tempest, John, CB291–2; AI, 9; AII, 34
  Richard, CB10, 28, 48, 132, 247, 270–1,
    282, 358, 378, 399, 421; AI, 19; AII, 7,
    31–2, 37, 40, 69
  Roger, CB6, 14, 16, 21, 29–31, 33, 140,
    175, 217, 219, 272, 276–8, 288–92,
    313, 353, 363–4, 368; AI, 44, 52
  Roger, clerk of Skipton, AIII, 1
[Tempest], Roger, AI, 50
Teneflates, CB158
Ternbusk, CB158
Thaid', Henry de, CB381
Thirkleby (*de Thurkelby*), Roger, justice,
  CB97, 145, 148
Thistle Grime (*Thistelgrin*), CB253
Thistelwatholme (*Thistelwattholm,
  Thiyselwathholm, Thuyselwathholm,
  Thyselwatholm*), CB416–17, 419–20
Thomas, abbot of Kirkstall, CB77
Thomas II, archbishop of York, xiv
Thomas, cellarer of Bolton Priory, AI, 1n
Thomas, chaplain, CB391; AIII, 1
Thomas, chaplain of Kildwick, CB385
Thomas, chaplain of Long Preston, CB101
Thomas, clerk, CB347, 362,
Thomas, clerk of Bradley, CB387
Thomas, clerk of *Herdeslaw*, CB299
Thomas, clerk of Malham, CB327
Thomas, earl of Lancaster, CB155
Thomas, parson of Addingham, AI, 21
Thomas, prior of Bolton, CB73, 75, 113,
  405; AI, 4
Thomas, vicar of Skipton, brother, CB296

Thomas, Adam son of, CB31
Thomas, William, son of, CB94
Thor, Thomas son of William son of, AI, 26
Thoresby, John, archbishop of York, chancellor, CB445
Thorfin, CB120, 122
Thorne, Adam de, AII, 47
Thorneflat, CB253
Thorner (*Torou'*, *Thornouer*), Adam de, AII, 62–3
Thornho, AII, 23
Thornhill (*Thonhill*), William of, AI, 53
Thornouer see Thorner
Thornton (*Thorntune*), Hugh de, AII, 25
Thornton next to Pickering (*Thorneton prope Pickiring*, *Thornton pres Pickering*), manor of, CB171, 216, 218
Thornwathside, AII, 23
Thorpe; *see also* Welwick Thorpe; CB270–5; AI, 55
  Henry of, CB270, 271
Thorpe (Audlin), AI, 54–6
Thounkboller, CB443
Threshfield (*Thresfeld*, *Thresschefeld*, *Trescfeld*, *Tresfeld*, *Treskefeld*), CB140
  Elias of, CB177, 181–2, 187, 195, 201, 212
  Henry of, CB140, 142; AII, 1
  William of, CB78
Thurkelby see Thirkleby
Thurn, John, Alice daughter of, CB464
Thurstan, archbishop of York, xiv, xvi; CB2, 8, 107, 281, 410; AII, 54
Thurstan, Adam son of, CB51, 60
Thurstan, John son of, CB51, 60
Thuyselwathholm see Thistelwatholme
Thwait, AII, 25, 34
Thyselwatholm see Thistelwatholme
Tibcategarth, CB76
Tilli, Otes de, AI, 54
  Ralph brother of Otes de, AI, 54
Timble (*Tymble*), CB431, 433, 443
Timble, Nether *see* Nether Tymble
Tinctor see Dyer
Todd, William, son of William Frapesans of Cononley, CB337
Tong, Matilda of, mother of Richard son of Stephan the Irishman, CB376
  R[ichard] of, son of Essolf, CB370
  Richard of, CB373–375
  Richard of, Matilda daughter of, CB372, 377–8
  Richard of, Matilda widow of, CB371
  Richard of, Richard [son of] Matilda daughter of, CB377
  Richard of, Richard son of, CB378
Topcliffe (*Toppecliffe*), clerk of *see* Robert
Torald, Alan son of, CB263
Torfin, Ketel son of, CB16
Torou' see Thorner
Torpin, Henry, CB433
  Thomas, CB431
Todbeholme (*Todeholm*, *Todheholme*, *Totheholme*, *Toththolme*), CB51, 53, 55, 60–1
Tornhill, Jeremy de, CB43, 63
Torre, James, xxx, xxxii
Torthill, Gerem' de *see* Tornhill, Jeremy de
Toternhow (*Toterhow*, *Tothernhow*, *Tottenhou*, *Tottenhow*), John de, bailiff of Skipton, CB364
  John de, constable of Skipton, CB84, 189, 191, 365
Tothale, William de, prior of the hospital of St. John of Jerusalem, CB91
Totheholme, *Toththolme see* Todbeholme
Towhouses (*Touhouse*), Adam of, CB457
Tracy, Henry de (husband of Cecily de Rumilly), CB278; AIII, 1
Traili, Godfrey de, CB446
Treekingham (*Trickinham*, *Trikingham*, *Trikyngham*), Lambert, justice, CB154, 157, 183; AI, 3
Trepperiding, CB325
Trepwood, CB371–7
Trescfeld, *Tresfeld*, *Treskefeld see* Threshfield
Trevelyan, Walter Calverley *see* Calverley Trevelyan, Walter
Trevers (*Trivers*), Bartholomew de, CB90, 297, 300; AII, 38
Trickinham, *Trikingham*, *Trikyngham see* Treekingham
Truverers (*Truvets'*), Henry, CB380–1
Twaith, AII, 34
Twing (*Tweng'*), Marmaduke of, CB164
  Marmaduke of, Lucy wife of CB164
Tyard yarte, CB443
Tymble see Timble

Uctred, CB388–9
Ulf, CB104, 383
Ulf, dean, CB14
Ulf, Aldred son of, CB277
Ulf, Alexander son of, CB388–90
Ulf, Alexander son of Alexander son of, CB388
Ulf, Elias son of Reiner son of, CB305
Ulf, Reiner brother of Aldred son of, CB277
Ulf, Reiner son of, CB305

Ulf, Reiner son of Alexander son of, CB388–9
Ulf, Simon brother of Alexander son of, CB390
Ulf, Simon son of, CB391
Ulf, Simon son of Alexander son of, CB388–90
Unchtorpe, Unckethorp, Unckethorpe, Unckthorpe, Uncthorpe see Ingthorpe
Uverstipes, CB265

Vaco, William, CB449
Valenc' (*Valensi*), Aymer de, CB33
   Robert, CB412
Vaux (*de Walibus*), John, justice, CB288
Vavasour (*Vavassore, Vavasar, Vavasor, Vavasur, Vavassur, Vavosor, Wavasour, Wavasur, Wawesur*), John le, CB26, 29–31, 33, 264, 279, 288, 291–2, 295, 376, 379; AI, 27, 51; AII, 20, 37
   Mauger, CB45–6, 412; AII, 21, 30
   Mauger, Robert son of, AI, 44
   Mauger le, CB57, 138, 146, 279; AI, 26, 37–8
   Richard le, AI, 46
   Robert, CB310, 312, 412, 416; AII, 21, 30
   Robert le, CB149–50, 304, 322, 346, 348, 376; AI, 45
   Robert le, Robert uncle of, AI, 45
   Robert le, William father of, AI, 45
   William, justice, CB147
   William le, CB175, 454–6; AI, 46
   William le, justice, AII, 66
   William le, Mauger son of, AI, 46
   William le, R[obert] son of, AI, 46
venator see Hunter
Ver, Robert de le, CB451
Vescy (*Wescy*), John de, of Berwick, AI, 36
   Richard de, AI, 36, 38, 40
   Richard de, clerk, AI, 37, 42–3
Veteri Ponte see Vipoint
[Veti], John, CB174
Veylay, Robert de, AI, 36
Vianes, Walter de, CB6, 276
Viche, Ulf son of, CB383
Vigel', Jordan de, clerk of the archbishop, CB423
Vilain, Robert, CB463
   Robert, de *Rilleford*, AI, 22
Vindrent, John le, CB160
Vipoint (*Veteri Ponte*), Robert, justice, CB93, 144, 151, 445
Vitand, William, CB8, 281
   William le, CB95
Vivel see Wyvill

W., *magister*, parson of Bracewell, CB405
Wadlandes, CB158
Wacer', Robert de, CB397
Wacsaunde see Wassand
Wakefield (*Wakefeld*), Roger of, clerk, CB265
Walecotes, William de, AI, 9
Walegrim, John, AI, 53
Walehesburne see Washburn
Walibus see Vaux
Walk, Thomas de, CB433
Walkesburne see Washburn
Walkesburneheved see Washburn Head
Wallace (*Walais, Walensi, Waleys, Wallens, Walys*), John de, steward, CB268
   Richard de, AI, 43
   Robert de, AI, 55
   Robert de, Ralph son of, AI, 55
   Steven le, AI, 48
   Thomas, CB101–2
Wallesburn see Washburn
Walletrim, CB153
Walrabeny, CB83
Walter, of the household of the count, AII, 47
Walter, clerk, CB251, 253
Walter, clerk, William son of, CB252
Walter, clerk of Cracoe, CB247, 252
Walter, clerk of Cracoe, William the son of, CB266
Walter, parson of Bracewell, CB405
Walter, prior of Bolton, AII, 63
Walter, brother of Aufras, Everard, Henry and William, AII, 67
Walter, Henry brother of Richard son of, CB42
Walter, Hubert, CB444
Walter, John son of, AII, 5
Walter, Ranulf son of, CB81, 298, 303, 437; AII, 25
Walter, Ranulf son of (brother of Richard de Pinkeny), AII, 21
Walter, Richard, son of, CB42, 90, 303–4, 402; AII, 16, 18, 21–2, 25, 30, 35
Walter, Richard brother of Richard son of, CB42
Walter, Robert brother of Richard son of, CB42
Walter, William brother of Richard son of, CB42
Walys see Wallace
Wambewelle see Wombwell
Wandewat, CB414
Wantar', AII, 62; *see also* Wautar'
Ward (*Warde, Wayd*), Hugh, justice, CB146

Nicholas, AI, 23
Ralph, of Stockton, CB431, 435
Richard, of Stockton, CB431
Robert de la, steward of the household of Edward II, CB33; AII, 55
Simon, CB177, 455–6, 458, 465–6; AI, 42–3
Simon de, AI, 41
Simon, parson of Guiseley, AI, 40
William, AI, 36, 38, 43
Warren, William earl of, CB156
Warter (*Warta'*), Robert de, son of William of Stetton; brother of Elias of Stetton CB67
Warwick, earl of, *see* Beauchamp
Washburn (*Walehesburne, Walkesburne, Wallesburn*), river, CB19, 106, 108, 185, 409, 413–15, 431, 433, 435–6
Washburn Head (*Walkesburneheved*), CB431, 433, 435,
Wassand (*Wacsaund*), Alan de, justice, CB148
Wath, mill in, AI, 53
Wath in Burnshead, AI, 52
Le Waterbank, CB325
Wauter', Ralph, AII, 63
Wavasour, Wavasur, Wawesur see Vavasour
Wayd see Ward
Weardley (*Wivehelayes, Wiverhelayes, Wiverl', Wuchel', Wyverdlay*), CB185, 447, 449, 455–6
Adam of, CB440, 453; AI, 32
Hamlin of, xxxi; AII, 70
Hamlin of, Adam brother of, AII, 70
Weardley Beck (*Wyverlaibet*), CB451
Weceford, William de, justice, CB157
Weeton (*Witheton, Withetun, Withton, Witon', Witun', Wyton, Wychetun, Wythit'*), CB185, 431, 435–6, 447–50, 453, 455–6; AI, 27–9;
Adam of, AII, 2
Alexander of, AI, 56
Eugene of, Robert son of, AI, 28-[9]
Hugh of, CB453, 461; AI, 33; AII, 70
Hugh of, Adam son of, AI, 28–9
Robert of, CB447, 450; AII, 2
William of, CB461
Weland see Weyland
Wells, Simon of, provost of Beverley and archdeacon of Wells, CB156
[Welwick] Thorpe (*Thorpe*), AI, 3, 9–11, 14;
Wentworth (*Went*), AI, 54–8; AII, 4
free warren in, AII, 56
Ligulf of, AI, 49
Nicholas *subtus viam in*, AII, 4
Richard of, Alan son of, AII, 4

Robert, William son of, AI, 51
Walter de, AI, 57
William *del West Halle in*, AII, 4
William *subtus viam in*, AII, 4
Wescy see Vescy
West', Serlo de, AI, 45
Westbrerland, CB325
Westcoehill (*Wessco', Wesscothe*), AI, 27
William of, AI, 27–9
West Dereham abbey, CB83, 86
West Marton *see* Marton, East and West
Westmoreland, CB445
Weston, Thomas de, CB454
Westwick (*Westwic*), Patrick of, AI, 24
Weyland (*Weland*), William, justice, CB158
Wharfe (*Querf, Wherefe, Werf*), river, xiii; CB16, 19, 106, 108, 185, 412–16, 457–8
Wharfedale, forest, CB156
Wheatley, Thomas de, CB442
Whett'lost, CB391
White (*Albus*), Richard, CB392, 401–2
Richard le, CB433
Whitechurch (*Whitechurche*), Elias of, bailiff of the West Riding, AI, 53
Whitehand (*Whithand, Whithont*), William, CB4, 106–7, 409–10
Wic see Wike
Widehous, William, AI, 52
Wigglesworth (*Wickelsword, Wickesword*), Adam of, junior, CB104
Adam of, senior, CB104
Hugh of, CB105
Hugh of, Robert brother of, CB105
Wigton (*Wigdon, Wygdun*), CB185, 446–7, 449, 453, 455–6; AI, 31–5; AII, 2–3
free warren in, AII, 56
mill in, CB446–7, 449, 453; AI, 33
Adam of, CB453; AI, 33; AII, 2
Adam of, Richard son of, AI, 35
Richard of, CB455–6, 458–9, 463–6; AI, 27, 37–9, 41–2, 48
Robert of, CB465–6
Wike (*Wic, Wycha*), CB449
Thomas of, parson of Harewood, CB452; AI, 31–3
Wilgelandes see Willowlands
William, 448; AIII, 2
William, abbot of Furness, AI, 25
William, archdeacon of Nottingham, CB51
William, chaplain, CB447–8
William, clerk, CB385
William, clerk of Malham, AII, 51, 59
William, clerk of Marton, AI, 26
William, clerk of Preston, Long, CB105
William, constable of Skipton, CB253

William, parson of Harwood, CB447–8, 450
William, steward of Knaresborough, CB66
William, brother of Aufras, Everard, Henry and Walter, AII, 67
William, Alan son of, CB251
William, Robert son of, AI, 54–5; AII, 5, 7, 9, 12, 57
William, Thomas son of, AII, 5
William, William son of, AII, 38
Willowlands (*Wilgelandes*), CB251, 265
Winchester, bishop of *see* Edington, William
Windel, CB251
Windhill, Henry de, CB363
   Henry de, Margaret mother of John of Keighley and wife of, CB363
Winifred, CB343
   subdean [of Lincoln; Winifred], CB92
Witheton, Withetun see Weeton
Withernsea (*Withornse*), AI, 17
Withton see Weeton
Witley Croft (*Witlaicrofte*), CB185, 455–7, 462–3
Witon', Witun' see Weeton
Wivehelayes, Wiverhelayes, Wiverl' see Weardley
Wolrerwatht, CB362
Woodhouse (*Wodhuses, Woodhus*), Adam of, William son of, CB235, 240
   William of, CB236
Wombwell (*Wambewelle*), Reiner of, AI, 51
Wrangbrook (*Wrangebrok*), Rod[bert] of, AI, 56
Wratton (*Wraton*), Adam de, CB66, 335, 352, 375
   Adam de, Amabilla widow of, CB387
   Henry de, Adam son of *see* Glusburn, Adam of
Wright, Robert, CB76
Wuchel' see Weardley
Wulnetwaite, le, CB344
Wycha see Wike
Wychetun see Weeton
Wydhedales, CB340
Wygdun see Wigdon
Wyte, Roger de, of Stockton, CB435
Wyton, Wythit' see Weeton

Wyvelsby, Philip de, CB163–4, 169
Wyverdlay see Weardley
Wyvill (*de Vivill*), John, justice, CB97, 145, 152

Yarlessecelogo (*Iarlessecelogo*), CB139
Ybernici see Irishman
Ydle see Idle
Yeadon (*Gedon, Iadon, Yddon, Yedon*), CB77, 149–50; AI, 44–6; AII, 65
   Alan of, AI, 46
   Alan of, Thomas brother of, AI, 46
   John of, AI, 23
   Walter of, CB149–50
   Walter of, heir of, CB149–50
Yleclay, Ylkelay, see Ilkley
Yolestwathe, CB295
York (*Ebor*), AI, 5
   Blake Street (*Blaikestreta, Blaykestreet, Bleistreta*), CB212; AII, 62–3
   Castle, CB314
   Dean and Chapter, CB51
   Hospital of St Leonard (St Peter), CB153, 209–12; AII, 62–3
   archbishops of York *see* Murdac, Henry; Thomas II, Thoresby, John; Thurstan
   canons of *see* Alan; Richard, William son of; Stephan
   chancellor of *see* Hamo
   penitentiary of *see* Richard
   sheriffs of *see* Byroun, John de; Hale, Simon de; Percy, Peter de
   treasurer of *see* Hamo
   Ernest (*Hernisio*) de, CB16
   Gregory of, *magister*, AII, 17
   William of, CB177; AII, 69
   William of Walmgate of, CB212
Younge, Henry, CB76
Yrby see Irby
Ysode, Adam son of, CB349–50
Ysteby see Eastby
Yvedene, CB106, 409

Zachary, CB273–4

Index of Subjects

abbeys *see* Aumale; Coverham; Crowland; Fountains; Furness; Meaux; Peterborough; Sallay; West Dereham
abbots *see* Alexander; Benedict; Burn, Michael de; Conan; Hugh; John; Kent, John of; Merk, Ralph; Martin; Ralph; Robert; Simon; Thomas; William
acres, CB51, 104, 112, 115, 136, 140, 153, 158, 171, 173, 185, 193, 195, 208, 217, 219, 235–7, 240–2, 244–7, 251, 253, 265, 267, 274, 279, 288, 290–1, 294–5, 299, 305, 307, 309, 312–17, 321–2, 325–30, 332–3, 335, 344–6, 348–50, 358, 361, 367, 370, 373, 381–2, 384–5, 387–93, 395, 399, 408–12, 416–17, 437, 439–40, 422; AI, 2–3, 5, 18–19, 23–4, 54; AII, 4, 6–7, 9, 12–13, 17–18, 22–3, 25, 32, 44, 48, 57, 61
advowson of church, patronage of church, CB32, 43, 55, 61, 93–4, 97, 144–5, 147–8, 152–3, 289; AI, 3–4, 10; AII, 39–40, 67–9
altar, knife on, CB6, 276
animals, CB197; *see also* beasts, cattle, dogs, goats, horses, oxen, pigs, sheep
animals straying, CB139, 191, 279
appropriation of churches, CB1–4, 14, 18, 24n
arable land, CB41–2, 49, 290–1, 313, 316, 323, 325–6, 332, 354, 373, 375, 384, 391; AII, 23, 26–8
archbishops *see* Gray, John; Murdac, Henry; Thomas II, Thoresby, John; Thurstan
archdeacons *see* Bayeaux, Osbert of; Jocelin; London, Henry of; Osbert; Ralph; William
assarts, licence to assart, CB28, 185, 305, 310, 313, 319–20, 329–30, 350, 356–8, 383, 391–2, 399, 416–17, 437, 446–7, 449–50, 455–6; AI, 18–19, 50
assent transactions undertaken with others assent
  assent of canons, CB113, 446–7, 449
  assent of children, CB16, 307, 389–91, 448; AI, 46
  assent of heirs, CB16, 307, 309, 391, 437
  assent of others, AII, 59
  assent of sibling, CB307

assent of spouse, CB33, 39, 106, 108, 309, 409, 415; AII, 26–7, 33, 39n
assizes, *see* bread and ale, novel disseisin
attorney, power and letters of, CB76, 124, 246

bailiffs *see Briselanz*, Robert; Broughton, Robert of; Campo Florida, Martin de; Coke, Hugh de; English, William; Hugh; Malham, William of; Samson, John; Tang, Andrew de; Toternhow, John de; Whitechurch, Elias of;
barn, CB439; AII, 16 *see also* tithe barns
beasts, CB19, 116, 185, 190, 412
becks, sikes and streams, AI, 6, 35; *see also Aloukesike, Baldewinebec*, Barden Beck, Bareshaw Beck, *Blakesike, Brunhousike, Crackebecke,* Eller Beck, *Foulsike, Gathopbecke,* Gill Beck, *Grinstanebec, Keldesike, Kerebeck, Lewelsike, Lynthuaitsike,* Moor Beck, *Padsikebeck, Paishawsbecke,* Rowton Beck, *Rushcroftsike, Rymondbecke,* Silsden Beck, *Spectesbeck,* Weardley Beck
benefices, CB152, 389; AII, 66
besant *see* gold
bishops *see* Bek, Anthony; Edington, William; Ghent, Simon; Halton, John; Islip, Simon; Langton, Walter; Marsh, Richard
body for burial *see* burial
boundaries, CB16, 19–20, 45–6, 59, 126, 138–9, 177, 185, 338, 340, 385, 388–9, 391–2, 395, 399, 412, 416, 443; AI, 33, 49; AII, 34, 56
bovates, CB19, 26–7, 31, 33–9, 50–4, 60, 64–8, 77, 79–82, 84, 86, 101–3, 105–6, 108, 113, 118, 120–5, 127–32, 136–7, 141–2, 146, 153, 175, 185, 188, 193–5, 199–208, 214, 223, 340, 247–9, 251–2, 254–9, 261, 263, 269, 272–5, 288–9, 300–9, 319–20, 344, 397, 401–2, 404, 408–9, 413–16, 420, 447, 455–6; AI, 1, 3, 6, 18–19, 28–9, 33, 37, 41, 47, 50, 52, 54–7; AII, 1, 3, 5, 7, 15–16, 20–1, 25, 32, 36, 41–4, 49, 59–60, 67–8
bran, CB288
bread and ale, assize of, CB222

bridges, CB45, 51, 59, 290
  toll for bridges, CB21, 381–2, 384; AI, 54–7; AII, 55
buildings, CB319, 336; AII, 50, 58; *see also* barns, crofts, granaries, houses, lodges, messuages, tithe barns, tofts
burgage, CB185, 451, 455–6, 465
burial, CB67, 259, 270, 343, 371, 384–5, 396, 403–4, 407, 416, 440; AI, 50n; AII, 13, 24, 61
buttes, CB319, 462

candles, lamps, CB114, 315, 326, 360
canons, *passim*, *see also* Alan; Hugh; Richard, William son of; Robert; Stephan
carpenters *see* Glusburn, Alexander of; John, William son of; Roger
carriage, CB21; AII, 55
carucates, CB25–6, 28–30, 64, 69–73, 78, 107, 134, 137, 149–50, 171, 185, 214, 269–71, 323, 410, 447–8, 450, 455–6; AI, 26, 44–6; AII, 10, 30, 51, 64
cart *see* wagon
cartulary of Bolton Priory, history and arrangement, xvii-xxi
cattle, CB20, 48, 116–17, 191, 251; AII, 41
cellarers *see* Thomas; Manfeld, William de
chamberlain *see* Gerold, Warin son of
chancellors *see* Barrowe, Thomas; Hamo; Thoresby, John
chaplains *see* Adam; Bingley, Alexander of; Burnsall, Peter of; Gilbert; Henry; Hervey; Hugh; John; Osmund; Ralph; Ranulf; Reginald; Reiner; Richard; Robert; Roger; Skipton, Geoffrey of; Stephan; Thomas
charters, original, of Bolton Priory, xxvii-xxxii
chase, CB19, 87–8, 175, 177, 185, 187, 223
chirographs, CB177, 187, 279, 290, 295, 368, 379, 421, 429, 465–6; AII, 3, 34, 36–7, 45
churches *see* advowsons, appropriations, altar, candles, oblations
clerks *see* Adam; Alexander; Richard; Blackburne, William; Branford, Geoffrey de; John; Ermysted, William; Fauvelthorpe, Robert de; Gerard; Hell, Richard; *Hesyngton*, Richard de; Hill, William de; Ivo; John; Jordan; Keighley, John of; Ranulf, Richard son of; Richard; Kirkby, Richard de; Kirkby, Simon de; Laurence; Leeds, Richard of; Mason, John le; Nottingham, William de; Otley, Geoffrey of; Otterburn, Ranulf of; Otterburn, Richard of; Peter; Ralph; Reiner; Richard; Robert; Roger; *Scaudewell'*, William de; Scriven, William de; Simon; Skipton, Thurstan of; Stirton, Elias of; Stubho, Eneas de; Swillington, Henry; Tempest, Roger; Thomas; Vescy, Richard de; Vigel', Jordan de; Wakefield, Roger of; Walter; William
closes, CB111, 214
common and common rights, CB27, 35, 41, 47, 49, 52, 54, 59, 65, 71, 76–9, 80, 82, 95, 104, 110, 115, 120, 125, 140, 189, 251–3, 260–3, 266–7, 273–5, 304, 308, 310, 312–13, 315, 325, 333–4, 356, 358, 360, 362, 368, 375, 388, 390, 396–7, 399, 408–9, 412, 416, 437, 439–40, 446–7, 449–50; AI, 33; AII, 9–12, 18, 22, 51; *see also* pasture, common; wood, common,
confirmations, CB4n, 9, 17, 19–20, 26, 28, 32, 34, 36–9, 44, 46–7, 50, 53, 55–6, 61, 69, 74, 80, 88, 90–1, 92n, 95, 108–9, 116–17, 122, 136, 171, 184–5, 187, 214, 240, 254, 271, 278, 287, 300, 303–5, 307, 309, 312, 368–9, 380, 393–5, 398, 402, 404, 408, 411, 413–15, 418, 420, 440, 445, 447, 449–51, 453–6, 461, 465–6; AI, 19, 26, 34, 41, 45–6, 48, 51; AII, 19, 53, 60; AIII, 2
consent *see* assent
constables *see* Cheshunt, Henry de; Driffield, William of; Eshton, John of; Everingham, Alan de; G; Geoffrey; Giliot, Peter; Hebden, William of; Hesselton, Geoffrey de; Hiliard, Robert; Ivo; John; Leathley, Thomas of; Marton, Simon of; Nicholas; Normanville, Ralph; Scalleby, William de; Toternhow, John de; William *see also* Constable
controversies, disputes, CB45, 75, 137–9, 159–70, 189–91; AII, 46
corn, cornfield, CB8, 10, 20–1, 48–9, 57, 177, 187, 238, 242, 281–2, 288, 290, 297, 419, 422, 441–2, 446, 449, 459; AI, 4, 27; AII, 34, 44, 55; AIII, 2
coucher book of Bolton Priory, history and arrangement, xx-xxvii
courts *see* Knaresborough, Skipton, suit of court
cows *see* cattle
crofts, CB51–2, 54, 60, 76, 85, 89, 205–6, 250, 254–6, 258, 261, 273–5, 319, 321, 334, 363–4, 367, 416–17, 446–7, 449–50, 462; AI, 18, 23; AII, 3, 17–18, 29

INDEX OF SUBJECTS

cultura, culture, CB40, 45–9, 53, 55, 59–61, 175, 195, 217, 219, 223, 286, 290–1, 318, 322–3, 333, 347, 351, 355, 403, 462; AI, 37; AII, 5, 8, 16–17, 51

dates, documents with, CB24, 33, 76–7, 84, 86, 88, 91,93, 97–8, 104, 113, 123–7, 133, 135, 137, 143–58, 171, 173, 177, 179, 181–3, 185, 189, 191, 193, 197, 199, 203–4, 206, 208, 210, 216, 233, 235–6, 238, 242, 246, 279, 288, 294, 296, 368, 376, 421, 426, 428–9, 431, 433, 435–6, 442, 445, 456, 459; AI, 1–5, 8–11, 14, 17, 27, 37, 43, 52–3, 59; AII, 34, 36, 44–5, 55–6, 65–6
dates for paying rent *see* rent, dates for paying
deacons *see* Ivo; Swain;
deans *see* Adam; Adelelm; Alexander; Henry; Otley, Elias of; Ralph; Ulf
divine celebration, CB405
disputes *see* controversies
ditches, CB45–6, 48, 59, 185, 187, 279, 349, 399, 412, 453–4, 457
dogs, CB288
dower, CB171, 224n, 336, 364, 387

easements, CB27, 35, 41, 45, 52, 54, 56, 59, 65, 67–9, 71, 78, 80, 82, 95, 102, 110, 112, 114–15, 120, 126, 140, 175, 182, 185, 189, 223, 235–6, 248–9, 251, 260–4, 266, 273–5, 284, 304, 306, 308, 313, 315, 319, 321, 325, 334, 340, 356, 358–60, 362–3, 368, 373–5, 382, 392, 394, 396–7, 399, 408, 412, 418, 423, 427, 437, 439, 447, 462, 465–6; AI, 34; AII, 3, 9–12, 39, 41, 43, 49, 51
enclosure, right to make enclosure, CB48, 191, 374
entry into community, CB32, 93, 144, 147, 152, 389; AII, 68
entry and exit, right of, free, CB45, 59, 62, 104, 111, 189, 283, 317, 323; AII, 51
escheats, CB31, 116, 170, 179, 216, 247, 270–2, 321, 323, 331; AI, 34, 36; AII, 42
estovers, CB95, 218
exchanges, CB241
 of lands, CB15–17, 54, 84, 192–3, 195, 241, 243–4, 246, 251, 279–80, 290, 316, 392, 417, 420; AII, 50
 of rents, CB209–12, 241, 243–4

fabric fund, CB314
fairs, xxix–xxx; CB21–4, 445; AII, 55
feet (measurement), CB91, 290, 295, 341

final concords, CB93, 96–7, 100n, 137, 143–54, 157–8, 183, 288, 294; AI, 1–4, 6, 8; AII, 66
fish (rights), CB55, 58, 286
foals *see* horses
fodder, CB461
foot *see* feet
fords, CB290, 383
forests, CB156, 172–3, 443; AII, 56
 afforestation, xxvi; CB445
 deforestation, CB156
forfeiture, CB8, 10, 7, 139, 281–2, 297, 446–7, 449
forinsec service, CB25, 27–8, 65, 67–70, 73, 79, 84, 102–3, 129–30, 153, 175, 223, 247–9, 251, 256–7, 259, 261, 263, 295, 303–4, 421; AII, 15, 21, 43, 59
fuel (*estoveria*), CB95, 218, 307, 373, 461

gallows, CB222
gardens, CB62, 416–17, 422
gifts, CB4, 6, 10, 12, 16, 21, 27–8, 31, 35, 41–2, 45, 51–2, 54, 57–60, 65, 67–8, 71, 73, 75–6, 78–9, 82–3, 86, 89, 92, 101–2, 106, 109–12, 114–15, 118–20, 125, 129–31, 134, 140–2, 175, 181–2, 195, 201, 208, 212, 235–6, 247–53, 256, 259–63, 265, 267, 270, 273–8, 280, 282–6, 290–2, 295, 297–9, 301–3, 306, 308, 310–11, 313, 315–17, 320, 323–30, 333–5, 338–9, 341–45, 347, 349–51, 354, 356–59, 361–63, 370–75, 379, 381, 383–85, 388–92, 396–7, 399–401, 403–4, 409, 412, 416, 422–3, 426, 428, 437–9, 446, 448, 451–2, 458, 462, 467; AI, 9, 11, 16, 18, 21, 22–3, 25, 27–9, 33, 36–8, 44, 47, 49–50, 54–7; AII, 1, 3, 5–19, 21–5, 27, 29–33, 35, 38–9, 41–3, 47–9, 51, 57, 59, 61, 64, 67, 70; AIII, 1
goats, CB197
gold, bezant, CB63
granary, granaries, CB341, 404
granges, CB44n, 409n
grants, CB22, 123, 193, 199, 203, 210, 233, 238, 242, 268, 445; AII, 44, 56

hay, CB104
hedges, CB16, 19, 327–8, 399, 451
herbage, CB138
highways *see* roads
homage and service, CB26–7, 31, 65, 67–9, 73, 78, 101–2, 105, 116, 128–30, 134, 136, 140n, 142, 193–5, 203, 208, 216, 226, 244, 247, 255n, 256, 270–2, 295,

323, 371, 406–7, 424, 460–1; AI, 21–2, 34, 36; AII, 15, 21, 42, 64, 70
horses, CB8, 10, 20, 57, 104, 116, 138, 281–2, 297, 462
houses, CB51, 54, 95, 283, 388–9, 392–3, 396, 399, 404, 412, 421, 451, 461; AII, 8, 10–11, 14, 50, 58
husgable, AII, 62–3

indentures, CB91, 296
individuals (and families), grants of, CB51–2, 60, 82, 120, 122, 197, 273–5; AI, 34, 54; AII, 1, 41, 43
inquisitions, CB55n, 123, 164, 169, 179, 193, 201n, 203n, 205n, 212n, 238, 242, 430–436, 442, 456; AI, 6, 9, 60; AII, 44
inspeximus, CB24, 33, 135, 233, 445, 456; AII, 55
iron, iron mine *see* mines

Jews, CB150n, 308, 423

king *see* Edward I; Edward II; Edward III; Henry I; Henry II; Henry III; John; Philip
knife on altar *see* altar, knife on

land, measurements of, *see* acres, bovates, buttes, carucates, feet, measures, roods, perches, seliones, virgates
land, types of, *see* assarts, crofts, forest, granges, manors, marsh, meadow, moors, pastures, tenements, tofts, wood
lamps *see* candles
lastage, CB444
lead, lead mines *see* mines
leases, CB197; AI, 9; AII, 34, 36, 45
letters close, CB98
letters patent, CB156, 173, 185, 445
lodges, CB95, 139

malt, CB288
mandates and orders, CB98, 98, 169, 227, 436
manors, CB15–17, 24–5, 44, 91n, 100, 104, 154, 157–8, 167, 170–1, 174–6, 178–83, 185, 193, 195, 197, 216, 218, 221–4, 230–3, 436, 467; AI, 9n, 12n, 38n; AII, 53
mares *see* horses
markets, CB445
marriage portion and free marriage, CB31, 33, 272, 323, 360, 364, 382; AI, 18, 43, 57; AII, 19, 21

marsh, CB45, 59, 263, 315, 318, 321, 368, 416; AII, 51
meadow, CB20, 21, 41, 42, 49, 51, 55, 59–61, 82, 89–90, 104, 109, 112, 158, 187, 193, 195, 214, 247, 290, 294–6, 319, 325, 332, 388–9, 399, 412, 414, 416–17, 420, 446, 450; AI, 2–3, 5, 34, 37; AII, 19, 22, 25, 29, 45, 55, 57
measures, CB19, 57, 104, 185, 288, 422, 441
memoranda, CB1, 3, 5, 7, 9, 11, 13, 15, 18, 23, 25, 34, 40, 44, 50, 55, 64, 72, 74, 77, 87, 96, 99–100, 155, 160–1, 170, 172, 174, 176, 178, 180, 184, 186, 188, 190, 192, 194, 196, 198, 200, 202, 207, 209, 211, 213, 215, 218, 220–1, 228, 234, 237, 239, 241, 243, 245, 269; AI, 15, 20, 30, 58–9; AII, 53
messuages, CB50, 77, 136, 185, 193, 195, 203, 212, 238, 242, 244, 246, 250, 291, 294, 297, 455–6, 462; AI, 3, 5, 8, 57; AII, 10, 36, 44, 49
messuage, capital, CB27, 68, 109, 171, 217, 219, 266
mills, CB5–12, 19, 42, 61–2, 89, 172–3, 185, 276–7, 281–2, 286–8, 297, 303, 305, 310, 380, 383, 386, 442, 446–7, 449–57; AI, 3–4, 6, 27, 30, 33, 49, 53–4; AII, 50, 54; AIII, 1–2; *see also* multure
hand mills, CB281, 282
mill ponds, CB303, 441, 457, 462
mines, CB172–3, 175, 182, 185, 217, 223
lead, lead mines, CB219, 222
iron, iron mines, CB222
monks *see* Geoffrey, Gregory, Peter, Ralph
moors, moorland, CB16, 20–1, 116, 138, 189, 291, 335
moor (free), CB283
mort d'ancestor, assize of, CB121, 146, 151, 464
mortgage, CB255
mow, mowing, CB104
multure, CB8, 56–7, 62, 185, 281, 286, 297, 419, 421–2, 441, 446, 449–50, 453–4, 460; AI, 4, 54

neifs, grants of *see* individuals (and families), grants of
notification, CB2, 8, 14, 107, 281, 407, 410, 459–60
novel disseisin, assize of, CB100

oats, CB461
oblations, CB405; AII, 46; AIII, 1–2
occupations
    clerical occupations *see* abbots,

INDEX OF SUBJECTS

archbishops, archdeacons, bishops, cellarers, chancellor, chaplains, clerks, deacons, deans, monks, parsons, penitentiary, presbyters, priests, prioress, priors, provost, rectors, subdeans, treasurer, vicars
    secular *see* bailiffs, carpenters, chamberlains, chancellor, constables, reeves, scribes, sheriffs, smiths, stewards; *see also* Baker, Butler, Chamberlain, Cook, Dyer, Forester, Granger, Hunter, Marshall, Mason, Oxherd, Singer, Smith, Sower, Steward
orations, CB152
oxen, CB104; AII, 68

parsons *see* Adam; Alexander; Bott, Thomas; Nicholas; Wike, Thomas; Ralph; R[obert]; Thomas; W; Walter; Ward, Simon; William
passage (free), CB20–1, 444; AII, 55
pasture, common and right of, CB20, 44–6, 55, 59, 62, 89–90, 95, 116–19, 138–9, 176–7, 185, 187, 191, 196–7, 217, 219, 250, 276, 320, 392, 416n, 429–31, 433, 435, 436n; AI, 35; AII, 37
patronage of churches *see* advowson
pensions, CB32n, 43n, 63n, 75n; AI, 16, 38n; AII, 66
penitentiary *see* Richard
perches, CB253, 283, 295, 338, 341; AII, 8, 32, 37
petitions, CB158n; AI, 5
pigs, CB89–90
pilgrimage, CB109
pleas, CB223, 228–31; AI, 7
plough team, AII, 68
plough share, CB323
ponds and pools, CB185, 362, 414
pontage, CB21, 444; AII, 55
presbyter *see* Richard
priests *see* Ranulf; Robert
prioress *see* Calverley, Isabella of
priories *see* Bolton; Bridlington; Embsay; Esholt; Huntingdon; Nostell; Pontefract
priors, *see* Adam; Beachampton, Richard of; Burton, Gerard of; Christopher; Henry; Gilbert; John; Laund, John of; Lawrence; Lund, John of; Mann, William; Reginald; Richard; Robert; T.; Thomas; Tothale, William de; Walter
protection, letters of, CB444
provost *see* Wells, Simon of

queen *see* Mary

quitclaims, CB29–31, 49, 62, 66, 67n, 70, 81, 85, 94, 97, 105, 113, 116, 121, 127, 132–3, 137–8, 143, 145–51, 177, 187–188, 241n, 244, 254–5, 258, 264, 267n, 268, 272, 289, 293, 314, 318–19, 321–2, 336–7, 340, 346, 348, 352–4, 355, 360, 364–7, 376–8, 382, 387, 406, 421, 424–5, 427, 463–4; AI, 1n, 3n, 10, 24, 31–2, 40, 42–3, 50n, 52–3; AII, 2, 4, 17, 20, 22, 26, 28, 37, 40, 50, 52–3, 58, 68–9

rectors *see* Alta Ripa, Godfrey de; Andrew; Bott, Thomas; Crocbain, Thomas; Geoffrey; Heversham, Nicholas of, Robert brother of; Marmuim, Roger; Oliver; Percy, Geoffrey de; Peter; Robert; Romund, Thomas; Ridem', Richard de; Robert; Skipton, Roger de
reeves *see* Hugh
reliefs, CB26, 31, 33, 116, 179, 216, 247, 268, 270–2, 291, 323, 421, 46; AI, 34, 36; AII, 19, 42
rents, CB19, 24n, 31, 33, 41, 43, 66, 73, 75, 78–80, 82–6, 102, 104–5, 116, 118–19, 129–30, 133–4, 137, 151, 153, 185, 193–5, 209–10, 212, 214, 216, 241, 243, 270–2, 295, 299, 308–9, 323, 331–2, 355, 358, 373, 379, 396, 407, 421, 423, 426, 455–456, 460, 465–7; AI, 3, 5–6, 9, 19, 21–2, 23n, 25n, 27, 30, 34, 54, 58–9; AII, 3, 5, 17, 19, 22–3, 30, 34, 36, 42–5, 52, 62–3, 65–6
    corn, CB459; AI, 27
    cumin, AI, 3; AII, 58
    free, CB77
    incense, CB153
    oats, CB461
    rose, CB290
rent, dates for paying,
    Blessed Virgin Mary, Purification of, CB323
    Christmas day (Nativity), CB102, 323; AII, 19, 23
    Easter, CB323, 423, 426
    Michaelmas, AI, 54
    Pentecost, CB31, 33, 41, 43, 73, 75, 78–80, 82–86, 104–5, 118–19, 129–30, 153, 295, 308, 358, 373, 379, 407, 421, 460, 465–7; AII, 3, 18, 34, 36, 43, 45, 62–3, 66
    Saint John, nativity of, CB290
    Saint Martin in the winter, CB31, 33, 41, 43, 63, 73, 75, 78, 80, 82–6, 86, 104–5, 118–19, 129–30, 153, 295, 308, 358,

373, 379, 407, 421, 460, 465–7; AII, 3, 34, 36, 41, 43, 45, 66
Saint Peter *ad vincula*, CB308–9, 323
Saint Philip and Saint James, AI, 19
rivers, CB45, 58–9, 325, 404, 417; *see also* becks, Aire, Nidd, Washburn, Wharfe
roads and highways CB16, 21, 187, 219, 290, 302, 317–18, 324, 327–8, 335, 338, 341, 346, 348–51, 361, 384, 396, 451; AII, 6, 13, 37, 48, 55
roods, CB217, 219, 235, 240, 251, 265, 286, 298, 311, 319, 321–2, 325–6, 339, 346–7, 349–50, 354, 362, 391, 393, 417, 439; AI, 3, 37; AII, 6–7, 14, 19, 23–8, 33

Saint Augustine, order of, xiii–xvii
sale, CB126, 254, 257, 457
scribes *see* Drogo; Hill, William de; Hugh; Langebergam, Richard de; Reginald
seals and sealing
   sealing clause in charter, CB26, 29–31, 33, 36–9, 48–9, 51, 62, 65–7, 76, 83–5, 91, 94–95, 103–5, 112–13, 116–17, 121, 124–8, 132–3, 135, 137, 139, 141, 175, 177, 181–2, 187, 189, 191, 195, 197, 201, 204–6, 208, 212, 216, 235–6, 240, 244, 246, 252, 254–5, 257–8, 264, 266, 268, 270–2, 279–80, 283–5, 288–93, 295, 314–23, 325–32, 336–40, 342–55, 358, 360–9, 371–2, 374–9, 382, 384–7, 396, 398–9, 403–8, 419–22, 424–9, 431, 435, 441, 452–7, 459–60, 462–7; AI, 34, 51; AII, 4, 13–15, 19–20, 23, 26, 28, 31–4, 37, 40–2, 45–6, 50, 52, 57–8, 65, 68–70
   seals, description of, CB19, 39, 268; AI, 51; AII, 6–11, 19, 23–5, 28, 33, 50, 52, 60, 66; AIII, 1–2
   signet ring, xxxiii; AII, 68
seliones, CB462; AII, 12, 19
sheep, CB55, 59, 89–90, 118–19, 250
sheepfolds, CB111, 118–19
sheriffs *see* Byroun, John de; Cumbe, Elias de; Hale, Simon de; Percy, Peter de;
signet ring *see* seals and sealing, signet ring
silver,
   marks, CB43, 75, 78, 81, 97, 146, 148, 151, 256–7; AI, 3n, 19
   pence, CB308
   shillings, CB86, 121, 323, 373, 379, 388, 460; AII, 58
   shillings and pence, CB296
sikes *see* becks
smiths *see* Smalchep, Adam; *see also* Smith
stallage, CB182, 185, 219, 222, 444

statute of mortmain, CB86n, 123, 176, 179, 192–3, 198–9, 203–6, 210, 237–8, 240, 242; AI, 6n; AII, 44, 65
stewards *see* Burnham, Thomas de; Daniel, Robert; Driffield, William of; Fleming, Reiner; Grey, John; Hebden, William of; Henry; Irby, William de; Malham, William of; Medico, John; Monye, Henry le; Passemer, William; Perpoint, Henry de; Robert; Wallace, John de; Ward, Robert de la; William; *see also* Steward
straw, CB461
streams *see* becks
subdean *see* Winifred
suit of court, CB26–7, 62, 83, 171, 175, 185, 223, 268, 283, 319, 322, 346, 348, 368, 378–9, 425, 427, 438, 455–6, 462; AI, 33; AII, 41–2
suit of mill, CB55, 61–2, 380, 422, 441, 453, 455–6; AI, 4, 27
support of boys, CB371–372

tenements, CB18, 31–2, 55, 64, 66, 68, 85, 90, 116–17, 121, 133, 135, 143, 159, 163–4, 166, 185, 213–4, 227, 234, 241, 243–4, 246, 254, 288–9, 291–3, 305, 323, 332, 336, 364–5, 368–9, 371, 368, 388–9, 398, 406–7, 418, 421, 424, 450–1, 453, 455–6, 459, 465; AI, 7, 9–14, 31, 34, 38, 42–3, 48, 51, 54; AII, 21, 44, 52, 58, 65, 70
timber and building materials, CB95, 297, 373–4, 452
tithe barns, CB185, 298, 400; AII, 34
tithes, xxv; CB19–20, 104, 185; AII, 39, 46, 54; AIII, 1–2
tofts, CB51–2, 54, 60, 83–5, 109–110, 114–15, 120–5, 127, 153, 185, 194, 203, 205–6, 208, 212, 217, 240–1, 245, 250, 254–6, 258–63, 266, 269, 273–5, 289–90, 295–6, 305, 310, 312, 319, 321, 325, 332, 334, 341, 363–4, 367, 385, 387, 417, 446–7, 449–50, 455; AI, 3, 18, 23, 37, 56; AII, 3, 10, 17–18, 31–2, 47, 49, 57, 66–8
tolls, tollage, CB21, 182, 185, 219, 222, 444; AII, 55; *see also* bridges, tolls for
transit, free, CB49, 177, 185, 187
treasurers *see* Hamo; Jordan
turbary, CB95, 189

vaccary, CB412
vicars *see* Thomas
victuals, CB238, 242; AII, 44

INDEX OF SUBJECTS

villeins, grants of *see* individuals (and families), grants of
virgates, CB104, 327

wainage, CB182, 185
wapentake, CB78, 80, 82, 296, 308–9
wardship, CB31, 33, 116, 150, 179, 216, 271–2, 291, 323; AI, 34, 36; AII, 42
warranty clause in charters, CB16, 26–32, 35, 41–2, 45, 51–2, 54, 57–60, 65, 67, 69–71, 73, 76, 83–6, 101–2, 109–10, 112, 114–16, 118–20, 125, 127, 129–132, 134, 136, 141–2, 145, 154, 175, 177, 181–3, 195, 201, 208, 212, 223–4, 235–6, 240, 244, 247–253, 256–7, 260–63, 265–7, 270–1, 273–5, 280, 283–7, 292–6, 297–9, 303, 307–8, 313, 315–18, 320–30, 332–5, 337–41, 343–51, 354, 356–60, 362–3, 368–9, 374–6, 379, 382, 384–5, 388–9, 391–2, 396–7, 399, 403–4, 413, 417–18, 423, 425–8, 439, 455–7, 462; AI, 34, 51, 54; AII, 2, 4–6, 9, 11–14, 19, 23–4, 27, 31–3, 36, 39, 41–3, 45, 47, 51, 57, 59, 61

warren, free, xxix; CB87–8; AII, 56
wastes, CB175, 187, 422, 441
watercourses, CB61–2, 185, 285–6, 337, 453–4
widowhood, grant made in, CB66, 76, 258, 270, 275, 336, 352–3, 360, 362, 364, 368–9, 371–2, 382, 387, 453; AI, 40; AII, 28
windows, CB339
wood, common, AII, 2
woods, woodland, CB6, 13, 20–1, 57, 78, 80, 82, 88, 95, 102, 106, 108, 171–3, 185, 189, 214, 276–7, 279–80, 290–1, 297, 302, 307–8, 310, 314, 316–17, 319–20, 325–33, 335, 351, 358, 373–4, 388–9, 391–4, 396, 401, 409, 411–16, 421, 423, 431, 435–6, 439, 441, 446–8, 452, 255–6; AI, 18, 33–4; AII, 2–3, 37, 51, 55, 67